日本法译丛

労働法の世界

劳动法的世界

（第13版）

〔日〕 中洼裕也
野田进　　著

田思路 龚敏 邹庭云 译

创于1897 商务印书馆
The Commercial Press

日本法译丛

专家委员会

（以姓氏拼音为序）

中文版前言

《劳动法的世界》一书的初版于 1994 年刊行，之后二十五年间历次再版至今，是日本国内畅销的劳动法教科书。本书在日本劳动法教科书中是再版次数最多的，长期以来得到了日本大学生和实务界人士的支持。此次得以在中国出版，可以让中国的各位研究者、热心的学生以及劳动者有机会阅读本书，对作者而言是莫大的荣幸和喜悦。

本书的重要特色在于内容上的准确性与整体上的良好平衡。本书的首要任务在于，对由劳动法令和判例等形成的日本"劳动法的世界"，依据其具体的内涵进行准确、客观且易懂的描述。另外，本书并没有一味地强调作者的观点和立场，而是在提示和介绍法令以及判例的过程中适当地融入了作者的观点。通过这样一些努力，本书不但可以作为课堂教学的教科书，同时也可以作为自学时用来通读全文的有益读本，读者可以更为容易并准确地接触有关劳动法的内容。

本书的另一重大特色在于其结构。日本的很多劳动法教科书都是将全书内容分为两个部分，即以个别劳动合同及劳动条件为中心的"个别劳动法"，以及以劳动者与工会的关系为中心的"集体劳动法"。但因对这样一种分类存有疑问，因此与其他教科书不同，本书侧重于描绘劳动者自己所看到的"劳动法的世界"。各位读者翻阅本书的目录便可以发现，本书描绘的是劳动者的整个劳动人生的全面展开，完成学业并就职于企业的劳动者将置身于劳动法的世界，与企业相遇、与工会相遇、接触各种劳动条件相关的规则并逐渐自我成长，有时会被卷入劳资间的对立或者纠纷，最终年老之后将从企业引退。这些特色在本书的初版序言中曾提及，之后也一以贯之。

自本书初版以来，至今正逢第二十五个春秋。围绕日本劳动法的环境以及劳动法本身都发生了巨大的变化。与日本过去的高度经济增长相互融合的终身雇佣制、年功序列工资以及企业工会这三大特色逐渐淡化。另外，在企业组织的流动化以及全球化的影响之下，雇佣往往被不断细分化，随之产生了劳动者被孤立以及分化等问题。但另一方面，劳动法的世界中同时也出现了新的趋向，如劳动生活与个人生活的调和、对多层面的雇佣平等的尊重、"工作方式"的改善以及对心理健康的重视等。

日本产生的这些课题，或许在很多时候与中国劳动法所面临的问题是互相重合的。在劳动法的世界中，可以说我们正共同直面一些具有共通性的课题的解决。衷心期望本书在助力于理解日本劳动法的同时，也能对中国劳动法所面临的问题提供可能的帮助。

感谢对本书的翻译倾注了大量时间和精力的华东政法大学田思路先生、日本久留米大学龚敏先生、华东政法大学邹庭云先生。另外，作为原著作者，我们对出版本译著的商务印书馆致以衷心的感谢。期待以本译著的出版为契机，中国与日本之间劳动法学的学术交流越来越繁荣。

中洼裕也

野田进

2020 年 6 月

译者序

　　1994 年由日本有斐阁出版的《劳动法的世界》，是一部全面系统阐述日本劳动法学理论和最新立法、判例成果的经典教材，出版后颇受欢迎，至 2019 年已出版了第 13 版，是目前日本出版版次最多的劳动法学教材。该书著者是一桥大学中洼裕也教授和九州大学野田进教授，在第 1 版至第 9 版的作者中还有名古屋大学和田肇教授。本译著以该书最新版本翻译而成。

　　传统的日本劳动法体系由个别劳动关系法和集体劳动关系法两部分构成。近年来，随着雇佣开始前和雇佣结束后相关法律问题的增加，又产生和分化出了劳动市场法这一新的领域。与之相应，日本劳动法学教材一般也由这样两部分或三部分体系构成。但本教材的体系设计别具一格，著者在雇佣社会的宏观背景下，以劳动者的职业生涯为脉络，基于劳动者的视角和体验对劳动法的内容加以展开，具有很强的代入感和可读性。

　　在新的经济环境下，特别是随着高龄化、少子化的发展，日本的雇佣形态与劳动关系发生了很大变化，为了应对新的时代课题，劳动法规的制定和修改加速进行。与之相适应，本书在"劳动法的世界"的独特体系下，既有对历史脉络的叙述，又有对现行法的详解，既有对通说的阐明，又有对争点的剖析，同时辅以最新的立法和判例介绍，其中还不乏著者鲜明的观点，每一节后附的扩展知识（在每一节最后以楷体字排版）也十分生动耐读。总之，在较为有限的篇幅内有序平衡地构建完整的知识体系，并将庞大繁杂的日本劳动法内容以准确、清晰、深刻的笔触加以呈现，"描绘出了劳动法基本结构的转换与发展体系的明确坐标"，体现了著者深厚的学术涵养和理论功底。

　　在经济全球化的发展中，中日两国正面临许多劳动法方面的共同课题，由于法律传统、社会环境、雇佣习惯等方面的交互影响,在比较劳动法的研究中,日本劳动法无疑是值得我们重视的研究范本,只有"在谦逊中学习,在包容中互鉴,在比较中创新",才能使我们对劳动法的基本理论和体系构造有更为深刻的认知,才能对劳动法的现实发展和未来趋势有更为准确的把握,也才能在劳动法的世界里更好地实现中国劳动法学者的学术使命。正是基于这样的认识,同时鉴于国内尚缺乏相关经典教材,因此,我们在广泛征求中日相关学者建议的基础上选译了此书。

原著由六章构成,其中田思路翻译第一、二章,龚敏翻译第三、四章,邹庭云翻译第五、六章。邹庭云翻译了序言和中文版前言,整理了附录、索引。全书由邹庭云统稿,田思路审定。三位译者历时两年,几易其稿,虽尽心竭力,但仍难免存在不足和错漏之处,恳请读者提出宝贵意见。

在此,真诚感谢中洼裕也教授、野田进教授对译者的信任以及在翻译过程中的全心帮助!真诚感谢商务印书馆为本译著出版提供的大力支持,以及本书责编的倾情指导和精致编辑!

田思路

2021 年 4 月

目 录

初 版 序

在法国,有一种刊名略显奇怪的、名为《社会法的迷宫》(Les dédales du droit social)的评论集。这一名称意指劳动法领域中的实体法与判例不断膨胀,与之伴随而产生的媒体和信息提供等使问题不断错综复杂化。

在日本,当今的劳动法领域虽然还不至于被称为"迷宫",但已经形成了不能简单地对其整体进行把握的、独特的小小世界。随着新经济环境下雇佣和就业形态的巨大变化,产生了众多原有的法律规制不能完全应对的新课题,因此,20世纪80年代以后,主要劳动法规的修改以及新法律的制定接踵而至。伴随立法的进展,出现了很多重要的判例,也积累了很多劳动行政领域的解释,又或者说这些判例和解释牵动着劳动法领域的变化。由此,在传统理念与新观点的不断冲击中,劳动法领域的信息量不断增大。

本书是为了尽量贴近并简明地描述这样一种"劳动法的世界"中的实际状况所构想的教科书。各位读者阅读本书目录便会注意到,本书的特色在于结合现实进行整体结构的安排,即以某劳动者置身于企业社会、遇到新的环境、遭遇各种问题和纠纷这一主线贯穿全书。为何要采用这样一种目录结构,其背后有我们作为劳动法的研究者同时也是教育者的思考。对将要踏入社会的诸位同学来说,学习劳动法的重要性当然无需多言。然而,过度劳动、过劳死、单身赴任、人事考核、绩效主义、雇佣调整等通过媒体所得知的有关日本企业社会的信息,与其说是迷宫,不如说更像是伏魔殿。受到这些碎片化信息的左右而蜷缩着身体赶往就业战线的同学们,会不会很难想象自己在职业生活中的未来呢?我们必须向他们提供确实正确的、便于理解的劳动法知识。本书正是为了完成这样的使命而进行的尝试,在这里包含着我们的期望,愿同学们在跨入职业生涯后,劳动法能够助其拓展自由的思想和个性,实现畅快的互助的就业或劳动。

由于本书调整了劳动法的传统体系结构,着力于在新的体系下展现当今需要讨论的问题点，因此对传统意义上的争论以及抽象度较高的学术争论采取了简略叙述的方针。如此，本书一方面尽可能多地引用了判例以及行政解释，另一方面有关学术文献的引用则仅限于主要的教科书以及专著。另外，为了更好地应对大学的课程时间，将全书共分成了二十六节。

　　本书的三位作者在最初的执笔阶段是各自分担部分内容的，但相互都会毫无保留地表达其观点和意见，经历了多次大幅度的修改才最终完成了本书。而且，最初的执笔分担也并不是按照一人一章的方式，而是打乱章节之后进行均等划分，对书中内容的每个部分，都在反复讨论的基础上力求整体的统一。我们之所以这么做，是为了尽可能地完成一本内容精确并便于理解的教科书，各位读者可以想象一下在这讨论、说服以及妥协的过程中所投入的大量时间和精力。从结果来看，我们可以毫不夸张地说，本书是名副其实的"共同执笔"，正因为如此，本书并没有特地记载各部分的执笔分担情况。

　　本书的完成离不开指引我们进入劳动法研究之路的各位老师和前辈的教导，请容我们借此机会表达感谢之意。另外，还要感谢将教科书执笔机会给予在学界中仍属于青年学者的我们的有斐阁，特别是对自始至终陪伴我们一起进行费时又极易白热化讨论的、有斐阁编辑部的大桥将先生，表示由衷的感谢。

中洼裕也

野田进

和田肇

1994 年 3 月

第 13 版序

本书第 12 版刊行以来已历时两年。在此期间,2018 年 6 月通过的《工作方式改革关联法》对"劳动基准法""劳动合同法""非全日制劳动法""劳动者派遣法""劳动时间等设定改善法""劳动安全卫生法"等法律都进行了重要的修订,其中还包括了部分法律名称的变更。值此之际,我们奉上本书第 13 版,将上述修订内容融入本书,并对全书整体进行了更新。

《工作方式改革关联法》是在政府"工作方式改革"的标语之下,为改善非正规雇用的待遇,并对法定工时的延长进行规制的强化而制定的。但该法的整体立法理念并不明确,既存在倾全力而出的部分,也存在妥协性十分明显的方面,更是将之前的立法残留问题即"高度专业劳动者的工时规制豁免制度"也纳入其中,对相关问题的讨论观点纷纭。当然,我们需要在今后的法律适用中去评价这部法律,但既然宣称"工作方式改革",期望这部法律真的可以通过并非流于形式的各种改善和努力,实现真正公正而幸福的劳动环境。根据这次法律修改,我们将关于有期雇佣劳动者的待遇问题移至非全日制劳动者的章节中,望读者留意。

自 1994 年本书初版以来,至今正逢第二十五个春秋。本书得以历次重版至今,对作者而言是莫大的喜悦和自豪,再次感谢读者们的支持。另外需要提及的是,作为至第 9 版为止的作者之一,和田肇教授的声音也依然留存于本书的各个角落,成为本书的灵魂所在。

最后要诚挚地感谢对本书的出版付出诸多心血的有斐阁编辑部的佐藤文子女士。

中洼裕也

野田进

2019 年 3 月

略 称 表

1. 主要法令名略称（省略了同名规则）

劳契法	《劳动合同法》
劳基法	《劳动基准法》
割增令	《有关加班费支付倍率最低限度的政令》
女性则	《女性劳动基准规则》
年少则	《年少者劳动基准规则》
最赁法	《最低工资法》
赁金确保法	《工资支付确保法》
劳安卫法	《劳动安全卫生法》
劳灾法	《劳动灾害保险法》
徵收法	《有关劳动保险费征收的法律》
均等法	《男女雇佣机会均等法》
育介法	《有关进行育儿或家庭成员护理的劳动者的福祉的法律》
パート劳働法	《非全日制劳动法》
パート有期法	《非全日制劳动及有期劳动法》
承継法	《劳动合同承继法》
個别劳働紛争解决促進法	《个别劳动争议解决促进法》
劳組法	《劳动组合法》
劳調法	《劳动关系调整法》
スト規制法	《有关电气及煤矿业中的争议行为方法的规制法律》
劳委規	《劳动委员会规则》
行劳法	《行政执行法人劳动关系法》

地公劳法	《地方公营企业劳动关系法》
劳働施策推进法	《劳动施策推进法》
職安法	《职业安定法》
派遣法	《劳动者派遣法》
派遣令	《劳动者派遣法施行令》
派遣则	《劳动者派遣法施行规则》
職能法	《职业能力开发促进法》
雇保法	《雇佣保险法》
高年法	《高龄者雇佣安定法》
国年法	《国民年金法》
厚年法	《厚生年金保险法》
健保法	《健康保险法》
一般法人法	《一般法人法》
任期法	《大学教员任期法》

2. 行政解释等的略称

厚劳告	厚生劳动省告示
劳告	劳动省告示
発基	以"次官通知"的名称发布的劳动基准局通知
基発	以劳动基准局局长名义发布的通知
基收	以劳动基准局局长名义发布的复函
基监発	以劳动基准监督课课长名义发布的通知
女発	以女性局局长名义发布的通知
職発	以职业安定局局长名义发布的通知

3. 判例集等的略称

民(刑)集	最高裁判所民事(刑事)判例集
集民	最高裁判所判例集(民事)
劳民集	劳动关系民事裁判例集
劳裁集	劳动关系民事事件裁判集

命令集	不当劳动行为事件命令集
劳判	劳动判例
劳経速	劳动经济判例速报
判時	判例时报
判夕	判例 times
中劳時	中央劳动时报
別冊中劳	(別册)中央劳动时报

4. 文献引用

荒木尚志『労働法(第 3 版)』(2016 年、有斐閣)

有泉亨『労働基準法』(1963 年、有斐閣)

石井照久『新版労働法(第 3 版)』(1973 年、弘文堂)

石川吉右衞門『労働組合法』(1978 年、有斐閣)

片岡曻(村中孝史補訂)『労働法(1)(第 4 版)』(2007 年、有斐閣)

久保敬治＝浜田冨士郎『労働法』(1993 年、ミネルヴァ書房)

小西國友『要説労働法』(1991 年、法研出版)

小西國友＝渡辺章＝中嶋士元也『労働関係法(第 5 版)』(2007 年、有斐閣)

下井隆史『労使関係法』(1995 年、有斐閣)

下井隆史『労働基準法(第 4 版)』(2007 年、有斐閣)

菅野和夫『労働法(第 11 版補正版)』(2017 年、弘文堂)

土田道夫『労働契約法(第 2 版)』(2016 年、有斐閣)

東京大学労働法研究会『注釈労働組合法(上)(下)』((上)1980 年、(下)1982 年、有斐閣)

東京大学労働法研究会『注釈労働時間法』(1990 年、有斐閣)

東京大学労働法研究会『注釈労働基準法(上)(下)』(2003 年、有斐閣)

西谷敏『労働組合法(第 3 版)』(2012 年、有斐閣)

西谷敏『労働法(第 2 版)』(2013 年、日本評論社)

野川忍『労働法』(2018 年、日本評論社)

外尾健一『労働団体法』(1975 年、筑摩書房)

水町勇一郎『労働法(第 7 版)』(2018 年、有斐閣)

盛誠吾『労働法総論・労使関係法』(2000 年、新世社)

山川隆一『雇用関係法(第 4 版)』(2008 年、新世社)

山口浩一郎『労働組合法(第 2 版)』(1996 年、有斐閣)

厚生労働省労働基準局編『平成 22 年版労働基準法(上)(下)』(2011 年、労務行政研究所)

[本书所列举的各项制度以 2019 年 4 月 1 日为基准记述]

第一章　来到劳动法的世界

第一节　劳动法概览

说到"劳动"一词，作为当今的日常用语，可能很多人都会有一种辛苦劳作的语感。然而，"劳动"原本更为广泛的含义是指物质生产活动及其附随活动。自古以来，人们为了生存，既有快乐而重复的工作，又有对人类创造力的最基本的发现。这样的创造性活动，对我们现代人而言恐怕也是人生最大的课题了。

可是，与此同时，劳动作为交易对象的财物（商品）之一，形成了以合同为目的的市场。因此，雇主为了追求高额利润而极度提高劳动效率，发生了残酷使用劳动者等事态。像这样的应为人类创造活动的劳动，同时又作为了交易的对象，这一点是劳动法各种问题的原点和难题。

劳动也是人类行为对地球环境的"推动"。这样的人类的存在和活动，作为地球上的生命体组成了生态系统。因此，过度的劳动和开发在破坏了地球上的生活环境的同时，也危害了劳动者自身。劳动法通过对劳动时间以及劳动环境的合理化，试图使生产活动更适宜于生态系统。

一、劳动法的构成

（一）劳动法的意义和构成

劳动法是以劳动为中心产生的规范人与人之间关系的法的领域。

劳动，除了独立的个体经营主的场合，是在与他人的关系下进行的。其中，作为劳动法对象的"劳动"，是为了他人提供劳动力而获得报酬，这样就产生了"劳动的人"和"使用他人劳动的人"之间的关系。如此，以劳动为中心产生的劳动者和使用者(雇主)的个别合意的联结被称为"个别劳动关系"。另一方面,劳动是在工厂、职场内有组织地进行,该劳动条件一般通过团体来形成,因此产生了劳动者的团体和雇主(以及雇主团体)之间的关系。并且,还产生了个别劳动者与其团体之间,以及劳动者的团体相互之间的利害关系。这些团体以"劳动组合(工会)"为中心,如此维系人与人之间的关系被称为"集体劳动关系"。

对应劳动关系的两种分类,劳动法也被认为由两个体系构成。即,一是规范个别劳动者与雇主之间的劳动合同、劳动条件基准的"个别劳动关系法(劳动保护法)",日本的制定法上以《劳动基准法》和《劳动合同法》为核心,涵盖了《最低工资法》《工伤保险法》等很多法令。二是规范工会的结成与活动,或规范集体谈判、集体合同等领域的"集体劳动关系法(劳资关系法)",在日本是以《劳动组合法》《劳动关系调整法》为中心的一些法令。

在上述两个领域的基础上,近年来被称为《雇佣保障法》或《劳动市场法》的"第三领域"成为了独立的内容。在劳动关系成立之前,在不特定的劳动者和雇主之间形成了求职与求人(招聘)的关系(劳动市场),并且通过能力开发来形成劳动者的能力,为了对此加以重视,形成了独立的领域。该领域包含了《劳动施策推进法》《职业安定法》《雇佣保险法》《高龄者雇佣安定法》《残疾人雇佣促进法》《劳动者派遣法》等各种雇佣关系的立法。

(二) 本书的构成

劳动法的教科书根据以上分类,一般由两部分或三部分构成。但是,这样的分类虽然对劳动法的发展或理念的系统理解具有作用,但对于把握和解决现实中发生的问题却难言一定有效。

年轻人结束学业进入社会独立生活,作为劳动者开始在企业工作。此时,他在企业中的地位、待遇、劳动条件和其他全部的职业生活就形成了劳动关系整体的综合性的规范,该劳动关系并不是区别为集体的或个别的来加以规范。比如,仅以劳动时间为例,其制定就不仅仅是通过就业规则或者劳动合同,还可以通过与职场内超过半数的劳动者组成的工会之间制定职场协定(又称劳资协定)来规定,可以说是关系到集体劳动关系和个别劳动关系两方面的制度。另外,以劳动者参加工会活动为由将其解雇时,不仅涉及个别劳动关系法上的规定(解雇预告、就业规则的规定),还涉及集体劳动关系法(不当劳动行为制度、劳动合同的规定)以及雇佣保障的规定,这些规定互相重合,难以分离,成为需要研究的课题。

因此,劳动法是以解决这些法律问题而建立的理论体系,其中产生的很多观点认为,与分别论述是个别劳动关系还是集体劳动关系相比,综合考虑两者的有机联系会更有效地接近问题的核心,这样对于劳动关系产生的各种问题能从新的切入口进行重新把握,从而能够产生解决问题的新的思路。

在此,本书的构成是把劳动者的职业生活的展开作为体系的基点。即,结束学业生活的诸君,开始参加企业招聘(与"企业"的相遇),作为工会的会员归属于团体(与"团体"的相遇),接受开始工作后的各种待遇("劳动条件"面面观),有时与雇主产生矛盾的解决(与"争议"的相遇),最后职业生活结束(与"企业"的离别),以这样的时序为基本脉络。

二、劳动法的定位

劳动法在整个法律体系中与其他领域紧密相连。如何理解劳动法在法律体系中的定位,会对劳动法的解释的方向产生影响。

(一)《宪法》与劳动法

劳动法的很多基本原则在具有国家最高法律效力的《宪法》中已经言明。特别是《宪法》中的各项人权规定是劳动法的指导理念,直接决定了劳动法的体系。

首先,日本《宪法》第25条规定了在"福祉国家"的理念下,国民的生存权为基本权。这样的生存权原理是作为《宪法》第27条与第28条基本宗旨的根本原则,通过这些原则,形成了劳动法的全部规定和有关解释方法的指导原理。并且《宪法》第25条关于生存权的基本原则,从所规定的类似词句上清晰反映了《劳动基准法》所规定的劳动条件的原则(第1条第1款)。

《宪法》第27条第1款规定了国民的勤劳的权利和义务,据此,上述有关雇佣保障和失业对策的劳动市场法,在指导方针上规定了立法和行政上的国家的责任和义务。第 2 款"有关工资、工作时间、休息和其他劳动条件的基准，由法令规定之"，要求制定《劳动基准法》和《最低工资法》等劳动保护立法。

《宪法》第 28 条是为了保障劳动者的"劳动三权"，即：团结权、集体谈判权和集体行动权。这些权利是对劳动者最直接的保障，权利行使的对象原则上是雇主。亦即，《宪法》第 28 条所保障的权利不是像其他很多基本人权那样的面向国家的权利，而主要是劳资之间，换言之，是私人之间所适用的权利。以《宪法》第 28 条作为直接的依据，是为了导出劳动者或者工会的私法上的权利。并且，为了具体实现这样的权利保障，《劳动组合法》制定了各项规定，有关工会的正当行为、集体谈判以及争议行为等，根据民事免责、刑事免责以及不当劳动行为制度的规定加以保护。

劳动法规的主要的制定时期，与战后立即制定《宪法》的过程相吻合。劳动法明确制定了种种规定，在劳动关系的情形下反映了《宪法》关于人权的基本原则。比如，《宪法》第 14 条和劳动法所规定的平等原则（《劳动基准法》第 3 条、第 4 条，《劳动组合法》第 7 条第 1 款等），《宪法》第 18 条和《劳动基准法》第 5 条（禁止强制劳动），《宪法》第 23 条和《职业安定法》第 2 条（职业选择的自由）的关系等等。这些劳动法规发挥的作用，是把《宪法》中的人权规定的宗旨在劳动关系的私人间（劳资间）直接地加以实现。

（二）市民法（民事、刑事法）与劳动法

劳动法通过对传统的市民法的修正，从而形成了独立的领域。

市民法是从支撑近代法的"契约自由原则""过失责任原则""绝对所有权原则"等市民法原理中产生的，在劳动关系中也是一样，意味着形成了自由对等的当事人合意之下的合同关系。但事实上，在经济形势的发展中，劳动者往往受到失业和贫穷的威胁，遭遇恶劣的劳动条件、人权的压榨等悲惨的状况。上述法律原则不仅不能改善这种状况，反而还会助长此类情况的发生，因为其提供的只是禁止与上述状况相对抗的劳动团体的结成和活动的法理。劳动法就是在对这种状况强烈反省之下产生的法的领域，是从否定或修正市民法原理的原则出发而成立的。

首先，对"契约自由原则"的修正，是从部分规制最悲惨劳动环境下童工的劳动合同着手的(尤其是在劳动时间方面)。在此之后,对劳动合同的规制逐渐扩大,把全体劳动者作为对象,几乎涉及劳动条件的全部领域,最终制定了涵盖劳动合同的订立、履行、终止的《劳动合同法》。其次,作为对"过失责任原则"的修正的典型例证,是伴随生产技术的机械化,带来大规模和多发性的劳动灾害(工伤)时,采用了雇主承担无过失责任的劳动灾害赔偿制度。再次,关于"绝对所有权原则"也是同样,劳动争议和工会活动的权利,或者规制解雇、惩罚的法理等,通过权利滥用等法理进行了部分修正。

在刑事法的领域内,作为市民法规范的刑法受到了一些修正。在争议行为的领域内,行使正当的争议权不构成犯罪(参照《劳动组合法》第 1 条第 2 款)。并且,违反《劳动基准法》的罚则,采用了双罚制的规定(《劳动基准法》第 121 条),修正了近代刑法的责任主义原则。

(三) 作为社会法的劳动法

进一步区别这种劳动法与市民法的话,作为劳动法的对象的"人像"本身,与市民法存在差异。强调这一点就有了社会法的思考方法。

社会法是在与特别是市民法所持有的个人主义理念相对比中被定位的。即,将人不仅作为个别的法律主体来把握,还作为"社会的存在"来认识,也就是说把人视为归属于社会的以各种各样的团体的形态而存在。并且,人与人之间的关系也不是作为市民的抽象人格的法律主体的关系,而是包含对社会弱者或生活贫困者的评价,以具体的"人像"的存在为前提被构想的社会关系。以这样的关系为基础,根据"社会连带的原理"社会法被形成了。劳动法与社会保障法同属于社会法的领域。

如此想来,这并不意味着劳动法从市民法的诸多原理中全面分离出来。重要的是,在法解释的实践中,劳动法带来的固有的解决方法,相对于市民法的解决方法,在什么样的领域、进行了何种程度的修正,这是需要探讨、研究和划定界限的问题。

三、劳动法的发展与课题

(一) 劳动法的发展

劳动法序幕的开启要追溯到 19 世纪初。英国制定了以"工厂法"(最早是 1802 年的《学徒健康与道德法》)作为总称的一系列立法。这些立法以当时在恶劣的劳动条件下被残酷使用的工厂的学徒工（或者童工）为保护对象，主要限制了劳动时间，并且给雇主规定了一些卫生、教育方面的义务。后来工厂法的适用对象扩大到对成年女工的保护，制定了监督制度和惩罚规定，提高了实施效力。

英国以外的其他国家，劳动保护法也在发展。扩大了规制内容，不仅限于劳动时间，还涉及安全卫生和劳动灾害、休息休假以及最低工资比例的规制。到了 20 世纪，规制的对象不仅仅限于童工和女工，将成年男工扩大为规制对象的立法开始增多。

如此，个别劳动关系的立法最初是为了一部分劳动者而作为公法的取缔法规出现的，但随着适用对象的扩大，渐渐成为以规制劳动合同为目的的色彩强烈的合同法了。现在的个别劳动关系法规是呈现这些要素的混合状态。

另一方面，集体劳动关系法的发展大致经历了禁止——放任——保障的阶段。首先，以法国大革命时期的《夏勒里埃法》（1791 年）为代表，认为根据市民革命产生的立法，其劳动者团体妨碍了经济活动的自由，规定对工会的组建和活动处以刑罚。但是，劳动运动的高涨和政治状况变化的结果，使 19 世纪后期至 20 世纪初期的欧美各国立法中，废弃了禁止组建工会或进行团体活动的刑罚规定，对于这些属于劳动者的自由（交易的自由），立法采取了放任的立场。并且，以 1918 年德国《宪法》（《魏玛宪法》）为肇始，20 世纪各国立法都在《宪法》中规定保障工会的组织与活动的权利（团结权）。此后，这样的保护规定不仅停留在国家不干涉工会上，还包含了积极防止雇主侵害团结权的宗旨。另外，与《宪法》的规定不同，美国《劳动关系法》（1935 年）中的不当劳动行为制度，为了保障团结权、集体谈判权和劳资关系的稳定，行政机关也要以积极的方式发挥作用。

日本在明治维新时期的富国强兵政策下，发展起来了工厂劳动，但却带来了劳动者预借款制度、长时间连续劳动、恶劣的工作环境等悲惨至极的状况，在高涨的忧愤声中，1911 年终于制定了《工厂法》（1916 年施行）。该法以限制女工和未成年工的劳动时间(1 日 12 小时)、禁止深夜作业、禁止童工劳动、设置工伤救助制度等为主要内容,但还存在适用对象的限制和监督制度的不完善等很多不足。另外,1916 年作为规制成年男工的最初立法,制定了《矿工劳役救助规则》(规定矿内劳动时间限定在 1 日 10 小时等)。

另一方面,通过《治安警察法》(1900 年)等治安立法对劳动者的团结活动加以严格规制。但进入大正时代以后,制定工会法案的声势高涨,结果在 1920 年提出了内容相互对照的内务省案和农商务省案,此后,又提出了一些工会法案,但这些法案都未能通过。1945 年以战争结束为契机,劳动立法加速进行。

(二)日本劳动法的展开

在第二次世界大战后的废墟和贫穷之中,日本各界尽心竭力对劳动法加以制定、修改,取得了令人惊叹的成果。旧《劳动组合法》实际上在终战年(1945 年)12 月制定,现行《劳动组合法》(1949 年)继承了新的理念。《劳动基准法》在 1946 年 4 月开始立法作业,虽然部分残留了《工厂法》的规定,但纳入了国际劳动基准和《宪法》各项原则的新的理念和内容,于 1947 年成立(同日,还通过了《劳动灾害保险法》)。在此后的发展过程中,以对原《劳动基准法》的部分内容规制加以发展和精致化为宗旨,将《最低工资法》(参照 1959 年《劳动基准法》第 28 条)、《劳动安全卫生法》(参照 1972 年《劳动基准法》第 42 条)等独立制定,劳动立法迎来了充实期。

日本在 1960 年左右开始了经济的高速增长,此后经历了 70 年代石油危机等曲折,迎来了 80 年代所谓泡沫经济的高峰。在不断看好的经济成长的背景下,企业扩大设备投资,追求投机利益,通过工资水平基础的提高,进入经常性上升轨道。但是,这样的高速增长,产生了长时间劳动等对劳动关系的各种扭曲,有关法定劳动时间和年休假等也受到国际上的批判,为此反复尝试强化对这些基准的规制,还面向男女共同参加的社会环境对《男女雇佣机会均等法》和《育儿休假法》等加以完善。这个时期的劳动立法,整体来说是对经济高速发展产生的弊害通过强化规制加以改正。

话说回来,日本经济在 1992 年急速下滑,导致企业活动和雇佣结构的大的变化。支撑经济高速成长的终身雇佣(长期雇佣)的习惯开始倒退,引发了以中老年为中心的裁员和劳动条件下降的事态。临时工、派遣工等非正规雇佣增加,工会的加入率大幅下降。于是,为了通过确保企业的竞争力来活化经济,从 20 世纪 90 年代到本世纪初的劳动政策,整体来看朝向放宽规制的方向倾斜,通过修改《职业安定法》使收费职业介绍的业务对象实现了负面清单制度,《劳动者派遣法》也相继修改,还通过修改《劳动基准法》使劳动合同期限的限制得以放宽。

但是,在此过程中,为了应对日本社会的少子化、高龄化,新的规制成为紧迫的课题。特别是工作与生活的协调,被认为是劳动法所有领域的一以贯之的基本理念。其结果,通过修改《育儿护理休假法》充实了休假制度,还对强化有关劳动时间的规定进行了讨论和修改。另外,修正了一直以来对有关非正规雇佣放宽规制的路线,特别是 2012 年通过对《劳动合同法》第 18 条以下的修改,促进了固定期限合同的劳动者的雇佣安定以及向无固定期限合同的方向转换,试图对规制体系加以重构。

对此,在 2012 年末政权更替以后,在"成长战略"的旗帜下,有关劳动合同的期限、劳动者派遣合同的期限、劳动时间规制的适用除外、雇佣特区等,这些有争议的大幅放宽规制的政策不断出台。为了扩大内需和促进创新型社会,政府认为有必要进行"工作方式改革",2017 年 3 月内阁府以"非正规雇佣的待遇改善"和"纠正过长时间劳动"为支柱,制定了《工作方式改革实行计划》。受此影响,同年 9 月该计划在内容上增加了 2015 年成为废案的工作时间关联法案,一并作为《工作方式改革关联法案》提出,经过迂回曲折,该法案 2018 年 6 月成立。

就这样,不论规制的放宽还是强化,都是在规制改革的名义下以前所未有的速度修改法令,这是日本劳动法的现状。我们有必要清晰把握反复修改的法律和新的立法的本质。

另外,对于早在 1896 年制定的《民法》,从"力图对应社会经济的变化""使国民容易一般性的理解"等观点出发,2017 年 5 月 26 日以《债权法》的有关规定为中心进行了大幅修改(2020 年 4 月施行)。其中对"雇佣"的规

定进行了部分修改,新设了"对应合同履行比例的报酬"的规定(《民法》第
624 条之 2),对"固定期限雇佣合同的解除"(《民法》第 626 条)、"无固定期限
雇佣合同的解约申请"(《民法》第 627 条)等规定进行了修改。此外,消灭时效
的改革,以及《债权法》一般规制的修改等,也对劳动合同的法理带来了影响。

(三) 劳动法的课题

劳动法在将近两个世纪的发展过程中,以所处时代的社会状况为背景,
面临着许多课题。

1. 从属劳动

劳动合同是劳动者"从事劳动"(《民法》第 623 条),或为"被使用的劳
动"(《劳动合同法》第 6 条),也就是说是劳动者自身以现实劳动为目的而订
立的。可是,劳动者也作为该合同的一方当事人而存在。这样,劳动合同将
11 合同目的与合同主体归属于不可分的同一人,具有独特的性质。因此,雇主
使用合同目的上的"劳动",同时使用合同相对方的原本的劳动者。这样,雇
主与劳动者之间产生了法律意义上的"使用从属关系",劳动法的对象是这
种意义上的"从属劳动"(参照第 18 页*)。

2. 继续的合同关系与"合意原则"

劳动关系是一种继续的合同关系,是长期持续的法律关系,这是其特
色。因为,作为每一个劳动合同背景的社会和经济情况,在长期持续中不断
发生变化。雇主根据时代发展不断更新经营内容和组织,与之相对应,也要
求劳动方式和技术发生质的变化。许多劳动者,在结婚组建家庭以后,生活
环境发生了变化。在这些变化的背景下,劳动合同订立时的劳资合意无法一
成不变地维持,为了使劳动关系得以持续,就提出了劳动条件变更的问题。

有关劳动条件变更产生的争议,《劳动合同法》通过导入"合意原则"加
以解决(《劳动合同法》第 8 条以下)。但是,劳动合同上的合意是一把双刃
剑,一方面可以保护劳动者免于单方面被降低劳动条件,另一方面又容易以
形式上的合意为由使劳动条件被降低。另外,《劳动合同法》通过就业规则

---

* 此为原著页码,请参照本书页边码。下同。——译者注

预定了劳动条件的设定和变更,保留了自己可以放弃合意原则的构造。《劳动合同法》上的"合意原则"的真正价值正在受到检验。

3. 劳动法上的公序

以《劳动基准法》为主,劳动法上有很多包含公序的强制性规定,违反这些强制性规定的法律行为无效(参照《民法》第 90 条,《劳动基准法》第 13 条)。当然,《劳动基准法》及其他法规以职场协定或劳资委员会决议为前提降低法定基准(derogation)是被认可的,这个领域正在扩大(参照第 48 页)。另外,近年来的法令指南(同工同酬等)或者判例,鼓励通过"劳资对话"确定有关非正规劳动者的同工同酬的内容,同工同酬的平等理念(公序)的内容的决定委以劳资合意。再有,根据高级专业技术人员制度(《劳动基准法》第 41 条之 2),有关劳动时间法制的适用除外,其要件是要得到对方劳动者的"同意"。将劳动时间法制的强制性法规的适用委以劳动者的个别同意,这样的规范结构与强制性法规僵硬的规范相比,也表明了通过当事人的意思进行灵活规制的更为妥当的倾向,但也看到了劳动法规范的强制性被侵蚀的危险。

4. 劳资关系法的改革

现行的《劳动组合法》是 1945 年大幅修改、1949 年通过的。在当时的社会经济情况下,其承担着多样的政策课题而被制定。此后大约经过 70 年,特别是经历了经济高速增长时期和其后的缓慢发展时期,劳资关系法所处的环境,如工会的组织形态、劳资争议的形式和数量、劳动关系的存在形式等发生了变化。可是,虽然《劳动组合法》在制定后修改了 38 次(基于本法律的修改为 6 次),但制度理念和大的框架却沿用当初,没有变化。《劳动组合法》的很多规定与现实脱离,带来法规解释的困难和实务的混乱。《劳动组合法》不能停留于框架内的修改,对劳资关系法进行整体性改革的要求十分强烈。

四、公共部门的劳动法

(一)劳动法的适用

公务员也是受《宪法》第 27 条和第 28 条保护的劳动者("勤劳者"),因此毋庸置疑其占有劳动法适用对象的一角。

一般职的公务员（《国家公务员法》第 2 条，《地方公务员法》第 3 条）是与各劳动法规上的劳动者的定义相吻合的，原则上是当初劳动法的适用对象，但各种公务员法，通过强调"公务"的职务性质和地位特殊性，对劳动法的适用进行了限制或排除，从有关《劳动基准法》和《劳动组合法》来看，对公务员的适用作了如下规定。

1. 国家公共部门

关于国家公务员，不适用《劳动基准法》和《劳动组合法》的规定（《国家公务员法附则》第 16 条）。但是，《劳动基准法》及其相关法规"直至其他法律被制定实施前"在不与《国家公务员法》相矛盾和抵触的范围内被准用（《国家公务员法附则》第 1 次修改，第 3 条第 1 款）。作为对国家公务员的劳动条件等加以规定的法律，有《一般职职员薪资法》《一般职职员勤务时间休假法》《国家公务员退职补助法》《国家公务员灾害补偿法》等等，在此之下还有很多人事院规则。

关于独立行政法人的职员，在对劳动法的适用上，有的部分适用，有的全部适用，是一个复合的构成。独立行政法人是 2001 年 4 月以国家行政组织的精简高效为目的，依国家《行政组织法》第 8 条第 2 款的规定而独立的法人化机构，现在，分为中期目标管理法人、国立研究开发法人以及行政执行法人（《独立行政法人通则法》第 2 条），其中行政执行法人的干部和职员是国家公务员（第 51 条）。但是，关于行政执行法人，适用《行政执行法人劳动关系法》，虽然也适用《劳动基准法》和《劳动组合法》，但《劳动组合法》只不过适用于《行政执行法人劳动关系法》没有规定的部分，并且只是适用其中的部分规定（《行政执行法人劳动关系法》第 3 条）。而中期目标管理法人、国立研究开发法人不具有公务员身份，完全适用劳动法。

同样，2004 年 4 月开始的国立大学法人化中的教职员，以及 2017 年 10 月从日本邮政公司被民营化的日本邮政职员，不再是国家公务员，与民营私企一样完全适用《劳动基准法》和《劳动组合法》。另外，国家直接经营企业（国营企业）的国有林业职员，以前与行政执行法人（原特定独立行政法人）

同样对待,但 2013 年 4 月以后全面适用《国家公务员法》。

2. 地方公共部门

在一般职的地方公务员中,地方公营企业以外的职员(非现业人员)适用《劳动基准法》的部分规定(《地方公务员法》第 58 条第 3 款),《劳动组合法》则全面不予适用(《地方公务员法》第 58 条第 1 款)。地方公营企业(地方公共团体经营的交通、水道等事业,《地方公营企业劳动关系法》第 3 条第 1 款)的职员的场合,不适用《地方公务员法》第 58 条(《地方公营企业劳动关系法》第 39 条第 1 款),因此其适用《劳动基准法》和《劳动组合法》。但是,有关《劳动组合法》的适用仅限于《地方公营企业劳动关系法》没有规定的部分,并且《劳动组合法》的部分规定不被适用(《地方公务员劳动关系法》第 4 条)。

关于《劳动合同法》,国家公务员和地方公务员不予适用(《劳动合同法》第 22 条第 1 款),由此,不再任用的地方自治体的一般职非全日制(非常勤)职员,也被认为没有余地类推适用该法第 19 条[①]。另外,根据条例明确了退职补助的支付对象仅限于一般职职员的情况下,作为特别职职员(《地方公务员法》第 3 条第 3 款第 3 项)被任用的"嘱托职员"不能类推适用退职金的规定[②]。

根据 2003 年成立的《地方独立行政法人法》,开始实行特定地方独立行政法人与一般地方独立行政法人的区分,其中特定地方独立行政法人的职员,与公营企业的职员同样适用《地方公营企业劳动关系法》,但一般地方独立行政法人的职员属于非公务员,完全适用《劳动基准法》和《劳动组合法》。

(二)公务员的劳动基本权

1. 劳动基本权的制约

《宪法》第 28 条对劳动基本权的保障,是包括对公务员加以覆盖的大的

---

① 吹田市事件・大阪高等裁判所 2017 年 8 月 22 日判决・労働判例 1186 号 66 頁、最高裁判所第三小法廷 2018 年 2 月 13 日判决・労働経済速報 2348 号 27 頁。

② 中津市(特別職職員)事件・最高裁判所第三小法廷 2015 年 11 月 17 日判决・労働判例 1135 号 5 頁。

原则①。但实际上,公务员的劳动基本权根据公务员法的相关规定受到很大制约。

国家公务员的职员可以结成"职员团体"。职员团体实行注册制,没有注册的团体不能得到一定的利益(《国家公务员法》第108条之3以下)。职员团体在谈判事项上也受到限制,有关管理运营事项不能成为谈判的对象(《国家公务员法》第108条之5第3款)。另外,订立集体协议的权利被否定(《国家公务员法》第108条第2款),争议行为被禁止,煽动争议行为者不论何人都要受到处罚(《国家公务员法》第98条第2款、第3款,第110条第1款第17项)。非现业的地方公务员也是同样(《地方公务员法》第52条以下)。此外,禁止警察、消防人员等结成、加入职员团体(《国家公务员法》第108条之2第5款,《地方公务员法》第52条第5款),违反该规定结成团体的国家公务员要受到处罚(《国家公务员法》第110条第1款第20项)。

行政执行法人以及地方公营企业、特定地方独立行政法人的职员可以结成工会,但有关集体谈判事项受到与上述人员相类似的制约(《行政执行法人劳动关系法》第8条,《地方公营企业劳动关系法》第7条)。另外,违反15 禁止争议行为以及煽动争议行为的职员要被解雇(《行政执行法人劳动关系法》第17条第1款、第18条,《地方公营企业劳动关系法》第11条第1款、第12条),但没有规定罚则。

2. 围绕禁止争议的判例动向

对于公务员有关争议行为的禁止规定,最高裁判所的解释方法有一个变化的过程。最高裁判所最初认为在与《宪法》第28条的关系上,争议行为的各项禁止规定的合宪性不成为问题,此后,从劳动基本权的实质适用的见解出发,上述禁止规定只有通过对其适用范围的限定解释才有可能判断为合宪。如果在目的、形态方面没有特别的违法性,则判断为不适用禁止规定和处罚规定。② 但此后最高裁判所又发生转变,以对公务员劳动条件的法

---

① 全農林警職法事件・最高裁判所大法廷1973年4月25日判决・最高裁判所刑事判例集27卷4号547页。

② 有关"现业公务员",参见:全逓東京中郵事件・最高裁判所大法廷1966年10月26日判决・最高裁判所刑事判例集20卷8号901页。有关"非现业公务员",参见:東京と教组事件・最高裁判所大法廷1969年4月2日判决・最高裁判所刑事判例集23卷5号305页。

定主义以及劳动基本权的制约存在补偿措施等为由,否定了这种限定的合宪解释的立场,各项禁止规定的适用范围再度扩大。①

另外,有判例认为,在作为补偿措施的人事院建议书没有发挥功能的情况下,以要求限时完全实施为由的惩戒处分不被允许②,现在,补偿措施没有功能的情况容易不被认可,很多案例对惩戒处分作出了肯定判决③。

只是,公务员中的一部分通过非公务员化得到了劳动基本权被全部或部分保障的结果。比如,通过邮政民营化使原来的邮政职员的全部劳动基本权得到保障(国立大学的法人职员也是同样)。另外,国立医院的职员成为了独立行政法人国立医院机构的职员,作为该法人的职员在具有公务员身份的同时,在以前的特定独立行政法人等有关劳动关系的法律适用之下,其团结权和集体谈判权得到保障。此后,通过 2014 年 6 月成立的《独立行政法人制度改革关联法》,2015 年 4 月 1 日起改为中期目标管理法人(《独立行政法人国立医院机构法》第 4 条)。

国际劳工组织(ILO)

16

国内劳动立法无论制定得多么完善,如果不通过国际上制定的同类基准加以补充,在其国家就不能充分发挥效能④。一个国家的劳动条件即使进行了规制,如果与之竞争的国家输入了通过恶劣的劳动条件生产的低成本商品,则规制劳动条件的国家就丧失了国际竞争力。这样的社会倾销运动成为国家间摩擦和纠纷的原因。反省第一次世界大战的战祸,《凡尔赛和平公约》在第 13 章中规定了有关劳动问题,在此基础上,1919 年创设了 ILO(国际劳工组织,本部在日内瓦)。ILO

---

① 有关"非现业公务员",参见:前揭前納論警職法事件。有关"现业公务员",参见:全逓名古屋中郵事件・最高裁判所大法廷 1977 年 5 月 4 日判决・最高裁判所刑事判例集 31 卷 3 号 182 页。

② 大分県教委事件・大分地方裁判所 1993 年 1 月 19 日判决・労働判例 627 号 34 页。

③ 全農林事件・最高裁判所第二小法廷 2000 年 3 月 17 日判决・労働判例 780 号 6 页。另外,对要求采取行政措施制度作为补偿措施进行了同样判断的案例,参见:全日本国立医療労組事件・最高裁判所第三小法廷 2002 年 11 月 26 日判决・労働判例 840 号 18 页。

④ ニコラス・バルティコス『国際労働基準と ILO』。

最初以劳动条件为中心提出规则，但规定和活动的对象逐渐向劳资关系和雇佣规制方面扩大，成为制定国际劳动法的最具代表性的机构。现在成员国有 187 个，特别是随着发展中国家的加盟的扩大，ILO 设定的国际劳动基准具有多大的实效性成为今后发展的关键。

　　ILO 实行三方构成机制，是不仅包括政府代表，还包括雇主和劳动者代表所构成的组织（国际劳工大会的代表比例为政府两人，劳资双方各一人，其他情况下三方人数相同）。这样的特色，产生了劳资双方对 ILO 的信任感和组织的强化。ILO 最主要的机构是国际劳工大会，每年最少召开一次，大会目前通过了 189 个公约和 205 个建议书（截至 2018 年）。这些积累的公约和建议书成为国际劳动法的基本法源。

　　日本在国际劳工组织中，除了一段时间以外，具有常任理事国的地位。对于 ILO 通常预算的费用分担，2017 年美国最多为 22％，其次为日本的 9.684％。但日本批准的公约数为 49 个，与经济合作与发展组织（OECD）各国平均批准 75 个相比少了很多。至今批准的公约给国内法带来了各种影响，比如，围绕国家公务部门的团结权而发生争议之际，工会一方以此问题与第 87 号公约（保护结社自由和团结权的公约）相关而向 ILO 提起诉讼，结果导致了对"结社自由委员会"等的调查活动的法律修改，日本 1965 年批准了该公约。另外，1981 年第 156 号公约（家庭责任公约）成为日本制定《育儿休假法》的一个契机，进而，1995 年日本批准了该公约，又促进了《育儿护理休假法》的修改。

第二节　劳动法中的角色

　　劳动法舞台上登场的角色有"劳动者""雇主"以及作为劳动者团结体的"工会"等三种。

　　舞台的第一幕是"录用"，登场的是作为雇佣一方的雇主与作为被雇佣一方的劳动者。这两个当事人应该在对等的立场上决定有关劳动条件，但现实中,两者的立场并不是绝对的对等。

于是登场了第三种角色,即工会。工会代表劳动者与雇主进行谈判,如果达成合意则订立集体协议。这个过程,根据不同的情况,也会发生争议行为。这样,工会保护劳动者的利益,有时会与雇主交战,扮演华丽的角色,但最近也有舆论认为工会的出场减少了。另外,还要考虑到作为雇主的团结体的"雇主团体",但日本与欧美各国不同,雇主团体在劳动关系的舞台上登场较少。

国家不能无视这些演员的共同作用的发挥。国家并不在自己的劳动法的舞台上表演,但通过确立劳动条件的最低基准设定了演技的框架,同时为了工会与雇主的集体谈判布置好了中央舞台,承担了剧场设计者的任务。此外,国家还通过行政监督、劳资争议的解决、劳动政策的推进,既重视演员的自主性,又体现了舞台监督和演技指导的一面。

守护这样的舞台的观众兼批评家,无非是学习劳动法的人。许多人将来也会自己登上舞台,已经登上舞台的人也不在少数。

最近,外国人登上舞台的也不罕见,但为了实现这种情况下的合理公正,国家和其他演员的功力要接受考验。

一、劳动者

(一)《劳动基准法》《劳动合同法》上的劳动者

1. 法律上的定义

"劳动者"之用语,承担着规定劳动法保护的对象范围的机能,《劳动基准法》将劳动者定义为"不问职业种类,在职场……被使用,并被支付工资者"(第9条,有关职场的定义参见第30页)。"被使用"是接受雇主指挥命令,在其支配下劳动的意思。"被支付工资"意为获得与该劳动相对价的报酬。

对这样的劳动者,涉及根据《劳动基准法》对劳动条件的保护。从《劳动基准法》中分离出来的《最低工资法》(第2条第1款)、《劳动安全卫生法》(第2条第2款)也明文规定准用《劳动基准法》上的劳动者定义。另外,《劳动灾害保险法》《男女雇佣机会均等法》等法律中的劳动者也作同样理解。

　　《劳动合同法》第 2 条第 1 款定义的劳动者是"在雇主使用下劳动并被支付工资者"。这里的劳动者除了不限定被事业所使用这一点以外，与《劳动基准法》第 9 条的劳动者定义作同义理解（当然，有观点认为，《劳动合同法》是没有规定罚则的纯私法的法律，所以没有与《劳动基准法》同样考虑的必要性，其劳动者概念的范围更广①），《劳动基准法》上的劳动者，发挥了在个别劳动关系上确定共通的保护对象的作用。

　　《民法》有关劳务给付的典型合同，除了当事人一方对从事的劳动支付报酬的"雇佣"（第 623 条）以外，还有对工作完成支付报酬的"外包"（第 632 条），将法律行为委托给对方的"委任"（第 643 条）等规定。但是，无论怎样的合同形式，只要实质上可视为在雇主指挥命令下的从属劳动，作为"被使用"者就成为《劳动基准法》和《劳动合同法》上的劳动者。

　　2．劳动者性质的标志

　　《劳动基准法》上的劳动者的标志，是"被使用"（指挥命令下的劳动）和支付作为劳务给付对价的"工资"，合起来也称为"使用从属关系"。也就是说，存在很多与自营业者相区别的问题，但是否为劳动者不是根据合同形式而是根据实际状态来判断。

　　具体来说，对委托的工作是否有承诺的自由，是否接受业务实行上的指挥监督，工作时间、工作场所受限制的程度，是否允许使用代替人员和辅助人员等与指挥命令相关的要素，以及根据被支付的报酬的性质进行考虑，并且，还要考虑其是否具有雇主性质、专属性的程度等，以此进行综合判断。

19　　**3．具体判断的判例**

　　判例按照上述判断基准进行判断，比如，与特定的影视制作公司签订合同的自由摄影师，在导演的指挥监督下从事业务，时间、场所的限制程度高，报酬也以劳务提供的期限为基准支付，对照这些情形，裁判所认为其为《劳

---

① 　西谷敏『労働法（第 2 版）』（2013 年、日本評論社）56 頁。

动基准法》和《劳动灾害保险法》上的劳动者①。还有的判例认为,从医院退职,通过新的"业务外包合同"负责护理工作的护士及助手,与实际工作状态相对照是在指挥监督下的劳动,被认为是《劳动基准法》上的劳动者②。

与之相对,自备运输卡车,事实上专属于造纸公司从事运输业务的司机,在业务实行中不受造纸公司的指挥监督,时间上、场所上的限制程度也比较和缓,等等,被最高裁判所判断为不是劳动者③。另外,没有作业场所,一个人从事工务店的木工工作,即所谓"自雇师傅"的木工,与其实际工作状态相对照,判例也否认了其劳动者的性质④。

根据不同的事案,还存在是劳动关系还是教育关系的区别问题。大学附属医院的研修医生,在医院规定的时间和场所,在指导医生的指示下从事有关医疗行为,被以奖学金等名义支付现金,作为收入事前扣除所得税,因此相当于《劳动基准法》以及《最低工资法》上的劳动者⑤。另外,以前的外国研修生,实际形态与制度的原则不符,也有不少判例判定其为"劳动者"(参照第 32 页)。

4. 解约和拒绝合同更新的判例

在合同解约和拒绝合同更新时,也会产生"劳动者"是否受到解雇权滥用法理和雇佣终止法理的保护的问题。在这种情况下,仍然要根据该合同关系的实际状态,判断其是否为《劳动基准法》或《劳动合同法》上的劳动者(是否涉及对劳动合同的保护)。比如,作为肯定的判例有,电视台节目设计人员⑥,根据运输委托合同驾驶租赁货车的配送员⑦等。作为否定的判例

---

① 新宿労基署長事件・東京高等裁判所 2002 年 7 月 11 日判決・労働判例 832 号 13 頁。

② 医療法人一心会事件・大阪地方裁判所 2015 年 1 月 29 日判決・労働判例 1116 号 5 頁。

③ 横浜南労基署長事件・最高裁判所第一小法廷 1996 年 11 月 28 日判決・労働判例 714 号 14 頁。

④ 藤沢労基署長事件・最高裁判所第一小法廷 2007 年 6 月 28 日判決・労働判例 940 号 11 頁。

⑤ 関西医科大学事件・最高裁判所第二小法廷 2005 年 6 月 3 日判決・最高裁判所民事判例集 59 巻 5 号 938 頁。

⑥ 東京 12 チャンネル事件・東京地方裁判所 1968 年 10 月 25 日判決・労働関係民事裁判例集 19 巻 5 号 1335 頁。

⑦ アサヒ急配事件・大阪地方裁判所 2006 年 10 月 12 日判決・労働判例 928 号 24 頁。

有,上门收取有线电视费的"地区职员"[1],根据业务委托合同从事快递业务
的人员[2]等(后者基本上不属于劳动者,有一个肯定其为劳动者的判例,但
仅限于他从事与营业所长相关的业务[3])。

5. 与经营者的区别

法人的役员以及株式会社的董事、监事等,本来就是根据委任合同从事
经营的人员,不相当于劳动者,但实际上,也有很多在保持其劳动者的地位
和业务的同时,担任这样的役员的事例,这种情况下有可能承认其为《劳动
基准法》或《劳动合同法》上的劳动者。

比如,有这样的判例,担任公司的理事和董事以后,又就任执行役员的
人,与一般职员接受同样的指挥监督而从事业务,获得对价的报酬,一度领
取退职费,被认为相当于《劳动基准法》上的劳动者而适用劳动灾害保险[4]。
另外,从一般职员到董事,再成为执行役员,维持以前的劳动合同,适用解雇
权滥用法理[5]。此外,还有的判例认为,试用期结束后所有的正规职员都成
为了董事,在这样的制度下,董事是《劳动基准法》上的劳动者,加班劳动要
支付加班工资[6]。

另外,虽然不是经营者,但站在咨询管理者的立场,不受直接的指挥命
令和严格的时间管理,从事指导和研究业务,这样的属于"嘱托"问题的事
例,与就业的实际状态相对照,最高裁判所认为其相当于劳动者,适用于就
业规则[7]。

---

[1]　NHK 神戸放送局事件・大阪高等裁判所 2015 年 9 月 11 日判决・労働判例 1130 号
22 頁。

[2]　ソクハイ事件・東京高等裁判所 2014 年 5 月 21 日判决・労働判例 1123 号 83 頁。

[3]　ソクハイ事件・東京地方裁判所 2010 年 4 月 28 日判决・労働判例 1010 号 25 頁も参照。

[4]　国・船橋労基署長事件・東京地方裁判所 2011 年 5 月 19 日判决・労働判例 1034 号
62 頁。

[5]　萬世閣事件・札幌地方裁判所 2011 年 4 月 25 日判决・労働判例 1032 号 52 頁。另有判
例中判定劳动者在就任董事时,其劳动合同已完全终止,不再是劳动者。佐川ワールドエクスプレ
ス事件・大阪地方裁判所 1997 年 3 月 28 日判决・労働判例 717 号 37 頁。

[6]　類設計室事件・京都地方裁判所 2015 年 7 月 31 日判决・労働判例 1128 号 52 頁。

[7]　太平製紙事件・最高裁判所第二小法廷 1962 年 5 月 18 日判决・最高裁判所民事判例集
16 巻 5 号 1108 頁。否定了解雇的效力。

(二)《劳动组合法》上的劳动者

21

1. 法律上的定义

《劳动组合法》第3条将劳动者定义为,不问职业种类如何,"以工资、报酬和相当于此的收入为生活的人",这样的劳动者,可以结成工会,通过其代表与雇主进行集体谈判,以及通过规制雇主的不当劳动行为而得到保护。

有的见解将《劳动组合法》上的劳动者与《劳动基准法》上的劳动者两者作统一的理解,但由于两者的法律宗旨不同,通说认为其为不同的概念。《劳动基准法》上的劳动者是规定应该由该法保护其劳动条件的人,而《劳动组合法》上的劳动者的范围相对更广,根据该法的保护团结活动、促进集体谈判的立法目的,来确定劳动者的范围(如果是依靠工资为生,则现在即使不被使用,也有可能参加所属工会的活动,因此,失业者也包含在《劳动组合法》的劳动者范围中)。

作为实际中要考虑的要素,与《劳动基准法》《劳动组合法》上的劳动者的情形同样,要考察就业的实际形态和报酬的性质等各种各样的相关事实。但进行这样的评价时,要对照立法目的从不同的角度加以判断。

2. 最高裁判所的判断

乐团成员与电视公司之间签订了专属的演出合同,之后又变更为自由演出合同,可以自由参加其他公司的演出,但电视公司为了确保稳定的演奏人员,将乐团成员纳入到其事业组织之中,实际上乐团成员对电视公司的演出要约原则上有承诺的义务,报酬也与演奏的劳动力提供本身相对价。对此,最高裁判所的判决认为,该案中的乐团成员相当于《劳动组合法》上的劳动者[①]。另外,对于与剧场签订年度基本合同的合唱队成员,下级裁判所强调其对个别的公演有加以拒绝的自由,因此否定其劳动者的性质;而最高裁判所则认为,与实际运行情况相对照,该合唱队成员对演出要约是应该加以

---

① CBC管弦楽団労組事件・最高裁判所第一小法廷1976年5月6日判决・最高裁判所民事判例集30卷4号437頁。

承诺的关系,其他方面的实际状态也值得斟酌,承认了其劳动者的性质[①]。

另外,通过业务委托合同为特定公司进行产品维修等业务的个人外包技术人员,下级裁判所认为其对相关的个人业务有不接受承诺的自由,以缺乏指挥监督为由否定其劳动者性质;最高裁判所改变了下级裁判所的判决,认定其为《劳动组合法》上的劳动者[②]。这里,最高裁判所以纳入企业组织、由企业单方决定劳动合同的内容、报酬的劳动对价性为主要考虑要素,以承诺的自由、指挥监督、限制的程度等为辅助考虑要素,提出了与《劳动基准法》上的劳动者略微不同的判断体系(参照提出相关判断框架的劳动委员会命令[③])。

只是,即使在这样的框架下,如果"被认为具备了作为独立事业者实际状态的特别事情",也有可能作为例外否定其劳动者的性质[④],该"事业者"的性质如何判断也成为了重要的问题。

3. 具体判例

有的判例认为,接受客户的订单在家庭内进行承包加工的工匠,每天接受客户的工作指令,被支付与劳动相对价的工资,相当于《劳动组合法》第 3 条的劳动者,工匠结成的工会被认为是合法工会[⑤]。

有的判例认为,职业棒球选手在税制上按照独立事业者来处理,从工资的决定方式以及用具的采购来看也难言是《劳动基准法》上的劳动者,但在与《劳动组合法》的关系上则包含在劳动者的范围内。职业棒球运动员协会 1985 年得到劳动委员会对其工会的资格认定(肯定了职业棒球运动员协会作为工会,具有集体谈判权[⑥])。另外,2011 年职业足球运动员协会也得到

---

① 新国立劇場運営財団事件・最高裁判所第三小法廷 2011 年 4 月 12 日判決・最高裁判所民事判例集 65 卷 3 号 943 頁。

② INAXメンテナンス事件・最高裁判所第三小法廷 2011 年 4 月 12 日判決・労働判例 1026 号 27 頁。

③ ソクハイ事件・中央委 2010 年 7 月 15 日命令・不当労働行為事件命令集 147 集 912 頁。

④ ビクターサービスエンジニアリング事件・最高裁判所第三小法廷 2012 年 2 月 21 日判決・最高裁判所民事判例集 66 卷 3 号 955 頁を参照。

⑤ 東京ヘップサンダル工組合事件・中央労働委員会 1960 年 8 月 17 日命令・中央労働委員会時報 357 号 36 頁。

⑥ 日本プロフェッショナル野球組織事件・東京高等裁判所 2004 年 9 月 8 日決定・労働判例 879 号 90 頁も参照。

劳动委员会对其运动员的劳动者性质的肯定,工会的资格被认可。

对于与便利店的连锁经营公司签订特许经营合同的加盟店老板,有的都道府县劳动委员会也认为是《劳动组合法》上的劳动者,但中央劳动委员会对此予以否认①。

二、雇主

(一)《劳动基准法》上的雇主

"雇主"的概念也存在多种含义,有作为《劳动基准法》规定的应该履行法定义务意义上的雇主,以及作为劳动合同订立主体的雇主。《劳动基准法》第10条将雇主定义为"系指事业主、事业经理人或代表事业主处理事业中有关劳动者事宜的行为人"。这里,前者的《劳动基准法》各项规定的具体责任人,不限于事业主,有关该事项的现实的负责人也包含在内,这是其重要的一点。符合该规定的雇主,在不积极履行《劳动基准法》规定的义务的情况下,成为该法第117条以下规定的罚则的对象。

这里所称"事业主"是该事业的经营主体,在个人企业的情形下是企业主个人,在法人企业的情形下是法人自体(另外,有关第121条的两罚规定上的企业主的意思,参照第47页);"事业经理人"是指企业中负有一般权限或责任的董事长或总经理;"代表事业主处理企业中有关劳动者事宜的行为人",是指具有劳动条件的决定、管理,实施劳动的指挥命令等权限和责任的人,根据该事项的性质,从部长、课长到现场监督人员或作业责任人员,都相当于此。

另外,《劳动基准法》以外的劳动法规,作为规制的对象,有时不使用"雇主",而使用"事业主"(《男女雇佣机会均等法》《育儿护理休假法》等)或"事业者"(《劳动安全卫生法》)等。这样,以明确任何一个经营主体的责任为宗旨,不包含责任人,这一点与《劳动基准法》第10条的雇主范围相比较为狭窄。

---

① セブン・イレブン・ジャパン事件・中央労働員会2019年3月15日命令・命令集未登載、ファミリーマート事件・中央労働委員会2019年3月15日命令・命令集未登載。

（二）劳动合同上的雇主

劳动合同上的雇主，作为劳动合同上的主体（个人雇主情形下的该个人，法人企业情形下的该法人）对劳动者负有工资支付义务等合同上的义务。《劳动合同法》第 2 条第 2 款将其定义为"对其所使用的劳动者支付工资者"。

24　这种意义上的雇主，是雇佣劳动者的订立劳动合同的个人或法人，通常这是明确的。但是，在例外情形下会产生谁是雇主的问题，存在与形式上不是雇主的人之间的劳动合同关系被认可的情况。

1. 默示的劳动合同

与形式上的雇主以外的人之间，存在默示的劳动合同被认可的情况。比如本公司以外的劳动者（社外劳动者）在受入公司的直接指挥命令下工作，并且该劳动者所属的公司不具有作为企业的实体，只是作为受入公司的劳动管理（招聘或支付工资）的代行机构，在这种情况下，被认为受入公司与社外劳动者之间默示的劳动合同成立[①]。另外，也有的判例认为，通过职业介绍所以外派的形式到医院照顾住院患者的护工，与医院之间存在默示的劳动合同关系[②]。

但另一方面，根据所谓的"伪装外包"，将实质的劳务派遣以没有满足派遣法的实质要件的形式而进行的违法派遣，该场合下，劳动者与派遣企业（外包企业）之间的劳动合同并非无效，如果对照具体的事实关系的话，可能判定劳动者与用工企业的默示的劳动合同不予成立[③]（参照第 160 页、第 167 页）。

2. 法人格否认

形式上的雇主的法人格被否定，与其背后的母公司等之间的劳动合同关系被认可，这种情形也是存在的。比如，母公司保有子公司的股票的全部

---

① 青森放送事件·青森地方裁判所 1978 年 2 月 14 日判决·劳働関係民事裁判例集 29 卷 1 号 75 页。

② 安田病院事件·大阪高等裁判所 1998 年 2 月 18 日判决·劳働判例 744 号 63 页。同事件·最高裁判所第三小法廷 1998 年 9 月 8 日判决·劳働判例 745 号 7 页。

③ パナソニックプラズマディスプレイ（パスコ）事件·最高裁判所第二小法廷 2009 年 12 月 18 日判决·最高裁判所民事判例集 63 卷 10 号 2754 页。

或相当多的部分,派遣其役员或管理人员,从企业活动的所有层面来看,子公司只不过是母公司的一个事业部门,在这种情况下,母公司嫌弃子公司的工会,以破坏该工会为目的解散子公司,在此情形下,通过法人格否认的法理,子公司的劳动者可以直接向母公司要求支付拖欠工资以及确认劳动合同上的地位[①]。在此情形下,母公司解散子公司是以违法的目的侵害团结权而利用法人格,作为法人格的滥用而适用法人格否认的法理[②]。

法人格否认的法理,不仅在法人格被滥用的情形下适用,其被全部形骸化的情形下也被适用[③]。但也有人对此提出质疑,认为法人格的形骸化很容易被认可,有可能导致对法人制度自身的否认。

(三)《劳动组合法》上的雇主

《劳动组合法》对劳动者的定义进行了规定,但对雇主的定义则未加规定。因为这里不是在《劳动组合法》整体上论及共通的雇主,而是大多要考虑各种事项。

其中最为重要的是《劳动组合法》第 7 条规定的作为不当劳动行为主体的雇主的问题(参照第 435 页)。劳动合同的订立主体相当于雇主,这是当然的,但雇主以外的企业经理人(事业主),在有关劳动者的基本劳动条件等方面,具有现实的、具体的支配决定地位,达到可以与雇主部分地等同视之程度时,相当于雇主[④]。

---

① 德島船井電機事件・德島地方裁判所 1975 年 7 月 23 日判决・労働関係民事裁判例集 26 巻 4 号 580 頁。布施自動車教習所・長尾商事事件・大阪地方裁判所 1982 年 7 月 30 日判决・労働判例 393 号 35 頁。不过,上述案例的上诉判决虽然肯定了母公司对工资债券的责任,但否定了其作为劳动合同上的雇主之地位(大阪高等裁判所 1984 年 3 月 30 日判决・労働判例 438 号 53 頁)。

② 最近关于此问题的案例,参见:第一交通産業ほか事件・大阪高等裁判所 2007 年 10 月 26 日判决・労働判例 975 号 50 頁。サカキ運輸ほか事件・福岡高等裁判所 2016 年 2 月 29 日判决・労働判例 1143 号 67 頁。

③ 川岸工業事件・仙台地方裁判所 1970 年 3 月 26 日判决・労働関係民事裁判例集 21 巻 2 号 330 頁。

④ 朝日放送事件・最高裁判所第二小法廷 1995 年 2 月 28 日判决・最高裁判所民事判例集 49 巻 2 号 559 頁。

三、工会

(一) 工会的种类

工会是劳动者与雇主交涉有关劳动条件,进行其他团体活动的自主组织的团体。与为了解决某一具体问题临时结成的"争议团体"不同,工会必须具有作为组织的继续性。

工会分为由劳动者作为成员构成的企业工会,以及由企业工会构成的联合团体,《劳动组合法》的"工会"包含了这两者。

1. 企业工会等

在日本,大多数工会是每一个企业由其职工组成的"以企业为分类的工会",这样的工会又称为企业内工会,是适合该企业实际的确保其劳动条件的组织形态,但超越个别企业的产业或行业,设定全体的劳动条件的机能较弱。另外,许多企业内工会将会员资格限定于全日制劳动者和本企业职工,将非全日制劳动者和临时工排除在外。当然,最近将这些人员组织化的事例也在增加。

除了企业内工会以外,数量虽然较少,但也有超越企业的框架按照产业组织起来的产业工会(比如全日本海员工会)。另外,有的地区还有与企业、行业无关的劳动者个人加入的合同工会或社区工会联合组织(比如地区一般工会、地区兼职人员工会、管理人员工会),企业内未设工会的中小企业的劳动者,以及不能(或不想)加入企业工会的劳动者,就可以加入这样的工会中。

2. 联合团体

联合团体的代表例是企业工会在产业规模上集结起来的全国产业工会(比如私铁总联、电机联合)。另外,企业内的事业所组织起来的工会,是以企业为单位集结的企业联合,也相当于联合团体。

另外,作为加入全国产业工会等工会的全国性组织,日本还有日本劳动组合总联合会(简称"联合")、全国劳动组合总联合(简称"全劳联")、全国劳动组合联络协议会(简称"全劳协")等,这些只是全国性的联络协调组织,不进行自主的集体谈判,因此不是《劳动组合法》上的工会。

3. 混合工会

工会里有以劳动者个人和工会双方为成员的，称为混合工会。但"混合工会"的用语，大多是指在公共部门适用《国家公务员法》《地方公务员法》的职员，与适用《劳动组合法》的职员混合构成的工会。这样的混合工会，与前者的关系是职员团体，同时与后者的关系是相当于《劳动组合法》上的工会，可以作出不当劳动行为的救济申请[①]（参照第 449 页）。

(二) 工会的设立与性质

关于工会的设立，法律上没有规定特别的程序，工会是多数劳动者制定和承认集团的组合规约，只要规定了其代表人和机构的话，不经许可和备案就可以自由设立（自由设立主义 。1945 年旧《劳动组合法》规定了向行政部门申请制，以及由行政部门下达规约的变更命令或解散命令）。这样的团体如果符合《劳动组合法》规定的要件，就被承认为该法上的工会。

工会的设立不受强制，并且，其形态、规模、机构等也委以规约，并不存在法律上的规制，从这个意义上说，可以称之为任意团体。由此，有关内部的运营必须尽可能地尊重团体自治。但另一方面，工会根据《宪法》第 28 条和《劳动组合法》，被给予通常任意团体所没有的特别的权限（组织强制的承认，民事刑事免责，带有规范效力的集体协议的订立，不当劳动行为的救济等），因此，作为相当于此的团体，被强烈要求工会内部运营方面的民主主义与平等，要求具备资格审查的程序（参照第 29 页）。

(三)《劳动组合法》上的工会

《劳动组合法》上的工会的概念从四个要素被定义：①是以劳动者为主体的（主体），②自主的（自主性），③ 以维持和改善劳动条件以及提高其他经济地位为主要目的的（目的），④有组织的团体（团体性）（《劳动组合法》第 2 条本文）。这样的工会的基本定义，可以说是对《宪法》第 28 条预定的工会概念的再确认。

---

① 大阪府教委事件・東京高等裁判所 2014 年 3 月 18 日判决・労働判例 1123 号 159 頁。泉佐野市事件・大阪高等裁判所 2016 年 12 月 22 日判决・労働判例 1157 号 5 頁。

《劳动组合法》还对有关自主性规定了附加要件（第 2 条但书），另外，《劳动组合法》为了实现该法规定的参加程序，接受其救济，还规定了称为"民主性"的特别要件（第 5 条第 2 款）。在上述的基本定义的基础上，增加这些附加要件的工会，就是符合《劳动组合法》的工会。

与之相对，即使不符合《劳动组合法》第 2 条但书以及第 5 条第 2 款的要件，但符合第 2 条本文的要件的工会，因为具有了作为劳动者的自主的团结体的实质，所以可以得到《宪法》第 28 条的保护（民事刑事免责，团结权受到侵害的司法救济）（所谓的"宪法工会"）。

（四）自主性与民主性

1. 自主性

自主性的要件是工会为了确保相对于雇主的独立地位而必需的本质要件。根据雇主的指示结成和运营的工会（所谓"御用工会"），不能称为真正的工会。

《劳动组合法》第 2 条但书要求，在本文的"自主的"基础上，一是雇主的利益代表人不能加入（第 1 款），二是不能接受雇主的经费援助（第 2 款）（该但书的第 3 款和第 4 款仅仅是为了对本条的目的要件可以得出的结论进行确认而已，并不是加重相关要件）。

前者所称的"雇主的利益代表人"，是指役员（董事、监事等）、具有管理权的管理监督人、其他职务性质上与作为工会会员的诚意和责任相抵触的人（与人事、劳动相关的下位的职阶）。具有管理地位的人并非都是雇主的利益代表人，即使是管理人员的组合，在掌握公司有关劳动关系的计划与方针的机密事项的人事课长、劳务课长等不加入的情况下，该组合也被认为是《劳动组合法》上的工会①。

关于后者的经费援助，当然包括作为工会活动费而支付的资金，还包括承担工会业务差旅费和支付专职工会人员工资（雇主进行这样的资助本身，作为不当劳动行为被禁止。《劳动组合法》第 7 条第 3 款）。与之相对，工作

---

①   セメダイン事件・東京高等裁判所 2000 年 2 月 29 日判决・労働判例 807 号 7 頁。

时间与雇主进行谈判时的工资,必要的最小限度的工会事务所的租赁等,是被明文允许的(第2条第2款但书,第7条第3款但书)。雇主对工会会费进行确认,以及在工作时间参加工会活动不扣除工资等,被解释为不相当于经费援助。

如上所述,关于工会的自主性要件,《劳动组合法》第2条但书第1款、第2款加重了该条本文的规定,因此产生了本文与但书的关系问题,有人认为但书只不过是作为本文的例示,这是有力的见解①。但也有观点认为,但书是为了制度性地确保工会自主性而作为被设立的消极要件,具有独自的意义②。对工会的定义作如此细究本身是否适当是存有疑问的,作为立法论也是存在问题的,但如果从条文结构出发的话,只能作后一种说法那样的解释吧。

2. 民主性

29

民主性的要件是为了确保工会内部会员的平等待遇和参加权,要求在工会规约中作出一定的规定(《劳动组合法》第5条第2款),作为规约应该记载的事项,包括工会的名称,主要事务所的所在地,此外还有会员的参与权与平等待遇原则,禁止会员资格的歧视,工会干部选举的直接无记名投票,每年一次以上的会员大会,合规的会计报告,罢工的投票等。

未达到这些要件的工会(规约不备工会),根据《劳动组合法》第5条第1款,参加程序和获得救济的资格被否定。但如果具备了自主性要件,协约能力和争议行为的免责等《劳动组合法》方面的其他权利被认可。

另外,《劳动组合法》关于民主性只要求在工会规约上记载,但如果从工会的宗旨、目的出发的话,当然也应该在实体上对工会内的平等和民主主义加以确保。

(五)工会的资格审查

工会为了能够参加《劳动组合法》规定的程序,获得该法规定的救济,必

---

① 外尾健一『労働団体法』(1975年、筑摩書房)40頁、片岡曻(村中孝史補訂)『労働法(1)(第4版)』(2007年、有斐閣)78頁。

② 山口浩一郎『労働組合法(第2版)』(1996年、有斐閣)19頁。

须向劳动委员会提出证据,证明其符合《劳动组合法》第 2 条以及第 5 条第 2 款的要件(《劳动组合法》第 5 条第 1 款,劳动委员会规则第 22 条),这被称为"资格审查"。

如上所述,工会的设立不要求特别的程序,即使没有接受资格审查,如果符合《劳动组合法》上的要件,作为工会的权能也被承认。但是,为了享受《劳动组合法》提供的特别的利益,作为条件,规定了资格审查程序,通过此,促进工会具备自主性和民主性的要件。

资格审查的必要情形有,经不当劳动行为的救济申请而接受救济的情形(《劳动组合法》第 27 条),法人登记的情形(第 11 条),工会申请集体协议的地域的一般约束力的情形(第 18 条),以及推荐劳动委员会的劳动者委员的情形(第 19 条之 3 第 2 款)。而劳动者个人申请不当劳动行为的救济的情形,则不需要工会的资格审查。

资格审查,在发生有必要进行上述申请的情形时,每次都要按照如下要求进行:关于第 5 条第 2 款的民主性要件要根据规约的记载事项进行形式审查,而关于第 2 条则有必要进行实质性审查[①]。

(六) 工会与法人格

1. 法人格的取得

工会如果得到符合其法律宗旨的劳动委员会的证明,通过登记可以成为法人(《劳动组合法》第 11 条第 1 款)。劳动委员会的证明与上述的资格审查相比,要确认该工会满足了《劳动组合法》第 2 条以及第 5 条第 2 款的要件。

没有进行法人登记的工会,权利能力作为社团来处理,但这是特别财产的所有形态的问题(参照第 184 页)。

2. 具有法人资格的工会

以前的《劳动组合法》,对具有法人资格的工会准用《民法》的社团法人

---

① 日通会津若松支店事件・最高裁判所第三小法廷 1957 年 12 月 24 日判决・最高裁判所民事判例集 11 卷 14 号 2336 页。该判决中附加了"不论其方法或程度如何"这一表达。

的有关规定(旧《劳动组合法》第 12 条),但随着《一般社团法人及一般财团法人法》《公益社团法人及公益财团法人认定法》的制定,《民法》的这些相关规定被删除,相应地,2006 年修改《劳动组合法》时也消除了该准用规定,制定了有关代表者的规定(第 12 条—第 12 条之 6),以及通过解散的有关清算规定(第 13 条—第 13 条之 13)。工会的目的不是公益团体也不是营利团体,所以,上述两个法律的任何规定的直接适用都是不合适的,要对照社团的一般的法律原则设立新的规定。

四、事业、职场、企业

(一) 事业、职场

作为以上演员表演的劳动法的舞台,最为重要的是"事业"以及"职场"。《劳动基准法》适用被使用于"事业"的劳动者(第 9 条),作为适用"事业"的单位称为"职场"(事业所)。另外,《劳动基准法》上订立职场协定或制定就业规则,不是以企业而是以该职场为单位进行的[1]。

这里所称的"事业""职场",是构成企业单位的在一定场所有组织关联的支店、工厂等。即使在支店、工厂中从业的劳动者,从劳动管理等方面来看,能够明确与其他食堂、诊疗所等区分,成为独立的事业。反过来说,即使场所分散,只被视为其上位机构的一部分的外派所、报社的通讯部等,不是独立的事业。[2]

另外,《劳动基准法》以前采取列举方式将适用事业列举为 17 项(旧第 8 条),但 1998 年修法时该条被删除,变更为所有的事业都总括成为适用对象的方式。但是,在劳动时间等的规制中,因为有必要进行事业的区别,因此,在该法的附表 1 中对此作了规定。

---

[1]　厚生労働省労働基準局編『平成 22 年版労働基準法(下)』(2011 年、労務行政研究所)869 頁以下。

[2]　1947 年 9 月 13 日次官通達の名称で呼ばれる労働基準局関係の通達 17 号、1948 年 3 月 31 日労働基準局長名で発する通達 52 号、1958 年 2 月 13 日労働基準局長名で発する通達 90 号。

(二) 企业

作为劳动法的舞台,"企业"的概念也登场了。作为企业内人事变动的转岗,企业间人事变动的调转,惩戒处分中的企业秩序,或被利用在非全日制劳动者经济性裁员事例中的与企业的薄弱联系等等,"企业"一词在各种各样的情形下被使用。

这里的"企业",并不是法律上定义的明确概念,而是以公司等的法人格为基础,将从事继续的、有计划的经济活动的事业单位,或为了一定目的提供人的、物的设备的集合体,根据各自的上下文来区分。近年来,企业组织再编变得活跃,为此,法律工具也变得丰富,不能用法人格来把握的情形增多,深入研究企业的概念的必要性增加了。

五、外国人劳动者

(一) 外国人雇佣的进展

在日本就业的外国人,一般来说毫无疑问也是劳动者,在劳动法上承担一个方面的角色,这是没有改变的。但是,关于外国人劳动者的雇佣政策以及在劳动法的框架中具有怎样的地位,作为特别的课题有必要加以研讨。围绕外国人就业的课题,一方面是《出入国管理及难民认定法》(以下简称《入国管理法》)上的许可劳动的在留资格问题;另一方面,是现在在日本就业的外国人的雇佣对策以及劳动法的适用问题。

(二) 外国人的就业与对策

32

1. 根据《入国管理法》的对应

伴随企业活动的国际化,要求企业大量雇佣具有优秀能力的外国人,同时,希望到日本就业的外国人的数量也急剧增加。《入国管理法》是外国人就业的基本,《入国管理法》为了对应现状,1989年以完善、扩充在留资格为目的进行了修改。

《入国管理法》此后也进行了修改,2014年的修改是在经济全球化中,以促进接收外国人为日本经济发展做贡献为目的,作为新的在留资格,设立了"符合法务省规定标准的、具有高度专业能力的人才,其所进行的活动预计对日本的学术研究和经济发展有益"的"高度专业职位 1 号",以及以具有该"高度专业职位 1 号"在留资格的、在日本居留一定期限的人为对象,设立了居留无期限的"高度专业职位 2 号"的在留资格(《入国管理法》第 2 条之 2 第 3 款,附表 1②)。

另外,以适应日本不断增加的高质量护理需求为目的,2016 年修改该法,创设了"护理(介护)"的在留资格,规定该活动内容是在日本的"基于公私机构的合同具有护理福利士资格者,从事护理或进行护理业务指导的活动"(附表 1②)。

2. 外国人技能实习制度

外国人的研修、实习制度,当初只是接受外国人的研修(在留资格为约 1 年以内的"研修"),这些研修生不适用日本的劳动法。但从 1993 年开始,实行了外国人技能实习制度(在留资格为最长 3 年的"特定活动"),预定接收适用劳动法的研修实务的实习生。但是,这种外国人研修以及技能实习制度,被认为是为了变相地接受单纯的劳动力而受到强烈批判。2009 年修改《入国管理法》,将两项制度改革为统一的技能实习制度。新的技能实习制度在《入国管理法》附表 1②中概括为"技能实习",包括技能习得活动在内适用劳动法令。

判例认为,2009 年《入国管理法》修改前,不适用劳动法的外国人研修生,被命令长时间劳动,要求工作定额,实际上与技能实习生从事基本相同的劳动,作为劳动的对价被支付报酬,在这样的时候,判断其相当于《劳动基准法》第 9 条以及《最低工资法》第 2 条第 1 款的劳动者[1]。另外,外国人研修生低于最低工资的加班劳动属于"不法行为"[2]*。

---

① スキールほか事件・熊本地方裁判所 2010 年 1 月 29 日判决・労働判例 1002 号 34 頁。三和サービス事件・名古屋高等裁判所 2010 年 3 月 25 日判决・労働判例 1003 号 5 頁。

② ナルコ事件・名古屋地方裁判所 2013 年 2 月 27 日判决・労働判例 1070 号 38 頁。

＊　不法行为指因故意或过失而侵害了他人的权利或者法律上受到保护的利益,因此造成他人损害的行为,规定于日本《民法》第 709 条。——译者注

为了对应上述种种问题,2016 年 11 月,制定了《外国人技能实习的正确实施以及技能实习生保护法》,通过技能实习计划的认定制度以及监理团体的许可制度,以正确实施技能实习和保护技能实习生。比如,一方面,关于高水平技能习得的实习(第 3 项技能实习,第 9 条第 10 项),设立了在通常实习期结束后承认其 2 年以内的实习期限的制度(第 9 条第 3 项);另一方面,禁止暴力、胁迫、监禁、规定违约金、扣押护照和居留证的人权侵害行为,并规定了罚则(第 46 条以下,第 108 条以下)。

3. 新的外国人才接受政策

从 2019 年 4 月开始,作为人才紧缺领域的新的在留资格,将具有特定领域所需要的一定知识和经验的技能人员作为"特定技能 1 号"(技能实习生如果有 3 年经验则无需考试),以及将具有特定领域的熟练技能者作为"特定技能 2 号"(可以是长期滞在者以及家属),承认对这些技能人员的接受(《入国管理法》附表 1②)。被接受的有 14 个职业种类,劳动者也可以在适用劳动法令的职业种类范围内进行转职,但除了一部分(农业、渔业)成为了直接雇佣以外,派遣是不被预先认可的。

(三) 外国人的雇佣政策和劳动法的适用

1. 雇佣政策

没有得到就业的在留资格,仍然进行有报酬的活动的外国人,被称为非法就业外国人(具体的定义见《入国管理法》第 73 条之 2 第 2 款),这些人的显著增加,给入国管理行政带来了难题,但从劳动法的侧面来看,外国人的就业与《入国管理法》上是否合法不同,是雇佣对策与确保适当劳动条件的问题。

在雇佣对策上,雇主为了发挥外国人的能力必须努力改善雇佣管理,在外国人离职的情况下必须努力采取再就业的援助措施(《劳动施策推进法》第 7 条)。另外,在雇佣外国人时,以及外国人离职时,必须确认其姓名、在留资格等事项,报厚生劳动大臣备案。与之相对应,国家进行适当的雇佣管理,以及进行有关再就业援助的指导、建议,进行职业介绍和职业训练等(第 28 条)。

2. 劳动关系法规

劳动者如果在日本国内劳动,不论是否为日本人,也不论是否为非法就业,都适用劳动关系法规[①]。即,如果与各法所规定的劳动者的定义(《劳动基准法》第9条,《劳动组合法》第3条等)相一致,非法就业的外国人也适用劳动关系法规。但关于雇佣保险的适用,在实务上限定于在相当长的时期内可以进行求职活动,持有可以反复继续就业的在留资格的外国人。

外国人劳动者遭遇工伤,在适用劳动灾害保险制度上,存在有关保险给付方法等实务上的问题,但可以与日本人同样处理。在违法就业者提出申请工伤认定的情况下,劳动基准监督署作为实务上的原则,采取不向入国管理行政当局通报的方针。

在通过民事诉讼请求有关工伤损害赔偿的情况下,虽说是非法就业,也不能否认休业导致的损害赔偿,但在留有残疾后遗症的场合,有关逸失利益的计算,要以预计在日本的就业可能期限的收入等为基础,以及其后在其母国的收入等为基础,不承认违法就业者在日本可以长期就业[②]。

3. 雇佣管理和均等待遇

有关外国人的招聘,适当的劳动条件,解雇的预防等所有的雇佣管理,会因意思沟通不充分以及雇佣习惯不同等产生许多摩擦。要求雇主遵守劳动关系法令以及社会保险关系法令,于在留资格的范围内,为尽可能发挥就业者的能力采取适当的措施[③]。判例方面,围绕是否为"以研修为目的的合同"产生对立而就脱离职场的正当性发生争议的事例有山口制糖事件[④]。另外,在外国人非法就业的情形下,大多数人法律地位较弱,劳动条件恶劣,对使用外国人非法就业的雇主,以及将外国人置于非法就业支配下的中介

---

① 1988年1月26日基初50号·職発31号。

② 改進社事件·最高裁判所第三小法廷1997年1月28日判決·最高裁判所民事判例集51卷1号78頁。该判决肯定了上诉审判决中的判断,即认为应当对违法就业者以其在日本失业后3年的实际收入,以及在本国至67岁为止的平均收入额度为基准进行赔偿。

③ 有关具体的行动方针,参照:2007年8月3日厚生労働省告示276号「外国人労働者の雇用管理の改善等に関して事業主が適切に対処するための指針」。

④ 東京地方裁判所1992年7月7日判決·労働判例618号36頁。

者,要以非法就业助长罪受到处罚(《入国管理法》第73条之2第1款)。

禁止以劳动者的国籍为由,对有关劳动条件差别对待(《劳动基准法》第3条)①。禁止的宗旨也涉及非法就业者的情形,该条规定对外国人相互之间(比如具有"定住者"在留资格的日裔与其他外国人)的劳动条件的差别,也被认为应该适用。

为了改善上述外国人劳动的雇佣管理,根据《劳动施策推进法》第7条制定了指南②。

36
国际劳动纠纷与裁判所

在国际一体化的发展中,国际劳动纠纷也在增加。一方面,日本企业在外国有劳动诉讼的经历;另一方面,日本的裁判所也处理外国企业和外国劳动者的诉讼。比如具有法国法人资格的在日本的营业所,其雇佣的美国人要求退职金的事案,裁判所对英文和法文的合同书的记载内容进行比较,作出判断,这是很有意思的③。

经常出现的问题是裁判管辖和准据法。德国航空公司的日本乘务员(工作地点为日本)因为减少补贴提起争议的案例,判决认为:①被告德国航空公司因为在日本有营业所,因此涉及日本的裁判管辖权;②雇佣合同的准据法遵从当事人的意思(旧法例第7条),对照本案的各种情况,可以认为是对德国法的内容的合意;③德国法认可本案这种减少补贴的情形。因此判原告日本乘务员败诉④。另外,还有美国航空公司的日本乘务员事案,因为在合同中将专属的裁判管辖指定为美国裁

---

① 日立製作所事件・横浜地方裁判所1974年6月19日判决・労働関係民事裁判例集25卷3号277頁参照。另外,有案例中,有关对外国人实习生和日本人雇员在宿舍费用及水电费的扣除方面存在较大差距问题,判断认为其违反《劳动基准法》第3条。デーバー加工サービス事件・東京地方裁判所2011年12月6日判决・労働判例1044号21頁。

② 2007年8月3日厚生労働省告示276号、2019年3月改訂。

③ バンク・インドスエズ事件・東京地方裁判所1993年3月19日判决・労働判例636号70頁。

④ ルフトハンザ航空事件・東京地方裁判所1997年10月1日判决・労働判例726号70頁。

判所,因此,日本的裁判所没有管辖权,原告日本乘务员败诉①。

此后,2006年制定了取代旧法例的《法律适用通则法》,对劳动合同作了特别规定(第12条)。当事人以准据法的选择为基本,如果没有特别选择,作为"该劳动合同关系最密切之地法律"适用劳动力提供地的法律(第3款)。另外,在当事人即使选择了法律适用的情形下,劳动者如果对雇主表示应该适用劳动力提供地的法律中特定的强制性规定,则可以受到该强制性规定的保护(第1款、第2款)。

另外,2011年修改《民事诉讼法》,新设了国际裁判管辖的规定,关于个别劳动关系的诉讼按照以下规定处理:①劳动者对雇主提起诉讼,可在劳动力提供地所在国提起;②雇主对劳动者提起诉讼,原则上只能在劳动者的住所所在国提起;③关于事前的国际裁判管辖的合意的效力是受到限定的(第3条之4第2款、第3款,第3条之7)。

为了保护劳动者,与以前相比更加重视劳动力的提供地。现在,对上述判例如何进行判断,有各种各样的思考吧。

第三节　劳动条件的决定体系

劳动需要规定的各种条件,比如:工资的计算和支付方法,劳动时间和休息休假,规章制度,安全卫生以及劳动灾害补偿等,这被称为劳动条件,其大多成为了劳动合同的内容。那么,这些劳动条件是以怎样的方法和基准加以决定的呢?

本来,劳动条件原则上是通过个别劳动者与雇主的合意,可以自由决定。劳动也是一种经济行为,在此基础上,通过自由对等的意思一致来决定对价和条件,这是当然的出发点。《劳动基准法》规定"劳动条件应在劳动者

---

①　ユナイテッド航空事件・東京高等裁判所2000年11月8日判決・労働判例815号77頁。

与雇主对等的立场上加以决定"(第 2 条第 1 款),《劳动合同法》规定"劳动合同是基于劳动者以及雇主的对等立场上的合意"而订立和变更(第 3 条第 1 款),这些都明确了劳资对等决定原则。但是,仅仅通过个别合意的方式来决定劳动条件,在现实中会产生种种不便,劳资双方不可能真正站在对等的立场上,实际上也是这样,在经济不景气使劳动力供需体系崩溃时,劳动者只能处于悲惨的恶劣的劳动条件下,因此,对劳动条件的决定,如下所述增加了多种规制。

第一,劳动条件通过立法成为了被规制的对象(参照《宪法》第 27 条第 2 款)。《劳动基准法》将"必须满足劳动者作为人在生活上的需要",作为应该追求的劳动条件的基本课题(《劳动基准法》第 1 条第 1 款),就是这样的表现。第二,劳动条件增加了通过集体谈判的集团的规制,即根据集体协议进行规制(《劳动组合法》第 16 条)。第三,雇主设定的就业规则或劳动习惯那样的不成文法,也成为了规制劳动条件的要素。

这样,劳动条件以个别的合意为基础,同时在复合的体系框架内被加以决定。

38 一、劳资的自主规范

(一) 劳动合同

劳动合同是指劳动者向雇主提供劳动,雇主对此支付工资的合意。关于这样的合同,《民法》上称为"雇佣",在第 3 编第 2 章作为典型合同之一作了种种规定(第 623 条以下)。《劳动基准法》有关该合同,在劳动合同的名称之下,加入了劳动条件的明确化、最低基准的设定等现代的政策目的,进行独自的规制(第 13 条以下)。此后,2008 年 3 月实施的《劳动合同法》,在规定了劳动合同的各项原则的同时,规定了从劳动合同的成立、展开到继续、终止的基本事项,力图实现个别劳动关系的安定。

1. 劳动合同的成立

劳动合同具有劳动者"被雇主所使用的劳动"之意,以及雇主"对此支付工资"之意,通过两者的"合意"而成立(《劳动合同法》第 6 条),这是劳动合同的成立要件。这样的意思一致在没有确定发生阶段不能说劳动合同已经成立。应届毕业生就业协议(内定)之前的内定状态(内内定),在不被认为存在确定的意思一致时,不存在有关劳动合同成立的意思一致。另外,交付入职通知书时,劳动者出现"想再考虑一下"而保留该合意等情形时,确定的回答被保留,直到劳动合同成立之前,意思一致不被认可①。

　　劳动合同是诺成、不要式的双务合同,实际上也是这样,订立合同时很少有交付合同书的。但如后面所述的那样(参照第 70 页),劳动条件中有关工资和劳动时间以及其他命令规定的事项(劳动合同的期限,就业场所和应该从事的业务,劳动时间,工资,退职的有关事项),被赋予了通过书面形式加以明示的义务(《劳动基准法》第 15 条第 1 款,《劳动基准法施行规则》第 5 条第 2 款、第 3 款)。该"书面",并非指合同书,也不是根据书面的劳动条件的明示成为劳动合同的有效要件。但是,被明示的劳动条件,至少可以作为劳资合意事项的推定,可以说是合同解释的重要资料。另外,关于非全日制固定期限劳动者的劳动合同,因为容易对有关合同内容产生争议,因此,除了《劳动基准法》第 15 条的规定事项以外,必须明示有关"特殊事项"的文书交付及其他方法[《非全日制劳动法》第 6 条,《非全日制劳动及有期劳动法》(2020 年施行)第 6 条;参照第 153 页]。 ₃₉

　　雇主要使劳动者深入理解劳动合同的有关内容(《劳动合同法》第 4 条第 1 款),该"劳动条件的理解促进义务"与《劳动基准法》第 15 条的明示义务相比,有必要更广泛地履行。另外,还涉及比该条的明示义务更广泛的范围。有的企业有训示规定,但这可能影响到对劳动合同变更的合理性的判断(有一个《劳动合同法》实施前的案件,退职金制度的转换带来就业规则的变更,在全体职工的早会上说明以及在休息室墙壁上张贴就业规则的内容,不被认为是"实质的告知",因此,该变更的效力被否定②)。

2. 劳动合同的机能

　　实际上,劳动者对订立劳动合同不一定有很多的自觉性,因此,劳动合

---

①　わいわいランド事件・大阪高等裁判所 2001 年 3 月 6 日判决・劳働判例 818 号 73 页。
②　中部カラー事件・東京高等裁判所 2007 年 10 月 30 日判决・劳働判例 964 号 72 页。

同在决定劳动条件中的作用可能受到限制。但是,从更为广阔的视野重新审视劳动条件的决定体系时,在现代的雇佣情形中,劳动合同的作用在以下方面反而增大了。

第一,劳动合同是决定劳动条件的形式上的根据。很多劳动条件是根据就业规则和集体协议的规定被决定的。但是,就业规则的规定具有规制劳动合同的最低限度,并成为劳动合同的内容的意义。也就是说,就业规则通过成为劳动合同上的权利和义务,可以首先对雇主和劳动者加以限制。其意味着,决定劳动条件的直接的形式上的根据仍然是劳动合同,有关合同的各种法律制度发挥着重要作用。

第二,在劳动条件中,有的不适合根据就业规则或集体协议等集体规则加以决定,而只是个别的加以决定的类型,典型的是关于个别劳动者的劳动场所和业务内容这样的劳动条件,只有通过个别的合意来决定(《劳动合同法》第 6 条)。作为劳动合同订立时应该明确的劳动条件,尽管明示了"就业场所以及应该从事有关业务的事项"(《劳动基准法施行规则》第 5 条),但作为就业规则的必要的记载事项仍然欠缺(《劳动基准法》第 89 条)就是这个原因。近年来,关于工资也通过成果主义工资制度等来强调个别待遇,个别合意的作用变得更为重要。

第三,近年来显著增加的倾向是,非全日制、固定期限劳动者和派遣劳动者等非正规雇佣者的劳动条件的决定,与通常雇佣相比,对劳动合同的依存程度更高。因为这些劳动者,对就业规则和集体协议的适用少于一般的劳动者,这是实情,并且很多个别劳动者都会被单独设定劳动条件。

3. 合意原则

对以劳动合同为中心产生的劳动合同的订立、内容、变更以及终止等各种问题加以规范为目的的法,是一般意义上的《劳动合同法》。日本在很长的时期内没有《劳动合同法》,2007 年制定了《劳动合同法》,2012 年在易产生很多法律纠纷的固定期限劳动合同的部分(第 4 章)增加了第 18—20 条的内容。

《劳动合同法》的基本理念最为重要的是"合意原则",劳动合同从成立到履行、变更的全过程,都必须在"合意原则"的支配下(《劳动合同法》第1条)。即,劳动合同应该通过劳资对等的立场"基于合意"订立、变更(第3条第1款),劳动合同是劳动者被使用的劳动,雇主支付工资,劳资"根据合意"而成立(第6条)。另外,成为劳动合同内容的劳动条件的变更,可以是劳动者和雇主"根据合意"加以变更(第8条),而在根据就业规则加以变更的场合也是一样,雇主与劳动者如果"没有达成合意",原则上不能变更劳动条件(第9条)。

　　《劳动合同法》为何如此强调合意的原则呢? 如上所述(参照第39页),在现在的劳动条件决定、变更体系中,围绕劳动合同的个别合意和交涉机能,不论在理论上还是实践上都在增加。在这里,对劳动合同在各种情形下的反复确认,是考虑到使劳动关系安定。但如果如此重视合意的存在,反过来会带来只要得到劳动者的同意,无论怎样不利的变更都有可能产生法律效力的问题。因此,最高裁判所开始在很多判例中提出,只有合意还不够,该合意还要求为"基于自由的意思"(参照第355页)。

　　另一方面,《劳动合同法》也预定了达成的合意为不妥当时的重要的例外(第9条但书)。通过变更就业规则来变更劳动条件就是如此(第10条、第11条)。这样的《劳动合同法》,尽管强调合意的原则,但不仅缺乏确保实质性合意的机制(程序或制度),法律上还承认了对不符合合意的劳动合同的变更方法。

(二) 就业规则

　　就业规则是雇主制定的有关劳动条件和服务规则等事项的规则(详见第二章第五节"就业规则")。

　　将适用于职场的几乎全部的劳动条件制定成就业规则并呈报,是《劳动基准法》课以雇主的义务(《劳动基准法》第89条)。制定就业规则时,必须听取企业过半数劳动者建立的工会,或者没有这样的工会时企业过半数劳动者代表的意见,但不是必须得到其同意(《劳动基准法》90条)。就业规则一旦被制定,低于该就业规则基准的劳动合同无效,无效的部分适用所制定的就业规则(《劳动基准法》第93条,《劳动合同法》第12条)。但是,就业规则的制定不得违反强制性法规以及该职场的集体协议规定的基准(《劳动基准法》第 92 条,《劳动合同法》第 13 条)。

在就业规则上合理的就业条件被制定,并告知劳动者的情况下,通过该就业规则制定的劳动条件成为劳动合同的内容(《劳动合同法》第 7 条)。另外,根据就业规则的变更来变更劳动条件的情况下,如果该变更是合理的,并且变更的就业规则向劳动者告知的情况下,劳动条件按照变更后的就业规则决定(《劳动合同法》第 10 条)。

从就业规则的法律上的定位来看,通过就业规则决定劳动条件,一般雇主具有主导权和最终的决定权。这里看不到像其他国家那样由劳资共同决定劳动条件的思考方法。另外,有关劳动条件的内容,在该职场的集体协议42 不被适用时,限于不违反强制法规和公共秩序,雇主可以在合理的范围内自由设定。因此,职场全体劳动者所适用的劳动条件的决定权,很大程度上委托给了雇主。

但是,根据制定的就业规则来决定劳动条件,不是雇主的权利,而是课以雇主的义务。这个意义上的雇主,有义务根据法律规定,通过制定就业规则,在该职场设立符合《劳动基准法》宗旨的合理的劳动条件。

(三) 集体协议

集体协议是工会与雇主以及雇主团体之间,关于劳动条件等的书面协定(《劳动组合法》第 14 条)。工会具有代表会员利益与雇主进行集体谈判,设定会员及其他劳动者的劳动条件的权利(详见第三章第三节"集体协议")。

集体协议所规定的劳动条件的基准,不能违反强制性法规。劳动合同中违反集体协议基准的部分为无效,无效的部分按照所定的集体协议的基准(集体协议的规范的效力)。《劳动组合法》第 16 条)。另外,就业规则不能违反该职场所适用的集体协议的规定(《劳动基准法》第 92 条第 1 款,《劳动合同法》第 13 条)。这样,集体协议在决定劳动条件时,处在劳动合同和就业规则的上位规范的位置。集体协议设定的劳动条件的适用,原则上限于协议当事人的工会会员,除此之外的劳动者只在涉及集体协议的一般约束力的情况下(《劳动组合法》第 17 条、第 18 条)才被适用。因此,集体协议设定劳动条件的机能和范围与就业规则并不一致。

这样,集体协议与在工会的组织力的背景下谈判的成果相比,被赋予了设定劳动者劳动条件的机能。劳动者订立这样的集体协议,通过加入工会的行为得到总括性授权,工会没有必要对每个条款的修改从工会会员开始进行个别授权。当然,集体协议设定的劳动条件的范围,或者集体协议的效力所涉及的范围,也是关系到"个人与集体"问题的重要的论点(参照第 206 页)。

(四)按照劳动惯例行事(劳资惯行)

43

一般的劳动,是企业在独立的人的、物的结合体(部分社会)的框架内,长期反复地持续进行生产和事务处理的行为,因此,在企业内会发生很多按照一定惯例行事的情况(有的国家超越企业的框架,在地域和产业层面按照劳动惯例行事,但在日本基本看不到这样的事例)。这里,不是基于劳动合同、就业规则、集体协议等的明示的规定,而是将长期形成的劳动关系的规则,作为劳动条件的日常的弹性的基准而发挥作用。当然,按照劳动惯例行事并非简单可以成立,必须存在以下的实际状况:①同种类的行为、事实在一定范围内长时间被反复持续地进行;②劳资双方没有作出对此加以排除和排斥的明确表示;③该惯例行事根据劳资双方的规范意识来加以支撑,特别是企业方面对该劳动条件具有决定权或裁量权的人,要在实态上具有规范意识[1]。

按照劳动惯例行事有各种各样的存在形式,与此同时,其法律意义也有必要进行多样的评价。

第一,对就业规则或集体协议的规定未加预定的劳动条件及其他待遇所做的一定的处理,经过长期的反复持续,就可以认为劳动合同的当事人具

---

[1] 商大八戸ノ里ドライビングスクール事件・大阪高等裁判所 1993 年 6 月 25 日判决・労働判例 679 号 32 頁。同事件・最高裁判所第一小法廷 1995 年 3 月 9 日判决・労働判例 679 号 30 頁。

有以此为依据的意思(比如命令转岗时事先做好内部指示的惯例)。这里如果被认为是"默示的合意"的话,就成为劳动合同本身,不是这样的话也作为"事实习惯"(《民法》第 92 条)成为劳动合同的解释的基准。在这样的场合,劳动者可以请求按照自己的劳动条件的惯例来处理。另外,雇主强行废止这种劳动惯例的话,大多会受到权利滥用或违反诚信原则的负面评价,雇主对工会的要求应对不力,有时也会构成不当劳动行为。

第二,在劳动惯例中,存在适合职场情况、以制定细则为目的的就业规则等一般的抽象的规定(比如,在转岗的内部指示的规定之下,要按照 2 周前发出内部指示的惯例行事)。不仅如此,像规避就业规则的基本方针那样运用惯例行事的情况也是存在的。这样的惯例行事,其内容被认为合理时,就具有了作为就业规则等规定的解释基准的意味,与就业规则成为一体,被认为具有同一效力。

第三,即使就业规则存在有关劳动条件的规定,现实中按照惯例行事也与就业规则规定的基准作不同的处理。另外,有的劳动惯例脱离了对就业规则字面的通常文理解释运用,也被长期实施。比如,就业规则规定"公司在特别必要时才被认可"以"嘱托"的形式再雇佣,即使有这样的规定,也有判例认为"限于没有特别的欠格事由,该职员直接以嘱托形式再雇佣的劳动惯例可以确立"①。雇主强行废弃已经确立的劳动惯例的话,会受到权利滥用和违反诚信原则的负面评价。雇主如果想废弃,必须尽力按照就业规则和集体协议规定的变更程序,按照原本的规定处理。

二、《劳动基准法》等强制性法规

(一) 公序与强制性规定

劳动法的规范是以劳资间的合意为基础的,即便如此,国家也要进行直接规制,包括劳资间自由合意不被允许的领域。也就是说,各种劳动立法上的许多规定,根据"公序"有很多强制性法规,发生与之不同的法律行为时这

---

① 大荣交通事件·东京高等裁判所 1975 年 7 月 24 日判决·劳働判例 245 号 26 頁。

些法律行为无效(参照《民法》第 90 条、第 91 条)。另外,许多判例在各劳动法律没有规定时,也直接援用公序,对雇主的雇佣上的措施作出无效的判断,公序作为劳动法的重要的规范被援用。比如,《男女雇佣机会均等法》制定以前,对退休上的歧视没有法律解决规范,有的判决认为,就业规则规定的退休年龄,"仅根据性别规定不合理的差别,根据《民法》第 90 条为无效"[①]。如今也是一样,比如,有关竞业禁止义务在劳动法上没有解决规则,其是否成立要援用公序上的判断[②]。其他方面,如对休息休假的权利行使的不利益对待等,公序作为多样的事案解决的规范被援用。

关于强制性规定,《劳动基准法》第 13 条和《最低工资法》第 4 条第 2 款不仅规定了如下所述的单方面的强制效力,还规定了直律的效力。但是,在没有这些规定的强制性规定中,是否应承认其直律效力,这是存在争议的,判例对此加以否定。其意味着,劳动法上的强制性法规,在其强行性的程度上是有轻重之别的[参照下文(四)]。

(二)《劳动基准法》及其实效确保

《劳动基准法》为了确保有关劳动条件的规定的实效性,采取了三种方式。一是私法上的强行的、直律的效力以及附加金;二是刑法上的对于违反各项规定的罚则;三是行政上的关于劳动基准的行政监督。

1. 强行的、直律的效力

《劳动基准法》规定的劳动条件的基准,即使根据当事人的合意也不能低于该基准。具有这样性质的规定被称为单方面的强制性规定。比如,《劳动基准法》"1 日不能超过 8 小时劳动"的规定(《劳动基准法》第 32 条第 2 款)。因此,比如劳动者方面提出"希望 1 日劳动 10 小时"的申请,即使达成了合意,劳动合同"关于该部分无效",也就是说,1 日劳动 10 小时的权利和义务是无效的(《劳动基准法》第 13 条前段)。

---

① 日产自動車事件・最高裁判所第三小法廷 1981 年 3 月 24 日判决・最高裁判所民事判例集 35 卷 2 号 300 頁。

② 有关初期的案例,参见:フォセコ・ジャパン・リミティッド事件・奈良地方裁判所 1970 年 10 月 23 日判决・判例時報 624 号 78 頁。

在这种情况下,无效的部分要按照法律规定的基准执行(《劳动基准法》第13条后段)。亦即,《劳动基准法》规定的劳动条件,直接纳入为劳动合同的内容,构成了劳资的权利和义务,这被称为"直律的效力"(也称"补充的效力"),制定最低劳动条件的政策目的被直接反映在私人间的合同中,具有独特的效力。

上述效力,只针对劳动合同中有关违反《劳动基准法》的部分而产生,除此以外的部分,效力不受影响,再如工时、工资那样有较强关联的劳动条件之间也不例外。比如,在合同上规定了"1日劳动10小时,工资1万日元"的情况下,除了小时工资的规定和被解释的情况外,该合同可以修改为"1日劳动8小时,工资1万日元",而不能修改为"1日劳动8小时,工资8千日元"①。

另外,已经签订的劳动合同违反了《劳动基准法》等强制性法规和公序良俗(比如违反了《劳动基准法》第56条使用未满最低就业年龄儿童的合同),该劳动合同全部无效。但即便如此,根据劳动力提供的客观事实的存在,也可以与具有劳动合同作同样的处理,所以,对已经提供的劳动,不能拒绝工资的支付,对工伤的赔偿责任不能免除。

2. 附加金

裁判所对应该按照《劳动基准法》的规定支付工资或津贴(即:第20条解雇预告津贴、第26条休业津贴、第37条加班工资、第39条第7款带薪休假工资)而未支付的雇主,在要求其支付欠薪的基础上,还可以命令其向劳动者支付最高与欠薪等额的附加金(《劳动基准法》第114条)。即对违反这些规定拖欠各项工资或津贴的雇主,要求其最高支付相当于欠薪的双倍的数额,通过这样的规定,具有了提高实效性的含义。从该条法律规定的文意出发,是否命令雇主支付附加金,根据裁判所的裁量。但是,近年来,对不支付加班费等恶劣的违反劳动时间规制的事案,裁判所经常命令雇主支付附加金。但在最高为"等额"的范围内可能是什么样的数额,委以裁判所裁量,

---

① 橘屋事件・大阪地方裁判所1965年5月22日判决・労働関係民事裁判例集16卷3号371頁。

裁判所要对雇主违反《劳动基准法》的程度、样态，劳动者受到的不利益的性质和内容，违反的经过和雇主的对应等加以考虑，命令雇主按照多样的比率和数额支付（比如，不是按照"等额"而是认可支付 70％的判例①。另外，认定加班工资为 750 万日元，而相对应的附加金为 300 万日元的判例②）。

附加金的本质不是弥补劳动者的损害，而是根据裁判所的判断考虑民事罚则而被法定的内容。所以，雇主的附加金支付义务的发生，不是在劳动者提出请求时，而是在裁判所支付命令的确定时③。另外，即使劳动者提出诉讼，上述各项规定的违反状态被解除时，例如违反《劳动基准法》第 20 条而提起诉讼以后，相当于解雇预告津贴的数额被支付完了时，不能命令支付附加金④。劳动者要求雇主支付加班工资的诉讼，最高裁判所认为在事实审查的口头辩论结束之前，雇主向劳动者支付完了这部分加班工资，因为违反义务的状况消灭了，所以裁判所不能再命令雇主支付与这部分加班工资相关联的附加金⑤。

另外，从民事诉讼费计算的观点来看，最高裁判所认为，请求休业津贴（《劳动基准法》第 26 条）伴随的有关附加金，"也同时具有填补雇主不履行休业津贴等的支付义务，对劳动者带来的损害的意味"，适用《民事诉讼法》第 9 条第 2 款，诉讼的附带目的的附加金数额不算入诉讼目的的数额⑥。

3. 罚则

《劳动基准法》规定了劳动条件的基准，违反这些基准基本上都要处以

47

---

①　学校法人関西学園事件・岡山地方裁判所 2011 年 1 月 21 日判決・労働判例 1025 号 47 頁。

②　エーディーティー事件・大阪高等裁判所 2012 年 7 月 27 日判決・労働判例 1062 号 63 頁。

③　江東ダイハツ自動車事件・最高裁判所第一小法廷 1975 年 7 月 17 日判決・労働判例 234 号 17 頁。

④　細谷服装事件・最高裁判所第二小法廷 1960 年 3 月 11 日判決・最高裁判所民事判例集 14 巻 3 号 403 頁。

⑤　ホッタ晴信堂薬局事件・最高裁判所第一小法廷 2014 年 3 月 6 日判決・労働判例 1119 号 5 頁。

⑥　最高裁判所第三小法廷 2015 年 5 月 19 日判決・最高裁判所民事判例集 69 巻 4 号 635 頁。

罚则(第 117—120 条),不仅如此,该处罚根据所谓"两罚"规定,违反行为的实行者和雇主两者均不被遗漏地成为罚则的对象(第 121 条)。

即,根据第 121 条第 1 款,企业主的代理人(包括受委任的律师)和雇主发生违反各条款的行为时,该行为人不仅受到处罚,还对该企业主(也包含法人、自然人)课以各条规定的罚款处罚。仅限于企业主(在这里是自然人,法人的场合是其代表人)在人员和预算等方面采取必要的措施以防止违反情形发生时,可以免除对企业主的处罚。以上构成了两罚规定。

不仅如此,根据第 121 条第 2 款,企业主(自然人)明知违反的计划和行为而未对其采取防止、纠正的措施时,以及教唆这种违反行为时,行为者成为独立的处罚对象(不仅是罚款处罚,还要被判刑)。这样,根据本条的全部的构成,对于第 1 款的违反行为不充分满足第 1 款但书,并相当于第 2 款时,理论上也有可能对三者(行为人、法人、代表人)处罚。

4. 行政监督

在劳动行政上,通过设置《劳动基准法》和关联法规的专门的管理监督机构,以确保法律的遵守。这样的监督机构,在厚生劳动省设置了劳动基准局,另外在其下有都道府县劳动局(劳动基准部所管),各都道府县辖区设置了劳动基准监督署(《劳动基准法》第 97 条第 1 款)。其指挥监督关系由厚生劳动大臣—劳动基准局长—都道府县劳动局长—劳动基准监督署长的上下层次构成(《劳动基准法》第 99 条)。这些监督机构,配备专属的劳动基准监督官。劳动基准监督官与其他国家公务员有不同的任免方法,是具有独立资格和权限的专职行政监督官。

在上述监督机构中,相当于《劳动基准法》上的行政监督第一线的是劳动基准监督署,其署长根据《劳动基准法》的各项规定,处理临检、询问、许可、审查、仲裁等事项。劳动基准监督官可以行使对职场临检,要求提出账簿,进行必要询问等权利(《劳动基准法》第 101 条)。对有关违反《劳动基准法》的犯罪,可以行使逮捕、搜查等《刑事诉讼法》规定的司法警察官的职权(《劳动基准法》第 102 条)。劳动基准监督署长和劳动基准监督官如果认为必要,可以要求雇主或劳动者报告或约谈(《劳动基准法》第 104 条之 2)。

为了发挥行政监督的实效,在劳动者认为职场发生了违反《劳动基准法》(或基于该法的命令)的事实时,具有向行政机关和劳动基准监督官申告的权利,雇主不能以此为由对劳动者实施解雇和其他不利益对待(《劳动基准法》第 104 条)。另一方面,雇主必须对各个职场的职工名簿和工资台账按照所规定的事项加以记载(《劳动基准法》第 107、108 条),并必须与其他重要的文书一同保存 3 年(《劳动基准法》第 109 条)。

(三) 职场协定、劳资委员会决议

1. 强制性法规及其缓和

《劳动基准法》和其他许多劳动法规规定了"最低"劳动条件(《劳动基准法》第 1 条第 2 款)。因此,这样的法规,原则上设定了确保作为劳动条件最低基准的"底线支撑"的各项规定。但作为该原则的例外,通过职场的劳资合意,为缓和及变更劳动条件的最低基准规定了两种方式,承认其弹性规制的可能性。

2. 职场协定

基于《劳动基准法》及其他法规,雇主与该职场的职工代表签订的书面协定被称为"职场协定"(也被称为"劳资协定")。以劳动时间的有关规定为中心,在更为广泛的领域利用该协定预设劳动条件,成为劳动条件的决定体系中的重要因素。其主要的适用范围如下表显示的那样,涉及广泛的领域。相对于各项法律规定的有关劳动条件基准的原则,任何劳资协定的订立都是以承认劳动条件基准的例外(基准的缓和)为目的的。

主要的职场协定与劳资委员会决议

职场协定及劳资委员会决议的种类	是否需报备 (要√,不要×)	可否由劳资委员会决议替代职场协定 (可√,否×)	仅劳资委员会决议可决定的事项
劳动基准法			
储蓄金管理协定 (第 18 条第 2 款)	√	×	

（续表）

职场协定及劳资委员会决议的种类	是否需报备(要√,不要×)	可否由劳资委员会决议替代职场协定(可√,否×)	仅劳资委员会决议可决定的事项
工资扣除协定 (第 24 条第 1 款但书)	×	×	
一个月单位的变形工时制协定 (第 32 条之 2 第 1 款)	√	√	
灵活工时制协定 (第 32 条之 3 第 2 款)	×	√	
一年单位的变形工时制协定 (第 32 条之 4 第 1、2 款)	√	√	
一周单位的变形工时制协定 (第 32 条之 5 第 1 款)	√	√	
集中休息时间的例外之协定 (第 34 条第 2 款但书)	×	√	
法定工时外以及休息日劳动协定 (第 36 条第 1、2、5 款)	√	√	
加班调休协定 (第 37 条第 3 款)	×	√	
工作场所外劳动的拟制工时协定 (第 38 条之 2 第 2 款)	√	√	
专门业务型裁量劳动协定 (第 38 条之 3 第 1 款)	√	√	
企划业务型裁量劳动决议 (第 38 条之 4 第 1 款)	√	—	√
小时为单位的年休假给付协定 (第 39 条第 4 款)	×	√	
计划性年休假协定 (第 39 条第 6 款)	×	√	
年休假工资的日标准报酬协定 (第 39 条第 9 款但书)	×	√	
高度专业人才工时规制豁免决议 (第 41 条之 2 第 1 款)	√	—	√

（续表）

职场协定及劳资委员会决议的种类	是否需报备（要√,不要×）	可否由劳资委员会决议替代职场协定（可√,否×）	仅劳资委员会决议可决定的事项
有关进行育儿或家庭成员护理的劳动者的福祉的法律			
育儿休业对象劳动者的除外协定（第6条第1款但书）	×	×	
护理休业对象劳动者的除外协定（第12条第2款）	×	×	
劳动者派遣法			
禁止不合理的差别待遇或不利待遇之规定的除外协定（第30条之4第1款）	×	×	

　　这样的职场协定也是以职场为单位订立的[①],协定的一方当事人是对劳动者具有权利义务归属主体的雇主,也就是企业主。另一方当事人是职场过半数劳动者组成的工会,没有这样的工会情况下是过半数劳动者的代表。成为该情形下代表的母体的劳动者,是职场的全体劳动者,比如,关于加班和休息日劳动的协定也是一样,被认为包含了适用除外的管理监督人员以及被禁止的未成年工。另外,许多职场协定有必要向劳动基准监督署长申报,但企业很多职场分散存在,由总部的人事部门进行统一的劳动人事管理时,如果总部的协定与工厂的协定的主要内容相同,并提出了要申请的职场协定的部数,在这两个要件下,可以由总部一并申请[②]。

　　职场协定的效力覆盖该职场的全体劳动者,也就是说,他们的劳动条件的决定体系,在不取决于雇主的单独决定这一点上与就业规则不同,在过半数劳动者组成的工会作为当事人但对工会以外的劳动者也当然适用这一点

---

① 有案例中认为,在本公司所订立的以"专门业务型裁量劳动"为对象的职场协定,不适用于区别该裁量劳动的其他工作场所的劳动者。ドワンゴ事件・京都地方裁判所 2006 年 5 月 29 日判决・労働判例 920 号 57 頁。

② 2003 年 2 月 15 日労働基準局長名で発する通達 0215002 号。

上与集体协议不同。另外，雇主在《劳动基准法》上负有将职场协定使劳动者周知的义务（《劳动基准法》第 106 条第 1 款）。

职场协定的适用领域丰富多彩，其在劳动合同上带来怎样的效力影响，还不能一概而论。有观点认为，只要订立职场协定，就对适用对象的劳动者产生私法上的效力（比如《劳动基准法》第 39 条第 6 款的计划年休假协定）。也有观点认为，还需要另外以就业规则等为根据。还有观点认为，后者的有关就业规则的根据，是要考虑职场协定的种类，要求符合就业规则的规定，还必须与劳动者个人形成合意。关于各种各样的职场协定，必须对照其宗旨准确定位其性质。

3. 过半数劳动者的代表

职场协定的订立，在该职场没有过半数劳动者组成的工会时，由过半数的劳动者的代表来承担。过半数的劳动者的代表必须是能够代表劳动者利益的人。不适用《劳动基准法》有关劳动时间等规定的管理监督人员（《劳动基准法》第 42 条第 2 项），不能被选拔任命为该劳动者的代表（《劳动基准法施行规则》第 6 条之 2 第 1 款第 1 项；有的判例认为，包含公司役员在内的由全体职员组织的友爱团体的代表，自动成为劳动者的代表而订立加班的职场协定，被判为无效①）。该劳动者代表的选举，必须经过劳动者投票或举手表决的民主程序（同款第 2 项），不能根据雇主的意向进行选举②。雇主不能对该过半数劳动者的代表，或想要成为该过半数劳动者代表的人，以及以该过半数劳动者代表的正当行为为由，进行不利益对待（同款第 3 项）。

过半数劳动者的代表，不只是订立多样的职场协定或接受劳资委员会的指名，还承担就业规则的制定、变更中的意见听取任务。

4. 劳资委员会决议

职场设劳资委员会，未经劳资委员会五分之四以上委员的多数决议，不

---

① トーコロ事件・最高裁判所第二小法廷 2001 年 6 月 22 日判决・労働判例 808 号 11 页。
② 平成 11・1・29 基発 45 号；为了专业业务型裁量劳动制的职场协定中，劳动者代表的选出方式不是基于员工的意思，则不能运用该制度，作出这样判决的案例是：乙山彩色工房事件・京都地方裁判所 2017 年 4 月 27 日判决・労働判例 1168 号 80 页。

能实行企划业务型的裁量劳动制(参照第 253 页)或高度专业人员劳动制
(参照第 273 页)(上表第 4 列)。但是,该劳资委员会不仅针对这两项制度
而设立,还对一般的工资、工时及有关该职场劳动条件的事项进行调查审
议,作为以向雇主陈述意见为目的的委员会而被设立(《劳动基准法》第 38
条之 4 第 1 款,第 41 条之 2 第 1 款)。劳资委员会由雇主和劳动者的代表
构成,但其要件是,委员的半数根据该职场过半数劳动者组成的工会,或者
没有这样的工会的情况下该职场过半数劳动者的代表,在规定的任期内被
指名。另外,有义务对有关议事的议事录进行制作、保存和告知(《劳动基准
法》第 38 条之 4 第 2 款第 2 项)。

满足了这样的要件,就可以认为劳资委员会的决议反映了该职场过半
数劳动者的意思,因此,根据劳资委员会委员的五分之四以上的多数产生的
决议,具有了代替职场协定的地位。也就是说,上表第 3 列中带有符号"√"
的 12 个项目,相关的各自事项所订立的职场协定可以由劳资委员会的决议
代替。另外,在其各个项目中,有关必须向行政机关提出申请的职场协定,
必须提出由劳资委员会决议代替该职场协定的申请。

(四)《劳动基准法》以外的强制性法规

有关劳动条件基准的强制性规定,除了《劳动基准法》以外,还包含在其
他各种法规之中。

首先,强制性规定被置于行政监督之下,如果违反将被课以罚则。比
如,《最低工资法》对没有达到该法规定的最低工资的劳动合同,该部分为无
效,无效的部分被视为按照最低工资的规定(第 4 条第 2 款)。与《劳动基准
法》第 13 条规定的相同,《最低工资法》规定的有关最低工资具有强行的、直
律的效力。另外,雇主应该遵守《劳动安全卫生法》上的义务。比如,安全卫
生教育(《劳动安全卫生法》第 59 条)和健康诊断(《劳动安全卫生法》第 66
条)等义务,违反者要被课以罚则。

其次,虽然是强制性规定但也以私法的强制为中心,即使违反也不课以
罚则而是将其置于行政指导和建议的类型中。比如,《男女雇佣机会均等
法》规定,雇主在招聘中有平等对待的义务(第 5 条),在有关岗位配置、晋

升、降格、教育培训(第 6 条第 1 款)、福利厚生(第 2 款)、工种及雇佣形态变
更(第 3 款)、奖励退职、退休、解雇、劳动合同更新(第 4 款)等方面禁止性别
歧视。禁止以婚姻、妊娠、生育为由的不利益对待(第 9 条)。这些都是强制
性规定,发生差别对待的法律行为无效①。《育儿护理休假法》规定,劳动者
向雇主提出申请,可以获得所规定的育儿休假和护理休假(第 5 条第 1 款,
第 11 条第 1 款),雇主不得拒绝该申请(第 6 条、第 12 条),也不得以申请休
53　假和实施休假为由实行解雇等不利对待(第 10 条、第 16 条)。以上均为强
制性规定,即使存在放弃育儿休假的合意和就业规则的规定,也为无效。另
外,该规定当初是作为努力义务的规定而被制定的,但后来经历很多过程而
被修改为强制性规定。

　　再次,即使是强制性规定,也可以看到很多没有像《劳动基准法》第 13
条和《最低工资法》第 4 条第 2 款那样规定直律的效力的情况。有的观点认
为,违反了这些规定时,即使没有规定直律的效力,也可以请求没有违反这
些规定的地位确认和差额工资。在这一点上,判例大多予以否定,有判例认
为,关于《非全日制劳动法》第 9 条[《非全日制劳动及有期劳动法》(2020 年
施行)第 9 条],由于该条只不过规定了禁止差别对待,因此不能根据该条请
求确认其具有与正规劳动者接受同样待遇的劳动合同上的权利地位②。另
外,根据《劳动合同法》第 20 条③,在有期雇佣劳动者的劳动条件与正规雇
佣劳动者之间存在不合理的差异之时,存在不同的劳动合同的部分即使为
无效,"根据该条的效力,该有期合同劳动者的劳动条件不能与作为比较对
象的无期合同劳动者的劳动条件等同"④。

---

① 広島中央保健生活協同組合事件·最高裁判所第一小法廷 2014 年 10 月 23 日判决·最
高裁判所民事判例集 68 巻 8 号 1270 頁。

② ニヤクコーポレーション事件·大分地方裁判所 2013 年 12 月 10 日判决·労働判例
1090 号 44 頁。

③ パート有期法(2020 年施行)8 条。

④ ハマキョウレックス事件·最高裁判所第二小法廷 2018 年 6 月 1 日判决·最高裁判所民
事判例集 72 巻 2 号 88 頁。

三、劳动条件决定体系的全体像

如上所述,劳动者的劳动条件的决定方法是多种多样的。但是,其全体像,可以在以下两个体系中加以概括。

第一,劳动条件通过强制性法规—集体协议—就业规则—劳动合同等一系列规范的阶段性结构而被决定。其中,后面顺位的规范所确立的劳动条件的基准,不能低于前面顺位的规范所确定的基准。但是,这些准则上的人的适用范围并不一定一致。因此,在同一职场,集体协议与就业规则中只适用一种(或者事实上都不适用)的劳动者也是存在的。

第二,对于上述的阶段性的决定方式,带来了通过劳资委员会决议对劳动惯例或职场协定的修正。首先,劳动惯例作为劳动合同的解释基准被灵活运用,但有时与集体协议或就业规则具有同样的效力,成为劳动条件的决定要素(当然不能违反强制性法规)。另外,职场协定或劳资委员会决议,虽然在其具有根据的规定之预定范围内,但可以单独或与就业规则等规定一起,对强制性法规规定的劳动条件带来原则上的例外,这是被认可的。

54

企业人事与人工智能

55

近年来,企业在人事管理上有效利用人工智能(AI)的事例广泛增加。为了应对人手不足,招聘优秀人才以及防止其离职,或者有必要对人才进行最适当的配置,AI 提供了大数据、云计算等 IT 组合技术和服务,这被称为 HR 技术(Human Resource Technology),可以存储和处理人工难以处理的数量庞大的人事信息,不仅由此导出了人事上的决定,还可以提供具有企业特色的学习和人事政策的指南。

比如,在招聘活动中,与通过简历资料选拔相比更加重视视频面试选拔,对说话方式、内容、表情等进行数值评价,对所有招聘的人才通过人工智能的技术进行判断。另外,将应聘情况以及面试考官的评价倾向等信息也纳入进来,以实现招聘的客观化。

人事评价也是一样,对每一个劳动者日常工作上的言行以及工作的勤奋或懈怠的信息,通过人工智能进行定量的分析评价。从这个评价来导出容易离职员工的特征,或者上班的时间模式,甚至表情也被数值化,还有对工作热情进行测试的系统。另外,通过对劳动者进行健康问卷调查,将其精神状态和虚幻状态数值化,以便引起适当的关注。

但是,关于这样的人事评价,从法的观点来看带来以下种种疑问。

本来,劳动者的劳动本身被计算机程序化,使职场的人际关系稀薄化,这会带来职场的精神压力和对立。这其中,大数据的演算处理,能够取代劳动者的人类的视线和感情吗? 对此加以利用,反过来会使许多人担心职场精神压力的增加。另外,通过 AI 的结果导出人事上的结论,其根据和数据被黑匣子化。雇主的解雇、惩戒处分等人事措施要体现"客观的、合理的理由","符合社会一般理念"(《劳动合同法》第 15 条、第 16 条)吗? 或者雇主无意识的间接歧视的人事措施,AI 能够正确地回避吗?

梦话好像被戳破了,劳动法的验证现在开始吧。

第二章 与"企业"的相遇

第一节 招聘与录用

劳动者被雇主录用的过程,以应届毕业生到公司就职的情况为例,经历 58
如下。

公司首先确立该年度的录用计划,通过公司的招聘说明会和互联网广告进行招聘宣传活动。也有的学生通过实习与企业接触,获得企业的招聘信息。此后,学生提交报名表等进行应聘,公司开始面试等选拔考试活动,直到事实上决定录用(内定之前的确定)。通过这样的过程,许多情况下学生在毕业前一年的 10 月 1 日被内定录用(内定),做好第二年春季毕业的准备,毕业后通常从 4 月 1 日的入职典礼开始,以劳动者的身份开始劳动。但到了这个阶段其还没有被最终确定为正式员工,劳动合同大多附有数个月的试用期。从试用期结束开始,劳动者作为正式员工被录用。招聘和录用要经过很长的过程。

与之相对,在中途录用*的情况下,招聘大多通过公共职业安定所、民营的职业介绍以及就业杂志等进行。另外,临时雇佣的、短时间的、固定期限的劳动者的招聘,以不定期的比较简便的程序进行。

应届毕业生按照上述复杂程序的招聘,很多是以一直达到退休年龄的长期雇佣为前提而被录用的,所以,在入职阶段要履行慎重的招聘程序。但是,在日本终身雇佣的特征逐渐衰弱,招聘活动也在全球化持续发展的今天,春季一次性录用有必要限定为仅适用于应届毕业生的特别的方式和规则。在

---

* 应届毕业生春季集中毕业时期以外的非定期招聘。——译者注

考虑与大学教育的兼容的同时，希望有序地从根本上进行招聘制度的改革。

一、劳动者的招聘

（一）招聘与职业介绍

1. 招聘的法律规则

录用的过程，首先是从雇主招聘劳动者开始的。

劳动者的招聘，通过熟人、招聘广告、出版物（报纸、就业杂志等）、互联网、学校、公共职业安定所等进行。

雇主委托本企业职工以外的人进行招聘（委托招聘），在向其支付报酬的情况下须经劳动大臣许可，不支付报酬的情况下须向厚生劳动大臣报告（《职业安定法》第 36 条）。另外，从事招聘或委托招聘的人（招聘受托人），禁止在招聘中接受应聘者的金钱（第 39 条），禁止获取工资以外的报酬（第 40 条）。公共职业安定所、从事职业介绍的业者以及其他进行劳动者招聘的人等，必须向劳动者明示"应该从事的业务内容以及工资、劳动时间和其他劳动条件"（《职业安定法》第 5 条之 3 第 1 款），招聘企业在申请职位发布时也必须先向上述机构明示同样的劳动条件（同条第 2 款）。这些招聘企业和招聘者在变更劳动条件等场合，也必须向合同另一方的劳动者明示其变更的内容（同条第 3 款）。另外，这里的明示不限于书面交付，应聘者如果希望通过电子邮件的方式也是被认可的（《职业安定法施行规则》第 4 条之 2 第 4 款第 2 项）。

2. 职业介绍

雇主也可以通过职业介绍进行招聘。职业介绍是接受求人和求职的申请，为了招聘者和应聘者之间的雇佣关系的成立而进行的斡旋（《职业安定法》第 4 条第 1 款）。这里所说的"斡旋"，也指"为了雇佣关系的成立提供便利，使之容易成立的一般行为"，不仅是将招聘者与应聘者联系起来，还包含猎头行为（寻找应聘者，劝说其就职的行为）①。

---

① 東京エグゼクティブ・サーチ事件・最高裁判所第二小法廷 1994 年 4 月 22 日判决・最高裁判所民事判例集 48 巻 3 号 949 頁。

关于职业介绍,战前职业介绍业者不顾劳动者的利益而一边随意签订合同,一边进行人身贩卖和中间榨取等,产生了侵害人权的弊害。为了铲除这些弊害,以前的《职业安定法》原则上通过公共机构(公共职业安定所)进行免费的职业介绍,而收费的职业介绍业针对有关需要特别技术的职业(美术家、音乐家、艺术家、医师、护士、家政工、调理士、口译等),在经劳动大臣的许可、规定手续费上限的情况下才被认可。但是,作为放宽规制的一部分,1999 年《职业安定法》修改,收费职业介绍业的许可的业务对象,除了港口运输业务以外向所有业务扩大(所谓的"负面清单"方式。第 30 条,第 32 条之 11)。另外,原则上禁止向应聘者征收手续费,可以向招聘者征收有上限规定的手续费,或按照手续费一览表征收手续费(第 32 条之 3)。有关应聘者的信息,公共职业安定所和职业介绍业者负有管理责任(第 5 条之 4)。

另一方面,为了促进年轻的应聘者的雇佣,有效发挥他们的能力,帮助他们选择适合的职业,2015 年将《勤劳青少年福祉法》修改为《青少年雇佣促进法》。作为其中的一部分,公共职业安定所为使青少年可以选择合适职业而提供雇佣信息等(第 9 条),同时,企业为了招聘应届毕业生而提出招聘申请时,该企业如果过去因违反劳动法令受到过处分,则该招聘申请可以不被受理(第 11 条)。具体来说,招聘申请之前的六个月以内,违反《劳动基准法》或《最低工资法》的同一条款,受到改正劝告等情形就相当于此(《青少年雇佣促进法施行规则》第 3 条第 1 项)。关于适用对象的青少年年龄是"未满 35 岁"[1]。

(二) 招聘与均等待遇

关于劳动者招聘的规制,其中禁止歧视和均等待遇的规制的重要性在增加。《男女雇佣机会均等法》第 5 条关于劳动者的招聘和录用,规定了雇主"无论性别如何必须给予均等机会",禁止男女歧视(参照第 125 页)。雇主有关劳动者的招聘录用,对残疾人必须给予与非残疾人均等的机会(《残疾人雇佣促进法》第 34 条,参照下文三)。

---

[1] 2016 年 1 月 14 日厚生労働省告示 4 号「青少年雇用対策基本方針」。

另一方面,《劳动施策推进法》为了在招聘录用上确保与年龄无关的均等机会,雇主除了厚生劳动省令规定的情形以外,有关劳动者的招聘录用必须给予与其年龄无关的均等机会(第 9 条),禁止年龄限制成为了法定义务。厚生劳动省令作为对年龄限制的例外,列举了必要的最小限度的合理的年龄限制被认可的情形,具体来说:①为了通过长期工作培养年轻人能力的无期劳动合同的招聘录用的情形;②为了传承技能,以劳动者人数较少的年龄段为对象的无期劳动合同的招聘录用的情形;③为了确保艺术表现真实性的必要情形等(《劳动施策推进法施行规则》第 1 条之 3 第 1 款)。上述①具有尽可能劝导年轻人长期安定就业的旨趣。整体而言,(为了在招聘录用上确保与年龄无关的均等机会,)虽然从雇佣开始就打算对歧视高龄者的行为加以规制,但因为现实中存在广泛的例外情形,这些规制能发挥怎样的机能是存在疑问的。

另外,雇主在有关劳动者的招聘录用中,规定未满 65 岁的年龄上限的情形时,必须对应聘者说明理由(《高龄者雇佣安定法》第 20 条第 1 款)。

二、劳动者的录用

(一) 劳动合同的成立

1. 根据合意而成立

劳动合同是根据"劳动者被雇主使用下劳动"以及"雇主对此支付工资"的当事人合意而成立(《劳动合同法》第 6 条)。即劳动合同是诺成合同,可以说是当事人的要约与承诺的意思在确定达成一致时成立。为使劳动合同成立,必须在怎样的内容上达成意思一致,这只是个别考虑的问题,但关于"支付工资"的合意,按该条的规定,是为使劳动合同成立的必需要素。

2. 根据默示的合意而成立

劳动合同依据有关上述原则成立,同时还有特别方式的成立。即在当事人意思的解释层面上,即使没有劳资间明示的意思一致,有时也承认根据劳动力供给的具体实态,通过"默示的意思合意"使劳动合同成立。比如,有这样的判例,从职业介绍所以外派的形式在医院工作的护理工,在工作实态上与医院之间"存在实质的使用从属关系",因为两者的意思被客观推定为承认劳动合同的订立,因此,"被认为两者之间默示的劳动合同成立"①。另外,还有这样的判例,同样的职业介绍所向护理院派遣护理人员,从其工资支付或指挥命令的实态出发,护理人员与职业介绍所之间被视为订立了默示的劳动合同②。除上述以外,在存在特别的三者之间的劳动关系时,根据实际状态会被认为默示的劳动合同成立。比如,有的判例中,劳动者在借调过程中原企业解散,在此情况下,被借调劳动者与借调使用企业之间默示的劳动合同的成立被认可③。还有的判例,根据业务外包合同向用工企业提供劳动力的劳动者,实质上接受用工企业的指挥命令从事劳动和被支付工资,被判断为该劳动者与用工企业之间默示的劳动合同成立④(关于劳务派遣中与用工企业的默示的劳动合同,参照第167页)。

3. 根据"视同"合意而成立

当事人之间存在特定的关系时,法律上有时也承认根据"视同"合意而劳动关系成立。比如:①在同一个雇主之下,订立了两次以上有期劳动合同的合计期限超过5年的劳动者,在申请订立无期劳动合同时,"视同雇主同意了该申请"(《劳动合同法》第18条);②有期劳动合同存在法定状况时,劳动者申请该合同更新,雇主缺乏加以拒绝的合理性和相当性时,"视同同意了该申请"(《劳动合同法》第19条);③接受劳务派遣的用工企业,明知存在违反特定的派遣法的事实而接受提供的劳务派遣时,对派遣劳动者"视同申请"了同一劳动条件下的劳动合同(《劳动者派遣法》第40条之6)。

(二) 录用的自由

劳动合同的当事人,在"契约自由"的原则下,是否订立劳动合同或者与

---

① 安田病院事件·大阪高等裁判所1998年2月18日判决·劳働判例744号63頁。同事件·最高裁判所第三小法廷1998年9月8日判决·劳働判例745号7頁。

② 福生ふれあいの友事件·東京地方裁判所立川支部2013年2月13日判决·劳働判例1074号62頁。

③ ウップスほか事件·札幌地方裁判所2010年6月3日判决·劳働判例1012号43頁。

④ ナブテスコ(ナブコ西神工場)事件·神戸地方裁判所明石支部2005年7月22日判决·劳働判例901号21頁。

谁订立,是存在自由的。从雇主的角度看,则为录用的自由。

　　三菱树脂事件的最高裁判所判决[1]对录用的自由的根据和内容作了如下判断,即,根据《宪法》第 22 条、第 29 条等规定,保障财产权的行使以及营业和其他经济活动的自由,因此,雇主作为经济活动的一部分有合同订立的自由,关于雇佣何人,以何种条件雇佣,"限于没有法律及其他的特别限制",原则上可以自由决定。

　　关于录用的自由,可以分为根据调查和考试选拔劳动者的自由,以及与劳动者订立劳动合同的自由两个层面。

(三) 对劳动者的选择

　　雇主在应聘者中根据怎样的基准,录用怎样的劳动者,可以自由决定。另外,为了得到选择劳动者的判断材料,通过适当的方法进行考试和调查,基本上也是自由的。但是,这种选择的自由,根据法律存在特别限制的情况下,也要被划定界限。

　　首先,以不当劳动行为为目的的话,包含《劳动组合法》第 7 条第 1 款规定的"解雇以及其他的对其不利益对待"的拒绝录用,以及以工会所属或工会活动为由的拒绝录用等,构成不当劳动行为,这是多数学说的观点[2]。但最高裁判所认为,即使与不当劳动行为相关,也强调雇主的录用的自由,限于没有特别的情形,拒绝录用并不相当于《劳动组合法》第 7 条第 1 款的不利益对待[3](详见第 432 页)。

　　其次,《男女雇佣机会均等法》第 5 条规定,录用时有义务提供与性别无关的均等机会。后述的《残疾人雇佣促进法》第 43 条以下规定的残疾人雇佣率,是法律的特别限制。

　　再次,《宪法》第 19 条保障思想和信仰的自由,第 14 条法律面前人人平

---

　　① 最高裁判所大法廷 1973 年 12 月 12 日判决・最高裁判所民事判例集 27 卷 11 号 1536 页。

　　② 外尾健一『労働団体法』(1975 年、筑摩書房)230 頁,石川吉右衞門『労働組合法』(1978 年、有斐閣)330 頁。反对观点参见:石井照久『新版労働法(第 3 版)』(1973 年、弘文堂)465 頁。

　　③ JR 北海道・日本货物鉄道事件・最高裁判所第一小法廷 2003 年 12 月 22 日判决・最高裁判所民事判例集 57 卷 11 号 2335 頁。

等,以及《劳动基准法》第 3 条均等待遇原则,不是限制雇主录用自由的法规。

与此相关,三菱树脂事件的最高裁判所的判决,也是站在强调雇主的录用自由的立场,作出的如下判断。即:①《宪法》第 19 条、第 14 条的规定,是规范国家、公共团体和个人之间的关系,不是预定直接规范私人之间的关系;②私人之间产生的事实上的支配关系,对个人基本自由和平等的侵害形态和程度,超过了社会所容许的限度时,除了根据立法措施加以对应以外,还有可能适用有关公序良俗和不法行为的民法规定,但以劳动者的思想和信仰为由直接拒绝雇入,不能违反公序良俗或成为不法行为;③《劳动基准法》第 3 条规定的禁止雇入后劳动条件的歧视,不被适用于录用本身;④雇主具有的录用自由,即使以思想和信仰为由拒绝雇入,也不能视为违法,在此基础上,雇主在录用劳动者之际,调查其思想和信仰,要求其申告相关事项也是被允许的。

最高裁判所肯定了在录用之际雇主对应聘者有关思想、信仰的无限制的调查的自由,此举遭到了强烈批判。有学说指出,人的思想、信仰本来就应该是自由的,不能进行与劳动者的职业适格性或态度没有关系的质问和调查[①]。另外,《劳动基准法》第 3 条的"劳动条件"即使被认为不包含录用,也会提出这样的疑问,即,录用阶段的歧视是劳动关系上最不合理的歧视,将录用从劳动条件中除外,违反了保障所有人的职业机会的法的宗旨。至少可以说雇主的录用的自由是在公序的框架内,在此之上,进行恶劣的录用歧视的场合,不能否认作为侵害人格、违反公序的不法行为成立的可能性。

(四) 录用的拒绝与救济

雇主对应聘者的选择(拒绝录用)即使违法,也不能强制与该应聘者之间订立劳动合同。这一点,是根据作为近代市民法原则的契约自由原则加以考虑的。由此,以思想、信仰作为决定的理由,拒绝对应聘者的录用,即使

---

① 西谷敏『労働組合法(第 3 版)』(2012 年、有斐閣)138 頁、菅野和夫『労働法(第 11 版補正版)』(2017 年、弘文堂)213 頁。

被认为违法（在该场合，思想、信仰不仅是拒绝录用决定的判断要素之一，还必须是拒绝录用的直接决定的理由[1]），雇主也只是发生损害赔偿责任，不能强制其订立劳动合同（录用）。

但是，拒绝录用在相当于《劳动组合法》第 7 条第 1 项的不当劳动行为的场合，行政机构的劳动委员会作为救济可以命令雇入该应聘者，雇主负有对此遵守的公法上的义务（每年季节性的反复雇佣的劳动者，被雇主以其加入工会为由拒绝录用的案例，劳动委员会发出了雇入命令[2]）。在 1985 年《男女雇佣机会均等法》制定之际，对男女歧视的拒绝录用也可以获得特别行政机构的救济的问题展开了讨论，但至今没有实现。

三、残疾人的录用

（一）残疾人雇佣率

关于残疾人的录用，不是采用禁止歧视的方法，而是通过确定雇佣率，对没有达到的企业要求支付纳付金的独特方法。即，《残疾人雇佣促进法》不仅对雇主课以雇佣身体残疾人、智障残疾人和精神残疾人的努力义务（第 37 条），还有义务对应各自职工人数，达到政令规定的残疾人雇佣率，以此来雇佣身体残疾人、智障残疾人和精神残疾人（第 38 条、第 43 条）。该雇佣率，一般雇主（平时雇佣 45.5 人以上劳动者的雇主）为 2.2％（2021 年 4 月提高到 2.3％）；国家、地方公共团体为 2.5％，其中都道府县教育委员会为 2.4％（2021 年 4 月分别提高到 2.6％和 2.5％）；特殊法人（《残疾人雇佣促进法施行令》附表 2 规定的独立行政法人、事业团体等）为 2.5％（2021 年 4 月提高到 2.6％）（《残疾人雇佣促进法施行令》第 2 条、第 9 条、第 10 条之 2）；紧密关联的母子公司之间统合计算（特例子公司，《残疾人雇佣促进法》第 44 条）。

---

[1]　慶応大学付属病院事件・東京高等裁判所 1975 年 12 月 22 日判決・労働関係民事裁判例集 26 巻 6 号 1116 頁。

[2]　万座硫黄事件・中央労働委員会 1952 年 10 月 15 日命令・不当労働行為事件命令集 8 集 181 頁。

没有达到雇佣率的雇主,其没有达到的部分,要被征收为了进行各种残疾人雇佣促进事业的"残疾人雇佣纳付金"(第53条以下,特殊法人被适用除外)。该雇佣纳付金,对平时雇佣101人以上的雇主适用(《残疾人雇佣促进法》附则第4条等)。

厚生劳动大臣对没有达到雇佣率的雇主,命令制定残疾人雇佣计划(《残疾人雇佣促进法》第46条第1款),计划没有被实施的场合,可以发出实施劝告(第46条第6款),没有正当理由不听从劝告的雇主也可以被公示(第47条)。

(二) 招聘录用的禁止歧视与照顾

66

《残疾人雇佣促进法》在2013年做了重要修改,即,雇主"关于工资的决定、教育培训的实施、厚生福利设施的利用以及其他待遇,不得以劳动者是残疾人为由,与非残疾人做不当的差别对待"(第35条),确立了禁止歧视的原则。在该原则之下,"关于招聘以及录用,为了改善确保残疾人与非残疾人均等机会的障碍,根据残疾人的申请,必须针对该残疾人的残疾特征,采取必要的照顾措施"(第36条之2),要求合理的照顾(比如,使用轮椅的坐高的调整等等。但是,雇主在负担过重情况下可以免除照顾。参照第135页)。有关这方面的争议,可以采用争议调整委员会的调停(第74条之7第1款),或都道府县劳动局长的劝告等方法加以解决。

四、录用内定

(一) 录用内定的法律性质

应届毕业生的录用,在每年4月实际入职、开始就业以前的相当长的时期,雇主一般习惯采用"录用内定"。中途录用的情形也是一样,有不少比照应届毕业生的录用,在就业开始前的一定时期通知录用内定。应聘者仅限于在一个企业接受录用内定,这是通例。一个企业决定了内定的话,其他企业事实上丧失了对该应届毕业生的录用的可能性。录用内定被取消的话,应聘者就职的机会就被剥夺,会带来很大的损害和失意。为了在这样的事态中保护应聘者,围绕录用内定的法律性质展开了议论。

在这个议论的过程中,首先登场的是"劳动合同缔约过程说"和"劳动合同预约说"。从录用内定到辞退文书的交付这一系列程序,相当于劳动合同订立的过程,此为缔约过程说。录用内定是将来的劳动合同订立的预约,此为预约说。根据这两个学说,应聘者的内定被取消,作为期待权被侵害或者预约不履行的损害赔偿请求有可能被认可,但是,因为根据录用内定,劳动合同不一定能够成立,所以使录用内定者被置于不安定的地位。这样,为了保护录用内定者的地位,又登场了"劳动合同成立说",即根据录用内定而劳动合同成立。

最高裁判所至今仍采用学说中的劳动合同成立说[1]。即,应届毕业生通常被录用内定的场合,因为内定通知以外的特别的意思表示没有被预定,因此,①企业的招聘相当于要约的诱导;②大学生对此应聘是劳动合同的要约,录用内定的通知是对要约的承诺,与学生提出的誓约书相结合,劳动合同就此成立。这种劳动合同成立说在此后有关中途录用时的录用内定中也被使用[2]。

最高裁判所认为,如此成立的劳动合同,是以入职日为开始时期,并且保留了一定的解约权。关于开始时期,有判例认为是已经生效的就业的开始时期[3],有判例则认为是生效本身的开始时期[4]。录用内定期间,在当事人没有学业障碍的范围内,可能发生一定的权利义务(提出报告、出席公司的说明会等),另外,像《劳动基准法》第 3 条那样不以就业为前提的法律规定的适用也可以被承认,视为已经产生了效力,被认为附带了就业的开始时期,这是妥当的吧(关于内定被解释为附带效力开始时期,入职前参加研修,

---

① 大日本印刷事件・最高裁判所第二小法廷 1979 年 7 月 20 日判决・最高裁判所民事判例集 33 卷 5 号 582 頁。

② インフォミックス事件・東京地方裁判所 1997 年 10 月 31 日決定・労働判例 726 号 37 頁。オプトエレクトロニクス事件・東京地方裁判所 2004 年 6 月 23 日判决・労働判例 877 号 13 頁。

③ 前揭大日本印刷事件。

④ 近畿電通局事件・最高裁判所第二小法廷 1980 年 5 月 30 日判决・最高裁判所民事判例集 34 卷 3 号 464 頁。

有必要得到内定者的同意[①])。

另外,以上的法理,有关私人企业的录用内定也被适用。与之相对,公务员的场合,有关地位的设定与变动受到特别严格的法律规制。由此,根据明确的任用行为(辞令的交付)率先产生了公务员关系,录用内定被解释为只不过为了录用程序的顺利而进行的准备行为[②]。

(二) 录用内定的取消

68

根据录用内定而成立的劳动合同,雇主对此的取消相当于劳动合同的解约,这将取决于内定时被保留的解约权的行使。另外,根据判例,"录用内定的取消事由,仅限于如录用内定时不能够知道或者无法期望可能知道的事实,对照保留解约权的宗旨和目的,以此为由取消录用内定可以被认为属于客观的、合理的且符合社会一般观念的事由"[③]。

录用内定的取消(解约)事由,在有誓约书等的场合下,也对这些文书加以参考,同时对照上述的保留解约权的宗旨、目的加以判断。像内定者不能毕业或者健康受到严重伤害那样的情况,就是行使被保留的解约权的典型事例。判例认为,作为违反公安条例的现行犯被逮捕,受到暂缓起诉处分,被雇主发觉而取消录用内定,被认为有效[④]。与此相对,从录用内定初始企业就认为该应聘者性格阴郁而不适合作为职员,只是希望存在可能改变这种认识的材料而将其录用内定,但此后以没有材料能够打消这种印象为由取消内定,被认为无效[⑤]。即使录用内定后发现了新的信息,如果没有确切的证据而只是传闻,不能作为录用内定的合理的取消理由[⑥]。另外,雇主以

---

① 宣伝会議事件・東京地方裁判所 2005 年 1 月 28 日判决・労働判例 890 号 5 頁。不过,该判决中指出,即使认为是附带工作开始时期的劳动合同,在最终结论上仍是一样的。

② 名古屋市水道局事件・最高裁判所第一小法廷 1981 年 6 月 4 日判决・労働判例 367 号 57 頁。東京都建設局事件・最高裁判所第一小法廷 1982 年 5 月 27 日判决・最高裁判所民事判例集 36 巻 5 号 777 頁。

③ 前揭大日本印刷事件。

④ 前揭近畿電通局事件。

⑤ 前揭人日本印刷事件。

⑥ 前揭オプトエレクトロニクス事件。

经营上的理由取消内定,如果不属于内定时不能预测的重大经营状态的改变,不应该被认可。

雇主取消内定因为相当于劳动合同的解约(解雇),因此自然会考虑要根据《劳动基准法》第 20 条的规定提前 30 日预告。但是,也存在从与试用期的平衡出发(参照《劳动基准法》第 21 条第 4 款)对此加以否定的见解[①]。在内定期间中内定者一方(学生)的解约,如果提前两周预告(《民法》第 627 条)就可以自由进行。

2008 年度发生了很多应届毕业生录用内定被取消的情况,鉴于此,修改了《职业安定法施行规则》(第 17 条之 4)。根据修改的规定,内定取消在两个年度连续发生,或同一年度发生 10 人以上的场合,有关录用内定的取消不被明确认为是经营上的原因时,在没有充分说明内定取消的理由、没有面向确保就业岗位进行努力的情形下,公示企业名单。

另外,内定者一方,原则上任何时候其解除劳动合同的自由都受到保障,因此,辞退内定只限于严重违反诚信给雇主带来损害的情形,才负有损害赔偿责任。有这样的判例,对于内定者辞退内定,雇主请求损害赔偿,裁判所驳回了其请求[②]。

(三) 录用内定前的内定(录用内内定)

1996 年,当时的文部省、劳动省、经济团体、大学相关团体之间决定废止就业协定。在此前后,大学应届毕业生的招聘、录用活动开始出现了早期化趋向[*]。为了制止由此产生的弊病,日本在不断尝试新的规则。最近,日本经济团体联合会(经团联)2015 年的指导方针显示,2017 年度春季录用的应届大学生、研究生,广告活动的开始时间要在毕业年度前的 3 月 1 日以后,选拔考试活动要在同年度的 6 月 1 日以后。所有的内定日,一如既往在毕业年度的 10 月 1 日以后。但是,2018 年,经济团体联合会表示对 2021

---

① 菅野和夫『労働法(第 11 版補正版)』(2017 年、弘文堂)226 頁。

② アイガー事件・東京地方裁判所 2012 年 12 月 28 日判决・労働判例 1121 号 81 頁。

* 在录用内定之前的更早阶段,企业与大学生之间就建立了录用意向,这被称为"录用内内定"。——译者注

年以后的应届毕业生废止该指导方针,考虑以后由政府主导新的规则。根据 2018 年 10 月相关省厅会议所决定的方针,2021 年春季毕业生维持现行的规则,适用于 2022 年以后的毕业生的规则,在 2019 年以后作出决定。但实际上该规则不一定被遵守,录用内内定的实态、时期,通知者在企业内的地位,通知的方式等,根据企业方面的考虑方式存在多种情形。

如上所述,通常根据正式的录用内定通知来考虑确定当事人的合同订立意思,录用内内定阶段一般来说劳动合同还没有成立。但是,如果说录用内定的确定带来应该相互期待的阶段的话,此后没有合理的理由不发出录用内定通知,判例认为作为不法行为承认该学生的损害赔偿请求[1]。特别是在录用内定通知交付的数日之前,对劳动合同的实际订立的期待是值得法律予以充分保护的,在临近录用内定通知交付预定日的 9 月 30 日左右取消了内内定,判决认为即使有经济状况恶化的原因,但在劳动合同订立过程中违反了诚信原则,构成了不法行为[2]。另外,当事人订立合同的意思如果被确定,也有可能将录用内内定视为录用内定(上述案例中,内内定没有要求提出誓约书,该学生不确定会进入公司入职,录用内定的成立被否定)。

五、雇主在劳动合同订立时的义务

(一) 劳动条件的明示义务

雇主在订立劳动合同之际,必须向劳动者明示工资、劳动时间以及其他劳动条件(《劳动基准法》第 15 条第 1 款)。对应该明示的劳动条件的内容,《劳动基准法施行规则》规定了 12 个项目(第 5 条第 1 款),其中,关于工资、劳动时间以及其他命令所规定的事项(劳动合同的期限,工作场所以及应该从事的业务,劳动时间,工资,退职的有关事项),具有特别的加以书面明示的义务(第 5 条第 2 款、第 3 款)。但在雇主应该明示的事项中,因为"劳动

---

① B 金融公库事件·東京地方裁判所 2003 年 6 月 20 日判决·劳働判例 854 号 5 頁。
② コーセーアールイ(第 2)事件·福岡高等裁判所 2011 年 2 月 16 日判决·劳働判例 1020 号 82 頁。

合同的期限""工作场所以及应该从事的业务""超过所定劳动时间的劳动的有无"以外的任何事项，也是就业规则中的必要的记载事项，因此，雇主在交付明确适用该劳动者部分的就业规则的同时①，有关就业规则没有明确记载的事项以其他书面形式明示。雇佣非全日制劳动者、固定期限劳动者时，还有必要明示"特定事项"（参照第 153 页）。

劳动条件的明示的时期是在劳动合同订立之时，所以根据录用内定使劳动合同成立的场合，在该阶段必须明示。劳动条件订立时被明示的劳动条件与事实不符时，劳动者可以即时解除劳动合同（《劳动基准法》第 15 条第 2 款。该情况下，为了就业而搬迁的劳动者，在 14 日以内返乡时雇主必须负担旅费。第 15 条第 3 款）。

71　　雇主在向公共职业安定所申请招聘时，也被课以劳动条件的明示义务，不当的招聘申请不被受理（《职业安定法》第 5 条之 3、之 5）。另外，通过报纸、杂志进行招聘的场合，要求对招聘内容明确表示（第 42 条），应聘者据此选择希望的公司和职业。招聘表上记载"有退职金"，在录用时没有与之不同的特别说明时，按照该记载支付退职金就成为劳动合同的内容②。另外，有这样的判例，企业通过职业安定所招聘，招聘表没有关于有期合同及固定年龄退休制的表示，面试时企业对此回答为"没有决定"，就业开始以后企业要求劳动者在雇佣期限 1 年、65 岁退休（合同反复更新的情形下）的文书上签字盖章，裁判所认为该劳动合同是无期劳动合同，是固定年龄退休制的劳动合同③。

（二）促进对合同内容的理解和书面确认

雇主不仅要明示劳动条件，还必须为使劳动者深入理解有关内容而努力（《劳动合同法》第 4 条第 1 款）。另外，当事人关于包含有期劳动合同有关事项的劳动合同的内容，"尽可能根据书面确认"（第 4 条第 2 款）。如上

---

①　1999 年 1 月 29 日労働基準局長名で発する通達 45 号。
②　丸一商店事件・大阪地方裁判所 1998 年 10 月 30 日判決・労働判例 750 号 29 頁。
③　福祉事業者 A 苑事件・京都地方裁判所 2017 年 3 月 30 日判決・労働判例 1164 号 44 頁。

所述,劳动合同是诺成合同,但为了确定当事人的意思,防止纠纷,所以希望采取书面的形式。

(三) 合同订立过程中的诚信原则

在劳动合同订立的过程中,雇主在诚信原则上负有对劳动者的各种义务。这是基于在订立劳动合同的过程中,特别是应聘者大多被置于不利的不安定的地位的实情。例如,根据其他公司的业务委托计划开设保育所而招聘劳动者,但因为该委托合同没有成立而撤回了对应聘者的录用,雇主负有"应该考虑基于自己明示的雇佣条件尽可能继续雇佣的诚信规则上的注意义务",所以不能免除不法行为责任[①]。同样,派遣公司预计业务委托合同成立而推进录用手续时,告知应聘者如果该委托合同不成立就存在不能就业的可能性,给予应聘者是否办理手续的选择的机会,这是诚信原则上的义务[②]。

另外,对于中途录用人员的有关待遇,招聘广告即使记载了享受与同年定期录用人员的平均收入和同等待遇,但入职后按照同年度录用者的"下限方案"来对待时,作为"在雇佣合同订立过程中违反诚实信用原则"而构成不法行为[③]。

六 、试用期

(一) 试用的法律性质

试用期,是劳动者进入公司后,在作为正式员工被录用前,为了考察其职业能力和企业适应性而设立的制度。很多企业在就业规则中规定了一定的试用期限,同时规定,"试用期结束时,被认为不适合成为正式职员时不予录用"。该制度以学校应届毕业生的录用为中心加以利用,但近年来,对有

[①]　わいわいランド事件・大阪高等裁判所 2001 年 3 月 6 日判決・労働判例 818 号 73 頁。

[②]　パソナ・ヨドバシカメラ事件・大阪地方裁判所 2004 年 6 月 9 日判決・労働判例 878 号 20 頁。

[③]　日新火災海上保険事件・東京高等裁判所 2000 年 4 月 19 日判決・労働判例 787 号 35 頁。

关中途录用的人员,其重要性也在增加。

关于试用的法律性质,与录用内定相比早在上个世纪 50 年代开始就有学说和判例上的讨论。当初的学说认为,试用与正式员工的劳动合同不同,是为了判断劳动者的职业能力和适应性而规定期限的特别的合同。即使站在这样的立场,试用期结束时,雇主在订立成为正式员工的劳动合同方面,也少有完全的自由,如果与试用期后的转正的预约并存,或者不在雇主有关职业能力的否定评价之下,则采取了向本来的无期劳动合同转化等的构成。

但是,本来的无期劳动合同在试用期结束后才被认为开始,这就带来试用期中的劳动者地位的不安定。因此,学说认为,限于没有特殊情况而全员录用为正式员工,此时另行的合同还没有交付的有关一般的试用,从试用期初始即为无固定期限的劳动合同成立,但只不过是解约权被保留了(附带保留解约权的劳动合同说)。该法理也被最高裁判所的判决所采用①。如果这样解释的话,处在试用期中的劳动者,除去来自试用目的的保留解约权这一点以外,与录用后的正式劳动者具有同样的法律地位。

73   **(二) 拒绝正式录用**

试用期被解释为初始即为无期劳动合同的成立时,拒绝正式录用而行使被保留的解约权,就成为了解雇。三菱树脂事件的最高裁判所的判决认为,在录用当初,因为不能充分收集到判断劳动者的适应性的资料,因此,基于日后的调查和观察以保留最终决定的旨趣,在合理的期间保留了解约权,这是具有合理性的。

拒绝正式录用"只是在对照解约权保留的宗旨、目的,存在客观的合理的理由,且符合社会一般观念的场合"才被许可。实践中,缺乏作为职员的劳动能力和适应性的情形,就是其典型。最高裁判所认为,以通过试用期中的调查所判明的事实为由,拒绝正式录用,这也是被允许的。然而,这样的补充身份调查,本来应该在录用内定期间进行,延长至试用期结束,使劳动者的地位不安定。试用期,应该理解为是为了判断劳动者的适应性的限定

---

①   前揭三菱树脂事件。

的期限①。另外,有的判例认为,3 个月的试用期,在剩余 20 天时就以能力欠缺为由被解雇,因为在剩余期限内存在通过教育提高其能力的可能性,因此,该解雇的时期选择错误,不能说存在客观的合理的理由且符合社会一般观念②。

当然,拒绝正式录用不能完全视同于正式录用后的解雇。从作为职员的适应性的判断期间的试用期性质出发,关于拒绝正式录用的雇主的裁量判断,与通常的解雇情形相比被认为"应该在更为广泛的范围内承认解雇的自由"③。比如,有这样的判例,雇主根据能力主义原则设定地位、工资等不同等级的差别的雇佣形态,对 A 等级录用的劳动者以能力不足为由拒绝正式录用,被判为有效④。这样的判断应该是公正的,而能力主义的雇佣制度的录用,以及重视既有的实战能力的中途录用的判例,增加了这种(解雇自由的)判断的可能性(也参照小型风险投资公司的中途录用,作为从试用期开始承认其更为广泛的解雇自由,以不适应工作为由的普通解雇被判为有效的判例⑤)。

另外,在试用期有时可以得到固定期限的劳动合同,在这种场合下的拒绝无固定期限的正式录用,必须是在《劳动合同法》第 17 条第 1 款所称"不得已事由"的情形下。关于这方面的判例有,作为证券公司的证券分析人员,以雇佣期限为 1 年、试用期为 6 个月被雇佣,对于这样的劳动者,公司以远未达到期待的水平为由行使了保留的解约权(拒绝无固定期限的正式录用),被认为合法⑥。

---

① 菅野和夫『労働法(第 11 版補正版)』(2017 年、弘文堂)289 頁。

② 医療法人財団健和会事件・東京地方裁判所 2009 年 10 月 15 日判決・労働判例 999 号 54 頁。

③ 前掲三菱樹脂事件。日本基礎技術事件・大阪高等裁判所 2012 年 2 月 10 日判決・労働判例 1045 号 5 頁。

④ 欧州共同体委員会事件・東京地方裁判所 1982 年 5 月 31 日判決・労働関係民事裁判例集 33 巻 3 号 472 頁。

⑤ ブレーンベース事件・東京地方裁判所 2001 年 2 月 27 日判決・労働経済速報 1789 号 22 頁。

⑥ リーディング証券事件・東京地方裁判所 2013 年 1 月 31 日判決・労働経済速報 2180 号 3 頁。

(三) 试用期的期限与延长

试用期一般确定为一定长度的期间(但即使没有确定期限的长度,有的判例也认为,为了判断适应性而达成试用期的合意,从雇佣开始经过近 2 个月而被解约,是在合理的期限内对无固定期限的正式录用的拒绝[①])。试用期长度,本来是委以当事人的合意,但在不当的过长情况下,作为对公序良俗的违反而无效。例如,对中途录用者,全部以 2 个月固定期限合同作为见习职员被录用,然后要通过试用职员录用考试,对其合格者(最短需要半年)还要再有 6 个月或 1 年的为了成为"正式职员"的试用期,对这样的事例,判决认为,作为试用期,前一个试用期限已经足够,后者的期限是对公序良俗的违反而无效[②]。

关于试用期的延长,如果就业规则等没有相关规定,则不被认可。另外,即使就业规则中规定"存在特别理由的场合试用期可以延长",雇主在试用期结束时,原则上也有义务将该劳动者录用为正式职员。试用期延长的被认可,涉及立即作为正式职员被录用的问题,仅限于诸如根据本人今后的态度如何有可能被录用那样被认可的特殊情况。[③]

75

无良企业打工

对于通过本书学习劳动法的诸多大学生来说,与现实的"劳动"的接触大概是打零工吧。以前,打零工是利用暑假等获得零花钱,但现在,在开学期间也将打零工作为获得生活费的手段。学生的打零工不用说通常是临时的、有期的"非正规"劳动。在招聘、录用的简易性方面,以及在固定期限合同、小时工资、劳动条件的个别合意等方面,学生打零工是与正式职员不同的独自的世界。学生打零工的增加,也有企

---

① オープンタイドジャパン事件・東京地方裁判所 2002 年 8 月 9 日判決・労働判例 836 号 94 頁。

② ブラザー工業事件・名古屋地方裁判所 1984 年 3 月 23 日判決・労働判例 439 号 64 頁。

③ 大阪読売新聞社事件・大阪高等裁判所 1970 年 7 月 10 日判決・労働関係民事裁判例集 21 巻 4 号 1149 頁。

业的原因。商业、服务业(其中也包括饮食店、便利店、私塾讲师等),作为低价竞争中的生存之策,为了抑制和降低人工费,大量动员学生打零工以作为廉价的劳动力。使用年轻学生可以改善店铺的形象,由于不是长期雇佣便于确保人员的流动性。另外,企业趁着学生尚未成熟,尽量施加不合理的劳动条件。于是产生了"黑色打工"的问题。

根据黑色打工联盟网站,其代表判例有:①任意的轮班作业;②不能辞职;③长时间劳动;④无薪加班;⑤无薪提前到岗;⑥不支付报酬;⑦如果没有完成配额要购买其商品;⑧细小失误也被严厉训斥。其结果,对作为学生的本来的学习、研究和就职活动产生了不良影响,带来本末倒置的结果。很多读者也是这样所想吧。

这些问题的深入发展会带来骚扰和犯罪,因此,不能轻视学生打零工带来的纠纷。但是,黑色打工实际上也是日本劳动和雇佣问题的缩影。因此,有关对策只能依赖劳动法所装备的一般的工具。要以正确的劳动法的知识为武器,通过书面形式提出正确要求,如果不能顺利解决的话,可以利用劳动局的斡旋等行政ADR,通过工会的要求,向劳动基准署申告等,将劳动者拥有的各种权利组合起来处理这些问题。

第二节　劳动合同的期限

劳动合同是一种继续性合同,并非只是限于某一天的现货式的雇佣。大多数场合,是根据劳动者提供劳动、雇主支付工资的关系,但通过一定的期限加以展开。

该期限,预先在当事人之间确定,此为有期劳动合同*。如果不是这样,则为无期劳动合同**。法国和德国关于有期劳动合同的订立,规定必

---

* 即我国的固定期限劳动合同。——译者注
** 即我国的无固定期限劳动合同。——译者注

须有一定的事由或合理的理由,但日本没有这样的限制,是否确定期限是当事人的自由。

一般而言,正规职工根据无期劳动合同被雇佣。与之相对,有期劳动合同在所谓非典型雇佣中更为多见。在工厂劳动者的情形下,大多被称呼为"临时工"或"短期工"。另外,以商业和服务业为中心,"契约劳动者"的用语也被经常使用。此外,打零工、嘱托、兼职等也大多以有期合同被雇佣。

雇佣期限的确定,具有对该期限中的解约加以限制的一面,也有该期限结束时合同自动终止的一面。《劳动基准法》只重视了前者,为了确保劳动者的退职自由,进行劳动合同的上限规制(第 14 条)。但如今,反而是后者给劳动者带来了雇佣上的不安定,可以说这是一个大问题。

该问题具体表现为期限结束时雇主拒绝合同更新的情形。有关这样的案例,在一定情形下以类推适用解雇法理的形式加以应对,但根据 2012 年《劳动合同法》的修改,在将判例法理条文化的同时,引入了向无期劳动合同转换等新的规制。

一、合同期限的确定

(一) 有期劳动合同的目的

有期劳动合同的雇佣,因为各种原因而被使用。一种类型是,纯粹基于临时的必要,例如,季节性劳动(度假村酒店,酒的酿造等)以及根据企业的临时的必要的场合(临时增产或增加项目,代替育儿休假人员等)和根据劳动者一方的临时的必要的场合(外出打工、打零工等)。另一种类型是,固定期限的劳动合同,在作为无固定期限的正式员工被录用之前,可以作为评价其劳动能力的期限被利用。还有一种类型是,劳动者在到龄退休以后,以有期劳动合同被再雇佣,可以看到很多这样的案例。

但是,在被称为"临时工"或"契约劳动者"的人员当中,通过有期劳动合同的更新,实际上被长期持续地雇佣,承担企业活动的基干部分,这样的案例也有很多。企业通过利用这样的方式,在人员剩余时不再进行合同更新,以应对经济状况不佳时的人员调整,达到"雇佣的安全阀"的目的。关于这种做法是否适当一直以来存在争论,但至少在现行法上,为了长期持续的业务而订立有期劳动合同,也是不被否定的。但是,根据 2012 年《劳动合同法》的修改,实行了更新后的合同期限超过 5 年的场合,根据劳动者的申请可以向无期劳动合同转换的制度(第 18 条。参照第 82 页)。

(二) 固定期限的有无

劳动合同在固定期限的场合,因为限制了该期限内合同的继续,因此,在该期限内的解约原则上不被承认。另外,如果该期限结束,即使当事人没有特别的意思表示,合同也当然结束。附言之,固定年龄退休制度,因为没有约定至退休年龄为止劳动合同的继续,所以不相当于固定期限。

雇主在订立劳动合同时,有义务书面明示"关于劳动合同期限的事项"(《劳动基准法》第 15 条第 1 款,《劳动基准法施行规则》第 5 条,参照第 70页)。合同有无固定的期限,通常是明确的。但是,关于这一点也发生了争议,要对照各种各样的事实关系,根据意思解释加以决定。

例如,有这样的案例,招聘表上的雇佣期限一栏记载为"常用",因此,无期劳动合同成立,但此后根据当事人之间的合意,变更为了有期劳动合同,裁判所对此认可[①]。另一方面,关于当初订立的无期劳动合同变更为有期劳动合同,也有因当事人之间的合意错误被判断为无效的[②]。最近还有这样的判例,招聘表上没有确定雇佣期限,因此,无期劳动合同成立,此后,劳动者在记有固定期限为 1 年的劳动条件通知书上签字盖章,但有关向有期劳动合同的变更,不用说需要基于自由意思的同意,裁判所因此否定了固定期限的存在[③]。

根据最高裁判所判决,雇主录用应届毕业生时,以评价、判断劳动者的适应性为目的设立劳动合同期限的场合,如果没有根据期限结束而合同当然终止这样的明确合意的成立等"特别的事情",该合同本身没有存续期限,

---

① 千代田工业事件·大阪高等裁判所 1990 年 3 月 8 日判决·劳働判例 575 号 59 页。

② 骏々堂事件·大阪高等裁判所 1998 年 7 月 22 日判决·劳働判例 748 号 98 页。

③ 福祉事业者 A 苑事件·京都地方裁判所 2017 年 3 月 30 日判决·劳働判例 1164 号44 页。

只不过相当于规定了(有期劳动合同是无期劳动合同的)试用期[①](可以说这是一个相当大胆的一般论)。试用期的性质要根据具体的事实关系来判断,但如已经看到的那样(参照第 72 页),大多解释为是在无期劳动合同上保留解约权的期限。

(三) 期限内的解约

在固定期限合同的场合,原则上不承认期限内的解约。《民法》在此前提下,作为例外,第 628 条规定,雇佣期限被固定的场合,如果存在"不得已的事由"也有可能直接解约。在这一点上,与如果是无固定期限的雇佣则"任何时候"都可以申请解约(第 627 条第 1 款)形成了对照。

作为上述的反面,《民法》第 628 条包含了固定期限合同限于没有"不得已的事由"不能在期限内解约的旨趣,至少对雇主的有关中途解约(解雇)是具有强行效力的[②]。但是,有判例认为,《民法》第 628 条是为了保障解约权的片面的强行规定,即使当事人之间没有"不得已的事由",也承认期限内解约的合意,在这样的情形下,解约变得容易而不受妨碍,承认了雇主中途解约的权利[③](但关于该事案,被判断为相当于解雇权滥用而无效)。

因此,《劳动合同法》明确规定,关于有期劳动合同如果没有"不得已的事由",该合同期限结束前不得解雇劳动者(第 17 条第 1 款)。这当然是强行规定,现在,即使像《民法》第 628 条那样的解释,期限中雇主为了解雇劳动者也必须满足这个要件。

即使是无固定期限的劳动合同,根据《劳动合同法》第 16 条,解雇也必须具有"客观的合理的理由",且该理由"符合社会一般观念"(参照第五章第二节"解雇"),第 17 条第 1 款的"不得已的事由"与此相比更为狭义,限于不

---

① 神户弘陵学园事件·最高裁判所第三小法廷 1990 年 6 月 5 日判决·最高裁判所民事判例集 44 卷 4 号 668 页。

② 安川電機八幡工場事件·福冈地方裁判所小倉支部 2004 年 5 月 11 日判决·労働判例 879 号 71 页。

③ ネスレコンフェクショナリー関西支店事件·大阪地方裁判所 2005 年 3 月 30 日判决·労働判例 892 号 5 页。

能等待期限结束那样的紧急且重大的事项。劳动者的比较轻微的问题不相当于此[1]。经营恶化也必须达到严重程度。

判例认为,派遣公司以有期劳动合同雇佣的派遣劳动者,伴随派遣公司与用工企业之间劳动者派遣合同的解约,有不少派遣劳动者在合同期限内被派遣公司解雇的事案。对于作为雇主的派遣公司来说,并非要用工企业以相当于"不得已的事由"直接解除劳动者派遣合同,而是要通过确保新的用工企业或休业等来维持雇佣,没有尽到这样的责任的解雇是无效的[2]。

二、合同期限的上限

(一) 3 年的上限

订立有期劳动合同,原则上该期限不得超过 3 年(《劳动基准法》第 14 条第 1 款)。如上所述,因为有期劳动合同限于没有"不得已的事由"不得在期限内解约,因此,这体现了防止劳动者被不当的长期合同所束缚的旨趣。《民法》上如果合同履行了 5 年的话,在该期限中途解约也被认可(第 626 条),《劳动基准法》将上限缩短为 3 年,并且,超过固定期限本身是被禁止的。

《劳动基准法》第 14 条规定的合同期限的上限,以前是 1 年,根据 2003 年的法律修改,延长至 3 年。但是,因为强烈担心劳动者最长在 3 年期间被限制,因此制定了如下规定:①政府追加了在修改后的第 14 条实施 3 年后对实施状况进行考察,根据结果采取必要的措施(改正《劳动基准法附则》第 3 条,至今还没有采取特别的措施);②在采取这样的措施之前,订立了超过 1 年的有期劳动合同的劳动者,无关《民法》第 628 条的规定,从合同期的初日开始经过 1 年以后,通过向雇主提出申请,任何时候都可以辞职(《劳动基

---

① 大阪運輸振興事件・大阪地方裁判所 2013 年 6 月 20 日判決・労働判例 1085 号 87 頁。X 学園事件・さいたま地方裁判所 2014 年 4 月 22 日判決・労働経済速報 2209 号 15 頁。

② プレミアライン事件・宇都宮地方裁判所栃木支部 2009 年 4 月 28 日決定・労働判例 982 号 5 頁。アウトソーシング事件・津地方裁判所 2010 年 11 月 5 日判決・労働判例 1016 号 5 頁等。

准法附则》第 137 条）。

由此，现状是，即使订立了固定期限为 3 年的劳动合同，超过 1 年以后劳动者就不再受限制，超过 1 年的部分只是具有了作为对雇主解约限制的机能。但是，适用下述（二）（三）那样的例外的劳动者，从上述②的对象中排除，劳动者在全部期限中都受到限制。

另外，第 14 条的规定，是每一个劳动合同期限的上限，并不是更新合同后继续雇佣的合计期限最长为 3 年。

（二）例外的 5 年的上限

《劳动基准法》第 14 条第 1 款，作为 3 年上限的例外，与一定的劳动者之间订立的有关劳动合同，允许规定最长至 5 年的期限。作为该例外的对象是：①相当于厚生劳动大臣规定基准的具有高度专业知识的劳动者；②年满 60 岁以上的劳动者。

前者①的劳动者在决定自己的劳动条件的交涉中，不处于劣势地位，被认为保护的必要性较少，只限于该劳动者实际上从事需要如此高度专业知识的业务的场合①。与此相对，后者②的劳动者考虑到以扩大高龄者的雇佣机会为旨趣而作为例外，但关于认可其被限制 5 年是否适当是存在疑问的。

（三）关于以完成一定工作为必要期限的例外

关于规定了"以完成一定工作为必要期限"的劳动合同，上述 3 年和 5 年的上限规定不被适用（《劳动基准法》第 14 条第 1 款），超过该期限的规定不被容许（超过 5 年期限的情形下，根据《民法》第 626 条有可能解约）。作为该例外的对象，只限于像在一定期限完成土木工程那样客观上明确期限的业务的场合。期限未加明示而默然地至"业务结束前"，是不被认可的。

（四）违反上限的后果

对超过上述规定期限的上限而订立劳动合同的雇主，作为违反《劳动基

---

① 2003 年 10 月 22 日厚生労働省告示 356 号。

准法》第 14 条而成为处罚的对象。这种情形下有关私法上的效果,曾经有以 1 年为上限的通说和判例,这是站在合同期限根据《劳动基准法》第 13 条被缩短为 1 年的立场①。现行法之下的行政解释也是同样,被解释为是固定 3 年(例外为 5 年)期限的合同②。另一方面,也有的学说认为,从《劳动基准法》第 14 条的旨趣来看,超过了上限的话,劳动者可以自由辞职,但在此之外,以前规定的期限是有效的③。

但是,劳动合同的期限,也具有根据期限结束而合同终止的一面,不是较短的就当然有利,所以,与之相关的第 13 条的直律的效力被认为也可能没有发生。在无期劳动合同之下,根据解雇权滥用法理(《劳动基准法》第 16 条)确立了雇佣保障的今天,重视"劳动者雇佣安定的利益",极端的固定期限的规定是无效的,应该被解释为是无固定期限的劳动合同吧(也有学者提出疑问,认为这是无视当事人设定期限的意思④,但是,在违反《劳动基准法》的内容的基础上,其效果不得不被否定)。附言之,以前的判例也是这样,认为劳动合同被缩短为 1 年,劳动者为了在期限结束后继续这样就业,根据后述的《民法》第 629 条第 1 款成为无固定期限合同,基本上这些判例都是按照这样的形式来处理。

(五) 大学教员的任期

《大学教员任期法》规定,大学教员中的有关特定的职务,根据期限结束而劳动合同自动终止,但不妨碍除了最初 1 年间的期限中的任期辞职,这在一定要件下被认可(参照该法第 2 条第 4 款,第 4 条,第 5 条)。关于任期的长度,没有规定特别的上限。

与这样的教员之间也有可能订立通常的有期劳动合同,但为了通过教员的流动促进大学的教学研究的活性化,通过法律特别制定了与之不同的

---

① 旭川大学事件・札幌高等裁判所 1981 年 7 月 16 日判决・労働関係民事裁判例集 32 巻 3-4 号 502 頁。

② 2003 年 10 月 22 日労働基準局長名で発する通達 1022001 号。

③ 土田道夫『労働契約法(第 2 版)』(2016 年、有斐閣)85 頁。

④ 荒木尚志『労働法(第 3 版)』(2016 年、有斐閣)428 頁。

82

有期雇佣的手段（大学教员在 5 年任期结束时，学校拒绝对其再次聘任，判决认为此为正当[①]）。

三、向无期劳动合同的转换

有期劳动合同在期限结束时被更新，实际上，这样长时期雇佣继续的情况并不少见。在这种情况下，如下所述，雇主在合同期限结束时拒绝更新，根据《劳动合同法》第 19 条受到制约，但也有涉及不到的情况，使劳动者的地位不安定。于是，2012 年修改《劳动合同法》作出了新的规定（第 18 条），有期劳动合同被更新，在合计的雇佣期限超过 5 年的场合，根据劳动者的申请，可以转换为无期劳动合同。不论另一方当事人的雇主的意思，承认无期劳动合同的成立，这一点涉及了以前所没有的法律规制。

（一）转换的基本要件

根据《劳动合同法》第 18 条第 1 款，转换的第一个要件是，关于该劳动者，"与同一雇主之间订立了两次以上的有期劳动合同"，其合同期限合计"超过 5 年"。因为是"两次以上的"合同，所以必须最低更新过一次。另外，作为过渡措施，以新规定的施行日（2013 年 4 月 1 日）前一天为初日的劳动合同期限，不计算到合计的合同期限内（改正《劳动合同法附则》第 2 款）。

第二个要件是，该劳动者"对该雇主，至现在订立的有期劳动合同的合同到期之前……申请订立无期劳动合同"，这里的"无期劳动合同"，是指从现合同到期后的翌日开始进行劳动提供之意。这个无期劳动合同的申请，可以在该合同期限中，从合计合同期限超过 5 年的有期劳动合同期限的初日开始进行。另外，在这样的有期劳动合同到期之前没有进行申请，而且在有期劳动合同被更新的场合，可以在该合同到期之前，再一次进行申请。

（二）申请的效果

满足以上要件的劳动者进行申请的场合，"雇主视为批准了该申请"，据此，在其两者之间，无期劳动合同成立。该劳动条件，除了特别规定的情形

---

① 京都大学事件·大阪高等裁判所 2005 年 12 月 28 日判决·劳働判例 911 号 56 页。

以外,与现在订立的有期劳动合同的劳动条件内容相同(当然,期限没有固定)。

(三) 空白期的处理

上述"5 年"的计算,在一个有期劳动合同结束日到下一个有期劳动合同开始日之间有 6 个月以上"空白期"时,此前结束的有期劳动合同的期限不能算入合计的合同期限(第 18 条第 2 款)。对于这个空白期(所谓的冷却期)是否被承认,厚生劳动省令规定了详细的基准①。

另外,之前的有期劳动合同的合同期限(复数的有期劳动合同没有空白期而连续时的合同期限的合计)未满 1 年的场合,产生不计算效力的空白期不是 6 个月以上,而是规定在该期限内乘以二分之一后的期限(未满一个月按照一个月计算,上述厚生劳动省令第 148 号)以上。

(四) 关于 5 年的特例

84

上记第 18 条成立后,根据职业种类等,合计的合同期限超过 5 年时承认其向无固定期限合同转换,对此,很多呼声认为这是不适当的规定,于是在事后,如下所述设立了特别的例外规定。

第一,关于大学等研究人员的特例。对于研究开发法人或大学等(以下简称"大学等")的研究人员、技术人员、研究管理人员,大学等以外的研究人员、技术人员、研究管理人员、专门从事与大学等共同研究的人员,以及基于《大学教员任期法》订立固定任期的劳动合同的教员等,《劳动合同法》第 18 条第 1 款的"5 年"变为"10 年"(《科学技术创新法》第 15 条之 2,《大学教员任期法》第 7 条)。

第二,根据《具有专业知识的有期雇佣劳动者特别措施法》,①对于具有专业知识的有期雇佣劳动者,该专业知识为必要时,超过 5 年从事有期业务的场合(存在工资数额等一定的要件),以及②对于 60 岁以上达到退休年龄后,继续被同一雇主雇佣的有期雇佣劳动者设立了特例。关于前者①,可以超过本来的"5 年",特例为从该业务开始到结束的期间(最长为 10 年);关

---

① 2012 年 10 月 26 日厚劳省令 148 号。

于后者,退休后继续被雇佣的期限不被算入合计的合同期限(第 8 条)。但是,不论前者还是后者,雇主都必须为劳动者制定一定的计划,接受厚生劳动大臣的认定(第 4 条,第 6 条)。

四、合同期限的结束与更新

(一) 期限结束的意义

在有期劳动合同期限结束时,合同当然结束。这是自动的合同结束的事由,无论怎样都不需要当事人作出改变的意思表示。期限结束时,更新之前的合同或者立即订立新的合同,当然是可能的,这是委以各当事人的自由。

但是,合同期限结束后,劳动者继续从事劳动,雇主没有表示特别的异议时,被推定为与此前同一条件的雇佣(《民法》第 629 条第 1 款,以前被称为"默示的更新",但根据《民法》的现代用语,变为"雇佣更新的推定")。也有观点认为,更新后的劳动合同是与之前的合同具有同样的固定期限[①],但通说认为是无固定期限合同[②]。

(二) 雇主拒绝合同更新(雇佣终止)与判例法理

1. 反复更新与雇佣终止

现实中有不少有期劳动合同结束后,被更新为与此前同样期限的合同,使雇佣关系继续的情形。如果这样多次反复操作,即使固定期限一应存在,其意味也变得淡薄,合同期限结束时对于合同再次更新的期待很高。在这样的状况下,雇主对新的更新不予回应时(被称为"雇佣终止"),从形式上来看,这是雇主的合同订立的自由,新的合同不再成立,劳动合同根据期限结束而当然消灭,但这样的认识是正确的吗?

---

① 菅野和夫『労働法(第 11 版補正版)』(2017 年、弘文堂)326 頁,土田道夫『労働契約法(第 2 版)』(2016 年、有斐閣)85 頁。

② 参照《民法》第 629 条第 1 款第 2 句。作为判例,有上述的旭川大学事件。另见:自警会事件・東京地方裁判所 2003 年 11 月 10 日判決・労働判例 870 号 72 頁、学校法人矢谷学園ほか事件・広島高等裁判所松江支部 2015 年 5 月 27 日判決・労働判例 1130 号 33 頁。

关于这个问题,判例认为,在一定的场合,对于雇主的拒绝更新"类推"适用解雇法理。关于解雇,欠缺客观的合理的理由,被认为不符合社会一般观念的场合,作为权利滥用而无效,这样的判例法理早已形成(现在被《劳动合同法》第 16 条明记,参照第 373 页)。有期劳动合同的拒绝更新(雇佣终止)通过类推适用解雇权滥用法理来保护劳动者,以下最高裁判所的判决,显示了各自不同的框架。

2. 两个判决

第一,东芝柳町工厂事件[①]。该事件是所谓的常用临时工被雇佣终止的案件,期限为 2 个月的合同被从 5 次到 23 次不等地更新,结束后也不立即办理合同更新手续。最高裁判所认为,合同的期限一应决定,但限于没有特别的意思表示被预定为当然地更新,劳动合同期限结束而当然地反复更新,可以认为存在"好像与无期劳动合同没有实质不同的状态"。因此,雇佣终止(拒绝更新)的意思表示实质上相当于解雇的意思表示,类推适用有关解雇的法理,如果没有剩余人员的发生等不得不变更以前的处理方式的特别事情,雇佣终止不被允许。

第二,日立医疗事件[②]。该事件是临时工的期限为 2 个月的合同被更新了 5 次的案件,但每一次更新都进行意思确认和在合同上签字盖章,被认为不能说产生了与无期劳动合同"实质上没有不同"的关系。但最高裁判所认为,该雇佣关系被期待一定程度的继续,现在,因为合同更新了 5 次,所以终止雇佣的行为类推适用有关解雇的法理,如果是解雇,作为解雇权的滥用而无效那种状况下的雇佣终止是不被允许的,肯定了原判。

该事件判决认为,即使不能说固定期限达到了形骸化的状况,对于更新来说,以当事人的期待为基础,承认类推适用解雇法理,这一点是有意义的。同时,即使在该场合下,通过简易程序被雇佣的临时劳动者的雇佣终止,与

---

①　最高裁判所第一小法庭 1974 年 7 月 22 日判决・最高裁判所民事判例集 28 卷 5 号 927 页。

②　日立メディコ事件・最高裁判所第一小法庭 1986 年 12 月 4 日判决・労働判例 186 号 6 页。

终身雇佣制的期待下订立无固定期限合同的正规职员的解雇,被要求的合理性程度存在差异,雇主裁员时没有募集希望退职的正式职员,而终止临时工的雇佣关系,这也是不得已的。判决在结论上肯定了雇佣终止的效力。

3. 合同关系的继续

在上述的任何框架内,解雇法理被类推适用的场合,都有必要做出基于合理的理由,符合社会一般观念的拒绝更新的通知。否则,雇佣终止的效力不被认可,即使期限到期,劳动合同也不会终止,与合同更新一样的法律关系也会继续下去。

但是,也有这样的判例,当初开始的 1 年合同的更新限度为 3 年,雇主希望考虑劳动者的工作业绩,只有在被认为有必要时,无期劳动合同的旨趣才被明确认定。没有被认定时,不能向无期劳动合同转换,3 年的更新期限结束时合同结束①。

(三)《劳动合同法》第 19 条

《劳动合同法》第 19 条,是以上述有关雇佣终止的两个判例法理的条文化为目的而设立的。①"该有期劳动合同过去被反复更新,本次合同期满时该有期劳动合同没有被更新,据此,该有期劳动合同结束,但根据对订立无期劳动合同的劳动者的解雇的意思表示,该无期劳动合同的结束被认为符合社会一般观念"(第 19 条第 1 项),这是东芝柳町工厂事件;②"该劳动者的有期劳动合同期满时,有关对该有期劳动合同更新的期待被认为具有合理的理由"(第 19 条第 2 项),这是日立医疗事件。可见,各自有不同的对应。

在相当于①或②的任何场合,欠缺客观的合理的理由,认为不符合社会一般观念时,雇佣终止的效力不被承认,劳动者如果进行有期劳动合同的更新或订立的申请(要约),"雇主被视为按照与以前有期劳动合同内容相同的劳动条件承诺了该要约"。

根据该第 19 条,劳动者为了得到上述保护,必须在合同期满前申请(要

---

① 福原学園事件・最高裁判所第一小法廷 2016 年 12 月 1 日判决・労働判例 1156 号 5 页。

约)合同更新,或者在合同期满后立即申请(要约)订立合同。对这个被视为承诺的构成和包含上述①②要件的写法,该条是否可以说确实将以前的判例法理条文化了,这也是存有疑问的。但是,至少《劳动合同法》施行通知[1]中指出,该条是判例法理的"内容和适用范围不作变更的规定",即使劳动者提出了有关申请(要约),"相对于雇主的雇佣终止的意思表示,劳动者只要传达出任何反对的意思表示就可以了",这里被作了和缓的解释(有这样的判例,司机的合同被反复更新后雇佣终止,假如不相当于①而相当于②,并且要求撤回不更新劳动合同的通知,被认为相当于劳动者提出了合同更新的申请(要约)[2];拒绝该申请,作为欠缺客观的合理的理由,不符合社会一般观念,不被认可)。

(四) 雇佣终止法理的适用

1. 类推适用的可否

即使根据上述的判例法理和《劳动合同法》第 19 条,在何种情形下解雇法理被类推适用也还没有明确,只能在对更新的次数和程序,雇佣期限的长度,工作的内容、性质,在企业中所处的位置,录用时的情况等各种要素进行综合考量的同时,根据具体情况来决定。

与无固定期限合同实质上没有不同的第一种类型是(第 19 条第 1 项),合同更新的程序容易被认为是形骸化的情况[3]。

但是,最近,每一次更新程序都认真进行,反而第二种类型即当事人的合理期待的有无的争议判例增多了。一方面,有的判例认为,作为对更新的合理的期待,1 年期合同初次更新就被拒绝,类推适用解雇法理,其拒绝更新的效力被否定[4];另一方面,也有的判例认为,该合同的职务类型原本具

88

---

[1]　2012 年 8 月 10 日労働基準局長名で発する通達 0810 第 2 号。

[2]　ニヤクコーポレーション事件・大分地方裁判所 2013 年 12 月 10 日判決・労働判例 1090 号 44 頁。

[3]　エヌ・ティ・ソルコ事件・横浜地方裁判所 2015 年 10 月 15 日判決・労働判例 1126 号 5 頁。ジャパンレンタカー事件・名古屋高等裁判所 2017 年 5 月 18 日判決・労働判例 1160 号 5 頁。前者雇佣时间为时 15 年 7 个月,后者在 22 年间通过反复更新被持续雇佣。

[4]　医療法人清恵会事件・大阪地方裁判所 2012 年 11 月 16 日判決・労働判例 1068 号 72 頁。

有临时的性质,被反复更新后,也不存在对继续雇佣的合理的期待①。另外,有的判例认为,在雇佣合同上规定"合同不予更新"或者"公司认为特别必要时合同才能更新",则即使合同被更新了两次也不存在合理的期待②。

当然,根据任何一种类型,即使承认类推适用解雇法理,如果存在雇佣终止的客观的合理的理由,符合社会一般观念,则雇佣终止有效,根据期限而终止,劳动合同结束(有以 1 年期合同被雇佣的劳动者,合同第 2 次更新时被以缺乏适应性为由终止雇佣的判例③;还有 1 年期合同将近 30 年被更新,后因企业转让,劳动者作为剩余人员被雇佣终止的判例④)。

89

2. 更新的上限

当事人之间即使规定了更新的次数和期限的上限,此后如果具有了合同继续的可能性,对此劳动者的合理期待也应该被保护⑤。另外,雇主在合同履行中单方面规定这样的上限时,不能排除劳动者已经产生了信任,基于合理的期待解雇法理被类推适用(雇佣继续期限的上限为 3 年的判例⑥;规定超过 50 岁时合同不被更新的判例⑦都肯定了类推适用)。

但是,当初规定了年满 65 岁为更新的上限,劳动者到达该日期以后有期劳动合同不再更新,在如此运用的场合,不承认对以后的雇佣继续的合理期待,因为不能认为与实质的无期劳动合同具有同等视之的状态,所以雇佣终止是合法的⑧。另外,当初规定更新期限为 3 年,因此,在不能看到成为

---

① E-グラフィックコミュニケーションズ事件・東京地方裁判所 2011 年 4 月 28 日判決・労働判例 1040 号 58 頁。加茂暁星学園事件・東京高等裁判所 2012 年 2 月 22 日判決・労働判例 1049 号 27 頁。シャイアール事件・東京地方裁判所 2015 年 7 月 31 日判決・労働判例 1121 号 5 頁。

② 札幌交通事件・札幌高等裁判所 2017 年 9 月 14 日判決・労働判例 1169 号 5 頁。

③ 日本航空事件・東京高等裁判所 2012 年 11 月 29 日判決・労働判例 1074 号 88 頁。

④ 三洋電機事件・鳥取地方裁判所 2015 年 10 月 16 日判決・労働判例 1128 号 32 頁。

⑤ カンタス航空事件・東京高等裁判所 2001 年 6 月 27 日判決・労働判例 810 号 21 頁。

⑥ 立教女学院事件・東京地方裁判所 2008 年 12 月 5 日判決・労働判例 981 号 63 頁。

⑦ 市進事件・東京高等裁判所 2015 年 12 月 3 日判決・労働判例 1134 号 5 頁。

⑧ 日本郵便事件・最高裁判所第二小法廷 2018 年 9 月 14 日判決・労働経済速報 2361 号 3 頁。

无期劳动合同的条件时,合同结束①。

3. 不更新条款的问题以及合同条件的不一致

也有这样的判例,在承认根据合同的反复更新,解雇法理被类推适用的关系成立的同时,雇主告知这次相当于最后的更新,今后不再更新,合同上也有这样的规定(所谓"不更新条款"),因此,解雇法理的适用被否定②。与此相对,有的判例认为,在承认适用解雇权滥用法理的前提下,在是否为权利滥用的判断中,也要考虑不更新条款的存在③。

这样的不更新条款,如果对此不加对应的话合同就不能更新,在这种情形下,劳动者处于被动地位,事实上,要被迫选择是这一次还是下一次的雇佣终止。在已经形成对雇佣的合理期待的基础上,如果劳动者基于真实的自由意思的合意不被认可,应该按照解雇对有关必要性进行审查。

另外,合同更新时,雇主不只是单纯的拒绝更新,有时也提出与以前不同的新的劳动条件。劳动者对此不予同意,结果导致合同不被更新时,这也理解为是雇佣终止的一种,在承认其类推适用解雇权滥用法理的基础上,判例大都审查变更提案的合理性④。但劳动者自己拒绝新的合同的订立,从雇佣终止的不同观点出发,也被承认合同结束⑤。

4. 退休后的再雇佣以及季节性劳动者

作为有些特殊的类型,60 岁退休后的期限为 1 年的嘱托合同,本人视其为确定了的继续雇佣制度的基准,所以,该合同结束后期待继续雇佣也被

90

---

① 前揭福原学園事件。

② 近畿コカ・コーラボトリング事件・大阪地方裁判所 2005 年 1 月 13 日判決・労働判例 893 号 150 頁。本田技研工業事件・東京地方裁判所 2012 年 2 月 17 日判決・労働経済速報 2140 号 3 頁。

③ 明石書店事件・東京地方裁判所 2010 年 7 月 30 日決定・労働判例 1014 号 83 頁。東芝ライテック事件・横浜地方裁判所 2013 年 4 月 25 日判決・労働判例 1075 号 14 頁。前者是对雇佣终止效力的否定,后者是肯定。

④ 肯定了雇佣不更新的效力的案例,参见:日本郵便輸送事件・大阪地方裁判所 2009 年 12 月 25 日判決・労働経済速報 2069 号 3 頁。否定了雇佣不更新的效力的案例,参见:ドコモ・サービス事件・東京地方裁判所 2010 年 3 月 30 日判決・労働判例 1010 号 51 頁。

⑤ 河合塾事件・福岡高等裁判所 2009 年 5 月 19 日判決・労働判例 989 号 39 頁。同事件・最高裁判所第三小法廷 2010 年 4 月 27 日判決・労働判例 1009 号 5 頁も参照。

认为具有合理的理由,根据继续雇佣制度如果不被再雇佣而雇佣终止的话,可以说欠缺客观的合理的理由,不符合社会一般观念[1]。

另一方面,有这样的案例,经过大约 17 年,为了每年春季或秋季数个月的季节性作业而订立有期劳动合同,在劳动者订立新的合同被拒绝时,不能说存在《劳动合同法》第 19 条第 2 款所称的对合同更新的合理期待,不能类推适用该款,解雇法理的类推适用被否定[2]。

五、关于有期劳动合同订立的其他规定

(一) 关于有期劳动合同的订立、更新、雇佣终止的基准

2003 年修改《劳动基准法》,在有期劳动合同的订立以及期限结束时,为预防当事人之间的争议,厚生劳动大臣可以使用期限结束通知等规定雇主应该采取措施的基准(第 14 条第 2 款),基于此规定了"关于有期劳动合同的订立、更新以及雇佣终止的基准",向雇主提出了以下要求[3]:

① 有期劳动合同更新 3 次以上,或者根据有期劳动合同超过 1 年继续工作的劳动者,合同不更新的场合,雇主要在结束日之前 30 日预告(除了提前明示合同不更新的情形以外)。

② 在相当于①的情形下,劳动者要求出具不更新理由的证明时,雇主不得延迟交付。

③ 有期劳动合同更新 1 次以上,并且超过 1 年继续工作的劳动者的合同更新,雇主要对应合同实态和劳动者本人的希望等,尽可能努力延长合同期限。

对此加以违反虽然没有罚则规定,但劳动基准监督署长可以对雇主进行必要的建议、指导(《劳动基准法》第 14 条第 3 款)。

另外,以前在订立有期劳动合同时,规定雇主要对劳动者明示合同期满

---

[1] 津田電気計器事件・最高裁判所第一小法廷 2012 年 11 月 29 日判決・労働判例 1064 号 13 頁。

[2] A 農協事件・東京高等裁判所 2015 年 6 月 24 日判決・労働判例 1132 号 51 頁。

[3] 2003 年 10 月 22 日厚生労働省告示 357 号,2012 年 10 月 26 日厚生労働省告示 551 号。

后有无更新,并且,在有更新的场合其明示的判定基准也规定在上述基准
中。但是,根据2012年《劳动基准法施行规则》的修改,采取了《劳动基准
法》第15条第1款明示义务的事项中合同更新的基准,体现了规制强化的
形态(《劳动基准法施行规则》第5条第1款第1项之2,违者处以罚则)。
无论怎样,这里被明示的内容,都是解决围绕雇佣终止的争议,考量当事人
合理期待时的重要资料。

(二)规避反复更新的考虑

《劳动合同法》第17条第2款指出,雇主根据有期劳动合同使用劳动者
时,对照其目的,"必须考虑通过规定必要以上的短的期限,使该有期劳动合
同不被反复更新"。例如,关于1年期限的继续性工作,要回避以1个月为
期限那样的合同更新,但保持这样的义务,真正有多大效果还是个问题。

(三)不合理的劳动条件的禁止

92

《劳动合同法》还有一项规定,为了应对有期劳动合同的劳动者与无期
劳动合同的正规劳动者的劳动条件的差别问题,以"禁止根据固定期限的不
合理劳动条件"为题作了规定(第20条)。该规定在2018年根据《工作方式
改革关联法》从《劳动合同法》中被删除,与非全日制劳动者的有关同样的规
定相统合,移至《非全日制劳动及有期劳动法》中①。

关于这个问题,包含判例,将在第六节"非全日制劳动、有期劳动、劳动
者派遣"(第151页)中阐述。

美国的健康保险与日本

93

美国特朗普2017年1月就任之初,发出了大总统令,要求废除奥
巴马政权2010年制定的医疗保险制度改革法(Affordable Care Act)。

与其他先进国家不同,美国如果除去为了高龄者和贫困者的特别
制度外,不存在公共的医疗保险。每个人与民营的保险公司之间订立

---

① 「短時間労働者及び有期雇用労働者の雇用管理の改善等に関する法律」(パート有期法)
第8条。2020年4月施行。另外参照禁止歧视规定的第9条。

合同,支付保险费(买保险)。劳动者的场合,雇主大多通过团体保险合同加以覆盖,但不少微小企业没有这样的团体保险。另外,患病或有病史的场合,可以被取消合同。美国全国接近 5000 万人没有保险,这些人生病时医疗费由谁负担成为了大的问题。另外,因为担心医疗费,所以不进行早期治疗导致病情恶化、延误治疗的情况也不少见。

上述 2010 年的法律,为了改变这样的状况进行了具有突破意义的尝试,在维持不制定公共保险制度而是购买民间保险的同时,规定了有关加入保险的限制或条件的规制,创设了容易购买保险的以州为单位的市场,对全体国民规定了加入保险的义务,对企业规定了为职工提供保险的义务(以及支付罚款),等等。2012 年联邦最高法院作出的合宪判决,使人们看到因为政权更替使该法命悬一线,但 2017 年 7 月,对该法废止、代替的法案在联邦议会上未被通过,不知何故该法得以延续生存(废止了对个人的加入义务)。保险费的上升,新的违宪诉讼的提起等问题还有很多,但也可以看到该法的优点逐渐被理解,反对废止该法的声音也在高涨。

日本的场合,根据 1922 年制定、1927 年施行的《健康保险法》,大企业通过健康保险组合,中小企业通过政府掌管的健康保险(现在是协会健康保险),制定了劳动者保险的框架。1938 年,制定了包含农民和渔民的《国民健康保险法》,战后,通过 1958 年的修法扩大了适用对象,从 1961 年起,形成了国民皆保险体制。医疗方面有很多问题自不待言,但有时我们也要思考一下公共保险制度的可贵之处。

第三节　劳动合同的基本原理

94　　《劳动基准法》开篇的 7 条,常常被总称为"劳动宪章"。首先,第 1 条规定劳动条件必须是为了劳动者"作为人的生活"的需要,第 2 条规定劳动者和雇主基于"对等的立场"决定各项劳动条件。这作为劳动关系全体的基本精神的宣言是十分重要的。

另外,第3—7条是带有罚则的强行规定。其中第3条和第4条是禁止不当歧视以实现"平等"的规定,这将在下一节论述。而第5—7条是为了保障劳动关系上劳动者的自由和人权而设立的,与之同样宗旨的规定在《劳动基准法》第2章"劳动合同"中也可以看到。

《劳动基准法》特别倾注对劳动者的自由和人权加以确保,这源于将人类体力劳动作为交换对象,在雇主的支配下继续的提供劳动力的劳动关系的性质。但是,与任何原因相比,是对战前日本对劳动者人权践踏的诸多恶习的反省,这样的行为至少表面上减少了,但如今围绕外国人劳动者的状况等,显示出这绝不是"过去式的问题"。

关于劳动合同的规则,以《民法》的规定为基本,根据《劳动基准法》和积蓄的判例法理加以形成。2007年制定的《劳动合同法》在对此进行必要修正的基础上,进行了整理和体系化的设计。当然,虽然《劳动合同法》经过了2012年的修改,但其内容仍有简单孤寂之感,不得不期待今后的发展。

一、《劳动合同法》规定的劳动合同的原则

《劳动合同法》第3条提出了关于劳动合同的以下5项原则:

① 劳动合同,应基于劳动者和雇主"对等立场上的合意"订立、变更(第1款)。

② 劳动合同,应为劳动者和雇主"对应就业实态,均衡考虑"的订立、变更(第2款)。"均衡"的用语比"均等"更为缓和,对应就业实态的不同,以求平衡对待。

③ 劳动合同,应为劳动者和雇主"考虑工作与生活的协调"的订立、变更(第3款)。显示了工作与生活相平衡的理念。

④ 劳动者和雇主,在遵守劳动合同的同时,应"诚实信用"地行使权利、履行义务(第4款)。确认了关于劳动合同的《民法》上的诚实信用原则,也是对《劳动基准法》第2条第2款规定的集体协议和劳动合同的诚实遵守的一以贯之。

⑤ 劳动者和雇主，基于劳动合同行使权利时，"该权利不能滥用"（第 5 款）。这也是根据《民法》第 1 条第 3 款禁止权利滥用的有关劳动合同上的确认。

除上述以外，《劳动合同法》第 4 条要求对有关劳动条件和劳动合同的内容，雇主要使劳动者深入理解（第 1 款），双方当事人要尽可能以书面形式确认劳动合同的内容（包含有关有期劳动合同的事项）（第 2 款）（参照第 71 页）。

二、劳动合同上的权利义务

（一）劳动提供义务和工资支付义务

劳动合同是劳动者在雇主之下劳动，雇主作为其对价向劳动者支付工资的双务合同。现实中关于这种关系的具体内容，存在各种各样的规定，双方当事人的权利义务可以通过集体协议、就业规则、个别合意、习惯行为等考虑确定。但是，劳动合同上最为本质的义务（从对方来看是权利），是劳动者的劳动提供义务和雇主的工资支付义务（关于后者，参照第四章第一节"工资"）。

劳动提供义务，是在雇主的指挥下进行劳动的义务，这里包含劳动者对雇主"指挥命令权"（也称"劳动指挥权"）的承认。因此，有关劳动的种类、场所、形式、实施方法等具体内容，在劳动合同的框架内由雇主决定，承认雇主对劳动者行使必要的指示和监督的权利。

劳动者的劳动提供，根据合同法的一般原则，必须诚实地遵从债务的本质。与此相关，公务员法还规定（《国家公务员法》第 101 条第 1 款，《地方公务员法》第 35 条）劳动者具有"专心工作义务"，但无论如何，只要一开始就对工作加以合理注意的话，就是对劳动提供义务的履行，而不是指如劳动者对工作以外的事情一律不加考虑那样的高度的非现实的义务。

劳动者在提供与雇主的命令所不同的劳动时，一般不认为是遵从了债务本质的合同履行，对此，不发生工资请求权。但是，订立劳动合同时没有特定工种和业务内容，劳动者因为生病，即使现在不能充分提供命令其从事的特定业务的劳动，"对照其能力、经验、地位、该企业的规模、工种、该企业劳动者的配置和异动的实情及难易等，被认为对该劳动者的配置具有现实的可能性的话，可以（使该劳动者）从事有关其他业务的劳动提供，并且，如果申请了这样的劳动提供，被认为相当于遵从了债务的本质而履行了劳动提供"①。

另外，遵从债务的本质而履行劳动提供的有无，也还成为与工会进行争议行为的相关问题（参照第 417 页）。

（二）雇主的工作命令权

雇主为了工作的实施而对劳动者进行指示、命令，这经常被统称为"工作命令"。工作命令是以有关劳动提供的指挥命令为中心，但比该范围更广泛，比如对雇主行使的调查加以协助，参加健康诊断等，与该劳动者本来的劳动提供并非直接相关的事项也成为对象。工作命令作为雇主特定的行为被加以明确，这一点是有意义的，对此加以违反，通常会被预定惩戒处分。

最高裁判所认为，雇主发出工作命令的根据是存在劳动合同，劳动者根据劳动合同如果许诺了劳动力处分范围内的事项，雇主的工作命令权就被承认②。

结果，这个判断根据劳动合同的解释而成立，但从该事项的性质和工作上的必要性等方面来看，超过合理限度的工作命令，是在许诺的范围之外，其约束力应该被否定③。另外，对于行贿、违反公平竞争原则的竞标、向官厅虚假报告等违法行为，或者支持选举、宗教活动等侵害劳动者个人自由的行为，不允许通过工作命令加以强制（有劳动者以早会时被要求听选举演说

---

① 片山组事件 • 最高裁判所第一小法廷 1998 年 4 月 9 日判决 • 劳働判例 736 号 15 页。

② 電電公社带广局事件 • 最高裁判所第一小法廷 1986 年 3 月 13 日判决 • 劳働判例 470 号 6 页。肯定了健康诊断命令的约束力。

③ 有关以存在生命危险的海域为对象的出航命令，参见：電電公社千代田丸事件 • 最高裁判所第三小法廷 1968 年 12 月 24 日判决 • 民集 22 卷 13 号 3050 页。另请参照担任播音主持及翻译工作的法国人在东日本大地震之后，因担心自身的生命和身体安全而前往国外避难的案例。该案例中，判决认为不能对上述避难行为进行批判，该行为不能构成业务委托合同（非劳动合同）的解除事由。日本放送协会事件，東京地方裁判所 2015 年 11 月 16 日判决 • 劳働判例 1134 号 57 页。

为由提出损害赔偿请求被认可的判例①)。

进而,即使是本来的劳动义务范围内的工作,但雇主的命令是以劳动者受到不利益为目的,在过分行使的场合,其工作命令属于权利滥用,不法行为可以成立(判例方面,有对于违反就业规则的人,作为教育培训命令其抄写就业规则,被认为不法行为成立的判例②;另外,JR日本旅客铁道公司的"日勤教育"脱离了作为教育的必要且适当的范围,最终被认为相当于不法行为的事件③;另一方面,有的判例对违反职场纪律的人员,命令其在职场一个人从事10天的火山尘土清除作业,不法行为的成立被否定④)。

关于转岗和降格的命令也是一样,被认为缺乏工作上的必要性,带有迫使劳动者辞职的意图加以实施时,可以构成权利滥用⑤。

(三) 附随的权利义务

98　劳动合同除了主要的劳动提供义务以及工资支付义务以外,劳动者和雇主都还负有各自的附随义务。这反映了劳动合同的人的、继续的性质以及企业的组织性质,被称为诚信原则上的义务(《民法》第1条第2款,《劳动合同法》第3条第4款)。

1. 劳动者的附随义务

作为劳动者的附随义务,有保守职业上获知的企业秘密的义务(保密义务),以及控制与雇主的事业竞合行为的义务(竞业限制义务)。这都是基于劳动合同上的诚信原则的义务,但反过来带来很多劳动合同结束后其随附义务是否存在以及范围上的争议(参照第481页)。附言之,有关雇主的营业秘密,与劳动合同相区别,根据《不正当竞争防止法》以寻求特别的保护(第2条第1款第4项以下,第3条,第4条;关于此,也产生了许多劳动合

---

① ダイニンテック事件・大阪地方裁判所1999年8月20日判決・労働判例765号16頁。
② JR東日本事件・最高裁判所第二小法廷1996年2月23日判決・労働判例690号12頁。
③ JR西日本事件・大阪高等裁判所2009年5月28日判決・労働判例987号5頁。
④ 国鉄鹿児島自動車営業所事件・最高裁判所第二小法廷1993年6月11日判決・労働判例632号10頁。
⑤ バンクオブアメリカイリノイ事件・東京地方裁判所1995年12月4日判決・労働判例685号17頁。新和産業事件・大阪高等裁判所2013年4月25日判決・労働判例1076号19頁。

同结束后问题)。

另外,劳动者在劳动时间以外也负有遵守职场纪律的义务,甚至在企业之外,负有不能对雇主的信用和利益不当损害的义务。这些义务,经常在"遵守企业秩序义务"和"诚信义务"的广泛范围内根据模糊的概念被论及,其界限,特别是与惩戒的关系成为了大的问题。

2. 雇主的附随义务

作为雇主的附随义务,判例上确立了从职场劳动者生命、健康的危险出发,应该对其加以保护照顾的"安全照顾义务"(参照第327页)。在雇主的支配下提供劳动,源于劳动合同的特质,可以说是指挥命令权内在的、不可分的义务。《劳动合同法》以此为据,规定"雇主履行劳动合同,要对劳动者在尽可能确保其生命、身体等安全的同时进行劳动,提供必要的照顾"(第5条)。

此外,对尊重劳动者的人格和私人自由的义务,关于职场性骚扰和职场欺凌的职场环境照顾义务,进行公正的人事评价的义务等等,也进行了讨论,雇主的附随义务有扩大的倾向(有判例认为,雇主违反了应该在合理裁量范围内行使人事权的义务,命其承担债务不履行的损害赔偿责任[1])。

(四) 劳动请求权

一般的劳动提供,是劳动者的"义务"。但是,雇主以任何理由不使劳动者劳动的场合,劳动者对雇主有要求受领劳动(自己劳动)那样的"权利"吗?这就是有无"劳动请求权"的问题。具体来说,在违法解雇的情况下,排除妨碍劳动的临时处分被允许吗?这种类型的争议很多[劳动者如果遵从债务的本质履行劳动提供的话,发生工资请求权(参照第221页);但劳动请求权与此不同,属于能否在职场实际工作的问题]。

有的学说指出,劳动合同上的劳动本身,对于劳动者来说,其目的是实现人格价值,强烈肯定劳动请求权[2]。但是,判例从合同法的原则出发,认

---

[1] トナミ運輸事件・富山地方裁判所2005年2月23日判決・労働判例891号12頁。

[2] 下井隆史『労働基準法(第4版)』(2007年、有斐閣)217頁、西谷敏『労働法(第2版)』(2013年、日本評論社)93頁。另外,以劳动者的"能力权"为基础的主张,参见:諏訪康雄「労働市場法の理念と体系」講座21世紀の労働法2巻17頁。

为雇主不负有劳动受领的义务,一般否定劳动请求权。不过,对于提供劳动的特约或者存在劳动者特别利益的场合,作为例外,劳动请求权被承认(有为了维持厨师的技能提高,其劳动利益被承认的判例[①])。

另外,违反法律上禁止不利益对待的规定进行解雇等场合,有的观点也承认劳动者的劳动请求权[②],但即使承认这样的权利,也是来源于该法律规定的内容,应该与一般的劳动合同上的劳动请求权相区别吧。

(五) 劳动者的损害赔偿责任

劳动者违反劳动合同上的义务,对雇主造成损害的情况下,雇主可以根据债务不履行请求损害赔偿。如果符合不法行为的要件,这也是可能的。如下所述,《劳动基准法》第 16 条规定了禁止违约金和预定损害赔偿,但现实中发生的有关损害,不妨碍雇主事后要求劳动者赔偿。比如由于操作失误损坏了高价器材的场合,因为是工作上的过失,劳动者可能负担高额损害赔偿的责任。

因此,判例从诚信原则和平衡的观点出发,通常将赔偿限定在合理的范围内。要对企业规模和工作性质、劳动者的过失内容和程度、雇主的预防的努力、加入保险的有无、是否进行了惩戒处分等各种事情进行综合考虑(比如,由卡车司机的交通事故而造成的车辆损害中,仅肯定了车辆修理费用的 5％ 的赔偿的案件[③];由于劳动者的失误造成交易失败使营业额减少等,判决认为不存在劳动者本人的故意或者重大过失,属于原本应由雇主承担的风险,因而否定了雇主的损害赔偿请求[④];另一方面,因汽车驾驶事故造成对第三者的赔偿以及车辆损害的案例中,判决认定了劳动者承担 30％ 的责任[⑤])。

劳动者在工作中给第三者造成损害的场合,雇主负有《民法》第 715 条

---

① スイス事件・名古屋地方裁判所 1970 年 9 月 7 日・労働判例 110 号 42 頁。

② 小西国友＝渡辺章＝中嶋士元也『労働関係法(第 5 版)』(2007 年、有斐閣)162 頁。

③ K 興業事件・大阪高等裁判所 2001 年 4 月 11 日判決・労働判例 825 号 79 頁。

④ エーディーディー事件・大阪高等裁判所 2012 年 7 月 27 日判決・労働判例 1062 号 63 頁。

⑤ 信州フーズ事件・佐賀地方裁判所 2015 年 9 月 11 日判決・労働判例 1172 号 81 頁。

规定的雇主责任,但请求劳动者赔偿时,从与上述同样的观点出发,要增加对该责任额度的合理限制[①]。

三、劳动者的人权与自由的保障

(一) 禁止强制劳动与职工宿舍

《劳动基准法》第5条禁止雇主以暴力、胁迫、监禁以及其他对精神和身体自由的不当限制为手段,违反劳动者的意思而强制劳动。这个规定,是为了对日本曾经广泛发生的非人道强制劳动的反省,实现在劳动关系中禁止奴隶般束缚和违反意志的苦役的《宪法》第18条的理念而加以设立的。对此违反的雇主,在《劳动基准法》上要被课以最严重的刑罚(第117条)。

暴力、胁迫、监禁本身构成刑法上的犯罪,但除此之外,对劳动者的威压等,如果使用对精神、身体自由的不当限制的手段,也相当于强制劳动(后述的损害赔偿的预定,前借款合同、强制储蓄等不当手段也包含在内)。如果根据这样的手段强迫劳动,现实中即使该劳动没有发生,也构成违法。

另外,劳动者住在雇主管理的宿舍的情况下,劳动者的自由经常受到不当限制,不少成为了强制劳动的温床。因此,《劳动基准法》第10章"职工宿舍"设立了为确保工作所属宿舍中劳动者私生活的自由,雇主有采取共同安全卫生措施的义务等各项规定(第94条以下)。 101

(二) 中间榨取的排除

《劳动基准法》第6条规定,除了法律允许的情形以外,任何人"不得以介入他人的就业为职业获得利益",禁止非劳动合同当事人(中介商、调配师、劳动经纪人)在有关劳动关系的成立或存续中进行中间榨取。

有关这样的行为,根据《职业安定法》有收费职业介绍业的许可制和手续费规制(《职业安定法》第30条,第32条之3),劳动者招聘的收费委托招聘许可制以及收费规制(第36条,第39条,第40条),劳动者供给业的禁止

---

① 茨木石炭商事事件・最高裁判所第一小法廷1976年7月8日判决・最高裁判所民事判例集30卷7号689頁。与雇主直接相关的上述限制,也以该判决为基础。

(第 44 条)等规制,在违反《劳动基准法》第 6 条的同时也构成对《职业安定法》的违反(此处双重违反构成观念竞合)。

另外,在劳动者派遣的场合,因为派遣公司与劳动者之间存在劳动关系,因此不是介入"他人的"就业,不相当于《劳动基准法》第 6 条的中间榨取[1]。

(三) 保障公民权的行使

劳动者在劳动时间内行使选举权及其他"公民的权利",另外为了执行"公务"而请求必要的时间的话,雇主不能对此拒绝(《劳动基准法》第 7 条)。这是为了防止作为主权在民的劳动者因为对雇主的劳动义务而不能行使公共权利义务。但是,限于行使权利和执行公务没有障碍,雇主可以对请求的时间加以变更(第 7 条但书)。

作为公民的权利,包括公职选举上的选举权和被选举权,最高裁判所裁判官的国民审查权,特别法的居民投票权,地方自治法上的居民直接请求权等。除了选举诉讼等民众诉讼的场合以外,诉权的行使(诉讼的提起、跟进)不包含于此。作为公共职务的种类,有国会议员,地方议会议员,各种行政委员会和依法设置的审议会的委员,劳动审判员,法官,裁判所和劳动委员会等的证人,公职选举的证人等[2]。

对第 7 条规定的劳动者的请求时间,雇主没有支付工资的义务,当然,为了行使选举权而迟到、早退的场合,还是希望不要被减发工资。另外,根据就业规则的变更,将以前支付工资变为不支付工资,对这种变更情形,鉴于对公民权行使的影响,要求有高度的必要性和合理性[3]。

关于公共职务,比如像就任议员那样的场合,其执行需要相当长的必要时间,有的会对劳动义务产生很大抵触。于是有的企业在就业规则中规定,

---

[1]   1986 年 6 月 6 日劳働基準局長名発する通達 333 号。

[2]   1988 年 3 月 14 日劳働基準局長名発する通達 150 号·婦人局長名発する通達 47 号,2005 年 9 月 30 日劳働基準局長名発する通達 0930006 号。

[3]   全日本手をつなぐ育成会事件·東京地方裁判所 2011 年 7 月 15 日判決·劳働判例 1035 号 105 頁。该案例中,否定了对劳动者作为证人出庭时的待遇的变更。另外,有关规则的不利益变更的问题,参照第 354 页以下。

企业未予承认而就任公共职务的劳动者要受到惩戒解雇,判决认为这违反了《劳动基准法》第 7 条的宗旨而无效[①]。但是,最高裁判所也指出"在惩戒解雇之外可为普通解雇",根据对工作的影响程度以及其他事情,可以认可普通解雇或停职处分[②]。

(四) 预定赔偿的禁止

雇主不得订立对劳动合同不履行约定违约金,以及对损害赔偿加以预定的合同(《劳动基准法》第 16 条)。一般来说,对违反合同的违约金和损害赔偿的预定,除了损害的举证和计算存在困难以外,是被容许的(《民法》第420 条)。但在劳动合同中,由于常常是较大数额的赔偿的预定,带来劳动者身份从属和退职自由受限等严重弊害,因此,《劳动基准法》对此禁止。

根据不法行为的损害赔偿额的预定,按照《劳动基准法》第 16 条也是受到禁止的。另外,雇主与劳动者的担保人之间订立同样的合同也是不被允许的。有的规定在惩戒解雇等情况下减少或不支付退职金,判决认为这不是损害赔偿和违约金,而只是不发生退职金的请求权,不相当于对《劳动基准法》第 16 条的违反[③]。

雇主负担劳动者研修和职业资格考试等的费用,代之限制劳动者在此后一定期间内工作,不遵守的情况下要承担费用返还义务,这样的规定有可能违反《劳动基准法》第 16 条。但是,本来应该由劳动者本人负担的费用向雇主借贷,原则上要返还,如果对工作了一定期限的劳动者实质上特别免除借贷,不能说是违法。要考虑费用负担的目的、与工作的关联性、根据返还义务对劳动者限制的期限和程度等等,但实际中的判断是模糊的(有的案例

103

---

①　十和田観光事件・最高裁判所第二小法廷 1963 年 6 月 21 日判决・最高裁判所民事判例集 17 卷 5 号 754 页。

②　有关普通解雇的案例:社会保険新報社事件・東京高等裁判所 1983 年 4 月 26 日判决・労働関係民事裁判例集 34 卷 2 号 263 页、パソナ事件・東京地方裁判所 2013 年 10 月 11 日判决・労働経済速報 2195 号 17 页。有关休职的案例:森下製薬事件・大津地方裁判所 1983 年 7 月 18 日判决・労働関係民事裁判例集 34 卷 3 号 508 页。

③　三晃社事件・最高裁判所第二小法廷 1977 年 8 月 9 日判决・労働経済速報 958 号 25 页。

认为有关返还海外留学费用的规定违反了《劳动基准法》第16条而无效[1]；相对地,有的案例则认为留学费用返还规定有效,从而肯定了雇主的返还请求[2]；另外,有关为出租车司机所支付的取得第二种驾照所需的驾校学费等费用,有的案例肯定了雇主的返还请求[3])。

(五) 禁止对前债的抵销

雇主,不得以"从前债务以及其他劳动为条件抵销前贷的债权"和工资(《劳动基准法》第17条)。劳动者本人或亲属向雇主借款,以将来的工资返还,这样的合同常常发生身份限制和人身买卖的弊害,本条规定体现了对此加以防止的宗旨。被禁止的只是与工资的相抵(从工资中扣除),因为以劳动为条件的工资合同本身是有效的,所以,雇主可以接受相抵以外的方式的返还(当然,根据情况工资合同也可能违反公序良俗而无效[4])。

另外,向雇主的借款并非都是"以劳动为条件",劳动者基于信任接受雇主的融资等,明确不带有身份的限制,就不包含在内[5]。这样的判断,要对借贷的原因、期限、金额、利率等进行综合考虑。

比如,对生活资金或住宅资金的借贷的场合,基于劳动者的申请,为了措施的便利,如果金额、期限、利率合理,返还前退职的自由被确保,为了返还即使与工资相抵也不构成对《劳动基准法》第17条的违反。但是,即使在这种情况下,因为受到《劳动基准法》第24条第1款规定的工资全额支付原则的规制,因此,根据该款但书有必要订立职场协定。第17条禁止与工资相抵被限定在债权的范围,而相反,在不承认这样的例外程序这一点上比第24条的规定更为严格,罚则也更重(第119条第1款,与第120条第1款比较)。

---

①　新日本証券事件・東京地方裁判所1998年9月25日判決・労働判例746号7頁。
②　野村証券事件・東京地方裁判所2002年4月16日判決・労働判例827号40頁。
③　東亜交通事件・大阪高等裁判所2010年4月22日判決・労働判例1008号15頁。
④　酌婦前借金無効事件・最高裁判所第二小法廷1955年10月7日判決・最高裁判所民事判例集9巻11号1616頁。
⑤　1947年9月13日次官通達の名称で呼ばれる労働基準局関係の通達17号,1958年2月13日労働基準局長名で発する通達90号。

(六) 禁止强制储蓄

雇主不得在劳动合同之后附随"储蓄合同"或"储蓄金管理合同"(《劳动基准法》第18条第1款)。储蓄合同是向第三方金融机构的储蓄,储蓄金管理合同是雇主自身管理储蓄金以及在金融机构储蓄时雇主保管账户和印鉴。"劳动合同之后的附随"是指这样的合同以雇佣的开始或存续为条件强制劳动者的意思。

这样的强制储蓄曾经广泛盛行,很多时候,是作为限制劳动者的办法(有判例认为,对外国人研修生的银行账户的强制管理是对第18条第1款的违反,与扣留护照的行为一起构成了不法行为[①])。不仅如此,雇主在陷入经营困难等情况下,不能退款的危险也很大,为此《劳动基准法》加以禁止,但在基于劳动者的自由意思委托雇主管理储蓄金的情况下也会发生同样的危险。

《劳动基准法》第18条第2款以下,在允许有关任意的储蓄金管理合同(所谓的公司内储蓄)的同时,还增加了职场协定的订立和申报,储蓄金管理规程的制定和告知,一定利率以上的利息支付,在劳动者提出返还要求时不得延迟返还等规制。另外,《工资支付确保法》第3条还规定了储蓄金保全措施的义务。

(七) 禁止黄犬合同

除了上述《劳动基准法》的各项规定以外,《劳动组合法》还规定,作为雇佣条件,以劳动者不加入工会或退出工会为约定义务,属于不当劳动行为而被禁止(第7条第1款本文后段,参照第432页)。这样的约定被称为"黄犬合同"(yellow-dog contract)。黄犬合同是对《宪法》第28条保障的劳动者团结权的侵害,违反公序良俗,是无效的。由此劳动者在私法上不受其限制,但在劳动委员会申请不当劳动行为救济时,也可以要求放弃。

(八) 身份保证合同的规则

自古以来,日本在录用劳动者时广泛实行身份保证人制度。"身份保

105

---

① スキールほか事件・熊本地方裁判所 2010 年 1 月 29 日判决・労働判例 1002 号 34 頁。

证"不是单为人身的确认和推荐,而是以该劳动者的行为使雇主受到损害时,保证人负有赔偿责任为内容,是雇主与保证人之间的合同。这样的合同也是有效的,但为了防止保证人责任的不当过重,1933 年制定了《身份保证法》,以加强规制。

根据这样的法律,第一,身份保证合同的有效期限,在无期劳动合同时为 3 年(工商实习为 5 年)(第 1 条),有期劳动合同时不超过 5 年(第 2 条,但合同可以更新)。

第二,劳动者被判明不适应工作或有不诚实的事实的场合,或者劳动者的任务、工作地发生变化的场合,在对保证人的责任带来影响时,雇主必须通知保证人(第 3 条),收到通知的保证人,可以面对将来解除保证合同(第 4 条)。

第三,保证人应该负赔偿责任的范围,根据雇主有无监督上的过失、做出保证的事由、保证人付出的注意的程度、劳动者的任务和身份的变化等,斟酌各项事情加以决定(第 5 条;有的案例判决身份保证人承担本人赔偿责任额的四成连带责任[①];另外,关于劳动者本人的损害赔偿责任,参见第 99 页)。

这些规定是单方面的强行规定(第 6 条),但没有规定罚则。

106 四、个人隐私与个人信息保护

(一) 个人隐私与雇佣

高度信息化社会的到来,使大量信息在社会各个角落瞬时交换,有关个人信息在本人不知情的情况下被制作加工、于世界范围内传播成为了可能,由此引发了个人隐私权等人权侵害带来的社会问题,特别是在社会关系和知识产权集中的企业该问题多有发生,企业在处理顾客、客户等个人信息的同时,对雇佣场所有关劳动者的个人信息也有必要慎重保管。

---

① 　丸山宝飾事件・東京地方裁判所 1994 年 9 月 7 日判決・判例時報 1541 号 104 頁。

（二）劳动者的思想、信仰与个人隐私

身体、自由、名誉、信用以及个人隐私等,是成为法律保护对象的人格的利益,被总称为人格权,其中之一的个人隐私权即"私人生活领域不被他人任意干涉的权利"是核心。但是,如后述那样,这里还包含更积极的对自己信息的控制权。

劳动可以说是人类社会最重要的活动,所以,劳动者的思想、信仰和精神的自由,成为个人隐私的重要部分。不过,最高裁判所认为,在录用劳动者的阶段,雇主可以广泛行使调查权,有关对劳动者的思想、信仰的调查,原则上是自由的[1],所以,除去后述的个人信息保护的规制以外,隐私权的法律保护不得不说是十分薄弱的。但是,在录用的过程中,应聘者为了获得劳动者的地位,可以说处于最脆弱的地位,这就意味着应该更强烈地要求对个人隐私权的必要保护[参照下文（五）]。

与之相对,关于录用后对劳动者的思想、信仰的侵害,判决大概处于最严厉的立场。最高裁判所认为,尽管在现实中劳动者没有侵害企业秩序,但以劳动者是共产党员或与其同样的论调为由,在职场内外建立监视体系,在职场对其思想进行非难使之被孤立的有关行为,是对"劳动者在职场中形成自由的人际关系的不当侵害,同时损害了其名誉"。另外,有关尾随、无故打开更衣柜、对私人手账的拍照录像等行为,"侵害了个人隐私权,侵害了他们的人格利益……,构成不法行为"[2]。该判决,是最高裁判所首次明确了劳动者在职场有形成人际关系的自由,雇主对特定思想的非难、对特定劳动者持续的监视和孤立化的政策,是对该自由的侵害,同时也是对隐私权的侵害。

（三）劳动者的自我表现的自由

作为个人隐私权的一个方面,劳动者有像对自己的外观形象那样加以

---

①　三菱樹脂事件・最高裁判所大法廷 1973 年 12 月 12 日判決・最高裁判所民事判例集 27 卷 11 号 1536 頁。

②　関西電力事件・最高裁判所第三小法廷 1995 年 9 月 5 日判決・労働判例 680 号 28 頁。

表现的私生活上的自由。比如,劳动者的发型和颜色、胡须等容貌、服装等等与劳动者人格和自由有关的事项,一般与工作实施没有关联。但是,企业为了保持职场秩序,提高在顾客中的形象,服务规则中要求一定的"仪态"也不是不合理。因此,当这样的规制被认为在工作实施中具有必要性时,在具体的限制内容没有对劳动者的利益和自由过度侵害的合理范围内,被认为应该承认其约束性。

具体来说,货车司机被要求将头发的颜色改回原色,对于该命令是否适当的争诉,判例认为,超过了企业顺利运营的必要且合理范围的限制而不被允许①。对于包租汽车的司机,在乘务员工作要领中的"胡须整洁,发型美观"的规定,是对邋遢形象和怪异胡须的规制,员工并没有剃掉胡须的义务,该诉讼请求被容许②。另外,对于违反公司"仪态标准"的留胡须、长发的劳动者,带来人事考评的负面评价而被减少工资,判例认为公司超过了裁量权的范围,构成了不法行为③。

108   所谓的性少数群体(LGBT)也是同样,个人的身份也有必要在职场得到理解和照顾(有的判例认为,在工作中禁止根据性别认同而穿着女性服装,以违反该命令为由对劳动者实行惩戒解雇为无效④)。

(四)公司内部电子邮件的私人利用及其监视

对劳动者私人利用公司内部的电脑、互联网系统,公司可以在就业规则中作出规定或发出通知,原则上禁止这种利用。但是,因为私人利用公司电话的情形比较普遍,所以,在不妨碍劳动者专心工作义务和工作实施,或者对雇主的设施管理权没有造成妨碍情况下的轻微利用,是可以被允许的⑤。

---

① 東谷山家事件・福岡地方裁判所小倉支部 1997 年 12 月 25 日判決・労働判例 732 号 53 頁。

② イースタン・エアポートモータース事件・東京地方裁判所 1980 年 12 月 15 日判決・労働判例 354 号 46 頁。

③ 郵便事業事件・神戸地方裁判所 2010 年 3 月 26 日判決・労働判例 1006 号 49 頁。

④ S 社事件・東京地方裁判所 2002 年 6 月 20 日判決・労働判例 830 号 13 頁。

⑤ グレイワールドワイド事件・東京地方裁判所 2003 年 9 月 22 日判決・労働判例 870 号 83 頁。

这样说来,劳动者私人利用公司电子邮件并非不被允许,但在这种情况下的个人隐私权保护,从管理者对电子邮件管理的相对保守的特殊性出发,与私人利用公司内部电话的情形相比,这种保护被认为相当程度上减弱了。也就是说,电子邮件服务器的监视、阅览等,要综合考虑其目的、手段、样态等,在对被监视一方产生的不利益加以比较衡量的基础上,超过了社会一般观念上的监视,被认为是对个人隐私权的侵害。从这样的基准出发,有判例认为,对反对监视邮件的人进行监视,或者通过管理和部署,以匿名的、恣意的手段和方法进行监视,是对个人隐私权的侵害①(相反,有案例否定了对公司的文件终端中的邮件进行调查的违法性②)。另外,公司内部邮件的监视,还有可能成为《个人信息保护法》第 18 条的问题。

(五) 个人信息的保护

1.《个人信息保护法》

为了防止个人信息的收集和利用侵害到个人权益,有关个人信息的隐私保护逐渐成为了定型的思考。这里的个人隐私保护,是基于个人对全部信息的控制权。

在劳动关系上,劳动者的个人信息也应该得到最大限度的保护。但是,作为企业一方在录用劳动者时的判断资料,以及为了决定工资、劳动内容等劳动基准的资料,或者作为《劳动安全卫生法》上的各项义务的履行,有必要对个人资料进行收集和管理。为此,职场上个人信息保护的方法,要根据信息的内容、雇主收集管理劳动者个人信息的必要性,收集的手段、形式的适当性,以及劳动者一方隐匿信息的理由等进行判断。

另一方面,互联网等信息通信社会的高度发展,使个人信息的利用显著扩大,因此,以保护公共部门和民营部门双方的个人信息为目的,2003 年制定了《个人信息保护法》③。关于雇佣管理上的个人信息,相当于该法第 2

109

---

① F 社 Z 事業部事件・東京地方裁判所 2001 年 12 月 3 日判決・労働判例 826 号 76 頁。
② 日経クイック情報事件・東京地方裁判所 2002 年 2 月 26 日判決・労働判例 825 号 50 頁。
③ 「個人情報の保護に関する法律」。

条第 1 款所称"个人信息",企业作为该法第 1 条所称"处理个人信息的事业者",或作为该法第 2 条第 5 款"事业所需个人信息数据库的提供者",相当于"个人信息处理事业者"。根据该法,雇主处理个人信息时要尽可能特定利用目的(第 5 条),必须向本人通知或公布(第 18 条)。未事先征得本人同意的个人信息,不能超过实现利用目的的必要范围进行处理(第 16 条第 1款),不能通过不当手段获取(第 17 条)。

另外,关于雇佣管理上的个人信息,厚生劳动省 2004 年制定了《为了确保雇佣管理上个人信息正确处理事业者应该采取措施的指针》[①],进而,2017 年基于《个人信息保护法》第 8 条的规定,又具体制定了《关于个人信息保护的法律指南(通则篇)》[②]。

2. 健康信息的保护

劳动者的健康信息(包含从以往疾病到现在症况),是不能公开的敏感信息。但是,雇主对劳动者负有劳动合同上的安全照顾义务(《劳动合同法》第 5 条),同时,《劳动安全卫生法》课以雇主采取措施确保劳动者的安全和健康的各种义务,作为履行这些义务的前提,有必要收集劳动者的健康信息。

判例有关于感染艾滋病(HIV)的信息带来的问题。对于该疾病,社会偏见和歧视意识很强,作为极度秘密的个人隐私有必要充分保护。实施有关艾滋病的检查,要有客观的合理的必要性,并且限于本人同意的情况下,才能防止其违法性,而对此违反的检查侵害了个人隐私,构成不法行为[③]。这样的判断体系对其他敏感的患病信息也为适用(有未经劳动者同意进行B 型乙肝病毒检查被判违法的判例[④])。另外,医院得到了其护士感染艾滋病的信息,向医院的其他职员传达共享该信息,构成了对个人隐私权侵害的

110

---

① 「雇用管理に関する個人情報の適正な取扱いを確保するために事業者が講ずべき措置に関する指針」(2004 年 7 月 1 日厚生労働省告示 259 号)。

② 「個人情報の保護に関する法律についてのガイドライン〔通則編〕」。

③ 東京都事件・東京地方裁判所 2003 年 5 月 28 日判決・労働判例 852 号 11 頁。T 工業事件・千葉地方裁判所 2000 年 6 月 12 日判決・労働判例 785 号 10 頁。

④ B 金融公庫事件・東京地方裁判所 2003 年 6 月 20 日判決・労働判例 854 号 5 頁。

不法行为,甚至以感染为由限制其工作,构成了妨碍工作的不法行为①。

因为雇主对劳动者负有健康照顾义务,所以如果没有特别事项所限,可以向劳动者告知病情。但是,在向艾滋病感染者告知感染的事实时,要充分考虑该疾病的治疗难度、社会偏见、歧视意识的存在等对被告知人带来的巨大打击,要慎重考虑被告知人是否有接受的准备和能力,信息告知的人是否有对所告知内容的必要知识和告知后的指导能力,缺乏这些考虑而告知劳动者感染艾滋病,相当于上述特别事项的场合,构成不法行为②。

五、职场欺凌与职场骚扰

(一) 职场欺凌与职场骚扰

近年来,职场欺凌、骚扰等问题增加,这不是人际关系和个人间好恶的问题,而是重大的人权问题。特别对于年轻人来说,被厉声斥责、恣意戏弄和威胁等问题多有发生,还发生过劳动者罹患精神疾病甚至自杀的事件。

职场"欺凌"带来的精神障碍和自杀,大多比照工伤加以解决。某市水道局的职员,因为上司恣意地反复地对其进行讽刺、嘲笑、威胁,使其无法出勤,最终自杀。判决认为,对该职员和其他职员的生命、身体的危险,水道局所在的市应该具有防止加害行为、确保安全的事故防范义务,本案作为对安全照顾义务的违反,该市负有国家赔偿责任(但过失相抵,减额70%③)。

另一方面,因为职场同事的恣意嘲弄、欺凌,上司的反复的暴言和厌弃行为,使劳动者罹患精神疾病,最终导致自杀,被认定为是业务灾害(工伤)。比如,名古屋南劳动基准署长事件④,判决重视在工作过劳的基础上,上司的无情叱责、过分嫌弃等作为精神障碍发病的原因。另外,静冈劳动基准署

111

---

①　社会医療法人天神会事件・福岡高等裁判所 2015 年 1 月 29 日判決・労働判例 1112 号 5 頁。

②　A 社ほか事件・東京地方裁判所 1995 年 3 月 30 日判決・労働判例 667 号 14 頁。

③　川崎市水道局事件・東京高等裁判所 2003 年 3 月 25 日判決・労働判例 849 号 87 頁。

④　名古屋高等裁判所 2007 年 10 月 31 日判決・労働判例 954 号 31 頁。

长事件①，由于上司的言语过于严苛，有感情厌恶的一面，说话方式简单直截等，判决以"人生至此的经历可以承受的强度"为基准，认为自杀是精神障碍的患病所致。

（二）职权骚扰

　　所谓权力性的骚扰与"欺凌"具有同样的背景，但在职场具有工作命令权的人，以其权限或权力为媒介侵害人格权时，大多使用"职权骚扰"。然而，由于职权骚扰的概念是抽象的、不明确的，因此有的判例将其定义为，要综合考虑人际关系，行为的动机、目的，时间、场所、形态等，"企业组织或者说具有职务上的指挥命令关系的上司等，在实施职务行为的过程中，对其部下溢出和滥用职务上的地位和权限，对照社会一般观念，客观地、外在地来看，施加了明显超过一般人容忍范围的有形的、无形的压力"，被认为达到这样的状况时，就可以判断为构成了侵害人格权的不法行为②。另外，为了对此加以防止，厚生劳动省准备推进法制化，2018 年 12 月 14 日劳动政策审议会向厚生劳动省提出《推进女性职业生活的活跃以及防止职场骚扰的对策》③，其中，提出职权骚扰的定义的要素有"①基于优越地位，②言行超过了工作所必要的适当范围，③损害了劳动者的就业环境（带来身心痛苦）"。另外，为了使雇主履行义务，采取雇佣管理上的措施防止权力性的骚扰的发生，还对其具体内容制定了指南。

　　职权骚扰与"欺凌"同样，会给被害者带来精神障碍等严重后果。例如，强行规定过高的工作定额、过度叱责导致劳动者抑郁症发作而自杀，判例认为违反了公司的安全照顾义务，承认损害赔偿的诉讼请求④。另外，新入职的临床检查技师，长时间加班劳动，上司严厉的权力性的骚扰电话留言，被

------

①　東京地方裁判所 2007 年 10 月 15 日判决・労働判例 950 号 5 頁。

②　ザ・ウィンザー・ホテルズインターナショナル事件・東京地方裁判所 2012 年 3 月 9 日判决・労働判例 1050 号 68 頁。

③　「女性の職業生活における活躍の推進及び職場のハラスメント防止対策等の在り方について」。

④　前田道路事件・松山地方裁判所 2008 年 7 月 1 日判决・労働判例 968 号 37 頁。

认为导致了其抑郁症发病而自杀[①]。与之相对,有的判例认为,发送内容为"没有意愿,没有活力,所以应该向公司辞职"的短信的行为,是包含侮辱言辞的对名誉感情的损害,因此构成了不法行为,但短信还不能说构成了权力性的骚扰[②]。

　　对于雇主的防止职权骚扰的有关义务,法律上一般没有规定。但是,对女性劳动者妊娠、分娩,取得产前产后休假(《男女雇佣机会均等法》第 11 条之 2)等的嫌弃的言行以及对育儿休假、护理休假(《育儿护理休假法》第 25 条)以及其他有关措施的嫌弃的言行,使就业环境受到损害,雇主被规定了在雇佣管理上采取措施的义务。但是,企业与这样的采取个别措施的义务的情形同样,一般为了预防职权骚扰的发生和迅速救济,有必要通过采取设立咨询窗口、设置对策委员会等防范对策,以改善职场环境(关于权力性的骚扰,为实现其预防对策的法制化,厚生劳动省内部仍在持续进行相关的讨论)。113

职务发明与职务著作　114

　　发明是人的大脑产生的独创灵感和知识结晶,专利法对发明者给予享有专利的权利。在劳动者作出新发明的情况下,如果与工作无关的"自由发明"当然不用说,即使利用雇主的设备和工作时间进行的"职务发明"也是一样,接受专利的权利本来归属于劳动者。然而,2015 年修改法律,设立了很大的例外情形。关于职务发明,如果在合同、工作规则上事前规定由雇主取得,则接受专利的权利从发生之时起归属雇主(《专利法》第 35 条第 3 款)。

　　如今,产业上的发明很多是在接受企业投资和组织支援下进行的,有关职务发明,有必要适当遵守雇主的利益。此前,有关职务发明如果在合同、工作规则上有规定,接受专利的权利有可能被雇主继承,但

---

　　①　医療法人雄心会事件・札幌高等裁判所 2013 年 11 月 21 日判決・労働判例 1086 号 22 頁。

　　②　A 保険会社事件・東京高等裁判所 2005 年 4 月 20 日判決・労働判例 914 号 82 頁。

2015 年法律修改后,承认了接受专利的权利从最初开始就被雇主取得,这一点带来了法律根本性的改变。

另外,以前在上述继承的情况下,作为发明人的劳动者有权被支付"适当的对价",发生过围绕其数额的纠纷①[另请参照肯定了 200 亿日元的请求的案例(随后在上诉审中达成了和解)②]。2015 年法律修改,变更为"适当的金钱及其他经济上的利益"(适当的利益),金钱以外的利益也被承认。在规定了有关适当的利益的情况下,要考虑劳资之间的协议、信息公开、意见听取状况等,不能带来不合理(第 35 条第 5款),但这样的法律修改,会对鼓励发明带来怎样的影响,还有必要加以关注。

另一方面,关于劳动者在工作中完成的著作(职务著作),与发明的场合相比对劳动者的利益保护较弱,以雇主的名义发表,限于在合同、工作规则上没有特别规定,雇主成为著作人(《著作权法》第 15 条第 1款。关于计算机程序的著作,根据该条第 2 款,不问名义,雇主为著作人)。即使专利权与著作权的性质不同,这样的规定果然就合适吗? 可能有必要重新加以检讨。

第四节　平等原则

劳动关系决不是纯粹的理想世界。多数的劳动者为了自身生存而辛
115 劳,社会上还存在不合理的偏见,对一部分劳动者也还有冷遇、敌视、排外等歧视。

为了排除这样的歧视,劳动法上的平等原则发挥着重要作用。同等地

---

① オリンパス光学工業事件・最高裁判所第三小法廷 2003 年 4 月 22 日判决・最高裁判所民事判例集 57 巻 4 号 477 頁。

② 日亜化学工業事件・東京地方裁判所 2004 年 1 月 30 日判决・労働判例 870 号 10 頁。

位、条件的劳动者,应该受到同等对待,不能对其中的一部分实行不合理的差别对待。这里,在尊重劳动者个人尊严的同时,也具有实现社会平等和公正的意义,是不可缺少的原则。

《宪法》第 14 条规定,"全体国民在法律面前一律平等。在政治、经济以及社会的关系中,不得以人种、信仰、性别、社会身份以及门第的不同而有所差别。"《劳动基准法》第 3 条规定了禁止以国籍、信仰、社会身份的不同而差别对待,第 4 条规定禁止关于工资上的性别歧视。另外,判例在《劳动基准法》没有规定的领域还运用《民法》第 90 条的公序良俗,特别使有关男女歧视的平等法理得到了发展。

接受这样的判例法理,在国际上要求男女平等潮流的高涨中,日本1985 年制定了《男女雇佣机会均等法》,当初该法提出了女性劳动者的"福祉的增进",多少有些温馨的性质而引人注目,但 1997 年进行了修改,将努力义务的规定变更为禁止规定,而 2006 年该法发展为不问男女的性别歧视禁止法。

另外,2006 年施行修改后的《残疾人雇佣促进法》,与禁止歧视相并列,导入了雇主的合理照顾义务,平等原则得到了新的发展。

一、均等待遇

(一)《劳动基准法》第 3 条的意义

《劳动基准法》第 3 条规定,"雇主不得以劳动者的国籍、信仰和社会身份为由,在工资、劳动时间以及其他劳动条件方面实行差别对待",这是对《宪法》第 14 条有关劳动关系规定的具体化。

与《宪法》第 14 条相比较的话,《劳动基准法》第 3 条,作为差别理由的"性别"被排除。这是因为当时法律制定时,《劳动基准法》本身在第 6 章中设计了女性(女子)有关劳动条件的特别保护规定,包含在第 3 条中被认为是不适当的。但是,不能由此反过来认为,《劳动基准法》一般容忍根据性别的歧视。如后述那样,男女平等对待是在《宪法》第 14 条之下形成的"公序"。

116

　　禁止雇主的差别对待,不仅是工资、工时,还有晋升、升格、转岗、惩戒、安全卫生、工伤补偿等全部的劳动条件(有案例中对于职工宿舍的住宿费及水电费等的差异,肯定其构成了《劳动基准法》第 3 条中的国籍歧视[1])。另外,这里的"劳动条件"被认为也包含了解雇(不仅是解雇基准,还包括解雇本身)。与之相对,关于劳动者招聘所带来的争议,判例认为不包含在这里所称的劳动条件中[2]。

　　本条是禁止有关"劳动条件"的差别对待,但与其宗旨相对照的话,根据事实行为的不合理的差别也是不被允许的。雇主如果以劳动者的思想、信仰为由在职场内外进行监视或在职场孤立劳动者的行为,是对本条的违反,被认为具有违法性,构成不法行为[3]。

(二) 被禁止的歧视理由

　　《劳动基准法》第 3 条中所禁止差别对待的歧视理由,是劳动者的"国籍""信仰"以及"社会身份"。

1. 国籍

　　《宪法》第 14 条没有列举根据"国籍"的歧视,但在劳动关系中,对从事同样劳动的劳动者没有根据国籍而区别对待的理由,因此,《劳动基准法》禁止以"国籍"为由的歧视。这当然包含对外国国籍的劳动者的歧视,也包含对双重国籍或无国籍者的歧视。对没有就业资格的外国人不加以雇佣是守法行为,但一旦雇佣了,就不允许根据国籍进行劳动条件的歧视(参照第 35 页)。另外,有的观点认为人种也包含在"国籍"中[4],但两者显然是不同的概念,该观点是有疑问的(如后述的那样相当于"社会身份",但作为立法论还是应该明记"人种"吧)。

　　有这样的判例,应聘材料中隐匿了在日朝鲜人的身份(氏名、原籍一栏

---

　　① デーバー加工サービス事件・東京地方裁判所 2011 年 12 月 6 日判決・労働判例 1044 号 21 頁。

　　② 三菱樹脂事件・最高裁判所大法廷 1973 年 12 月 12 日判決・最高裁判所民事判例集 27 巻 11 号 1536 頁。

　　③ 関西電力事件・大阪高等裁判所 1991 年 9 月 24 日判決・労働判例 603 号 45 頁。

　　④ 菅野和夫『労働法(第 11 版補正版)』(2017 年、弘文堂)229 頁。

记载日本名和出生地），接受了录用内定，后来该内定被取消，判决认为该内定取消相当于以国籍为由的差别对待，违反了《劳动基准法》第 3 条而无效[①]。当然，前述那样的录用，因为没有纳入劳动条件，根据国籍从最初就没有提出录用内定的情况下，不能说是对第 3 条的违反。

2. 信仰

信仰是人的内在的思考方法，包含政治信仰和宗教信仰两个方面。《劳动基准法》第 3 条禁止以信仰为由的差别对待，但在基于信仰的具体行为扰乱了企业秩序的情况下，并不禁止对行为人进行处分[②]（但该事件中，将与共产主义活动相关者作为经济性裁员的第一基准，这构成对本条的违反的疑虑是很强的）。

通过雇主经营的事业，像宗教团体或政党那样，其性质上与特定的宗教或政治信仰紧密相连［德国这样的事业被称为"倾向事业"（Tendenzbetrieb）］。在这样的场合，劳动者有与之不同的信仰时，作为例外，以信仰不同为由的解雇，也存在被认可的余地。但是，作为雇佣的前提，为了要求劳动者承认特定的宗教的、政治的信仰，事业与其信仰只是简单相关联还不够充分，两者被限定在本质上密不可分的场合[③]。

3. 社会身份

社会身份，是人的与生俱来的属性（比如被歧视部落的出身者，非嫡出子女）。《宪法》第 14 条有关"人种"与"门第"（人种是根据身体特征的人类学上的区分，门第是伴随封建制度而产生的），都包含于《劳动基准法》第 3 条的"社会身份"之中[④]。即使是后天的，比照生来属性那样在地位上容易成为社会的歧视对象的人（比如归化人、孤儿），包含在社会身份中也是适当

---

① 日立製作所事件・横浜地方裁判所 1974 年 6 月 19 日判决・労働関係民事裁判例集 25 卷 3 号 277 頁。

② 大日本紡績事件・最高裁判所第三小法廷 1955 年 11 月 22 日判决・最高裁判所民事判例集 9 卷 12 号 1793 頁。

③ 日中旅行社事件・大阪地方裁判所 1969 年 12 月 26 日判决・労働関係民事裁判例集 20 卷 6 号 1806 頁。

④ 厚生労働省労働基準局編『平成 22 年版労働基準法（上）』（2011 年、労務行政研究所）75 頁。

118　的。与之相对,非全日制劳动者、临时工、嘱托职员等雇佣上的区分,是从雇佣合同的内容差异产生的合同上的地位,不属于本条的社会身份①。

另外,《劳动基准法》第 3 条有作为刑罚(第 119 条第 1 项)的构成要件的侧面,以及规制劳动合同内容的民事的侧面(参照第 13 条),也有的见解主张后者也有可能弹性地解释为"社会身份"(有年龄歧视也构成对本条的违反的判例②,但结论否定了存在歧视)。

(三) 违法后果

雇主违反《劳动基准法》第 3 条,要被课以罚则(《劳动基准法》第 119 条第 3 项),私法上,雇主违反该条规定的行为,如果是转岗命令、惩戒处分、解雇等法律行为,则作为对强制法规的违反而无效。违反《劳动基准法》第 3 条实行工资差别的情况下,从该条或《劳动基准法》第 13 条出发,劳动合同上的差别的工资规定为无效,如果能明确在没有差别情况下应该得到的工资数额,可以考虑请求工资差额。另外,雇主存在歧视的言行等事实时,构成《民法》第 709 条"因故意或过失侵害他人权利时,负因此而产生损害的赔偿责任"的不法行为。

在升格、加薪、一时金等的核定等方面存在差别的情况下,因为该核定是雇主的裁量行为,所以带来相关举证的困难。因此,对于长期大量的基于政治信仰而带来歧视的争诉事件,判决认为,根据统计资料承认平均的待遇差异,并且,从各种事实出发,雇主的歧视意思被认定的场合,限于不能对所覆盖的合理理由的存在加以立证,作推定认可的处理,肯定不法行为的成立③。但是,在这种情况下,也存在如何算定具体的损害数额的问题,有的判例认为要支付与劳动者的平均工资差额,有的判例认为按照工资差额的

---

①　富士重工業事件・宇都宮地方裁判所 1965 年 4 月 15 日判决・労働関係民事裁判例集 16 卷 2 号 256 頁。京都市女性協会事件・大阪高等裁判所 2009 年 7 月 16 日判决・労働判例 1001 号 77 頁。

②　日本貨物鉄道事件・名古屋地方裁判所 1999 年 12 月 27 日判决・労働判例 780 号 45 頁。

③　福井鉄道事件・福井地方裁判所武生支部 1993 年 5 月 25 日判决・労働判例 634 号 35 頁。東京電力(群馬)事件・前橋地方裁判所 1993 年 8 月 24 日判决・労働判例 635 号 22 頁。東京電力(千葉)事件・千葉地方裁判所 1994 年 5 月 23 日判决・労働判例 661 号 22 頁。

一定比例支付,还有的判例认为工资差额不能确定只能支付慰问金等,裁判所的判例存在不同。

二、男女同工同酬原则

(一)《劳动基准法》第4条的意义

《劳动基准法》第3条是除去"性别"以外的有关劳动条件的一般差别的规定,与之相对,《劳动基准法》第4条特别以工资为中心禁止男女间的差别。男女从事同样的工作应该获得同样的报酬,但在历史上,广泛实行对女性的工资差别,给男女平等的实现带来很大阻碍,因此有了该第4条的规定。"男女同工同酬"是ILO创始以来最为重要的原则之一,对此加以确定的第100号公约(1951年)已被日本批准。

根据《劳动基准法》第4条的禁止工资差别,当然包含以女性本身为由的情况,也还包含对女性带有的刻板印象的情况,比如一般来说女性劳动能力低,劳动年数短,不是主要的生计维持者等。与此相对,根据专业劳动者的职务内容、经验、技能等个人的差异导致的工资不同,不违反第4条规定。日本的工资一般都很复杂,要根据很多要素加以决定(参照第222页以下),因此,这些要素不同的劳动者应该认定同一性吗?这常常是困难的问题。

另外,即使女性的工资与男性相比作更为有利的对待,也被认为相当于第4条的"差别对待"而不被允许。条文上也应该对禁止以性别为由的差别对待的形式加以明确化吧。

(二)工资差别的形态

根据性别的工资差别是指对应工资的构成要件,有关基本工资的差别、关于家庭津贴等各项津贴的差别、关于奖金的差别、关于升格和加薪的差别。根据性别实施不同的基准是明确违法的,但在通过中立的性别基准的情况下,或者围绕升格、加薪的考核评定中出现差别的情况下,其中的许多认定并非容易。

1. 男女有别的工资

工资差别的典型案例是,关于职务内容相同的劳动者的基本工资,设计

了两种类型的工资表,男性适用高的,女性适用低的,由此产生了工资差别
的情况①(即使没有明记男女有别,实质上也如此运用)。在男女工资差别
如此一目了然的情况下,如果雇主不能对该规定与性别无关加以举证,则被
推定为是根据性别的工资差别。

综合职与一般职的区分也是一样,被认为实际形态上只是区分男女*,
则两者的工资差距是对《劳动基准法》第 4 条的违反②。另外,关于奖金与
一次性补贴设计为男女不同的支付系数,导致加薪率男女差异的场合③,可
以说是一目了然的差别事例。

另一方面,雇主不制作工资表,而是个别地决定工资,这样有关差别方
面的举证存在困难(关于基本工资、职务工资和奖金的差异,因为是基于职
务,所以不被认为是性别歧视④,关于住宅津贴与家庭津贴被判断为具有性
别歧视)。但是,职务内容、责任、技能等方面即使不存在差异,男女之间产
生了基本工资的差异,在被证明了的情况下,构成对《劳动基准法》第 4 条的
违反⑤。该判例是当初承担辅助性工作的女性,从事与男性同样的工作,在
该时点以后,工资差距应该纠正⑥。

2. 使用中立的基准带来的歧视

在决定工资额时,使用"户主""限定工作地点"等基准。这些基准可以
说是不论男女的性别中立的基准,但在作为性别歧视的方便利用的情况下,
构成对《劳动基准法》第 4 条的违反。

比如,对于作为户主的职工支付家庭津贴,超过所得税法上配偶扶养扣

---

① 秋田相互銀行事件・秋田地方裁判所 1975 年 4 月 10 日判决・労働関係民事裁判例集 26
卷 2 号 388 頁。內山工業事件・岡谷地方裁判所 2001 年 5 月 23 日判决・労働判例 814 号 102 頁。

＊ 男性为综合职,女性为一般职。——译者注

② 東和工業事件・名古屋高等裁判所金沢支部 2016 年 4 月 27 日判决・労働経済速報 2319
号 19 頁。

③ 日本鉄鋼連盟事件・東京地方裁判所 1986 年 12 月 4 日判决・労働関係民事裁判例集 37
卷 6 号 512 頁。

④ フジスター事件・東京地方裁判所 2014 年 7 月 18 日判决・労働経済速報 2227 号 9 頁。

⑤ 日ソ図書事件・東京地方裁判所 1992 年 8 月 27 日判决・労働判例 611 号 10 頁。

⑥ 存在工资表的情况下也同样被认为具有纠正义务的判例,参见:塩野義製薬事件・大阪地
方裁判所 1999 年 7 月 28 日判决・労働判例 770 号 81 頁。

除限额时,只对男性户主加以对待的场合,则户主条款不能说是性别中立的,具有同样条件的男女被明确作不同处理构成违法的歧视①。另外,本人的基本工资根据作为家庭户主的劳动者的实际年龄而提高,而非家庭户主或独身户主的劳动者到一定年龄则不再提高基准(户籍上记载的户主),这样的设定,实际上如果是男性,所有家庭的户主都被支付,这种与女性不同对待的情况也构成对《劳动基准法》第4条的违反②。该事件,后来对本人的基本工资基准进行了修改,工作地点不加限定的是前者,工作地点限定的是后者,但男性基本上全部是前者,被支付该工资,这同样被认为是对《劳动基准法》第4条的违反。

另一方面,这样的基准在实际中以性别中立的形式被适用的场合,不能说是对《劳动基准法》第4条的违反。比如,家庭津贴的支付对象是户主,这里所称的户主,在定义为主要承担家计生活的收入多的一方的情况下,事实上,即使家庭津贴的给付对象限于男性,也不构成性别歧视③。这样,表面中立的基准,结果产生了男女不均衡的情况,也可以考虑适用间接歧视的法理,但日本的判例至今还没有对此涉及(前述三阳物产事件,是不限定户主和工作地点的基准的适用,产生了对女性明显的不利益的结果,但这是雇主有明确的歧视意图的案例,难言是肯定间接歧视的案例;另外,关于《男女雇佣机会均等法》的间接歧视规定,参照第127页)。

3. 围绕升格、加薪的歧视

为了升格或加薪而进行考核评定,对具有同样能力的男女员工作出不同评价,结果产生了工资差距,这种情况构成违法的工资歧视④。判例中,不能确认事实上存在男女之间显著的工资差距以及制度或基准中对男女的

① 岩手銀行事件・仙台高等裁判所1992年1月10日判決・労働関係民事裁判例集43巻1号1頁。

② 三陽物産事件・東京地方裁判所1994年6月16日判決・労働判例651号15頁。

③ 日産自動車事件・東京地方裁判所1989年1月26日判決・労働関係民事裁判例集40巻1号1頁。

④ 芝信用金庫事件・東京高等裁判所2000年12月22日判決・労働判例796号5頁。住友金属工業事件・大阪地方裁判所2005年3月28日判決・労働判例898号40頁。

不同对待,从这样的理由出发否定构成歧视的事案也是存在的[1],因此应该进行更为实质性的研讨吧。

曾经有很多企业,实行辅助岗位限定为女性的人事制度,这样使女性的工资被抑制在较低水平。现在,这样的男女不同的制度是对《男女雇佣机会均等法》的违反,但该法制定以前辅助岗位录用的女性与男性之间的工资差距的争诉判例发生了不少。这种情况下,因为工作经验、学历等不同,所以不能说直接构成了对第 4 条的违反,但男女之间的工作内容或责任的重要性进一步发展,到一定时点以后根据从事的工作,被认为工资差距不够合理化的情况下,构成对《劳动基准法》第 4 条的违反[2]。

(三) 违法后果

1. 罚则与差额部分的工资请求

违反《劳动基准法》第 4 条的场合,对雇主适用罚则(第 119 条第 1 项。后述的《男女雇佣机会均等法》没有罚则)。另外,私法上受到歧视的女性劳动者可以请求与男性的差额部分的工资。

比如,就业规则将家庭津贴限定为男性等,制定了对女性不利益对待的特别规定的场合,因为该部分为无效,所以女性劳动者基于就业规则的其他规定被承认其本来的工资请求权,可以请求差额部分的工资[3]。在存在男女有别的工资表的场合,适用女性的工资表也是无效的,但因为存在明确的替代的工资支付基准,基于《劳动基准法》第 4 条以及第 13 条可以请求差额部分的工资[4]。

有这样的判例,企业没有工资体系表,根据性别实行基本工资的差别,工资支付额的确定必须为雇主的具体的意思表示,为此,有关差额部分的工资请求权不被承认,只能根据不法行为请求损害赔偿[5]。但是,该判例还认

---

①　中国電力事件・広島高等裁判所 2013 年 7 月 18 日判決・労働経済速報 2188 号 3 頁。

②　兼松事件・東京高等裁判所 2008 年 1 月 31 日判決・労働判例 959 号 85 頁。

③　前掲岩手銀行事件。

④　前掲秋田相互銀行事件、三陽物産事件。

⑤　前掲日ソ図書事件。

为,对差别的认定,因为在没有差别的情况下相当的工资额度可以确定,因此,根据《劳动基准法》第 4 条以及第 13 条可以请求差额部分的工资。

2. 升格差别的场合

在有关升格差别的场合,一般来说如果雇主没有发出升格的命令,则不发生对上一职位的工资请求权。没有被升格时不能直接请求工资的差额部分,只能根据不法行为请求损害赔偿[①](有的判例对作为不能认定升格情况下的工资,否定其工资差额的损害赔偿请求,只认可慰问金[②])。

但是,如果在一定要件下升格成为了劳动合同或就业规则的内容,劳动者应该可以要求升格的地位确认和差额部分的工资支付吧。判例也认为,从《劳动基准法》第 4 条、第 3 条、第 13 条以及该企业就业规则的禁止差别的规定出发,雇主有对应劳动者的能力平等对待的义务,不论有关男性的升格考试合格与否,在年功工资自动升格的基础上,应该修正作为工资差别根源的升格差别,承认升格后的地位(课长职)确认和差额部分的工资请求(前述芝信用金库事件;该课长职位不是具有具体职位的课长,而是具有课长资格的意思)。

三、判例中的男女平等法理

工资以外也是一样,实际上对女性存在种种有歧视的雇佣习惯。《劳动基准法》并非认可这样的歧视,但并没有直接加以禁止的规定,而是通过判例、学说,从《男女雇佣机会均等法》成立之前开始,对工资以外的雇佣上的性别歧视利用《宪法》第 14 条"法律面前人人平等"或《民法》第 90 条"公序良俗"加以对应。这样形成了关于男女平等的判例法理。

判例法理首先从否定"女子结婚退职制"的效力开始。曾经广泛实行的以女性为对象的结婚退职制,是对《宪法》第 14 条的男女平等原则以及《宪

---

① 社会保険診療報酬支払基金事件・東京地方裁判所 1990 年 7 月 4 日判決・労働関係民事裁判例集 41 巻 4 号 513 頁。

② シャープエレクトロニクスマーケティング事件・大阪地方裁判所 2000 年 2 月 13 日判決・労働判例 783 号 71 頁。

法》第 24 条的婚姻自由的侵害，是对《民法》第 90 条公序良俗的违反，被判定为无效[1]。接着，男性为 55 岁、女性为 30 岁那样的固定退休年龄的所谓"女子早年固定年龄退休制"也是一样，限于没有特别的情形，是明显的不合理的差别，构成了对《民法》第 90 条公序良俗的违反[2]。

判例进一步认为，男性 60 岁、女性 55 岁的年龄差较小的男女有别的固定年龄退休制，也构成对公序良俗的违反而无效[3]。该判决通过引用《民法》第 90 条，同时还引用《宪法》第 14 条以及《民法》第 1 条之 2(现为第 2 条"两性的实质平等")，否定男女差别的固定年龄退休制，最高裁判所在有关工资以外的劳动条件上也明确认可男女平等的"公序"设定，在差别设定男女退休年龄的场合，雇主应该对其合理性进行举证。但该事件，如果是一般职务，男女都至 60 岁左右退休，没有职务能力上的不同，实际上，该退休年龄的男女差异，其合理性几乎没有可能被认可。

根据男女平等的法理，比如以"有 2 岁以上子女的已婚女职工"为经济性裁员的基准，该基准为无效[4]。关于工资以外的劳动条件也是一样，不能没有合理的理由而实行男女的差别对待，这作为一般的原则被加以确立[5]。

四、《男女雇佣机会均等法》

(一)《男女雇佣机会均等法》的制定与修改

根据判例确立的男女平等法理，从《民法》第 90 条的公序的性质出发，在对有关雇佣终止中的差别的效力加以否定方面，以及在录用与配置等方

---

[1]　住友セメント事件・東京地方裁判所 1966 年 12 月 20 日判決・労働関係民事裁判例集 17 巻 6 号 1407 頁。

[2]　東急機関工業事件・東京地方裁判所 1969 年 7 月 1 日判決・労働関係民事裁判例集 20 巻 4 号 715 頁。

[3]　日産自動車事件・最高裁判所第三小法廷 1981 年 3 月 24 日判決・最高裁判所民事判例集 35 巻 2 号 300 頁。

[4]　コルパ事件・東京地方裁判所 1975 年 9 月 12 日決定・労働判例 233 号 18 頁。

[5]　前掲日本鉄鋼連盟事件。

面,为了实现以前的阶段上的平等,还没有发挥充分的机能。因此,为了克服这样的局限,有必要进行新的立法。另一方面,1979 年联合国通过了《消除对妇女一切形式歧视公约》,为了批准该公约,日本有必要进行国内法的完善。这样,1985 年在劳动法的领域制定了《男女雇佣机会均等法》(1986 年 4 月施行)。

该法是日本首次真正的男女雇佣平等立法,不能说是新法,而是作为对 1972 年制定的《勤劳妇女福祉法》的修改,在原法中采取了增加平等规定的形式。实际上,当初的《男女雇佣机会均等法》具有为了增进女性福祉的法律地位,作为"平等"立法还有很大的局限。比如,关于劳动者的招聘、录用以及配置、晋升,不是明确的禁止歧视,而只是规定雇主要有不使之歧视的努力义务。另外,机会均等调停委员会的调停程序的开始,必须是当事人双方的合意,所以基本上也没有发挥其机能。

因此,1997 年进行法律修改(1999 年 4 月施行)。从法律的名称和目的 125 (第 1 条)中删除了"福祉的增进",同时,将努力义务的规定改为禁止规定。另外,新设了关于积极措施的规定,以及根据一方当事人的申请也可以进行调停等,强化了法律内容。但是,修改的法律也只是禁止对女性的歧视,未将男性作为直接歧视的对象,在这一点上,残留了增进福祉的性质。

对此,2006 年第 3 次修改《男女雇佣机会均等法》(2007 年 4 月施行),从禁止对女性的歧视,修改为不论男女禁止"以性别为由的歧视"。同时,还扩大了禁止歧视的对象事项的范围,新设了有关间接歧视的规定,强化了禁止根据妊娠、分娩而不利益对待。

(二)《男女雇佣机会均等法》的平等规定

1. 招聘与录用

雇主关于劳动者的招聘、录用,必须不论性别给予均等的机会(《男女雇佣机会均等法》第 5 条)。法律制定当初规定的是努力义务,此后修改为禁止歧视女性的规定,又进一步修改为禁止一般的性别歧视的规定。

根据本条被禁止的是,存在雇佣管理上的区分(区分工种、资格、雇佣形态等,预设不同区分的劳动者的不同雇佣管理,区分综合职与一般职或营业职，区分全日制劳动者与非全日制劳动者以及派遣、外包劳动者等），在招聘、录用时将男女的任何一方从对象中排除，设立男女不同的招聘、录用条件或选考基准、方法，在招聘、录用时男女任何一方的优先（规定男女不同的预定录用人数也包含于此），在提供有关信息上实行男女不同的对待等等①。

另外，存在对艺术、表演领域表演真实性的要求，存在对警备员的防范能力的要求，或者存在宗教上、风纪上、体育竞技性质上的要求的场合，以及根据《劳动基准法》第 64 条之 2、《保健师助产师护士法》第 3 条等法令的规定，一方性别者不能就业，为了实行通常的业务，与性别无关的均等对待存在困难的场合，只对特定性别者的招聘、录用措施不构成对本条的违反②。这是考虑到在相关职务中，特定的性别是不可或缺的条件而设定的例外规定。

126

2. 录用后的各种事项（配置、晋升、教育培训、福利厚生、工种变更、退职、解雇等）

劳动者被录用以后，在以下有关事项上，也禁止以性别为由的歧视（第 6 条）。①劳动者的配置、晋升、降格以及教育培训（第 1 项）；②厚生劳动省令规定的住房贷款以及其他相当于此的福利厚生措施（第 2 项）；③劳动者的工种以及雇佣形态的变更（第 3 项）；④劝退、退休、解雇以及劳动合同的更新（第 4 项）。

以前这些内容在不同的条文中被加以规定，但在 2006 年修改时概括为 1 条，同时，作为对象事项，追加了降格、工种或雇佣形态的变更、劝退、劳动合同的更新（比如，禁止歧视的对象事项的列举方式，维持了《男女雇佣机会均等法》的特色）。如上所述，《男女雇佣机会均等法》制定时，有关配置、晋升被规定为努力义务，但此后改为禁止歧视规定，另外因为工资被《劳动基准法》第 4 条所涵盖，所以不包含在《男女雇佣机会均等法》的对象中。

---

① 2006 年 10 月 11 日厚生劳働省告示 614 号。

② 前揭 2006 年 10 月 11 日厚生劳働省告示 614 号。下文所述均等法第 6 条也是同样。

根据本条被禁止的歧视,当然包含从对象开始的男女任何一方的被排除,根据男女的不同的条件,或采用不同的选考方法和基准,在实际运行中不同的对待也包含其中①。比如,在晋升中,只针对女性以达到一定年龄为由不被晋升,只针对女性晋升考试必须有上司的推荐,或者晋升考试的合格基准存在男女不同的情况,都相当于违法的歧视。

在违反这些禁止歧视的规定时,违法行为无效。比如,判例认为,规定女性更低的退休年龄的就业规则即使还没有从《民法》第 90 条公序良俗中移出,也构成对《男女雇佣机会均等法》的违反而无效,必须要适用与男性同样的退休年龄②。有关其他事项也是一样,基于就业规则的规定或当事人之间的合同,要求与其他性别的劳动者同等对待的私法上的权利,具有被认可的可能性,另外,作为违反公序也可以构成不法行为。

附言之,《男女雇佣机会均等法》制定以前,广泛实行男性为干部候选的基干职、女性为辅助职的区别对待的"男女不同的体系制度"。如今这样的对待违反了《男女雇佣机会均等法》第 6 条,但至少在当时的社会状况下,并不认为违反了公序良俗③。但是,那个时代被录用的女性的有关待遇,在雇主没有采取适当的正确的措施的场合,在将努力义务规定改为禁止规定的1997 年修改的法律施行以后,也有的判例认为其构成了违法的歧视④。

3. 间接歧视

间接歧视的法理是,其本身即使为无关性别的中立基准,但结果带来很大差别的情况下,可以构成违法歧视。在欧美各国发展的基础上,日本2006 年修改法律,在《雇佣机会均等法》中加以规定,但采用根据省令限定列举的特别方式。

根据该规定(第 7 条),雇主有关上述第 5 条以及第 6 条的有关对象事

---

① 前揭厚生労働省告示 614 号。

② 大阪市交通局協力会事件・大阪高等裁判所 1998 年 7 月 7 日判决・労働判例 742 号 17 頁。

③ 比如上述钢铁联盟事件。

④ 野村証券事件・東京地方裁判所 2002 年 2 月 20 日判决・労働判例 822 号 13 頁。岡谷鋼機事件・名古屋地方裁判所 2004 年 12 月 22 日判决・労働判例 888 号 28 頁。

项的措施——《劳动者性别以外事由的要件》中,关于"对满足了措施要件的男女比例以及其他事项加以考察,作为实质上以性别为由的歧视的预防措施,由厚生劳动省令规定",对照成为该措施对象的工作性质如果不存在该措施在工作实施上有特别必要的情形,或者对照事业的运营状况不存在该措施的实施在雇佣管理上有特别必要的情形,以及不存在其他"合理的理由"的情形,不能使用该要件。换句话说,性别中立的措施,带来男女之间不均等的结果时,有关这方面的录用必须具有合理的理由。

作为本条的对象措施,限于"厚生劳动省令的规定",现在有三种:①招聘、录用时以身高、体重或体力为要件;②招聘、录用、晋升、工种变更时,以能够适应伴随搬迁的调动为要件;③晋升时以具有工作岗位变动经历为要件(《雇佣机会均等法施行规则》第 2 条)。

这样的要件在存在"合理的理由"的情况下也被允许,但合理理由的有无,要根据具体的个案进行综合判断。比如,关于①,该工作需要比一般工作更强的体力为要件的场合;关于②,在广域范围没有分店、分厂,或者有这样的分店、分厂,但除了本人希望以外,实际上基本上没有伴随搬迁的调动的场合;关于③,在本公司晋升时,没有特别必要在不同分店的工作经历,进行这样的人事轮岗也被认为没有特别必要的场合。以上均不被认为具有合理的理由①。

(三) 关于对女性劳动者的措施(积极措施)

1. 积极措施的意义与《男女雇佣机会均等法》第 8 条

《男女雇佣机会均等法》制定当初,不允许对女性的歧视与排除,但该法不关心对女性更为有利的待遇,"正式劳动者为男性和女性,临时工只为女性"这样的对待也是被允许的。但是,很多这样的措施是基于固定的性别分工的意识,反过来,如果限定女性的职业领域的话就会受到批判。现在,这样的《男女雇佣机会均等法》的单方面的性质被抹去,对女性的优遇也作为"以性别为由的歧视"成为禁止的对象。

---

① 前揭厚生労働省告示 614 号。

　　另一方面,过去的不平等的结果被放置,同时只要求男女"均等"对待,这也表明不能实现平等。因此,作为对上记的例外,雇主"关于对女性劳动者实行以男女机会均等以及待遇确保的障碍改善为目的的措施"[①],即所谓"积极措施"的有关规定,带来了1997年《男女雇佣机会均等法》的修改(第8条),"积极措施"具有对女性的支援或优遇的性质,是形式上的男女平等的反面,但鉴于该必要性,满足了一定要件的话是被容许的。

　　根据行政解释,积极措施在一个雇佣管理区分上女性劳动者的比例相当少的场合可以实施(低于四成),招聘、录用的信息提供,只对接受考试的女性加以奖励,只对女性的教育培训实施优遇措施,从符合基准的人中优先录用女性以及采取优先配置、晋升的措施等都是可以的[②](为了使管理职的女性的中途录用变得容易,2015年修改告示,有关特定的管理岗位的女性如果相当少,可以采用招聘、录用的有关措施)。另外,对各个企业实行的有关措施,国家可以进行咨询或援助(第14条)。

129

2. 女性活跃推进法

　　是否实行积极措施由雇主决定,但2015年制定的《关于推进女性职业生活活跃的法律》[③],对平时雇佣300人以上劳动者的民营企业,有义务采取一定的措施。这里的雇主,必须要制定一般雇主行动计划,向厚生劳动大臣申报,同时告知劳动者(第8条第1款、第4款、第5款;另外,300人以下的雇主也有努力义务,参照第7款)。

　　该行动计划,必须规定以下内容:①计划期限,②实现目标,③推进女性活跃的体系内容,④实施期限(第2款)。雇主必须在对所定事项(录用时女性的比例,工作年限的男女差别,劳动时间状况,管理岗位的女性比例)进行状况把握和课题分析的基础上,对此加以决定(第3款)。特别是关于②的目标,上记事项中至少有一个是要求使用数值的定量规定(第3款)。在内

---

　　① 「男女の均等な機会及び待遇の確保の支障となっている事情を改善することを目的として女性労働者に関して行う措置」。

　　② 前揭厚生労働省告示614号,2006年10月11日雇児発1011002号。

　　③ 「女性の職業生活における活躍の推進に関する法律」。

容上雇主有很大的自由度,但可以说,这作为义务实施的积极措施是有意义的。另外,女性活跃促进法作为积极的激励,设立了对优秀雇主的认定制度(第 9 条。也参照第 10 条)。

(四) 禁止对女性的妊娠、生育的不利益对待

1.《男女雇佣机会均等法》第 9 条

妊娠、分娩只对女性发生,如果对此加以不利益对待的话,男女平等的实现就是困难的。但是,现实中,像被称为"怀孕重组"那样,以妊娠、分娩为由的解雇或雇佣终止不在少数。《男女雇佣机会均等法》第 6 条第 4 项规定,不问男女,以劳动者的性别为由"奖励劝退,退休,解雇以及劳动合同上的更新"的歧视被禁止,但关于女性劳动者,第 9 条规定禁止以妊娠、分娩为由的解雇以及其他不利益对待。这里,与根据性别的禁止歧视的理念并不矛盾,可以说与之相比更加实质化了。

根据第 9 条被禁止的是,关于女性劳动者,①预定以婚姻、妊娠、分娩为退职理由(第 1 款),②以婚姻为理由的解雇(第 2 款),③以妊娠、分娩、产前产后休假为理由,进行解雇和其他不利益对待(第 9 条第 3 款,《雇佣机会均等法施行规则》第 2 条之 2)。上记①和②中的"婚姻",男性也会产生,但这主要是考虑到普遍可见的对女性实行结婚退职制而作出的规定吧。

特别重要的是上记③,不仅是妊娠、分娩和产前产后休假,危险有害业务的就业限制,法定工时外劳动、休息日劳动、深夜劳动的限制等,关于妊娠、分娩的《劳动基准法》的母性保护措施(《劳动基准法》第 64 条之 2 以下),或《男女雇佣机会均等法》的母性健康管理措施,以接受这些措施为由的不利益待遇也是禁止的。《男女雇佣机会均等法》第 9 条第 3 款是强行规定,对此违反的不利益待遇是无效的[①]。

另外,对于妊娠中以及产后不到 1 年的劳动者的解雇,如果不能证明该

---

① 《劳动基准法》第 65 条第 3 款规定的妊娠中转为轻便业务为由的降级事例,参见:广岛中央保健生活协同组合事件・最高裁判所第一小法廷 2014 年 10 月 23 日判决・最高裁判所民事判例集 68 卷 8 号 1270 页。

解雇不是第 9 条第 3 款规定的事由,则该解雇无效(第 9 条第 4 款)。为了向雇主转换举证责任,原则上规定了无效这样的形式。另外,根据《劳动基准法》第 65 条第 1 款、第 2 款,产前产后休假期间和其后 30 日以内,首先是不允许解雇,这一点有必要加以注意(《劳动基准法》第 19 条第 1 款,参照第472 页)。

2. 不利益对待的判断

第 9 条第 3 款所禁止的不利益对待,除了解雇以外,还包含固定期限合同的拒绝更新,固定期限合同更新次数的减少,正式员工向非全日制劳动等非正式员工的强制变更,就业环境的损害,不利益的自宅待机,降格,晋升、升格上的不利益,减薪和奖金的不利益等。关于退职和雇佣形态的变更,要得到劳动者的同意,但不是基于劳动者真实意思的情况下,或工资与奖金的算定考虑不出勤期间,但将妊娠、分娩等休假期间计算为不出勤,或由此导致劳动生产率不能达标而受到不利益对待的场合,以及尽管妊娠女性有工作实行能力,劳动条件或通勤等仍被进行不良配置变更的场合,也相当于不利益对待[1]。

特别是关于劳动者本人的同意或承诺,有必要基于充分认可的自由意思,客观上存在合理的理由[2]。

另一方面,对女性劳动者不是基于妊娠、分娩,而是基于其他正当理由的解雇以及其他不利益对待,不是对第 9 条第 3 款、第 4 款的妨碍。这样的判断并非容易[3],但有必要对涉及的这些规定加以适当设置吧。

3. 关于采取措施预防"孕妇歧视"的义务

关于女性劳动者的妊娠、生育的"孕妇歧视"问题引人注目,不仅禁止雇

---

① 前揭厚生劳动省告示 614 号。

② 前揭广岛中央保健生活协同组合事件。关于降格,不能说是在接受适当说明和充分理解的基础上,作出的承诺的决定。另外,以判明妊娠为契机达成了退职合意,但不被认为是基于自由的意思,被判无效的判例,参见:TRUST 事件·東京地方裁判所立川支部 2017 年 1 月 31 日判决·劳働判例 1156 号 11 页。

③ 作为解雇有效的案例,参见:ネギシ事件·東京高等裁判所 2016 年 11 月 24 日判决·劳働判例 1158 号 140 页。作为解雇无效的案例,参见:シュプリンガー·ジャパン事件·東京地方裁判所 2017 年 7 月 3 日判决·劳働判例 1178 号 70 页。

主的不利益对待,许多观点还认为有必要防止上司或同事的各种厌弃或消极言行。

因此,2016 年《男女雇佣机会均等法》修改,设立了新的规定(第 11 条之 2),雇主在职场,对女性劳动者的妊娠、分娩,产前产后休假,接受《劳动基准法》的母性保护措施等的有关言行,"必须不能损害该女性劳动者的就业环境,回答该女性劳动者的咨询,为了适当应对而采取完善体制以及其他雇佣管理上必要的措施"。按照后述的雇主有义务采取措施防止性骚扰的规定(第 11 条,参照第 132 页),赋予了采取措施防止环境型骚扰的义务。

另外,同时制定的《育儿护理休假法》也是一样,设立了雇主对骚扰采取措施的义务(第 25 条,参照第 289 页),但该法不问男女,劳动者都成为保护对象,这一点需要注意。

(五)《男女雇佣机会均等法》上的争议解决

以上关于《男女雇佣机会均等法》的禁止规定,如果有意见申诉,要求委托意见处理机构(由雇主代表和劳动者代表构成)处理等,努力自行解决(《男女雇佣机会均等法》第 15 条)。另外,都道府县劳动局长在当事人一方或双方的要求下,可以进行必要的建议、指导和劝告(第 17 条第 1 项),禁止以劳动者提出该要求为由对其差别对待(第 2 项)。

进而,都道府县劳动局长对有关招聘、录用以外的争议,在当事人双方或一方提出申请的场合,可以通过争议调整委员会(关于该委员会,参见第 462 页)进行调停(第 18 条第 1 项)。不能以劳动者申请调停为由对其差别对待(第 2 项)。以前,调停的开始需要两方当事人合意,但现在一方当事人提出申请也可以开始调停,不过即使是调停也没有强制力,这一点与以前是相同的,可见作为法律实现的手段还没有充分发挥机能。

关于该法律实施,厚生劳动大臣认为有必要时,可以要求提交报告,可以进行建议、指导和劝告(第 29 条第 1 项),另外,对违反了禁止歧视规定的雇主,在不听从劝告的情况下,可以被公示(第 30 条),对不按要求提出报告或提交虚假报告的雇主,可处以罚款(第 33 条)。

五、性骚扰

(一)《男女雇佣机会均等法》关于对性骚扰采取措施的义务

《男女雇佣机会均等法》课以雇主防止职场性骚扰的发生,采取适当对应措施的义务(第11条)。性骚扰原本是从美国禁止雇佣歧视的立法(1964年公民权法第7编)发展而来的法理。分为上司利用职务上的地位以解雇等为威胁或以晋升等为条件强行要求性的关系的"对价型性骚扰",以及在职场环境中通过反复的下流的性的言行给女性(或男性)带来无法忍受的不愉快的"环境型性骚扰"。《男女雇佣机会均等法》第11条虽然是不容易理解的条文,但也以这两者为对象。

性骚扰的规定是1997年修改法律时导入的。当初只对女性劳动者负有雇佣管理上的"照顾"义务,但2006年修改法律,变更为不论男女的形态, ₁₃₃ 并且强化了在雇佣管理上采取必要措施的义务(第11条)。

作为对性骚扰的雇佣管理上的措施,具体来说,要求以下三点:①关于性骚扰的方针的明确化以及告知、启蒙,②对咨询加以适当对应的完善体制,③恰当的迅速的事后对应(提出咨询申请后迅速并且正确确认事实关系,事实被确认的场合对被害者的救济和对加害者的适当的人事措施等)。另外,必须采取对当事人的隐私保护和禁止不利益对待等的措施[1]。此外,性骚扰也包含对同性的性骚扰,基于性别作用的分担意识的言行成为性骚扰的原因,不论被害人的性指向或性自认,均成为本规定的对象,这也被明记。

另外,本条采取措施的对象是"职场"的性骚扰,但客户的事务所、与客户洽谈的饮食店、顾客的住所等,如果是劳动者实行工作的场合,也相当于"职场"[2]。

---

① 2006年10月11日厚生労働省告示615号。

② 前揭厚生労働省告示615号。另外,私费参加联欢会上的言行,被认为雇主存在赔偿责任的判例,参见:A市セクシュアル・ハラスメント事件・横浜地方裁判所2004年7月8日判决・労働判例880号123頁。

(二) 性骚扰与损害赔偿

1. 根据不法行为的雇主责任

在《男女雇佣机会均等法》设立性骚扰的规定以前,判例认为,基于不法行为,行为人本人以及雇主负有损害赔偿责任。比如,杂志的男性编辑主任,为了排斥女性部下,散布该女性与其他同事性交友关系的恶语中伤的行为,根据侵害人格权的不法行为,成为损害赔偿的对象,由于其行为与进行公司的业务相关联,因此公司也负有相应的雇主责任[①]。

另外,男性上司在工作时间对女性员工的猥亵和污言秽语的行为,被认为行为人本人负有不法行为责任,在此基础上,该行为因为与业务没有紧密关联,因此公司不负有《民法》第 715 条的雇主责任[*],但公司对此没有采取任何对策,作为对劳动合同上"职场环境照顾义务"的违反,负有损害赔偿责任[②](很多判例承认《民法》第 715 条的责任,本判决是不同的判断)。

2. 事实认定与评价

性骚扰常常被认为受害人也有过错,社会对此没有给予更多同情,而使受害人被抛弃。行为者也好,周边也好,加害者的意识薄弱,这是广泛深刻的性歧视问题。另外,由于大多在隐秘场所进行,所以举证一般都很困难。裁判官在事实认定时,必须对应受害者的复杂心理,充分加以理解[③]。另外,也有过这样的判例,店长对未成年女工的有关性的言论,地方裁判所认为没有超出职场的闲谈的范围,不具违法性,但上诉审推翻了原判[④]。在对

---

① 福岡セクシュアル・ハラスメント事件・福岡地方裁判所 1992 年 4 月 6 日判決・労働判例 607 号 6 頁。

* 日本《民法》第 715 条关于雇佣人的责任,"因某事业雇佣他人者,对受雇人因执行其职务而致第三人的损害,负害赔偿责任。但是,雇佣人对受雇人的选任及其事业的监督已经尽相当注意时,或即使尽相当注意损害仍然发生时,不受此限。"——译者注

② 三重セクシュアル・ハラスメント事件・津地方裁判所 1997 年 11 月 5 日判決・労働判例 729 号 54 頁。

③ 关于这一点,作为推翻一审判决的判例,参见:横浜セクシュアル・ハラスメント事件・東京高等裁判所 1997 年 11 月 20 日判決・労働判例 728 号 12 頁。

④ 東京セクハラ(T菓子店)事件・東京高等裁判所 2008 年 9 月 10 日判決・労働判例 969 号 5 頁。

事实的评价方面也是一样,裁判官的同理心是被问及的地方。

3. 雇主的对应

不论如何,雇主按照《男女雇佣机会均等法》规定的采取措施的义务,要使劳动者广泛深入了解性骚扰不被允许,同时必须完善适当的对应体制,发生问题时立即严肃处理[①]。

有这样的案例,母公司旗下的集团公司规定了共通的行为基准,在完善了的遵守法令的体制下,子公司雇佣的劳动者遭受性骚扰,判决认为,母公司没有指挥监督的雇佣合同上的附随义务,另外,通过集团公司咨询窗口的对应也没有违反诚信原则上的义务,否定了损害赔偿责任[②]。

另一方面,也有必要保护受到怀疑的劳动者的利益,在调查或处分时应该按照慎重的程序进行。但是,在行为被确认时,雇主进行适当的惩戒处分也是当然的[③]。

135

六、禁止对残疾人的歧视

为了批准联合国 2006 年通过的《残疾人权利公约》,日本在以前的雇佣政策基础上向前迈出了一步,以保障残疾人的人权为目标,2013 年修改了《残疾人雇佣促进法》,对雇主课以禁止歧视残疾人和进行合理照顾的义务(2016 年 4 月施行)。

根据该法,雇主有如下义务:

① 关于劳动者的招聘、录用,对残疾人必须给予与非残疾人"均等的机会"(第 34 条)。

② 关于工资的决定、教育培训的实施、福利厚生设施的利用以及其他待遇,不得以劳动者是残疾人为由,与非残疾人之间"不当的差别对待"(第

---

① 对女卫生间偷录事件,雇主的对应不当,被命令损害赔偿的判例,参见:仙台セクシュアル・ハラスメント事件・仙台地方裁判所 2001 年 3 月 26 日判决・労働判例 808 号 13 頁。
② イビデン事件・最高裁判所第一小法廷 2018 年 2 月 15 日判决・労働判例 1181 号 5 頁。一审肯定了工作场所的子公司的债务不履行的损害赔偿责任。
③ 对反复进行性骚扰行为的劳动者实行停止出勤处分和降格,被认为是有效的判例,参见:L館事件・最高裁判所第一小法廷 2015 年 2 月 26 日判决・労働判例 1109 号 5 頁。

35 条）。

　　③ 关于劳动者的招聘、录用，为了改善残疾人与非残疾人确保均等机会的阻碍，根据残疾人的申请，必须采取"对该残疾人的残疾特性加以照顾的必要措施"（第 36 条之 2）。

　　④ 为了确保残疾人与非残疾人的均等待遇，改善残疾人有效发挥能力的阻碍，"雇佣残疾人时必须考虑到其残疾特性，为了使工作顺利进行，完善必要的设施，配备援助人员以及采取其他必要的措施"（第 36 条之 3）。

　　其中后两项要求雇主采取积极的措施，"但对雇主带来过度负担时"作了例外规定（上述两个条款中的但书）。

　　关于以上规定，厚生劳动大臣制定了指南（第 36 条第 1 款、第 36 条之 5 第 1 款），关于各种禁止歧视和照顾措施，要进行告知[1]。

　　另外，对残疾人的照顾措施与《残疾人雇佣促进法》不同，还可以基于劳动合同提出要求，在此情况下，就成为了各种合同的解释问题[2]。

七、平等法理的课题

　　平等法理，近年来出现了新的广泛的发展。除了上述的禁止残疾人歧视以外，还规定了禁止在招聘、录用时的年龄限制，有义务给予均等的机会（《劳动施策推进法》第 9 条，参照第 60 页），禁止对应该与一般劳动者同等视之的非全日制劳动者的歧视[《非全日制劳动法》第 9 条；根据 2018 年的法律修改，有期劳动合同的劳动者也被扩至其中；《关于非全日制劳动者以及有期雇佣劳动者的雇佣管理的改善的法律》（下文简称《非全日制劳动及有期劳动法》）第 9 条（2020 年 4 月施行），参照第 151 页]等，从各种角度进行的"平等"的实定法化在不断发展。

　　但另一方面，也可以说是平等原则的基本，关于基于属性的不当差别，

　　① 　2015 年 3 月 25 日厚生劳働省告示 116 号，同 117 号。

　　② 　对腰椎间盘突出症手术产生后遗症的劳动者的工作照顾措施，公司被合并以后该劳动者转岗而被停止照顾，这是不当的，承继公司受到工作照顾的合意的约束。阪神バス（本訴）事件・神戸地方裁判所尼崎支部 2014 年 4 月 22 日判决・労働判例 1096 号 44 页。

现实中甚至连禁止录用差别的法律都不存在。另外,关于性骚扰也是同样,经常将此与个人欲望的猥琐行为同等视之,性的歧视的侧面容易被轻视。当然,《男女雇佣机会均等法》的方针如前所述,性别作用分担意识,或性的指向、性的自认这样的语言盛行(参照第 133 页),所谓性少数群体的应对也在发展,还是可以感到若干的变化。

平等法理的基础,其思考方法应该是劳动者根据其属性被无差别地给予机会,根据个人的职业上的评价得到待遇,有必要从正面对此加以接受,使平等法理、法制得到体系化的发展。

同工同酬(同一劳动同一工资)

137

同工同酬(Equal Pay for Equal Work)是男女雇佣平等用语中的重要概念。从事同样的工作仅因为女性而工资低下,这是明显的非正义。但是,男女的工资差距是从过去开始就广泛存在的,对其加以克服是很大的课题。

打出"男女同酬原则"标题的日本《劳动基准法》(1947 年制定)第 4 条,可以说是关于此最早的立法例,但该条文中没有"同工"的用语。美国 1963 年制定了同酬法,作为判断同工基础的要素,提出了技能、努力、责任、劳动条件等四点。英国也在 1970 年制定了同酬法(现在是2010 年统合的平等法),其产生的契机是汽车工厂的女工 1968 年举行的罢工,后来还制作成了电影《达格纳姆制造》(Made in Dagenham)。

然而,如果职务内容分为男女的话,"同工"无论怎样也是有界限的。比如,即使是不同的工作,但如果实质上等价,男女就不应该被支付同酬吗? ILO 第 100 号(同酬)公约就是采用了这种所谓"同一价值劳动同一报酬"(Equal Pay for Equal Value)的思考方法。人们一直在讨论超过了狭义的"同工",将"同一价值劳动"考虑到什么程度,甚至应该采用类似价值(comparable worth)这样更为广泛的概念吗?

另外,最近作为新的途径,为了通过透明度强化男女同酬原则,制定了 EU 指令(2014 年),各国为了提高工资的透明度进行立法。

　　日本最近不论男女,有关正规、非正规劳动者待遇差距问题,也使用"同工同酬"的用语,带来了纷扰的状况。《非全日制劳动法》或《劳动合同法》的"均等""均衡"的规定,都不限于"工资",是以所有的劳动条件为对象的(2020年施行的《非全日制劳动及有期劳动法》、修改的《劳动者派遣法》也是同样)。另外,至少禁止不合理劳动条件的不同的"均衡",是比"同一"更为广泛的概念。可能抽取了其标语口号化的中心部分,但不论年功工资还是职务工资的讨论,也都有使用同样用语的情况,但愿不要招致无用的混乱。

第五节　就业规则

138　　现代企业,多数劳动者在被雇佣、被组织的体制下进行共同劳动。这种场合下雇佣的各种条件或规则,根据个别劳动者与雇主之间的劳动合同加以个别决定是合理的。但是,为了使工作有序高效地运行,设立有关劳动条件的统一基准,以及规定应该遵守的共同规则,这或多或少也是必要的。

　　就业规则就是基于这样的必要性由雇主制定的。从理想的状态出发的话,与劳动者共通的规则是应该根据与工会或职场劳动者代表的合意来决定吧。但是,在日本,就业规则发挥着很大的作用。作为劳动者个人,交涉和订立与就业规则不同内容的合同是很困难的,这就意味着,就业规则具有雇主将决定的劳动条件或服务规则强加于劳动者的性质。法律上应该如何评价和对应,这一点成为讨论就业规则的根本。

　　《劳动基准法》规定,一定规模以上企业的雇主有义务制定就业规则,命令其提出报告并使劳动者周知。另一方面,就业规则的效力,特别是与劳动合同的关系,学说和判例提出了各种不同见解,2007年《劳动合同法》作了最新规定,围绕这些规定的解释适用展开了讨论。

　　另外,关于就业规则,其不利益变更也是重要的问题,有关该问题在后述第五章第一节"劳动条件的变更"中与其他劳动条件变更手段相比较加以阐述。

一、就业规则的制定

（一）制定义务与记载事项

1. 制定义务

平时使用 10 人以上的雇主，在《劳动基准法》上有义务就一定事项制定就业规则（《劳动基准法》第 89 条）。"制定"是规则的文书化，据此劳动者对这些事项容易知悉，防止雇主任意适用规则。

平时 10 人以上，是常态的意思（一时未满 10 人也是可以的）。临时工或非全日制劳动者等也是劳动者，当然被计算在内。企业有多个职场的情况下，有的学说认为劳动者数量按照企业全体来计算，但从《劳动基准法》是分别适用于每个职场这一构造，以及后述的听取意见的程序来看，以每个职场为单位来计算的见解更为合适吧[1]。

2. 记载事项

对就业规则应该规定的事项（必要的记载事项），《劳动基准法》从第 89 条第 1 项到第 10 项进行了列举。其中，①关于工作开始和结束的时间，休息时间，休息日，休假的事项（第 1 项前段）；②关于工资的确定、计算、支付方法，截止时间，支付期限，加薪的事项（第 2 项）；③关于退职的事项（第 3 项。意为解雇、辞职、退休等有关劳动合同终止的全部事项，必须包含"解雇的事由"），这些被称为"绝对的必要记载事项"，关于此要求设立常备规定。

另一方面，除上述①至③的事项以外，还有雇主仅在设立该事项的制度的场合，才有记载义务的"相对的必要记载事项"（各项"在规定的场合"这样附有条件的情况下的规定）。除了关于交替制情况下就业时间转换的事项（第 1 项后段）以外，退职补助（适用劳动者的范围，确定支付方法，计算支付期限），临时工资以及最低工资，劳动者负担的伙食费或作业用品等，安全、卫生，职业训练，工伤补偿以及非工伤的疾病补助，表彰及制裁（或惩戒），其

---

[1]　東京大学労働法研究会『注釈労働基準法（下）』（2003 年、有斐閣）1003 頁以下。

他该职场全体劳动者适用的规定(第 3 款之 2—10 项),均相当于此。另外,雇主在《劳动基准法》上义务事项以外的内容(比如,公司的理念或沿革),在就业规则中可以自由记载(任意的记载事项),不被特别加以禁止。

3. 另行规则的允许内容

雇主从必要的记载事项中切分出一部分内容,制定其他的规则,这也是可以的(比如,退职金规程,安全卫生管理规程等)。这些制定的另行规则,其实也是就业规则的一部分,服从与本体一样的法规则。职场内,比如像非全日制劳动者那样,在劳动条件或就业形态存在与其他劳动者很大不同的规制的场合,与通常的就业规则不同,允许制定仅适用于这类劳动者的就业规则。

(二) 意见听取义务

雇主制定就业规则时,必须听取相应职场的劳动者代表(该职场过半数劳动者组成的工会;没有这样的工会的情况下,该职场过半数的劳动者代表)的意见(《劳动基准法》第 90 条第 1 款)。该意见听取义务,在对已经制定的就业规则加以变更的场合也被适用。

课以雇主这样的意见听取义务,其宗旨在于在就业规则上尽可能反映劳动者的意思。但是"意见听取"只是单方面征求意见就可以了,并不要求得到对方同意和进行协议。劳动者代表的意见没有约束力,这就意味着就业规则具有雇主单方面制定和变更的性质。

另外,在就业规则中,对非全日制劳动者有关事项的制定和变更,仅是一般劳动者的代表的意见也许并不能反映这些劳动者特有的利益,因此,雇主应该努力听取该职场被雇佣的非全日制劳动者的过半数代表的意见[《非全日制劳动法》第 7 条,参照第 153 页;另外,2020 年 4 月以后,有期劳动合同劳动者有关事项的制定和变更也是同样(将非全日制劳动者替换为有期劳动合同劳动者);《非全日制劳动及有期劳动法》第 7 条第 2 款]。

(三) 报备义务与周知义务

雇主必须向行政官厅(劳动基准监督署长)报备所制定的就业规则(《劳

动基准法》第 89 条），就业规则变更的场合也是同样。报备必须附加书面形式，记录职场劳动者代表的意见（需要劳动者代表的签名盖章）。

另外，雇主必须将就业规则以下列任何一种方式使劳动者周知：①在各作业场所平时的醒目之处张贴或设置，②书面交付，③其他厚生劳动省令规定的方法（电子记录的基础上，各作业场所设置劳动者平时容易确认内容的器械）（《劳动基准法》第 106 条第 1 款，《劳动基准法施行规则》第 52 条之 2）。对于将就业规则放置在公司的金库保管，劳动者需经许可才能看到，这样的处理是违法的。

（四）与法令、集体协议的关系

就业规则的内容，不能违反法令以及适用于该职场的集体协议（《劳动基准法》第 92 条第 1 款）。违反法令（强制法规的意思）当然不被认可，而集体协议是作为劳资合意的规范，比雇主制定的就业规则更为优先，违反集体协议的就业规则的规定无效。这也包括就业规则的基准如果高于集体协议基准，该集体协议也不允许这种"违反"的情形（这一点取决于对集体协议的有利原则如何理解，参照第 205 页）。

但是，集体协议原则上只适用于订立该协议的工会的所属会员，并非像就业规则那样适用于相应职场的全体劳动者。因此，上述的无效的意义，对每个劳动者来说不得不相对地考虑。也有的学说认为，无论什么样的集体协议，违反集体协议的就业规则的规定基本无效，因此不能适用于全体劳动者，但如此理解的话，事实上则会产生与非工会会员也自动适用集体协议同样的结果。笔者认为没有必要做到这一点，违反集体协议的就业规则的条款，与不适用该集体协议的劳动者的关系，应该被认为还是具有效力吧。

另外，《劳动合同法》如后面所阐述的那样，对就业规则，承认其作为劳动条件的最低基准的效力（《劳动合同法》第 12 条），以及劳动合同的订立、变更时决定合同内容的效力（第 7 条，第 10 条）。但是，就业规则中有关违反法令和集体协议的部分，其效力被否定（第 13 条）。可以说《劳动基准法》第 92 条第 1 款的旨趣在与劳动合同的关系上被明确规定了。在这方面，条文上也以"与适用该法令或集体协议的劳动者之间的有关劳动合同，不予适用"这样的形式,明确了要对个别劳动者进行相对的考虑。

142 　　对与法令或集体协议相抵触的就业规则,劳动基准监督署长可以命令其变更(《劳动基准法》第 92 条第 2 款)。因为这样的就业规则如果放任不管的话,事实上有可能被适用于劳动者。

二、作为劳动条件最低基准的效力

　　就业规则规定的劳动条件,在个别劳动合同的关系上,具有强行的直律的效力(《劳动基准法》第 93 条,《劳动合同法》第 12 条)。即,劳动合同规定的劳动条件,没有达到就业规则规定的基准的部分为无效,无效的部分按照就业规则规定的基准。

　　《劳动合同法》第 12 条是从《劳动基准法》原来的第 93 条移植而来,与规定了《劳动基准法》本身强行的直律效力的该法第 13 条使用了同样的表达。在该职场,规定比《劳动基准法》更高标准的就业规则成为劳动条件的最低基准,在此之下的基准,即使得到劳动者的同意,其效力也被否定(退职金的算定,与就业规则相比更为不利的劳动惯例,也根据《劳动合同法》第 12 条而无效[①])。作为该最低基准的效力当然是单方面的,高于就业规则的内容的劳动合同不受影响。

　　作为职场中的劳动条件最低基准的效力,雇主平时使用 10 人以下劳动者的场合,根据《劳动基准法》第 89 条的规定没有制定就业规则的义务,但如果制定了就业规则也是被承认的[②]。

三、就业规则与劳动合同的内容

(一) 就业规则的法的性质论与判例法理

　　围绕就业规则的最大争点是,就业规则的规定超越了上述的作为最低基准的效力,对个别劳动者是否具有法的约束力。订立劳动合同,当事人之

---

① 代々木自動車事件・東京地方裁判所 2017 年 2 月 21 日判決・労働判例 1170 号 77 頁。

② 2012 年 8 月 10 日労働基準局名で発する通達 0810 第 2 号。

间不一定对其内容详细规定,有关就业规则规定的事项,大多不存在特别的合意(遵循该旨趣的合意,或者与之内容不同的合意)。像这样的情况,雇主制定就业规则的规定,到底是根据什么理由而适用于劳动者呢?

143

《劳动合同法》关于这一点设计了后述那样的规定(第 7 条),但作为对其加以理解的前提,看一看学说和判例的发展经过吧。

1. "法规说"与"合同说"

学说对于该问题从就业规则的"法的性质"出发,产生了"法规说"与"合同说"的对立。

根据"法规说",就业规则本身就像法律一样是对劳资双方具有约束力的法律规范,对此,本来就不需要劳动者的同意或承认。问题是,只是一个私人的雇主制定的就业规则,为什么能符合这样的法律规范呢?学说上曾经有以雇主的"经营权"为根据的学说,以及就业规则相当于"习惯法"的学说,但战后,要求以《劳动基准法》原第 93 条(现在的《劳动基准法》第 12 条)为根据,该条给予了发挥劳动者保护作用的就业规则特别的法律规范的效力,这样的学说成为主流。

另一方面,主张"合同说"的一方则批判"法规说"违反了近代法的原则,认为就业规则本身只不过是合同的"雏形",对此,根据劳动者赋予的同意才成为劳动合同最初的内容,对两个当事人形成约束。但实际上,即使"合同说"也认为在录用时劳动者默示地、概括性地同意了遵从就业规则,遵从就业规则而没有异议地就业就相当于同意。或者,劳动合同的内容是根据就业规则规定的"事实上的习惯",这样的情形下大多抽象化地认定"同意",承认结论的约束力。对这样的"合同说","法规说"一方批判其为无视现实的虚构的作品。

除此之外,还存在以下两种学说。一是基于职场内劳动者的集团的意思,根据合意产生的、作为就业规则法律规范约束力的"集团的合意说";二是就业规则中的劳动条件部分如果没有劳动者的合意就不能产生约束力,但职场纪律部分如果经告知则产生约束力的"根据二分说"。

2. 秋北巴士事件判决

最高裁判所秋北巴士事件[①]认为,"规定了定型劳动条件的就业规则,不仅具有作为一种社会规范的性质,只要规定的劳动条件合理,经营主体与劳动者之间的劳动条件就作为根据该就业规则所形成的事实习惯,其法的规范性被认可(参照《民法》第 92 条)","该职场的劳动者,不论在现实中是否知悉就业规则的存在及其内容,另外,不论是否对此给予了个别的同意,都应该当然地对其适用"。

这个判决,在不论劳动者是否知悉或同意都当然适用法律规范这一点上,可以认为是采用了"法规说"。可是,作为其根据,有关意思表示的解释的规定作为"合同说"的一种被援用,祭出了《民法》第 92 条的"事实习惯",最高裁判所这样的判决被批判为导致了理论上的混乱。

但是,与之相对,有的学者主张,秋北巴士事件判决所称"法的规范性"具有与"法规说"不同的意思,是对应就业规则上有关普通合同的格式条款(约款)法理的一种合同说[②]。关于普通合同约款,合同内容根据其约款成为事实习惯,以事前的公示和内容的合理性为条件,无论对方是否知悉都产生作为合同的约束力。因此,可以理解为最高裁判所只不过是承认就业规则上如此的法的规范性而已。

带着这样的见解,最高裁判所在此后的电电公司带广局事件[③]以及日立制作所武藏工厂事件[④]中,在引用秋北巴士事件判决的同时,使用了就业规则的规定内容限于合理就成为"具体的劳动合同的内容"这样的表达(不过,有关就业规则中的惩戒规定,有判决并未言及劳动合同而引用上述秋北巴士案件的判决,认为"作为具有法律规范的性质……而产生约束力"[⑤])。

[①]　秋北バス事件・最高裁判所大法廷 1968 年 12 月 25 日判决・最高裁判所民事判例集 22 卷 13 号 3459 页。

[②]　下井隆史『労働基準法(第 4 版)』(2007 年、有斐閣)365 页。

[③]　電電公社带广局事件・最高裁判所第一小法廷 1986 年 3 月 13 日判决・労働判例 470 号 6 页。

[④]　日立製作所武藏工場事件・最高裁判所第一小法廷 1991 年 11 月 28 日判决・最高裁判所民事判例集 45 卷 8 号 1270 页。

[⑤]　フジ興産事件・最高裁判所第二小法廷 2003 年 10 月 10 日判决・労働判例 861 号 5 页。

另外,在以如此约款理论的合同说理解判例法理的基础上,学说上也可以看到对此表明支持的观点。

根据以上原委制定的就是《劳动合同法》第 7 条的规定。

(二)《劳动合同法》第 7 条

《劳动合同法》规定,在劳动合同订立时,雇主在"规定了合理劳动条件的就业规则使劳动者周知"的场合,"劳动合同的内容根据该就业规则规定的劳动条件"决定(第 7 条本文)。也就是说,劳动合同订立时,在就业规则上被规定的劳动条件,如果满足对劳动者周知和内容的合理性这两个要件的话,就成为劳动合同的内容,对劳动者产生约束。但是,劳动合同上劳动者与雇主就"不同于就业规则的内容的劳动条件"达成合意时,如果不低于就业规则规定的条件,该合意优先,就业规则规定的劳动条件不能成为劳动合同的内容(第 7 条但书)。

《劳动合同法》第 7 条"劳动合同的内容"的用语表达,从合同说的理解更容易适应,但是,另一方面作为"根据"的用语写法,当事人的意思被认为是其他法规的作用。第 7 条的意义在于,倒不如说,这种就业规则的法律性质的讨论是不必要的。这个规定,与作为最低基准的效力的场合同样,根据《劳动基准法》第 89 条没有制定义务的雇主也适用制定了的就业规则[1]。

第 7 条所称的"劳动条件"的意义是,在这样的形态下,可以构成成为劳动合同内容的当事人之间的权利义务。不包含企业的理念或劳资协议的程序等,但工资、劳动时间等狭义的劳动条件不受限制,人事事项、服务规则、工伤补偿、教育培训、福利厚生等也包含在内。关于"就业规则规定"这一点,有这样的判例,为了对"有特别贡献者"增加退职金的就业规则条款具体化,规定了该对象者和金额基准的"内部规定",不能说这是就业规则的一部分,不能作为劳动合同的内容约束雇主[2]。

---

[1]　前揭労働基準局長名で発する通達 0810 第 2 号。

[2]　ANA 大阪空港事件・大阪高等裁判所 2015 年 9 月 29 日判決・労働判例 1126 号 18 頁。

(三) 使劳动者周知以及合理性

1. 周知

在《劳动合同法》第 7 条之下，为了使就业规则规定的劳动条件成为劳动合同的内容，第一个要件是，在劳动合同订立时有必要使劳动者对就业规则"周知"。

这里所称"周知"的意思是，如果该职场的劳动者想知道就业规则的存在和内容的话，任何时候都可以知道，不限于《劳动基准法》第 106 条规定的 3 种方法。如果是这样的周知的话，实际上每个劳动者不论是否知悉就业规则，周知的要件都被满足了[①]。但是，在劳动者的工作场所，没有备置就业规则，而在邻近的工厂总部也没有告知就业规则的情况下，第 7 条规定的周知要件没有满足[②]。

判例认为，属于就业规则一部分的薪资规程，以及在其之下的有关退职金计算方法的作为附表的基准表，与就业规则放在不同的地方保管，没有处在职工可能阅览的状态，所以没有满足周知的要件，根据《劳动基准法》第 7 条其效力不被认可[③]。可是，被周知的就业规则中，有关薪资根据薪资规程加以规定，从入职时就加以说明，而这两个文书的存在均被知悉，这个事案，至少在有利于劳动者的方向上，就业规则的内容是有解释余地的吧。

2. 合理性

第二个要件是，该就业规则规定了"合理的劳动条件"。这里也重述了上述秋北巴士事件判决以来的判例法理，即使没有认同，也必须对约束劳动者的尽可能正当化的合理的内容加以规定。另外，这样的效力，从统一的、划一的决定劳动条件的观点出发被认可，在此基础上，就业规则规定的劳动

[①] 《劳动合同法》第 7 条本文中的两个"劳动者"的用语，分别具有不同的意义，这是需要注意的。

[②] エスケーサービス事件・東京地方裁判所 2015 年 8 月 18 日判决・労働経済速報 2261 号 26 頁。否定了 60 岁退休制是劳动合同中的内容。

[③] 社会福祉法人健心会事件・大阪地方裁判所 2013 年 10 月 29 日判决・労働判例ジャーナル 22 号 10 頁。

条件必须不违反该职场内大多数劳动者的利益。

实际上,这里被要求的合理性的程度并不高,对此加以否定的判例基本没有。比如,上述电电公司带广局事件,从健康问题出发对认为有特别管理必要的劳动者,就业规则规定了努力恢复健康的义务以及以健康恢复为目的遵从管理负责人指示的义务,这样的条款被认为是"合理的"(基于此,精密检查受诊命令的效力被肯定)。另外,上述日立制作所武藏工厂事件,根据业务上的情况在不得已时,基于与工会的"三六协定"*命令加班加点,这样的就业规则条款的"合理性"被肯定(该判决的特征是,对照"三六协定"的内容对就业规则的合理性进行判断,但是,同样规定的另外的就业规则,根据"三六协定"的内容是否合理,多少有些难以释然)。

另外,即使使用同样的"合理的"用语,本条是劳动合同订立时存在的就业规则的话题,劳动合同成立以后雇主对既存的就业规则的内容加以变更时(《劳动合同法》第 10 条),问题状况也好,判断基准也好,都不相同,这是需要注意的(参照第 354 页以下)。

最高裁判所针对原邮政公司的非全日制劳动职员,在邮政民营化以后被承继公司根据有期劳动合同雇佣的事案,认为,这些人在原公司解散的前日,根据雇佣期限结束而退职,原公司的劳动条件并未继续,在此基础上,承继公司新的就业规则中有关合同更新的年龄上限(65 岁),符合《劳动合同法》第 7 条"合理的劳动条件"的规定[1]。另外,下级裁判所也有这样的事案,在将退休年龄从 55 岁提高到 60 岁的同时,55 岁以上的人作为"嘱托职员"与正规劳动者相比被规定了较低工资,判决认为这不相当于就业规则的不利益变更,其内容因为考虑到了"必要的最小限度的合理性",因此具有规范劳动关系的法的规范性[2]。

---

* 即日本《劳动基准法》第 36 条规定的"雇主与职场超过半数的劳动者组成的工会,或无此种工会而与超过半数的劳动者的代表签订的书面协定"。——译者注

① 日本邮便事件 • 最高裁判所第二小法廷 2018 年 9 月 14 日判决 • 労働経済速报 2361 号 3 页。

② 協和出版事件 • 東京高等裁判所 2007 年 10 月 30 日判决 • 労働判例 963 号 54 页。

四、违反意见听取、报备、周知义务的效果

雇主违反了上述意见听取义务、报备义务和使劳动者周知的义务时,就业规则的效力会变得如何呢?

关于意见听取义务和报备义务,"法规说"倾向于认为,其违反了效力要件的义务(特别是意见听取义务),就业规则无效;而与之相对,"合同说"认为,这只不过是取缔规定,大多为有效。但是,将《劳动合同法》第 12 条作为最低基准的效力,与成为第 7 条的合同内容的效力分别加以考虑是可能的,在与前者的关系上,即使雇主怠于意见听取和报备也产生效力,但在与后者的关系上,雇主负有《劳动基准法》上的制定义务,有必要进行合法的意见听取和报备。

在这一点上,有观点认为,《劳动合同法》第 11 条只对就业规则的变更规定了通过《劳动基准法》第 89 条、第 90 条的程序进行,与第 7 条的关系上,不需要履行程序[1]。但是,这样的反对解释不是必然的。《劳动合同法》也禁止在订立劳动合同时,对就业规则的相当性加以担保,应该认为,根据《劳动基准法》进行意见听取和报备,是以合法的就业规则为前提的(第 11 条是关于变更的确认规定)。

关于使劳动者周知义务,早期的判例立场是,即使违反了周知义务,就业规制的效力也不被否定[2]。在这种场合,承认作为劳动条件最低基准的效力也是没有关系的。但是,为了承认对劳动者的约束力,即使没有《劳动基准法》第 106 条规定的方法,也要采取实质上的周知措施,如果不给劳动者知悉的机会是不当的吧。

最高裁判所也在后来的判决中,为了使就业规则发生对劳动者的约束

---

[1]　菅野和夫『労働法(第 11 版補正版)』(2017 年、弘文堂)200 頁、荒木尚志『労働法(第 3 版)』(2016 年、有斐閣)368 頁。反对意见参见:土田道夫『労働契約法(第 2 版)』(2016 年、有斐閣)170 頁。

[2]　朝日新聞社事件・最高裁判所大法廷 1952 年 10 月 22 日判決・最高裁判所民事判例集 6 巻 9 号 857 頁。

力,要求采取使其内容被周知的程序①。现在,如上所述,《劳动基准法》第 7
条明示,为了使就业规则规定的劳动条件成为劳动合同的内容,必须使劳动
者周知。

五、就业规则在劳动合同关系中的功能

通过以上分析,如果对劳动合同关系上的就业规则的机能加以整理的
话,可以说有以下几点。

第一,就业规则在每个劳动者与雇主之间,具有作为劳动合同上的权利
义务根据的机能。规定劳动条件和服务规则的就业规则,在很多场合,根据
《劳动基准法》第 7 条成为规定该职场劳动者的劳动合同的内容,进而还包
含了作为最低基准的效力,规范各人的劳动合同关系。由此,在确定劳动者
和雇主之间的权利义务时,通常首先应该考虑就业规则的规定。

第二,就业规则在职场中发挥着形成统一的、划一的劳动条件的机能。149
也就是说,就业规则不停留于与每个劳动者的关系,是对职场的劳动者全员
适用的共通的权利义务的定型。其制定,试图反映劳动者的综合意思,另
外,其解释也必须从客观的立场出发统一地进行。

第三,就业规则还具有雇主权利的自我制约的机能。制定就业规则,确
定其内容,是由雇主进行的,但对已经制定出来的就业规则,必须超过雇主
的意图进行客观、合理的解释。在诉讼中,裁判所的不少判决认为,就业规
则规定的内容,通过向对其制定者——雇主不利方向的解释,谋求对劳动者
的保护。

职场内拒绝被动吸烟权

150

许多不吸烟者,因为被动接触烟草烟雾(被动吸烟)引起眼鼻疼痛、
咳嗽、心悸、头痛、呕吐等急性症状,带来身体显著不适和长期健康侵
害。日本国立癌症研究中心 2016 年 8 月对被动吸烟者肝癌风险的评

---

① 前揭フジ興産事件。

价,从以前的"基本确定"提升到"确定"。

预防被动吸烟的危害是被全世界认识到的重要课题,公共场所禁烟已经成为世界的常识。对吸烟持宽容态度的法国,2007 年也在公共场所全面禁烟,并附有罚则。2013 年俄罗斯还制定了严格的禁烟法。日本也终于在 2018 年修改了《健康增进法》,禁烟在学校、医院、行政机关持续进行,2020 年 4 月开始在事务所、饮食店也原则上禁烟,但对小饮食店来说还存在很多漏洞,这令人感到惊讶。

劳动关系上也是一样,受被动吸烟之苦的劳动者提起诉讼,判决认为雇主违反了安全照顾义务,命令其支付慰问金①。还有的判例认为,雇主对要求采用分烟区域措施的劳动者实行解雇(拒绝正式录用),该解雇为无效②。对吸烟过度宽容的社会一般观念在发生改变,这是当然的。吸烟者被判断为是不法行为者的可能性也很充分。如果能够证明其因果关系,当然也有可能认定为工伤。吸烟不单是道德问题,还是一个法律问题。

当然,损害赔偿或工伤认定只是被害发生的事后处理,雇主积极预防被动吸烟是不可或缺的。其意义在于,在就业规则上规定职场禁烟被认为具有高度的合理性。另外,《劳动安全卫生法》也在 2014 年进行了修改,增加了雇主有义务努力对被动吸烟采取预防对策的规定(第 68 条之 2)。但是,当初法案包含的采取措施的义务只是规格较低的努力义务,呈现出了对该问题认真程度的低下。

日本批准了世界卫生组织的《烟草控制框架公约》(2003 年),该公约第 8 条规定,各缔约国在认识到"科学已明确证实"接触烟草烟雾会造成死亡、疾病和功能丧失的基础上,要求采取对被动吸烟的保护措施。要直视吸烟者污染空气的事实,有必要进行具有真正实效的规制。

---

①　江戸川区事件・東京地方裁判所 2004 年 7 月 12 日判决・労働判例 878 号 5 頁。
②　ライトスタッフ事件・東京地方裁判所 2012 年 8 月 23 日判决・労働判例 1061 号 28 頁。

第六节　非全日制劳动、有期劳动、劳动者派遣

在企业现场,不仅存在根据无期劳动合同进行全日制劳动的"正式职员",还有正式职员以外的多样的雇佣形态的人(非正规或非典型劳动者)。 151 在这些被多样形态雇佣的劳动者中,被企业直接雇佣的主要形态有,根据有期劳动合同的雇佣(有期雇佣)、非全日制劳动(非全日制劳动雇佣);与企业没有直接雇佣关系的外部劳动者的形态有,企业内承包、派遣劳动等等。这些劳动者的比例处在居高不下的增加状态。根据 2017 年日本总务省的《劳动力调查》,外包劳动者、非全日制劳动者、派遣劳动者等"非正规雇佣劳动者"所占比例上升到 37.3%①。

这样的雇佣形态下的从业人员,都是劳动合同上的"劳动者",在适用劳动法规上没有变化。但是,在雇佣的安定、劳动条件的明示、平等对待等方面,还存在诸多重要课题。为此,作为雇佣政策的重要支柱,各项法令不断修改完善。关于有期雇佣,2012 年修改《劳动合同法》,围绕合同期限和劳动条件进行改革。2014 年修改《非全日制劳动法》,以确保适当的劳动条件为目的进行改革。最新的改革是作为 2018 年《工作方式改革关联法》的一部分,大幅修改了沿用至今的《非全日制劳动法》,制定了纳入有期雇佣规制的《非全日制劳动及有期劳动法》,非全日制劳动者和有期雇佣劳动者被设置了同样的规制。另外,关于派遣劳动者也是同样,以待遇改善为目的修改了法律(这些法律均于 2020 年 4 月施行)。

本节探讨有关这些非正规雇佣在非全日制劳动、有期雇佣劳动的法律规范中,被规定为《非全日制劳动及有期劳动法》的部分,以及探讨派遣劳动者的法律问题(关于有期雇佣劳动的上述以外的部分,参照第二章第二节

---

①　厚生労働省「「非正規雇用」の現状と課題」。

"劳动合同的期限")。

152 一、非全日制劳动者与有期劳动者

(一) 非全日制劳动者与有期雇佣劳动

非全日制劳动者是指与一般的全日制劳动者相比劳动时间数(或日数)少的人(但是,现实中即使劳动时间不少,但与正式职员相区别也被称为"非全日制劳动者",可以看成这只是一个称呼上的"非全日制劳动者")。20 世纪七八十年代左右,非全日制劳动者的数量和比例急速增加,这个倾向现在还在持续。另一方面,有期雇佣劳动者是指根据固定期限合同被雇佣的劳动者,即作为所谓的"临时工""合同工"被雇佣,有关合同期限和解约问题试图通过《劳动合同法》(第 17—19 条)的适用加以解决。

非全日制劳动与有期雇佣劳动,在正式职员以外的范围,经常会包含很多共同的问题。本来,非全日制劳动者中包含很多有期雇佣的劳动者,不论怎样,工资大都采用小时工资制,不只是加薪的有无,各种津贴以及退职金的支付也大多与正式职员作不同的设计。从这样的观点出发,除去有期雇佣劳动者的合同期限或解约的问题,非全日制劳动和有期雇佣劳动被置于同一规制之下,制定了《非全日制劳动及有期劳动法》[1]。

(二) 非全日制劳动者与有期劳动者的各自定义

首先,《非全日制劳动及有期劳动法》第 2 条将非全日劳动者称为"短时间劳动者"(第 1 款),定义为"一周所定劳动时间与被同一雇主雇佣的一般劳动者相比劳动时间短的劳动者",原则上,应该与属于同样种类工作的一般劳动者相比较,这里所称的"一般劳动者"即所谓的"正规劳动者",从雇佣形态、雇佣体系等出发进行判断[2]。其意味着,正规劳动者的劳动时间临时被缩短,无非是相当于(减少生产的)休业(参照第 230 页),不是非全日制

---

[1]　「短時間労働者及び有期雇用労働者の雇用管理の改善等に関する法律」(パート有期法)。

[2]　1993 年 12 月 1 日労働基準局長名で発する通達 633 号。

劳动。

该条进一步规定,订立有期劳动合同的劳动者被称为"有期雇佣劳动 153
者"(第 2 款),非全日制劳动者以及有期雇佣劳动者(有任何一方即可)合在
一起,被称为"短时间及有期雇佣劳动者"(第 3 款,本书称为"非全日制劳动
者与有期劳动者")。

(三) 非全日制劳动者与有期劳动者的雇佣

非全日制劳动者与有期雇佣劳动者,是劳动时间短,或有固定期限的雇
佣,因为没有改变其为"劳动者",所以,《劳动基准法》自不必说,《最低工资
法》以及其他劳动保护法规也被全部适用。但是,这些法规不只是原封不动
地适用,因为确保适当的劳动条件存在困难,所以,《非全日制劳动及有期劳
动法》对有关雇佣的文书交付和就业规则的独自规制作了规定(第 6 条,第
7 条)。

1. 劳动条件的明示

雇主雇佣非全日制劳动者、有期劳动者时,根据《劳动基准法》第 15 条
第 1 款有义务以书面形式明示其事项(参照第 70 页),此外,必须迅速地对
"特定事项"(有无加薪、退职补助、奖金、咨询窗口等)《非全日制劳动及有
期劳动法施行规则》第 2 条第 1 款)通过文书交付或根据劳动者的要求通过
传真或电子邮件的方法(第 3 款)加以明示(《非全日制劳动及有期劳动法》
第 6 条)。

2. 就业规则

雇主根据《劳动基准法》的规定,必须制定适用非全日制劳动者与有期
劳动者的就业规则,另外,一般的就业规则有关非全日制劳动者与有期劳动
者事项的制定和变更,也必须努力听取过半数代表者的意见(第 7 条)。

3. 向全日制劳动者的转换

雇主为了推进非全日制劳动者与有期劳动者向一般劳动者的转换,必
须采用下述任何一种措施:①在招聘一般劳动者时要向非全日制劳动者与
有期劳动者告知;②在重新配置一般劳动者时要听取非全日制劳动者与有
期劳动者的意愿;③为了向一般劳动者转换实行考试制度(第 13 条)。

（四）非全日制劳动者与有期劳动者的适当待遇

关于非全日制劳动者与有期劳动者的劳动条件,在与一般劳动者的关系上要求适当对待,但该法律规定是复杂的,由禁止劳动条件的不合理差异以及禁止歧视构成,要求均衡地考虑。

154

1. 禁止不合理的劳动条件差异

首先,关于非全日制劳动者与有期劳动者的全部待遇,与一般劳动者的待遇作不同设计时,其不同方面的规定要与职务内容（业务内容或责任程度）,以及职务内容或配置的变更范围等其他事项中的待遇性质和目的相对照,考虑到其适当和被认可,则该劳动条件的设计不能被认为不合理（第 8 条）。

本条是与被废止的修改前的《劳动合同法》第 20 条相统合的内容,但最高裁判所①认为,作为《劳动合同法》（修改前）第 20 条的宗旨以及解释方法,①该条关于有期合同劳动者与无期合同劳动者,被解释为是对应其职务内容的不同而要求"均衡的对待"的规定;②该条有期和无期之间劳动条件的不同,是在固定期限的有无上"产生关联"的场合被适用;③该条的"被认为不合理",可以被认为是有期和无期的劳动条件的不同为不合理,并不要求使不同达到合理;④有期和无期之间的不同即使违反该条的场合,劳动条件也不是要求同一,而是可以要求损害赔偿;⑤该判决的原判②进而认为,不同的有无不是工资总额,而是要明确对工资各个项目的个别的判断。因此,该事案,对合同工不支付安全补助、工作补助、餐饮补助、全勤补助,以及支付不同的交通补助,是不合理的差异。另外,最高裁判所在同日的另一判决③中指出,退休后在同一企业被有期雇佣的卡车司机,尽管从事同样的工作但工资被降低,退休再雇佣相当于该条的"其他事情",只有"勤劳补助"不被支付是不合理的差异。这样的法理,在《劳动基准法》修改后,在对《非全

---

① ハマキョウレックス事件・最高裁判所第二小法廷 2018 年 6 月 1 日判決・最高裁判所民事判例集 72 卷 2 号 88 頁。

② 大阪高等裁判所 2016 年 7 月 26 日判決・労働判例 1143 号 5 頁。

③ 長澤運輸事件・最高裁判所第二小法廷 2018 年 6 月 1 日判決・最高裁判所民事判例集 72 卷 2 号 202 頁。

日制劳动及有期劳动法》第 8 条的解释上,也基本上被维持。

在这两个判决之后,下级裁判所的判决有,对于在地铁站内的小卖店从事售货工作的劳动者的工资,与从事相同业务的无固定期限合同的劳动者存在不同,是否相当于对《劳动基准法》第 20 条的违反而引发争诉的事案,东京高等裁判所认为,有关住房补助、退职金、奖金以及加班补助的不同,是对该条的违反①。另外,小时工资制的合同工与正式员工从事同样的邮政业务,但与正式员工的补助存在不同的事案②,判决认为,关于年末年初(元旦期间)的工作补助、住房补助、夏冬休假以及生病休假等,是不合理的劳动条件的差异③。

2. 禁止差别对待

非全日制劳动者与有期劳动者中,①职务内容与该工作被雇佣的一般劳动者相同,并且,②与该雇主的雇佣关系结束前的全部期间,其职务内容及配置可以预见与该一般劳动者的职务在同一范围内变更的人(满足上述两个条件者被称为"应该与一般劳动者同等视之的非全日制劳动者与有期雇佣劳动者"),不能以其是非全日制劳动者与有期劳动者为由,在基本工资、奖金以及其他各种待遇方面差别对待(第 9 条)。这里与上述禁止不合理的差异不同,"以……为由"是规定以因果关系为要件,另一方面,"其他的事情"的考虑并不作为要件,需要提醒注意。

另外,关于教育培训,对一般劳动者实施的教育培训,也必须对相当于上述①的劳动者实施(《非全日制劳动及有期劳动法》第 11 条第 1 款)。福利厚生中,有关餐饮设施、休息室、更衣室,也必须对所有的非全日制劳动者与有期劳动者提供利用机会(《非全日制劳动及有期劳动法》第 12 条,《非全日制劳动及有期劳动法施行规则》第 5 条)。

---

① メトロコマース事件・東京高等裁判所 2019 年 2 月 20 日 LEX/DB25562230。

② 日本郵便(東日本)事件・東京高等裁判所 2018 年 12 月 13 日判決・労働経済速報 2369 号 3 頁。

③ 作为厚生劳动省的行动指针,参见:2018 年 12 月 28 日厚労告 430 号「短時間・有期雇用労働者及び派遣労働者に対する不合理な待遇の禁止等に関する指針」。

有判例认为,根据 2014 年修改前的《非全日制劳动法》第 8 条第 1 款 (修改后的《非全日制劳动及有期劳动法》第 9 条),某货车司机相当于"应该 与一般劳动者同等视之的非全日制劳动者",但有关奖金、年间休息日数、退 职金的有无,是"以非全日制劳动者为由的工资决定和有关其他待遇的差别 对待"[1]。

156

3. 均等考虑

非全日制劳动者与有期劳动者中除了"应该与一般劳动者同等视之"的 人以外,有关工资和教育培训要努力与一般劳动者均衡考虑加以决定(《非 全日制劳动及有期劳动法》第 10 条,第 11 条第 2 款),课以雇主均衡考虑的 努力义务。

4. 劳动时间与休假

关于劳动时间,尽可能不超过所定劳动时间,或不在所定劳动时间以外 的日期劳动,其规则的制定、变更,要努力地充分考虑劳动者的情况[2]。另 外,对于劳动日数不少的非全日制劳动者与有期劳动者,必须根据《劳动基 准法》第 39 条第 3 款的规定给予年度带薪休假(参照第 279 页)。因为这是 根据《劳动基准法》的规定,所以是附带罚则的义务。

5. 劳动灾害保险与社会保险

雇主对使用 1 年以上等情形下(被认为是"平常使用")的非全日制劳动 者与有期劳动者,其每周的劳动时间达到一般劳动者的四分之三,就必须实 施健康体检[3]。另外,关于《劳动灾害保险法》,不论劳动时间多少而被完全 适用[4]。

超过一定劳动时间的非全日制劳动者与有期劳动者,适用雇佣保险和 社会保险。首先,非全日制劳动者与有期劳动者中,每周所定劳动时间未满

---

[1] ニヤクコーポレーション事件・大分地方裁判所 2013 年 12 月 10 日判决・労働判例 1090 号 44 頁。

[2] 2017 年 10 月 1 日厚生労働省告示 326 号参照。

[3] 『労働安全衛生法』66 条、2014 年 7 月 24 日労働基準局長名で発する通達 0724 第 2 号。

[4] 『労働者災害補償保険法』3 条参照。

20 小时者,以及不能预见 31 日以上被持续雇佣者(前两个月每个月被雇佣 18 日以上者除外),不能适用雇佣保险,但不相当于此的非全日制劳动者与有期劳动者可以适用。

另外,即使是非全日制劳动者与有期劳动者,被预计使用 1 年以上的人,如果所定劳动时间每周 20 小时以上,月工资在 8.8 万日元以上,在法律上当然可以加入厚生年金保险以及健康保险(《厚生年金保险法》第 12 条,2019 年 9 月末以前限定为职工 501 人以上的企业)。

另外,配偶者是从事非全日制劳动者与有期劳动的劳动者,若要在所得税方面适用配偶者扣除,配偶者的年收入必须在 103 万日元以下,并且劳动者本人的年收入必须在 1000 万日元以下。另外,配偶者的特别扣除被认可的条件是:劳动者的年收入在 1000 万日元以下,并且其配偶的年收入在 38 万日元以上 123 万日元以下,但这是随着收入的增加,扣除额随之递减的机制。另一方面,国民年金的第 3 号被保险者(所谓的"上班族的妻子"等)以及健康保险上的配偶者的被扶养者,以年收入未满 130 万日元为主要条件。这对非全日制劳动、有期劳动者的年收入增加具有限制作用。

(五) 非全日制劳动者的解雇与雇佣终止

关于无固定期限的非全日制劳动者,与一般的劳动者的解雇同样,适用解雇权滥用的理论,所以,限于没有合理的理由不能解雇(《劳动合同法》第 16 条)。问题在于,企业根据经营不振进行经济性裁员的场合,是否可以在解雇全日制劳动者之前率先解雇非全日制劳动者? 对此,有判例认为,非全日制劳动者并不只限于平常的临时雇佣,但真正的临时的劳动者在"与企业的结合度薄弱"的场合,可以被优先解雇[①]。但是,从现在保障非全日制劳动者的适当待遇的政策动向出发,这样规定的基准是否妥当有必要再加研讨。

在非全日制劳动者与有期劳动者中,有关有期雇佣劳动者的合同期中的解雇或雇佣终止,参照第 78 页、第 85 页。

---

① 東洋精機事件・名古屋地方裁判所 1974 年 9 月 30 日判决・労働判例 211 号 38 頁。

二、劳动者派遣

（一）劳动者派遣的政策与意义

1. 劳动者派遣法

企业为了对应多方面的业务活动，不仅是直接雇佣劳动者，还有必要对具有专业能力的企业外劳动者加以利用，这样，劳动者派遣作为一种事业被广泛普及。劳动者派遣，是用工企业不直接雇佣派遣劳动者而只对其进行指挥命令的方式，因为与《职业安定法》产生了抵触，因此，为了对此加以规范，1985年制定了《劳动者派遣法》。

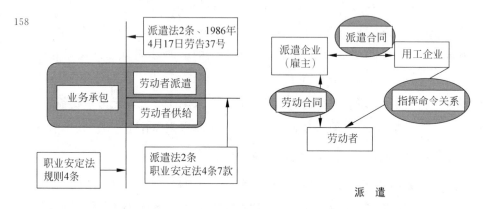

派　遣

该法律制定以后，以劳动者派遣的适用对象的业务扩大为方向，进行了多次修改。当初不能派遣的业务限定为专门的业务，但后来扩大为26种许可业务，1999年进一步修改，适用对象扩大为除了特定业务以外原则上自由。另外，制定了派遣期限的限定，但2004年该期限也被延长。2004年还解禁了向制造业的派遣，此后，劳动者派遣的专门业务的性质进一步丧失，反倒是像2008年金融危机以后以"派遣退回后解雇"为代表的那样，作为不安定雇佣的问题被凸显了。

根据《劳动者派遣法》这些规制的缓和，从对派遣劳动者就业条件和雇佣产生了严重障碍的反省出发，2012年以派遣劳动者的保护为中心目的对《劳动者派遣法》进行了修改。修改的法律其名称上明记"派遣劳动者的保护",同时,增加了派遣事业的规制的强化、派遣劳动者的无期雇佣化以及待遇的改善等保护规制。

然而,三年后的 2015 年 9 月,以政权交替为契机,对劳动者派遣的基本框架进行了大的改变(以下称为"2015 年修法")。根据 2015 年修法,《劳动者派遣法》作为整体在规制缓和政策下,派遣劳动本来的临时性劳动的意义丧失了,开启了代替全日制劳动者的长期派遣的可能性。2018 年根据《工作方式改革关联法》,作为"非正规雇佣的待遇改善"的一部分,又进行了新的修改(2020 年 4 月施行)。

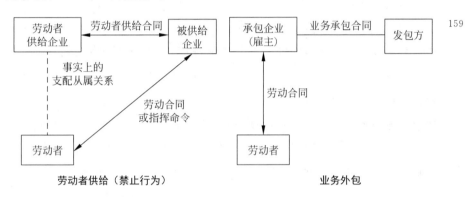

2. 劳动者派遣的意义

(1) 劳动者派遣的定义

利用其他企业的劳动者(本企业外的劳动者)的形态,不只是劳动者派遣。因此,《劳动者派遣法》第 2 条为了将劳动者派遣与其他就业形态相区别,对劳动者派遣加以定义。根据该定义,劳动者派遣是指:①"自己雇佣的劳动者,在该雇佣关系下劳动",这样首先与劳动者供给相区别;②"接受他人的指挥命令,为该他人从事劳动",这一点与外包相区别[①];③"不包含约定该劳动者被该他人雇佣",这一点是与借调相区别。

(2) 与劳动者供给的区别

上述①的定义,因为是与劳动者供给相区别,而劳动者供给是被法律禁

---

① 有关劳动派遣与业务外包的区别,参见:1986 年 4 月 17 日劳働省告示 37 号「劳働者派遣事业と請負により行われる事業との区分に関する基準」。

止的弊害很大的就业形态(《职业安定法》第 44 条),因此显得特别重要。两者的不同之处在于,派遣公司的雇主与派遣劳动者之间存在雇佣关系;另一方面,劳动者供给中供给企业与劳动者之间只存在事实上的支配关系(关于劳动者供给与劳动者派遣的区别,参照第 4 条第 6 款)。接受劳动者派遣的企业,将该劳动者再次派遣就构成"双重派遣",因为这与定义①是不符合的,作为对《职业安定法》第 44 条的违反而被禁止。同样,A 公司将自己雇佣的劳动者派遣到 B 公司,B 公司再将该劳动者派遣回 A 公司的"循环派遣"也是违法的。

160 　　(3)与外包的区别(伪装外包)

　　劳动者派遣与外包的区别之处在于,用工企业与劳动者之间存在指挥命令关系,但外包的发包方与劳动者之间不存在指挥命令关系。但由于两者的区别十分模糊,因此,以制造业和建筑业为中心,劳动的实际形态即使相当于劳动者派遣,也以外包的形式进行业务委托,以规避劳动者派遣法的规制,这样的"伪装外包"的问题受到指责。关于该区别,行政通知规定了详细基准①,业务遂行的指示与评价、劳动时间的指示、服务规则与配置、资金调达、机械设备的提供以及其他条件,欠缺其中之一的话,就被视为劳动者派遣。进而,"故意的被伪装"的场合,不能免除作为劳动者派遣业主的责任。

　　有判例认为,以"业务委托合同"的名目,将公司外的劳动者与公司内正规员工混同作业,这样的实态作为劳动者供给合同或违法的劳动者派遣,被视为违反了公序而无效。②　但是,最高裁判所在承认该行为违反了《劳动者派遣法》的同时,认为"限于没有特别的事情,仅根据此不能认定派遣劳动者与派遣公司之间的雇佣合同无效",据此,伪装外包的实态也被认为不相当于"特别的事情"③。

---

　　①　前揭労働省告示 37 号。

　　②　松下プラズマディスプレイ(パスコ)事件・大阪高等裁判所 2008 年 4 月 25 日判决・労働判例 960 号 5 頁。

　　③　パナソニックプラズマディスプレイ(パスコ)事件・最高裁判所第二小法廷 2009 年 12 月 18 日判决・最高裁判所民事判例集 63 卷 10 号 2754 頁。神戸刑務所事件・大阪高等裁判所 2013 年 1 月 16 日判决・労働判例 1080 号 73 頁(同旨)。

在该最高裁判所的判决之后,下级裁判所的伪装外包的判例认为,作为不相当于"特别的事情",承认派遣劳动合同的效力①。

另外,根据上述最高裁判所判决以后的法律修改,现行法上,根据伪装外包进行派遣就业的情况下,如后述的那样,被视为用工企业已经提出了订立同一内容劳动合同的申请(《劳动者派遣法》第 40 条之 6 第 1 款第 5 项)。

3. 劳动者派遣业的规制

（1）劳动者派遣业

劳动者派遣业原则上可以进行所有相关业务(《劳动者派遣法》第 4 条第 1 款,《派遣法施行令》第 1 条、第 2 条),作为例外,不能实施海港运输业务、建筑业务、警备业务、政令规定的业务(医师、齿科医师、药剂师等的业务)。如上所述,在 1999 年法律修改以前,适用对象限于 26 种专门业务,但根据 1999 年的修改,除了上述业务以外扩大为原则上自由(负面清单方式)。另外,在 2015 年修法以前,派遣业务中只有特定的 26 种业务是不受派遣期限限制的专门业务,但根据 2015 年的修法,这种区别被废止。

2015 年的修法,还进一步带来了劳动者派遣业制度的大的改革。即劳动者派遣业一直以来区别为一般劳动者派遣(许可制)和特定劳动者派遣(申报制),现在被全部统一为"许可制"(《劳动者派遣法》第 2 条,第 3 条以下)。获得许可,必须在许可申请书上填写规定的事项,还必须填写劳动者的人数、派遣费数额等事项(第 5 条第 4 款)。其许可基准,比如以为特定的一方提供劳动力为目的的派遣(专属派遣)被禁止,要求具有对派遣劳动者适正的雇佣管理能力等(第 7 条第 1 款第 1 项、第 2 项)。

另一方面,作为获得劳动者派遣业许可的前提,规定了欠缺资格的事由(第 6 条),比如,被取消派遣许可(第 14 条)未满 5 年的,不能再获得许可(第 6 条第 4 项)。

① 作为其中一个例子,是上述的神户刑务所事件。不过,包括该判决在内的部分判例中肯定了侵权行为的成立,命令用工企业支付精神损害赔偿。

（2）预定介绍型派遣

在派遣就业的开始前或开始后,约定派遣劳动者在派遣劳动结束后,被该用工企业雇佣的"预定介绍型派遣"(以正式录用为目的的派遣),这种方式是被肯定的(第 2 条第 4 项)。要做到这一点,从事劳动者派遣业必须同时获得从事民营职业介绍业的许可。利用该制度的场合,派遣公司的雇主,必须向劳动者明示是作为预定介绍型派遣的雇佣(第 32 条),劳动者派遣合同上当然要对此加以规定,还必须在台账上加以记录(第 26 条第 1 款第 9 项,第 37 条第 1 款第 11 项)。预定介绍型派遣的派遣期限在 6 个月以下。用工企业不希望雇佣该劳动者等情况下,基于派遣劳动者的要求,用工企业必须向派遣企业书面明示理由,同时,派遣公司也必须将该理由向劳动者书面明示①。

（二）劳动者派遣的当事人的权利义务

1. 劳动者派遣合同②

派遣企业与用工企业订立的劳动者派遣合同,包括工作内容、就业场所等法律规定的 10 个项目(《劳动者派遣法》第 26 条第 1 款)。劳动者派遣不是用工企业雇佣劳动者,用工企业只是接受劳动力的提供,所以,用工企业订立该派遣合同时,必须努力避免收寄履历书或事前面试等对派遣劳动者的特定目的的行为(称为"特定行为")(《劳动者派遣法》第 6 款;预定介绍型派遣的情况下,因为是预定直接的雇佣,所以承认其例外)。

另外,用工企业不能以国籍、信仰、性别、社会身份、正当的工会活动等为由,解除劳动者派遣合同(《劳动者派遣法》第 27 条)。有判例认为,经营航空公司的用工企业,以派遣劳动者的正当的工会活动(集体谈判、争议行为的通知等)为由解除了派遣合同,该解除违反了《劳动者派遣法》第 27 条

---

① 「派遣先が講ずべき措置に関する指針」(派遣先指針)最終改正 2016 年 10 月 20 日厚生労働省告示 379 号、「派遣が講ずべき措置に関する指針」(派遣元指針)最終改正 2016 年 10 月 20 日厚生労働省告示 379 号。

② トルコ航空ほか1 社事件・東京地方裁判所 2012 年 12 月 5 日判決・労働判例 1068 号 32 頁。

而无效。另外,用工企业以派遣劳动者进行"公益举报"为由,解除劳动者派遣合同,该解除也被认为无效(《公益举报者保护法》第 4 条)。

2. 派遣可能期限

以前的制度为了使劳动者派遣不代替正规雇佣,派遣期限被限定在 1 年或 3 年。但是,根据 2015 年的修法,期限被大幅度修改。首先,如上所述,至此没有期限限定的 26 种专门业务的特例被废止。另一方面,无固定期限雇佣派遣劳动者或 65 岁以上的劳动者,派遣期限不受限制(《劳动者派遣法》第 40 条之 2 第 1 款但书,《劳动者派遣法施行规则》第 32 条之 5)。

关于有期雇佣的派遣劳动者,通过用工企业的组织单位与派遣劳动者个人的组合,来决定派遣的可能期限。即,关于有期雇佣的派遣劳动者,被用工企业的组织单位接受的期限上限为 3 年(《劳动者派遣法》第 40 条之 2 第 1 款、第 2 款)。经过听取过半数代表的意见,可以每隔 3 年进行延期(第 3 款)。另一方面,作为有期雇佣的派遣劳动者个人的期限限定,用工企业的每个"组织单位"不能接受超过 3 年的同一劳动者(第 40 条之 3)。该"组织单位"是指"工段班组等的具有业务类似性或关联性的组织"[1]。另外,接受 3 年派遣以后,如果经过了 3 个月冷静期,则可以重新在同一组织单位被接受[2]。

3. 派遣企业以及用工企业对劳动者的义务

派遣企业以及用工企业,根据法律规定分担《劳动基准法》等法律上的义务(《劳动者派遣法》第 44 条)。派遣公司的义务主要是分担订立合同的义务,以及有关派遣劳动者管理的义务。用工企业的义务大多是分担伴随就业的《劳动基准法》上的义务。但是,申请或制定"三六协定"等职场协定是派遣企业的义务。

---

① 派遣先指针第 2.14(2)。
② 派遣先指针第 2.14(4)。

另外,用工企业被视为是雇佣派遣劳动者的雇主的话,禁止在有关育儿、护理休假上的不利益对待,同时,还负有采取措施对派遣劳动者取得育儿护理休假的嫌弃言论的防止义务(第 47 条之 3)。雇佣管理上要采取措施防止性骚扰的义务(《男女雇佣机会均等法》第 11 条),以及禁止以妊娠、分娩为由的不利益对待。在妊娠中和分娩后的健康管理义务(《男女雇佣机会均等法》第 12 条以下),作为用工企业也要负担(《劳动者派遣法》第 47 条之 2)。

4. "作为比较对象的劳动者"的信息提供和派遣禁止

下述关于"不合理差异以及不利待遇的禁止"的规制是必要的,因此,用工企业在订立派遣合同时,必须提供派遣劳动者从事每项业务时,用工企业的"作为比较对象的劳动者"的工资等信息。派遣企业未得到该信息提供时,可以不订立派遣合同。另外,该比较对象劳动者是指被用工企业雇佣的一般劳动者,是职务内容或配置的变更范围预计与派遣劳动者相同的人(《劳动者派遣法》第 26 条第 7—9 款)。

164

现行法中劳动条件差距矫正的类型与规定

	非全日制劳动	有期劳动	派遣劳动
不合理差异的禁止	非全日制劳动者的待遇(《非全日制劳动法》第 8 条)	有期雇佣劳动者的劳动条件(《劳动合同法》第 20 条)	(没有规定)
差别对待的禁止	应该与一般劳动者同等视之的非全日制劳动者的工资及其他待遇(《非全日制劳动法》第 9 条)	(没有规定)	(没有规定)
考虑均衡的决定(其努力、照顾义务)	上记以外的非全日制劳动者的工资决定法[《非全日制劳动法》第 10 条(努力义务)]	(没有规定)	派遣劳动者的工资、教育培训等[《劳动者派遣法》第 30 条之 3(照顾义务)]

根据 2018 年修法劳动条件差距矫正的类型与规定

	非全日制劳动、有期劳动	派遣劳动	
不合理差异的禁止	短时间、有期雇佣劳动者的基本工资、奖金及其他待遇（《非全日制劳动及有期劳动法》第 8 条）	派遣劳动者的基本工资、奖金及其他待遇（《劳动者派遣法》第 30 条之 3 第 1 款）	订立满足要件的职场协定的派遣企业，不适用左侧的规定（《劳动者派遣法》第 30 条之 4）
差别对待的禁止	应该与一般劳动者同等视之的短时间、有期劳动者的基本工资、奖金及其他待遇（《非全日制劳动及有期劳动法》第 9 条）	职务内容、配置的变更，同一派遣劳动者的基本工资、奖金及其他待遇（《劳动者派遣法》第 30 条之 3 第 2 款）	
考虑均衡的决定的努力义务	上记以外的短时间、有期劳动者的工资（《非全日制劳动及有期劳动法》第 10 条）	上记以外的派遣劳动者的工资的决定（《劳动者派遣法》第 30 条之 5）	

（三）不合理差异以及不利待遇的禁止

根据 2018 年《工作方式改革关联法》，作为法律修改的一部分，对一直以来只对派遣劳动者均衡待遇的处理加以改善，课以派遣企业采取措施纠正劳动条件差异的义务。这与非全日制劳动者与有期劳动者的情况同样，分为两种。

1．不合理差异的禁止

派遣企业关于"基本工资、奖金以及其他各种待遇"与用工企业的一般劳动者之间，在职务的内容，职务、配置变更的范围以及其他事项中，对照各待遇性质、目的的适切的考虑，不能带来"被认为不合理的差异"[①]。

2．"不利"待遇的禁止

派遣企业对派遣劳动者至派遣结束的全部期间，预见与用工企业的一般劳动者职务内容相同，并且职务内容以及配置的变更范围相同，则没有正

165

---

① 《劳动者派遣法》第 30 条之 3 第 1 款。另外，也请参见：前揭厚劳告「短時間・有期雇用労働者及び派遣労働者に対する不合理な待遇の禁止等に関する指針」。

当理由,有关基本工资、奖金以及其他各种待遇,与一般劳动者的待遇相比不能为"不利"(第2款)。另外,该"不利",因为是在不同雇主的劳动者之间的比较时使用,所以,实质上与差别对待具有同样的旨趣。

3. 根据职场协定的适用除外

上述两项规制,在派遣企业订立该职场的职场协定(劳资协定)、规定一定的记载项目时不被适用。该项目包括:①成为协定对象的派遣劳动者的范围,②工资决定的方法(由厚生劳动省令规定的作为同种业务的平均工资以及"同等以上的工资"被改善时),③根据对工资的公正评价作出的决定等,④工资以外的待遇的决定方法,⑤教育培训的实施,⑥厚生劳动省令规定的其他事项。但是,不遵守其中的②④⑤的规定,或者没有采取③的公正评价时,适用上述1(不合理差异的禁止)和2("不利"待遇的禁止)(第30条之4)。

4. 均衡考虑

除了相当于上述两项禁止规定的情况以外,作为一般规制,派遣企业"要考虑与用工企业雇佣的一般劳动者的均衡",必须努力考虑派遣劳动者的职务内容、职务成果、意欲、能力以及经验等,以决定其工资(第30条之5)。

(四) 派遣劳动合同关系

1. 派遣企业与劳动者的关系

派遣公司对平时雇佣的劳动者的派遣称为常用型派遣,不属于此的称为登录型派遣。常用型派遣的场合,派遣企业与派遣劳动者订立通常的劳动合同,分为有期合同派遣和无期合同派遣。劳动者不处在劳动派遣工作中的时候,劳动者在派遣公司工作吗? 被置于一种休业(原则上应该归责为雇主原因的休业)的状态吧。与之相对,在登录型派遣的情况下,劳动者只在对应派遣工作时受到约束,在这个时点劳动合同被订立。

首先,派遣企业在制定、变更有关派遣劳动者的就业规则时,必须努力听取"雇佣的派遣劳动者的过半数的代表"的意见(《劳动者派遣法》第30条之6)。

其次,作为派遣企业的义务,必须对有期雇佣的派遣劳动者采取"雇佣安定措施"(第30条)。即,有期雇佣派遣劳动者的派遣期间的上限如上所述为3年,对雇佣的有期雇佣派遣劳动者中预计派遣1年以上的人(特定有期雇佣劳动者),雇主被课以以下几方面的努力义务(第1款):①依赖用工企业的直接雇佣,②提供新的用工企业,③在派遣企业无期雇佣,④其他。对预计派遣3年的特定有期雇佣劳动者,这些事项为法定义务(第2款)。

派遣企业对无期雇佣的派遣劳动者,不能仅以劳动者派遣合同结束为由实行解雇;另外,有期雇佣派遣劳动者也是同样,(派遣企业与用工企业)劳动者派遣合同结束而(派遣企业与劳动者)劳动合同持续的情况下,不能仅以劳动者派遣合同结束为由实行解雇[1]。

在实施劳动者派遣时,还增加了如下限制:①所谓的日雇派遣(规定每日或30日以内的有期雇佣的劳动者派遣*),除了被认为是对适正的雇佣管理没有障碍的业务,或者确保雇佣机会存在特别困难时由政令规定的情况以外,原则上被禁止(《劳动者派遣法》第35条之4,《派遣法施行令》第4条)。②派遣企业在向公司范围内等"关联用工企业"派遣劳动者时,其派遣的比例(按照劳动时间数算定)必须在80%以下(《劳动者派遣法》第23条之2)。

另外,派遣企业的业主被要求公开一定的雇佣信息。①必须公开职场的派遣劳动者的数量、接受劳动力提供者的数量、派遣费和派遣劳动者工资差额的派遣费所占比例(保证金率),以及其他信息(第23条第5款);②在为了派遣而雇佣劳动者以及进行劳动者派遣的情况下,必须对派遣劳动者明示一个人所相当的派遣费用(第34条之2)。

用工企业对基于派遣合同接受的被派遣劳动者,要求将其变更为另外的劳动者时(替换要求),不禁止该派遣合同上该内容的解约。在这种情况下,派遣企业并非可以直接解雇该劳动者。关于解雇,在无固定期限劳动者的场合服从《劳动合同法》第16条,在有期雇佣劳动者的场合服从《劳动合

---

[1]　派遣元指針第2.2.(4)。

*　即以"日"为单位而不是以"月"或者"年"为单位的派遣。——译者注

同法》第 17 条第 1 款的规制。另外，无效解雇的情况下，有期雇佣劳动者可以对至合同期限结束前的剩余期限要求休业补助（《劳动基准法》第 26 条）吗？这也是要求全额工资的问题，但根据替换或解约的情况，裁判所有不同的判断[①]。

2. 用工企业与劳动者的关系

根据《劳动者派遣法》，用工企业承担以下义务。①用工企业接受提供劳动力的劳动者，但在劳动者离职时，从离职之日起 1 年以内禁止作为派遣劳动者再行接受（《劳动者派遣法》第 40 条之 9）。②用工企业根据自己的情况解除派遣合同时，必须在劳动者新的就业机会的确保，派遣业主支付休业补助的费用负担，以及其他使劳动者雇佣安定等方面采取措施（第 29 条之 2）。③用工企业在获知以下违反《劳动者派遣法》的特定事实而接受劳务派遣时，具体来说，一是接受禁止派遣业务的派遣，二是接受派遣企业业主以外的派遣，三是接受派遣企业方面的超期派遣，四是接受劳动者方面的超期派遣，五是接受伪装派遣等，在这些情形下，用工企业对于派遣劳动者，其接受的时点被视为同一条件的劳动合同的订立申请（第 40 条之 6）。

用工企业与派遣劳动者之间，仅仅存在指挥命令关系，不存在劳动合同。但是，用工企业对派遣劳动者具有了劳务给付请求权，具有了应该看作是支付工资的情况时，实质上派遣合同变得有名无实，派遣劳动者与用工企业之间，应该被认为存在默示的劳动合同订立的情况[②]。但是，最高裁判所判决[③]认为，上述那样的伪装外包，不相当于应该判断为无效的派遣合同的"特别的事情"，以此为前提，否认了用工企业与派遣企业的劳动者的录用相关。另外，劳动者的工资事实上不是用工企业能够决定的事情，所以不能认为派遣劳动者与用工企业之间建立了默示的雇佣合同关系。

---

① 作为站在前者立场的判例有：三都企画建设事件·大阪地方裁判所 2006 年 1 月 6 日判决·労働判例 913 号 49 页。作为站在后者立场的判例有：アウトソーシング事件·津地方裁判所 2010 年 11 月 5 日判决·労働判例 1016 号 5 頁。

② 伊予银行·いよぎんスタッフサービス事件·高松高等裁判所 2006 年 5 月 18 日判决·労働判例 921 号 33 頁。

③ パナソニックプラズマディスプレイ（パスコ）事件。

不过,下级裁判所的某判决①中,用工企业接受同一个劳动者为期 1 年的派遣后,在 3 个月零 1 天的冷却期中将该劳动者直接雇佣,然后再反复接受派遣,采用这样的"辅助型员工制度"。判决认为,用工企业"积极参与制造有组织的严重的违法状态","应该认为是派遣劳动合同无效的特别事情",并且,用工企业对应劳动者的业绩设定不同的派遣费用,因为采用这样的"等级制度",所以用工企业具有对派遣劳动者"实际决定工资的地位",被认为与派遣劳动者之间的默示的劳动合同成立。

另一方面,从用工企业对劳动者的应对来看,有对基于不法行为的损害赔偿加以肯定的情况。比如,用工企业约定在 3 个月冷静期结束后,可以再行派遣就业,劳动者也对此期待,但派遣合同却未予更新的判例②。以派遣费用过高为由,突然停止派遣,在这样的场合,"给地位本来就不安定的派遣劳动者的劳动生活带来显著威胁"的判例③等。

3.用工企业的集体谈判义务

用工企业与派遣劳动者之间,仅仅存在指挥命令关系,用工企业的雇主即使拒绝与派遣劳动者加入的工会进行集体谈判,也并不当然构成不当劳动行为(参照《劳动组合法》第 7 条第 2 项)。但是,用工企业在派遣中对"劳动者的基本的劳动条件等,具有与雇主部分的同等视之程度上的现实的并且具体的支配、决定地位的场合",限于此,雇主具有集体谈判义务④(参照第 437 页)。由此,在职场外要求与视同劳动时间相关的劳动时间管理事项,有对应集体谈判的义务⑤。与之相对,中央劳动委员会的命令指出,用工企业"与派遣劳动者所属工会的关系,原则上不相当于《劳动组合法》上的

169

---

① マツダ防府工場事件・山口地方裁判所 2013 年 3 月 13 日判決・労働判例 1070 号 6 頁。

② 積水ハウスほか事件・大阪地方裁判所 2011 年 1 月 26 日判決・労働判例 1025 号 24 頁。

③ パナソニックエコシステムズ事件・名古屋地方裁判所 2011 年 4 月 28 日判決・労働判例 1032 号 19 頁。同事件・名古屋高等裁判所 2012 年 2 月 10 日判決・労働判例 1054 号 76 頁。

④ 朝日放送事件・最高裁判所第三小法廷 1995 年 2 月 28 日判決・最高裁判所民事判例集 49 巻 2 号 559 頁。

⑤ 阪急交通社事件・東京地方裁判所 2013 年 12 月 5 日判決・労働判例 1091 号 14 頁。

雇主"，同时，脱离了《劳动者派遣法》的框架或派遣合同的基本事项进行劳动者派遣的情况下，或不履行《劳动者派遣法》上的责任、义务等情况下，被认为有可能相当于雇主①。但不得不说这是不当的限定。

另一方面，在工资和派遣费用等方面产生的问题，只是用工企业处理不当的问题，不发生集体谈判的义务。用工企业在决定对派遣劳动者直接雇佣以后，工会组织派遣劳动者就直接雇佣以后的有关劳动条件要求与用工企业谈判时，"作为以劳动合同关系或与其相邻、相近关系为基础成立的团体劳资关系上的一方当事人"，判断为相当于应该对集体谈判申请加以应对的雇主②。

170
地方自治体的非正规公务员

非正规劳动者，不仅在民营企业，在公务员的世界其比例也在扩大。虽然他们像全日制职员一样工作，但雇佣期限或有关工资、劳动条件存在显著差距，这是众所周知的。

根据 2016 年总务省的调查，临时的、非全日制劳动的职员总数约为 64 万人，呈急速增加之势。从职业种类来区分，事务辅助职员约为 10 万人，教员、讲师约为 9 万人，保育士约为 6 万人，送餐调理员约为 4 万人，图书馆职员约为 2 万人。从任用所依据的类别来区分，特别职的非全日制职员（《地方公务员法》第 3 条第 3 款第 3 项）约 22 万人，一般职的非全日制职员（根据《地方公务员法》第 17 条的任用）约 17 万人，临时的任用职员（第 22 条）约 26 万人。虽为常态的工作，但也被迫为临时的雇佣，尽管受到财政方面的严重制约，但他们仍要尽力维持对居民的繁琐的服务。另外，根据"全日本自治团体劳动组合"2016 年的调查，非正规职员的比例占全体职员的 28.4%（町村占 37.2%），从"月

① ショーワ事件・中央労働委員会 2012 年 9 月 19 日命令・別冊中央労働時報 1080 号 78 頁。

② クボタ事件・東京地方裁判所 2011 年 3 月 17 日判決・労働判例 1034 号 87 頁。

薪的分布"来看,每月收入在 16 万—18 万日元的层次为最多,占 30.5％,获得奖金等临时性收入的人占 3—4 成,不被支付退休金的占 9 成以上。

鉴于这样的实情,2017 年日本修改了《地方公务员法》和《地方自治法》,实施新的制度(2020 年 4 月施行)。根据该修改,第一,很多自治体的非正规职员,纳入新设的"会计年度任用职员"中,明确了其录用方法和任期(《地方公务员法》第 22 条之 2),设置了"按照条例可以支付末期补助"的规定(《地方公务员法》第 203 条之 2 第 4 款)。第二,特别职非全日制公务员的范围严格限定为"具有专门知识经验或有识之士"(《地方公务员法》第 3 条第 3 款第 3 项),并且,关于"临时的任用"也仅限于发生全日制职员欠员的场合,限制扩大利用。最为中心的是"会计年度任用职员",原则上以一年的会计年度为雇佣期限,但再雇用也可能包含在内,被如何严格地运用尚不透明。

新制度将完善规定作为着力点,但在非正规公务员的待遇改善这一点上只能说还不充分。非正规公务员不适用《劳动合同法》或《非全日制劳动及有期劳动法》(《劳动合同法》第 21 条第 1 款,《非全日制劳动及有期劳动法》第 29 条),不要说适用雇佣终止法理或向无期合同转换法理(同 18 条),就连劳动条件的差距适正(《非全日制劳动及有期劳动法》第 6 条以下)也不被适用。可见,从根本上解决问题的路途还十分遥远。

第三章 与"团体"的相遇

第一节 工会

工会在不同地方扮演着不同的角色。

对于劳动者而言,工会是其"利益代表"。劳动者应该向雇主主张的利害事项很多,诸如工资、其他劳动条件以及企业内的各种待遇等等。同时,劳动者还拥有面对社会发出自己的声音而追求的利益。工会则按照民主性规则调整统合这些利益,提出要求,并代表劳动者的利益而行动。

对于雇主而言,工会是其"对谈者"。雇主不仅仅在设定和变更劳动条件时需要和劳动者沟通,关于企业运营的诸多事项,没有和劳动者的沟通也一样无法顺利进行。这种沟通如果通过和劳动者个人单独交谈来实现,则效率太低,因此,与能够统一代表劳动者意向的工会进行对话,可以说是不可或缺的。

工会是由劳动者自发聚集成立的任意团体。但是,鉴于上述工会的作用,《劳动组合法》以及其他相关法律,在对工会的组织和运营进行种种保护的同时,也对其进行特殊规制。另外,工会按照法律规定(参照《劳动组合法》第 19 条之 3 第 2 款),或者从事实上也公开参与劳动行政等。所以,工会不仅仅是私人性质的任意团体,而是应该被定义为"准公共团体"。

考虑工会的活动和作用时,不能只看到在战后日本社会上十分普遍的企业内组织,还要注意到跨企业在各地区范围内形成的以个人加盟方式组织起来的混合工会(社区工会)的存在。

一、工会的加入和退出

(一) 加入资格

除了后面要提到的组织强制的情况以外,劳动者可以自由决定是否加入工会。加入工会,可以看作劳动者自愿加入工会的要约,与工会对其加入进行的承诺,意思一致而达成的契约。另外,由于加入工会的资格和方式一般都在工会规约中提前规定,所以这种契约相当于一种格式合同。

如此一来,加入工会只能是一种契约行为。而且,从自由成立的原则来看,工会在工会规约里规定加入资格,拒绝不符合条件的劳动者加入工会,原则上也是自由的。例如,现实中会有这种情形——工会将工会成员资格限定为正式员工,不接受合同工以及非全日制劳动者加入。对于这种从组织目的以及利害关系出发,把加入资格限定为正式员工的做法,一般情况下无法否定其合理性。

然而,如果用抽象的标准(例如"对团结活动有害者"不许加入)来限制加入资格,或者把有资格者限定于特定人种、宗教、性别、政治信仰等,考虑到工会民主主义的要求,以及工会是作为团结权运动的旗手受到法律保护的团体这些因素,其合理性就需要怀疑了(《劳动组合法》第 5 条第 2 款作为工会规约的规定事由明确了这一宗旨)。

最后,如果工会没有合理理由却拒绝劳动者加入工会,只要没有特别立法,法院很难强制其加入。劳动者只能作为不法行为要求损害赔偿。损害额以精神赔偿为主,但劳动者在加入工会适用集体协议情况下可以领到的工资及各种津贴和实际工资等的差额,只要能明确计算出来,也可以要求赔偿。

(二) 退会的自由

工会是劳动者自愿加入的团体,加入工会一般可视为无期限的合同,劳动者可以自由解除合同退出工会。因此,在工会规约中规定退会需要工会大会或者执行委员会等的许可[1]，或者要提前很长时间通知等，制定过于繁杂的退会手续的规定是无效的。这一点，在劳动争议中劳动者集体退会的情况下也适用，不能因为退会从结果上左右了劳动争议的成败，就否定其效力。另外，就算劳动者作为解决劳资纷争的一种方式，和公司约定不行使自己退出工会的权利，这一约定当中，将"不行使退会权"作为劳动者的义务并规定退会行为无效的部分，可以说是"剥夺了退会自由这一重要的权利，强制劳动者永远服从工会管制，因违反公序良俗而无效"[2]。

二、工会的组织运营原则

　　工会的组织以及运营建立在以下各种原则的基础上。可是，这些原则在实际当中有时会互相矛盾，如何对它们进行调整可以说是重要的课题。

　　工会无须进行申报，即可自由设立（自由设立主义）。另外，只要符合《劳动组合法》上作为工会的条件，由何种劳动者组成，以及由什么组织来运营都不存在限制，也没有必要对雇主公开。这种工会自治的思想，包含在《宪法》第 28 条对团结权进行保障的宗旨当中。

　　为了能让劳动者在工会的意思决定和行动中充分反映自己的意思，主张自己的利益，工会需要遵循民主性规则（工会民主主义）。对民主性的要求，也可以说源于对团结权的保障，是工会运营的基本原则。要成为符合《劳动组合法》规定的工会，首先要在工会规约上对特定事项作出规定，以符合民主性这一条件。除此之外，还要求工会实质上也要进行民主化运营（《劳动组合法》第 5 条第 2 款）。例如，保障工会成员的选举权以及被选举权、保障其参加工会的运营以及意思决定、保障其平等待遇，或者直接无记名式投票、少数服从多数原则等正当程序原则也都是民主化运营的具体体现。

　　违反这些基本原则的工会规约和决议，因违反公共秩序而无效。不过，

---

　　[1]　日本鋼管鶴見製作所事件・東京高等裁判所 1986 年 12 月 17 日判决・労働判例 487 号 20 頁。

　　[2]　東芝労組小向支部東芝事件・最高裁判所第二小法廷 2007 年 2 月 2 日判决・最高裁判所民事判例集 61 卷 1 号 86 頁。

也有如下的案例存在。在定期召开的全国大会上进行工会会长选举时,原告作为会长竞选人之一,却被拒绝进入会场。对此,尽管下级裁判所判断拒绝其入场的行为属于滥用裁量权的违法行为,新会长的当选也应无效,但东京高等裁判所却取消该判决并改判为,从选举结果来看,并不存在足以导致选举无效的重大手续瑕疵①。

工会是以代表劳动者利益为目的而成立的团体。因此,工会绝不能做出违背工会成员整体利益的行为,在集体协商等场合也不允许做出不当损害一部分工会成员利益的事情。此外,职场半数以上劳动者加入的工会,在签订职场协定时,应该公正代表该职场劳动者的整体利益(无论该劳动者是不是工会成员)。

三、工会会费

(一) 工会会费缴纳义务

劳动者加入了工会,就会对工会产生相应的权利和义务。在组织方面,既有参加工会意思决定和活动的权利(决议权、选举权、被选举权等),又有服从工会的组织决定和管制的义务。另外,在财政方面的主要义务,就是缴纳工会会费。

缴纳工会会费的义务,是为了确保组织运营的财政基础,因此是工会成员的基本义务,拒缴会费会成为正当的开除理由。

工会会费除了一般性的会费,还有以筹集劳动争议资金为目的的特别会费,为了特定的一时性的目的而临时征收的临时会费等种类。在这些会费中,容易引起争议的是临时会费,尤其是对于反对该征收目的的会员而言,是否仍存在缴纳义务一直存在争议。

对此,最高裁判所②采取了权衡比较的判断方法,认为"工会活动的实

① 全日本海員組合事件・東京高等裁判所 2012 年 9 月 27 日判决・劳働判例 1062 号 22 頁。
② 国劳広島地本〈第 1〉事件・最高裁判所第三小法廷 1975 年 11 月 28 日判决・最高裁判所民事判例集 29 巻 10 号 1634 頁。国劳広島地本〈第 2〉事件・最高裁判所第三小法廷 1975 年 11 月 28 日判决・最高裁判所民事判例集 29 巻 10 号 1698 頁。国劳四国地本事件・最高裁判所第二小法廷 1975 年 12 月 1 日判决・劳働判例 240 号 52 頁。

效性建立在少数服从多数的原理之上,从对工会活动实效性和工会成员个
人的基本利益进行调和这一观点来看,需要对工会的统率力和工会成员的
合作义务进行合理的限定"。在此之上,对于①用于违法罢工等行为的资
金,②因为违法罢工等受到处分的工会成员的救援资金,③给其他工会罢工
的支援资金,④反对日美安保条约斗争中被处分人员的救援资金,⑤水俣病
患者的救济金,判定工会成员对这些临时工会费负有缴纳义务。反之,对⑥
在参议院选举中,用于支援工会出身的候选人征收的参选支援资金,则认定
不能强制工会成员个人支援选举活动。

(二) 工会会费预先扣除制度

为了确保工会会费顺利征收,工会和雇主之间签订协议,由雇主从工会成
员的工资中扣除工会会费,将其转交给工会的方式十分常见,称作"工会会费预
先扣除制度"。其中的法律关系如下,工会和雇主间形成委托征收合同,工会成
员和雇主间形成委托支付合同,两者并存。即使工会和雇主作为集体协议签订
了工会会费预先扣除协定,在此协定之上,雇主仍需针对工会会费扣除和支付
接受每个工会成员的委托,否则将无权扣除工会会费。而且,即使是在工会
会费预先扣除制度开始执行后,只要工会成员提出中止要求,雇主就必须对
该工会成员停止预先扣除工会会费的行为①。话说回来,从工会与工会成员
的关系来看,违反工会指示直接缴纳会费,有可能会违反工会内部管制。

工会会费预先扣除是从工资中扣除,所以有可能和《劳动基准法》第 24
条第 1 款规定的工资全额支付原则(参照第 228 页)相抵触。如果工会会费
预先扣除协议属于该条款但书里规定的工资扣除协议,那么只有该职场的
过半数员工组成的工会才能签订工会会费预先扣除协议(判例采取的正是
这一立场②)。按照这一立场,成员不足半数员工的少数工会必须另外由半
数以上员工代表签订扣除协议之后再签订工会会费预先扣除协议。然而,

①　エッソ石油事件·最高裁判所第一小法廷 1993 年 3 月 25 日判决·劳働判例 650 号 6 頁。
②　济生会中央病院事件·最高裁判所第二小法廷 1989 年 12 月 11 日判决·最高裁判所民
事判例集 43 卷 12 号 1786 頁。

工会会费预先扣除协议,是工会通过确保工会会费的征收来维持、加强团结的手段,其适用对象并不牵扯到签订该协议的工会成员以外的员工。少数工会签订的工会会费扣除协议,不应该被机械地看作该条规定的工资扣除协议,只要符合作为集体协议的条件,就应该作为《劳动基准法》第 24 条的例外,肯定其效力①。

四、工会的管制处分

(一) 工会的管制权

一般而言,一个团体如果失去其管制力,其成员主张不一,对外界无法表达统一意见,就很难被认可为一个团体。尤其工会是通过管制力组织其成员并确保谈判能力的团体,为了发挥其功能需要保有强大的管制权。

关于工会管制权的依据,有几种不同的学术观点,包括团体固有权说,是把它理解为凡是团体都有的权限。还有一种观点,将《宪法》第 28 条保障的团结权作为依据,另外存在把具有工会成员相互之间约定之性质的工会规约作为依据的观点。但是这些观点是从不同的侧面来理解管制权,都有一定的道理,各种观点并不互相排斥。

(二) 管制权的界限

工会管制,不能是只在工会的内部小社会通用的规则,必须经过客观审视,建立在适当的民主性规则之上。因此,强迫工会成员从事违法行为自不待言,剥夺劳动者的基本自由,或者剥夺其在工会内部进行积极自由批判的机会,也是绝对不允许的。说起来,关于管制问题的事例林林总总,是否能进行管制处分,要按照不同的事实关系具体加以分析判断。

工会在公职选举中有时会进行决议,支持特定的候选人或者党派,是否能将这类决议强加给工会成员,涉及《宪法》第 15 条第 1 款对选举权的保障问题。对此,有一种观点认为,进行支持的决议不过是对工会多数意见的确认,不能因此处分违反者(事实确认论),包括后面介绍的最高裁判所判决在

---

①　西谷敏『労働組合法(第 3 版)』(2012 年、有斐閣)271 頁。

177

内,支持这一观点的很多。然而,另一观点则认为决议原则上有效,对违反者处分的法律效力应该按照违反行为的具体形态来判断,相反,也存在认为决议本身就无效的观点。

178

说服参选市议会选举的工会成员不要参选,并在当选后对其进行停止权利处分,围绕这种做法是否违反公职选举法而对簿公堂的刑事案例中,最高裁判所作出了如下判决,"如果仅限于劝告或说服该成员放弃作为候选人参选,可以认为这是工会政治活动的一环,是允许的"。但是"超过此范围,要求其必须停止参选,如果不照办就以此为由将该成员作为违反管制者进行处分的话,则超越了工会管制权的界限"①。之后,在另一个案例中,工会作出决议,推荐特定候选人,但工会成员却反其道而行之,参与了其他候选人的支援活动,最高法院也作出了同样的判决,认为"上述道理……关系到工会成员为支援候选人而进行政治活动的自由时,也同样适用",并以此为由判定该案例中对该工会成员的除名决议是无效的②。

工会成员对执行总部进行的批判活动,在确保工会进行民主管理上起着不可或缺的作用,应该最大限度地得到保障。因此,对于工会已经决定的事项原则上应该避免批判,但针对工会运营的一般事项以及还未作出决定的事项,批判工会干部,只要没有歪曲事实,没有诽谤中伤进行个人攻击,都不能作为管制处分的对象③。另外,对于一部分工会成员反对工会正式作出的决议,自行做出的活动(分派活动),只有其目的和活动方法扰乱工会团结,对其进行除名处分也不为过的情况下,才能对其进行除名处分④。

工会如果作出违法的指示,工会成员即使没有服从,也不能以其违反指示而对其作出管制处分。在判例中,工会为了对抗雇主正当的闭厂行动,作

---

①　三井美唄労組事件·最高裁判所大法廷 1968 年 12 月 4 日判决·最高裁判所刑事判例集 22 卷 13 号 1425 页。

②　中里鉱業所事件·最高裁判所第二小法廷 1969 年 5 月 2 日判决·裁判集民事 95 号 257 页。

③　名古屋·東京管理職ユニオン事件·名古屋地方裁判所 2000 年 6 月 28 日判决·劳働判例 795 号 43 页。

④　東海カーボン事件·福岡地方裁判所小倉支部 1977 年 1 月 17 日判决·劳働判例 273 号 75 页。

出强制性工作指示,没有服从该指示的工会成员被处以除名处分,这一处分是否有效成为该判例的争议点。工会主张,"劳动争议中,除非工会指示具有明确重大的违法性,工会成员都必须服从"。但判决指出,"只要指示或按照指示进行的行动客观看待是违法的,就不能认定对其有服从义务",也就是否定了此类情况下工会成员的服从义务①。

(三) 管制处分

工会进行管制处分的种类和手续,要遵循工会规约的规定。现实中,除名、停止权利、罚款、警告、谴责等比较常见。关于处分的决定,鉴于其重要性,本来应该属于工会大会的专属决议事项,但如果是规模较大的工会,为了迅速处理,也允许其规定交给中央委员会或者执行委员会来处理。

管制处分是违背有关工会成员的意愿对其加以不利的处分,所以要适用一般性正当程序的原则(有判例认为,会议 2、3 小时前才发出召集令的临时工会大会不算有效,因此在该大会上的管制委员会的选出手续是无效的,该委员会作出决议的管制处分也被判定为无效②)。因此,对被处分的对象,工会要事先通知并明确告知其被处分的理由,通知其要进行的审查手续,而且在通知手续中要保障其有为自己辩护的机会。另外,对同一处分再次作出决议,由于违反一事不再议的原则也是无效的③。

工会总部为了彻底解决和支部工会的对立状态,有时会采取将支部工会全体工会成员的资格暂时停止,让他们重新提交"工会成员再登记申请表",只有通过了合格审查的工会成员才能重新入会的方式。但是,该手续对于没有进行再登记申请的人来讲,意味着实质上的除名,所以构成没有经过除名手续的处分,该处分是无效的④。

---

① 大日本鉱業発盛労組事件・秋田地方裁判所 1960 年 9 月 29 日判決・労働関係民事裁判例集 11 巻 5 号 1081 頁。

② 全日本建設運輸連帯労組近畿地本事件・大阪地方裁判所 2007 年 1 月 31 日判決・労働判例 942 号 67 頁。

③ 日本液体運輸事件・東京地方裁判所 1979 年 10 月 11 日判決・労働関係民事裁判例集 30 巻 5 号 947 頁。

④ 全逓福岡支部事件・最高裁判所第一小法廷 1987 年 10 月 29 日判決・労働判例 506 号 7 頁。

五、强制加入——Shop 制度

(一) 意义和种类

工会为了强化面向雇主的谈判能力,掌握劳动市场,独占或者介入劳动力供给可谓良策。事实上,工会运动史上,工会和雇主约定,把拒绝加入工会的劳动者赶出劳动市场或者企业,没有工会的参与雇主就无法确保劳动力的制度早就存在。通过增加存在此类约定的职场(Shop),强制劳动者处于工会影响力之下的制度(强制加入),被称作 Shop 制度。

这种 Shop 制度,是以确保工会成员数量,防止其退会为目的的制度,但是要注意这是一把双刃剑。工会拥有稳定的多数成员时,该制度可以起到保障组织安定的作用,然而,一旦组织内部产生变动,比如组织内的主流派交替,产生了工会内部分裂时,工会内部对立将进一步激化,会造成一方成员将对方成员赶出企业这样无法修复的结果。因此,到底在什么范围内可以认可 Shop 制度的效力,需要慎重地考虑。

Shop 制度的主要类型以 Closed Shop(只雇工会会员)和 Union Shop(受雇后限期加入工会)为代表,除此之外,历史上各国还尝试了各种各样强制加入的办法。在企业单位工会仍然在日本占支配性地位的现状下,Union Shop 比较普遍。

Union Shop 协定(以下,在本章简称 US 协定)原则上包括两大要素:第一,员工必须加入签订了该协定的工会;第二,雇主要解雇不加入该工会的劳动者,称作"完全 Union Shop"。但在现实中,只规定前半部分或者后半部分的不完整的规定,或者规定不加入工会者"原则上被解雇"等文字表现的居多。

(二) US 协定的合法性和要件

US 协定不仅仅限制劳动者不加入工会的自由(消极团结权),也限制劳动者在多个工会中选择自己加入的工会的自由。因此,在学界,有一种观点,认为可以强制在工会中挑选一个加入,但强制加入特定工会的协定则是违法的[①]。还有一种观点,认为"完全 Union Shop"侵犯到对个人的尊重以及消极团结自由权,而且跨越了协约自治的界限,是无效的。

说起来,《宪法》第 28 条并未否定不加入工会的自由。然而,这种消极团结权,比起对促进强化团结的积极团结权的保障而言,至少应该说还是位于其次的。另一方面,劳动者选择工会的自由,则应该作为积极团结权的一部分,得到恰当的评价。因此,以 US 协定为根据强制劳动者加入特定的工会,在不侵害劳动者选择工会的自由权以及其他工会团结权的范围内,是可以被认可的[②]。

最后,《劳动组合法》第 7 条第 1 项但书规定,代表职场半数以上职工的工会即使签订了 US 协定,也不能算作不当劳动行为。从这一规定来看,雇主与少数工会签订 US 协定时,被判定为不当劳动行为(应视为支配介入)的可能性会增大。但是,该规定并无更多的含义,没有包含把必须与过半数工会签订作为 US 协定的有效条件之一的意思。

(三) US 协定的效力范围

在这种对 US 协定的消极认识产生的背景下,判例也以劳动者的组织选择权为根据,逐渐限制了该协定的效力所影响的范围。

首先,同一个企业里有好几个工会并存的情况下,初期的判例认为,US 协定只有对其他工会现有的工会成员才不生效。可是后来,判例却发展为,从签订了 US 协定的工会退会加入其他工会,或者重新组建了其他工会的情况下,该协定也不生效。另外,没有签订 US 协定的工会里大部分成员退会并组建另一工会,且签订了 US 协定的情况下,该协定也不对留在旧工会的成员生效[③]。并且,几个并存的工会中只有一个签订了 US 协定,而新录用的劳动者加入了未签订该协定的工会时,该协定对此类劳动者也不生效。 182

---

① 参照石井照久『新版労働法(第 3 版)』(1973 年、弘文堂)78 頁。

② 三井倉庫港運事件・最高裁判所第一小法廷 1989 年 12 月 14 日判決・最高裁判所民事判例集 43 巻 12 号 2051 頁。

③ 住友海上火災事件・東京地方裁判所 1975 年 5 月 13 日判決・労働関係民事裁判例集 26 巻 3 号 421 頁。

在这样的判例展开中,最高裁判所也作出了如下判决,针对"加入其他未签订 US 协定工会者"以及"从签订工会退会或者被除名后,又加入了其他工会或者新组建了工会者",规定雇主对他们有解雇义务的 US 协定,违反公共秩序,是无效的[①]。最终,US 协定的生效范围只限于以下两类人:第一,从签订 US 协定的工会退会或者被除名后,没有加入别的工会或者组建新工会的人;第二,有签订了 US 协定的工会,却既没加入该工会,也没加入其他工会的人[②]。

(四) 依据 US 协定实施的解雇

US 协定不发生效力,而雇主却解雇了劳动者的情况下,该解雇缺乏理由,构成解雇权的滥用[③],或者按照具体情况有可能属于不当劳动行为,导致解雇无效。

反之,在 US 协定效力范围内雇主实施的解雇,是作为该协定的效果被认可的。劳动者为了免于被如此解雇,可以利用加入其他工会,或者组建其他工会等各种手段来对抗。因此,合法的 US 协定范围内的解雇,不构成解雇权滥用。

问题是,在 US 协定下,工会对劳动者进行了除名处分,可是后来却因为缺乏合理的理由,或者因为严重违反手续而被判无效的情况也是存在的。对于这种情况下基于除名处分实施的解雇的效力,有两种不同的见解。

多数观点认为,按照 US 协定的解雇,可以被认为是该协定上的雇主解雇义务的履行,既然除名处分最终无效,解雇行为就失去了其原因,所以也是无效的(牵连论)。反之,少数观点认为,虽然是基于 US 协定的解雇,但解雇本身是雇主自由意思下的行为,US 协定不过是给了雇主行使自由解雇权一个契机而已。后者认为,多数观点存在的问题是:雇主不可能不关注工会决定下的除名处分的合法性,因此很可能会促使雇主介入工会的决定。

---

① 前揭三井倉庫港運事件。

② 日本鋼管鶴見製作所事件・最高裁判所第一小法廷 1989 年 12 月 21 日判決・労働判例 553 号 6 頁。

③ 前揭三井倉庫港運事件。

因此,即使除名处分无效,也应该认为该解雇是基于雇主的自由判断,所以 183
不能算作无效(切断论①)。而最高裁判所在这些观点中采用了牵连论,判
定在除名处分无效的情况下,雇主不负有解雇义务,因此该解雇缺乏客观合
理的理由,也没有社会正当性,相当于滥用了解雇权,是无效的②。

六、工会活动与提供方便

由于日本工会绝大多数是企业内工会,因此日常的工会活动不得不在
企业内进行。自然而然的,在工会活动当中利用企业的设施,或者请雇主多
少行些方便就变成了一种常态,雇主在某种程度上通常也会允许。比方说,
工会有时会接受雇主提供的工会办公室和宣传板,利用企业内的聚会场所
开会。另外,企业允许工会干部在职专职从事工会工作,在一定期间内专心
致力于工会活动(该期间内以停薪留职处理),或者允许其利用工会休假制
度,为了工会事务请假或离席,还有从工资里对工会会费预先扣除,都是雇
主提供给工会的一种方便。

雇主同意提供给工会的这些利益,普遍可以称作提供方便。《劳动组合
法》上规定,劳动者在劳动时间内不被扣除工资和雇主进行协商、谈判,雇主
对工会的福利基金等进行资助,以及提供最小限度的面积的办公室,都不算
是财政上的援助,不包括在使工会丧失自主性的条件内(第 2 条第 2 项但
书),也不算是经费援助(第 7 条第 3 项但书)。

但是,《劳动组合法》只是在这一范围内允许提供方便,并不意味着工会
可以以团结权为依据理所当然请求雇主提供更多的方便。比方说,工会并
非理所当然可以要求在职专职从事工会工作,雇主完全可以自由决定是否
批准③。因此,工会为了能够要求雇主提供方便,需要在集体协议上对其作

---

①　石川吉右衞門『労働組合法』(1978 年、有斐閣)78 頁。

②　日本食塩製造事件・最高裁判所第二小法廷 1975 年 4 月 25 日判决・最高裁判所民事判
例集 29 巻 4 号 456 頁。

③　三菱重工業長崎造船所事件・最高裁判所第一小法廷 1973 年 11 月 8 日判决・労働判例
190 号 29 頁。

出规定等。在判例中,有作出如下判决的,如工会办公室的无偿租赁,是在不影响企业经营的限度内,把企业设施的一部分作为工会办公室让其使用的一种无名合同,雇主可以根据经营需要解除该合同。该合同如果是作为劳动协约签订的,则90天后生效[1]。

　　不过,雇主忽然废止一直提供的方便,有时候可能会构成对工会组织运营的介入。比如说,不批准工会休假,如果是为了牵制工会活动的一种手段,将构成不当劳动行为[2](复数工会下停止提供方便的问题,参照第442页)。另外,从免费为工会从工资中代收工会会费转变为要求支付手续费,并且对此不接受集体谈判,就废止了工资代收工会会费制度,也被裁判所判为不当劳动行为[3]。

七、组织变动与工会财产

(一)工会财产的归属

　　关于工会的组织变动问题,《劳动组合法》上只有关于解散的规定(第10条),但是现实中,除了解散以外,还会发生各种方式的工会组织变动。这种组织变动带来的主要问题之一,就是工会财产的归属问题。

　　工会是法人时,工会财产归法人单独所有。

　　没有法人格的工会,关于其财产的所有形态是有争议的。判例认为,其资产属于工会成员"总有*"[4]。因此,工会成员对财产没有按比例持有权,在被除名或者退会时,除非工会规约上有特殊规定,否则也没有要求分配的权利。换言之,工会财产的管理和处分权属于工会,工会成员拥有的是其使用收益权。与此相对,还有另外一种观点,认为对于工会办公室等工会财

---

[1]　仲立证券事件・大阪地方裁判所2001年5月30日判决・劳働判例814号93页。

[2]　全通都城邮便局事件・最高裁判所第一小法廷1976年6月3日判决・劳働判例254号20页。

[3]　泉佐野市事件・大阪高等裁判所2016年12月22日判决・劳働判例1157号5页。

*　共有形态之一,财产的管理和处分属于团体,只有收益权属于其成员。——译者注

[4]　品川白炼瓦事件・最高裁判所第一小法廷1957年11月14日判决・最高裁判所民事判例集11卷12号1943页。

产,工会拥有使用收益权这一理解更符合实际状况。该结论不会因工会是否有法人格而发生变化,即使没有法人格,工会也对财产拥有单独所有权。

(二) 分裂

185

对于工会财产的所有形态,无论持上述观点中的哪一个,工会成员不享有按比例持有权,退会的工会成员也没有要求分配权这一结论是不变的。但是,如果相当比例的工会成员集体退会时,是否依然应该否定财产分割将是一个需要讨论的问题。对此,个人退会应该与集体退会区别对待,"分裂"这一概念就是为了承认共同持有权而构思的一个法律概念。按照这种观点,比如说尽量召开了关于分裂的工会大会,而且有半数以上成员赞成通过的决议或者类似的情况,工会财产先一度成为共有物,然后再按照要求进行分割(参照《民法》第 256 条以下)。

然而,判例对于分裂概念则持消极立场。比如,作为全国组织的单一工会的下属机构,拥有独立的财政基础的地方本部中,三分之二的工会成员退会的情况下,"虽然看起来好像发生了分裂,但只要国有铁路工会还保持着统一组织机构的机能,就只能算作一部分工会成员从国有铁路工会中集体退会了而已"[1]。另外,在乱作一团的工会大会上,没有按照工会规约上规定的方式就进行了解散决议,多数派脱离原来工会,组建了别的组织的案例中,判例作出判决认为,"只有因为原来工会的内部对立,使该工会统一存续下去并进行活动变成了一件永久性的极其困难的事情,而且导致原来工会的成员集体退会,并且之后又组建了新工会这一情况发生时,才有可能探讨是否应该导入工会分裂这一特殊的法理"[2]。可以说,适用分裂法理的条件非常之严格。

说起来,工会财产是长期以来工会成员缴费积累形成的,在某一时点,即使反主流派成为多数派并集体退会,也不允许同意其分割请求,未必就是

---

① 国劳大分地本事件・最高裁判所第二小法廷 1974 年 9 月 30 日判决・最高裁判所民事判例集 28 卷 6 号 1382 页。

② 名古屋ダイハツ劳组事件・最高裁判所第一小法廷 1974 年 9 月 30 日判决・劳働判例 218 号 44 页。

不公平的。还有,《劳动组合法》第 10 条特别对解散进行了规定,而且以特定数量多数表决的要件对解散原因作出了限制,可以理解为要求组织在解体时要慎重。判例对分裂的成立设定了严格的条件,也是完全可以理解赞同的。

(三) 组织变更与解散

1. 组织变更

工会变更组织的原则,成为组织变更。比如说,对成员范围进行重大修改,变更组织形态(由联合体变更为单一体等),加入或者退出上级团体。

单位工会从上级团体中退出时,如果退出的上级团体是联合团体,只以单位工会为成员时,单位工会的工会成员就不能直接加入上级团体,因此退会的同时就丧失了一切关系。相反,如果上级团体同时具有个人也可以加入的单一组织的性质,就要考虑组织关系的实际状况来判断,应该理解为,如果下级组织实际上是独立的单位工会,则退出的决议对反对该决议的工会成员也具有约束力。然而,如果下级组织只不过是上级组织运营上的一个单位,则该决议对反对的成员不具有约束力(有判例认为,退出派不过是作为个人集体退出工会,承认反对退出派作为组织依然存在①)。

2. 合并

伴随企业合并或者事业转让等,有时工会也会合并。《劳动组合法》上对合并没有规定,如果以解散旧工会、成立新工会这一手续为条件,不符合现实状况,因此采取相当于解散决议的方式来进行合并这一独特的方式,是普遍得到认可的。

合并后,旧工会的债权债务关系都统一由新工会继承。劳动协约的继承是一个问题,对于其具有规范性效力的部分,必须在不同雇主之间进行劳动条件的调整和统一(公司分立时的集体协议的继承问题,参照第 214 页)。

3. 解散

在发生工会规约上规定的解散原因时(《劳动组合法》第 10 条第 1 项),

---

① 東洋シート労組事件・広島地方裁判所 1984 年 2 月 29 日判决・労働関係民事裁判例集 35 巻 1 号 45 頁。

或者通过四分之三以上的多数表决达成大会决议（同法第 10 条第 2 项）时，工会可以解散。有一种观点认为四分之三这一要件，可以通过工会规约来放宽条件，但是从把特定数量多数表决作为条件的法律宗旨来看，应该认为这条规定是单向强制性规定，不能通过工会规约来放宽条件。

作为法人的工会被解散后，在清算目的的范围内，一直存续到清算结束（《劳动组合法》第 13 条）。只要工会规约上没有特殊规定，或者大会没有进行特别决议，工会代表要作为清算人上任（同法第 13 条之 2），进行解散登记的同时，从事规定的工作。另外，如果工会财产不足，需要开始破产手续（同法第 13 条之 9）。作为法人的工会的剩余财产，属于工会规约指定的人，如果没有指定时，要经过大会的决议，参照该工会目的，以相似目的进行财产处理（如果没有按此方法处理，则上交国库；同法第 13 条之 10）。

不是法人的工会解散时，《劳动组合法》上没有规定，所以对其财产会进行事实上的清算手续。剩余财产的归属，按照社团目的这一共通观点，应该参照法人工会的情况进行类似处理。

日本的工会

日本工会的特色是，被同一企业雇佣的劳动者团结起来组成一个工会的"企业工会"占绝大部分。这和按照行业或者产业等跨企业组织起来的欧美工会形成鲜明对比。企业工会和终身雇佣、年功序列工资一起被称为日本式雇佣的三大要素。但是，至少在工会运动初期，这并不是理所当然的。

日本正式的工会运动是从 1897 年 7 月"劳动组合期成会"的组建开始的[①]。以它为母体成立的铁工工会和活版工工会都是优秀的行业工会。后来又组建了日本铁路矫正会、服装职工工会、鞋工俱乐部、东京船工匠工会、伐木工会等，1898—1899 年是工会运动最早的开花期。

领导期成会的高野房太郎和片山潜，都是在美国长期生活并学习

---

① 大河内一男＝松尾洋『日本労働組合物語・明治』参照。

了劳动运动的人物,尤其是高野,十分敬仰美国工会之父塞缪尔·龚帕斯,得到了各种指导和援助。在当时的美国,要求 8 小时劳动制的总罢工[后来成为劳动节起源的芝加哥干草市场事件(1886 年)也在这期间内发生],卡内基钢铁公司以及普尔曼铁路公司等举行的大罢工,由龚帕斯组建了美国劳动总同盟(AFL)等,接二连三地发生了许多重要的历史事件。这些经验也确实传达到了日本的工会运动中。

之后,明治时期的劳动运动在《治安警察法》(1900 年)之下几乎灰飞烟灭,后来在大正民主期工会又重振雄风时,以大企业为中心的企业工会就成了主流。进入昭和时期,在战争时期体制下工会实质上已经销声匿迹,在战后民主化进程中,以战前的工会作为参考,作为企业工会又迅速再发展起来①。

近年来,一方面工会组织率在下降,但另一方面联合工会和地区工会的活动却受到很大关注,新的劳动运动方式正在摸索之中。为了找到工会重生的线索,可能也需要展开丰富的想象力,重新审视工会运动的历史吧。

第二节　集体谈判

189　　成立工会的主要目的,是和雇主在对等的立场上,提高改善劳动条件以及其他经济地位(《劳动组合法》第 2 条)。既然如此,集体谈判就是工会最为重要的活动。集体谈判是劳动者的团体通过其代表和雇主之间进行的谈判,《宪法》第 28 条将集体谈判作为劳动者的权利加以保障。按照这一宗旨,《劳动组合法》第 7 条第 2 项,对于雇主无正当理由拒绝集体谈判的行为,作为不当劳动行为加以禁止。

集体谈判的历史起源可以追溯到围绕工资进行的集体交易(collective

---

①　隅谷三喜男『日本労働運動史』。

bargaining)。之后,谈判对象逐渐扩大。直至今日,除了工资、劳动时间之外,还涵盖了雇佣、安全卫生、福利厚生、惩戒、人事等劳动条件的方方面面。此外,集体谈判内容还包括体现工会和雇主关系的工会活动,集体谈判或者争议行为的规则。

集体谈判,尤其是企业内谈判,不仅仅是对立性交易的舞台,也是企业内劳资交流的重要支柱。有时候,在现实当中还承担着决定企业方针或运营的"共同决定"之任务。此外,集体谈判的经过,直接影响到是否会发生争议行为。可以说,集体谈判在集体劳资关系中,占据着重要的中枢位置。

一、集体谈判的方式

集体谈判的方式,可以大体分为企业内谈判和产业内谈判。在日本,绝大部分工会是企业内工会,因此集体谈判的方式也以企业内谈判为主。

企业内谈判的优点之一,是可以按照企业的实际状况,就劳动条件及其他内容进行谈判(正因为如此,以产业内谈判为主的欧洲也逐渐开始加强企业内谈判了)。然而,另一方面,由于企业内谈判中,工会的谈判能力有限,所以 1955 年之后的春斗当中,为了克服这一点,创造出了各种产业内谈判的方式。

产业内谈判的典型例子有,产业工会全日本海员工会和雇主团体外航劳务协会等船主团体之间进行的统一谈判,或者是联合团体私营铁路综合联合会和它下属的单位工会一起,与数家私营铁路公司之间进行的集体谈判等。

190

二、集体谈判的当事人和谈判负责人

(一)集体谈判的当事人和负责人

集体谈判的"当事人",是指以自己的名义进行集体谈判,并签订其成果——集体协议的主体。需要与此区分开的,是在现实中为当事人进行谈判的人,称作"谈判负责人"(《劳动组合法》第 6 条)。集体谈判是指劳资双方坐在同一张桌子旁,为了达成协议而交谈的事实行为。因此,实际负责谈判的，只限于自然人。《劳动组合法》第 6 条，只对劳方的集体谈判负责人作出了规定。

（二）劳方当事人

集体谈判的劳方当事人，是劳动者自主组建的团结体（《宪法》第 28 条），是集体谈判权的行使主体（与此相对，集体谈判权的归属主体是劳动者的）。一般说来，《劳动组合法》第 2 条规定的工会就是劳方当事人。不过只要是《宪法》第 28 条上的团结体，仅仅为了解决某个具体争议而存在的争议团体也受集体谈判权的保障[①]。

在企业内谈判占绝对优势的日本，集体谈判的当事人基本上都是《劳动组合法》第 2 条上的工会中的单位工会。不过，即使是单位工会的支部、分会，如果有自己的规约、组织和财政基础等，独立具备工会实体，在关于该组织的问题上，也可以成为集体谈判权的主体。反之，没有工会实体的支部和分会，没有独立的集体谈判权，只不过是从工会中央接受委托时，才能进行集体谈判[②]。

作为单位工会的上级团体的联合团体，如果对加盟工会有管制力，可以就联合团体固有的问题或者与加盟工会共通的问题，享有集体谈判权。另外，规约上如果有规定，就单位工会固有的问题也可以享有集体谈判权。在这些情况下，单位工会与上级团体的谈判权会发生冲突，为了避免双重集体谈判，需要对两个组织的权限作出调整。

在同一个企业内有两个以上工会存在时，无论工会成员的多少，每个工会都拥有平等的集体谈判权。有时在某个工会和雇主之间会达成协议，声称"公司承认某某工会为唯一的谈判团体"，这种条款叫做"唯一谈判团体条款"。这种条款否认其他工会本来拥有的集体谈判权，从这一点来说是无效的，因此雇主不能以这种条款为根据，拒绝其他拥有集体谈判权的工会提出

[①]　石川吉右衞門『労働組合法』（1978 年、有斐閣）136 頁、外尾健一『労働団体法』（1975 年、筑摩書房）367 頁。

[②]　三井鉱山三池鉱業所事件・福岡高等裁判所 1973 年 12 月 7 日判決・労働判例 192 号 44 頁。

的谈判要求①。另外,近几年日本劳动争议有一个特色,就是一名或者数名劳动者在被解雇或者拒绝续签合同之后,加入社区工会(Community Union),然后该工会就工会成员的雇佣问题,要求雇主进行集体谈判(所谓的"临时应急型诉求")。这种情况下,该工会也同样享有集体谈判的权利。

(三) 劳方谈判负责人

劳方有担任谈判权限的,是工会代表或者接受工会委托之人(《劳动组合法》第6条)。工会代表,一般是指委员长、副委员长、书记长、执行委员。当然,说起来这些人并非理所当然就有谈判中的达成协议或者集体协议的签订权。在判例当中,关于谈判中的妥协内容,就算是被全权委托谈判的执行部,除非在工会规约中规定其有集体协议签订权,或者通过工会大会表决委托给他们,否则都必须在工会大会上讨论通过才行②(关于无签订权者签订的集体协议的效力问题,参照第202页)。

能接受谈判权限委任者的范围,并没有特殊限制,除了该工会的成员以外,也可以委托给上级团体的干部或者律师等。集体谈判作为一种事实行为,能接受委托的只限于自然人,如果委托给一个团体,那么应该理解为委托给该团体的代表较为合适(不过,有的案例③却认同了对团体的委托)。

关于谈判权限的委任,为了减少上级团体的干部等第三方参加谈判,有时候会在集体协议中规定"工会不会把谈判委托给第三方",这种规定称作"禁止委托第三方谈判条款"。对于该条款的效力,有的观点认为,这是当事人之间关于谈判负责人的自主约定,是有效的;但在学界,认为该条款是对《宪法》第28条的集体谈判权的不当限制,因此无效的观点占大多数④。

192

---

① 住友海上火災事件・東京地方裁判所1968年8月29日決定・労働関係民事裁判例集19巻4号1082頁。

② 大阪白急タクシー事件・大阪地方裁判所1981年2月16日判決・労働判例360号56頁。

③ 姫路赤十字病院事件・大阪高等裁判所1982年3月17日判決・労働関係民事裁判例集33巻2号321頁。

④ 石川吉右衞門『労働組合法』(1978年、有斐閣)141頁、外尾健一『労働団体法』(1975年、筑摩書房)616頁。

(四) 资方当事人与负责人

集体谈判的资方当事人,是雇主以及雇主团体。实际上,雇主团体作为当事人出现的场面几乎没有。雇主团体要成为集体谈判的当事人,必须在章程上明确规定,或者从加入该团体的雇主那里接受了委任[①]。

作为集体谈判的资方负责人,私人企业的企业主本人或者法人企业的代表,对集体谈判享有一切权限是无需赘言的。与此相对,其他人有什么权限,与其在企业内的地位和权限有关。事业所长、分店长、工厂长等至少对与其所在的事业所有关的内容享有谈判权。另外,雇主赋予谈判权的人,即使没有谈判达成协议权或者集体协议签订权,也不能以此为由拒绝谈判。这种情况下,要先接受谈判,对于牵扯到妥协和签订集体协议的内容,上报给有决定权的人,努力签订集体协议[②]。另外,关于公司外部劳动者成立的工会要求的集体谈判,在一定情况下可以要求劳动者派遣的用工单位也成为集体谈判的当事人(参照第 168 頁)。

193　三、集体谈判内容

(一) 集体谈判内容的分类

集体谈判的内容,对于雇主而言有义务性的和任意性的。义务性的集体谈判内容,是法律规定雇主必须进行集体谈判的内容。针对该内容工会提出集体谈判要求时,如果雇主拒绝的话就构成不当劳动行为(《劳动组合法》第 7 条第 2 项)。而任意性集体谈判内容,在法律上没有必须集体谈判的义务,是劳资双方可以任意决定的集体谈判内容。

(二) 义务性集体谈判内容

义务性的集体谈判内容的范围,要从《宪法》第 28 条或者《劳动组合法》

[①]　土佐清水鰹節水産加工業協同組合事件・高松高等裁判所 1971 年 5 月 25 日判決・労働関係民事裁判例集 22 巻 3 号 536 頁。

[②]　全遞都城郵便局事件・最高裁判所第一小法廷 1976 年 6 月 3 日判決・労働判例 254 号 20 頁。

保障集体谈判权的立法宗旨来进行判断。法律的目的在于劳资对等决定劳动条件和形成劳资自治的关系。鉴于这一目的，义务性的集体谈判内容应该包括：和工会成员的劳动条件或者集体劳资关系的运营有关的内容，同时还需要是雇主能够处理的内容①。

在此所说的劳动条件，是指工资、劳动时间、安全卫生、福利厚生、人事变动、惩戒、解雇标准和手续等。不仅仅是人事变动和解雇的标准，具体个人的人事变动或者解雇本身也是义务性集体谈判的对象。劳动者在被解雇后组建工会或者加入工会的情况下（上述的"临时应急型诉求"），工会在组建或劳动者加入后立即要求集体谈判，雇主也有义务接受谈判②。另外，即使该解雇的效力正在裁判所进行审理，雇主也不能以此为由拒绝集体谈判的要求（上述判例）。

非工会成员劳动者的劳动条件，通常不是义务性集体谈判内容，但是未来对工会成员的劳动条件或者权利等产生影响的可能性很大，所以与工会成员的劳动条件有密切关系的情况下，也属于义务性集体谈判内容（有判定给非工会成员的入职者提高入职期工资属于义务性集体谈判内容的判例③）。

其次，关于集体劳资关系运营的内容，是指受雇后限期加入工会制度，工会办公室租借，从工资里将工会会费预先扣除，集体谈判的规则，劳资协议的手续，争议行为的规则等。

与此不同，关于生产计划、业务计划、工厂整合、经营者的人事等，雇主一般会主张这些属于经营权范围内的专权事项，不作为集体谈判的对象。然而，与生产计划或者业务计划有关联的职场改编问题，只要和劳动者的工作类型或者工作场所等条件有关，就构成义务性的集体谈判内容④（有判例

194

---

① 菅野和夫『労働法（第 11 版補正版）』（2017 年、弘文堂）850 頁以下。

② 日本鋼管鶴見造船所事件・東京高等裁判所 1982 年 10 月 7 日判決・労働判例 406 号 69 頁。同事件・最高裁判所第三小法廷 1986 年 7 月 15 日判決・労働判例 484 号 21 頁。

③ 根岸病院事件・東京高等裁判所 2007 年 7 月 31 日判決・労働判例 946 号 58 頁。

④ 栃木化成事件・東京高等裁判所 1959 年 12 月 23 日判決・労働関係民事裁判例集 10 巻 6 号 1056 頁。

对于职业棒球队的整合带来的棒球选手的劳动条件的问题,判定其属于义务性集体谈判内容①)。有关经营和生产的内容,而且没有诸如此类关系的,属于任意性集体谈判内容。

(三) 雇佣关系的消灭和集体谈判内容

首先,关于裁员等雇佣关系消灭问题本身,即使雇佣结束后也可以申请集体谈判。而且,按照问题性质,围绕雇佣关系消灭后的问题发生的争议,也可以是义务性集体谈判内容。公司原来的员工退职后组织的工会分会,要求就其工作期间的石棉使用状况进行集体谈判的案例中,判例认为,如果有可能妥当处理该争议,而且,该问题也受到社会的关注和期待,雇主负有参加集体谈判的义务②。同样,即使集体谈判是与约 50 年前到 25 年前之间退职后发病的 5 名劳动者有关的内容,但公司如何看待石棉受害者的实际状况和补偿问题,和工会成员的劳动条件有关系,也是雇主能够处理的问题,所以也属于义务性集体谈判内容③。

四、诚实谈判义务和拒绝集体谈判的正当理由

(一) 诚实谈判义务

雇主对工会提出的集体谈判的要求,必须作出响应,一起坐到谈判桌前。一味主张交换书面材料,拒绝直接谈判,也是违法拒绝集体谈判的表现④。

另外,雇主在谈判过程中,还负有以达成协议为目标,诚实履行谈判的义务(诚实谈判义务)。也就是说,雇主要做到以下几点:第一,以让对方理解并接纳自己的主张为目标,尽量诚心诚意进行集体谈判;第二,在对工会的要求或主张作出回答,或者对自己的主张摆明根据时要尽量具体说明,提

---

① 日本プロフェショナル野球組織事件・東京高等裁判所 2004 年 9 月 8 日決定・労働判例 879 号 90 頁。

② 住友ゴム工業事件・大阪高等裁判所 2009 年 12 月 22 日判決・労働判例 994 号 81 頁。

③ ニチアス事件・中央労働委員会 2017 年 3 月 15 日命令・中労委命令データベース。

④ 清和電器事件・東京高等裁判所 1990 年 12 月 26 日判決・労働判例 632 号 21 頁。同事件・最高裁判所第三小法廷 1993 年 4 月 6 日判決・労働判例 632 号 20 頁。

示必要的相关材料；第三，尽量摆明论据来进行反驳①。一味拒绝工会的要求，却不提示证明材料，也不拿出其他代替方案②，让对谈判内容没有决定权的人出席，而且不履行给掌握决定权的人上报的手续③，对谈判规则和协议前提提出不合理的条件，并丝毫不作退让④等等，都是违反诚实谈判义务的例子。

关于工会提出的具体的工资要求，如果提示材料是必需的却不提供，就有可能违反诚实谈判义务。而且，就算是和具体要求没有关系，也有义务具体说明为何不能提供材料⑤。此外，企业内复数工会并存的情况下，与多数派工会之间设置的经营协议会上提示的材料或说明内容，如果有可能成为集体谈判上说明和协议的基础，公司就需要在和少数派工会的集体谈判上，尽可能在必要范围内提供同样的材料和说明⑥。

（二）谈判陷入僵局

诚实谈判义务并不是强迫双方之间达成协议。即使充分地进行了诚实的集体谈判，劳资双方的主张依然对立，没有通过让步使谈判有所进展的可能性，集体谈判再也无法继续下去时，就是谈判已陷入僵局，雇主没有义务再进一步继续谈判⑦。不过，谈判破裂后过了一段相当长的时间，争议当事人双方的紧张关系有所缓和等，有可能重新谈判的因素出现时，雇主必须对

196

---

① カール・ツアイス事件・東京地方裁判所 1989 年 9 月 22 日判決・労働判例 548 号 64 頁。

② 潮文社事件・東京地方裁判所 1987 年 3 月 25 日判決・労働判例 498 号 68 頁。東北測量事件・最高裁判所第二小法廷 1994 年 6 月 13 日判決・労働判例 656 号 15 頁等。

③ 大阪特殊精密工業事件・大阪地方裁判所 1980 年 12 月 24 日判決・労働判例 357 号 31 頁等。

④ 日本シェーリング事件・東京地方裁判所 1990 年 3 月 8 日判決・労働関係民事裁判例集 41 巻 2 号 187 頁。文英堂事件・東京高等裁判所 1992 年 2 月 6 日判決・労働関係民事裁判例集 43 巻 1 号 429 頁。エス・ウント・エー事件・東京地方裁判所 1997 年 10 月 29 日判決・労働判例 725 号 15 頁等。

⑤ 日本アイ・ビー・エム事件・東京地方裁判所 2002 年 2 月 27 日判決・労働判例 830 号 66 頁。

⑥ NTT 西日本事件・東京高等裁判所 2010 年 9 月 28 日判決・労働判例 1017 号 37 頁。

⑦ 池田電気事件・最高裁判所第二小法廷 1992 年 2 月 14 日判決・労働判例 614 号 6 頁。論創社事件・東京地方裁判所 2010 年 10 月 27 日判決・労働経済速報 2092 号 3 頁。

重新谈判作出应对(不过,谈判破裂后,工会持续进行暴力行为,因此该判例并未从结论上认可重新开始谈判的意义)[1]。

(三) 拒绝集体谈判的正当理由

总结起来,雇主并非随时随地都要接受集体谈判的要求,在以下几种情况下,集体谈判的义务是不存在的,或者会消灭。第一,要求集体谈判的主体有问题。这种情况包括:①要求集体谈判者不是享有集体谈判权的正当主体;②谈判负责人的谈判权没有统一[2]等等。第二,谈判内容有问题。这种情况包括:①要求谈判的内容不属于义务性谈判内容;②谈判内容是集体协议中已经决定的内容,而在集体协议有效期内工会却提出了谈判要求等。第三,就是前面提到过的谈判陷入僵局的情况。

五、针对集体谈判要求被拒的救济

(一) 劳动委员会实施的救济

雇主在其雇佣的劳动者代表提出集体谈判的要求时,如果没有正当理由就加以拒绝的话,会构成拒绝集体谈判之不当劳动行为(《劳动组合法》第7 条第 2 项)。而且,根据情况还有可能构成该条第 3 项所规定的对工会的支配介入。拒绝集体谈判的具体形态主要包括以下情况:雇主否定该工会作为当事人的主体资格或者否定自己的雇主性质(一般见于企业内存在多个工会或者合同工会的例子等);雇主误认为要求谈判的事项不属于义务性集体谈判事项;雇主针对参加谈判的人员和谈判时间等提出不合理的条件(一般见于存在禁止委任第三者谈判条款的情况下);雇主虽然坐在谈判桌上,却不进行诚实谈判等。

对于此类雇主拒绝集体谈判的行为,工会可以向劳动委员会提出对不

---

① 寿建築研究所事件・東京高等裁判所 1977 年 6 月 29 日判决・労働関係民事裁判例集 28 卷 3 号 223 頁。

② 从这一观点出发,判定雇主拒绝几个工会提出的共同谈判要求具有正当性的案例,参见:旭ダイヤモンド工業事件・東京高等裁判所 1982 年 10 月 13 日判决・労働関係民事裁判例集 33 卷 5 号 891 頁。

当劳动行为的救济申请(《劳动组合法》第 27 条)。劳动委员会对该申请进行审查,认可其理由时,会按照具体情况发出合适的救济命令(比如说"公司必须对申请人在某月某日要求的集体谈判,诚实应对"这样的接受集体谈判命令)。不过,在现实生活中,关于拒绝集体谈判的救济事件,要等劳动委员会确定救济命令很多事情都会来不及,影响救济效果。所以劳动委员会在加快不当劳动行为审查过程的同时,积极劝说当事人和解(《劳动组合法》第 27 条之 4),还会提议双方在劳动委员会见证下集体谈判等,竭力摸索更有实效的解决方式。

工会还可以把拒绝集体谈判作为《劳动关系调整法》上的劳资争议(第 6 条),向劳动委员会提出斡旋申请,要求促进集体谈判(第 12 条)。虽然这一救济方式没有强制力,但在实务中起着重要的作用。

(二)裁判所实施的救济

1. 应对集体谈判的临时处分和地位确认诉讼

集体谈判要求被拒绝时,工会是否可以直接向裁判所起诉,要求实施谈判,对于这个问题,学界和判例进行了探讨。首先,裁判所是否可以将集体谈判请求权作为受保全权利,作出应对集体谈判的裁判所处分,成了讨论的焦点(前面提到过,集体谈判被拒的行政救济所需时间较长,而裁判所处分申请相对而言短期内能够作出决定,因此不少人申请)。

肯定观点认为,从《宪法》第 28 条以及《劳动组合法》第 7 条第 2 项的规定可以推导出司法上的集体谈判请求权,也允许对集体谈判进行间接强制履行。1955 年到 1965 年左右,持这一立场的案例比较多,但 1970 年以后持否定观点的案例则越来越多。否定观点的论据主要如下:《宪法》第 28 条不能被解释为对劳资之间的集体谈判设定了具体的权利义务;《劳动组合法》第 7 条第 2 项与第 27 条结合起来,也仅仅可以导出雇主公法上的义务;即使认可私法上的集体谈判请求权,也很难确定与之相应的雇主的给付内容,间接强制集体谈判缺乏实际可行性①。

---

① 新聞之新聞社事件・東京高等裁判所 1975 年 9 月 25 日決定・労働関係民事裁判例集 26 卷 5 号 723 頁。

198　　与此相对,出现了另一种观点,就是把集体谈判权分成两部分,一部分是作为请求集体谈判之基础的法律地位,另一部分是请求诚实谈判这一具体行为的权利。对于前者,可以肯定其确认请求,或者将其作为受保全权利进行暂定处分的请求,对于后者则予以否定[①]。判例也持同样的观点[②]。该判例中,针对废止劳动者的乘车证问题,工会要求确认其有要求集体谈判的地位,得到法院判决支持,认为从《劳动组合法》第 7 条可以直接推导出这一法律地位。

2. 损害赔偿请求

雇主拒绝集体谈判,如果同时符合《民法》第 709 条的要件,工会也可以请求损害赔偿(对无形损失的赔偿费)。比如说,以工会归属问题为借口,在一年半之内拒绝集体谈判 10 次左右的案例中,裁判所判定这种行为损害了工会的社会信用和评价,认可了其关于损害赔偿的请求[③]。另外,在探讨是否重新提供方便给工会的问题上,一直进行形式上的集体谈判,裁判所也判定损害了工会的社会信用和评价,产生了"无形的财产损失"[④]等等。不过,不能认为拒绝集体谈判给劳动者个人带来了损失[⑤]。

六、劳资协议制

在集体协议上,除了集体谈判以外,有时会规定劳资协议制。在 2014 年的调查中,设置了劳资协议机构的事业所占全国事业所的 40.3%。另外,在劳资协议机构讨论的主要内容,按照从多到少的顺序,依次为"劳动时间、假日、休假","安全卫生","工资、退职补助","退休制、延长聘用期、返聘"等(厚生劳动省《2015 年劳资交流调查》)。在西欧各国,集体谈判是在

---

①　山口浩一郎『労働組合法（第 2 版）』（1996 年、有斐閣）151 頁以下、菅野和夫『労働法（第 11 版補正版）』（2017 年、弘文堂）62 頁以下。不过,两者的观点,就是否将《劳动组合法》第 7 条第 2 项视为集体谈判权的根据规定这一点上有分歧。

②　国鉄事件・東京高等裁判所 1987 年 1 月 27 日判决・労働関係民事裁判例集 38 巻 1 号 1 頁。同事件・最高裁判所第三小法廷 1991 年 4 月 23 日判决・労働判例 589 号 6 頁。

③　佐川急便事件・大阪地方裁判所 1998 年 3 月 9 日判决・労働判例 742 号 86 頁。

④　太陽自動車事件・東京地方裁判所 2009 年 3 月 27 日判决・労働判例 986 号 68 頁。

⑤　神戸刑務所事件・大阪高等裁判所 2013 年 1 月 16 日判决・労働判例 1080 号 73 頁。

产业内或行业内进行。与此区分,企业内有职工代表制,两者的区别十分明显。然而,在日本,集体谈判和劳资协议制之间,很多时候当事人和讨论对象是重复的,所以两者作用的区别并不清晰。 199

　　劳资协议制的作用一般来说有以下几种类型:①集体谈判的预备磋商型;②与集体谈判一样针对谈判内容进行的事前谈判型;③按照集体协议上规定的人事协议条款进行的人事协议型;④针对经营问题,雇主对工会进行说明听取其意见的咨询型等。有观点指出,在非典型劳动者的待遇和劳动时间的规制上,劳资谈话很重要。今后,在留意其与多数代表制和劳资委员会制度之间关系的同时,应该把它作为和集体谈判不同的另一个劳资交流手段予以重视。

"春斗"和五一劳动节 200

　　考察日本集体谈判的战后历史,不得不提"春斗"的存在。

　　所谓"春斗",原来是指很多企业里,有按照会计年度,在春季进行工资谈判的习惯,后来是指在整个产业中将其组织化,并有计划性地排好日程进行的斗争方式。1954 年,当时的总评(日本工会总评议会)当中,有 5 个产业单一工会(合化劳联,煤炭工会,私铁总联,纸浆劳联,电气产业工会)组建了共同斗争会议,发起了"春斗",之后加盟的产业单一工会年年扩大,"春斗"逐渐成为日本劳动运动当中最大的活动。

　　"春斗"的工资提高方式,也就是重化学工业部门先决定春斗的行情(行情设定者,打样板者),再一边通过罢工将其推动到其他产业或者公共部门的方式,在经济高增长时期曾经非常有效。"春斗"中,产生了"对角线谈判"及"统一谈判"等独特的集体谈判方式,起到了补强企业内谈判弱点的作用。但是,从进入经济低增长阶段的 1970 年代开始,行情设定者设定的行情反倒很低,工资增长也无法惠及在中小企业等工作的未加入工会劳动者等等,成为日益凸显的问题。近年来,将一部分大企业的利益状况波及到其他企业变得很困难,提高基本工资的要求也变得很难实现,大部分情况下都只能达到定期提薪。2015 年以后的"春斗"当中，竟然发生了政府向劳资团体要求提高基本工资的事情，劳资对立的构图已经面目全非。

"春斗"是以经济高度成长为前提，要求提高工资水平的，这种作用可以说已经结束了使命。但是，如今跨越了个别企业和国境的产业重组正在增加，作为其对抗轴，工会方面也需要跨越企业界限团结起来。"春斗"所反映出的"连带"精神，不仅仅是工资水平方面，能在什么样的场面发挥出来，会对今后的劳动运动的意义带来深远的影响。

"春斗"告一段落后，就会迎来 5 月 1 日的劳动节。众所周知，劳动节起源于发生在美国芝加哥的要求"8 小时工作制"的罢工行动。日本也是从明治时期开始组织游行，战后一段时期曾经发生过激烈的劳动斗争（1952 年"血染的劳动节"）。世界上有很多国家，都将这个日子作为劳动者的典礼全国放假。这一天还是法国的"铃兰花节"，在法国，许多劳动者把铃兰花装饰在胸前或者头发上去参加游行。

第三节　集体协议

201　　工会和雇主之间进行集体谈判达成合意时，这一胜利的果实通常会体现为集体协议（因此，在英语中，集体协议被称作"collective bargaining agreement"）。

集体协议具有好几个社会经济功能。第一，集体协议作为集体谈判的成果，实现并保障劳动者个人无法获得的劳动条件。可以说，劳动者对于集体协议期待最多的就是保障其劳动条件，可以称之为"劳动条件保障功能"。第二，集体协议的有效期内，当事人之间的关系处理遵循协约，不允许通过争议行为等要求变更。这是雇主对于集体协议期待最多的地方，可以称之为"劳资关系安定功能"。第三，集体协议的对象内容不限于狭义的劳动条件，也涉及被视为雇主专权的经营权和人事权。它担负着企业民主主义的一部分，可以说这是集体协议的经营参与功能。

集体协议制度的理论基础,是劳资自治(协约自治)的思想,也就是当事人应该通过自由对等的谈判来决定劳动条件。以《劳动基准法》为中心的劳动保护法,仅仅规定了劳动条件的最低标准,集体协议应该定位为在此之上的劳动条件自主决定机制。其具体实现工具就是集体协议的"规范性效力"(《劳动组合法》第16条)。此外,集体协议还有设定社会公正劳动条件基准的功能,以工作部门或一定地区为单位,可以扩张适用到工会成员以外的人。

总之,集体协议的实际状况每个国家都不同,这对法律框架也有影响。日本的集体协议法理,有着什么样的特点呢?

一、集体协议的成立要件

(一) 当事人和签订权限

签订集体协议的当事人是"工会和雇主以及雇主团体"(《劳动组合法》第14条)。集体协议是集体谈判的结果,其签订当事人基本上和集体谈判当事人是相同的(参照第190页以下)。然而,比如说工会的支部或者上级团体,有时会在规约上规定其可以进行谈判,但却不能成为集体协议的签订主体(雇主团体也是如此)。另外,关于争议团体,因为是临时存在的,所以对于其是否有签订集体协议的能力是有争议的。

另一方面,现实中签订集体协议的,是集体谈判的负责人。不过,集体协议的签订对工会而言,是非常重要的意思决定,除非在工会规约上有规定,或者通过工会大会进行决议接受了委托,否则即使是工会代表,也并非理所当然拥有签订集体协议的权限。比如说,在工会规约当中,规定执行委员长代表工会统管工会业务的案例中,裁判所却判断,不能解释为变更退职金支付标准的集体协议的签订权限已经赋予该委员长,而是通过工会大会或者执行委员会来赋予该权限①。在另一个案例中,虽然工会规约上规定

①　山梨县民信用组合事件・最高裁判所第二小法廷2016年2月19日判决・最高裁判所民事判例集70卷2号123页。

签订集体协议是工会大会的讨论事项,但实际上,长期以来工会只是在职场会上听取一下意见,通过代议员会的决议就签订了协约。对此,裁判所也认为,既然没有进行工会大会的决议,就说明在工会的协约签订权限上是有瑕疵的,协约当属无效[①]。

诸如此类没有签订权限的人签订了集体协议的情况,《一般法人法》第 82 条(亦参照《民法》旧第 54 条)和关于表见代理的《民法》第 110 条等并不适用。工会和雇主之间签订集体协议,适用旨在保护私人交易安全的这类法理并不妥当,也不利于保护工会成员的利益[②]。

(二) 要式性

集体协议成立,必须具备书面形式,而且要有当事人的署名或者签字盖章(《劳动组合法》第 14 条)。集体协议之所以要求要式性,是因为它是劳资之间经过复杂的谈判达成的协议,而且《劳动组合法》第 16 条以下赋予它特殊的效力,为了防止日后产生纷争,有必要明确它的存在和内容[③](基于同样理由,对于解约也一样规定了要式性;参照第 212 页)。但是,只要具备这一形式,无论它被叫做工资协定,还是备忘录、确认书等,什么名称都不成问题。

不符合书面要件的劳资协议,不具有《劳动组合法》第 16 条规定的规范性效力[④],但也没有必要否定其作为普通合同的效力[⑤]。

(三) 期限

集体协议可以约定期限,也可以不约定期限。约定的情况下,则不能超过 3 年(《劳动组合法》第 15 条第 1 款)。这是因为规定过长期间的约束,在情况发生变化时有可能会引起当事人的不满,反而危害劳资关系的安定性。

---

①　中根製作所事件・東京高等裁判所 2000 年 7 月 26 日判决・労働判例 789 号 6 頁。

②　大阪白急タクシー事件・大阪地方裁判所 1981 年 2 月 16 日判决・労働判例 360 号 56 頁。

③　都南自動車教習所事件・最高裁判所第三小法廷 2001 年 3 月 13 日判决・最高裁判所民事判例集 55 巻 2 号 395 頁。

④　前揭都南自動車教習所事件。

⑤　同様観点参照:山口浩一郎『労働組合法(第 2 版)』(1996 年、有斐閣) 170 頁。

约定的期限如果超过 3 年,则被视为约定了 3 年的有效期(同条第 2 款)。

二、集体协议的法律性质

集体协议,虽然是工会与雇主(或者雇主团体)之间签订的,但是如后面我们要提到的,根据《劳动组合法》第 16 条,它被赋予了特别的效力(规范性效力),可以直接规制工会成员个人和雇主间的关系。对于这种具有特殊效力的合同的法律性质,应该如何理解,展开了一系列讨论。

首先,有一种观点认为,可以肯定集体协议本身就具有法律规范性(法规范说)。也就是说,起到社会规范功能的集体协议是劳资之间的小社会的自主法,作为习惯法(旧法例第 2 条,现在的《关于法律适用的通则法》第 3 条),或者通过劳资当事人之间的法律确信,认可其与法律具有同等效力[1]。与此相对,另一种观点认为,集体协议本来不过是当事人之间的合同,但国家着眼于集体协议的作用,特别赋予其规范性效力。换言之,赋予集体协议的当事人法律规范的设定权限(授权说[2])。

按前者的观点将集体协议本身视作法律规范,其法律依据是不充分的。而且,如果是像德国那样规定了跨越企业的共同劳动条件基准的产业协约还比较容易认可和国家法具有同样的性质,但日本的企业内协约缺乏这样的基础。因此,后者的授权说作为《劳动组合法》第 16 条的解释更妥当。

三、集体协议的规范性效力

(一) 规范性效力的内容

按照《劳动组合法》第 16 条的规定,劳动合同的内容如果违反集体协议中"关于劳动条件以及其他劳动者待遇的基准",则该部分无效(强制性效力)。无效的部分依照集体协议规定的基准(直接约束性效力)。后者的效力,针对劳动合同中没有约定的部分也同样适用。

---

[1]　片岡昇(村中孝史補訂)『労働法(1)(第 4 版)』(2007 年、有斐閣)227 頁。

[2]　久保敬治＝浜田冨士郎『労働法』(1993 年、ミネルヴァ書房)183 頁以下。

　　比如说,在集体协议中对奖金的支付标准有所规定的情况下,在劳动合同中对奖金没有特别作出约定的劳动者,或者约定的内容比集体协议低的劳动者,加入签订了该集体协议的工会会怎么样呢? 这种情况下,按照《劳动组合法》第 16 条,该劳动者可以向雇主方,作为自己劳动合同上的权利,直接要求雇主按照集体协议的标准来支付奖金。

　　另外,劳动者事后个别约定了低于集体协议标准的劳动条件,只要其适用集体协议,该个别约定自然就是无效的[①]。对于这种集体协议对劳动合同进行规制的效果,理论上是如何解释的呢? 主要有两大类别,一种认为集体协议规定的标准变成了个别劳动合同的内容(内容说或者化体说[②]);另一种认为集体协议说到底也不过是从外部对劳动合同进行规制(外部规制论[③])[④]。这些讨论,具体在对集体协议终止的情况或者劳动者退出工会的情况下,劳动合同的劳动条件如何决定进行说明的时候,会得出不同的结论。

　　按照《劳动组合法》第 16 条的字面来看,劳动合同中违反集体协议的部分,在此基础上该部分被集体协议的基准取而代之,是比较直接自然的解释。另外,关于集体协议失效后的处理问题,只要没有特殊变更,之前的劳动条件原封不动作为劳动合同的内容继续维持这一结论,通过上述解释也可以顺利推导出来(参照第 215 页)。综上所述,可以说内容说的观点更妥当。虽然也有观点认为,关于工会退会者,采纳外部规制论更有可能柔性处

---

　　① 通过变更就业规则,废止了集体协议上规定的退职金制度的事例中,裁判所认为即使劳动者同意了,该废止也是无效的。音楽之友社事件・東京地方裁判所 2013 年 1 月 17 日判决・劳働判例 1070 号 104 頁。

　　② 久保敬治＝浜田冨士郎『労働法』(1993 年、ミネルヴァ書房)188 頁、西谷敏『労働組合法』(2012 年、有斐閣)341 頁、野川忍『労働法』(2018 年、日本評論社)902 頁。

　　③ 菅野和夫『労働法(第 11 版補正版)』(2017 年、弘文堂)876 頁、荒木尚志『労働法(第 3 版)』(2016 年、有斐閣)616 頁。

　　④ 持前者观点的案例有:明石運輸事件・神戸地方裁判所 2002 年 10 月 25 日判决・劳働判例 843 号 39 頁。持后者观点的案例有:京王電鉄事件・東京地方裁判所 2003 年 4 月 28 日判决・劳働判例 851 号 35 頁。

理①。但退会后,集体协议会失去强制性效力,当事人之间完全可以就其内容进行变更,所以以前的条件作为合同内容继续存在并不会带来什么特殊问题。

(二) 有利原则和降低劳动条件

《劳动组合法》第 16 条里,"违反"集体协议制定标准的部分,不仅仅包括低于该标准的情况,也包括高于其标准的情况。换言之,劳动合同即使约定了比集体协议更有利于劳动者的劳动条件,基于集体协议的规范性效力,也会把其拉低到集体协议制定的标准(规范性效力的两面性)。

一般像德国式的产业协约,可以说代替法律,规定了该产业整体共通的劳动条件最低标准。因此,劳动合同等低于集体协议的标准时,基于后者的强制性效力无效,但是高于集体协议标准则是被允许的,这一"有利原则"在法律上也有明文规定。

与此相对照,日本的企业内协约,通常制定的是企业内的劳动条件,没有预想高于该条件的情况。而且,劳资双方间也是以可以签订这种集体协议为前提进行谈判,并保持工会的统管力。作为对《劳动组合法》第 16 条的正确解释,应该说该条对具有两面性的协约标准也认可其规范性效力,个别劳动合同可以高于集体协议标准的,只有在集体协议允许,或者不会影响工会统管力这些特殊情况下才会被允许。

对有利原则的否定,本意在于禁止在集体协议生效后签订高于其标准的个别劳动合同。但它还有另一个侧面,那就是在集体协议成立前就已经存在的合同,或者是旧的集体协议规制下的合同内容,是否会被新集体协议降低,导致不利于劳动者的结果,这个问题也是存在的。少数派观点和一些案例对此持否定态度,认为这一结果与工会维持改善劳动条件的目的背道而驰②。不过现在的主流观点的立场是,即使是在上述情况下,原则上也肯

---

① 按照外部规制论,判定工会退会者的劳动合同在退会后,其内容和集体协议不再相同的事例,参见:永尾運送事件・大阪高等裁判所 2016 年 10 月 26 日判决・労働判例 1188 号 77 页。

② 大阪白急タクシー事件・大阪地方裁判所 1978 年 3 月 1 日决定・労働判例 298 号 73 页。

定规范性效力的两面性。也就是说，降低劳动条件的集体协议，只要不是故意对特定劳动者不利等偏离工会目的签订的，都具有规范性效力①。

（三）协约自治的界限

通过上述有利原则的观点可以看出，赋予集体协议当事人的劳动条件规制权限（集体协议自治）是相当强有力的。然而，这种权限有其内在的界限，就是必须是以适合于进行协约自治的事项为对象。因为工会提出的事项当中，有些并不适合少数服从多数原理，应该留给劳动者个人来处理②。对于这些事项，即使在集体协议里规定没有个人授权就可以剥夺、限制其权利，该规定也不具有规范性效力。

比如说，未来的劳动条件，作为关于劳动者待遇的标准，属于规范性效力的对象，但已经付出劳动，并因此具体产生的工资请求权，却是属于劳动者个人的权利，工会不能随便对其进行处理③。另外，工会成员雇佣本身的终止也不应由工会决定，而是应该由个人决定的事项④。

另外，对于雇主的加班命令、调动、借调命令等是否必须服从，判例有把集体协议的规定作为根据之一，肯定该服从义务的倾向。但在学界，这本是应该尊重个人意思的事项，不能以集体协议为根据把该义务强加于劳动者的观点比较有力。

（四）规范性部分

207

集体协议的规定当中具有规范性效力的是工资、劳动时间、休假、安全卫生、工伤补偿、工作纪律等"有关劳动者待遇的标准"，是可以构成劳动合同上的权利义务内容的部分。这一部分叫做规范性部分。

与此相对照，非工会成员的范围、提供工会办公室等方便措施、工会活

---

① 朝日火灾海上保险事件·最高裁判所第一小法廷 1997 年 3 月 27 日判决·劳働判例 713 号 27 页。另外，关于通过集体协议进行劳动条件的变更，参照 363 页以下。

② 東京大学劳働研究会『注释劳働组合法（下）』（1982 年、有斐閣）816 页以下。

③ 关于降低已经发生的退职金债权额度的集体协议的案例，参见：香港上海银行事件·最高裁判所第一小法廷 1989 年 9 月 7 日判决·劳働判例 546 号 6 页。

④ 规定达到了退休年龄但不符合退休条件者会被退职处理的集体协议被判无效的案例，参见：北港タクシー事件·大阪地方裁判所 1980 年 12 月 19 日判决·劳働判例 356 号 9 页。

动的规则、集体谈判的规则、争议行为的手续、劳资协议制等等,并非规制个别劳动合同的内容,所以不具有规范性效力,只是集体协议当事人相互之间的约定而已。这部分一般叫做债务性部分。

对于规定在实施解雇、惩戒、调动等人事行为时,要和工会事先协商或者征得同意等手续,也就是所谓的人事条款,是有一定争议的。有一种观点是,该人事条款虽然只具备作为当事人之间的合同的效力,但违反该条款的解雇等,由于违反了重要手续,所以属于权利滥用,该解雇无效[1]。但是,人事条款的确是对解雇在集体协议里的准则作出的规定,在这一限度内,它属于规范性部分,应该说,违反这一准则的解雇等无需援用权利滥用这一法律构成,即可判断为无效[2](并非完整的规范性效力,只认可强制性效力这部分)。

集体协议,包括规范性部分在内,具有作为当事人之间的合同的效力(债务性效力),协约当事人有义务诚实履行其规定的内容。如果违反的情况下,对方可以请求履行(比如说不履行工会办公室的租借合同时)或者要求损害赔偿[3]。

最后补充一点,对于规范性部分,如果雇主不遵守,工会成员个人也可以以劳动合同上的权利为根据直接向雇主提出履行请求或者确认请求,在权利救济的情况下,通常这就足够了。因此,这种情况下,工会提出的履行请求或者确认请求没有诉求的利益。但是,围绕集体协议的劳动条件规定,劳资之间发生了争议,一些裁判所判决判定,如果从公权上确定该规定的效力是解决争议的必要而有效的方法,那么工会的确认请求也是有诉求利益的[4]。

208

---

① 久保敬治＝浜田冨士郎『労働法』(1993 年、ミネルヴァ書房)187 頁。

② 山口浩一郎『労働組合法(第 2 版)』(1996 年、有斐閣)180 頁以下。

③ 对违反奖金最高额和最低额之间相差 1 万日元以内的规定,支付奖金相差 2 万日元以上的行为,工会提出损害赔偿且法院予以支持的案例,参见:山手モータース事件・神戸地方裁判所 1973 年 7 月 19 日判决・判例タイムズ299 号 387 頁。

④ 佐野安船渠事件・大阪高等裁判所 1980 年 4 月 24 日判决・労働関係民事裁判例集 31 巻 2 号 524 頁。此案例对"一天的实际劳动时间原则上保持在 7 小时以内"这一规定,准予对其进行有效确认请求。

四、和平义务与和平条款

1. 和平义务

在集体协议的有效期内，当事人不能针对已经约定的内容，要求变更废止而进行争议行为，这称为"和平义务"。劳资双方都负有和平义务，不过雇主的争议行为（闭厂）原本就限制在很小范围内，所以和平义务的作用主要是制约工会的争议行为。

合同双方当事人应当尊重自身的约定，因为无论何种合同类型都以诚信原则为本，所以集体协议的和平义务的根据也是诚信原则。对于排除和平义务适用的约定是否有效这一点，有观点认为其违背集体协议法制的法律宗旨，所以是无效的，但是集体协议本身就是建立在劳资合意的基础上，因此这种约定也是有效的[①]。

上述和平义务，其对象只限于集体协议规定的内容，所以被称作"相对和平义务"。与此相对，有时会禁止集体协议有效期内所有的争议行为，对所谓"绝对和平义务"作出约定。对于这种约定，多数观点认为其剥夺了宪法所保护的争议权，因此无效。但也有观点认为，只要是基于当事人明确的意思，就是有效的。另外，前者的"相对和平义务"也仅仅是禁止对协约规定内容中途要求变更的争议行为，并不禁止协约有效期内为下次协约谈判而进行的争议行为。

工会违反相对和平义务进行争议行为的情况下，对该行为的正当性存在争论（关于争议行为的正当性，参照第409页以下）。多数观点认为，从刑事免责角度看该行为不失去正当性，但从民事免责角度需否定其正当性，工会要为因此造成的损失负赔偿责任（不过，对于赔偿范围，又分为需要对有因果关系的全部损失进行赔偿和仅限于违反诚信原则的精神损失费这两种不同观点）。而且，还可以请求停止违反行为。但是，对于该争议行为，仅仅是工会负有债务不履行的责任，争议行为本身并不能成为对劳动者的惩戒

209

---

① 山口浩一郎『労働組合法（第2版）』(1996年、有斐閣) 178 頁。

理由①。

2. 和平条款

在集体协议上有时会规定开始争议行为时应该遵守的手续（争议预告期间，事先斡旋等），这叫做"和平条款"。违反和平条款进行的争议行为，无法被民事免责，当属债务不履行，对未遵守手续带来的损失负有赔偿责任。

五、集体协议的效力扩张

（一）集体协议的扩张适用（一般性约束力）

集体协议是工会以维持和改善其成员的劳动条件为目的进行谈判并签订的，原则上其效力只覆盖工会成员。不过，当一个集体协议对某个范围内的大部分劳动者都适用时，将其适用范围扩大到工会成员以外的人有时会更理想。能达到这种效果的制度，就是集体协议的扩张适用（一般性约束力）。

《劳动组合法》规定了①职场内扩张（第17条）和②地域性扩张（第18条）这两种类型。据说第②类是以德国法为原型的，但实际当中很少使用。第①类是日本特有的制度，但宗旨和目的不明确，问题很多。

（二）职场单位的扩张

1. 宗旨

《劳动组合法》第17条规定，"一个职场平时雇佣的同类劳动者的四分之三以上人数的劳动者都适用同一个集体协议时"，该职场雇佣的同类劳动者，也适用该集体协议。对于这条法律的立法宗旨，存在不同的理解。

第一种观点认为，这是通过防止未加入工会者廉价出卖劳动力来达到强化多数工会的劳动条件规范力的规定。第二种观点认为，这是为了提高未加入工会者的劳动条件，并对其进行保护的规定。第三种观点认为，这是为了把多数工会同意的协约条件视作职场内的公正劳动条件，并由此来统

---

① 弘南バス事件・最高裁判所第三小法廷1968年12月24日判决・最高裁判所民事判例集22卷13号3194頁。

210 一劳动条件的规定①。第一种观点的解读是,该制度是为了签订协约工会之利益的制度,所以和雇主约定将其排除也无妨,因此否定扩张适用的集体协议条款有效。与此相反,第二种和第三种观点则认为否定扩张适用的条款因违反强制性规定而无效。

对于第 17 条的扩张适用,第二种观点认为比起签订协约的工会而言,这一制度更倾向于未加入工会者的利益,这一点很难说通。另外,考虑到该条立法宗旨并不明确,第三种观点认为其赋予多数工会强大的劳动条件设定功能也难免牵强附会。应该以第一种观点阐述的作用为主吧。

2. 扩张适用的要件

"一个职场"一般和劳动基准法上的"事业"意思一致(关于"事业"概念,参照第 30 页)。"长期雇佣"者,不仅包括签订无固定期限劳动合同者,有固定期限劳动合同经过反复更新,实质上可以看作平时雇佣的人也包括在内。

是否属于"同类劳动者",原则上以协约的适用对象为基准来决定。但是临时员工和非全日制劳动者要根据工作内容和工作形式等进行实质性判断②。

不同于该法第 18 条的地域性扩张,第 17 条并没有对程序要件作出特殊规定,只要适用于四分之三以上的劳动者这一事实出现,马上就可以进行扩张适用③。

3. 效果

通过扩张适用,对于没有加入工会的劳动者的劳动合同,协约基准也会强制性适用。从第 17 条的宗旨出发,扩张适用只限于集体协议的规范

---

① 朝日火灾海上保险事件 • 最高裁判所第三小法廷 1996 年 3 月 26 日判决 • 最高裁判所民事判例集 50 卷 4 号 1008 页。同时列举了第 1 种和第 3 种观点的宗旨。

② 日野自动车工业事件 • 東京高等裁判所 1981 年 7 月 16 日判决 • 労働関係民事裁判例集 32 卷 3=4 号 437 页。以没有加入工会资格为理由,判定临时员工不算是同类劳动者,这一判决是不妥当的。

③ 因工会组织率不到四分之三而否定扩张适用的案例,参见:代々木自动车事件 • 東京地方裁判所 2017 年 2 月 21 日判决 • 労働判例 1170 号 77 页。

性部分①。规范性部分中,像人事协议以及同意条款这类没有直接规制效力的部分也不被扩张适用。

另外,这种情况下的规范性效力也不同于《劳动组合法》第 16 条的规范性效力,应该认可有利原则的存在②。因为接受扩张适用的劳动者,并不能 211 参与工会对该协约所作出的意思决定,所以让他们承受扩张适用引起的劳动条件下降的后果是不合适的。

然而,最高法院却否定了有利原则,认为即使集体协议的劳动条件不利于劳动者,也不能仅仅以此为由便否定第 17 条的扩张适用③。不过,从扩张适用引起的不利条件的程度和内容来看,劳动者是否有工会加入资格等判断,如果存在可以判定本条扩张适用极其不合理的"特殊情况",可以作为例外,认可协约的规范性效力不被扩张。这个案例中,对工会成员具有规范性效力的集体协议条款④,以存在特殊情况为依据没有被扩张适用,在这一范围内考虑照顾了非工会成员的立场。

4. 对其他工会成员的适用

本条的扩张适用对象人员的范围,只限于非工会成员,还是也包括其他工会的成员,观点并不统一。认为扩张也包括其他工会成员的观点,主要理由是本条并未否这一点,另外,即使肯定扩张适用,少数工会依然可以自己进行集体谈判,并未剥夺其自主性;与此相对,否定对其扩张的观点所持的理由是,少数工会也拥有平等的团结权和集体谈判权,对于少数工会会员的扩张适用与此矛盾,而且会导致允许其搭顺风车,在多数工会集体谈判的成果上要求更高条件的结果⑤。

---

① 否定在职专门从事工会活动协定的扩张适用的案例,参见:三菱重工業長崎造船所事件・最高裁判所第一小法廷 1973 年 11 月 8 日判决・労働判例 190 号 29 頁。
② 山口浩一郎『労働組合法(第 2 版)』(1996 年、有斐閣)198 頁、西谷敏『労働組合法』(2012 年、有斐閣)381 頁以下。
③ 前揭火災海上保険事件・最高裁判所第三小法廷 1996 年 3 月 26 日判决。
④ 前揭火災海上保険事件・最高裁判所第一小法廷 1997 年 3 月 27 日判决。
⑤ 菅野和夫『労働法(第 11 版補正版)』(2017 年、弘文堂)893〜894 頁。

判例中,有判定本条不涉及其他工会成员的[1],也有其他工会签订了集体协议的情况下否定对其扩张的[2],还有在公司拒绝和少数工会进行集体谈判造成没有签订集体协议的状况下肯定对其扩张的[3](这些都是其他工会成员主动要求扩张适用的案例)。本条的扩张适用,无论是非工会成员还是其他工会成员,原则上都应该肯定,但是在其他工会签订了集体协议的情况下,其独立的集体谈判权已经具体化,就会阻挡扩张的效力,这样解释是比较妥当的。

(三) 地区单位的扩张

《劳动组合法》第 18 条第 1 款规定,①"一个地区工作的同类劳动者的大部分适用同一个集体协议时",②如果"该集体协议的当事人双方或单方提出申请,按照劳动委员会的决议,厚生劳动大臣或者都道府县知事"作出"决定",③"该地区工作的其他同类劳动者及其雇主也……适用该集体协议"。①规定了实质性要件,②规定了程序性要件,符合上述要件,就认可③的效果,也就是地区单位的扩张适用(一般性约束力)。

第 18 条是通过程序性要件明确扩张适用的启动,这一特点和第 17 条大不相同。另外,劳动委员会作出决议时,如果该集体协议中有不合适的地方,可以对此作出修改(同条第 2 款)。

集体协议的地域性扩张,是引进了以产业协约为前提的德国制度。而在以企业协约为主的日本,缺乏普及该制度的前提,因此实际例子也很少。其中,1981 年 8 月,爱知县尾西地区大约 130 家染丝企业中的 42 家龙头企业和全国纤维产业工会同盟之间签订了规定年间休息日为 86 天的集体协议(该协约对申请地区的同类劳动者的 74.2% 都适用),经全国纤维产业工会同盟的申请,接受爱知县地方劳动委员会(当时)的决议,1982 年 5 月爱

---

[1]　前揭佐野安船渠事件。

[2]　桂川精螺製作所事件・東京地方裁判所 1969 年 7 月 19 日判決・労働関係民事裁判例集 20 巻 4 号 355 頁。

[3]　福井放送事件・福井地方裁判所 1971 年 3 月 26 日判決・労働関係民事裁判例集 22 巻 2 号 355 頁。

知县知事宣布了对该地区扩张适用作出的决定算是一个例子(中央劳动时报 688 号 8 页)。

六、集体协议的更新和终止

(一)集体协议的终止原因

集体协议规定了有效期限时,伴随期限满了,协约也随之终止。在集体协议没有规定有效期的情况下,当事人可以在 90 日前通过签名或者记名盖印的书面材料作出解约预告(《劳动组合法》第 15 条第 3 款、第 4 款)。集体协议的解约和签订一样都是要式行为,而且通过设置较长的预告期间,来确保权利义务关系的明确化和安定性。

解约并不需要什么理由。但是,如果是关于工会办公室租借,在职专门 ²¹³ 从事工会活动,或者是工资内扣除工会费制度等集体协议的解约,并且是以摧毁工会为目的的话,有可能会被判定为不当劳动行为①。

按照双方当事人的合意进行解约时,不需要提前 90 天预告。但是,权衡其他要式性要求,应该说还是必须通过有签名或者记名盖印的书面材料来完成②。

此外,集体协议在工会解散等当事人消失时也随之终止。

(二)集体协议的一部分解约

集体协议针对多项内容进行规定时,整体约定是在一进一退的妥协(give and take)中完成的,所以各条款相互之间紧密相关。这种情况下,一方当事人只拿出一部分条款来解约,有讨巧占便宜之嫌,是不被允许的。

不过,对于要进行部分解约的条款,从它在集体协议中的独立程度,规定事项的性质,签订后是否情况发生变化导致维持该条款十分不妥,为解约而进行的谈判的前后过程等各种因素出发综合判断,也有例外允许部分解

---

① 判定专职从事工会活动协定的解约属于不当劳动行为的案例,参见:駿河銀行事件・東京地方裁判所 1990 年 5 月 30 日判决・労働判例 563 号 6 页。经过综合判断,对于规定非工会成员范围的条款,判定工会提出的解约有效。

② 菅野和夫『労働法(第 11 版補正版)』(2017 年、弘文堂)898 页。

约的情况[①]。

(三) 集体协议的延长和更新

集体协议规定期限时,根据当事人的合意延长或者更新该协约当然是可能的,但为了避免未达成合意导致无协约状态出现,许多集体协议里,都有自动延长或者自动更新的规定。自动延长是指"本协约修改谈判中如果有效期满,本协约到新协定签订为止依然有效"这样的规定。另外,自动更新是指,"在协约的有效期满 1 个月之前,任何当事人都未提出修改或废止的要求时,和原有协约一样的期限内,继续有效"这样的规定。

自动更新的情况下,视为协约重新成立,其有效期限和现有协约相同。与此相对,自动延长的情况下,只要当事人没有明确决定,集体协议就变成无固定期限的协约。另外,自动延长时如果规定了期限,延长期限和原有协约的有效期加起来不能超过 3 年(参照《劳动组合法》第 15 条)。

(四) 集体协议的承继

伴随公司的组织变更,集体协议的当事人有时也会变更。比如说,公司合并的情况下,作为合并的效果(全部财产的统一承继),因合并消灭的公司的集体协议,当然由吸收企业或者新设立企业来承继。

另外,公司分立的情况下,《关于公司分立时劳动合同承继等的法律》(《劳动合同承继法》)第 6 条规定了集体协议的特殊承继方法(关于该法律,参照第 367 页)。首先,集体协议的债务性部分,如果原有公司和工会之间关于继承的约定和分立计划书等记载的完全相同,就按此由设立公司等承继(第 6 条第 2 款)。另一方面,关于规范性部分,视作设立公司等和工会之间签订了同一内容的集体协议(同条第 3 款)。

作为其结果,有时合并公司或者设立公司等会出现几个集体协议并存的情况,有时候需要在它们之间作出调整。

---

① 日本アイ・ビー・エム事件・東京高等裁判所 2005 年 2 月 24 日判決・労働判例 892 号 29 頁。

（五）集体协议终止后的法律关系

作为一般的合同法理，如果合同终止，其中规定的权利义务当然也就消灭了。然而，集体协议即使终止，它规范的雇主与工会或者作为工会成员的劳动者的关系本身并没有消灭，所以其处理会成为一个问题。

集体协议的规范内容中，关于提供方便，集体谈判的规则等债务性部分，只要集体协议失效，就失去了其法律根据。不过，有的情况下，一直以来持续存在的劳资间的规则会成为劳资惯例，以此为根据认可一定的权利。另外，雇主将协约失效作为大好机会，没有合理的理由就单方废除原来惯常的做法，有可能被判断为企图削弱工会势力的不当劳动行为。

另一方面，关于集体协议的规范性部分，如果协约失效引起规范性效力消失的话，劳动合同的劳动条件如何变化将会是个问题。在这一点上，比如说德国，在法律上规定，集体协议的规范性部分，在协约失效后也依然有效，直到其他新规定成立。这称做集体协议的余后效力（Nachwirkung）。

日本的《劳动组合法》没有这样的规定，所以集体协议本身没有余后效力。不过，关于集体协议的规范性效力的内容论（参照第204页）认为，协约规定的劳动条件已经变成个体劳动合同的内容，所以当事人之间没有特意进行变更的话，就按照原来内容存续下去。这一点，按照外部规制论的观点，随着集体协议失效，规范性效力消失，劳动合同的该部分一度变成空白，但劳动合同关系作为持续性的债权关系，尽量维持以前的劳动条件可以说是当事人的合理意思，通过这种相当技巧性的解释，也能推导出同样的结论。

如此一来，集体协议终止以后，协约规定的劳动条件依然作为劳动合同的内容留了下来，但是集体协议的强制性框架已经消失了，雇主可以通过个别约定或者就业规则的变更等对其进行变更（参照第五章第一节"劳动合同的变更"）。不过，即使是这种情况下，因为以前是受集体协议规范的劳动条件，所以如果不和工会谈判就直接变更劳动合同或就业规则，还是有可能会构成不当劳动行为。

在判例中有这样的事例，就业规则规定"退职金按照退职金协定支付"，并就退职金的支付条件和计算方法签订了退职金协定(集体协议),将其和就业规则一起提交给了劳动基准署。对此,裁判所判定在这种情况下退职金协定构成就业规则的一部分,所以该协定失效后,劳动者依然有权利依据就业规则的规定,按照以前的标准要求支付退职金[1]。可以说在这里,退职金协定不是作为一般劳动合同内容存续下来,而是转化为就业规则条款了。

216

欧美各国的集体协议

集体协议的方式,每个国家大有不同。在这里我们看一下德法美英四个国家各有什么样的特征。

在德国,工会通常以地区为单位,按照产业来组织,集体协议也是和相应的雇主团体之间签订。工会的组织率是 17％左右,但雇主团体的组织率相当高,而且利用地域性扩张制度,集体协议的覆盖率占全体劳动者的六成左右。德国的集体协议,规定了该地区和产业的最低劳动条件,在各企业和事业所,只有在不和集体协议相抵触的范围内,才能通过事业所协议会(Betriebsrat)和雇主之间的协定规定劳动条件。

在法国,以产业部门为单位,在全国或者地方范围签订的集体协议是基本形态。但是,近年来企业层面的协约有了显著发展,2016 年还进行了法律改革,使得企业协约的地位优先于产业协约。在集体谈判中,通常几个工会坐在一张谈判桌上谈判,在达成协议后也是几个工会一起在协约上签名。另外,签订协约后,其效力覆盖签名的雇主雇佣的所有劳动者,而且扩张适用的制度也被频繁利用。正因为如此,虽然工会组织率低(7％左右),但协约的覆盖率却达到 90％以上。

在美国,除了一部分产业,集体谈判是以企业为单位进行的,集体协议基本上都是企业内协约。因此,协约决定的不是地区或者产业的最低标准,而是该企业的劳动条件本身。和德法不同,美国没有扩张适用的制度,集体协议的覆盖率,仅仅略超工会组织率(11％左右)。另外

---

[1]　前揭香港上海銀行事件。

一个特点是,自主解决争议的体系比较发达,产生集体协议上的争议时,不是由裁判所而是由劳资选择的仲裁人来进行判断。

在英国,集体协议最大的特点是,它不过是绅士协定,并不具有法律约束力。因此在个别劳动合同中,会设定将协约内容编入的桥梁条款。过去是以产业内协约为主,现在个别企业的协约较多。1980年工会组织率有60%左右,但现在只有23%,集体协议的覆盖率也由70%下降到30%以下,由此可以看出撒切尔改革之后劳资关系变化之大。

第四章 "劳动条件"面面观

第一节 工资

工资是劳动合同的基本要素,这一点毋庸置疑。劳动合同本来就以雇主"约定……支付工资"作为成立要件(《劳动合同法》第6条),民法上的雇佣合同也以对劳动"约定支付报酬"作为本质(《民法》第623条)。如果没有关于支付工资的合意,劳动合同则不成立。

工资也是劳动条件中最重要的领域。它是劳动者生活不可或缺的资金源,和工作时间一样,都是劳动者最为重视的条件。另一方面,工资在企业的费用支出中占据很大部分,其支付额也很大程度左右着企业的收益。因此,工资额的决定是集体协议中最重要的事项[在德语里集体协议(Tarifvertrag)直译过来就是"单位时间工资额合同"],其支付方式也受到法律规制(《劳动基准法》第24条以下)。

工资的体系和决定方式,反映了其背后劳动关系的实际状况。日本企业的传统特色是,奖金和退职金比较普及,还有各种各样的津贴,实行年功工资制度(定期涨工资制度)等,和以岗位工资制为主的西欧各国大相迥异。但是,近年来,日本在对终身雇佣制进行修正的同时,也提倡能力绩效主义和多样化的雇佣管理,因此很多企业也开始积极采用年功序列色彩不浓厚的职能工资制以及实施年度考核的年薪制。

一、工资的含义

(一) 工资的双重含义

使用"工资"一词时,通常含有两种不同性质的意思。第一种情况下,工资被用于表示"《劳动基准法》上的工资"。《劳动基准法》为了确保劳动者就工资享有的权利,设有多项规定(《劳动基准法》第 12 条,第 15 条,第 17 条,第 23 条,第 24 条及其他多条),为了确定这些规定的适用对象,需要规定工资的含义。第二种情况下,工资一词还用来表示"劳动合同上的工资"。这是指劳动者按照劳动合同有权请求支付的工资,反过来说也就是雇主负有支付义务的工资。其内容和范围,根据该劳动合同的规定来确定,和《劳动基准法》上的工资未必完全一致。

(二)《劳动基准法》上的工资

《劳动基准法》上的工资是指"无论其采用工资,薪水,津贴,奖金或其他任何名称,雇主作为劳动报酬支付给劳动者的所有财物"(《劳动基准法》第 11 条)。问题关键就在于,雇主支付给劳动者的金钱,在什么情况下可以被称作"劳动报酬"。

一般来说,在就业规则或同类工资规则上,明确规定支付条件,且雇主承诺支付的话,该支付金就是"劳动报酬",属于工资。因此,不用说基本工资或者既定外工资,大部分工作津贴都属于工资。另外,家庭津贴只要符合相关条件也是工资[1]。相反,没有明确规定支付条件,具有任意性、恩惠性质的则不算工资。雇主随意发放的红白喜事份子钱,公司成立纪念日临时发放的红包等,从这层含义上来说都不算工资,其法律性质当属赠与。同理,福利厚生费也不算工资。

支付的实物算不算工资呢? 如果要从工资里扣除这部分支付,或者合同上明确规定雇主有支付义务,就是工资。如果对该实物另外收取费用,则原则上不算工资。但该费用占实际费用比例很低的情况下(三分之一以下),收费和实际费用的三分之一之间的差额要视为工资[2]。另外,提供公司宿舍算不算工资呢? 如果给没有住在宿舍的人按照一定支付标准支付住

---

[1]　日産自動車事件・東京地方裁判所 1989 年 1 月 26 日判決・労働関係民事裁判例集 40 巻 1 号 1 頁。

[2]　1947 年 12 月 9 日労働基準局長名で発する通達 452 号。

宅津贴,则提供宿舍也算工资,而不是福利厚生费。

公司事先赋予董事或者职工,可以按照一定价格收购一定数量股份的权利叫做股票期权,是《公司法》上认可的新股认购权的一种(《公司法》第 238 条第 1 款第 2 项、第 3 项)。这也是劳动者报酬的一部分,但是因为是否行使权利以及抛出股票的时期都由劳动者决定,所以其利益不算工资[①]。不过,这属于劳动条件的一部分,如果要建立这一制度,需要记载在就业规则上(《劳动基准法》第 89 条第 10 项)。另一方面,和股票期权不同,采取配发股份的形式进行股票奖励时,配股时点就得到了获取配发额度的公司股票的权利,所以具有一定的确定性,不能否定其工资性质[②]。另外,行使股票期权得到的收益,在《所得税法》上,是基于雇佣合同提供劳动得到的报酬,属于薪水所得(同第 28 条第 1 款)[③]。

业务用品费,高管交际费,提供工作服,自有机器的损耗费等,属于企业设备费、业务费,并非劳动报酬,因此也不算工资。还有,工资由"雇主给劳动者"支付,所以劳动者从顾客那里收取的小费也不是工资[④]。

(三) 平均工资

《劳动基准法》上的规定,因为种种理由需要计算工资的大概金额,所以要用到"平均工资"这个概念(《劳动基准法》第 20 条,第 26 条,第 39 条第 7 款,第 76 条,第 77 条,第 79—82 条,第 91 条)。这里的平均工资是出于《劳动基准法》的技术需要产生的概念,指工资的大致金额,和劳动合同上约定的工资平均额并不一致。

平均工资的计算方法如下(《劳动基准法》第 12 条):首先,从需要计算平均工资的事由发生那天算起,用之前 3 个月支付的工资总额,除以 3 个月的总天数(包括非工作日)。这是基本原则。不过,如果是按日或小时付工

---

① 1997 年 6 月 1 日労働基準局長名で発する通達 412 号。

② リーマン・ブラザーズ証券事件・東京地方裁判所 2012 年 4 月 10 日判決・労働判例 1055 号 8 頁。

③ 荒川税務署長事件・最高裁判所第三小法廷 2005 年 1 月 25 日判決・最高裁判所民事判例集 59 巻 1 号 64 頁。

④ 1948 年 2 月 3 日労働基準局長名で発する通達 164 号。

资,或者是计件工资时,平均工资不能低于用 3 个月工资总额的 60％除以该期间劳动天数得出的金额。另外,一部分是月工资或者周工资的情况下,平均工资不能低于用合算方式计算出的金额(同条第 1 款)。计算平均工资时,如果规定了工资核算截止日,就从之前最近的核算截止日开始算起(同条第 2 款)。工伤,产前产后生育假,雇主责任造成的停产,育儿假,护理假以及试用期,不算在总天数和工资总额里(同条第 3 款)。临时支付的工资以及超过 3 个月期间支付的工资(一时金,奖金等)也不计算在内(同条第 4 款)。入职不满 3 个月者,按照入职后的期间进行计算(同条第 6 款)。另外,按天雇佣的日工和按以上方法无法计算者的平均工资,其计算方式都由厚生劳动大臣规定(同条第 7 款、第 8 款,[①]《劳动基准法施行规则》第 4 条)。

(四) 劳动合同上的工资和工资扣除

劳动合同上工资的范围,通常由劳资间的合意约定,只要不低于最低工资,或者不违反公序,劳资都可以自由决定。是否支付奖金与退职金,以及具体计算方法,一般来说也是自由的。另外,诸如无效解雇的情况下,劳动者可以请求的未付工资的范围,是否包括解雇期内的加薪、一时金和奖金以及各种津贴等,要根据具体情况下就业规则和集体协议的规定内容或者实际运作来进行判断(不过,也有很多案例为图方便,直接用平均工资为基础来计算)。

另一方面,劳动者因为旷工或者罢工等,没有履行劳务时,雇主没有义务支付作为劳务报酬的工资。这叫做"no work,no pay(无劳动提供无工资支付)原则"(参照第 416 页)。因此雇主可以从原定工资里,扣除未工作期间的工资部分再支付,这叫做"工资扣除"。当然,以上所述只是合同解释上的一般原则,在劳动合同中另行规定也完全没有问题。

(五) 工资请求权的产生

劳动者的工资请求权,不是在实际付出劳动时,而是在劳动者按照债务

---

① 1963 年 10 月 11 日劳働省告示 52 号。

原本目的提供了劳务履行的情况(一般是指,作出接到指示时就劳动的意思表示的情况)下产生。因此,劳动者如果签订了不限定岗位工种的劳动合同,却因为治病,不能很好地完成由雇主分配且一直从事的特定岗位的工作,这种情况下,通过综合考虑各种因素得出结论——将该劳动者分配到其他岗位工作具有现实可能性,而且劳动者本人也提出愿意去新岗位提供劳动的申请,则仍然可以判定劳动者按照债务原本目的提供了劳务履行[①]。

反之,如果不按照债务原本目的提供劳务履行,雇主可以拒绝接受该劳务,并拒绝支付该劳务提供所对应的工资部分(有判例认为,作为争议行为的一环,劳动者拒绝出差和外勤业务,只从事内勤业务的情况下,雇主没有工资支付义务[②])。

最后提一下除了每月支付固定金额的基本工资外,以 1 年为单位,考虑公司及员工的个人业绩等各种因素,由公司决定是否支付以及支付多少金额的绩效挂钩型工资制。这种制度下,需要雇主就该年度是否支付、具体支付额、计算方法作出决定,并在劳资之间达成合意,才会产生工资的具体请求权。因此,只要公司还没有作出决定,劳动者就没有请求支付的具体权利[③]。

二、工资的构成要素

(一) 工资体系和各种津贴

1. 基本工资

工资一般分为每个月支付的月工资和除此之外的特别工资。月工资里,又包括按照劳动合同确定金额的定额内工资(基本工资以及各种津贴)

---

① 片山組事件・最高裁判所第一小法廷 1998 年 4 月 9 日判决・労働判例 736 号 15 頁。在下级裁判所案例里,即使签订的劳动合同只限于卡车司机岗位,也仍然作为例外肯定了这种可能性,参见:カントラ事件・大阪高等裁判所 2002 年 6 月 19 日判决・労働判例 839 号 47 頁。

② 水道機工事件・最高裁判所第一小法廷 1985 年 3 月 7 日判决・労働判例 449 号 49 頁。

③ グレディ・スイス証券事件・最高裁判所第一小法廷 2015 年 3 月 5 日判决・判例時報 2265 号 120 頁。

和根据每个月的实际劳动业绩金额发生变动的定额外工资(工时外和休息日加班费、深夜加班费等)。另外,特别工资包括一时金(年末和夏季奖金等)和退职金等。

基本工资,一般是像月工资制、日工资制、小时工资制、年薪制那样,以时间为单位来计算。采用不同的制度,在劳动者迟到或旷工时如何处理基本工资,或者一般工作日因放假变成节假日劳动时如何计算基本工资等问题上,会存在一些差异。月工资制下,基本工资为定额,和工作天数与时间无关,但是日工资制或者小时工资制下,基本工资会变动。另外,日工资或者小时工资,即使每个月合计后再支付(日工资月付,小时工资月付),仍然是日工资制或者小时工资制。

基本工资有时会按照营业额和生产件数等业绩多少来计算,但是不能全额都按绩效工资支付,必须作为生活保障工资,按照时间支付给劳动者一定金额(《劳动基准法》第 27 条)。另外,采用年薪制的情况下,如后所述,每个月也至少要支付 1 次以上工资(同第 24 条第 2 款)。有时年薪的一部分会被用来充当每年两次的奖金,这种情况下,奖金的金额事先已经确定,因此需要算入加班工资的计算基数里[①](参照第 268 页)。

2. 职能资格制、绩效主义和岗位工资

223

很多企业都将基本工资的金额规定在工资表内。在职能资格制度下,工资表按照劳动者的职务内容(事务职位、技术职位、专业职位等)分别制定,每个职位则按照资格和等级区分(参事、副参事、主事等),列出等级。各个等级再细分成不同的层级(称作"号"),最后各个号分别对应具体的基本工资金额。劳动者的资格或者等级区分被提升叫做"升格",升格很大程度上取决于人事考核。在同一资格内晋升"号"叫做"升级",每个年度通过将"号"晋升一级来进行定期加薪(参照职能资格工资示意图)。

---

① 2000 年 3 月 8 号労働基準局長が疑義に答えて発する通達 78 号。

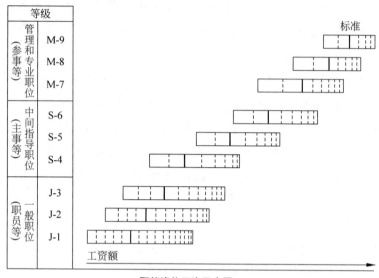

职能资格工资示意图

另一方面,通过集体谈判等方式,预估物价上升率等因素,对工资表上

224 的金额等加以调整,叫做整体加薪。在日本一般通过春斗方式实现,即主要

工会(产业单一工会)每年春季先通过谈判决定整体加薪率,然后再扩大到

其他工会和非工会成员劳动者的工资提升率。但是,在近年来的经济形势

下,实施整体加薪之路并不平坦。

以上都是传统型职能资格制度下的工资,与此相对,减少工资中跟本人

属性有关的要素(年龄、学历、工作年限),将工资体系修正为对劳动者外在

表现能力进行评价的制度,是近来出现的新动向。比如说,其中之一,就是

从一个等级晋级到上一个等级的所需年数(必要滞留年数)大幅缩短的动

向。这样一来,能力强的劳动者可以超越年龄和工作年限限制升级,也就是

可以得到所谓的破格提拔(但另一方面,也容易增加降格和减薪的风险)。

此外,按照个人担任工作的重要度和完成度来决定工资的,是绩效主义工

资。对劳动者的评价在目标管理制度下实施,越是困难和重要的工作越是

设定高目标,如果业绩出色则工资也高。不过,对于绩效主义,也有基于以

下问题点对其恰当性表示怀疑的:比如每个人的工作成果都要在1年这样

一个较短的周期内进行评价,还有评价者的评价能力无法保证等等。

在欧洲各国传统中已经发展成熟的是岗位工资制度。这种制度下,基本工资的金额不是和个人,而是和岗位挂钩,先在各个产业内进行详细的职务分类,再由此决定工资率(单位时间的工资)。岗位工资下只要岗位种类相同,不管劳动者个人属性(年龄、性别、经验年数等)如何,单位时间内的工资原则上都一样。

3. 各种津贴

作为定额内工资的各种津贴,一般可以分为工作津贴和生活津贴。工作津贴又包括对劳动者担任的劳动状况和个性进行评价后支付的部分(职务津贴、技能津贴、特殊工作津贴、替班津贴)和以提高劳动者出勤率和工作热情为目的的部分(全勤津贴、业绩津贴等)。生活津贴是和工作内容无关,用于补贴劳动者生活开支的,有家庭津贴、住宅津贴、单身赴任津贴、通勤津贴等。可以说,各种津贴的种类丰富,占工资总额的比例高,乃日本工资体系的一大特色。

(二) 一时金(奖金)

年末或者夏季支付的一时金(奖金),只要在就业规则或者劳动合同里规定要支付,那么无论从哪种意义来讲都属于工资。一时金的支付额由劳资谈判决定,按照对一定期间的工作业绩进行人事考核以及企业的财政状况决定的部分较多(工资规程上规定,对期末勤勉津贴"按每次理事会决定的金额支付",这种情况下,理事会对应付金额作出决定后,才产生具体的权利)[1]。但是,即使采取这种决定方法,一时金也不会失去其工资性质,从这一意义上来讲,计算平均工资或者加班工资时,不把一时金包含在内,从立法论来看存在问题。

一时金也有激发工作热情的目的,所以很多企业将劳动者在支付日那天仍在企业工作设定为支付条件(支付日在职要件),但这一做法的效力存

225

---

[1] 福冈双叶学园事件 · 最高裁判所第三小法廷 2007 年 12 月 18 日判决 · 劳动判例 951 号 5 页。

在争议。一时金虽然是工资的一种,但未必是和具体工作相对应来把握的工资。因此,只能认为其支付条件可以通过就业规则(一时金支付规则)等自由规定,从这个意义上来说,只要其标准合理明确,支付日在职要件也算不上违法①。不过,诸如经济性裁员这种雇主单方设定解雇生效日的情况下,以存在支付日在职要件为由拒付一时金,从对该条款的合理解释出发是不允许的②。

(三) 退职金

1. 退职金的性质

关于退职金,围绕其法律性质过去曾有过很多讨论,但是现在基本达成了共识,那就是如果支付条件明确,则其具有后付工资的性质。不过,《劳动基准法》使用"退职津贴"这一词,对退职金和工资加以相对性区分(比如《劳动基准法》第89条第3项之2)。

退职金不是单纯按照工龄乘以一定比例算出来的,常见的计算方式是工龄越长越有利。另外还有规定离职时,雇主对劳动者的整体工作进行再评价的计算方式。判例认为,退职金"兼有功劳奖赏的性质"③,这里所说的"功劳奖赏",也包含了对工作进行再评价这层含义。

从以上观点出发,因个人原因离职和因公司原因离职的人之间,退职金存在一定差距,也不算违法。另外,为了让劳动者遵守竞业限制义务,规定离职后到其他竞争对手企业工作的话需要返还部分退职金也不算违法,但是必须要限定在不会造成不当约束劳动者择业自由的程度以内④(竞业限制义务参照482页)。

2. 惩戒解雇和退职金

劳动者被惩戒解雇时,一般来说不对其支付部分或者全部退职金,这和

---

① 大和银行事件·最高裁判所第一小法廷 1982 年 10 月 7 日判决·劳働判例 399 号 11 頁。
② 前揭リーマン·ブラザーズ証券事件。
③ 三晃社事件·最高裁判所第二小法廷 1977 年 8 月 9 日判决·劳働经济判例速报 958 号 25 頁。
④ 前揭三晃社事件。

退职金的后付工资的性质是否矛盾是一个需要探讨的问题。对于降低退职金的问题，有观点提出，按照《劳动基准法》对于扣减工资的规制（第91条）进行类推，减少额度不应超过十分之一①。但是，如上所述，退职金是退职时对劳动进行再评价后决定的，劳动者只对扣除后的退职金部分享有请求权这种观点也成立。所以，不能把减额制度本身作为不合理的制度否定其效力。不过，在判断惩戒解雇的效力时，应该对其妥当性进行严格判断，看是否达到了可以拒付退职金的程度，"只要不存在足以抹杀劳动者多年工作之功劳的背信弃义的行为，就不允许拒付退职金"②。

从这种观点出发，近年来，有一些案例否定拒付全部退职金的做法，对部分退职金的请求予以支持。比如，某铁路公司员工因节假日期间在其他铁路公司运营的列车上耍流氓被逮捕，并因此被公司惩戒解雇（拒付退职金）的案例中，法院对退职金预定支付额的三成予以支持③。另外，劳动者因强迫猥亵事件被处以有期徒刑缓期执行处分，并因此被公司惩戒解雇的案例中，法院也考虑到该行为属于工作外私生活中的违法行为等因素，判定对退职金扣除七成后支付④。同样，还有一个工作多年的司机下班后酒驾被惩戒解雇的案例，也是因类似理由，裁判所判断雇主仍须支付退职金的三分之一⑤。

三、工资支付及其规制

（一）工资支付时期

劳动者只有在完成了约定的劳动任务之后，才可以要求支付报酬（工资的后支付原则；《民法》第624条第1款）。如果是月薪制，在每月的工资支

---

① 有泉亨『労働基準法』（1963年、有斐閣）233頁。

② 日本高圧瓦斯工業事件・大阪高等裁判所1984年11月29日判決・労働関係民事裁判例集35巻6号641頁。

③ 小田急電鉄事件・東京高等裁判所2003年12月11日判決・労働判例867号5頁。

④ NTT東日本事件・東京高等裁判所2012年9月28日判決・労働判例1063号20頁。

⑤ ヤマト運輸事件・東京地方裁判所2007年8月27日判決・労働経済判例速報1985号3頁。

付日之前,原则上也不能要求支付工资。不过,后支付原则有一个例外:①非雇主责任(即基于劳动者责任或不可抗力的情况)导致无法从事劳动,②无论出于任何理由,在劳务履行过程中雇佣终止的情况下,劳动者可以按照已履行的劳动比例来申请报酬(新《民法》第 624 条之 2,2020 年 4 月实施)。

在此之上,《劳动基准法》规定,对于已经完成的劳动,劳动者如果是为了筹措特殊情况下的应急费用,即使是在工资支付日以前申请,雇主也必须支付该部分工资。这里法律允许的特殊情况具体是指劳动者本人以及被扶养人的分娩、疾病、事故、结婚、死亡、迫不得已返乡的情况(《劳动基准法》第 25 条,《劳动基准法施行规则》第 9 条)。

(二) 工资支付的各项原则

《劳动基准法》第 24 条规定,工资支付方法要遵循以下各项原则。这些原则都是考虑到工资作为生活资金的重要性,为确保其支付,尽量减少产生例外的可能性而作出的严格限制。

1. 通货支付的原则

工资必须使用通货支付。这是为了防止实物支付带来的弊害,规定了对劳动者而言最为安全便利的支付方法。根据这一原则,禁止用支票支付工资。但是,关于退职津贴,如果劳动者同意,也可以用银行本票、银行承兑汇票、邮局汇款等方式来支付(《劳动基准法施行规则》第 7 条之 2 第 2 款)。

集体协议上如果有不同规定,也可以用通货以外的方式来支付。这种集体协议和职场协定不同,和少数工会之间也可以签订,但其效力只覆盖工会成员。

通过银行账户汇款方式支付工资,在以下情况下是允许的。首先,以"劳动者同意"为条件;其次,必须汇款到"该劳动者指定的银行以及其他金融机构"里该劳动者的银行存储账户,或者"该劳动者指定的金融商品交易商"那里的该劳动者的托管账户(另需满足一定条件)(《劳动基准法施行规则》第 7 条之 2 第 1 款①)。

---

① 参照 1975 年 2 月 25 日劳働基準局長名で発する通達 112 号。

2. 直接支付的原则

工资必须直接支付给劳动者。这是为了防止第三者介入抽头,确保工资能支付到劳动者本人手中。因此,支付给亲权人等法定代理人或者任意代理人也是被禁止的。不过,明显只是作为使者代领工资的情况下,可以支付[1]。

工资债权虽不是不允许转让,但在支付前转让也适用本条原则。因此,雇主必须把工资直接支付给作为出让人的劳动者,受让人不能要求雇主直接支付给自己[2]。

工资债权在按照《民事执行法》的规定被扣押时,雇主按照该法律把工资支付给扣押债权人不违反直接支付原则。不过,对于相当于工资额四分之三的部分,原则上禁止扣押(《民事执行法》第 152 条,另参照《国税征收法》第 76 条)。

3. 全额支付的原则

雇主必须对计算期内的劳动,支付约定工资的全额。其宗旨是确保劳动者领到全部工资,以保障劳动者的生活资金。迟到和旷工时间内不支付工资,是因为工资请求权本身并未产生,所以并不违反这一原则。

这一原则包含了禁止抵偿的内涵,雇主以对劳动者拥有的债权抵销工资债权,违反全额支付原则[3]。但是,从全额支付原则的内涵来看,不足以否定劳动者离职时自愿作出放弃退职金之意思表示的效力,但是该意思表示必须客观存在合理的理由,足以证明其出于劳动者的自由意愿[4]。对于雇主得到劳动者同意后进行的抵偿,最高裁判所也同样认为:如果客观存在合理的理由,足以证明该意思表示是基于劳动者的自由意愿,则不违反本

229

---

① 1988 年 3 月 14 日労働基準局長名で発する通達 150 号。

② 小倉電話局事件・最高裁判所第三小法廷 1968 年 3 月 12 日判決・最高裁判所民事判例集 22 巻 3 号 562 頁。

③ 日本勧業経済会事件・最高裁判所大法廷 1961 年 5 月 31 日判決・最高裁判所民事判例集 15 巻 5 号 1482 頁。

④ シンガー・ソーイング・メシーン事件・最高裁判所第二小法廷 1973 年 1 月 19 日判決・最高裁判所民事判例集 27 巻 1 号 27 頁。

条法律①。然而,对于这一点,鉴于全额支付原则的性质属于强制性法规,难免令人心存疑问。

因某种理由对上一个支付期的工资超付的情况下,雇主能否从本支付期的工资里扣除超付的部分呢?这种调整性的抵偿,不同于把和工资无关的债权作为自动债权进行抵偿的做法,仅仅出于清算工资这一技术性的需要。对此,判例的立场是,如果抵偿时期和超付工资时期相隔在合理范围内,并且抵偿方式不会威胁到劳动者经济生活的安定,也并无不可②。

在法律作出另行规定或者签订了职场协定的情况下,可以对工资的一部分进行扣除后支付(《劳动基准法》第24条第1款但书,这种职场协定不需要申报)。依照法律规定进行的扣除包括依照《所得税法》进行的工资等的源泉征收(《所得税法》第183条以下)、各种社会保险金的扣除(《健康保险法》第167条,《厚生年金保险法》第84条等)等等。按照职场协定进行的扣除主要用于征收职工宿舍等的费用、公司内商店的购物费用、各种按揭贷款的支付等等。另外,工会会费的预先扣除是否需要签订职场协定也存在争议(参照第176页)。

变更劳动条件时如果没有通过变更就业规则或者集体协议的方式,则需要通过劳动者和雇主之间的合意(《劳动合同法》第8条,参照第五章第一节"劳动合同的变更")实现。该变更如果是单方面降低劳动条件,则不能轻易认定这一合意的成立,其中如果是降低工资造成的不利变更,则要适用本条的全额支付原则,加以更严格的制约。在雇主因经营不振降低劳动者年薪的案例中,最高裁判所提出以下标准,即"鉴于《劳动基准法》第24条第1款规定的工资全额支付原则的内涵,如果要对劳动者放弃已发生的工资债权这一意思表示的效力作出肯定,那么作出该意思表示是基于劳动者的自由意愿这一点必须十分明确"。而且,按照这一标准,在该案例中劳动者虽

---

① 日新製鋼事件·最高裁判所第二小法廷1990年11月26日判决·最高裁判所民事判例集44卷8号1085页。

② 福島県教職員事件·最高裁判所第一小法廷1969年12月18日判决·最高裁判所民事判例集23卷12号2495页。

然作出了同意的意思表示，但被判断为非出于自由意愿[①]。

4. 每月1次以上和定期支付的原则

工资必须每月1次以上，在特定日期支付。无论采取何种工资决定方式，都适用这一原则。小时工资、日工资自不待言，年薪制也需要每个月定期支付。不过，奖金或者超过一个月的全勤奖、工龄津贴、奖励和效率津贴可以超出1个月的期间支付（《劳动基准法》第24条第2款，《劳动基准法施行规则》第8条）。另外，支付日为工休日的月份，可以提前在最接近的营业日支付。

（三）工资与退职金的时效

工资请求权的消灭时效为2年，退职金请求权的消灭时效为5年[《劳动基准法》第115条，《民法》第174条第1项、第2项的短期消灭时效（1年）的特殊规定]。不过，由于民法修改，2020年4月开始这个短期消灭时效的规定（第174条）被删除，所以对工资也适用一般债权的消灭时效（修改后《民法》第166条第1款第1项），即"从得知时点起算5年间"。因此，现在正在讨论对《劳动基准法》第115条进行修改。而且，即使在请求权因时效而消灭的情况下，对于工资拖欠仍然适用罚则[②]。

四、休业津贴

（一）休业津贴的含义

劳动者处于可以提供劳动的状态，却因为雇主方原因无法工作，导致没有得到工资收入，会对劳动者的生活造成过大负担。为此，休业津贴的制度强制雇主支付相当于平均工资60％以上的津贴，以保障劳动者的生活（《劳动基准法》第26条）。

休业津贴是指在上述"停工"的情况下支付的津贴，但是在法律解释上，

---

① 北海道国际航空事件・最高裁判所第一小法廷2001年12月28日判决・労働判例866号14頁。

② 1948年3月17号労働基準局長名で発する通達464号。

其涵义相当广泛。不仅仅包括原定工作日里整个职场进行停工，就连其中一个部门停工或者一天内工时缩短几小时也算是停工。另外，诸如因违法解雇无法工作这种雇主使劳动者个人陷于无法工作之状态的情况也属于停工。

（二）应归责于雇主的事由

按照合同法上的原则，债务人（劳动者）因"应归责于债权人的事由"导致无法履行合同时，"不失去获得对待给付的权利"，也就是说可以请求对方全面履行债务（工资支付债务）（《民法》第 536 条第 2 款）。另外，2020 年 4 月修改《民法》实施后，在同样情况下，"债权人不能拒绝履行对待给付"，也就是说，作为债权人的雇主不能拒绝履行作为对待给付的工资支付义务（修改后《民法》第 536 条第 2 款）。

无论修改前还是修改后的规定，在和休业津贴进行比较时，乍一看都显得休业津贴不利于劳动者。在这一点上，为了两者在适用时不相抵触，如何理解《民法》中规定的"应归责于债权人的事由"和《劳动基准法》第 26 条规定的"应归责于雇主的事由"之间的关系十分关键。

《劳动基准法》所说的"应归责于雇主的事由"，和以交易中的过失责任主义为前提的"应归责于债权人的事由"不同，应该从对劳动者的生活保障这一观点来理解。因此，应该解释为：前者比后者范围宽广，不仅包括雇主的故意、过失或者基于诚实信用原则可以视为同等的事由，还"包括起因于雇主方的经营管理上的问题"[1]。

比方说，因为经营困难让新录取的员工在家待机这种"起因于雇主的管理经营上的问题"，就属于应归责于雇主的事由。因为业务伙伴经营困难，企业无法获取原材料的情况，或者资金周转不灵陷入经营困境的情况也一样[2]。反之，如果休业是因为不可抗力引起的，或者是为了履行法定义务，

---

[1]　ノースウエスト航空（休業手当請求）事件・最高裁判所第二小法廷 1987 年 7 月 17 日判决・最高裁判所民事判例集 41 卷 5 号 1283 頁。

[2]　1948 年 6 月 11 日労働基準局長が疑義に答えて発する通達 1998 号。

则不属于应归责于雇主的事由。比如自然灾害引起公共交通停运或者停电引起的休业、为了安全管理进行法定的机器点检造成的休业、按照《劳动基准法》第 33 条第 2 款规定的代休命令造成的代休,都不能算作应归责于雇主的事由。另外,东日本大地震后实施计划停电时,停电时间段的休业原则上也不属于《劳动基准法》第 26 条规定的应归责于雇主的事由引起的停工[①]。

232

此外,《劳动基准法》第 26 条的目的是对休业期间劳动者的最低限度的生活进行保障,作为强制性法规,确保支付平均工资 60％以上的津贴,并没有排除民法适用的意图。因此,在符合《民法》第 536 条第 2 款规定的履行不能的情况下,劳动者仍然可以请求工资的 100％[②]。关于 2008 年金融风暴之后的全球经济衰退引起的有期合同劳动者的休业,首先,其对工资债权的期待应该受到保护;其次,当时对正式员工实行支付基本日工资 100％的保障,从维持两者间平衡的角度而言,也应该对有期合同劳动者适用《民法》第 536 条第 2 款,使其可以请求平均工资的全额[③]。综上所述,《劳动基准法》第 26 条并非将对待给付的请求权缩小到 60％,这两个规定是可以竞合的关系[④]。

五、最低工资的规制

最低工资制度的目的,不仅是为了劳动者生活安定,提高劳动力质量,也是为了确保企业间的公平竞争,才在各国发展起来的。在日本,《最低工资法》是 1959 年将《劳动基准法》上的最低工资制度(第 28 条以下)单独分离出来制定的,之后曾以整理统合最低工资决定方式为目的进行了大幅修订。2007 年 12 月在就业形态多样化的社会经济状况下,该法以地区最低

---

① 2011 年 3 月 15 日労働基準監督課長名で発する通達 0315 第 1 号。

② 池貝事件・横浜地方裁判所 2000 年 12 月 14 日判決・労働判例 802 号 27 頁。

③ いすゞ自動車事件・東京高等裁判所 2015 年 3 月 26 日判決・労働判例 1121 号 52 頁。

④ 駐留軍小倉補給廠事件・最高裁判所第二小法廷 1962 年 7 月 20 日判決・最高裁判所民事判例集 16 巻 8 号 1684 頁。另外,解雇期间的工资请求权和停工补贴的关系见第 383 页。

工资为中心,以强化完善最低工资制度的社会功能为目的又进行了全方位的修订。

《最低工资法》上的劳动者、雇主、工资和《劳动基准法》一致(《最低工资法》第2条)。不过,对于因身体或精神残疾导致劳动能力低下者、处于试用期的劳动者等,在雇主得到都道府县劳动局长批准的条件下,可以作为特例支付减额后的最低工资(同第7条)。

最低工资的金额,按小时决定(同第3条)。雇主对于适用最低工资的劳动者,必须支付不低于该金额的工资。约定工资低于该金额的劳动合同,该部分无效,无效的部分视作约定了和最低工资相同的金额(同第4条第2款)。如此,最低工资和《劳动基准法》规定的标准一样,具有片面强制性*和直接规制效力。

最低工资的决定方式包括"地区最低工资"和"特定最低工资"两种制度。地区最低工资是最低工资的核心部分,为了确保工资的最低金额,必须"遍布全国各地"对其作出决定(《最低工资法》第9条第1款)。

地区最低工资,分别针对各个地区,在尊重最低工资审议会的调查、审议和意见基础之上,由厚生劳动大臣或者都道府县劳动局长来决定(同第10条)。其金额考虑该地区劳动者的生活成本和工资以及一般企业的工资支付能力来决定。生活成本部分需要"考虑到和最低生活保障政策的兼容性,能确保劳动者过上最低限度的健康文明的生活"(同第9条第3款)。违反地区最低工资者要被处以50万日元以下的罚款,按照双罚规定法人等也要受到处罚(同第40条,第42条)。

特定最低工资是在劳动者代表或雇主代表针对特定企业或职业提出申请时,由厚生劳动大臣或者都道府县劳动局长来决定的(同第15条)。这种最低工资金额,必须高于其覆盖的企业所在地的地区最低工资金额(同第16条)。不过违反特定最低工资,在《最低工资法》上并没有罚则。

---

　　*　只对低于该法律规定标准的当事人约定具有强制性,高于该标准的约定依然有效。——译者注

另外,对于派遣劳动者,覆盖用工企业的地区最低工资及特定最低工资都适用(地区最低工资见第13条,特定最低工资见第18条)。

最低工资金额是和劳动者的生活以及经济增长潜力息息相关的重要课题,日本的最低工资与国际水准相比偏低,也因此受到强烈批判,目前正在努力提高其水准。

六、确保工资债权的履行

234

(一) 优先受偿权及破产程序

在企业因经营困难或破产失去支付工资或退职金的能力时,《劳动基准法》上并没有特殊的措施来保障工资债权本身。这种情况下要依靠《债权法》及《破产法》上确保履行的措施。

在《民法》上,对于"薪酬以及其他基于债务人和雇员之间的雇佣关系所产生的债权",可以对债务人的总财产享有无期限的优先受偿权(《民法》第306条,第308条)。但是,这不过是一般性优先受偿权,实际当中很难从所剩无几的总财产当中得到偿还。

企业破产的情况下,作为法定程序要履行公司更生、民事再生、破产等手续。但是,现实当中许多破产并不按照法律程序,而是通过私下清算进行事实破产来整理财产,这种情况下保护工资债权的可能性就非常低。

公司更生程序当中,程序开始前6个月的工资和决定程序开始后的工资请求权为共益债权(《会社更生法》第130条第1款、第4款,第127条第2项)。关于退职金,在作出认可更生计划之决定前离职的劳动者,离职前6个月的工资总额和退职金的1/3相比两者中较高的金额(同第130条第2款)为共益债权;在该决定后离职的劳动者,退职金全额为共益债权(同条第4款)。在更生程序开始后被解雇的情况也一样。共益债权不按照更生计划,要随时进行偿还(同第132条)。

民事再生程序中,程序开始前的工资与退职金的一般性优先受偿权的部分,作为一般优先债权,不按照再生程序,要随时进行偿还(《民事再生法》第122条)。反之,程序开始后的工资与退职金是共益债权(同第119条第

2 项),要先于包括一般优先债权在内的再生债权,随时偿还(同第 121 条)。

　　在《破产法》上,破产程序开始前 3 个月的工资债权属于财团债权。破产程序结束前离职的劳动者的退职金请求权当中,相当于退职前 3 个月工资总额(如果破产程序开始前 3 个月的工资总额更多时则为该总额)的部分为财团债权(第 149 条)。此外,基于破产程序开始前的原因形成且不构成财团债权的工资债权属于优先破产债权,按照分配程序接受优先偿还(第 98 条第 1 款)。

(二)《关于确保工资支付等的法律》(《工资支付确保法》)

　　《工资支付确保法》基于优先受偿权以及破产程序下对工资债权的确保措施并不充分这一认识,以保全未付工资、退职金、公司内存款等为目的,于 1976 年制定。

　　在劳动基准监督署长认定雇主已接受启动破产程序的决定,决定启动公司更生或民事再生程序等情况下,或者中小企业没有工资支付能力的情况下,政府根据劳动者的申请,垫付未付工资[第 7 条以下,作为《劳动灾害保险法》的社会复归促进等事业的一环进行(第 29 条第 1 款第 3 项)]。符合条件的劳动者仅限于上述决定或认定前 6 个月到开始后 2 年内从该企业离职者。垫付范围为基准退职日的 6 个月前开始发生的工资以及退职津贴当中未付工资总额的 80%,并设定了最高额限制,其金额依照劳动者在基准退职日的年龄而不同(《工资支付确保法施行令》第 4 条)。

　　该法律对于离职劳动者的未付工资规定了很高的迟延利息,即年利息 14.6%(第 6 条,《工资支付确保法施行令》第 1 条)。另外,离职劳动者请求支付拖欠的工时外加班工资时,迟延利息一般也按照上述利息计算①。作为对储蓄金(公司内存款)的保全措施,雇主在每年 3 月 31 日必须对接收的存款额采取为期 1 年的储蓄金保全措施(与金融机构签订退款债务保证合同等)(第 3 条)。企业违反该义务时,劳动基准署长可命令其改正,如果再

---

　　①　レガシィほか1社事件・東京高等裁判所 2014 年 2 月 27 日判决・労働判例 1086 号 5 頁参照。

违反该命令就要处以罚款(第18条)。作为对退职金的保全措施,雇主负有与公司内存款采取同等保全措施的努力义务(第5条)。

工资的电子支付?

236

《劳动基准法》第24条第1款规定的工资的通货支付原则,有着相当深远的历史。比方说,如果上网搜索一下"煤矿钞"这个词,就可以看到战前在各地煤矿上使用的各种私人纸币,又被称作"斤券""煤券""山钞"等等,本来是按照挖出的煤矿重量直接付给矿工的,后来取代工资也支付给矿工以外的劳动者。这种纸币只能在煤矿直营或指定的店铺买东西,所以对于劳动者而言,即使物价高于市价也只能在那里购物,而且跳槽到其他地方也一样无法使用,所以成了事实上的员工挽留对策。

这种私人通货在美国的煤矿上也曾经很常见(叫做 scrip)。在网上也可以搜索到很多图片,但比起纸币更常见的似乎是金属币。虽说今天只作为收藏品被买卖,但对我们而言,想到当时劳动者的不易,应该好好思考一下在任何地方都通用的通货是多么宝贵。

在美国,正如工资被叫做 paycheck 一样,支票支付很普及。而在日本,一般人在日常生活中基本用不到支票,支票也不算是通货支付。不过,只使用现金多有不便,所以从20世纪70年代开始,银行汇款得以普及。《劳动基准法》并没有预测到这一点,所以当初对此展开了种种讨论,但通过1987年的法律修订,增加了允许通过银行汇款来支付工资的规定。不过,为了防止其被滥用,银行汇款支付受到以下限制:一是必须遵照劳动者的意思汇到劳动者本人名义的储蓄账户上;二是保证发工资日可以支取现金。

有媒体报道说,法律拟讨论修订,或许今后可以用电子支付方式来支付工资。随着金融科技的发展,银行业以外的各种新生态服务也开始步入现实,但是同时也面临着包括企业信赖度和安全度等在内的诸多课题。在建立相关制度时,如何在与时俱进、提高便利性的同时紧握保障劳动者生活的安全阀，仍需继续关注。

第二节　劳动时间

　　劳动时间用来衡量劳动者劳务付出的长短，与工资一样是最基本的劳
237 动条件。既然劳动者乃血肉之躯，自然不能工作过量以致危害身体健康。
不仅如此，劳动时间的规制从平衡劳动时间与家庭社会生活时间，增加雇佣
机会（工作分享）的角度来看，也具有重要的意义。

　　《劳动基准法》在第 4 章"劳动时间、休息、休息日以及带薪年休假"中，
针对广义的劳动时间作出了许多规定。在这些规定中，本节着重讨论针对
1 天及 1 周的劳动时间数的法律框架，也就是法定工时。对于超过法定工
时的工时外劳动、对时间规制的适用排除，将同休息与休息日一起在下一节
中讨论。

　　《劳动基准法》的法定工时，过去是每天 8 小时、每周 48 小时，不过在
1987 年的修订中，每周的法定工时下调为每周 40 个小时。另一方面，随着
白领阶层劳动者的增加以及服务业的扩大，为了使建立在工厂劳动基础上
的劳动时间规制更灵活有弹性，增加了变形工时制、灵活工时制、裁量劳动
制等。另外，作为上述弹性化措施的要件签订的有关劳动时间的职场协定
的数量显著增加。同时，诸如引进企划业务型裁量劳动制需要设置劳资委
员会等等，劳动时间的规制体系也日益复杂。

　　2018 年该法再次修订，有关工时外劳动及适用除外的规定也愈加复杂
化，《劳动基准法》第 4 章变得如同迷宫一般，所以需要先就劳动时间规制的
基本内容作出正确理解。

一、《劳动基准法》中的劳动时间规制

　　《劳动基准法》中关于劳动时间的规定在 1987 年作出大幅修订。其背
景是在日本，劳动者的长时间劳动一直没有改善，年间总劳动时间居高不

下,一直在 2100 小时以上,而劳资双方对此都没有积极应对。在这种状况下,政府表明要以将 1 年的劳动时间降至 1800 小时左右的目标作为政府方针,并通过法律大力推出缩短劳动时间(时短)的政策。

造成劳动时间过长的主要原因,一是双休制普及较晚,二是工时外劳动过多。1987 年的修订将解决第一个原因作为重点,因此在法律中明确规定,将过去每周 48 小时的法定工时变更为可以对应完全双休制的 40 小时(依照过渡性方案,初始阶段每周 46 小时,1991 年后每周 44 小时,1994 年终于达到了原本设想的每周 40 小时)。

针对第二个原因,之后的法律修订增加了以下措施,比如针对休息日劳动及每月超过 60 小时的工时外劳动提高了加班工资倍率,并将厚生劳动大臣规定工时外劳动上限等基准的权限补充到法律中,等等,但这些措施都没有达到理想效果,所以在 2018 年的法律修订中,规定了绝对性的劳动时间上限(参照第 263 页)。

目前,年总劳动时间已经减少到 1750 小时左右的水平,但这个数字是全体劳动者的平均数值,不能忽视其中有非全日制劳动者增加带来的影响。

二、法定工时

(一) 每周 40 小时、每天 8 小时的原则

除去休息时间,雇主安排劳动者每周劳动的时间不能超过 40 小时(《劳动基准法》第 32 条第 1 款)。另外,一周中每天的劳动时间,在除去休息时间后不能超过 8 小时(同条第 2 款)。即"每周 40 个小时、每天 8 个小时"为法定工时。

在 1987 年法律修订之前,法定工时为每天 8 个小时、每周 48 小时,以 1 天单位为基础来规定。与此相对,目前是以每周 40 小时作为基础,将其分配到 1 周中的每天,则劳动时间限度为每天 8 小时。每周 40 小时、每天 8 小时的基准是按完全双休制设计的,不过,诸如每天劳动 6 小时每周劳动 6 天共计 36 小时的制度当然也合法。

超过法定工时的劳动(工时外劳动)只有在符合《劳动基准法》第 33 条

或者第 36 条的情况下才不违法。雇主在不符合条件的情况下安排劳动者从事工时外劳动,违反《劳动基准法》第 32 条,要被处以刑罚(同法第 119 条第 1 项)。

另外,从私法上看,劳动合同里规定的劳动时间超过法定工时的话,此部分规定无效(就业规则与集体协议亦同理),由法定基准取而代之（同法第 13 条）。如果企业实行后述的变形工时制,在该制度范围内准许有例外。

(二) 有关小型商业、服务业的特例

针对商业(《劳动基准法》附表第 1 之第 8 项)、电影演艺行业(同第 10 项,但不包括电影制作)、保健卫生行业(同第 13 项)以及娱乐服务行业(同第 14 项)中平时雇佣员工人数不满 10 人的雇主,依据《劳动基准法》第 40 条规定,每周的法定工时为 44 小时(《劳动基准法》第 25 条之 2 第 1 款)。这是基于避免给公众带来不便以及其他特殊需要而规定的恒定性例外。

三、劳动时间的概念

(一) 实际劳动时间与受约束时间

作为《劳动基准法》规制对象的劳动时间,是指雇主让劳动者实际"劳动"的时间,不包括休息时间(第 32 条第 1 款、第 2 款)。休息时间是指劳动者从劳动义务中完全得以解放的时间。

劳动者即使没有从事具体劳动,但一旦业务发生立即能进入工作状态的待机时间也属于工作时间[1]。最高裁判所也判定,大楼管理员的小睡时间,即使没有从事实际劳动,但也没有得到从劳动中解放出来的保障,所以仍属于《劳动基准法》上的劳动时间[2]。

---

[1]　判定客人来时必须随时进入工作状态的"休息时间"为劳动时间的案例,参见:すし处「杉」事件・大阪地方裁判所 1981 年 3 月 24 日判决・劳动经济判例速报 1091 号 3 頁。クアトロ事件・東京地方裁判所 2005 年 11 月 11 日判决・労働判例 908 号 37 頁。

[2]　大星ビル管理事件・最高裁判所第一小法廷 2002 年 2 月 28 日判决・最高裁判所民事判例集 56 巻 2 号 361 頁。

劳动时间加上休息时间,1 天中从开始工作到工作结束的时间段被称作"受约束时间"。如果休息时间超长,即使劳动时间还在法定基准内,受约束时间也会变长,会对劳动者的生活产生不良影响。但是《劳动基准法》并没有对受约束时间作出规制。不过,对于汽车驾驶员,考虑其特殊的工作形态及疲劳容易引发交通事故的危险性,对受约束时间、驾驶时间、两个工作时间段之间的休息时间等基准均有规定,并要依此进行特别指导(1989 年 2 月 9 日劳动省告示 7 号《为了改善汽车驾驶员劳动时间的基准》)。

(二)既定工时

平时雇佣 10 人以上劳动者的雇主,必须在就业规则中规定上班时间、下班时间及休息时间(《劳动基准法》第 89 条第 1 项)。另外,没有制定就业规则义务的雇主,也要以某种形式对其作出规定。这种事先规定好的上班时间与下班时间之间的时间段,叫做"既定出勤时间",去掉休息时间以后,一般叫做"既定工时"。

既定工时是在劳动合同中劳动者负有劳动义务的时间。既定工时超过法定工时的情况下,超出的部分无效,劳动者也不负有劳动义务(即使既定工时在法定基准内,但加上工作前后必须要做的检查、清扫等,合计超过法定工时的情况下也一样)。另一方面,即使在既定工时内,但因迟到或旷工没有劳动的时间,不计入工作时间。

既定工时比法定工时短的情况下,即使是在既定工时外进行的劳动,只要在法定工时之内,都不违反《劳动基准法》,所以不必符合第 33 条与第 36 条规定的工时外劳动的要件,也无需支付第 37 条规定的加班工资。这种在《劳动基准法》范围内从事的既定工时外劳动被叫做"法内加班"。但是,既然超过了原定的劳动义务范围,雇主在要求劳动者从事法内加班时需要有劳动合同上的依据,而且也有可能依据劳动合同产生额外的工资请求权。

(三)劳动时间的定义与判断事例

1. 指挥命令下的时间

作为《劳动基准法》规制对象的劳动时间,是指劳动者被置于雇主的指挥命令下的时间①。待机时间不同于休息时间,劳动者仍处于雇主的指挥命令下,所以其包含在劳动时间里。

学界有一种观点,把"业务性"作为补充性的判断基准,以企业外研修与小组活动为例,如果是雇主作出明示或暗示的指示令劳动者从事该业务的话,就有可能属于劳动时间②。而在此基础上更进一步的另一观点,主张将"雇主干预"和"活动内容(职务性)"作为两个相辅相成的要件来判断③。这些理论观点作为明确劳动时间判断基准的学术努力具有一定意义,但是劳动者应该如何完成劳动,是在劳动合同规定的范围内按照雇主的指挥命令具体化的,"业务"或"工作"不可能与此无关。应该说雇主的指挥命令这个概念虽说有些抽象,但还是整合劳动时间概念的本质要素。

劳动者是否处于雇主的指挥命令之下,要客观进行判断,当事人的意思和劳动合同、就业规则的规定并不能左右《劳动基准法》上的劳动时间④。劳动者在公司内进行业务上的准备工作时,如果是雇主要求必须做或者不得不做的话,除非有特殊情况,都可以判断为处于雇主的指挥命令之下,属于劳动时间⑤。

2. 具体事例

关于是否属于劳动时间我们来看一些具体例子。首先,劳动者在既定工时内从事本职工作的时间(包括待机时间)无疑是劳动时间。准备工作、事后收拾、报告以及交接工作的时间,如果是雇主指示必须做的,或者不得不做的话,也属于劳动时间⑥。开始工作前的晨会及体操等,如果必须参加的话,也算劳动时间。

规定工作时必须穿工作服,佩戴防护器具,而且开始工作前和工作结束

---

① 三菱重工業長崎造船所(使用者側上告)事件・最高裁判所第一小法廷 2000 年 3 月 9 日判決・最高裁判所民事判例集 54 卷 3 号 801 頁。前揭大星ビル管理事件。

② 菅野和夫『労働法(第 11 版補正版)』(2017 年、弘文堂)478 頁。

③ 荒木尚志『労働法(第 3 版)』(2016 年、有斐閣)184 頁。

④ 前揭三菱重工業長崎造船所(使用者側上告)事件。

⑤ 前揭三菱重工業長崎造船所(使用者側上告)事件。

⑥ 規定工作时间的前后各 30 分钟进行这样的工作,被认定为工作时间的事例,参见:東京シーエスピー事件・東京地方裁判所 2010 年 2 月 2 日判決・労働判例 1005 号 60 頁。

后要在工作场所内更衣间进行更换的话，更换所需的时间以及从更衣间到工作现场的移动时间也属于劳动时间①。另一方面，从工作场所出入口到更衣间的移动时间，工作结束后的洗浴时间（雇主没有要求，而且通勤上也没有特别必要性的情况下），从更衣间到出入口的移动时间不包含在劳动时间内②。

劳动者必须比正常上班时间提前一定时间到达工作场所时，学界当中不少观点认为，从该时间开始就进入了雇主的指挥命令之下，所以属于劳动时间（认定迟到时间说），但是，如果从该时点到正式开始工作之间的时间段，劳动者能够自由利用，恐怕不能称之为劳动时间③。

既定工时之外，从事促销活动或者与工作有关的学习，如果是工作上的指示，就可以算作劳动时间④。另外，《劳动安全卫生法》上规定必须实施的安全教育的时间以及安全卫生委员会的会议时间，也属于劳动时间⑤。

大楼管理员等的"小睡时间"，如果在警报响起时必须应对的话，也是劳动时间⑥。但如果这段时间内几乎没有实际劳动的必要性的话，也可以判定该时间实质上没有劳动义务，不属于劳动时间⑦。

常驻公寓管理员在既定工时前后的一定时间段内，依照雇主的指示，从事开灯关灯、空调装置的操作、接待住户与来访者等间断性工作时，该时间段，包括在管理员室隔壁的起居室里度过的非活动时间（并未从事实际劳动的时间），都处于雇主的指挥命令之下，属于劳动时间⑧。反之，这个案例中

①　前揭三菱重工業長崎造船所（使用者側上告）事件。

②　三菱重工業長崎造船所（使用者側上告）事件・最高裁判所第一小法廷 2000 年 3 月 9 日判決・労働判例 778 号 8 頁。

③　住友電気工業事件・大阪地方裁判所 1981 年 8 月 25 日判決・労働判例 371 号 35 頁。

④　NTT 西日本ほか事件・大阪地方裁判所 2010 年 4 月 23 日判決・労働判例 1009 号 31 頁。

⑤　1974 年 9 月 18 日労働基準局長名で発する通達 602 号。

⑥　前揭大星ビル管理事件。

⑦　ビル代行事件・東京高等裁判所 2005 年 7 月 20 日判決・労働判例 899 号 13 頁。ピソー工業事件・仙台高等裁判所 2013 年 2 月 13 日決定・労働判例 1113 号 57 頁。

⑧　大林ファミリーズ（オークビルサービス）事件・最高裁判所第二小法廷 2007 年 10 月 19 日判決・最高裁判所民事判例集 61 巻 7 号 2555 頁。

也指出既定工时内去医院看病、遛狗的这些时间,因为与业务没有关系,属于私人行为,所以不算劳动时间。

3. 与工资请求权的关系

有些时间即使属于《劳动基准法》上的劳动时间,也并非理所当然一定会产生工资请求权。工资如何决定从根本上而言是劳动合同上的问题,要按该劳动合同中关于对该时间如何支付工资的合意来决定①。不过,由于该时间是《劳动基准法》上的劳动时间而发生该法第 37 条规定的工时外劳动和深夜劳动,并因此产生支付加班工资的义务时,则雇主必须支付(参照第 267 页)。

(四) 劳动时间的掌握与管理

《劳动基准法》进行劳动时间规制的大前提,就是雇主负有准确掌握各个劳动者的劳动时间,并对其进行妥善管理的责任和义务。在雇主依法负有制作义务的工资账本中,各劳动者的劳动时间数也是必须记载事项之一(《劳动基准法》第 108 条,《劳动基准法施行规则》第 54 条第 1 款)。

不过,现实当中,雇主没有妥善掌握管理劳动时间,导致长时间劳动与免费加班问题发生的事情也屡见不鲜。为此,厚生劳动省在对 2001 年下达的通知进行补充和更新的基础上,公布了《雇主为正常掌握劳动时间应采取何种措施的行动指南》(2017 年 1 月 20 日制定)。此指南中规定了如下项目:①雇主要对劳动者每个工作日的工作开始和结束的时间作出确认并记录;②具体方法是雇主亲自在现场确认或者通过打卡机等客观记录来确认,并作出妥善记录;③在不得已而采取自我申告制时,为保证合理运作,需要事先对劳动者及管理人员进行充分说明,对申报时间的正确性如有必要可以进行实际调查或者修正,并且不能采取诸如设定申报时间上限等阻碍正常申报的措施等等[在下述"五"中说明的"拟制工时制"或者《劳动基准法》

---

① 　前揭大星ビル管理事件。判决从劳动合同之有偿双务合同的性质出发,一方面指出如果是《劳动基准法》上的劳动时间,则通常在劳动合同上也是支付工资的对象,另一方面对成为焦点的小睡时间却予以否定。

第 41 条第 2 款的管理监督人员(参照第 271 页),不要求掌握其实际工作时间,所以不适用行动指南;不过,雇主对他们也要进行妥善的工作时间管理,以确保其身心健康〕。

在要求支付加班费等的诉讼中,围绕现实工作时间数发生争议时,裁判所不得不凭证据来推定合理的时间数[①]。对于考勤卡上的记录,有的裁判所持否定态度,认为未必和劳动时间一致,但近年来很多判例都是依据考勤卡来计算劳动时间。此外,也有依据电脑登入记录来计算劳动时间的案例[②]。

四、变形工时制与灵活工时制

(一) 两种制度的意义

《劳动基准法》上,作为对法定工时框架的修正型,规定了以 1 个月为单位(第 32 条之 2)、1 年为单位(第 32 条之 4)、1 周为单位(第 32 条之 5)的三种变形工时制和灵活工时制(第 32 条之 3)。

1. 变形工时制

所谓的变形工时制,是以一定期间为单位,以该期间内的周平均劳动时间不超过每周的法定工时(40 小时)为条件,允许超过 1 周或者 1 天的法定工时来设定"既定工时"的制度。这种情况下,超过的时间究其根底是在一个变形的法定工时框架内,并不属于工时外劳动。也就是说,不再固定适用每周 40 小时、每天 8 小时的规制,而是在一个单位时间内设定一个法定工时的大框架,在这个范围内,每周和每天可以弹性分配法定工时(另外,1 个月及 1 年都是指最长单位时间,以比其短的期间为单位也无妨)。

这种变形工时制,是在业务周期不适宜每周 40 小时、每天 8 小时的框架时采取的柔性措施。同时,也可以根据业务的繁忙期和闲散期对劳动时间进行有效分配,从而减少工时外劳动,对缩短总劳动时间有着积极意义。

---

① 认定银行职工是按照"指令暗示"每天至少加班到晚上 7 点的案例,参见:京都银行事件·大阪高等裁判所 2001 年 6 月 28 日判决·劳働判例 811 号 5 页。

② PE&HR 事件·東京地方裁判所 2006 年 11 月 10 日判決·劳働判例 931 号 65 頁。十象舍事件·東京地方裁判所 2011 年 9 月 9 日判決·劳働判例 1038 号 53 頁。

不过另一方面,也要考虑到其中存在劳动时间集中期内劳动者负担过重的风险,以及劳动时间不规律给劳动者带来的生活上的影响。

　　各种变形工时制的要件会在下面具体阐述,不管哪种情形,对要照顾孩子和护理家人者、参加职业培训者、其他需要特殊关照者,雇主都要加以考虑,确保其享有从事以上活动的时间(《劳动基准法施行规则》第 12 条之 6)。

2. 灵活工时制

　　灵活工时制,是先决定 3 个月以内的一段期间(称作清算期间)里需要工作的总时间数,然后把每天工作开始和结束的时间交给劳动者自行决定的制度。在单位期间的法定时间范围内对时间进行弹性分配这一点上,与变形工时制相似,但灵活工时制中不存在每天、每周的法定时间框架,这是两者的根本区别(不过,如果清算期间超过 1 个月,则月平均时间要限制在 50 小时以内)。决定每天工作时间数的并不是雇主,而是劳动者自己,这是灵活工时制最大的特点,对于追求工作与个人生活的平衡而言可谓一种有效的制度。

3. 与特例的关系

　　适用《劳动基准法》第 40 条规定的每周 44 小时工作制的特例(第 239 页)时,以 1 个月为单位的变形工时制及灵活工时制可以以每周 44 小时取代每周 40 小时作为基础(《劳动基准法施行规则》第 25 条之 2 第 2 款、第 3 款)。但是,以 1 年为单位和以 1 周为单位的变形工时制是以每周 40 小时为前提的,所以不适用特例。

(二) 以 1 个月为单位的变形工时制

1. 内容与特征

　　雇主通过职场协定或者就业规则,将 1 个月以内的一定期间作为变形单位,规定在该期间内平均每周劳动时间不超过 40 个小时的情况下,可以让劳动者在特定的周内工作超过 40 个小时,或者在特定的 1 天内工作超过 8 个小时(《劳动基准法》第 32 条之 2 第 1 款)。

　　这可以说是变形工时制的基本模式,在需要倒班的业种及运输业等被广泛采用。对变形后每周与每天的劳动时间上限也没有特别规定。另外,签订职场协定不是必需的,雇主通过就业规则就可以采用也是一大特点(因平时雇佣员工在 10 人以下所以没有制定就业规则义务的职场,可以通过"其他相当于就业规则"的方式加以采用)。

过去,变形期间的上限为 4 周,但因为业务周期与工资计算通常是以月为单位,所以 1987 年的修订中,将其扩大到以 1 个月为单位。以 1 个月为单位的情况下,劳动时间数的总范围根据当月的天数而变化,比如,1 个月有 31 天的月份是 177.1 小时(40×31/7)。

2. 就业规则与职场协定

通过就业规则采用这种变形制的情况下,雇主必须具体指定变形期间各周以及各天的劳动时间。另外,也必须在就业规则中规定工作开始和结束的时间(《劳动基准法》第 89 条第 1 项)。

因为工作实际状况,无法事先规定好,需要按月制作勤务表时,只要在就业规则中规定一定的基本事项和手续,也可以在变形期间开始前制定每天的勤务表[1]。不过,这种情况下,通过对勤务表内容、就业规则上有关制定时期和手续的规定等来评价,必须达到对每周、每天的既定工时已作出明确指定的水准才行[2]。

通过职场协定指定时,要在协定中,就变形期间内每周、每天的劳动时间作出特别指定。这种方式是在 1998 年法律修订时增加的,不过,签订职场协定的情况下,雇主必须将其提交给劳动基准监督署长(《劳动基准法》第 32 条之 2 第 2 款)。

3. 变形的效果

采用这种变形工时制的情况下,以下几种时间会成为工时外劳动:①在规定 1 天内的劳动时间超过 8 小时的日子,为超过该规定时间的劳动时间;其他日子则为超过 8 小时的劳动时间;②在规定 1 周内的劳动时间超过 40

---

[1] 1988 年 3 月 14 日労働基準局長名で発する通達 150 号。

[2] 前揭大星ビル管理事件。因为不符合"指定"要件,否定了变形制的效力的案例,参见:JR 東日本・東京地方裁判所 2000 年 4 月 27 日判決・労働判例 782 号 6 頁。岩手第一事件・仙台高等裁判所 2001 年 8 月 29 日判決・労働判例 810 号 11 頁。

小时的周，为超过该规定时间的劳动时间；其他周则为超过 40 小时的工作时间（无论哪种情况，都要去除按照①算出的工时外劳动时间）；③超过变形期间法定工时总范围的劳动时间（去除按照①或者②算出的工时外劳动时间）。

（三）以 1 年为单位的变形工时制

1. 内容与特征

雇主在职场协定中对一定事项作出规定，就可以在 1 年内的某个期间，平均每周劳动时间不超过 40 个小时的范围内，安排劳动者在特定的周里超过 40 个小时，或者在特定日子里超过 8 个小时劳动（《劳动基准法》第 32 条之 4 第 1 款）。

这一制度是为了应对随季节变化等出现的业务长期性繁忙期和闲散期交替的问题，通过制定年度计划实现有效分配时间之目的，尤其希望通过增加休息日来缩短劳动时间。不过，变形期间较长，因此要防止其被滥用，除了必须签订职场协定（同时负有申报义务，同条第 4 款）以外，如后所述，还要设置变形的上限。

2. 职场协定

在职场协定中要规定以下事项：①适用变形制的劳动者范围，②作为变形单位的 1 年以内的对象期间（最短也要超过 1 个月），③对象期间内业务特别繁忙的"特定期间"，④对象期间内的工作日以及各工作日内的劳动时间，⑤有效期间（通过集体协议采用的情况下不需要，《劳动基准法》第 32 条之 4 第 1 款、《劳动基准法施行规则》第 12 条之 4 第 1 款）。

不过，关于第④项，如果将对象期间按照 1 个月以上的期间作出划分，且对最初的划分期间规定了工作日以及各工作日的劳动时间，那么对于之后的划分期间，就只需规定期间内的工作日数及总劳动时间。这主要是考虑到要求雇主事先对漫长的对象期间整体作出具体的指定难度很大，因此采取了缓和措施。这种情况下，雇主必须在进入各划分期间 30 天之前，针对该期间内的工作日及各工作日内的劳动时间，征得过半数工会或者过半数代表的同意后，以书面形式加以规定（《劳动基准法》第 32 条之 4 第

2 款）。

3. 变形的上限

法律对变形的上限从下面三个方面作出了规定（同条第 3 款,《劳动基准法施行规则》第 12 条之 4 的第 3—5 款）。

第一,对象期间的劳动天数的上限是根据 1 年 280 天,按比例计算出的天数（只有对象期间超过 3 个月的情况下才适用）。

第二,1 天及 1 周劳动时间的上限是 1 天 10 小时,1 周 52 小时。不过,对象期间超过 3 个月的话,还要加上以下限制:(a)整个对象期间内,劳动时间超过 48 小时的周不能持续 4 周以上;同时,(b)将对象期间从第 1 天开始按每 3 个月 1 个期间来划分,各期间内劳动时间超过 48 小时的周（的第 1 天）不能达到 4 个以上。

第三,安排劳动者连续工作天数的上限,在业务特别繁忙的特定期间,是以每周能确保 1 天的休息日为前提的天数（也就是说最多 12 天*）,除此以外的期间则为 6 天。

4. 变形的效果

这种变形制下,工时外劳动的时间和以 1 个月为单位的变形制采取相同方式,按照①1 天、②1 周、③变形期间这三个层次来决定。通过长期的劳动时间变形,安排工时外劳动的必要性应该会减少,所以"三六协定"规定的工时外劳动时间限度（《劳动基准法》第 36 条第 3 款、第 4 款）,在采用以 1 年为单位的变形制的情况下（仅限于变形期间超过 3 个月的情况下）,比一般情况下要短。

以 1 年为单位的变形制,也适用于在变形期内被录用或者离职导致只在部分期间工作的劳动者。不过,对于这类劳动者,如果其工作期间内平均每周的劳动时间超过 40 个小时,则雇主必须对超出的时间部分（如果在变形范围内则不属于工时外劳动）支付和法定工时外加班工资相同金额的加

---

* 如果第一周的第一天休息,连续工作 12 天后在第二周的最后一天休息,仍可确保每周一天的休息日。——译者注

班工资(同第 32 条之 4 的 2)。

(四) 以 1 周为单位的非定型变形劳动时间

以 1 周为单位的变形工时制,其对象仅限于一周内每天的业务量变化显著,很难提前预测并在此基础上决定每天劳动时间的特定行业,是一种特殊的劳动时间制度(《劳动基准法》第 32 条之 5 第 1 款)。具体说来,诸如零售业,旅馆,餐饮店,且固定员工不满 30 人的地方,可以采用该制度(《劳动基准法施行规则》第 12 条之 5 第 1 款、第 2 款)。

从事上述业务,如果签订了职场协定的话(同时具有申报义务,《劳动基准法》第 32 条之 5 第 3 款),雇主可以在 8 小时到 10 小时之间的范围内安排劳动者工作。劳动时间的分配,只能在 1 周范围内被弹性化,而且还设有上限,但其最大特点是"非定型"性,即没有必要通过就业规则等规定每天的劳动时间。这种情况下,只需在职场协定中对每周的既定工时总范围作出规定,然后,由雇主在 1 周开始前,将每天的劳动时间以书面形式通知给劳动者即可(同第 2 款,《劳动基准法施行规则》第 12 条之 5 第 3 款;如果出现万不得已的紧急情况,可以提前 1 天以书面形式变更)。不过,雇主在安排工时时,应当充分尊重劳动者的意愿(《劳动基准法施行规则》第 12 条之 5 第 5 款)。

(五) 灵活工时制

1. 内容与特征

灵活工时制(《劳动基准法》第 32 条之 3),是劳动者自行决定每天工作开始和结束时间(甚至是工作时间数)的制度。也就是劳资之间事先规定好一定期间内(清算期间)劳动者应当劳动的总时间数,至于哪一天工作几小时,则交由劳动者自行决定。既可以对劳动者 1 天中必须工作的时间段(核心工作时间段)和可以选择工作的时间段(灵活时间段)作出规定,也可以一切任其自由决定。不过,即使在灵活工时制下,也要服从劳动时间规制,雇主必须掌握每个劳动者每天的劳动时间[1]。以前清算期间的上限为 1 个

---

[1]　1988 年 3 月 14 日劳働基準局長名で発する通達 150 号。

月,而在 2018 年的法律修订中被延长为 3 个月。

2. 就业规则与职场协定

采用灵活工时制的雇主,首先要在就业规则(没有义务制定就业规则的职场,采取"其他与此相当的规定"也可以)中规定,每个劳动者的工作开始和结束的时间交由该劳动者自行决定,在此基础上还必须签订职场协定。

职场协定要规定的事项如下:①适用劳动者的范围;②清算期间(限定在 3 个月以内);③清算期间的总劳动时间(应劳动时间数);④1 天的标准劳动时间(作为年休假的计算基准);⑤规定核心劳动时间段时,要写明其起止时间;以及⑥规定灵活时间段时,也要写明起止时间(《劳动基准法》第 32 条之 3 第 1 款,《劳动基准法施行规则》第 12 条之 3)。

关于第③项的总劳动时间数,整个期间平均下来每周的劳动时间不能超过一周的法定工时(除了特例以外,为 40 小时)。也就是说,其上限不能超过清算期间的法定工时范围。另外,如果第⑥项的灵活时间段太短,几乎未给劳动者留下决定的余地,则不能算作《劳动基准法》上的灵活工时制。劳动者只能决定工作开始时间或结束时间中的一个,也不算灵活工时制。

以上只是基本要件,如果清算期间超过 1 个月的话,从清算期间第 1 天开始,按 1 个月来划分的各个期间的周平均劳动时间必须限定在 50 个小时以内(《劳动基准法》第 32 条之 3 第 2 款),同时,雇主还负有申报职场协定的义务(同第 4 款)。

3. 效果

采用灵活工时制的情况下,劳动者的劳动时间超过 1 周或 1 天的法定工时,也未必构成工时外劳动。由于是劳动者自身来决定每天的劳动时间,所以 1 周及 1 天的工时限制被排除,只有超过清算期间的法定工时总范围(规定清算期间为 1 个月,当月为 31 天的话,$40 \times 31/7 = 177.1$ 小时)时,才构成工时外劳动。职场协定中规定的总工时低于法定工时总范围时,超过总工时却未达到法定工时范围的劳动,属于法内加班。

在某清算期间内,实际劳动时间没有达到规定的总工时时,雇主先将该期间的工资全部支付,然后把不足的时间部分(借入时间),加到下一个清算期间的总劳动时间之上,这种做法只要在法定工时的总范围内,就是合法的。反之,实际劳动时间超过规定的总劳动时间(借出时间)时,如果雇主采取只支付清算期间原定工资,把超出的劳动时间部分用来充当下一个清算期间的总工时这种做法,即使在法定工时总范围内,也因违反工资全额支付原则不被允许,这是行政解释的基本立场①。

五、计算劳动时间的特别规定

(一) 劳动时间的通算

劳动者在两个以上职场劳动的话,适用《劳动基准法》上关于劳动时间的规定时,要将各职场的劳动时间一起通算(《劳动基准法》第 38 条之 1)。因此,两个以上职场的劳动合计超过一周 40 小时或者一天 8 小时的部分,构成工时外劳动。

这一规定不仅适用在同一雇主的数个下属职场劳动的情况,也适用于不同雇主的情况②。派遣劳动者被派往数个职场的情况下也同样适用该规定③。有观点从立法角度对此提出质疑,不过作为雇主,一定要留意劳动者在其他企业工作的问题④。

(二) 矿内劳动的矿口计算制

基于矿内劳动的特殊工作环境,劳动者从进入矿口内到走出矿口外为止,包括休息时间在内,均视为劳动时间(《劳动基准法》第 38 条第 2 款;虽然矿内的休息时间被视为劳动时间,但不适用同时安排及自由支配原则,参照第 259 页)。矿内劳动者在矿外从事的劳动,要和矿口计算的劳动时间分开计算,另外加算到劳动时间里。

---

① 1988 年 1 月 1 日労働基準局長名で発する通達 1 号。対此立場の批判,参見:菅野和夫『労働法(第 11 版補正版)』(2017 年、弘文堂)515 頁。

② 1948 年 5 月 14 日労働基準局長が疑義に答えて発する通達 769 号。

③ 1988 年 6 月 6 日労働基準局長名で発する通達 333 号。

④ 関于谁是违反者,参見:有泉亨『労働基準法』(1963 年、有斐閣)283 頁。

(三) 职场外劳动的拟制工时制

1. 宗旨与既定工时的拟制

劳动者因外出营业和采访等,不在职场里从事业务时,就脱离了雇主的直接指挥监督,经常很难把握其工作时间。《劳动基准法》规定,在这种情况下,原则上"可以拟制为按既定工时履行了劳动"(第 38 条之 2 第 1 款正文)。

可以适用上述规定的,仅限于在职场外劳动,而且"难以算定劳动时间"的情况,不包括管理人员随行,或者通过无线遥控指示等雇主可以进行具体指挥监督的情况[1]。

拟制的对象是职场外的劳动,如果劳动时间的一部分是在职场内劳动,该部分的劳动时间必须另行把握[2]。不过,只要职场内的劳动没有达到既定工时的上限,从结果上而言,还是将两者合计且拟制为按既定工时履行了劳动。

2. 通常所需时间的拟制

为完成工作任务经常需要超出既定工时劳动时,仍然拟制为既定工时内的劳动是不妥当的。因此,这种情况下应拟制为"为完成该项劳动通常所需时间"(《劳动基准法》第 38 条之 2 第 1 款但书)。具体是几小时,只能视具体状况客观决定。

不过,劳资双方如果可以就此达成合意,可以在职场协定中规定"为完成该项劳动通常所需时间"(同条第 2 款)。需要注意的是,通过职场协定规定的前提是,所需时间超过既定工时。只有职场协定规定的时间超过法定工时的情况下,才需要对其进行申报(同条第 3 款,《劳动基准法施行规则》第 24 条之 2 第 3 款)。不过,此种情形下,作为工时外劳动必须另行签订并

252

---

[1] 1988 年 1 月 1 日劳働基準局長名发する通達 1 号。对于海外旅行的陪同导游,因为旅行日程上规定了详细的业务内容,行程变更时都进行个别指示和事后报告等,裁判所判断其不能算作难以算定劳动时间的情况。参见:阪急トラベル(第 2)事件·最高裁判所第二小法廷 2014 年 1 月 24 日判决·労働判例 1088 号 5 页。

[2] 1988 年 3 月 14 日劳働基準局長名で发する通達 150 号。

申报"三六协定",所以也可以写在"三六协定"的备注里(同第 24 条之 2 第 4 款)。

(四) 裁量劳动的拟制工时制(专门业务型)

1. 宗旨与对象业务

诸如研究开发、设计师、节目制作人这类需要高度知识的专门业务,经常需要雇主不进行具体指示,把包括时间分配在内的工作推进方式很大程度上交由劳动者本人决定。这种情况下,雇主很难对时间进行个别管理,所以就推出了裁量劳动的"拟制工时"制(《劳动基准法》第 38 条之 3),按照职场协定,无论实际工作时间多长,都拟制为工作了一定时间。

这种制度的对象只限于行政命令规定的因具有裁量性而难以作出具体指示的业务。即:①新产品、新技术的研究开发或者人文、自然科学的研究;②信息处理系统的分析、设计;③新闻、出版、报道等的采访和编辑;④服装、室内装潢、工业产品、广告等新设计构思;⑤电视节目、电影等制作的制片总监;⑥其他厚生劳动大臣指定的业务[录入员、系统咨询员、证券分析师、大学的教学研究、公认会计师、律师、弁理士(专利商标权申请代办人)、税理士等 14 种被指定的业务]。(《劳动基准法施行规则》第 24 条之 2 第 2 款,1997 年 2 月 14 日劳动省告示 7 号。"税理士业务"是指法令规定的税理士业务,不包括辅助性工作[1]。)

2. 职场协定

职场协定中除了注明对象业务、拟制工时数之外,还要注明对完成工作的方式和时间分配决定等"雇主不得作出具体的指示"。在此之上,还要规定确保劳动者健康福利的措施,以及有关处理劳动者诉求的措施。另外,在和过半数代表签订职场协定时,需要通过合法手续推选代表也是理所当然的事情[2]。

---

[1]　レガシイほか1 社事件・東京高等裁判所 2014 年 2 月 27 日判決・労働判例 1086 号 5 頁。

[2]　因推选手续不明被判违法的事例,参见:乙山彩色工房事件・京都地方裁判所 2017 年 4 月 27 日判決・労働判例 1168 号 80 頁。

职场协定中规定的拟制时间是指 1 天的时间数[①]（对此，菅野教授认为 253
1 周的劳动时间数也应予以承认[②]）。雇主对职场协定负有申报义务（《劳动基准法》第 38 条之 3 第 2 款）。另外，拟制时间数超过法定工时的话属于工时外劳动，需要另行为此办理相应手续（同第 36 条）。

（五）裁量劳动的拟制工时制（企划业务型）

1．制度概要

1998 年的法律修订中，增设了第二种类型的裁量劳动的拟制工时制，主要针对那些虽然没有特殊专业技能，但在公司内从事事业运营的核心业务（企划，制定方案，调查，分析）且自主工作的白领劳动者（《劳动基准法》第 38 条之 4）。引进该制度的要件，并非通过职场协定，而是要求设置常设劳资委员会，这是其一大特点。

起初可以采用这种制度的，只限于总公司等"作出业务运营中重大决定的职场"，但 2003 年法律修订后，所有存在对象业务的职场都可以利用该制度了。采用该制度的职场，要设置以雇主和该职场的劳动者代表为成员的委员会（劳资委员会），该委员会目的是"就有关工资、劳动时间、该职场的其他劳动条件事宜进行调查审议，并向雇主陈述意见"。该委员会委员的五分之四以上进行表决（2003 年的法律修订放宽了条件，从全票通过修订为五分之四），且雇主将该表决申报给劳动基准监督署长后，可以采用拟制工时制。

2．劳资委员会的决议

劳资委员会的决议中必须规定如下事项（第 38 条之 4 第 1 款，《劳动基准法施行规则》第 24 条之 2 之 3 第 3 款）：①对象业务；②适用对象劳动者的范围；③被算作劳动时间的时间；④保障对象劳动者健康福利的措施；⑤有关处理对象劳动者诉求的措施；⑥征得该劳动者同意的要件，以及对不同意者禁止施加不利益对待的原则；⑦其他行政命令规定的事项（决议的有

---

① 1988 年 3 月 14 日労働基準局長名で発する通達 150 号。
② 菅野和夫『労働法（第 11 版補正版）』（2017 年、弘文堂）521 頁。

效期,关于每个劳动者的记录的保存)。

就第①项和第②项而言,拟制工时制的适用对象必须是"对有关事业运营事宜进行企划、制定方案、调查及分析业务"当中,"从该业务的性质上看,为了妥善开展工作,需要很大程度上把工作方法交给劳动者自行决定,因此雇主对该业务的执行方式以及时间分配等不作出具体指示的业务"。同时,从事该业务的必须是"拥有妥善完成工作的知识及经验的劳动者"(没有工作经验的新手等不符合条件)。另外,要留意根据第⑥项的规定,每个劳动者都有拒绝适用拟制工时制的权利(而专门业务型拟制工时制并没有设定这种同意要件)。雇主对于第④项中的措施的实施状况,及其他行政命令规定的事项,必须定期向劳动基准署长报告(第 38 条之 4 第 4 款)。

3. 劳资委员会的意义与要件

劳资委员会是依据《劳动基准法》第 38 条之 4 首次亮相的特别组织,同条第 2 款(以及《劳动基准法施行规则》第 24 条之 2 之 4)就其要件作了规定。第一,劳资委员会委员中的一半人选,如果企业内有过半数工会由该工会、如果没有过半数工会则由过半数代表指定任期并推荐人选来担当(剩下的一半可以由雇主推荐)。第二,对劳资委员会的会议内容,必须要做会议记录并保存,同时还要将内容广泛告知劳动者。第三,必须符合其他行政命令规定的要件(要有关于委员会运营的规程)。

劳资委员会的成立目的并不限于企划型裁量劳动拟制工时制的问题,而是以广泛调查审议"有关职场劳动条件的事宜",向雇主陈述意见为目的而设立的常设机构。《劳动基准法》中要求的职场协定中,有关劳动时间与休假的事项可由劳资委员会五分之四以上的多数表决来代替(第 38 条之 4 第 5 款,参照第 49 页;后述的符合《劳动时间等设定改善法》上要件的劳动时间等设定改善委员会的决议也具备同等效力,同法第 7 条)。

虽然劳资委员会也可以被视作通往所谓职工代表制的一种布局模式,但劳动者方的委员并不是通过选举产生的。另外,为了使设置委员会更简便,最开始要求被指名委员需获得职场内过半数劳动者信任的这一要件,也在 2004 年的法律修订中被废除。2018 年的法律修订中新设的高度专业岗工时豁免制,也将劳资委员会表决作为要件(第 41 条之 2,参照第 273 页), 看来,对于什么样的制度能够合理代表工作单位的劳动者,应该展开一场真正的大讨论了。

六、《劳动时间等设定改善法》

在 1987 年的《劳动基准法》修订中,包括将每周法定工时减少到 40 小时等内容,"缩短劳动时间"被作为重要目标。然而,由于来自客户的压力和同行的竞争等,导致光靠各企业的努力很难达成这一目标。因此,作为改善整个社会环境的对策,1992 年制定了《有关促进缩短劳动时间的临时措施法》(《工时缩短促进法》)。此后,在工作方式趋于多样化的过程中,针对所有劳动者将缩短劳动时间设定为统一目标变得未必符合实际情况,因此该法在 2005 年更改为《有关劳动时间等设定改善的特别措施法》(《劳动时间等设定改善法》)。

该法律以职场设定劳动时间时能考虑到每个劳动者的健康与生活并加以改善为目的,其主要内容包括:①由厚生劳动大臣制定《劳动时间设定改善行动指南》(第 4 条);②雇主负有为建立劳动时间设定改善实施体制而努力的义务(设置劳动时间等设定改善委员会等);③允许由复数雇主共同制定的劳动时间等设定改善计划(第 8 条;关于避免违反《确保私人垄断维护公平交易法》的调整,参照第 10 条)。

这里所说的"劳动时间等的设定",是指对劳动时间、休息日天数、安排带薪年休假的时期、深夜工作的次数、工作开始与结束的时间以及其他有关劳动时间的事宜等作出规定(第 1 条之 2 第 2 款)。事业主为了改善劳动时间等的设定,负有努力采取必要措施的义务。同时,对需要加强维持健康水平的劳动者负有特殊努力义务,还要对照顾孩子及护理家人的劳动者、单身赴任者、接受教育培训人员等加以特殊照顾(同条第 2 款)。

工作间隔

工作间隔是指 1 天的下班时间到第二天的上班时间之间相隔的时

间。长时间加班后第二天马上开始上班,或者换班制里没排好轮班导致"连续值班"等,会导致工作间隔不充分,睡眠时间等减少。为确保工作间隔时间而对其进行规制的动向,终于在日本揭开序幕了。

在欧洲这一时间带原本被称作"夜间休息(repos de nuit)",是有些国家为了对女性和未成年人进行劳动时间保护而将其纳入法律规制范围的。但是 1993 年(2000 年修订)的 EU 劳动时间指令把它作为普遍性规制,规定"1 天的休息时间"至少要持续 11 小时以上,要求各国加以实施。此后,法国、德国等国家陆续在法律中规定了安排 11 小时"日休"制的义务。根据这种观点,休息分为两种:1 周的休息和 1 天的休息。前者是日本所说的周休,后者应该是"日休",在日本被称为工作间隔。

"工作方式改革"虽说引进了工作间隔规制,却仍处于刚刚着手的阶段。对于一般劳动者,雇主只需尽到在下班和上班之间尽量设定间隔的"责任和义务"(《劳动时间等设定改善法》第 2 条第 1 款);对于高度专业岗工时豁免制的对象劳动者,也不过是作为四种健康确保措施之一,要求雇主"从上班开始 24 小时以内"确保一定时间数以上的休息时间(《劳动基准法》第 41 条之 2 第 1 款第 5 项イ)。从实际情况来看,已经引进该制度的企业(员工 30 人以上)只有 1.8%,89.1%甚至从未探讨过(厚生劳动省《2018 年就劳条件综合调查》)。而且,在对医生的加班上限进行修改的讨论中,有人担心工作间隔有被作为交换筹码的倾向,用以放松加班规制,纵容长时间劳动,如此一来制度本身的宗旨就有可能被歪曲。

"工作间隔"这种说法,就像是把双休制说成"五天工作制"一样,令人感到十分缺乏想象力。欧洲的每周最少休息 1 天,每天最少休息 11 个小时的思考方式,更加明快甚至可以说是痛快淋漓。难道不应该强调休息本身的意义,让"日休"这种思考方式真正生根开花吗?

第三节　休息、休息日、法定工时外劳动

休息以及休息日与劳动时间紧密相关,《劳动基准法》第 4 章里,把它们 257
和法定工时一起作出了规定。

休息是指一天内被束缚的时间中,劳动者从连续性劳动里解放出来的
时间。而休息日是指一周当中,从连日的劳动里解放出来的日子。有的国
家以宗教上的安息日为起源,把一周里特定的日子定为休息日,但是《劳动
基准法》上并未对此作出限定。

休息和休息日在和下一节阐述的休假联系起来时,在广义上可以用"休
息"或"自由时间"来描述。其时间单位虽不同,分别为天和周,但是目的相
同,就是让劳动者逃离劳动义务的束缚,回归属于自我的时间。

《劳动基准法》上关于休息和休息日的规定,制定了劳动者回归自我时
间的最低标准。而且,从这种观点来看,一周或一天的法定工时,也有确保
该时间之外的时间都属于劳动者本人这层含义。

与此相对,法定工时外劳动及休息日劳动,是受法律保护本应属于劳动者
的自由时间里,安排劳动者从事的劳动。出于业务需要迫不得已而为之的情况
当然也存在,但是本应属于例外的工时外劳动及休息日劳动现在已然成为家常
便饭,还不时引发过劳死以及各种心理问题,这也可谓日本社会的现实。

2018 年通过工作方式改革实现的法律修订强化了对工时外工作的规
制,但同时却又建立了新的适用排除制度。从这一意义上来说工时外工作
可谓一个炙手可热的话题,可是在法律修订的背后,真的存在以长远眼光构
筑未来理想劳动社会这一理念吗?

一、休息

(一) 休息时间的长短和位置

雇主在劳动时间超过 6 小时的情况下要安排劳动者休息 45 分钟以上,

劳动时间超过 8 小时的情况下要安排休息 1 小时以上，都要在劳动时间中途安排（《劳动基准法》第 34 条第 1 款）。因此，一天的既定工时如果是 8 小时的话，休息时间可以是 45 分钟，但如果延长劳动时间，则总共必须保证 1 个小时的休息时间。

258　　　休息时间段只要是在劳动时间的中途就可以，而且也不禁止分段休息。但是，一般会在休息时间里，安排劳动者有一定程度的整块时间来用餐（在其他国家也有规定 30 分钟以上用餐时间的例子）。

（二）同时安排原则

雇主要安排全体劳动者同时休息（《劳动基准法》第 34 条第 2 款）。这是为了让劳动者不要受到劳动还在进行的干扰，休息时也不必在意同事，以提高休息的效果。但是，对一些服务行业，如后所述，允许有一定的特例（同第 40 条，《劳动基准法施行规则》第 31 条）。而且，对于其他行业，只要有职场协定，也可以不遵循同时安排原则（《劳动基准法》第 34 条第 2 款但书）。

（三）自由支配原则

雇主必须保证劳动者自由支配休息时间（《劳动基准法》第 34 条第 3 款）。这一规定是为了保障休息时间的目的，即使劳动者从劳动当中完全得到解放。

基于这一原则，必须保证劳动者在休息时间内不仅仅从劳动义务中解放出来，而且还要有离开劳动场所的自由。原则上休息时间内可以自由外出，只有在雇主有合理理由的情况下，才能对之进行诸如申报制等最小限度的规制。

雇主对休息时间的利用方法或者场所进行不合理的规制，将构成休息时间安排义务的债务不履行，要对劳动者遭受的肉体和精神上的损失负损害赔偿义务[①]。

而且，这种规制不仅妨碍劳动者自由支配休息时间，如果被判断为待机

①　住友化学事件·最高裁判所第三小法廷 1979 年 11 月 13 日判决·判例タイムズ402 号 64 頁。

时间,则很有可能属于劳动时间,还需要支付工资(参照第 242 页)。另外,如果因此产生了法定工时外劳动,还需要支付加班工资(《劳动基准法》第 37 条第 1 款)。

259

不过,就算是休息时间,劳动者在职场里也要因设施管理上的必要性或者服务规章受到规制(即使自由使用也不能进入闲人免进的管制区)。在对职场内散发传单实行事前批准或申报制的情况下,是否可以违反该规定在休息时间内散发传单有时候会成为诉讼争点。对此,判例的立场是,对休息时间内不经批准散发传单的行为,即使雇主予以惩戒处分也不违反《劳动基准法》第 34 条第 3 款①。

(四) 休息的特例

《劳动基准法》针对从业务性质上不能按照上述原则安排休息时间的情况,规定了一些特例。

第一,对于矿内劳动不适用休息时间同时安排的原则和自由使用的原则(《劳动基准法》第 38 条第 2 款但书);第二,旅客、货物运输业、商业、旅馆、餐饮店等服务行业,不适用同时安排的原则(同第 40 条,《劳动基准法施行规则》第 31 条;对于这些行业,不需要《劳动基准法》第 34 条第 2 款但书规定的职场协定);第三,对于儿童养护设施等的员工,不适用自由使用原则(《劳动基准法施行规则》第 33 条);第四,关于运输、邮递行业,存在不必安排休息时间之例外(同第 32 条)。

二、休息日

(一) 周休制的原则

雇主每周至少要保证劳动者享有一次休息日(《劳动基准法》第 35 条第 1 款)。休息日是指劳动合同上原本就没有劳动义务的日子。一般将周日定为休息日的企业较多,但定在周日以外也无妨。而且,对于法律上规定的

---

① 目黒電報電話局事件·最高裁判所第三小法廷 1977 年 12 月 13 日判决·最高裁判所民事判例集 31 卷 7 号 974 頁。

全国节假日,雇主也可以自由决定是否将其作为休息日。

采取一周双休制的情况下,其中只有一天是根据《劳动基准法》第 35 条规定必须安排的"法定休息日"。另外一天是高于《劳动基准法》第 35 条基准的"法定外休息日"。此外,全国节假日、公司创立纪念日、年末年初、盂兰盆节等日子,在事先被规定为非工作日的情况下属于休息日,否则一般来说属于法定外休息日。

《劳动基准法》上的休息日,原则上要按照日历上的一整天(从清晨零点到晚上 12 点)来安排。但是,采取轮班制的话,在某些情况下可以允许有例外,即以连续 24 小时作为一天[1]。另外,对于被束缚时间较长的出租车、卡车司机等,要安排连续 30 小时以上的时间作为休息日[2]。

与此不同,第 35 条第 1 款的"每周"是指每 7 天的周期,并不一定是日历上的一整周。

(二) 休息日的指定和换休

《劳动基准法》不要求把休息日指定为一周中的某个日子。但是,从周休制原则的宗旨来看,将其固定到某个日子自然是最理想的,所以行政指导也要求雇主尽量在就业规则中明确指定休息日[3]。

在就业规则中指定休息日的情况下,这一部分构成劳动合同的内容。因此,即使在《劳动基准法》的范围内,雇主也不能单方变更休息日(调换休息日),而是要事先得到相关劳动者的同意,或者按照就业规则或集体协议上的规定履行必要的手续。对于后者,首先要在就业规则等里规定可以换休,并对换休理由和手续作出相应规定,同时,调换后的休息日,必须在符合《劳动基准法》基准的范围内进行指定[4]。满足上述条件产生的法律效果是,原来的休息日变为工作日(而其他工作日变为休息日),因此在那天工作

---

[1]　1948 年 11 月 9 日劳动基准局长が疑义に答えて发する通达 2968 号。

[2]　1989 年 2 月 9 日劳働省告示 7 号。

[3]　1948 年 5 月 5 日劳働基准局长名で发する通达 682 号、1988 年 3 月 14 日劳働基准局长名で发する通达 150 号。

[4]　三菱重工业横浜造船所事件・横浜地方裁判所 1980 年 3 月 28 日判决・劳働关系民事裁判例集 31 卷 2 号 431 页。

也不属于《劳动基准法》上的休息日劳动。

　　另外,雇主在休息日安排劳动者劳动后,有时候会作为补偿安排其补休。这种情况下,是否需要安排补休以及补休日是否需要支付工资,需要遵循劳动合同的约定。无论怎么约定,只要没有事先进行工作日的调换,那么休息日劳动的既成事实是不会改变的,所以必须支付休息日加班工资(《劳动基准法》第 37 条第 1 款)。

261

　　(三) 变形休息日制

　　周休制的原则在四周以内通算一共安排了四天以上休息日的情况下可以不适用(《劳动基准法》第 35 条第 2 款)。采取这种变形休息日制时,必须在就业规则上规定变形单位期间的起算日(《劳动基准法施行规则》第 12 条之第 2),但法律并没有在此之上要求对将哪周哪天作为休息日也作出具体规定。这样一来,《劳动基准法》上的周休制原则,实质上就被放宽为 4 周 4 休制,作为立法论是否妥当有待商榷。

　　另外,由于实施变形休息日制导致某一周的工作时间超过法定工时的情况下,要适用 1 个月单位的变形工时制,必须具体指定延长工时的日子①。

三、法定工时外与休息日劳动

(一) 法定工时外与休息日劳动的法律规制

　　《劳动基准法》上的"法定工时外劳动",是指超过 1 周或者 1 天的法定工时的劳动;"休息日劳动"是指《劳动基准法》上要求的法定休息日进行的劳动。

　　从《劳动基准法》本来的原则出发,本不该允许这些劳动存在。但是,有时也会有临时需要,所以①在有特殊理由的情况(《劳动基准法》第 33 条)下,或者②签订并申报了职场协定(就是所谓的"三六协定")的情况(同第

---

　　① 1988 年 1 月 1 日劳働基準局長名で発する通達 1 号、1991 年 1 月 1 日劳働基準局長名で発する通達 1 号。

36 条第 1 款)下,作为例外允许法定工时外劳动和休息日劳动。无论以上哪种情况,对法定工时外劳动和休息日劳动,都要求支付特殊加班工资(同第 37 条第 1 款)。

这一框架从《劳动基准法》制定时就存在,但现实当中,第②种情况,即基于"三六协定"安排法定工时外劳动、休息日劳动的情况乃家常便饭,可以说该法律框架并未对本应作为例外的法定工时外劳动、休息日劳动起到充分的遏制作用。所以,2018 年法律修改时,在《劳动基准法》里对第②种方式的法定工时外劳动作出了上限规定,并伴有罚则,比以前加强了规制(对于中小企业设有一年暂缓期,从 2020 年 4 月开始施行)。

另外,虽在法定工时范围内,但却超过该职场就业规则等规定的工作时间进行的工作,有时也会被称作"工时外劳动"(比如规定 1 天工作 7 小时的职场加班 1 小时的情况)。但是,这是指既定工时外的劳动,也就是法定范围内的加班,《劳动基准法》不加以规制(因此,对于加班工资的倍率也可以通过就业规则等自由决定)。非法定休息日里进行的劳动也同理。

(二)紧急情况下的工时外与休息日劳动

因为灾害或者其他不可避免的事由产生临时需要的情况下,得到行政部门(劳动基准监督署长)的批准,可以安排劳动者在法定工时外或者休息日劳动。能够得到行政部门批准的,通常包括因急病或锅炉爆炸等需要保护公民生命或公共利益的情况、突发性机器故障导致业务无法运营的情况等[1]。因为事态紧急无法事前得到批准时,事后必须及时申报(同款但书;对于不合理的法定工时外劳动和休息日劳动如何处理,参照同第 2 款)。

另外,对于在行政机关工作的公务员(实际上只限于公权部门的地方公务员),如果是因为临时公务需要,不履行特殊手续也可以安排其在工时外、休息日劳动(同第 3 款)。

---

[1] 1947 年 9 月 13 日次官通達の名称で呼ばれる労働基準局関係の通達 17 号、1951 年 10 月 11 日労働基準局長名で発する通達 696 号。

(三) "三六协定"的签订与提交

劳动者平时要面对的工时外劳动、休息日劳动,是根据职场内的过半数工会或者过半数代表和雇主之间签订的书面协定,即所谓的"三六协定"安排的(《劳动基准法》第 36 条第 1 款)。在该协定规定的理由、时间数和天数范围内,可以安排劳动者在法定工时外和休息日劳动。

1. 职场的过半数工会和过半数代表

"三六协定"是职场协定的典型例子,以职场为单位签订。协定的劳方当事人,在该职场有过半数工会时由该工会担任,没有过半数工会时由劳动者的过半数代表担任。这种情况下,代表的母体是职场的全体劳动者,也包括非劳动时间规制对象的公司管理人员,禁止在法定工时外和休息日劳动的未成年人等。

劳动者的过半数代表必须是适合代表劳动者利益签订协定的人物(公司管理人员不能担任过半数代表,《劳动基准法施行规则》第 6 条之 2 第 1 款第 1 项),而且必须通过投票等民主程序选出(参照第 51 页[①])。

2. 协定的内容和工作时间限度

"三六协定"必须规定以下内容:①在法定工时外和休息日劳动的劳动者范围;②对象期间(限于 1 年以内);③可以安排劳动者在法定工时外和休息日劳动的情况;④对象期间里 1 天、1 个月、1 年的法定工时外劳动时间数或者休息日劳动天数;⑤其他厚生劳动省令规定的事项(有效期、有关超过后述劳动时间限度之情况下的各项内容等)(《劳动基准法》第 36 条第 2 款,《劳动基准法施行规则》第 17 条第 1 款)。

④的时间数,只限于"在考虑该职场的业务量、法定工时外劳动的动向及其他因素的情况下,通常可预见的法定工时外劳动的范围内,且不超过劳动时间限度的时间数"(《劳动基准法》第 36 条第 3 款)。这里所说的"劳动

------

① 联谊团体的代表自动成为劳动者代表签订的"三六协定"的效力被否定的案例,参见:トコロ事件・東京地方裁判所 1997 年 11 月 17 日判决・劳働判例 729 号 44 页。同事件・最高裁判所第二小法廷 2001 年 6 月 22 日判决・劳働判例 808 号 11 页。

时间限度"为1个月45小时,1年360小时(同第4款)。不过,采用1年单位的变形工时制,并且变形期间超过3个月的情况下,1个月的劳动时间限度是42小时,1年是320小时(同款)。

但是,上述劳动时间限度并不是绝对的,也可以在"三六协定"中规定"在该职场里出现通常无法预见的工作量大幅增加的状况,导致需要临时……超过上限加班的情况下",可以超过劳动时间限度安排加班(同第5款)。这就是企业一直以来都在使用的"特别条款"。

不过,通过2018年的法律修订,在法律上对其作出了上限规定加以制约:(a)1个月不满100小时(包括休息日劳动在内);(b)1年不满720小时;(c)1年当中能超过1个月劳动时间限度(如上所述通常为45小时)的月份在6个月以内。在此之上,(d)在对象期间内,任何2个月到6个月的月平均工时外劳动严禁超过80小时(包括休息日劳动在内)(同条第6款第3项)。

上述劳动时间限度以及超过该限度时的上限规制,不适用于研究开发工作(同第11款)。另外,对于建筑业、车辆驾驶、医生业务也设定了5年暂缓期(到2024年3月),该期间结束后也有特殊规定(第139—141条)。

3. 特别上限

对于矿内劳动或者接触高温物体等特别危害健康的作业,即使依照三六协定,1天内的工时外劳动也不能超过两小时(《劳动基准法》第36条第6款第1项)。

另外,在照顾孩子(小学入学前儿童)或者护理家人的劳动者提出请求时,雇主安排该劳动者延长劳动时间的时间数1个月内不能超过24小时,1年内不能超过150小时(《有关进行育儿或家庭成员护理的劳动者的福祉的法律》第17条,第18条;不过,影响业务正常运转的情况除外)。

4. 申报

雇主要通过书面形式签订"三六协定",并要在其中记载必要事项,然后按照规定形式申报给劳动基准监督署长(《劳动基准法》第36条第1款,《劳动基准法施行规则》第17条第1款)。申报是不可或缺的要件,如果只签订却未申报,安排劳动者在工时外和休息日劳动就是违法的。

5. 行动指南

厚生劳动大臣为了确保"三六协定"规定的法定工时外劳动、休息日劳动能够合法实施,在考虑"劳动者的健康、福祉、法定工时外劳动的动向及其他因素"基础之上,就需要留意的事项、加班工资倍率、其他必要事项制定了行动指南(《劳动基准法》第 36 条第 7 款,2018 年 9 月 7 日厚生劳动省告示323 号)。签订"三六协定"时,劳资双方当事人必须保证协定内容符合行动指南的要求(《劳动基准法》第 36 条第 8 款),行政机关可以就行动指南对双方当事人进行建议和指导(同第 9 款;这种情况下特别要考虑到确保劳动者的健康,同第 10 款)。

(四)"三六协定"的效果和刑事处罚

通过签订和申报"三六协定"可以达到以下效果,即雇主即使安排劳动者在法定工时外或休息日劳动,只要在该协定范围内,则不违反《劳动基准法》第 32 条和第 35 条。因此,雇主不必承担违反《劳动基准法》的刑事责任(免罚效果)。同时在私法上,关于在法定工时外和休息日劳动的约定也不算违法和无效。

265

不过,雇主超过"三六协定"的范围安排劳动者在工时外和休息日劳动时,该部分违反第 32 条、第 35 条,成为刑事处罚的对象[①]。

此外,2018 年法律修订增加了第 36 条特有的禁止规定(第 6 款)。违反该规定的话,另行适用罚则(第 119 条第 1 项)。具体而言包括超过以下上限的情况:①针对矿内劳动等有害作业而设定的上限时间为 1 天 2 小时以内;②法定工时外劳动(包括休息日劳动)的上限为 1 个月不满 100 小时;③对象期间内,2 个月到 6 个月内的月平均法定工时外劳动(包括休息日劳动)的上限时间为 80 小时。

---

① 协定按 1 个月单位规定"可以延长的时间"时,针对违反第 32 条的成立部分作出判决的,参见:X 社事件·最高裁判所第一小法廷 2009 年 7 月 16 日判决·最高裁判所刑事判例集 63 卷 6号 641 页。

（五）工时外和休息日劳动义务的产生要件

如上所述,签订与申报三六协定具有消除违法状态的效力,但是这仅仅意味着雇主可以合法(不违法)安排劳动者在法定工时外和休息日劳动,对雇主下达的法定工时外和休息日劳动的命令,劳动者是否有义务服从则是另一层面的问题,除了"三六协定"之外,还必须有劳动合同上的根据。

关于这一点,许多企业的就业规则上都规定,"工作上存在不得已的理由时,雇主可以按照三六协定命令劳动者在法定工时外和休息日劳动"。有时集体协议上也会有类似的规定。针对这类就业规则或者集体协议的规定是否构成引发法定工时外和休息日劳动义务的劳动合同上的根据这一问题,已经存在不少讨论。

大部分学说认为,无论是通过劳动合同、就业规则还是集体协议,事先让劳动者背负加班义务的做法都违反《劳动基准法》第 32 条,是无效的;只有在雇主指定具体日期和时间申请安排加班,而劳动者每次对此表示同意的情况下,才产生加班义务[1]。按照这种观点,是否加班由劳动者通过个人判断决定,然而为何所有事先的约定都违法无效,而每次临时约定的话加班却不违法呢? 这一点逻辑上似乎很难说得通。

对此,判例的立场是,如果就业规则里规定了工时外劳动义务,只要该规定具有合理性,劳动者就有按照规定劳动的义务[2]。而且,该判决认为,即使就业规则的规定内容很抽象,只规定了出于业务需要迫不得已的情况下可以通过和工会之间签订的协定延长劳动时间,但只要"三六协定"对加班理由在某种程度上作出了限定,那么就业规则的规定就可以看作是合理的。另外,通过集体协议作出的规定从协约自治之界限的观点来看也有可能存在问题,但是裁判所多数意见对这一点并未作出判断(味村法官提出的补充意见对集体协议产生的义务也作出了肯定)。

---

[1]　山本吉人『労働時間制の法理論』99 頁以下。明治乳業事件・東京地方裁判所 1969 年 5 月 31 日判決・労働関係民事裁判例集 20 巻 3 号 477 頁。

[2]　日立製作所武蔵工場事件・最高裁判所第一小法廷 1991 年 11 月 28 日判決・最高裁判所民事判例集 45 巻 8 号 1270 頁。

判例的这种立场,从就业规则法理来看也算符合逻辑,可以说反映了日本工时外劳动的现实状况。而且,在劳动者因不得已的理由拒绝工时外劳动的情况下,也可以用雇主法定工时外劳动命令权滥用的法理,或者在雇主对违反命令者进行解雇惩戒时,用解雇权滥用或惩戒权滥用的法理来处理。但是,这种立场意味着对于雇主依据劳动者完全无法预测的理由单方面安排工时外劳动的行为作出了肯定,不得不说其忽略了工时外劳动的例外性以及劳动者享受私生活之利益。

的确,通过签订和申报"三六协定",法定工时外劳动和休息日劳动变得不再具有违法性,但《劳动基准法》第 32 条、第 35 条上关于法定工时外和休息日劳动的原则并非因此就失去了全部意义。在《劳动基准法》上法定工时外劳动和休息日劳动不过是一种例外现象,因此安排这些劳动时尊重劳动者的意愿,并且尽量保持和私生活之间的平衡是《劳动基准法》的内在要求(这一点上,《劳动基准法》上的工时外劳动和法内加班具有不同的含义)。因此,不能从就业规则等的规定直接导出法定工时外和休息日劳动的义务,只有雇主和劳动者之间就劳动的具体日期时间以及内容等事先达成合意的情况下才能安排其在法定工时外和休息日劳动,这是比较合理的解释[①]。

(六) 超时加班费

267

1. 基本的加班工资倍率

雇主安排劳动者从事《劳动基准法》上的法定工时外劳动、休息日劳动时,必须支付一定倍率以上的"加班工资"(《劳动基准法》第 37 条第 1 款)。以正常劳动时间或者劳动日的工资计算额为标准,按照政令规定的比率(25%到 50%的范围内)额外支付。

现在政令规定的加班工资倍率如下:一般工作日的法定工时外劳动为25%,休息日劳动为 35%(《有关加班费支付率最低限度的政令》),以前两者都是 25%,后来考虑到法定工时外劳动和休息日劳动的意义不同,所以提高了后者的加班工资。

---

① 蓼沼謙一『労働法実務大系 11 巻』142 頁。

《劳动基准法》规定加班工资支付义务的宗旨是为了"抑制加班,进而督促雇主遵守关于劳动时间的法律规定,同时对劳动者进行补偿"[1]。

对于法定工时外劳动和休息日劳动也必须支付正常工资,所以法定工时外劳动最终要支付正常工资的 125%,休息日劳动要支付正常工资的 135%(不过,计件工资的情况下,正常工资已经支付,所以是 25% 和 35%)。

上述加班工资在法律条文上,只规定了按照第 33 条或者第 36 条第 1 款支付的情况,但是对于不符合法定条件进行的违法的法定工时外劳动和休息日劳动,也一样要支付[2]。

2. 月加班时间超过 60 小时的情形

在 2008 年的法律修订中,如果 1 个月的法定工时外劳动时间数超过 60 小时,超过部分的加班工资倍率就提高到 50%(《劳动基准法》第 37 条第 1 款但书)。这一修订的目的是为了通过给雇主施加经济压力来抑制加班。不过,提高的这部分以签订职场协定为条件,还可以用赋予带薪休假来代替支付加班工资(同第 3 款)。这些规定一直以来对中小企业暂缓适用,但是通过 2018 年的法律修订,从 2023 年 4 月开始也适用于中小企业。

另外,1 个月超过 60 小时的时间数,也意味着超过了三六协定的时间限度(1 个月 45 小时),所以是以签订附带特别条款的三六协定为前提的。这种情况下,协定当事人对于 45 小时到 60 小时之间的加班,要尽量在协定中规定超过基本倍率 25% 的加班工资[3]。

3. 加班工资的基础

加班工资的基础是"正常劳动时间或者劳动日的工资计算额",小时工资的情况下金额不变,月工资的情况下是用该金额除以一个月的既定工时得出的金额,计件工资制的情况下是用该金额除以工资计算期内的总既定

① 医疗法人社团康心会事件·最高裁判所第二小法廷 2017 年 7 月 7 日判决·劳働判例 1168 号 49 页。

② 小岛撚糸事件·最高裁判所第一小法廷 1960 年 7 月 14 日判决·最高裁判所刑事判例集 14 卷 9 号 1139 页。

③ 2018 年 9 月 7 日厚生劳働省告示 323 号(5 条 3 项)。

工时得出的金额(《劳动基准法施行规则》第 19 条)。

作为计算基础额的工资不包括①家庭成员津贴、②通勤津贴、③两地分居津贴、④住宅津贴、⑤子女教育津贴、⑥临时支付的工资、⑦超过一个月的期间支付的工资(《劳动基准法》第 37 条第 5 款,《劳动基准法施行规则》第 21 条;其中住宅津贴是在 1999 年的法律修订中追加的)。主要是因为①~⑤和具体工作关系不大,⑥和⑦的支付金额没有事先确定,但是其结果导致很多情况下奖金也要从计算基础额中筛除(奖金金额如果事先已经确定,则不能从算定基础里筛除①)。这样一来,通过加班工资抑制法定工时外劳动、休息日劳动的效果就会大打折扣。对此,有观点指出其从立法角度就存在问题。

另外,从计算基础里排除的这些津贴等(无论采用什么名称,都要按照各自要件进行实质性判断)都是限定式列举,除此以外的工资都不能从计算基础里排除②。

4. 支付定额加班工资

有时候企业不是根据法定工时外劳动的时间数,而是每个月支付一定金额的加班工资。如果和实际劳动时间数进行比较,支付金额在《劳动基准法》第 37 条要求的金额以上,并不算违法③。但是,如果实际上法定工时外劳动频繁,超过了支付额所对应的时间数的话,必须补齐加班工资的不足部分。

因此,以定额方式支付加班工资时,必须明确其中对应正常劳动时间的工资范围,以及已经支付了几小时的加班工资。反之,没有对对应正常劳动

269

---

① 2000 年 3 月 8 日劳働基準局長が疑義に答えて発する通達 78 号。

② 对排除住宅津贴(当时还不在列举清单)、乘车津贴、职位津贴的做法,否定其效力的案例,参见:小里機材事件・最高裁判所第一小法廷 1988 年 7 月 14 日判决・労働判例 523 号 6 頁。对筛除无事故津贴,驾驶津贴的做法,否定其效力的案例,参见:日本郵便逓送事件・大阪高等裁判所 2012 年 4 月 12 日判决・労働判例 1050 号 5 頁。另外,对生计津贴、特别津贴等,没有确认其内容就否定排除效力的原审判决被撤销,参见:大星ビル管理事件・最高裁判所第一小法廷 2002 年 2 月 28 日判决・最高裁判所民事判例集 56 卷 2 号 361 頁。

③ 以业务津贴名目支付的定额津贴,只要作为加班报酬这一点很明确,就可以看作是第 37 条规定的加班费,参见:日本ケミカル事件・最高裁判所第一小法廷 2018 年 7 月 19 日判决・労働判例 1186 号 5 頁。反之,判断营业补贴不属于加班报酬的案例,参见:マーケティングインフォメーションコミュニティ事件・東京高等裁判所 2014 年 11 月 26 日判决・労働判例 1110 号 46 頁。

时间的工资部分和相当于加班费工资的部分进行区分,而是把两者合在一起支付一定金额的情况下,不能算作支付了第 37 条的加班工资,必须把该金额全部算入"正常的劳动时间或劳动日的工资"重新计算加班工资,并支付给劳动者①。在下级裁判所案例中,有裁判所判断,对于薪水和工作自由度都非常高的劳动者,即使对工时外劳动报酬没有进行区分,也应视作已包括在每月的基本工资里②,但是这种观点难免会令人疑惑。

另外,下级裁判所的一些案例,要求雇主健全内部制度,在实际加班工资高于雇主支付的定额津贴时,能让劳动者立即得知这一事实并进入申请支付程序,但是最高裁判所表示这些做法不是必须的③。在雇主对时间数没有明确限定,却在基本工资里计入每个月 80 小时的加班工资的案例中,裁判所判定这种制度具有损害劳动者健康的危险性,因此违反公序良俗而无效④。

另外,由于雇主对出租车司机的里程数工资采取从中扣除加班工资金额的计算公式,导致无论如何加班工资都不增长的案例中,下级裁判所判定这种做法违反公序良俗,但却被最高裁判所驳回重判,命其精查该雇主是否支付了按《劳动基准法》第 37 条计算的金额以上的加班工资⑤。

5. 加班工资倍率的重叠

在法定工时外劳动和深夜工作重叠时,法定工时外劳动的加班工资倍率和后述的深夜加班工资倍率(25％以上)合算,加班工资倍率变为 50％以上(一个月超过 60 小时的情况下为 75％以上)。另外,休息日和深夜工作

---

① 高知県観光事件・最高裁判所第二小法廷 1994 年 6 月 13 日判决・労働判例 653 号 12 頁。用出租车司机的载客车费乘以一定比率来计算工资的纯提成工资制的案例。雇主也是主张基本工资里已经包括了加班费,但是因为没有区分无法分辨被驳回的案例,参见:テックジャパン事件・最高裁判所第一小法廷 2012 年 3 月 8 日判决・労働判例 1060 号 5 頁。前揭医療法人社団康心会事件。

② モルガン・スタンレー・ジャパン事件・東京地方裁判所 2005 年 10 月 19 日判决・労働判例 905 号 5 頁。

③ 前揭日本ケミカル事件。

④ イクヌーザ事件・東京高等裁判所 2018 年 10 月 4 日判决・労働判例 1190 号 5 頁。

⑤ 国際自動車事件・最高裁判第三小法廷 2017 年 2 月 28 日判决・労働判例 1152 号 5 頁。驳回重审的高等裁判所判决,参见:同事件・東京高等裁判所 2018 年 2 月 15 日判决・労働判例 1173 号 34 頁。

重叠时变为 60％以上(《劳动基准法施行规则》第 20 条)。与此相对,休息日劳动和法定工时外劳动重叠时加班工资倍率不合算[1],但其实这种情况下也应该允许合算才对[2]。

四、深夜工作

《劳动基准法》上关于劳动时间的规定,很多都是关于时间长短的,但是深夜工作的规制则是着眼于劳动时间的位置。深夜时间带劳动,即使是在法定工时范围内,也会对劳动者的身体健康带来额外负担。

对此《劳动基准法》规定:第一,对晚上 10 点到早上 5 点之间的时间带进行的工作,雇主必须加付 25％以上的工资(《劳动基准法》第 37 条第 4 款;另外,法律还规定厚生劳动大臣认为必要时可以将时间带推迟 1 小时,不过这一规定从未在实际中使用过)。工时外劳动或者休息日劳动如果是在深夜时间带进行的,如上所述,要将加班工资倍率进行合算。

第二,对于未满 18 岁的未成年人,除了一些例外情况,禁止安排他们从事深夜工作(第 31 条,参照第 307 页)。对于孕妇和产妇,如果本人提出申请,也禁止安排其深夜工作(第 66 条第 3 款,参照第 302 页)。

另外,《有关进行育儿或家庭成员护理的劳动者的福祉的法律》上,对于照顾孩子(学龄前儿童)或者护理家人的劳动者,如果本人申请,也禁止安排深夜工作(《有关进行育儿或家庭成员护理的劳动者的福祉的法律》第 19 条,第 20 条;妨碍业务正常运营的情况除外[3])。

五、排除适用

271

(一)《劳动基准法》第 41 条

由于行业和工作性质不同,有些情况下对劳动者适用《劳动基准法》上

---

① 1947 年 11 月 21 日劳働基準局長名で発する通達 366 号、1958 年 2 月 13 日劳働基準局長名で発する通達 90 号。

② 有泉亨『劳働基準法』(1963 年、有斐閣)343 頁。

③ 另外,关于第 19 条限制深夜工作时提供劳务的劳动纷争案例,参见:日本航空インターナショナル事件・東京地方裁判所 2007 年 3 月 26 日判決・劳働判例 937 号 54 頁。

的劳动时间规制并不合适。《劳动基准法》第 41 条规定,此类劳动者包括:
①从事农业、水产业的劳动者(第 1 项);②处于管理监督地位者或者处理机
密事务的劳动者(第 2 项);以及③从事监视性、间断性工作的劳动者(第
3 项)。

对于这些劳动者,不适用《劳动基准法》第 4 章、第 6 章及第 6 章之 2 中
"关于劳动时间、休息以及休息日的规定"。但是关于深夜工作(第 37 条第
4 款,第 61 条)、年度带薪休假(第 39 条)的规定不在排除适用的范围内。①

1. 从事农业、水产业者(第 1 项)

农业、水产业的业务受气候、季节、繁殖等自然条件影响很大,采取人为
的一刀切方式来规制劳动时间并不合适,因此允许对其排除适用。以前林
业也在排除适用范围内,但在 1993 年的法律修订中被取消了。另外,在有
加工设备的地方进行加工的工作,虽然也是农业、水产业的业务,但并不受
气候等影响,因此不属于排除适用的对象。

2. 管理监督人员(第 2 项)

管理监督人员从职务性质上并不适合和一般劳动者进行同样的时间规
制,而且其对上下班时间可以在某种程度上自行决定,因此即使不进行严格
的劳动时间规制也不会出现保护不够的问题,这是对其采取排除适用的原
因。另外,处理机密事务者(高管秘书等)和管理监督人员的活动密不可分,
也是排除适用的对象。

管理监督人员是指诸如部长或者工厂长等,在对劳动者进行劳务管理
方面和经营者立场一致者。② 在具体事例当中,必须一方面考虑排除适用
的宗旨,另一方面注意该人物的职务内容、权限、工作状况、工资方面的待遇
(有没有管理津贴)等,按照实际情况进行判断。比如说,虽然高居银行支店
长代理的地位,也领取高管津贴,但不仅从未参与过部下的劳动管理,反倒

---

① 确认对第 2 项的管理监督人员也适用深夜加班费规定的判决,参见:ことぶき事件・最高
裁判所第二小法廷 2009 年 12 月 18 日判決・労働判例 1000 号 5 頁。

② 1947 年 9 月 13 日次官通達の名称で呼ばれる労働基準局関係の通達 17 号、1988 年 3 月
14 日労働基準局長名で発する通達 150 号。

自己的劳动时间被管理的劳动者,算不上管理监督人员。①

另外,快餐连锁店的店长作为店铺责任者,尽管享有录用临时工、决定员工换班表、企划实施促销活动等权限,但其权限只限于店铺内部的事务,对于自己的工作时间,虽然某种程度上可以自行决定,但是受到营业时间内工作的束缚,而且要完成任务必须长时间工作,工资待遇也算不上丰厚的情况下,同样不能算作管理监督人员。② 在最近的案例中,裁判所对会员制健身房的支店长③、便当连锁店的店长④,也根据实际状况判断他们不属于管理监督人员。

和管理监督人员类似的概念,还有一个是被排除在工会成员资格之外的"雇主利益代表"(《劳动组合法》第2条但书第1项,参照第28页)。哪些人员属于这两种概念,要按照规定的宗旨分别进行判断。比如,不在人事指挥权队伍里的企划调查部门的"专业人员",如果在职务资格待遇上等同于甚至高于"现场管理人员"的话,也属于《劳动基准法》第41条第2项的管理监督人员。⑤ 然而,诸如此类不具有人事劳务上的权限者,不属于《劳动组合法》第2条但书第1项规定的"雇主利益代表"。

3. 从事监视性、间断性工作人员

监视性工作,是指在一定部门从事监视业务,一般肉体和精神上的紧张程度较低的工作。间断性工作是指业务性质上有间断,待机时间较长(大约一半左右)的工作。从事这些工作的劳动者,比起一般工作而言,劳动密度低,肉体和精神上的负担小,所以即使不适用《劳动基准法》上的劳动时间规制也不会缺乏保护,因此属于排除适用的对象。

---

① 静冈银行事件·静冈地方裁判所1978年3月28日判决·労働関係民事裁判例集29卷3号273頁。

② 日本マクドナルド事件·東京地方裁判所2008年1月28日判决·労働判例953号10頁。以这一案例为契机,后来还出台了行政通知,旨在完善零售业餐饮业连锁店管理监督人员的范围。2008年9月9日労働基準局長名で発する通達0909001号。

③ コナミスポーツクラブ事件·東京地方裁判所2017年10月6日判决·労働経済判例速報2335号3頁。

④ プレナス事件·大分地方裁判所2017年3月30日判决·労働判例1158号32頁。

⑤ 1988年3月14日労働基準局長名で発する通達150号。

273　　　但是,为了防止雇主肆意进行判断对劳动者造成不利,启动本项规定要以行政部门(劳动基准监督署长)的批准为条件。没有得到批准,排除适用则不发生效力。[1]

　　　值班一般属于劳动密度低的监视性、间断性劳动,如果是劳动者的本职工作,通常会得到批准(《劳动基准法施行规则》第 34 条)。如果劳动者平时从事的是其他工作,值班属于额外附加的工作时,是否成为本项规定的适用对象呢?关于这一点存在争论,但在实务上,雇主对工作内容、次数、津贴等标准作出规定的情况下都得到了批准(同第 23 条)。

　　　这里所说的值班,是指"巡逻、收发信件和接电话或者待机以备处理紧急事件等一般基本不需要劳动的工作"。比如对医生来说,是指定时巡视病房、对少数需要关注的患者进行定期把脉等工作,不包括频繁进行的急救医疗。[2]

(二) 高度专业岗工时豁免制(《劳动基准法》第 41 条之 2)

　　　2018 年的法律修订在上述第 41 条之后规定了"第 41 条之 2",增加了新的排除适用规定,叫做特定高度专业业务与绩效型劳动制(高度专业岗工时豁免制)。之所以新设这一规定,是考虑到对于"需要高度专业知识等,而且一般在性质上劳动时间和成果关系不大的工作",适用普通劳动时间规制并不妥当。该制度的特色是,除了劳动时间、休息、休息日以外,连深夜加班工资的规定也被排除适用(同条第 1 款本文),不过引进手续和条件非常繁琐。

　　　如果要介绍该制度的大体框架,主要有以下几点:第一,该制度的对象只限于具有上述性质的工作中厚生劳动省令规定的工作。按照俗称列举共有 5 类业务:①金融商品开发、②外汇交易、③证券分析师、④咨询师、⑤研究开发(《劳动基准法施行规则》第 34 条之 2 第 3 款)。

　　　第二,要采用这种制度,和企划业务型裁量劳动制(《劳动基准法》第 38
274 条之 4,参照第 253 页)一样,必须先设置劳资委员会,而且要有五分之四以

---

[1]　ゆうな学園事件・那覇地方裁判所 1979 年 3 月 27 日判决・労働判例 325 号 66 頁。

[2]　2002 年 3 月 19 日労働基準局長名で発する通達 0319007 号、0319007 号之 2。

上委员的表决(《劳动基准法》第 41 条之 2 第 1 款)。另外还需要本人的同意,同时禁止在本人拒绝时进行对其不利的处理(同款本文,第 9 项)。

第三,该制度的适用对象劳动者,必须是在整个期间内通过和雇主之间的书面约定明确规定了职务的劳动者,而且其预计年收额必须达到厚生劳动省令通过一定办法制定的相当高的平均工资标准(1075 万日元以上)(同款第 2 项,《劳动基准法施行规则》第 34 条之 2 第 6 款)。

第四,雇主必须对适用对象劳动者"在职场内的劳动时间"和"在职场外的劳动时间"的合计时间(健康管理时间)采取确认措施,来进行健康管理(《劳动基准法》第 41 条之 2 第 1 款第 3 项)。

第五,雇主必须保证对象劳动者享有 1 年内 104 日以上,4 周内 4 日以上的休息日(同款第 4 项)。而且,雇主必须按照劳资委员会的决议从以下四种措施中选择一种执行:①确保劳动时间带之间有 11 个小时以上的休息时间,而且 1 个月的深夜工作次数在 4 次以内;②关于劳动者的健康管理时间,保证 1 个月在 100 小时以内或者 3 个月在 240 小时之内;③1 年至少安排 1 次连续 2 周的休假;④对于健康管理时间等状况符合厚生劳动省令规定标准的劳动者实施体检(同款第 5 项,《劳动基准法施行规则》第 34 条之 2 第 9 款以下)。

另外,关于适用对象劳动者的健康福祉的确保、内部投诉的处理,也需要在劳资委员会的决议当中作出相应规定(《劳动基准法》第 41 条之 2 第 1 款第 6 项、第 8 项)。

公立学校教师的加班津贴

275

大家或许都在哪里听说过,日本公立学校的教师没有加班费。1971 年制定的《关于公立义务教育各校等的教师工资等的特别措施法》(《工资特别法》)里,明文规定了"对于教师,不支付法定工时外工作津贴和休息日工作津贴"(第 3 条第 2 款)。而且,本来除了一部分人员外,地方公务员都适用《劳动基准法》的规定,所以除了第 32 条、第 35 条之外,第 37 条关于加班费的规定也同样应该适用,但是《工资特别法》规定对教师排除适用《劳动基准法》第 37 条(第 5 条)。

　　在该法律成立以前,公立学校教师请求支付加班津贴的诉讼层出不穷,而最高法院对出席职工会议、带队参加修学旅行和远足属于加班的请求也予以支持,命令学校支付《劳动基准法》第 37 条规定的加班工资。① 此后,《工资特别法》虽然规定不支付加班工资,但规定给教师支付相当于月工资 4%的"教职调整额"(第 3 条第 1 款)。从这一点上来说这笔钱似乎可以算是一种补偿措施,但是 4%的金额是基于 1966 年当时的每周平均加班时间(1 小时 48 分)决定的,是否符合现状颇有疑问。

　　不仅如此,《工资特别法》规定,超过正式工作时间外安排加班"只限于按照政令规定标准在条例上作出规定的情况"(第 6 条第 1 款)。符合这一条件的只有以下四种工作(而且只限于有紧急不得已的临时需要时):①校外实习等学生实习,②修学旅行等学校活动,③职工会议,④紧急灾害等不得已的情况。对于其他工作,要在"正式工作时间内进行分摊",不命令加班。这样一来,从表面上来看,课前准备或者课外活动指导等要不就是在正式工作时间内全部完成,要不就是没有命令进行的自主劳动,这种冠冕堂皇的场面话只能说一点也不符合现实。

　　最近出现的"工作方式改革"新风向中,中央教育审议会在 2019 年 1 月作出的答复里提到了适用加班上限,以及引进现在被排除适用的 1 年单位的变形工时制等内容。虽然加班津贴现在还没有发生变化,但需要密切注意今后的动向。

第四节　休假、休业、休职

　　劳动者在漫长的职业生涯中,会因为各种理由产生一定程度长期中断

---

　　① 　静冈县事件·最高裁判所第一小法廷 1972 年 4 月 6 日判决·最高裁判所民事判例集 26 卷 3 号 397 頁。静冈市事件·最高裁判所第三小法廷 1972 年 12 月 26 日判决·最高裁判所民事判例集 26 卷 10 号 2096 頁。

工作的需要。这种情况下,不应将其视作不履行劳动义务,而应该建立在一　276
定期间内免除原本负有的劳动义务之保障制度。这也正是本节要进行说明
的休假、休业、休职制度都具备的共通的意义。

被通称为休假、休业、休职的这些和"休息"有关的制度,首先可以分为
法定制度和法定外制度。前者包括带薪年休假、生理期休假、产前产后假、
育儿休业、护理休业。后者按照集体协议或者就业规则实施,有婚丧假、病
休假、起诉休职、充电休假等。其次还可以分为带薪假期(其典型是带薪年
休假)和无薪假期(产前产后假以及育儿休业无薪,但有社会保险给付)。另
外,大多数休假明确限定了休息目的,但是年休假和充电休假的目的却没有
限制。另外,也可以按照期间长短,是否算作上班等来分类。

这些休假和休业看起来也算种类繁多,可日本的休假、休业种类其实
还是比较匮乏的。尤其是和因病疗养有关的休假和休业,没有相关法律
制度保障是一大问题。对于公司内没有病休假保障的中小企业员工或者
非正规劳动者来说,感冒病倒了只能用掉年休假。这也使年休假的实际
落实状况产生了扭曲。在职业生涯中,"工作"和"休息"是生活的正负两
面的关系。在各种休假、休业、休职匮乏的雇佣社会里,职业生活也肯定
是匮乏薄弱的。

上述休假、休业当中,生理期休假和产前产后假将在第四章第五节"女
性(孕产妇等)及青少年"里阐述。

一、带薪年休假

(一) 年休假权的宗旨和构造

所谓带薪年休假,顾名思义,是同时具备带薪性质和年度性质的休假,
作为《劳动基准法》上的权利受到保障。而且这种休假,按照本来的立法宗
旨,是与国际标准一样,保障劳动者享有某种程度长期持续的休假[ILO第　277
132号条约(1970年,日本未批准)规定3周休假中2周必须是持续休假]。
但是日本的带薪年休假制度中并没有这种保障。

对于符合《劳动基准法》第39条第1款及第2款规定的要件进行工作

的劳动者，年休假权自然产生。但是，这一阶段劳动者只是拥有在该年度享受一定天数的年休假的地位，要具体享受年休假，还必须按照同条第 5 款或第 6 款的规定，行使指定年休假日的权利（手续）。第 5 款规定的手续是对时期指定权（劳动者指定时期请求年休假的权利）的行使，第 6 款规定的手续是通过签订职场协定有计划地取得年休假（第 6 款规定的年休假叫做计划年休假）。因此年休假权是只要符合《劳动基准法》第 39 条第 1 款、第 2 款的要件就产生，但还要按照同条第 5 款、第 6 款来行使的一种权利①。

对于劳动者的年休假权，雇主有赋予义务，也就是在劳动者取得年休假的日子免除其劳动义务，并支付工资的义务。而且，这一义务要求雇主以劳动者年度内能享受全部年休假为前提来进行人员配置（根据《劳动时间等设定改善法》第 2 条第 1 款，企业负有采取各种措施的努力义务，其中包括"整备环境使员工能顺利享受年休假"的措施；关于该法参照第 255 页）。这是因为，如果没有这些具体措施，对年休假权的保障将无异于画饼充饥。而且，对劳动者指定的时期，雇主应考虑其意愿，通过确保代替员工等方式，尽量让劳动者在想休假的时期享受到假期。②

另一方面，2018 年的法律修订中，增加了由雇主指定年休假时期的方式（后述）。对于很少享受年休假的劳动者，雇主需要指定休假时期，这样一来，年休假制度就要在雇主主导安排年休假这种全新的构思下开始运行了。

278　　　另外，对于已享有年休假权的劳动者，"雇主在劳动合同上负有不能妨碍其行使该权利的义务"，如果雇主对劳动者享受年休假进行各种阻挠的话，会构成劳动合同上的债务不履行。③

---

①　白石营林署事件・最高裁判所第二小法廷 1973 年 3 月 2 日判决・最高裁判所民事判例集 27 卷 2 号 191 页。国鉄郡山工場事件・最高裁判所第二小法廷 1973 年 3 月 2 日判决・最高裁判所民事判例集 27 卷 2 号 210 页。这样理解年休假权的观点，被称作二分论。

②　弘前電報電話局事件・最高裁判所第二小法廷 1987 年 7 月 10 日判决・最高裁判所民事判例集 41 卷 5 号 1229 页。横手統制電話中継所事件・最高裁判所第三小法廷 1987 年 9 月 22 日判决・労働判例 503 号 6 页。

③　出水商事（年休等）事件・東京地方裁判所 2015 年 2 月 18 日判决・労働経済判例速報 2245 号 3 页。

(二)年休假权的成立和年休假天数

1. 年休假权的产生要件

劳动者连续工作 6 个月以上*，且出勤率在 80％以上时即可享受年休假权。这里所说的"连续工作"并不是由形式上的劳动者身份或者劳动合同期间是否具有连续性来决定的，而是根据实际工作状况、合同期间、签订有期合同的理由、合同期的间隔等加以实质性的判断。[①]按照这种判断方法，临时工被录用为正式员工，退休人员被录用为特约人员，短期劳动合同的更新，在籍借调等都可以算是"连续工作"。[②]根据《高龄者雇佣安定法》第 9 条，被同一企业连续雇佣的情况也可以作出相同解释。而且，从周一到周六按照雇主当天指定的工作场所从事现场劳动，在一个工作现场每工作 6 小时可以获得 1 万日元报酬的雇佣形态（自由轮班制），其性质是通过指定工作场所来决定具体工作日、工作场所的合同，也可以算作"连续工作"。[③]

"80％以上"的出勤率是以工作日总数作为分母，以出勤日作为分子来计算的。这里所说的工作日总数，指的是按照就业规则等的规定在劳动合同上负有工作义务的日子。[④]不过，在计算时，"没有出勤的日子里，不能归因于劳动者责任的，除了因为不可抗力或者起因于雇主方的经营管理问题造成的休业日等从当事人平衡等观点看不应计入出勤日，应该从工作日总数里去掉的情况以外，……都应该算作出勤日，包含在工作日总数里"。[⑤]

按照上述原则，①法定休息日和法定外休息日要从工作日总数里去掉，②因工伤疗养而休业的日子、休育儿休业和护理休业的期间、产前产后休假都属于工作日，按照法律规定要算作出勤日（《劳动基准法》第 39 条第 8

---

* 指在同一企业。——译者注

① 日本中央競馬会事件・東京高等裁判所 1999 年 9 月 30 日判决・労働判例 780 号 80 頁。

② 1988 年 3 月 14 日労働基準局長名で発する通達 150 号。

③ アールエス興産事件・横浜地方裁判所川崎支部 2015 年 9 月 30 日判决・労働判例 1125 号 16 頁。

④ エス・ウント・エー事件・最高裁判所第三小法廷 1992 年 2 月 18 日判决・労働判例 609 号 12 頁。

⑤ 八千代交通事件・最高裁判所第一小法廷 2013 年 6 月 6 日判决・最高裁判所民事判例集 67 卷 5 号 1187 頁。

款)。③享受年休假的日子也作为出勤日处理。^① 另外,④诸如无效解雇等因雇主方原因造成的未出勤日从"平衡等观点"来看也不应该从工作日总数里去掉,所以"作为应计入出勤天数的日子,包括在工作日总数里"^②。

与此相对,正当罢工造成的未出勤日,因雇主方原因造成的休业日、生理期休假、婚丧假不包括在工作日总数里。^③ 这些日子从上述"平衡等观点"来看,不应该计入出勤天数,而且从工作日总数里也应该去掉。^④

2. 年休假的天数

符合上述要件的劳动者连续工作半年后,次日开始享有 10 天的年休假权(《劳动基准法》第 39 条第 1 款)。连续工作 1 年半以上,且上年度一年内的出勤率为工作日总数的 80％以上的话,年休假加算 1 天;3 年半以后每年加算 2 天,直到年休假达到上限 20 天为止(连续工作 6 年半以后)(同条第 2 款,参照下表)。上年度出勤率未达到 80％无法享受本年度的年休假时,只要本年度出勤率在 80％以上,下一年的年休假天数仍然比上年度加算 1 天或 2 天。

年休假天数

工龄	6 个月	1.5 年	2.5 年	3.5 年	4.5 年	5.5 年	6.5 年以上
年休假天数	10 天	11 天	12 天	14 天	16 天	18 天	20 天

对非全日制劳动者当中,每周既定工时不满 30 个小时,既定工作日在 4 天以下的劳动者,是将一般劳动者的每周工作日算作 5.2 天,然后按照既定劳动天数的比例(省略小数点后尾数)来计算年休假的天数(同条第 3 款)。比如说,每周既定工时为 4 天的非全日制劳动者连续工作 6 个月以后,可以获得享受 7 天年休假的权利(具体天数表参照《劳动基准法施行规则》第 24 条之 3)。

---

① 1947 年 9 月 13 日次官通达の名称で呼ばれる労働基準局関係の通達 17 号。

② 前揭八千代交通事件。

③ 关于前面两种,参见:1958 年 2 月 13 日労働基準局長名で発する通達 90 号、1988 年 3 月 14 日労働基準局長名で発する通達 150 号。

④ 2013 年 7 月 10 日労働基準局長名で発する通達 0710 第 3 号参照。

3. 年休假权产生的时期

享受年休假权的起算日,不是订立劳动合同的日子,而是劳动者实际开始工作的日子。在实务上,雇主为了统一处理劳动者之间因人而异的起算日,有时会指定一个特定日子。这种情况下,对于工作天数还不满6个月的劳动者,如果采取将满6个月之前剩余的日子都按照出勤处理的方法就是有效的。因此,比如说对4月1日开始上班的人,可以在开始上班时安排10天年休假,第二年4月1日安排11天年休假;也可以分成两次,开始上班时安排5天,进公司6个月后再安排5天,第二年4月1日安排11天年休假等,这些方法都是可行的。①

(三) 年休假的时期指定

1. 劳动者的年休假时期指定权

劳动者可以通过请求在指定时期休假来行使其享有的年休假权(《劳动基准法》第39条第5款)。这叫做时期指定权。这里用的虽然是"请求"这个词,但其实这是劳动者的单方行为,不需要对方的承诺。劳动者的时期指定权,是以后述雇主的时期变更权的行使为解除条件的形成权,通过行使时期指定权,被指定的日子里的劳动义务就消灭了。

时期是包括季节和具体时期双层意思的概念。因此,时期指定可以通过劳动者指定希望休假的季节和天数,通过和雇主之间的调整来确定具体时期的方法实现,也可以通过劳动者从一开始就指定具体时期的方法实现(不过,前者的方法并未普及)。

可以请求的年休假是连续或者被分割的工作日,所以本来其最小单位应该是1日。但是,2008年《劳动基准法》修订后,在职场协定里指定劳动者范围或者年休假天数的话,最多可以针对5天年休假,以小时为单位安排休假(《劳动基准法》第39条第4款)。

有时就业规则等会规定,指定年休假时期要在休假的数日前完成。这

---

① 1988年3月14日劳働基準局長名で発する通達150号、1994年1月4日劳働基準局長名で発する通達1号。

种制约从其天数和手续等来看,如果是雇主为了方便确保代替员工而设定的,可以说具有合理性,是有效的规定。[①]

假如在实施轮班制等情况下,以逃避上夜班等特定工作为目的来指定年休假的时期,在裁判实务中有可能构成时期指定权的滥用。[②] 但是,如后所述,在法律上要达到阻止劳动者享受年休假的效果,主要是通过允许雇主行使时期变更权的方式。如果不对后者进行判断,就采取时期指定权滥用的理论来处理,其妥当性难免令人心存疑问。

281　**2. 雇主的时期指定**

2019 年 4 月开始,为了提高年休假的休假率,引进了雇主进行时期指定的方式。为了增加实际休假天数,雇主对享有 10 天以上年休假的劳动者,要针对其中 5 天,从每年的年休假赋予日(基准日)开始算 1 年以内,指定时期安排其休假(《劳动基准法》第 39 条第 7 款)。不过,劳动者已经行使时期指定权或者按照计划休假制度安排好的天数,不需要雇主进行时期指定(同条第 8 款)。因此,按照这些方式已经享受 5 天以上休假的劳动者不需要雇主指定休假时期。另外,对于已经休假但不满 5 天的劳动者,必须针对不足 5 天的剩余天数进行时期指定,安排其休假。

从劳动者角度而言,如果在不愿休假的时期被安排休假,可能会带来工作上的混乱,因此雇主应该针对需要指定的时期听取其意见等,劳资之间的对话可谓不可或缺。

(四) 年休假的时期变更

1. 时期变更权的要件

对于劳动者指定的年休假时期,如果在该时期安排年休假会"妨碍部门业务(事业)正常运作",雇主可以在其他时期安排休假(《劳动基准法》第 39 条第 5 款但书)。这叫做时期变更权。行使时期变更权的效果只不过是能

---

① 此花電報電話局事件・最高裁判所第一小法廷 1982 年 3 月 18 日判决・最高裁判所民事判例集 36 卷 3 号 366 頁。

② 日本交通事件・東京高等裁判所 1999 年 4 月 20 日判决・判例時報 1682 号 135 頁。

够阻止年休假在指定日子里成立,尽管使用了"变更"一词,但即使雇主指定其他时期安排年休假,劳动者也不受其束缚。

这里所说的"部门业务"是指包括该劳动者担当业务在内的业务活动的一定单位(具体指部或者科)。而且,是否"妨碍正常运作"需要综合考虑企业规模、劳动者的职务内容、业务繁忙程度、确保代替员工的难易度、同一时期有没有其他休假者等因素加以判断。其中关于业务繁忙这一点,与平时的效率和业绩相比出现大幅下降的情况下,就必须承认其可能性。在客观上有可能通过调整工作分配确保代替员工的情况下,如果雇主对此不予以考虑就行使时期变更权是不被允许的。[1]　另外,在劳动者要求在1个月的研修期内休1天年休假的事例当中,裁判所判定,除非从研修内容来看即使缺席也不会影响知识技能的掌握,否则都会影响到部门业务的正常运作。[2]

在日本,享受年休假大多是一天或者几天单位的零碎假期,从休假制度本来的立法价值来看,如何保障长期休假是一个非常重大的课题。但是长期休假一般来说确保代替员工比较困难,因此对雇主而言也会增加业务出现障碍的可能性,所以需要事先和其他劳动者的休假计划等进行调整。换言之,长期休假需要用某种方式提前规划。劳动者如果不经过这种调整就直接请求长期休假,雇主对于安排多少天休假,对哪部分行使时期变更权,可以在一定程度上按自由裁量进行判断[3],时期变更权的范围也变宽了。这种长期连续休假,在现实中通过时期指定权的行使而实现就变得很困难,因此引进了下面要说明的计划年休假制度。

2. 时期变更权的行使

雇主要行使时期变更权,有可能在其他时期安排年休假是其必要条件。因此,即将退职者请求享受未休的年休假时,因为不存在这种可能性,所以

---

[1]　前揭弘前電報電話局事件、横手統制電話中継所事件。

[2]　NTT事件·最高裁判所第二小法廷2000年3月31日判決·最高裁判所民事判例集54卷3号1255頁。

[3]　時事通信社事件·最高裁判所第三小法廷1992年6月23日判決·最高裁判所民事判例集46卷4号306頁。

雇主不能行使时期变更权。另外,雇主没有努力确保代替员工,导致持续性人手不足,并以此为由行使时期变更权,导致劳动者的年休假权因时效届满消失的情况下,劳动者可以对雇主的债务不履行造成的精神损害进行赔偿请求。[1]

(五) 计划年休假制度

雇主在职场协定里对安排年休假的日期作出了规定时,年休假天数中超过 5 天的部分可以按照该规定安排(《劳动基准法》第 39 条第 6 款)。至少有 5 天的年休假,必须留给劳动者个人来指定休假时期。

计划年休假分为①职场一齐休假型、②分组轮休型、③按照年休计划表安排个人休假型等类型。第①种和第②种类型必须在职场协定中规定休假日,第③种类型则可以只规定制定计划表的时期和手续。[2]

在职场协定中指定的年休假日,对反对该指定的劳动者也有约束力。[3]不过,对于有特殊情况不适合被指定年休假的劳动者,职场协定当事人必须给予充分考虑,包括探讨对其排除适用计划年休制度的可能性等。[4]

(六) 安排年休假的方式

1. 连续或分开享受休假

对于按照《劳动基准法》第 39 条第 1 款及第 2 款确定的年休假天数,雇主必须"连续或者分开"安排休假。换言之,雇主没有义务用连续休假的方式安排休假。这种立法在国外很罕见,也在日本助长了用"零碎休假"来安排年休假的风气,成为妨碍长期连续休假普及的重要原因。

2. 以小时为单位安排年休假

年休假既然是作为"工作日"安排的(同条第 1 款),原则上最小单位应

---

① 日本ジェイアールバス事件・名古屋高等裁判所金沢支部 1998 年 3 月 16 日判决・労働判例 738 号 32 頁。

② 1988 年 1 月 1 日労働基準局長名で発する通達 1 号。

③ 三菱重工業造船所事件・福岡高等裁判所 1994 年 3 月 24 日判决・労働関係民事裁判例集 45 巻 1＝2 号 123 頁。

④ 1988 年 1 月 1 日労働基準局長名で発する通達 1 号。

该是日历上的一整天。但是,2008 年《劳动基准法》修订后,在一定条件下允许以小时为单位安排年休假。也就是说,在职场协定里,规定了①可以安排以小时为单位的带薪休假的劳动者的范围,②可以以小时安排的带薪休假的天数,③可以以小时为单位安排的带薪休假 1 天的小时数,④按 1 小时以外的时间单位安排带薪休假时的时间数,而且属于①规定范围内的劳动者提出要求的情况下,可以按小时安排年休假(同条第 4 款,《劳动基准法施行规则》第 24 条之 4)。

284

(七) 年休假的使用目的

可以说年休假原本的制度价值在于从劳动中解放出来的休养或者度假,但是这并不意味着年休假的使用目的只限于此。"年休假的利用目的与《劳动基准法》无关",如何使用年休假是劳动者的自由。[①] 劳动者享受年休假时,没有必要告知雇主其休假目的,而且就算实际休假和事先告知雇主的目的完全背道而驰也不存在任何问题。

按照这一原则,劳动者使用年休假去支援其他事业所的争议行为也没有问题。但是,能否使用年休假参加自己所在事业所的罢工呢?对于这一点存在不同见解。有的观点认为,进入争议行为后,作为享受年休假前提的工作日已经不存在了,所以年休假也不成立。[②] 也有观点认为,通过享受年休假,劳动义务已经不存在了,所以没有罢工的可能性。[③] 裁判实务中有这样一个案例,劳动者在指定时期享受年休假时,碰巧罢工行动提前实施,于是劳动者就参加了罢工,对此裁判所判决认为年休假不成立,[④]让人难免心存疑惑。

劳动者以参加争议行为为目的一齐对年休假进行时期指定的行为叫做一齐休假斗争,多见于法律禁止进行争议行为的公务员等。最高裁判所判

[①] 前揭白石营林署事件、国鉄郡山工場事件。

[②] 有泉亨『労働基準法』(1963 年、有斐閣)356 頁。

[③] 東京大学労働研究会『注釈労働時間法』(1990 年、有斐閣)691 頁。

[④] 国鉄津田沼電車区事件・最高裁判所第三小法廷 1991 年 11 月 19 日判決・最高裁判所民事判例集 45 巻 8 号 1236 頁。

决判定,一齐休假斗争实质上不过是假借年休假之名进行的罢工,并非原本意义上的行使年休假权。[1] 该行为在此之所以不被认定为行使年休假权,是因为其前提是,即使雇主行使了时期变更权,劳动者从一开始就注定不会遵守。[2]

(八) 年休假时的工资

雇主在劳动者享受年休假期间,必须给其支付工资。支付金额可以是①平均工资,②按既定工时工作时支付的正常工资,或者③在职场协定中规定支付《健康保险法》第 40 条第 1 款规定的每月标准报酬的三十分之一的情况下,可以按该金额支付(《劳动基准法》第 39 条第 9 款)。

(九) 未消化年休假的处理

对于该年度内没有消化的年休假该如何处理,并没有统一的说法。有的案例认为,保障年休假的宗旨是在该年度内实际休假,所以不允许顺延到下一年度。[3] 从保障年休假本来的制度价值(年休假权的年度性)来看,除了个别例外情况以外不允许顺延是合理的解释。但是,行政解释[4]和学界内大部分观点认为,应该允许年休假顺延,而且这种情况下,年休假权服从《劳动基准法》第 115 条规定的 2 年时效。实务上,也按照可以从产生休假权的年度顺延到第二年度末来安排年休假这种方式进行操作。

(十) 年休假和不利益对待

对于享受了年休假的日子,在计算和该期间对应的奖金时,把休假算作旷工是绝对不允许的。[5]《劳动基准法》保障带薪年休假,也包含了要求对此期间按照出勤处理的意图(从这一意义上来讲,《劳动基准法》附则第 136

---

[1] 前揭白石营林署事件、国鉄郡山工場事件。

[2] 夕張南高校事件・最高裁判所第一小法廷 1986 年 12 月 18 日判决・労働判例 487 号 14 頁。

[3] 国鉄浜松機関区事件・静岡地方裁判所 1973 年 3 月 23 日・労働関係民事裁判例集 24 巻 1=2 号 96 頁。

[4] 1947 年 12 月 15 日労働基準局長名で発する通達 501 号。

[5] 前揭エス・ウント・エー事件。

条规定的内容不过是理所当然)。基于同样的理由,在加薪条件、经济性裁员的人选基准等当中把年休假作为旷工处理,从保障年休假权的宗旨而言,应该说是违法的。另外,上司对申请年休假者说出要降低考核这样的话,并令其撤回申请的行为具有违法性,在原定休假日里给其安排工作也属于侵害其人格权的行为①。

不过,最高裁判所认为,对工作计划表制定后才申请年休假的人不发放全勤奖的做法,只要没有抑制年休假权的行使,没有实质性扼杀对该权利进行保障的宗旨,就不能算作违反公序而无效。② 这种判断,应该理解为是在制定好工作计划表之后才提出休假这一特殊情况下作出的判断。

二、育儿休业和护理休业

(一)育儿休业、护理休业的意义

劳动者在长期被雇佣的过程中,有时会因为育儿或护理家人等家庭原因,不得不一时中断工作。如果因此无奈辞职,无论对劳动者本人,还是对企业和社会而言,并非是一种理想的结果。大家对于追求"职业生活和家庭生活的平衡"这种意识越来越强,由此建立了育儿休业和护理休业制度。

《育儿休业法》是接受国际劳工组织 ILO 第 156 号公约及第 165 号建议书,于 1991 年制定的。该公约及建议书规定了各个国家完善劳动条件以保证劳动者无论男女都能平等担负家庭责任的义务。另外,在出生率低迷的现状下,育儿休业制度也被当作改善下一代生育状况的强劲对策(《次世代育成支援对策推进法》第 5 条)。

另一方面,护理休业制度是作为应对老龄社会加速的方针政策于 1995年建立的。起初只是作为雇主的努力义务被加入《育儿休业法》中,而该法律在 1999 年被修订为《有关进行育儿或家庭成员护理的劳动者的福祉的法

286

---

① 日能研関西ほか事件・大阪高等裁判所 2012 年 4 月 6 日判決・労働判例 1055 号 28 頁。
② 沼津交通事件・最高裁判所第二小法廷 1993 年 6 月 25 日判決・労働関係民事裁判例集 47 巻 6 号 4585 頁。

律》,成为一部以育儿休业和护理休业两种制度为核心的法律。之后该法又进行了多次修订,2001 年扩大育儿休业对象的同时,新增了看护子女休假和护理休假等;2009 年以促进父亲享受育儿休业等为目的进行了种种修订;之后又于 2016 年,在"告别因护理离职现象"政策下,进行了以加强对护理休业之保障为主要内容的法律修订。另一方面,"工作与生活的平衡"这一理念也成了签订和变更劳动合同时的基本原则(《劳动合同法》第 3 条第 3 款)。

287   通过上述制度的完善发展,《有关进行育儿或家庭成员护理的劳动者的福祉的法律》不仅制定了育儿休业制度和护理休业制度,还涵盖了诸如看护子女休假、护理休假、对既定工时外劳动的规制、对深夜工作的限制以及雇主应该采取的措施等丰富多彩的支援措施,帮助劳动者实现工作与生活的平衡。

(二) 育儿休业

1. 育儿休业的权利

养育不满一周岁子女(包括亲生子女或养子、特别收养监护期内的子女以及委托收养的子女等)的劳动者可以请求育儿休业。

除了按天雇佣的劳动者不享有上述权利以外(《有关进行育儿或家庭成员护理的劳动者的福祉的法律》第 2 条第 1 项),对于有期雇佣劳动者,①在同一企业(事业主)连续受雇 1 年以上,②且孩子满 1 岁 6 个月之前劳动合同是否终止不一定(不明确的情况下可以享受)的情况下,可以申请育儿休业(第 5 条第 1 款但书)。

育儿休业原则上只针对未满一周岁的子女(第 5 条第 1 款)。但是,①2016 年法律修订为,由于子女满 1 周岁时无法进入保育所等必须继续休业时,可以休业到子女满 1 岁 6 个月为止(同条第 3 款);②2017 年法律修订为,子女在满 1 岁 6 个月时仍无法进入保育所等情况下,劳动者再次申请则可以休业到子女满 2 周岁(同条第 4 款)。与此相呼应,法律还延长了育儿休业给付的支付期间(《雇佣保险法》第 61 条之 4)。

对同一个孩子父母双方共同享受育儿休业的情况下,可以休业的期间延长至 1 年 2 个月(每个人的上限为 1 年)(《有关进行育儿或家庭成员护理的劳动者的福祉的法律》第 9 条之 2)。而且,如果父亲是在子女出生后 8 周内享受的育儿休业(母亲在此期间属于产后休假),还可以再次申请(第 5 条第 2 款)。

2. 申请、变更及撤回

休业要书面申请,并写明预定休业起始日、预定休业结束日等规定的内容(第 5 条第 6 款,《有关进行育儿或家庭成员护理的劳动者的福祉的法律施行规则》第 9—11 条)。休业申请必须在预定休业日的 1 个月以前提出,不过如果早于预产期分娩,可以在 1 周前提出申请(第 6 条第 3 款,《有关进行育儿或家庭成员护理的劳动者的福祉的法律施行规则》第 9—11 条)。

雇主不能拒绝劳动者的育儿休业申请(第 6 条第 1 款)。育儿休业请求权和年休假权等一样,是形成权,只要劳动者进行意思表示就会产生效力。不过,对于工龄不满 1 年者,或者 1 年以内明确无疑会终止雇佣关系者,通过在职场协定里将其排除在适用对象外的方式,可以不赋予其育儿休业(同款但书)。不过,如果明明是符合该法第 5 条第 1 款要件的劳动者,雇主却拒绝其育儿休业请求,则有可能基于不法行为负有损害赔偿责任。①

劳动者在比预产期提前分娩等情况下,只限 1 次,可以申请变更预定开始休业日(第 7 条)。另外,到预定开始休业日为止都可以撤回休业申请,但是这种情况下,原则上不能就同一个孩子再次提出申请(第 8 条,《有关进行育儿或家庭成员护理的劳动者的福祉的法律施行规则》第 18 条)。育儿休业期间,是从预定开始休业日那天到预定休业终了日之间持续的期间(第 9 条)。

3. 禁止不利益对待及刁难

雇主不能以劳动者提出育儿休业的申请,或者享受了育儿休业为由,对其进行解雇以及其他不利益对待(比方说,变为非正式员工、降格、在家待机

---

① 2004 年法律修正前的案例,参见:日欧産業協力センター事件・東京高等裁判所 2005 年 1 月 26 日判决・労働判例 890 号 18 頁。

等)(第 10 条)。本条规定旨在禁止雇主采取与育儿休业制度之目的(第 1
条)背道而驰的不利于劳动者的措施,应该被视为强制性规定。① 因此,在
雇主先是给享受育儿休业的劳动者邮寄了退职通知和退职金,然后又告知
其复工时要重新参加面试的案例中,裁判所判决,即使劳动者因雇主的这种
行为在结束休业时未回公司上班,也不属于劳动者方的归责事由,因此依照
《民法》第 536 条第 2 款,劳动者并不丧失工资请求权。同时,雇主邮寄退职
通知的行为违反了《有关进行育儿或家庭成员护理的劳动者的福祉的法律》
第 10 条,属于不法行为。② 与此相对,在另一个案例中,在育儿休假结束时
劳动者没有找到可以托管孩子的保育所,雇主和其在达成合意的基础上改
签了有期合同(期限为 1 年)。裁判所判定这种做法是将以前的无期合同先
协商解除后,作为"另外的合同"又签订了非全日制有期合同,不能算作不利
益对待。③

　　另外,在劳动者享受育儿休业后回归岗位时,将其人事考核上的绩效报
酬评定为零的做法,意味着以育儿休业等为理由不支付绩效报酬,属于不利
益对待,可视为人事权的滥用。④ 此外,对于享受了 3 个月育儿休业的劳动
者,按照规定没有进行职能工资的加薪,而且以未满规定年限为由不给其参
加升格考试机会的行为,也属于本条规定的不利益对待,构成不法行为。⑤
对育儿休业中的待遇和育儿休业后的劳动条件等,雇主要尽量事先通知劳
动者(第 21 条)。

　　另一方面,雇主必须在雇佣管理方面做好防范措施,以保障利用育儿休
业或护理休业及其他制度的劳动者不会受到语言或行动上的骚扰,维持良
好的工作环境(第 25 条)。接收派遣劳动者的用工企业也被视作派遣劳动

---

① 広島中央保険生活協同組合事件・最高裁判所第一小法廷 2014 年 10 月 23 日判決・最
高裁判所民事判例集 68 巻 8 号 1270 頁(櫻井裁判官補足意見)。

② 出水商事事件・東京地方裁判所 2015 年 3 月 13 日判決・労働判例 1128 号 84 頁。

③ ジャパンビジネスラボ事件・東京地方裁判所 2018 年 9 月 11 日判決・労働法律旬報
1925 号 47 頁。

④ コナミデジタルエンタティメント事件・東京高等裁判所 2011 年 12 月 27 日判決・労働
判例 1042 号 15 頁。

⑤ 医療法人稲門会事件・大阪高等裁判所 2014 年 7 月 18 日判決・労働判例 1104 号 71 頁。

者的雇主(《劳动者派遣法》第 47 条之 3),适用上述《有关进行育儿或家庭成员护理的劳动者的福祉的法律》第 25 条,所以对派遣劳动者和其直接雇佣的劳动者一样,不仅禁止以其享受育儿休业等为理由进行不利益对待,而且同样也要采取上述防范骚扰的措施。

4. 育儿休业期间的收入保障

只要就业规则等没有规定育儿休业期间的工资,雇主就不必支付。但是,作为育儿休业期间的收入保障,劳动者从雇佣保险中领取"育儿休业给付金"(《雇佣保险法》第 61 条之 4 以下)。给付金额从开始育儿休业到第 180 天为止可以领取休业前工资的 67%,之后变为 50%(分别设有上限额度和下限额度,《雇佣保险法》第 61 条之 4,同法附则第 12 条)。另外,劳动者在育儿休业期间内社会保险(健康保险,厚生年金保险)关系维持,但免缴保险费。

(三) 护理休业

1. 护理休业制度

劳动者为了护理照料"因负伤、疾病或身心方面的残疾"处于需护理状态的家属(配偶、父母、子女或配偶的父母),享有护理休业的权利(《有关进行育儿或家庭成员护理的劳动者的福祉的法律》第 2 条第 2—4 项,第 11 条)。即使是有期合同劳动者,受雇于该企业 1 年以上,从预定护理休业起始日起算第 93 天后开始到第 6 个月为止的期间,劳动合同是否期满不明确者,可以申请护理休业(第 11 条第 1 款)。

290

劳动者在每个对象家属每出现一次需护理状态时可以申请一次护理休业,以 93 天为限最多可分割为 3 次使用(第 11 条第 2 款)。雇主不能拒绝劳动者提出的护理休业申请(第 12 条),也被禁止以提出休业及享受休业为理由对劳动者进行解雇及其他不利益对待(第 16 条)等,这些保障都和育儿休业一致。

关于护理休业中的工资,在法律上也以无薪处理。但是作为该期间的收入保障,劳动者从雇佣保险中领取"护理休业给付金"(《雇佣保险法》第 61 条之 6 以下)。2016 年 8 月开始,护理休业给付金的支付额从以前的

40％提高到 67％(同第 61 条之 6)。和育儿休业不同的是,护理休业期间内
不免除缴纳社会保险费的义务。

2. 护理支援制度

雇主对正在护理照料处于需护理状态家属的劳动者,必须从以下保障
制度内选择一种措施来实施(选择性措施义务):①缩短既定工时的措施;
②灵活工时制;③提前、推后工作起始时间和工作结束时间;④提供护理服
务费的补助以及其他类似措施。这类措施独立于护理休业制度,从开始利
用起,3 年内可利用 2 次以上(《有关进行育儿或家庭成员护理的劳动者的
福祉的法律》第 23 条第 3 款,《有关进行育儿或家庭成员护理的劳动者的福
祉的法律施行规则》第 74 条第 3 款)。雇主对于护理照料处于需护理状态
家属的劳动者,在劳动者提出申请时,直到各对象家属不需要护理为止,不
能命其进行既定工时外工作(《有关进行育儿或家庭成员护理的劳动者的福
祉的法律》第 16 条之 9)。

(四) 减轻抚育子女负担的措施

雇主按照劳动者子女的不同年龄段,分别负有以下义务。第一,在抚养
未满 3 岁子女且未享受育儿休业的劳动者(包括已经享受过育儿休业的劳
动者)提出申请时,雇主必须采取"缩短既定工时的措施"(不过,可以通过职
场协定对工龄未满 1 年者等进行排除适用;以上参见《有关进行育儿或家庭
成员护理的劳动者的福祉的法律》第 23 条第 1 款)。第二,对从行业性质或
者工作体制看实施缩短工时措施存在困难的劳动者,必须采取"变更上班时
间等措施"(同第 2 款)。另外,法律还单独明文禁止雇主对劳动者以基于第
23 条第 1 款提出的申请和基于第 2 款接受的措施为理由进行不利益对待
(第 23 条之 2)。违反该条的不利益对待原则上无效。[①] 第三,作为雇主的
努力义务,对抚养未满 1 岁子女且未享受育儿休业的劳动者,雇主要尽量采
取"变更上班时间的措施";对抚养 1 岁以上未满 3 岁的子女者,要尽量采取

---

① 社会福祉法人全国重症心身障碍児(者)を守る会事件・東京地方裁判所 2015 年 10 月 2
日判決・労働判例 1138 号 57 頁。

"有关育儿休业的制度或者变更上班时间等措施";对 3 岁以上到上小学前的子女,要尽量采取育儿休业的制度、《有关进行育儿或家庭成员护理的劳动者的福祉的法律》第 6 章规定的限制既定工时外劳动等措施(第 24 条第 1 款;《有关进行育儿或家庭成员护理的劳动者的福祉的法律》对工时外劳动的限制参见第 264 页,深夜工作的禁止参照第 270 页)。

除此之外,对于抚养学龄前子女的劳动者,作为减轻其负担的措施,法律还设定了基于劳动者申请赋予的"可用于与育儿有关之目的的休假"(育儿目的休假)。企业必须尽量采取措施安排这一休假(第 24 条第 1 款本文)。

(五) 看护子女休假及护理休假

抚养学龄前儿童的劳动者在子女受伤或生病时,作为"看护子女休假",可以在 1 个年度内申请享受最多 5 天的休假(《有关进行育儿或家庭成员护理的劳动者的福祉的法律》第 16 条之 2)。以前该休假以 1 天为单位赋予,从 2017 年 1 月开始可以以半天(既定工时的二分之一)为单位获取(同条第 2 款,《有关进行育儿或家庭成员护理的劳动者的福祉的法律施行规则》第 34 条第 1 款)。在劳动者提出该休假申请时,雇主不能予以拒绝(第 16 条之 3)。不过,法律上对这一休假不保障工资。

家里有处于需护理状态的家属时,对象家属为 1 人的话每年可以获取 5 天护理休假,2 人以上的话每年可以获取 10 天休假(第 16 条之 5)。护理休假也可以以半天(既定工时的二分之一)为单位获取(同条第 2 款,《有关进行育儿或家庭成员护理的劳动者的福祉的法律施行规则》第 40 条第 1 款)。而且,雇主不能拒绝劳动者的申请,以及不保障工资这两点上也和看护子女休假一样(第 16 条之 6)。

三、休假、休业、休职的共通意义

292

(一) 用词的多样性

如上所述,在法律法规及企业实务上,提到劳动者没有上班的状态时,会以休假、休业、休职等各种词汇来描述。在劳动关系法律法规(除了公务员工作关系法律法规)中,关于休假,除了上述带薪年休假(《劳动基准法》第39 条)、子女的看护休假(《有关进行育儿或家庭成员护理的劳动者的福祉的法律》第 16 条之 2)以及护理休假(同第 16 条之 5)和育儿目的休假之外,还有生理期休假(《劳动基准法》第 68 条)。关于休业,除了上述育儿休业以及护理休业(《有关进行育儿或家庭成员护理的劳动者的福祉的法律》第 2 条第 1 项、第 2 项)之外,还有产前休业*(《劳动基准法》第 65 条第 1 款)以及"因应归责于雇主的事由造成的休业"(同第 26 条)。关于休职,"有关休职的事项"被规定为雇主"必须明示的劳动条件"之一(《劳动基准法施行规则》第 5 条第 1 款第 11 项)。

在企业实务上,还有许多法律规定之外的休假、休业和休职制度,其名称内容也是五花八门。以大企业为中心,通过各企业的就业规则等规定的病休假、起诉休职、充电休假、志愿者休假之类的制度也正在普及。

(二) 休假、休业、休职的法律意义

休假、休业**、休职***有很多种含义,但是不管是否法律规定的制度,是否带薪,其法律意义是共同的。就是①劳动者本来负有劳动义务,②但因为某种理由该义务已消失的,③一定长度的期间。

也就是说,在原本负有劳动义务这一点上,休假、休业、休职和休息日(周休或者被作为休息日的节假日)是有区别的。后者是基于法律或者就业规则等,从一开始就不存在劳动义务(不需要上班)的日子,而休假、休业、休职意味着本来负有劳动义务却消失了(因此,关于休假等要决定带薪还是无薪,是否算作出勤等,但对休息日就无法去想这些)。

其次,"劳动义务消失"是指作为债权法上的债权消失原因,劳动义务被免除(《民法》第 519 条)。在国外,有时会用"劳动合同的停止(suspen-

---

*   即产前休假。——译者注

**   即停工。——译者注

*** 即停职。——译者注

sion)"这一概念来说明年休假以及其他休假、休业中劳动义务消灭的现象。

另外,休假、休业、休职的涵义中理应包括连续的"一定长度的期间"这层意思。就休假而言,ILO 第 52 号公约(1936 年)作为最早制定的国际基准,首先规定一般劳动者享有 6 个工作日的年休假权,在此之上,又规定这一最低天数必须要连续赋予,只有超过的天数才允许通过国内法分割赋予。ILO 第 132 号条约(1970 年)规定最低连续赋予天数为 3 周。而且,育儿、护理休假或者病休假等从其性质而言,自然也必须是连续赋予的天数。

下面我们来看看经常引起法律纷争的病休制度(四)和起诉休职制度(五)。

四、病休

(一) 病休的意义

劳动者由于个人伤病一段时期不能工作时,按照合同法理,这属于劳动者方的债务不履行,雇主可以解除合同(＝解雇)。但是,从劳动法的观点来看,劳动者因病疗养休息一段时间,就马上解雇或者请求损害赔偿,违反支配劳动合同的诚实信用原则(《劳动合同法》第 3 条第 4 款),属于解雇权滥用,应该被判无效(同第 16 条)。换言之,雇主必须让生病的劳动者"休息"一定期间,劳动者拥有诚实信用原则上的权利,即需要疗养治病时享有"休息"且不被解雇的权利。劳动者可以获得的休息期间的长短,要综合考虑劳动者的在职期间、职位、工作内容、企业规模和业种等,从诚实信用原则的观点出发来决定。不过这样一来就会出现形形色色的决定,因此通过就业规则等对其作出统一定型的规定,将其制度化的就是病休(也叫伤病休职)制度。

另外,无论是否存在病休制度,在劳动者因病不能工作的情况下,从无法工作那天起算第 4 天开始可以领取相当于工资三分之二的伤病津贴金, 以 1 年 6 个月为上限,从健康保险里支付。²⁹⁴

(二) 休职命令

因生病等发生休职事由时,雇主能否不顾劳动者意愿命令其休职呢?

这是由劳动者能否履行劳务提供义务决定的。如果可以履行但雇主却命令其休职并拒绝接受劳务提供的话,雇主的工资支付义务不被免除(《民法》第536 条第 2 款)。

如何判断能否提供劳务,因劳动者的职务内容是否特定而不同。如果是职务内容不特定的劳动者,不光要考虑其现在被任命的工作,而且要考虑劳动者的经验、能力和调动可能性,如果有可能而且劳动者也愿意被分配到其他岗位的话,法院就会判断劳动者依然能提供劳务。[①]

反之,在职务内容特定的情况下,能否提供劳务要针对该工作进行判断。比如说作为体育教师被录用后,因脑出血导致半身不遂的劳动者,虽然拥有其他学科的教学资格,但是法院并没有探讨将其分配到其他学科的可能性,就判定他在体育教学上已经不能提供劳务。[②] 然而,这种情况下如果现实中存在其他可以分配的岗位,而且让该劳动者担当从经营上也没有太大影响,同时劳动者本人也愿意的话,还是应该考虑一下这种调动的可能性。[③]

(三) 病休和复工

病休的情况下,如果病情"治愈",劳动者恢复到了可以提供劳务的健康状态,自然可以复工。反之,没有达到该状态则要面临退职或者解雇。因此,什么情况下可以被判断为已经达到治愈且可以提供劳务的状态是个重要的问题。另外,病休期满时自动作为退职处理的情况下,必须对休职处分本身的效力预先进行缜密的判断。[④]

关于能否复工,也和命令休职时一样,职务内容是否特定非常重要。在

---

　① 片山組事件・最高裁判所第一小法廷 1998 年 4 月 9 日判決・労働判例 736 号 15 頁。该事件驳回重判的判决,参见;東京高等裁判所 1999 年 4 月 27 日判決・労働判例 759 号 15 頁。

　② 北海道龍谷学園事件・札幌高等裁判所 1999 年 7 月 9 日判決・労働判例 764 号 17 頁。

　③ 虽说是关于病休后回归职场的案例,但作为一般论阐述了这种观点的,参见:カントラ事件・大阪高等裁判所 2002 年 6 月 19 日判決・労働判例 839 号 47 頁。

　④ 石川島播磨重工業事件・東京高等裁判所 1981 年 11 月 12 日判決・労働関係民事裁判例集 32 巻 6 号 821 頁。同事件・最高裁判所第二小法廷 1982 年 10 月 8 日判決・労働経済判例速報 1143 号 8 頁。

职务内容不特定的事例中,有裁判所判定,没有对劳动者被调动到其他岗位的可能性进行探讨,就作出不能复工的决定是违法的。① 即使是在职务内容特定的情况下,如果开始让劳动者从事一些没有夜班的轻松业务,就可以逐渐恢复到正常工作状态,而企业却未曾考虑这一点就对劳动者进行了退职处理,依然会被判作无效。② 还有,如果安排短暂的复工准备期或者采取一些培训措施等,劳动者就可以担任从前的工作,雇主却不考虑这些因素直接解雇,也会被判无效。③ 另外,虽然说对休职事由消失的主张证明责任是在劳动者一方,但是考虑到这并非易事,有案例中作出判决,只要劳动者能证明自己可以在有可能被分配的岗位提供劳务,就可以从事实上推定休职事由已消失。④

(四)心理原因造成的休职

因劳动者的精神疾患等心理健康问题造成的休职,是很多企业面临的难题。这种休职伴随着一些与身体疾病引起的休职不同的特殊法律问题。

心理健康问题和身体不适不同,很多时候很难自我察觉。一方面需要劳动者加强自我健康管理意识,另一方面也需要企业通过管理监督人员和保健指导等掌握具体情况。不过,这种情况下,要充分留意对劳动者个人信息的保护。而且,劳动者本人没有意识到自己的心理疾病时,雇主不应该单方面采取休职措施,而应调动家属配合并利用自我检测制度,有组织地进行应对。⑤ 关于这一点,最高裁判所判决,劳动者因为精神疾患连续缺勤时,雇主应该通过精神科医生实施诊断,并依据诊断结果商讨相应的休职等措施,不能对此不经商讨,就以无故缺勤为理由对其进行劝退的惩戒处分。⑥

296

---

① JR 東海事件・大阪地方裁判所 1999 年 10 月 4 日判决・労働判例 771 号 25 頁。

② エール・フランス事件・東京地方裁判所 1984 年 1 月 27 日判决・労働判例 423 号23 頁。

③ 全日本空輸事件・大阪高等裁判所 2001 年 3 月 14 日判决・労働判例 809 号 61 頁。

④ 第一興産事件・東京地方裁判所 2012 年 12 月 25 日判决・労働判例 1068 号 5 頁。

⑤ 2015 年 11 月 30 日厚生労働省「労働者の心の健康の保持促進のための指針」。

⑥ 日本ヒューレット・パッカード事件・最高裁判所第二小法廷 2012 年 4 月 27 日判决・労働判例 1055 号 5 頁。

　　精神疾患在很多情况下也很难判断是否已治愈。对此,在裁判实务中有案例指出,就业规则规定的"休职理由消失"是指劳动者按照劳动合同的债务本旨提供劳动履行的意思,"原则上是指健康状态恢复到能将以前的工作完成到正常程度,或者一开始从事一些轻松工作的话,很快就能恢复到能将以前的工作完成到正常程度的情形"①。为了对此作出判断,雇主需要向医生询问治疗经过和恢复的可能性,甚至有判例指出,不向主治医生咨询的做法,"作为现代心理健康对策体制是不够完善的"②。

　　而且,治愈的疾病在复工后还有复发的时候。这种情况下,对同一种疾病是否有必要反复休职也是需要探讨的问题。按说应该对疾病的同一性、上次发病和复发之间的间隔、治疗效果的期待指数等综合考虑进行判断,不过在案例中也有法院判决,如果休职期还有剩余,就应该安排劳动者休完剩余部分③。另外,"治愈"原则上需要健康状态恢复到能正常完成以前工作的程度,但是如果现实中可以将劳动者调配到轻松岗位,而且也可以预测到如果劳动者开始从事一些轻松工作,很快就能恢复到能正常完成以前工作的状态的话,就应该批准其复工。④

　　因精神疾患休职的情况下,雇主为了确认劳动者能否复工,经常会在休职期快结束时,设定测试期让员工工作。这种情况下,在 3 个月的"尝试工作"中只缺勤一次,而且医生诊断书也认为该劳动者可以正常工作,但其却被解雇的案例中,该解雇被判为权利滥用。⑤ 反之,也有案例认为从医生的面谈记录来看,仅凭"试验工作"期已经结束,并不能充分证明劳动者休职期结束前已经恢复健康这一事实。⑥ 在另一个案例中,电视台的工作人员因精神疾患休病假,期间内参加了"试验工作",裁判所判定虽然双方之间有无

　　① 日本電気事件・東京地方裁判所 2015 年 7 月 29 日判决・劳働判例 1124 号 5 頁。该判决针对罹患亚斯伯格症候群的劳动者,没有支持其"休职理由消失"的主张。

　　② J 学園事件・東京地方裁判所 2010 年 3 月 24 日判决・劳働判例 1008 号 35 頁。

　　③ K 社事件・東京地方裁判所 2005 年 2 月 18 日判决・劳働判例 892 号 80 頁。

　　④ 独立行政法人 N 事件・東京地方裁判所 2004 年 3 月 26 日判决・劳働判例 876 号 56 頁。

　　⑤ 総企画設計事件・東京地方裁判所 2016 年 9 月 28 日判决・劳働判例 1189 号 84 頁。

　　⑥ 伊藤忠事件・東京地方裁判所 2013 年 1 月 31 日判决・劳働判例 1083 号 84 頁。

薪的合意，该工作内容也不需要按照债务本旨提供劳务，但从工作的实际情况来看，可以算作《劳动基准法》第 11 条上规定的"劳动"，因此要适用最低工资法（同法第 4 条第 2 款），劳动者在这一限度内有工资请求权。[1]

五、起诉休职

劳动者被刑事起诉，但是没有被拘留，还可以上班的情况下，作为雇主，有可能会觉得让其上班不是很合适。这种情况下，雇主按照就业规则等的规定，不让其上班的措施称作"起诉休职"。这种制度和对违反企业秩序的行为进行惩戒处分所实施的"停止出勤"不同，不过是雇主按照就业规则进行的劳动合同上的人事措施。而且，一般原则上起诉休职不予支付工资。

关于起诉休职，仅仅因为劳动者被起诉就如此处理是不被允许的。尤其是考虑到休职期间不予支付工资等不利益对待，可以被准许的只限于——从起诉事件的内容、劳动者的职务内容或者公司内部地位等来判断，让该劳动者继续工作会导致公司失去社会信用，影响正常企业秩序，抑或因被拘留或公判日要到裁判所出庭而无法提供劳务，对执行工作造成严重影响等具有合理理由的情况。[2]

另外，可否命令劳动者起诉休职以及其期间长短，在和针对被起诉事件可以进行的惩戒处分等相比时，必须在程度上不失其合理性。[3] 另一方面，对休职期间的运用上也存在一些难点。在就业规则规定起诉休职的期间为裁判所审理刑事事件的期间，且审理期间超过 2 年很难维持雇佣的情况下可以解雇的案例中，劳动者在刑事裁判第一审中先被判处 8 年徒刑，在二审审理过程中由于 2 年期满被公司解雇，但是之后二审判决又改判为罚金刑，裁判所认为对休职期间设定 2 年上限具有合理性，2 年期满时雇主处于很

298

---

[1]　NHK 名古屋放送局事件・名古屋高等裁判所 2018 年 6 月 26 日判决・労働判例 1189 号 51 頁。

[2]　日本冶金事件・東京地方裁判所 1975 年 2 月 7 日判决・労働判例 219 号 49 頁。アール・ケー・ビー毎日放送事件・福岡高等裁判所 1976 年 4 月 12 日判决・判例タイムズ 342 号 227 頁。

[3]　全日本空輸事件・東京地方裁判所 1999 年 2 月 15 日判决・労働判例 760 号 46 頁。

难维持劳动者雇佣的情况,所以该解雇具有正当性。[1] 看起来像是有些机械化的制度运用,但从结论上看也算是不得已吧。

"作为休假的休息"意味着什么

让我们回想一下东日本大地震的场面。在受灾地区居住和上班的人们,为了参加灾区重建或救援活动而无法上班时可以使用什么办法呢? 在日本劳动法的框架中,这种情况下只有"休年休假"一个选项吧。说起来,厚生劳动省当时就是那样指导的[2]。可是,享有足够的年休假可以去参加活动的人应该很少,公司的财政状况恐怕也不允许提供带薪假。因此很多人并不是利用年休假,而是在无薪且按旷工处理的情况下参加了这些活动。

在法国,法律上规定了"大规模自然灾害休假"(congé pour catastrophe naturelle)。这是为在受灾地区居住或上班的劳动者参加灾区重建活动而保障的休假,最长可以休 20 天,一次性或分数次休完。在法国,法律规定了丰富多彩的休假制度,因病休病假自然不用说,和家人有关的除了育儿护理休业、看护假以外,还有陪伴有残疾的子女的休假、家人的临终守护休假等。和职业相关的有准备资格考试的休假和考试日休假、创业准备休假等。和社会活动有关的有给青少年进行运动指导的休假、参加志愿消防队活动的休假等,丰富多彩的休假可以说琳琅满目。大规模自然灾害休假也是其中的一例。

当然,这些休假除了其中一部分以外都是无薪的,没有工资保障。这样一来,大家或许会觉得,和上述震灾救援活动中申告后按缺勤处理的休假也没有什么区别。

但是,作为法律保障的休假休息和缺勤,意义完全不同。作为休假

---

[1]　国立大学法人大阪大学事件 · 大阪高等裁判所 2018 年 4 月 19 日判决 · 労働経済判例速报 2350 号 22 頁。

[2]　『東日本大震災に伴う労働基準法等に関する Q&A(第 3 版)』2011 年 4 月 27 日版。

的休息,既然是法律规定的制度,无论在什么企业,无论是正式员工还是非正规员工都可以行使这种权利,因为休假而受到不利益对待也是被禁止的。这个道理在考虑因病休病假的情况时体现得更明显。就算是无薪,利用休假进行疗养和处于事实上的缺勤状态进行疗养之间,就休养质量而言可谓天壤之别。

而且,最重要的是,法律上提示多种休假方式,可以促进大家积极安排休假。这也意味着,人生不应该只在工作中度过,意味着去保障"另一种活法"。

第五节 女性(孕产妇等)及青少年

对于女性和青少年的保护是劳动立法的出发点,战前的工厂法中,主要的规制对象也是被称作"受保护职工"的女性及青少年。在这种传统下,过去的《劳动基准法》专门设立了第6章"女子以及青少年",从保护弱者的立场出发,对劳动时间、深夜工作、危险有害劳动等加以特别规制。不过,现在看来,对女性劳动者的这些保护,很多都是基于家长制的固定观念,至少在当今社会属于不合理的限制,反而会缩小女性的就业机会,成为男女"平等"的绊脚石——这种看法已经成为国际共识。

日本也在1985年制定《男女雇佣机会均等法》的同时,对《劳动基准法》的女性保护规定作出了修订,在对和女性的怀孕、分娩有关的保护进行强化的同时,缩小了其他方面对女性劳动者的保护(就业限制)。而且,在规定形式上也将第6章"青少年"和第6章之2"女子"分开规定。其后,随着1997年《男女雇佣机会均等法》的修订强化了"平等",《劳动基准法》也全面废止了对女性的法定工时外及休息日劳动的限制和对深夜工作的禁止。另外,在《劳动基准法》整体中使用的"女子"这一用词也被修改为"女性"。

在此之上,2006年《男女雇佣机会均等法》的修订中,放松了对女性从事矿内劳动的限制。同时,第6章之2的标题修改为"孕产妇等"。虽然仍保留了极少数以全体女性为对象的保护内容,但是明确了《劳动基准法》的保护对象是怀孕、分娩功能,可以说是促进了男女平等。

另一方面,对于青少年仍需要给予区别于成人的特别保护,这一点是不言而喻的。《劳动基准法》上以 15 岁和 18 岁作出分段,还设定了对未成年人的保护规定,不过,由于《民法》修订,2022 年 4 月开始成年年龄降低为 18 岁,《劳动基准法》也会受到该修订的影响。

一、关于孕产妇等的法律规制

(一) 矿内劳动的限制

对于女性的矿内劳动,以前即使是满 18 岁以上的女性,除了医疗、采访、研究等一部分临时性业务以外,都是被禁止的。但是,2006 年的法律修订中,①对怀孕女性(孕妇)和告知雇主不从事矿内业务的分娩不到 1 年的女性(产妇),禁止雇主安排其从事矿内进行的所有业务(《劳动基准法》第 64 条之 2 第 1 项),②对除此之外的满 18 岁以上的女性,在矿内进行的劳动中,禁止安排其从事"依靠人力进行的挖掘业务以及其他厚生劳动省令规定的对女性有害的业务"(同条第 2 项)。也就是说,对孕产妇以外的女性,不是采取原则上禁止的方式,而是只禁止人力挖掘等特定业务(所谓的负面清单方式)。

说起来,依此规定的省令把依靠动力(除远隔操作之外)或者爆破等特定业务也作为禁止对象,实际上允许女性从事的只限于技术管理或者指导监督工作(《女性劳动基准规则》第 1 条)。这是因为,作为现场作业员使用女性与日本批准的 1935 年 ILO 第 45 号公约(女性矿内劳动)相抵触,但是,现在女性至少可以作为管理监督性的技术人员大显身手了。

另外,ILO 条约的对象只限于矿山的矿内劳动,而日本《劳动基准法》上的"矿内"劳动,不仅包括矿山,按照解释还包括建设中的隧道内作业。

(二) 有害业务的禁止

过去的《劳动基准法》对于所有女性都就"危险有害业务"规定了广泛的

工作限制,但是这些在 1985 年的法律修订中被修改为对孕产妇的保护规定,即雇主对怀孕女性以及分娩不到 1 年的女性,不得令其从事操作重物或者在产生有毒气体的地方工作等"对怀孕、分娩、哺育等有害的业务"(《劳动基准法》第 64 条之 3 第 1 款)。具体业务由省令规定(《女性劳动基准规则》第 2 条),禁止产妇从事的业务范围比孕妇要少,而且大多以本人的申告为条件。

在这些限制孕产妇从事的业务中,对女性的怀孕、分娩功能有害的业务,按照省令也可以准用于"孕产妇以外的女性"(《劳动基准法》第 64 条之 3 第 2 款)。结果,现在对满 18 岁以上的所有女性,仍然禁止其从事①操作一定重量以上重物(非连续性作业 30 公斤,连续作业 20 公斤)的业务,②在产生一定有害物质的地方进行的业务(《女性劳动基准规则》第 3 条,同第 2 条第 1 项、第 18 项;关于第②项,以前规定为"在产生铅、水银等有毒物质的气体或粉尘的地方进行的业务",2012 年对其进行了修订,针对对象物质和业务形态作出了更详细的规定)。

(三) 劳动时间、休息日及深夜工作

法律对孕产妇在工作时间等方面有特别的保护规定。如果本人申请的话,可以排除变形工时制(《劳动基准法》第 32 条之 2、之 4、之 5)的适用(同第 66 条第 1 款)。

另外,在孕产妇申请的情况下,禁止雇主(同第 66 条第 2 款、第 3 款)令其从事法定工时外、休息日劳动(同第 33 条,第 36 条)和深夜工作(从晚上 10 点到清晨 5 点之间的劳动)。

(四) 产前产后休假

女性劳动者分娩享有产前 6 周(多胎分娩的情况下 14 周),产后 8 周的休假权。休假期间禁止雇主安排其工作(《劳动基准法》第 65 条第 1 款、第 2 款)。

产前休假的开始时期以自然预产期为基准计算。产前休假以本人申请为条件,如果本人没有申请,雇主可以继续安排其工作。

与此相对,产后休假,是从实际分娩[指怀孕 4 个月(85 天)以上的分娩,包括流产、死产、堕胎]日起算的 8 周时间,无论劳动者是否申请都要强制其休假。不过,最后两周如果本人申请可以允许其从事医生认为不影响身体的工作(同第 65 条第 2 款但书)。

产前、产后的休假期间,雇主并没有支付工资的义务。不过,劳动者可从健康保险里领取分娩津贴,1 天的金额相当于每日标准报酬金额的三分之二(《健康保险法》第 102 条)。

另外,产前、产后休假期间以及之后的 30 天,属于再就业比较困难的期间,为了保护女性劳动者,除非发生天灾等因迫不得已的理由无法继续经营的情况,禁止雇主在此期间对其进行解雇(《劳动基准法》第 19 条第 1 款,见第 472 页)。

(五) 调整到轻松岗位

雇主在怀孕女性申请时,必须将其调整到"其他轻松岗位"(《劳动基准法》第 65 条第 3 款)。这是为了保护怀孕期内工作的女性,原则上意味着将该女性调整到其请求的岗位,但不要求雇主必须为此新设一个轻松岗位。[①]

《男女雇佣机会均等法》禁止雇主以怀孕女性申请调岗或者实际调岗为理由对其进行不利益对待(《男女雇佣机会均等法》第 9 条第 3 款,《男女雇佣机会均等法施行规则》第 2 条之 2 第 6 项;参照第 130 页[②])。

另外,在《男女雇佣机会均等法》上,作为雇主的义务,要求其对怀孕以及分娩后的女性劳动者,确保其享有接受《母子保健法》上的保健指导、体检所需的时间,并且为了使其可以遵守该指导事项,采取缩短工时等必要措施。

(六) 育儿时间

对抚养未满 1 周岁的新生儿的女性劳动者,雇主除了法定休息时间,如

[①]　1986 年 3 月 20 日劳働基準局長名で発する通達 151 号・婦発 69 号。

[②]　关于降格的事例,参见:広島中央保健生活協同組合事件・最高裁判所第一小法廷 2014 年 10 月 23 日判决・最高裁判所民事判例集 68 卷 8 号 1270 页。

果本人申请还必须给予 1 天 2 次,每次 30 分钟以上的育儿时间(《劳动基准法》第 67 条)。该时间原本是为了用于哺乳,但不限于此目的,只要是出于照顾新生儿所需都可以。而且其时间段也不必非要安排在工作时间中途,比如说为了去托儿所接送孩子,采取在工作时间的最开始和最后这种形式获取也可以。从这一意义上来说,将赋予育儿时间的对象限定为女性的理由似乎已经不太充分了。

另外,按照《有关进行育儿或家庭成员护理的劳动者的福祉的法律》,没有享受育儿休业抚养未满 3 岁子女的劳动者(无论男女),如果本人申请,雇主必须采取缩短既定工时的措施(第 23 条第 1 款),不过,依此缩短了工时的情况下,只要劳动者申请,也必须给予《劳动基准法》上的育儿时间。

(七)生理期休假

304

在生理期内难以坚持工作的女性提出申请的情况下,雇主不得安排其在生理期工作(《劳动基准法》第 68 条)。这是对和怀孕及分娩直接有关的女性特有机能进行的保护,据说也是日本特有的制度。过去除了"在生理期难以坚持工作的"女性之外,"从事对生理期有害业务的"女性也可以享受这种休假,但是 1985 年法律修订时后者被删除,明确了该制度是以女性劳动者个人身体状况导致工作困难为前提(同时修订前适用的"生理休假"一词也被修改为"休假")。

是否导致工作困难是存在较大个人差别的敏感问题,所以并不容易判断,但是要求劳动者提交医生诊断书这类严格证明的行为并不妥当。[1]

另外,休假中的工资不受保障,但是如果就业规则等规定带薪,则依此产生工资请求权。[2]

(八)休假与停工期的工资

如上所述,对于产前、产后的休假或者生理期休假,在法律上工资不受

---

[1]　1948 年 5 月 5 日労働基準局長名で発する通達 682 号。

[2]　把享受休假时支付的工资从基本工资额的 100％降低到 68％的劳动争议,参见:タケダシステム事件・最高裁判所第二小法廷 1983 年 11 月 25 日判決・労働判例 418 号 21 頁。参照第 359 页。

保障。是否带薪是由就业规则等的规定决定的,就算无薪也没有什么问题。

另外,对于雇主在计算全勤奖时将生理休假作为缺勤处理的做法是否被允许这一点,有判例认为,只要该做法没有让申请生理休假变得十分困难,导致《劳动基准法》对此特别作出规定的意义尽失,就是被允许的。[①] 在进行上述判断的时候,要综合考虑该措施的实施目的、经济上的损失程度、对申请休假产生的事实上的抑制力的强弱程度等各种因素。

因此,劳动者承受的损失越大,就越有可能被判断为对权利行使的抑制效果过大。比如说,作为包括对基本工资加薪在内的加薪条件,在要求出勤率为80％以上的同时,将产前产后休假、生理期休假、育儿时间作为缺勤处理,从对劳动者造成的经济损失之大来看,该做法对行使《劳动基准法》上的权利抑制效果很强,违反公序良俗而无效。

另外,以出勤率90％作为支付奖金的要件,同时将产前、产后休假期间以及因采取育儿缩短工时措施而缩短的工作时间部分作为缺勤处理,权利抑制效果还是太大,导致法律保障该权利的意义已经丧失,被判定为违反公序良俗。不过,在这个案例中,裁判所判定,以不符合90％的条件为由完全不支付奖金的做法虽然不妥,但却可以在一定的范围内按照缺勤天数减少奖金金额。[②]

(九) 禁止不利益对待和反骚扰措施义务

在《男女雇佣机会均等法》上,禁止雇主以女性劳动者的怀孕、分娩,申请《劳动基准法》上的产前休假,享受产前、产后休假等为理由,对其进行解雇及其他不利益对待(《男女雇佣机会均等法》第9条第3款,《男女雇佣机会均等法施行规则》第2条之2;参照第129页)。以怀孕期间调整到轻松岗位为契机,趁机对女性劳动者降格的措施,原则上也违反该项规定,除非存在本人基于自由意愿承诺被降格,或者从工作需要等来看实质上并不违

---

① エヌ・ピー・シー工業事件・最高裁判所第三小法廷1985年7月16日判决・最高裁判所民事判例集39卷5号1023頁。

② 驳回重审的高等裁判所判决,参见:高宮学園(東朋学園)事件・東京高等裁判所2006年4月19日判决・労働判例917号40頁。

反该项规定的宗旨和目的这些特殊情况以外,都是违法的。

另外,《男女雇佣机会均等法》2016 年的修订对事业主规定了新的义务(《男女雇佣机会均等法》第 11 条之 2,《男女雇佣机会均等法施行规则》第 2 条之 3;参照第 131 页),要求其采取相应措施(对有关怀孕、分娩等的言行所引起的问题采取的雇佣管理上的措施)以防范基于上述事由对女性劳动者进行的骚扰言行(怀孕分娩骚扰)。

二、关于青少年的法律规制

306

(一) 最低年龄

《劳动基准法》禁止在"儿童满 15 周岁后迎来的第一个 3 月 31 日结束前*"将其雇佣为劳动者(《劳动基准法》第 56 条第 1 款)。以前,满 15 周岁后就可以被雇佣,但在 1998 年的法律修订中,按照 ILO 条约规定的基准,将最低雇佣年龄提高到了义务教育结束时点。

最低年龄限制的例外如下:①满 13 岁以上的儿童在非工业性企业从事对儿童的健康及福祉无害的轻松工作,并就此得到劳动基准监督署长的许可,可以在上学时间以外被雇佣(同条第 2 款;对可以被许可的工作,亦参照《年少者劳动基准规则》第 9 条,其中包括在餐饮店的工作)。②即使是未满 13 岁的儿童,只限于电影制作或者演剧事业,也可以按照和①同样的条件被雇佣(《劳动基准法》第 56 条第 2 款但书)。

这些情况下要申请许可,需要提示校长出具的对学业没有影响的证明和父母或监护人的同意书(《年少者劳动基准规则》第 1 条)。

(二) 未成年人的劳动合同

未成年人(未满 20 岁者,参照《民法》第 4 条)被雇佣时,不允许父母或监护人代替本人签订劳动合同(《劳动基准法》第 58 条第 1 款;另外,2018 年的《民法》修订从 2020 年 4 月开始降低成年年龄,未满 18 岁者为未成年人)。在民法上,为了保护在交易中判断力不足的未成年人,以本人同意为

---

* 在《劳动基准法》上,此日之前都称作"儿童"。——译者注

条件,允许父母或监护人代签合同(《民法》第824条、第859条),但因为曾经出现过不少亲权人等强迫孩子劳动的弊害,所以在《劳动基准法》上禁止代签行为。

因此未成年人工作时必须自己本人和雇主之间签订劳动合同,但这种情况下,需要父母或监护人的同意(《民法》第5条)。而且,如果未成年人得到同意后与雇主签订的劳动合同内容不利于本人,父母或监护人或者劳动基准监督署长有权针对今后解除该合同(解约)(《劳动基准法》第58条第2款)。不过,本人的交友关系或思想倾向、家庭因素等逾越了保护未成年人的宗旨范围,以此类理由要求解除合同属于解除权的滥用,可以否定该解约的效力。

未成年人签订劳动合同后,可以作为劳动者独立请求支付工资,禁止父母或监护人代替本人领取工资(《劳动基准法》第59条)。这属于"未成年人可以独立实施法律行为的情况",也承认其诉讼能力(《民事诉讼法》第31条但书),在发生争议时未成年人也可以自己向雇主提起诉讼。

不过,缺乏意思能力的幼儿出演电影时就不是本人签订劳动合同了,而应解释为其父母或监护人和雇主之间签订了特殊的无名合同。[①]

(三) 未满18岁者的劳动时间规制和深夜工作的禁止

1. 劳动时间和休息日

对未满18岁的劳动者要严格适用8小时劳动制,一般的变形工时制以及灵活工时制、基于"三六协定"的法定工时外及休息日劳动、《劳动基准法》第40条规定的特例都不适用该类劳动者(《劳动基准法》第60条第1款)。

不过,在本人满15周岁后迎来的第一个4月1日之后,就允许对其适用特别变形工时制,可以①在每周的法定工时的框架内,将每周中某一天的劳动时间缩短为4小时以内的同时,将其他日子的劳动时间延长到10小时;或者②适用以每周48小时,1天8小时为上限的1个月单位或者1年单位的变形制(同条第3款,《劳动基准法施行规则》第34条之2)。另外,

---

① 有泉亨『労働基準法』(1963年、有斐閣)401頁。

即使劳动者未满 18 岁,也不禁止其从事因《劳动基准法》第 33 条规定的特殊重大事由或公务产生的法定工时外及休息日劳动。

2. 深夜工作

对于未满 18 岁者,原则上禁止其在深夜工作(《劳动基准法》第 61 条第 1 款;另外,同条第 2 款中关于变更深夜时间带的规定,迄今为止还未用过一次)。但是,在实行换班制的企业中,如果得到劳动基准监督署长的许可,则可以安排其劳动到晚上 10 点 30 分(也就是进入深夜时间带 30 分后)(同条第 3 款;这一规定是为了在早班和晚班的二轮班制中,既符合第 34 条的休息要求,又能达到可以实际劳动 8 小时的目的)。另外,法律还允许一个更大的例外,即在换班制(这里是指同一个人从事日夜两班倒的劳动,工作单位整体不是换班制也无妨)中雇佣 16 岁以上的男性劳动者时,允许其在深夜工作(同条第 1 款但书)。

此外,对于因第 33 条第 1 款的特殊重大事由导致法定工时外及休息日劳动的情况,以及从事农林、畜牧产业、水产,保健卫生或者接线员工作者,禁止深夜工作的规定都不适用(同第 61 条第 4 款[①])。

3. 关于儿童的规定

按照《劳动基准法》第 56 条第 2 款得到许可后才被雇佣的儿童,需要对其劳动时间进行更严格的规制,所以算上上学时间在内,一周 40 小时、1 天 7 小时为劳动时间上限(同第 60 条第 2 款),作为深夜工作被禁止的时间带也要延长为晚上 8 点到清晨 5 点之间的时间带(同第 61 条第 5 款)。

从 2005 年 1 月开始,对于演剧事业中雇佣的儿童(儿童演员),暂且将深夜时间带推迟 1 小时,变为禁止从晚上 9 点到清晨 6 点之间安排其工作。[②]

(四) 禁止让未满 18 岁者从事危险有害业务及矿内劳动

法律禁止让未满 18 岁者从事某些危险业务和有害业务(《劳动基准法》

---

① 围绕保健卫生的事业范围产生争议的案例,参见:上六観光事件・最高裁判所第二小法廷 1967 年 11 月 8 日决定・最高裁判所刑事判例集 21 卷 9 号 1216 頁。

② 2004 年 11 月 22 日厚生劳働省告示 407 号。该告示是依照"从《劳动基准法》第 61 条第 5 款转换而来的同条第 2 款"制定的,但从两款规定的宗旨来看令人感到疑惑。

第 62 条第 1 款、第 2 款)。这是考虑到青少年身心还不成熟,经验和技术也不足而对其进行保护的规定。作为规制对象的危险、有害业务的内容在行政命令中有详细规定(同条第 3 款,《年少者劳动基准规则》第 7 条、第 8 条;比对孕产妇的规制范围广泛得多)。而且,未满 18 岁者从事矿内劳动也是被禁止的(《劳动基准法》第 63 条)。不过上述禁止规定在进行职业训练时都允许有特例(同第 70 条)。

(五) 未满 18 岁者的证明

309 对于未满 18 岁的劳动者,雇主必须在职场内准备好证明其年龄的户籍证明(《劳动基准法》第 56 条第 1 款)。这一规定是为了便于监督实行对青少年的特别规制。作为例外雇佣了未满最低年龄者的情况下,雇主还有义务准备好校长出具的证明以及父母或监护人的同意书。

(六) 返乡旅费

未满 18 岁的劳动者被解雇后 14 天内要返乡的情况下,雇主必须负担所需旅费(《劳动基准法》第 64 条)。据说其目的是为了防止该劳动者因缺少旅费无法返乡而流浪街头。不过,如果该劳动者是因为应归责于本人的原因被解雇,且雇主得到了劳动基准监督署长的认定,作为例外无需负担其旅费(同条但书)。顺便提一下,过去雇主在解雇女性时也负有支付返乡旅费的义务,但是该规定在 1985 年的法律修订中已经被删除。

310
童 工

回顾历史长河,劳动法上关于劳动的规制最早就起源于对童工的规制。英国工业革命时期的童工或者是日本纺织业的少女童工等等,当时童工面临的残酷现实,可谓众所周知。后来人们逐渐意识到这些都是重大的社会问题,于是从人道主义的观点提倡对其进行规制,也因此揭开了各国劳动立法的帷幕。这种立法现象背后,也存在奴役儿童会导致国家失去强壮兵力这种富国强兵的思想。

后来的劳动立法也对童工进行了各种各样的规制。首先,各国的劳动立法都增加了禁止童工的规定,日本也在 1911 年的工厂法里加强了对青少年的劳动保护。在国际劳动标准中,几个相关公约也相继制定。ILO 第 138 号公约(1973 年)规定了最低就业年龄(原则上为 15岁),并规定完成义务教育是就业的条件。此外,ILO 第 182 号公约(1999 年)禁止对未满 18 岁者进行买卖儿童、强迫其就业或卖淫等这些十恶不赦之形式的童工(worst forms of child labour)。

童工并不是已经被尘封的历史。放眼世界,当今社会童工不但没有消失,反而呈现出许多严重问题。尤其是跨国企业在发展中国家设置生产据点时,常常被曝光其承包商、分包商企业里存在大量童工。比如在巴基斯坦、印度等地的足球生产线就是众所周知的例子之一。在国际知名体育用品制造商的支配下,贫困阶层的儿童几乎是半强制地被逼上了足球生产线。发达国家的孩子们开心玩耍的足球,却是最贫穷国家的儿童在未曾得到教育机会的情况下,被迫在恶劣的环境中生产出来的。这种现实可以说荒谬到令人心痛。童工的例子还有孟加拉的船舶解体作业、埃及的采棉花劳动等,这些都是在经济全球化带来的国际竞争影响下形成的非正式的最底层劳动。① 在已经拉响"儿童贫困"警报的日本,或许有一天这些也将不再是遥远的话题。

要杜绝童工现象,国内法和国际法的框架、CSR 等法律外的解决手法当中,到底什么样的解决方式会更有效呢? 这是一个值得深思的问题。

第六节　安全卫生和工伤补偿

安全卫生保护劳动者的个人生命、身体和健康,是最根本的劳动条件。对职场中存在的形形色色的危险加以妥善管理,调整好设备、环境和体制,311

---

① 香川孝三『グローバル化の中のアジアの児童労働』。

防止事故或疾病的产生，比什么都重要。但在现实当中，为了效率和经济性牺牲安全卫生的现象并不少见。而且，对于劳动者而言，不但存在知识和信息的障碍，而且有时候正因为工作危险工资才高，因此具有难以引起劳动者充分关注的一面。在安全卫生方面，法律需要发挥的作用很大。

《劳动基准法》最开始在第 5 章"安全及卫生"中，规定了雇主的各种措施义务和安全卫生管理体制。但是，随着技术高度化和生产过程复杂化的进展，制定防止工伤的综合性立法的必要性越来越强，所以于 1972 年制定了《劳动安全卫生法》，吸收统合了《劳动基准法》的相关规定。

另一方面，在不幸发生工伤的情况下，对受伤得病的劳动者及死亡者遗属，必须迅速妥当安排救济。在市民法之下受灾者曾经有过悲惨的经验，工伤补偿制度正是为了达到合理迅速救济这一目的才发展起来的。具体对此作出规定的《劳动基准法》第 8 章的"灾害补偿"以及《劳动灾害保险法》上的各条规定，在劳动法体系中有着独特的意义。

最近，过劳死以及心理健康等问题受到极大关注，确保劳动者的"健康"这个和劳动者在工作时间外的私人生活存在重合交叉的问题变得越来越重要。另一方面，职场内的原始性工伤事故也并未根绝，随着雇佣形态的多样化，不断出现新的课题。

一、《劳动安全卫生法》

1972 年制定的《劳动安全卫生法》，是与《劳动基准法》相辅相成，以确保职场中劳动者的安全与健康，以及促进形成舒适的工作环境为目的的法律（《劳动安全卫生法》第 1 条；作为其对接条款，参照《劳动基准法》第 42 条）。该法制定后进行了多次必要的修订，最近一次是通过 2018 年的《工作方式改革关联法》作出的修订，包括对产业医生的作用加以强化等内容。

1. 事业主的责任和义务

《劳动安全卫生法》要求作为雇主的事业主负有以下责任和义务，即不仅要遵守该法律规定的最低标准，而且要通过实现舒适的工作环境和改善劳动条件，来确保职场中劳动者的安全和健康（第 3 条第 1 款）。另外，考虑到租赁业和合资公司的发展，对于机械、原料的生产者、进口者和租赁者，承包企业的总承包人或者发包人等不存在直接劳动合同关系者，也规定了一些实施具体措施的义务（第 29—34 条；关于制造业的场地内承包，也在 2005 年的修订中增加了第 30 条之 2）。此外，对劳动者也规定了遵守法律积极合作的努力义务（第 4 条）。

《劳动安全卫生法》上的义务（不包括努力义务）或者最低基准和《劳动基准法》一样，都是通过罚则以及劳动基准监督署的监督来强制履行和遵守的。不过，没有与《劳动基准法》第 13 条相对应的直接规制性效力，对于该法的基准中哪些构成私法上的义务，存在不同意见。

2. 安全卫生的基准和规制

《劳动安全卫生法》的核心部分，是规定了工作场所安全卫生基准的"防止劳动者的危险或健康损害的措施"（第 4 章）和"关于机械等危险物以及有害物体的规制"（第 5 章）的部分。在这些规定之下，以《劳动安全卫生规则》为首，还建立了详细的规则体系，包括《锅炉及压力容器安全规则》《吊车等安全规则》《四烷基铅中毒预防规则》《电离子辐射危害防止规则》《事务所卫生基准规则》等。此外，还出台了关于 VDT 作业的指南[①]、维护和促进劳动者心理健康的指南[②]等指南类文件。

另外，《劳动安全卫生法》还对实施安全卫生教育以及对无资格人员进行上岗限制等"关于劳动者上岗的措施"（第 6 章），特定业务中实施作业环境测定以及劳动者的体检等"维护和增强健康的措施"（第 7 章）等也作出了规定。劳动者的体检（第 66 条）不仅包括录用时的体检以及一般性定期体检，还包括从事有害作业者的特殊体检。[③]

最近，为了解决劳动时间过长引起的过劳死等问题，事业主必须给工作时间等达到一定要件的劳动者安排医生进行面谈指导（第 66 条之 8 以下；

313

---

① 2002 年 4 月 5 日労働基準局長名で発する通達 0405001 号。

② 2006 年 3 月 31 日健康保持促進のための指針公示 3 号。

③ 针对劳动者是否可以拒绝作为定期体检的一环实施的 X 线检查引起争议的案例，参见：愛知県教委事件·最高裁判所第一小法廷 2001 年 4 月 26 日判決·労働判例 804 号 15 頁。

2018 年的法律修订将其对象扩大到研究开发人员、高度专业岗工时豁免制的对象,而且雇主必须确认掌握这些劳动者的工作时间状况)。另外,为了准确把握劳动者的心理负担程度,还要求雇主通过医生等实施(压力测试)检查(第 66 条之 10)。

3. 安全卫生管理体制

《劳动安全卫生法》对建立完善"安全卫生管理体制"(第 3 章)也很重视。在一定规模以上的职场内,必须选任总括安全卫生管理者,并在其下面选任具有一定资格的安全管理者以及卫生管理者(规模小的地方可以是安全卫生推进人),另外,还要求选任负责劳动者健康管理的产业医生,以及对特定的作业选任作业主任(第 10—14 条)。

此外,一定规模以上的职场必须设置安全委员会以及卫生委员会(或者安全卫生委员会),除了议长以外的委员,一半要由职场的过半数工会或者过半数代表推荐指定(第 17—19 条)。这些委员会虽然只是为了进行调查、审议及表明意见,不具备表决权的机构,但是可以促进劳动者参与安全卫生问题。

4. 确保履行

《劳动安全卫生法》上义务的第一主体"事业者",是指事业主(如果是个人企业就是该个人,如果是法人企业就是法人本身)。之所以不用"雇主"而使用这个词汇,其目的是为了明确安全卫生的责任在于事业主体本身。违反该法律,要针对现实中的违法行为人进行处罚,而对于事业主也和《劳动基准法》一样,按照两罚制(第 122 条)一并处罚。

《劳动安全卫生法》的履行监督机制基本上等同于《劳动基准法》,由劳动基准监督署长以及劳动基准监督官来实施(第 90 条以下),同时设有产业安全专门官、劳动卫生专门官(第 93 条)等专业技术人员。

5. 其他法令

除了《劳动安全卫生法》以外,还有规定如何预防粉尘作业造成的尘肺病以及相关健康管理措施的《尘肺法》《作业环境测定法》《劳动灾害防止团体法》等,也都是有关劳动者安全卫生方面的法令。另外,对于矿山保安作业不适用《劳动安全卫生法》(第 2 章"劳动灾害防止计划"除外),取而代之的是以《矿山保安法》进行规制。

6. 不行使权限造成的国家赔偿

为保护劳动者对安全卫生进行合理规制也是国家的义务。如果国家没有履行好这一义务,裁判所有可能会令其对受害人进行国家赔偿。[①]

二、工伤补偿制度的意义

(一)制度的立法目的和《劳动基准法》上的工伤补偿

工伤补偿是对劳动者在工作上造成的伤病或死亡(工伤),规定雇主必须进行一定补偿的制度。其特色在于,只要是工伤,无论雇主是否存在过失都产生补偿义务。

这种制度成立以前,对于工伤一般适用不法行为法理,受灾劳动者以及遗属要得到损害赔偿,必须证明工伤和雇主方的故意过失之间存在因果关系。但是,现实中,要想作出如此证明实属不易,而且,就算证明成功,如果劳动者也有过失,也要按照过失相抵原则扣减赔偿金额。另外,对于本已饱受伤病折磨的劳动者或者刚刚失去顶梁柱的遗属而言,花费大量时间和金钱与雇主对簿公堂,本身就是莫大的负担。通过企业活动获利的雇主和在这一过程中发生的工伤受害人之间落差悬殊。

工伤补偿制度正是为了纠正这种状况,确立了雇主对于工伤的无过失责任原则。19 世纪末以后,各国纷纷采用该制度,使其得到了普及。另一方面,工伤补偿金额按照一定标准定额定率化,并不能填补现实中的全部损失。这一点也可以说是工伤补偿不同于损害赔偿的特色。

《劳动基准法》第 8 章的"损害补偿"对此作出了规定,要求雇主支付疗

---

① 在煤矿工人罹患尘肺病的案例中,判定通商产业大臣没有依照《矿山保安法》恰当行使规制权,具有违法性的案例,参见:筑丰じん肺〈国赔〉事件·最高裁判所第三小法廷 2004 年 4 月 27 日判决·最高裁判所民事判例集 58 卷 4 号 1032 页。关于劳动者罹患的和石棉有关的疾病,判定劳动大臣没有规定石棉工厂必须设置局部排气装置具有违法性的案例,参见:泉南アスベスト事件·最高裁判所第一小法廷 2014 年 10 月 9 日判决·最高裁判所民事判例集 68 卷 8 号 799 页。

养补偿(第 75 条)、休业补偿(第 76 条)、残疾补偿(第 77 条)、遗属补偿(第 79 条)以及丧葬费(第 80 条)这五种补偿[作为特别规定,还有买断补偿(第 81 条)以及分割补偿(第 82 条)]。这些补偿采取无过失责任原则,唯一要件就是劳动者的伤病或死亡是"工作上"的,补偿金额除了疗养补偿之外,都是以平均工资为基础按照固定百分率计算的。另外,履行补偿责任方面,适用《劳动基准法》上的罚则以及监督手续。

如下所述,现在工伤保险已经取代了《劳动基准法》上的工伤补偿,实际上适用上述规定的余地已经几乎不存在了。

(二) 工伤保险制度

不过,工伤补偿也未必在所有情况下都能实现对劳动者或遗属的补偿。即使提起诉讼,如果雇主没有支付能力(发生重大事故导致经营窘迫并不罕见),补偿请求权还是会变成画中之饼。在此情况下,让雇主事先加入保险,发生工伤时由保险人对劳动者或遗属进行补偿的制度就和工伤补偿制度共同发展起来,这就是工伤保险制度。

日本的工伤保险制度是由和《劳动基准法》同时制定的《劳动灾害保险法》来规定的。工伤保险由政府作为保险人进行运营,从雇佣劳动者的事业主那里征收保险费。在发生工伤的情况下,劳动者或遗属直接从政府那里领取和工伤补偿相对应的保险给付。而且,《劳动灾害保险法》上要进行保险给付的情况下,雇主在该给付限度内免于承担《劳动基准法》上的补偿责任。

通过上述说明可以了解到,一般来说,工伤保险是以雇主在《劳动基准法》上的工伤补偿义务为前提,对其履行起到担保作用的责任保险。但是,现在所有事业都是《劳动灾害保险法》的强制适用对象(只有对极小规模的农林水产业设有暂定的例外措施),而且,保险给付的内容经过扩充已经大大高于《劳动基准法》的补偿,所以,在工伤补偿制度中占据核心地位的,应该说是《劳动灾害保险法》才对。

《劳动灾害保险法》的独特性主要体现在以下方面:第一,一部分残疾补偿给付以及遗属补偿给付的年金化;第二,引进了伤病补偿年金制度;第三,创设了对通勤事故的给付制度;第四,对促进回归社会等事业中的追加性给付进行了扩充;第五,对不属于"劳动者"范畴的中小事业主以及自雇师傅*等适用特别加入制度;第六,对财源进行国库补助等。可以说,《劳动灾害保险法》已经超越了《劳动基准法》的范围,其作为社会保险制度组成部分的性质越来越强。

三、《劳动灾害保险法》概要

(一)保险手续

1. 保险关系和保险费

工伤保险关系,从作为法律适用对象的事业开始那天成立(《劳动灾害保险法》第 6 条,《有关劳动保险费征收的法律》第 3 条)。事业主在向劳动基准监督署长申报后,必须按规定缴纳保险费。即使事业主未履行申报及缴纳保险费的义务,也不影响劳动者在发生工伤时领取保险给付,政府可以事后向事业主追缴保险费(如果存在事业主的故意或过失,还可以征收保险给付费用)。

保险费是用事业主支付的工资总额乘以保险费率算出的金额(《有关劳动保险费征收的法律》第 11 条)。保险费率按照事业种类分别作出规定(征收则附表第 1),现在最高的是 8.8%(金属矿业、煤矿业等),最低的是 0.25%(手表等制造业、通信业、出版业、金融业、保险业等)。而且,对于一定规模以上的事业,适用出险几率制,按照过去 3 年的保险给付收支率对保险费进行调整(《有关劳动保险费征收的法律》第 12 条第 3 款)。

2. 给付的请求和不服手续

发生事故时,按照受灾劳动者(或者其遗属)提出的请求进行保险给付。具体程序是,先向劳动基准监督署长提出保险给付的申请书,署长对此作出支付或者不支付的决定。

劳动者或其遗属对劳动基准监督署长的决定不服时,可以向各个都道

---

* 建筑行业等自雇或只雇佣家人的个人事业主。——译者注

府县的工伤保险审查官提请审查,对审查结果仍然不服时,可以向厚生劳动省管辖下设置的劳动保险审查会提出再次审查的请求(《劳动灾害保险法》第 38 条第 1 款后段)。而且,如果是在工伤保险审查官作出决定之后,还可以提起诉讼,请求取消劳动基准监督署长的决定(第 40 条;以前需要经过劳动保险审查会的判断后方可)。另外,如果工伤保险审查官对该审查请求三个月内都没有作出决定,可以视作审查官对该审查请求予以驳回(第 38 条第 2 款)。

接受工伤保险给付的权利,按照给付种类分别在 2 年或 5 年后失效(第 42 条)。

3. 特别加入制度

工伤保险是以"劳动者"为对象,对其工作上的事故进行给付,但是,比方说小工厂主和劳动者一起进行作业,在发生事故时,唯独前者无法得到任何保护,似乎也存在问题。对此,《劳动灾害保险法》对于非劳动者的特定人群,建立了通过任意加入支付保险费,就可以成为保险给付对象的制度(特别加入制度)(第 33 条以下)。具体包括以下人群:①中小事业主及从事该事业者;②自雇师傅等自雇者以及从事该事业者;③从事特定作业者;④海外派驻人员。当然,在特别加入制度下,有一些特殊限制,例如,从事业主立场开展的工作不属于工伤保险的适用对象。[1]

另外,第 4 类的海外派驻人员是指在《劳动灾害保险法》的实施地区以外(海外)开展的事业中被雇佣的人员。即使提供劳务的场所是在海外,但所属部门是国内的职场,且按照该职场雇主的指挥命令工作的劳动者,不属于上述第 4 类人员,而是海外出差人员,不需要办理特别加入手续,也是工伤保险的给付对象。[2]

(二) 工作原因和非工作原因的认定

雇主负有工伤补偿责任,要对《劳动灾害保险法》上的工作事故进行给

---

① 国·广岛中央劳基署长事件·最高裁判所第二小法廷 2012 年 2 月 24 日判决·最高裁判所民事判例集 66 卷 3 号 1185 页。

② 国·中央劳基署长事件·東京高等裁判所 2016 年 4 月 27 日判决·劳働判例 1146 号 46 页。

付的对象,是劳动者在"工作上"负伤、生病、致残或者死亡的情况(《劳动基准法》第75—81条,《劳动灾害保险法》第7条第1款第1项)。

1.工作起因性

法律对"工作上"没有特殊进行定义,但行政解释将其理解为,从实际经验看工作和伤病等之间存在相当程度的因果关系,并将之称作"工作起因性"。作为第一阶段的判断基准,首先要符合"工作履行性"。

所谓工作履行性,是指"事故"(引起伤病的事故、事件)是在劳动者基于劳动合同处于事业主支配下时(不限于现实中正在进行作业的情况)发生的。即使符合工作履行性的标准,但如果该事故不能被评价为"基于劳动合同处于事业主支配下这一行为的内在危险在现实中具体化的结果",则需否定其工作起因性。

更具体地说,①劳动者在工作时间内(包括去卫生间造成的短时间中断)发生的事故具有明确的工作履行性,除了因饮酒或争吵等个人脱岗行为引起事故的情况,或者纯粹是天灾事故而并非是因为工作加大风险的情况以外,都具有工作起因性。②劳动者在休息时间或者上班前、下班后等工作时间外在工作场所内发生的事故,因为在事业主对设施的管理之下,所以要肯定其工作履行性,但原则上否定其工作起因性。只有在该事故被认定为起因于职场设备的异常和缺陷的情况下,或者属于工作附带行为的情况下,才算是工作上的事故。③出差从头到尾都是出于工作的行为,可以说是处于事业主的支配之下,所以包括往返和住宿的时间在内,都具有工作履行性,只要该事故不是主动脱岗行为造成的,都要肯定其工作起因性。④运动会、慰劳旅行、宴会等活动,只要不是作为公司运营要求必须参加的,都不算是"工作"。①

318

---

① 以上,详细内容参见:劳务行政研究所编『改訂4版・労災保険・業務災害及び通勤災害認定の実際(上巻)』。在工厂工作时间内中断工作,去餐饮店参加研修生的欢迎欢送会后,返回工厂途中发生交通事故身亡,被认定为"工作上"事故的事例,参见:国・行橋労基署長事件・最高裁判所第二小法廷2016年7月8日判决・労働判例1145号6頁。

　　关于第 1 种类型,在发生大地震导致建筑物倒塌受灾的情况下,考虑作业方法和作业环境、工作场所的设施状况等,如果可以视作是危险环境下的工作带来的危险化为现实,就可以确认其属于"工作上"的事故。[①] 另外,遭遇来自顾客等第三者的暴行时,如果工作内容容易引起其他人的敌对怨恨,而且并非出于个人恩怨的话,就属于工作上的事故。[②]

2．工作上的疾病

　　以上基准,是以因事故灾害发生的负伤和疾病为前提的,但是疾病当中,有很多没有伴随明确事故和事件而发生的非事故灾害性疾病(所谓职业病就属于这一范畴)。这种情况下,对工作履行性的判断就失去了意义。另一方面,还存在常年积累或者经过潜伏期后才发病等问题,所以工作起因性的证明通常也很困难。因此,《劳动基准法》通过行政命令规定了"工作上的疾病"的范围(第 75 条第 2 款),在此之下施行规则[③]按照医学见解,把已经确认和工作上的有害因素具有因果关系的疾病,包括事故性疾病在内,都进行了分类列举(在行政通知里还有更详细的认定基准)。

　　如果在上述被列举出的疾病里,就可以推定为具有工作起因性。除此以外的疾病,如果可以证明与工作的因果关系,被认定为"其他明显起因于工作的疾病"(同表第 11 号),也属于工作上的疾病。[④]

(三) 脑、心脏疾患的工伤认定

1．"过劳死"问题

　　所谓"过劳死",从直接的死因而言,是缺血性脑、心脏疾患(脑出血、蛛网膜下腔出血,脑部梗塞、心肌梗死等)引起的死亡。从前,这类脑、心脏疾

---

① 2011 年 3 月 11 日基劳補発 0311 第 9 号。

② 在赛马场上做向导的女士,被做保安的男同事纠缠并杀害的事件,被判定为工作上事故的案例,参见:尼崎劳基署长事件・大阪高等裁判所 2012 年 12 月 25 日判决・劳働判例 1079 号 98 页。

③ 《劳动基准法施行规则》第 35 条,附表第 1 之 2。

④ 判定劳动者的慢性十二指肠溃疡旧疾复发且有所恶化,是因为工作负担过重,属于工作上的疾病的案例,参见:神戸东劳基署长事件・最高裁判所第三小法廷 2004 年 9 月 7 日判决・劳働判例 880 号 42 页。

患,包括没有致死的情况,因为是本人原有的动脉肿瘤、动脉硬化等潜在疾病恶化后在某个时点引起发病,无法特定为工作上的有害因素,所以不被列举为"工作上的疾病",而是需要作为"其他明显起因于工作的疾病"被单独认定。

但是,由于后述缘由,2010 年《劳动基准法施行规则》进行修订,在"工作上的疾病"里,追加了"由于长期从事长时间工作或者其他显著引起血管病变的工作而引起的脑出血、蛛网膜下腔出血、脑部梗塞、高血压脑病、心肌梗死、缩窄性心肌病、心搏骤停(包括心脏性猝死)或者主动脉夹层动脉瘤以及和这些疾病相关的疾病"(《劳动基准法施行规则》附表第 1 之 2 第 8 号)。这可以说是正式承认了"长期从事长时间工作"等有可能使血管病变等显著恶化,引起病发。

即使劳动者原本就患有这些疾病,而且病情还相当严重,但是只要按照其自然发展经过还没有严重到马上就要病发这种程度,就可以肯定和工作上的负担有相当因果关系。[①]

2. 行政解释的认定标准

以前,行政解释对此采取非常严格的态度,要求在病发之前(至少是当天),工作中的突发事件或者超强度工作给劳动者带来了特殊负担等才予以认定。但社会上对此批判声很高,还频繁出现要求取消不予认定工伤保险的行政决定的诉讼。在此状况下,1987 年和 1995 年认定基准逐渐放宽,病发前一周左右的过重负担也被列入考虑范围。但是,最高裁判所又作出判断,明确表示对于长期积累的疲劳也要考虑[②],所以在 2001 年时出台了现行基准[③]。

这一基准维持了以前基准的基本立场,即要求是因为工作上的过重负

---

① 地公災基金鹿児島県支部長事件・最高裁判所第二小法廷 2006 年 3 月 3 日判決・労働判例 919 号 5 頁参照。

② 横浜南労基署長事件・最高裁判所第一小法廷 2000 年 7 月 17 日判決・労働判例 785 号 6 頁。

③ 2001 年 12 月 12 日労働基準局長名で発する通達 1063 号。

荷使劳动者的原有疾患"超过自然发展经过显著恶化"并导致病发,且工作必须是"相对有力的原因"(也有判断工作只须是"共同原因"即可的案例)。在此之上,2001 年基准对明显由工作造成的过重负荷作出了归纳,提示了 3 种类型:①病发时到病发前一天为止的"非寻常事件";②病发前一周左右的"尤为过重的工作";③病发前 6 个月左右"引起显著疲劳积累的尤为过重的工作"。

特别是第 3 类,尝试着根据超过每周 40 小时的工时外工作的时间数,对工作和发病之间的关联性作出评价(比如说,每个月超过 45 小时之后时间越长关联性越强,病发前 1 个月超过 100 小时或者病发前 2—6 个月内每个月超过 80 小时的情况下,可以判断具有很强的关联性)。另外,不仅仅是工作时间,对工作不规律、作业环境、精神上的紧张等工作性质上的过重性也要予以考虑。

当然,现在仍有很多被判断为非工作原因的事例,而且要求取消这类决定的诉讼也依然很频繁。[①]

3. 治疗机会的丧失

最高法院认为,除了考虑原有的脑、心脏疾患的发病是否起因于工作之外,由于工作原因发病后未能进行恰当的处置和治疗(治疗机会的丧失),导致劳动者死亡的情况下,也可以说是工作中内在的危险变成了现实,这种情况下也可以肯定工作起因性。[②]

4. 过劳死的预防

后来,人们逐渐认识到对脑、心脏疾患采取预防对策也很重要,《劳动灾害保险法》从 2001 年开始,新增加了对在定期体检中发现异常的劳动者进行"二次体检等给付"的规定。而且,如上所述,《劳动安全卫生法》也引进了

---

① 认定过重劳动加上忧郁症影响而无法保证睡眠时间,引起缺血性心脏疾患,取消不认可工伤之行政决定的案例,参见:国・半田劳基署长事件・名古屋高等裁判所 2017 年 2 月 23 日判决・劳働判例 1160 号 45 頁。

② 地公災基金愛知県支部長事件・最高裁判所第三小法廷 1996 年 3 月 5 日判决・劳働判例 689 号 16 頁。

对工作时间过长者由医生进行面谈指导的制度和压力测试制度(参照第313页)。

另外,2014 年还制定了《过劳死等防止对策促进法》,对国家、地方公共团体、事业主以及公民的责任义务都作出了明确规定,同时还规定了制定大纲、促进调查研究、启蒙活动等国家应该采取的对策。

(四) 心理压力引起的精神疾病和自杀

如果劳动者因工作带来的心理负荷引发忧郁症等精神疾病,有可能被判定为工作上的疾病。而且,该精神疾病如果影响到劳动者的正常判断力,导致其自杀,也有可能被认定为工作上的死亡。

过去的行政解释一直坚守一个原则,就是自杀属于故意行为,原则上不予以工伤给付(参照《劳动灾害保险法》第 12 条之 2 之 2 第 1 款)。但是,所谓过劳自杀的问题已经发展为社会问题,出现一些案例,取消了劳动基准监督署长的决定,肯定了该自杀的工作起因性。[①]

1999 年出台了对"精神疾病引起的自杀"是否属于工作原因进行判断的行政通知。[②] 该通知表明,因为工作原因造成的精神疾病,导致正常的认识、行为选择能力严重受阻,进而自杀的情况下,不属于故意行为。而且,同时出台了另外一个行政通知,对于心理负荷造成的精神疾病的认定基准作出了进一步的明确规定。[③]

之后,在 2011 年,又出台了一个新的行政通知,对该认定基准进行了全面修订。[④] 其中规定,在对象疾病发病前大约 6 个月之间工作原因造成较强的心理负荷,而且,并不是非工作原因造成的心理负荷或者个体因素引起病发的情况下,要认定为"工作上的原因"来处理。在此之上,对于工作原因

---

① 加古川劳基署长事件・神戸地方裁判所 1996 年 4 月 26 日判决・劳働判例 695 号 31 頁。大町劳基署长事件・長野地方裁判所 1999 年 3 月 12 日判决・劳働判例 764 号 43 頁。

② 1999 年 9 月 14 日劳働基準局長名で発する通達 545 号。

③ 对这些基准进行探讨,并对本人容易罹患忧郁症的性格倾向也加以考虑,最终肯定了自杀的工作起因性的案例,参见:豊田劳基署长事件・名古屋高等裁判所 2003 年 7 月 8 日判决・劳働判例 856 号 14 頁。

④ 2011 年 12 月 26 日劳働基準局長名で発する通達 1226 号第 1 号。

造成的心理负荷的强度,按照发生事件的种类,分为强、中、弱三个阶段,分别举例说明。一般来说,对上述因素综合评价进行判断,但存在"特殊事件"(工作中有关生死的重大负伤、违背本人意愿对其实施猥亵的性骚扰行为、发病前一个月内超过 160 个小时的工时外工作等)的情况下,仅此一桩就可以肯定为工作上的原因。

最近,所谓职权骚扰造成精神疾病的事例也不断增加,对此,案例是按照具体情况,对心理负荷的程度以及是否存在其他因素进行判断的。①

另外,精神疾病以前不包括在《劳动基准法施行规则》附表第 1 之 2 所列举的"工作上的疾病"里,但在 2010 年的修订中,"因为遭遇生死攸关的事故以及从事其他引起过度心理负担的工作造成的精神及行为障碍,或者与此相关的疾病"被追加到该列表内。

(五) 保险给付的内容

关于工作事故的保险给付,一共有 7 种,分别是疗养补偿给付、停工补偿给付、残疾补偿给付、遗属补偿给付、丧葬费、伤病补偿年金、护理补偿给付(《劳动灾害保险法》第 12 条之 8 第 1 款)。和针对一般的个人伤病的《健康保险法》等的给付相比,《劳动灾害保险法》的给付相当丰厚,是否被认定为工伤对劳动者或其遗属而言具有十分重大的意义。不过,工伤如果是劳动者故意造成的,则不予以保险给付,而且某些情况下,会对保险给付加以全部或者部分限制(同法第 12 条之 2 之 2)。

1. 疗养补偿给付

这是为了对伤病进行疗养,提供的诊断、药剂和治疗材料、处置和手术及其他治疗、医院收容、看护、移送等服务(同法第 13 条)。原则上是在工伤医院或者工伤指定医院予以现货给付(免费疗养),如果难以实现的话则通过支付疗养费来给付。

---

① 关于上司的斥责、谩骂的事例,参见:国·京都下劳基署长事件·京都地方裁判所 2015 年 9 月 18 日判决·劳働判例 1131 号 29 页。没有合理理由却不分配工作的事例,参见:国·广岛中央劳基署长事件·广岛高等裁判所 2015 年 10 月 22 日判决·劳判 1131 号 5 页。两者都肯定了工作起因性。

2. 休业补偿给付

劳动者因为伤病疗养不能工作，导致无法拿到工资的情况下，从第 4 天以后，对其支付给付基础日额（相当于《劳动基准法》上的平均工资）的 60%（同法第 14 条第 1 款；在此之上，还要支付前面提到的特别支付金，相当于给付基础日额的 20%）。针对休息日或者停止出勤期间等没有工资请求权的日子，也需要支付休业补偿给付[①]，但停工最开始 3 天不是保险给付的对象，雇主必须按照《劳动基准法》第 76 条上的规定进行休业补偿。

3. 残疾补偿给付

伤病治愈时（指症状已经固定，无法期待更大的治疗效果时），劳动者的身体如果留下残疾，按照残疾程度支付。残疾按照残疾等级表分为 14 个等级，对第 1 级到第 7 级的重度残疾，支付残疾补偿年金；对第 8 级到第 14 级的残疾，支付残疾补偿一时金。[②]

以前的残疾等级表上，如果劳动者的外貌留下疤痕，男女之间评定残疾等级是不相同的，对女性会评定为更严重的等级，但是因为裁判所判决这一做法违反宪法第 14 条[③]，所以之后该规定被修改，男女标准得以统一。

4. 遗属补偿给付

劳动者死亡时，作为遗属补偿年金或者遗属补偿一时金（原则上是前者）支付。遗属补偿年金的领取资格人是劳动者死亡时依靠其收入维持生活的配偶（包括事实婚姻关系）、子女、父母、孙儿、祖父母以及兄弟姐妹，但是"妻子"以外者需要符合一定的年龄要件或者残疾要件（《劳动灾害保险法》第 16 条之 2 第 1 款）。实际上拥有领取遗属补偿年金权利的，是这些领取资格人当中顺序排在最前面的人（顺序相同者之间平分）。

---

① 浜松劳基署长事件・最高裁判所第一小法廷 1983 年 10 月 13 日判决・最高裁判所民事判例集 37 卷 8 号 1108 页。

② 《劳动灾害保险法》第 15 条、附表第 1 以及第 2，《劳动灾害保险法施行规则》附表第 1。顺便提一下，《劳动基准法》上没有年金制度。

③ 国・圆部劳基署长事件・京都地方裁判所 2010 年 5 月 27 日判决・劳働判例 1010 号 11 页。

5. 丧葬费

对料理死亡劳动者后事的人,按照规定支付 60 天的给付基础日额(同法第 17 条,《劳动灾害保险法施行规则》第 17 条)。

6. 伤病补偿年金

这是对《劳动基准法》第 81 条的买断性补偿进行修正形成的《劳动灾害保险法》上特有的给付。该给付在劳动者开始伤病疗养 1 年 6 个月之后依然无法痊愈,而且该伤病造成的残疾程度达到了行政命令规定的伤病等级(相当于完全丧失劳动能力)时予以支付(《劳动灾害保险法》第 12 条之 8 第 3 款)。

支付该年金后不再支付停工补偿给付(同法第 18 条第 2 款),但是还要继续支付疗养补偿给付。不过,开始疗养 3 年以后正在领取伤病补偿年金(或者中途开始领取)的情况下,可以视作雇主已经进行买断性补偿,《劳动基准法》第 19 条的解雇限制可以解除。①

7. 护理补偿给付

有领取残疾补偿年金或者伤病补偿年金权利的劳动者,因为该残疾(行政命令规定的程度以上)在自己家里接受护理的情况下,在符合一定条件下有权获得护理补偿给付(《劳动灾害保险法》第 12 条之 8 第 4 款,第 19 条之 2)。

8. 特别支付金等

《劳动灾害保险法》上,在以上保险给付之上,还支付各种"特别支付金"。另外,还提供假肢等辅助器具、康复设施、护理费用、遗属支援等各种给付和服务。这些属于"促进社会回归等事业"(同法第 29 条;已经改名为劳动福祉事业)的一部分,不是工伤保险给付本身。

(六) 通勤事故

1. 制度的宗旨

《劳动灾害保险法》在 1973 年的修订中新增了通勤事故保护制度,对于

---

① 《劳动灾害保险法》第 19 条。另外,关于买断性补偿和《劳动基准法》第 19 条,参见:專修大学事件·最高裁判所第二小法廷 2015 年 6 月 8 日判决·最高裁判所民事判例集 69 卷 4 号 1047 页。参照第 472 页。

劳动者在通勤路上遇到的事故也进行保险给付。之前,通勤事故如果没有特殊情况(雇主提供通勤专用交通工具的情况,或者因突发事故提前上班或者休息日上班的情况),不算是在雇主的支配下发生的,因此不属于"工作上"的事故,也不在工伤补偿、工伤保险给付的对象范围。但是,主张通勤是提供劳动不可或缺而且必然会伴随危险的行为,把通勤中发生的事故作为单纯的个人伤病来处理并不妥当的呼声越来越高,所以通勤事故虽然仍和工伤区别对待,但最终也能获得《劳动灾害保险法》上的特别给付了。

关于通勤事故的保险给付,其内容与工伤实质上并无不同。唯独不同的一点是,在疗养给付上,需要劳动者负担 200 日元以内的一部分费用(《劳动灾害保险法》第 31 条第 2 款)。不过,至少在形式上,通勤事故说到底也只是工作外的事故,雇主基于《劳动基准法》的补偿责任是不存在的,因此各个给付的名称里都没有用到"补偿"这一词汇(同法第 21 条)。因此,通勤事故造成的停工,也不适用《劳动基准法》第 19 条的解雇限制规定(参照第 472 页)。

作为给付对象的通勤事故,是指劳动者"通勤引起的"负伤、疾病、残疾、死亡(《劳动灾害保险法》第 7 条第 1 款第 2 项)。必须是通常通勤行为内在的危险具体化的结果①,不但包括交通事故、摔倒在车站台阶上、被掉下来的东西砸到、塌陷事故等,走夜路时遇到抢劫财物而受伤等情况也包括在内。

2."通勤"的意义

"通勤"是指劳动者跟工作有关,用"合理路径和方法"进行的以下三种行为之一:第一,在住宅和工作场所之间的往返行为;第二,从某工作场所到其他工作场所之间的移动行为;第三,第一中的往返行为之前或者之后进行的住宅之间的移动行为(同法第 7 条第 2 款;第二和第三只限于厚生劳动

---

① 判断邪教组织奥姆教团针对特定个人进行的有计划的杀害行为,不具备通勤起因性的案例,参见:大阪南劳基署长事件・大阪高等裁判所 2000 年 6 月 28 日判决・劳働判例 798 号 7 页。

省的行政命令规定的情况)。不过,本身就具有工作性质的移动属于工伤事故的对象,所以不包括在通勤事故范围内。

上述第二和第三的行为是在 2005 年的修订中新增的,第二是以被一个以上雇主雇佣的劳动者在不同工作单位间的移动为对象,第三是以单身赴任人员(因为工作调动很难通勤,不得已和同居配偶等分居两地的劳动者)在赴任地住宅和老家住宅间的移动为对象(参照《劳动灾害保险法施行规则》第 6 条、第 7 条)。

合理路径和方法,并不限于劳动者平时使用的路径和方法,但是如果在回家路上到酒馆等地方长时间进行餐饮活动等,从往返路径"偏离"或者出现往返行为的"中断"时,之后就不再是通勤了。① 不过,如果是出于劳动者日常生活所需,不得已的理由(购买日用品、接受职业能力开发培训、行使选举权、到医院看病、对特定范围需要护理的家人进行护理)发生的最小限度的脱离、中断,那么结束后再次按照通勤处理(第 7 条第 3 款,《劳动灾害保险法施行规则》第 8 条②)。另外,通勤路上短暂休息或者购买杂志等行为,本身就不算是脱离或者中断。

此外,下班后因为参加工会活动或者社团活动等在工作场所逗留一段时间后回家,只要该时间从社会常识角度看没有长到足以丧失和工作的直接关联性,则仍然属于通勤。③ 因为通勤基本上还是属于劳动者的私生活
326 领域,所以通勤事故的认定很多时候比较微妙,可以说很难将两者区分开。

四、工伤与民法上的损害赔偿

(一) 工伤中损害赔偿的意义

工伤补偿以及工伤保险给付(以下统一称作"工伤补偿")从其性质上而

---

① 回家路上,为了买晚饭材料绕到通勤路径外的商店,途中发生的交通事故被判为"偏离"的案例,参见:札幌中央劳基署长事件·札幌高等裁判所 1989 年 5 月 8 日判决·劳働判例 541 号 27 页。

② 另外,在第 8 条的规定里追加护理家人这一项之前,就已经对其做了如此处理的判例,参见:国·羽曳野劳基署长事件·大阪高等裁判所 2007 年 4 月 18 日判决·劳働判例 937 号 14 页。

③ 参加职场的饮酒聚会后回家,被判定不再是通勤的案例,参见:国·中央劳基署长事件·東京高等裁判所 2008 年 6 月 25 日判决·劳働判例 964 号 16 页。

言,并不能填补劳动者、遗属实际遭受的所有损失。补偿金额不考虑个人具体情况,而是按照固定比率决定,而且也不包括精神损失费。

劳动者、遗属为了恢复工伤补偿无法覆盖的损失,可以按照《民法》请求损害赔偿(《劳动基准法》第 84 条第 2 款的反对解释)。国外立法当中,只要采用工伤补偿制度,就排除损害赔偿权的例子有不少,工伤补偿和损害赔偿制度的并存,可以说是日本工伤补偿制度的一大特色。

在损害赔偿请求中,不适用只以"工作上"原因为条件的无过失责任原则,而是按照《民法》的不法行为或者债务不履行的各条规定,以雇主或者受雇者的故意过失(或者归责事由)或者设置、保存土地建筑物时存在瑕疵为条件。这种情况下,需要证明因果关系和损失金额,而且也适用过失相抵原则。[①]

集体协议或者就业规则上常常会规定,发生工伤时,雇主在法定的工伤保险给付基础上,再增加一定的补偿。一般来说,这种附加补偿条款,不应该解释为双方预定损害赔偿(《民法》第 420 条)不能超出该补偿范围的意思,而是在已经支付的金额限度内,可以和损害赔偿责任进行调整。

(二) 安全照顾义务的法理

1. 劳动合同上的安全照顾义务

对雇主进行损害赔偿请求,以前的通例是以不法行为作为根据。但是现在,雇主在劳动合同中负有"安全照顾义务",对违反该义务的债务不履行责任(《民法》第 415 条)进行追究的法理已经扎根。《劳动合同法》也考虑到这一点,在第 5 条里规定了"对劳动者安全的照顾"。 327

安全照顾义务这一法理是在 1975 年的最高裁判所判决中确立的[②],该判决肯定了作为国家对公务员(自卫队员)的义务,除了支付工资义务之外,还存在"国家在执行公务中设置的场所、设施或者工具等的设置管理上,或

[①]　有潜在疾患的劳动者因为急性心肌缺血死亡,针对雇主的不法行为责任,原判决否定本人原有疾患会造成过失相抵,但在最高法院被驳回的案例,参见:NTT 東日本事件・最高裁判所第一小法廷 2008 年 3 月 27 日判决・労働判例 958 号 5 頁。

[②]　陸上自衛隊車両整備工場事件・最高裁判所第三小法廷 1975 年 2 月 25 日判决・最高裁判所民事判例集 29 卷 2 号 143 頁。

者是公务员在国家或者上司指示下执行公务管理时，对公务员的生命以及健康等负有保护其不陷于危险的照顾义务"。安全照顾义务是"在基于特定法律关系进入特殊社会接触关系的当事人之间，作为该法律关系的附随义务，公认的一方或者双方当事人对对方负有的诚实信用原则上的义务"。

　　其后，最高裁判所在私有企业的劳动合同关系中也明确肯定了雇主的安全照顾义务。① 另外，分包企业的劳动者（社外工）在发包企业或者承包企业的设施内并在其管理下劳动时，准照劳动合同关系，发包企业以及承包企业对劳动者也负有安全照顾义务。②

2. 安全照顾义务的内容

　　基于安全照顾义务，雇主为了防止发生危险，必须修整完善各种硬件条件和软件条件（修整设备和环境、配置有资格人员、进行安全教育等）。在值夜班的劳动者被入侵者伤害的情况下，如果作为雇主没有采取充分的预防和安全对策，也构成对该义务的违反。另外，在过劳死的事例中，作为安全照顾义务的内容，雇主要为了对劳动者进行健康管理，采取减轻或变更其业务等合理措施。③

328　　　但是，雇主并不是作为结果债务而对实现安全本身负有义务④，在诉讼当中，原告需要确定在当时的具体情况下安全照顾义务的内容，对违反该义务的事实进行主张和证明⑤。因此，即使按照债务不履行来主张，在现实

---

　　① 川義事件・最高裁判所第三小法廷 1984 年 4 月 10 日判决・最高裁判所民事判例集 38 卷 6 号 557 頁。

　　② 三菱重工業神戸造船所事件・最高裁判所第一小法廷 1991 年 4 月 11 日判决・労働判例 590 号 14 頁。另外，在三层分包的事例中，一方面肯定各个承包分包公司的安全照顾义务，另一方面否定发包企业负有该义务的例子，参见：中部電力ほか事件・静岡地方裁判所 2012 年 3 月 23 日判决・労働判例 1052 号 42 頁。

　　③ システムコンサルタント事件・東京高等裁判所 1999 年 7 月 28 日判决・労働判例 770 号 58 頁。

　　④ 对于链锯造成的林业劳动者的颤抖症状，从预见可能性以及很大程度实施了回避措施这一点上，否定了安全照顾义务违反的事例，参见：高知営林署事件・最高裁判所第二小法廷 1990 年 4 月 20 日判决・労働判例 561 号 6 頁。

　　⑤ 航空自衛隊芦屋分遣隊事件・最高裁判所第二小法廷 1981 年 2 月 16 日判决・最高裁判所民事判例集 35 卷 1 号 56 頁。

中,劳动者需要主张和证明的事实和以不法行为提起诉讼请求并没有太大差异。

另外,债务不履行的请求时效不是 3 年而是 10 年(《民法》第 167 条)曾是一个重要的区别,但在 2017 年的《民法》修订后,2020 年 4 月以后对侵害生命、身体进行的损害赔偿,时效统一为 5 年(从得知可以行使权利的时点,或者得知损害以及加害人的时点起算)和 20 年(从可以行使权利的时点,或者行为时开始)(新《民法》第 167 条,第 724 条之 2)。

另一方面,债务不履行的情况下,没有遗属固有的精神赔偿费,损害延迟金的起算时点也不是事故发生时点,而是以请求时点为基准[①],有些方面对原告来说并不有利。但是,关于律师费用,即使是基于违反安全照顾义务请求债务不履行的诉讼,现在也可以请求该费用了。[②]

3. 不法行为等造成的赔偿请求

当今时代,依然可以按照不法行为进行损害赔偿的请求,最近这类请求甚至呈现出增加趋势。这种情况下,安全照顾义务是作为不法行为上的注意义务发挥其作用的。最高法院关于过劳自杀的判例,认为雇主违反了"对避免工作带来的疲劳或者心理负担等过度积蓄,导致损害劳动者的身心健康负有的注意义务",对基于不法行为的损害赔偿予以支持。[③]

这种不法行为上的安全(健康)照顾义务和作为劳动合同上的附随而存在的安全(健康)照顾义务几乎重合,实际上在诉讼中将两者一起进行主张的也比比皆是。[④] 另外,在劳动者因过劳忧郁症发作的事例中,高等裁判所先按照"债务不履行或者不法行为"认定了雇主的损害赔偿责任,又依据《民法》第 418 条或者第 722 条第 2 款的过失相抵对其进行减额,可是最高裁判

329

---

① 大石塗装・鹿島建設事件・最高裁判所第一小法廷 1980 年 12 月 18 日判决・最高裁判所民事判例集 34 卷 7 号 888 頁。

② 乙山社事件・最高裁判所第二小法廷 2012 年 2 月 24 日判决・判例時報 2144 号 89 頁。

③ 電通事件・最高裁判所第二小法廷 2000 年 3 月 24 日判决・最高裁判所民事判例集 54 卷 3 号 1155 頁。该判例对于以本人性格和家属的过失为理由的过失相抵予以否定。

④ 判例中对两者的成立都予以肯定的也不少,比如说:テクノアシスト相模(大和製罐)事件・東京地方裁判所 2008 年 2 月 13 日判决・労働判例 955 号 13 頁、グルメ杵屋事件・大阪地方裁判所 2009 年 12 月 21 日判决・労働判例 1003 号 16 頁。

所认为，以该理由（劳动者没有申报自身的健康信息，以及个体脆弱性）扣减赔偿金额并不妥当，对原判决驳回重审[1]。

另外，不法行为诉讼的对象不限于雇主。劳动者工作的建筑物墙面露出石棉导致其罹患恶性胸膜中皮肿瘤的事例中，其遗属依据《民法》第 717 条对建筑物业主提出损害赔偿。高等裁判所认定建筑物存在设置和保管上的瑕疵，肯定了业主的赔偿责任，然而最高裁判所却认为应该明确指出该建筑物是从哪个时点起被评价为缺乏通常应该具备的安全性的，并将原判决驳回重审[2]。

除了作为雇主的企业负有安全照顾义务以外，还有案例依据《公司法》第 429 条第 1 款认定董事个人的损害赔偿责任[3]。该判决对于劳动者的过劳死，认为是公司的"三六协定"以及工资体系导致长时间工作的状况长期存在，属于明显不合理的体制，并由此认定董事存在因恶意或重大过失造成的玩忽职守（安全照顾）行为。

（三）工伤保险给付和损害赔偿的调整

1. 扣减损害赔偿金额

雇主如果已经进行了工伤补偿，其在《民法》上的损害赔偿责任将在此限度内得以免除（《劳动基准法》第 84 条第 2 款）。这一原则在处理工伤保险与损害赔偿的关系时也适用，即劳动者或其遗属对雇主的损害赔偿请求权，在政府对同一事由进行《劳动灾害保险法》上的给付后，该请求权在该给付金额的限度内抵销。

不过，工伤保险给付是在劳动者遭受的财产上的损失中，按照一定比率填补其消极损失（逸失利益）的部分，但对精神损失的赔偿费或者住院杂费等积极损失的赔偿与此性质不同，因此不属于上述调整的对象。[4] 另外，作

---

[1]　東芝事件・最高裁判所第二小法廷 2014 年 3 月 24 日判决・劳働判例 1094 号 22 頁。

[2]　最高裁第二小法廷 2013 年 7 月 12 日判决・判例時報 2200 号 63 頁。

[3]　大庄ほか事件・大阪高等裁判所 2011 年 5 月 25 日判决・劳働判例 1033 号 24 頁。

[4]　東都观光バス事件・最高裁判所第三小法廷 1983 年 4 月 19 日判决・最高裁判所民事判例集 37 卷 3 号 321 頁。青木鉛鉄事件・最高裁判所第二小法廷 1987 年 7 月 10 日判决・最高裁判所民事判例集 41 卷 5 号 1202 頁。

为促进社会回归等事业的一部分支付的特别支付金（参照第 324 页）与工伤保险给付不同，不具有填补劳动者损失的性质，因此不从损害赔偿额中 330 扣除。[①]

2. 与年金的调整

工伤保险给付按照年金支付的情况下，存在一个问题，就是从雇主的损害赔偿额里，除了扣除已经支付部分的年金，能否将未来支付部分也扣除。判例对此持否定的立场[②]，但是这一立场也存在对损失的双重填补或者雇主保险利益的丧失这些潜在的问题[③]。因此，在 1980 年《劳动灾害保险法》修订时，一方面在年金里设置了提前支付一时金的制度，另一方面增加了调整规定，规定在此限度内允许对未来年金部分进行扣除（《劳动灾害保险法》第 64 条第 1 款）。

工伤如果是由雇主以外的第三者行为引起的，政府在进行工伤保险给付后，在此限度内取得劳动者及其遗属对第三者拥有的损害赔偿请求权（同法第 12 条之 4 第 1 款）。劳动者及其遗属已经先从第三者处接受损害赔偿的情况下，政府在此限度内可以不进行保险给付（同第 12 条第 2 款）。工伤保险给付中未来支付的年金额是否可以从损害赔偿中扣除，是和第三者的损害赔偿责任也有关的问题，但判例还是对此持否定立场[④]，对此也没有特别制定任何调整规定。

但是，此后最高裁判所又作出判决，关于地方公务员等《共济组合法》上的遗属共济年金，第三者的行为造成的损害也要和年金之间进行损益相抵的调整，即使是未来部分的年金，也要在"已经确定可以领取"的金额限度

[①] コック食品事件·最高裁判所第二小法廷 1996 年 2 月 23 日判决·最高裁判所民事判例集 50 卷 2 号 249 页。

[②] 三共自動車事件·最高裁判所第三小法廷 1977 年 10 月 25 日判决·最高裁判所民事判例集 31 卷 6 号 836 页。

[③] 进行了损害赔偿的雇主，并非对国家拥有未来年金的代位求偿权。参见：三共自動車事件·最高裁判所第一小法廷 1989 年 4 月 27に判决·最高裁判所民事判例集 43 卷 4 号 278 页。

[④] 仁田原·中村事件·最高裁判所第三小法廷 1977 年 5 月 27 日判决·最高裁判所民事判例集 31 卷 3 号 427 页。

内,从损害赔偿额中扣除。[①] 关于《劳动灾害保险法》上的年金给付,不管是对雇主还是对第三者也是同样的处理,这种情况下,不是和损害迟延金(利息)之间,而是和原来的损害额之间进行调整,而且,如果没有特殊情况,视作不法行为时的损害已经得到填补,在此基础上进行调整。[②]

心理健康的本质

以前劳动法对劳动者的疾病表示关注的只限于职业病。但是,从妨碍职业生涯顺利发展这一点来说,职业病以外的健康问题也并无不同。尤其是近年来,在工作和职业生活中承受心理压力的劳动者比例上升,忧郁症等精神疾病也变得很常见。这些疾病和大脑心脏疾患等一样,与工作生活的质量变化关系密切关联,合起来被理解为"劳动相关疾患"(work-related diseases),也就是说,虽然是常见病却和工作有关。

职场中的心理健康问题,为何变得如此严重了呢？在法国有一种有力观点,认为其原因可以归结为劳动之质的变化。当今时代中,电子信息下的劳动里所有工作都只能被纳入程序化信息体系才能完成,而且必须服从计算机理论。这种劳动的实际状况与其说是从属劳动,不如说是被程序化的劳动。工作如果不符合程序就会无效,劳动者按照电脑操作说明书,同时自身也作为电脑输入输出设备的一部分在从事工作。因此劳动者作为人工智能的一部分,不知道整体意义,只被封闭到系统的一部分,不能脱离虚拟的世界。在这种工作里,从属性地位会渗透到精神领域,带来心理上的痛苦与折磨。其结果导致与工作有关的心理不适和对他人的不信任感引发的欺凌骚扰也成了严重的问题。

[①] 寒川・森島事件・最高裁判所大法廷 1993 年 3 月 24 日判决・最高裁判所民事判例集 47 卷 4 号 3039 頁。

[②] フォーカスシステムズ事件・最高裁判所大法廷 2015 年 3 月 4 日判决・最高裁判所民事判例集 69 卷 2 号 178 頁。

对于这一课题,在企业里,雇主最好通过卫生委员会等制定"心理健康养护"计划,来保持和促进劳动者的"心理健康"。关于其实施方法,政府提供了具体指导①。另外,《劳动安全卫生法》上,员工在 50 人以上的事业所必须通过医生或者保健师等,每年实施 1 次确认把握劳动者心理负担程度的措施(心理压力测试)。的确,如果心理健康问题的根源在于现代劳动的本质,或许我们只能选择像现在这样头痛医头、脚痛医脚的方法。对于这个问题,要想寻找到答案或许真的不是那么简单。

第七节 调岗、借调、人事考核

在无固定期限的长期雇佣下,劳动者从就业到退休之间,在企业内的地位不是一成不变的。一般来说其职务内容、工作场所、组织内的地位、职层中的位置等不断发生变化,并通过这些变化地位不断上升。而且,有时还会跨越公司界限,长期被派到别的公司去工作。从录用到退休之间的人事安排,很多时候不是在一个公司内,而是在相关企业集团里统筹安排的。

这种人事调动一般来说按照雇主的业务命令实施。而且这种人事上的业务命令,其根据被解释为雇主在劳动合同上具有的权限。也就是说,作为劳动合同上的指挥命令权的一部分,雇主拥有对劳动者的能力和职业能力倾向作出评价,并将其分配到企业组织内特定职位或者部门的权限。

日本企业中,录用劳动者时不指定工作场所以及工作种类,为了追求企业的组织运营和效率,或是让劳动者人尽其能,进行调岗、借调等人事变动可以说是家常便饭。但是,这可能会引起两地分居等问题,使劳动者不得不过度牺牲私生活上的利益,也是不争的事实。问题在于,为了使追求企业利益和劳动者的工作生活平衡利益之间不发生冲突,应该如何对雇主的人事

---

① 2006 年 3 月 31 日労働基準局長名で発する通達 0331001 号。

权限划定边界。

一、调岗

(一) 分配及调岗的意义

企业活动一般在分工体制下实施,雇主会将劳动者分配到企业的业务组织中的某个部门。在同一公司内,对劳动者的工作种类、职务内容以及(或者)工作场所长期进行变更的人事调动叫做调岗(调动分配)。由于是在同一个雇主手下进行变动,和后述的"借调"不同,另外具有长期性这一点,和属于短期变动的"出差"及"外援"等也不同。调岗中伴随工作场所变更的,有时也叫做"转勤"。

实施调岗的目的多种多样。第一,企业中某个部门缺少人手或者业务量扩大时,随时会为了补充人手而实施。第二,有时也会作为定期人事变动的一环来实施。这种情况下,劳动者会被参照其职业经历,按晋升顺序调岗。这种情况下调岗是一种培养劳动者职业能力的方式,通过让劳动者体验多种工作,培养其成为多面手或是管理人才。第三,调岗有时是作为雇佣调整措施来实施的,采取把亏损部门产生的多余人手调动到盈利部门等措施。无论哪一种,都和日本的长期雇佣制度有着密不可分的联系。

(二) 调岗的限制法理

为了明确雇主调岗命令权的根据和界限,在学界中尝试了许多种理论构建。代表性的见解有两种。

一种观点是,不把劳动合同看作对特定的具体劳动本身作出了合意,而是看作劳动者把对自己劳动力的处分权交给雇主的合意。因此,劳动者对雇主进行劳动力处分已经作出了概括的合意,对于劳动的种类、形态、场所,只要没有进行特殊约定,就交由雇主单方决定。只是,该观点同时强调,雇主在行使该权限时,不能违反法令、集体协议、就业规则,也不能构成权利的滥用(概括合意说)。

另外一种见解认为,作为劳动合同的前提,无论是明示还是默示,对于职务范围和工作场所都存在某种合意。如果在该合意的范围内,可以基于劳动合同行使指挥命令权,对其进行自由变更。但是在合同范围外进行的业务和场所的变更,意味着变更合同内容,所以需要劳动者的同意。因此,针对劳动合同上合意的覆盖范围这个问题,对合同当事人意思的解释是十分重要的论点。

但是,在解决现实的调岗问题时,劳动合同(当事人意思)的解释和是否存在调岗命令权的滥用都是不可或缺的解释手法,因此讨论上述两种观点哪一个更妥当其实没有什么意义。重要的还是按照问题特点和法制的实际状况,如何活用这两种理论方法。

(三)调岗命令权及其滥用

1. 判例的判断框架

判例上形成了以下判断基准。[①] 首先,雇主要发出调岗命令,必须在就业规则等上规定:雇主可以根据需要命令调岗。也就是说,以关于调岗的规定具有合理性,并被广泛告知为条件,作为就业规则效力的一部分(参照《劳动合同法》第7条)雇主被赋予调岗命令权。不过,即使有这样的规定,但如果当事人之间存在限定工作种类或者工作场所的特别约定,则不能进行调岗(参照同条但书)。

其次,雇主拥有调岗命令权的情况下,也存在该权利被滥用的情况。不过,只要不存在后述的特殊情况,该调岗命令都不属于权利滥用。①该命令不存在工作上的必要性,或者即使存在工作上的必要性,②但却出于不当动机、目的,或者③对劳动者带来的不利之处远远超过其通常可以忍受的程度等。对于是否存在调岗命令权以及滥用是否成立,案例中作出的具体判断如下。

2. 调岗命令权的存在与否

首先,对于是否存在可以命令调岗的就业规则规定等,比如说,对于从京都工厂到横滨总公司的调岗,就业规则上没有任何关于调岗命令权的规

---

① 東亜ペイント事件・最高裁判所第二小法廷 1986 年 7 月 14 日判決・労働判例 477 号 6 頁。

定,而且在中途录用的面试中,雇主也根本未对有需要搬家的调岗可能性这一点进行说明,在这种情况下案例认为公司是没有调岗命令权限的。①

其次,劳动合同上对工作场所有特殊约定时,只要没有得到劳动者的同意就不能命令其调岗。② 但是,在实际当中,对总公司录用的骨干部门的劳动者等,作出工作场所有特殊约定的解释大多是很困难的。

另一方面,在认可工作种类限定的问题上,案例也持相当消极的态度。案例中,作为机械工工作了十几年到二十几年的劳动者,也不能被认定为“除了机械工以外的工种一律不从事的明示或默示的合意已经成立”③。另一方面,诸如医生、护士、教师这类工作内容需要特殊资格或技术的职业,按理说很多情况下应该被解释为签订了限定工作种类的劳动合同。但是,劳动者在电视台招聘播音员时参加应聘,被录用后 24 年间一直作为播音员工作的案例中,法院仍判定“除了播音员以外的工作一律不从事”这样的工作内容限定合意并未成立④,该判决还得到了最高裁判所的支持⑤。不仅如此,另一个案例判定:仅仅因为劳动者从理科院校毕业,从事技术、研究工作这一点,不能算是特殊约定了工作内容,因此肯定了该劳动者被调岗为营销工程师的效力。⑥

与此相对,在最近的一个案例中,为成立新事业部作为特殊专业人员从其他公司挖墙脚录用的劳动者,后来却因为公司合并导致该事业部取消而被调岗为营销人员,裁判所判定雇主与该劳动者之间存在“一定期限内的工作种类限定”和“一定范围的工作场所限定”的合意,因此该调岗属于滥用人

---

① 仲田コーティング事件・東京地方裁判所 2011 年 9 月 5 日判決・労旬 1754 号 58 頁。

② 对限定工作场所的合意作出肯定的案例,参见:日本レストランシステム事件・大阪高等裁判所 2005 年 1 月 25 日判決・労働判例 890 号 27 頁。

③ 日産自動車村山工場事件・最高裁判所第一小法廷 1989 年 12 月 7 日判決・労働判例 554 号 6 頁。

④ 九州朝日放送事件・福岡高等裁判所 1996 年 7 月 30 日判決・労働判例 757 号 21 頁。

⑤ 九州朝日放送事件・最高裁判所第一小法廷 1998 年 9 月 10 日判決・労働判例 757 号 21 頁。

⑥ 東亜石油事件・東京高等裁判所 1976 年 7 月 19 日判決・労働関係民事裁判例集 27 巻 3＝4 号 397 頁。

事权,是无效的。①

3. 调岗命令权的滥用

第一,调岗命令如果不存在工作上的必要性,则有可能构成权利滥用。最高裁判所判定,这种必要性的程度,"不必达到转勤岗位非此人不可这样的高度需求,只要对合理安排劳动力、促进工作效率、开发劳动者能力、提高工作热情、保证业务运营顺利等企业的合理运营有所帮助,就应该肯定其工作上的必要性"②。

我们来看一下具体事例。劳动者从机械工调岗到按压成型、组装等单纯作业的工种,而且无法认定存在明示或暗示的工作内容限定合意,同时变更工作内容有利于企业的合理运营时,只要没有特殊情况都不构成权利滥用。③ 与此相反,把劳动者从总公司的开发部长职位降级调岗到地方工厂,被认定为劝说其辞职不果而进行的骚扰报复,缺乏工作上的必要性,构成权利滥用。④ 另外,将在总公司信息系统部工作的劳动者调动为仓库保管员的调岗命令,不仅工作上的必要性不高,而且没有考虑到劳动者对作为信息系统专业人员的个人职业发展抱有的期待,构成调岗命令权的滥用。⑤

第二,调岗命令如果构成《劳动基准法》第 3 条或者《劳动组合法》第 7 条第 1 款规定的出于不当歧视意图而做出的不利益对待,则因违反该法律规定,或者构成调岗命令权滥用而无效。⑥ 不仅如此,对该劳动者的报复性措施等出于不当动机或目的进行的调岗,也构成权利滥用而无效。⑦ 同样,

---

① ジブラルタ生命(旧エジソン生命)事件・名古屋高等裁判所 2017 年 3 月 9 日・労働判例 1159 号 16 頁。

② 前掲東亜ペイント事件。

③ 前掲日産自動車村山工場事件。

④ フジシール事・大阪地方裁判所 2000 年 8 月 28 日判決・労働判例 793 号 13 頁。

⑤ X 社事件・東京地方裁判所 2010 年 2 月 8 日判決・労働判例 1003 号 84 頁。

⑥ 作为不当劳动行为被判定无效的案例,参见:朝日火災海上保険事件・大阪高等裁判所 1991 年 9 月 26 日判決・労働判例 602 号 72 頁。

⑦ 构成不当劳动行为的调岗命令的案例,参见上述朝日火災海上保険事件。判定是出于对工会活动进行妨害之目的进行的调岗案例,参见:交易財団法人えどがわ環境財団事件・東京高等裁判所 2015 年 3 月 25 日判決・労働判例 1130 号 78 頁。

因为劳动者向公司守法监督室进行通报,所以对其产生反感发出调岗命令的情况下,该调岗和工作需要无关,包含不当动机,作为人事权的滥用构成不法行为。①

　　第三,调岗存在工作上的必要性,而且并非出于不当动机的情况下,如果给劳动者带来的生活上的不利影响严重超出劳动者通常能承受的程度,还是会被判定为调岗命令权的滥用。我们来看一下具体的判断例子。将休了 1 年 3 个月的病休假、刚刚回到工作岗位上的劳动者从旭川分公司调岗到东京地区,虽然存在工作上的必要性,但是可以说带来的不利影响严重超出劳动者通常能承受的程度。②

　　但是,另一个案例中,劳动者从东京调岗到名古屋导致不得不两地分居,却被判定为其不利影响没有严重超出劳动者通常能承受的程度,雇主在调岗时只是负有减轻劳动者不利益对待的照顾义务,而调岗命令却算不上违法。③ 另外,抚养三岁孩子的女性劳动者被调岗到单程通勤时间需要 1 小时 45 分的工作场所,其不利影响程度并不算小,但依判例立场还是算不上严重超出劳动者通常能承受的程度。④

　　《有关进行育儿或家庭成员护理的劳动者的福祉的法律》规定,对于因调岗使抚养子女或者护理家人变得困难的劳动者,事业主必须对这种状况加以考虑和照顾(《有关进行育儿或家庭成员护理的劳动者的福祉的法律》第 26 条;同时参照《劳动合同法》第 3 条第 3 款)。可以说,前面提到的判例倾向,从促进育儿工作平衡的政策视角来说,需要进行变革了。⑤

---

①　オリンパス事件・東京高等裁判所 2011 年 8 月 31 日判決・労働判例 1035 号 24 頁。

②　損害保険リサーチ事件・旭川地方裁判所 1994 年 5 月 10 日決定・労働判例 675 号 72 頁。

③　帝国臓器事件・東京高等裁判所 1996 年 5 月 29 日判決・労働判例 694 号 29 頁。

④　ケンウッド事件・最高裁判所第三小法廷 2000 年 1 月 28 日判決・労働判例 774 号 7 頁。

⑤　判定因为没有充分履行《有关进行育儿或家庭成员护理的劳动者的福祉的法律》第 26 条的照顾义务,导致调岗命令带来的不利影响严重超出劳动者通常能承受的程度的案例,参见:ネスレ日本事件・大阪高等裁判所 2006 年 4 月 14 日判決・労働判例 915 号 60 頁。劳动者在选择退休制度中自己选择了有可能会在全国范围内被调岗的"满了型",但是在其父母需要护理的情况下从北海道分店调岗到东京分店造成的不利影响,严重超过了劳动者通常能承受的程度,被判定为"与《有关进行育儿或家庭成员护理的劳动者的福祉的法律》第 26 条相抵触"的案例,参见:NTT 東日本事件・札幌高等裁判所 2009 年 3 月 26 日判決・労働判例 982 号 44 頁。

二、借调与外部调动

(一)借调与外部调动的意义

一边维持员工的地位,一边在其他雇主的指挥命令下长期劳动的人事调动称作借调(在籍借调)。听从其他雇主的指挥命令进行劳动这一点上,和仅仅在其他雇主的工作场所从事劳动的"出差"或者"派遣店员"不同。另外,借调和劳动者派遣不同,其他雇主行使的指挥命令权,不仅限于以工作和与之相关的工作纪律为中心的范围(参照第159页)。不过话说回来,实际当中,对其他雇主行使指挥命令的程度如何判断是很微妙的,许多情况下很难严密区分借调和派遣。

同样是在其他雇主的指挥命令下劳动,但和原来企业解除了合同关系 338 的话,就称作外部调动(转籍借调、转属)。这种人事变动也包括在广义的借调中,但从法律性格规定上,将两者区分开比较合适。这种情况下,外部调出的企业和外部调动劳动者之间的关系林林总总。比如说,有时候会通过约定一定期限内回到原调出企业,或者原调出企业在外部调动期间补上工资差额等方式来维系两者关系。与此相反,也有时候两者之间不再存在任何关系,这种情况下,外部调动就只意味着,以到特定的另一企业就业为前提做出的辞职行为。

借调、外部调动的实施目的也各不相同。过去,主要有以到子公司或者客户公司担任董事职务为目的的董事借调,以对子公司进行经营、技术指导为目的的借调,也有反过来以培养人才、学习新技术等为目的到总公司的借调等。但是,借调制度逐渐被用于更多的目的,作为中老年雇佣对策以准备退休为目的实施的借调,还有作为以对企业亏损部门进行人员精简为目的的雇佣调整实施的借调,都很常见。最近,随着企业向分公司化或集团化发展,作为"企业集团人事"的一部分进行借调的情况也不少。

(二)借调命令的要件

1. 借调命令的原则

劳动合同以劳动者服从雇主的指挥命令为前提,以和特定雇主之间的关系为构成要素。换言之,在劳动合同上,拥有指挥命令权的是谁,可以说是合同的本质性内容。因此,应该说对其进行变更是合同要素的变更,需要以劳动者的同意为要件。另外,《民法》第 625 条第 1 款规定:"雇主如果没有劳动者的承诺"不得将其权利转让给第三者,从这一规定也可以推导出借调需要劳动者的同意。无论以哪一点为依据,雇主要发出借调命令,原则上必须得到劳动者的同意。案例的立场也是:"没有员工的承诺及其他法律上可以对其正当化的特殊根据",雇主就没有借调命令权。这一原则到现在依然维持。

不过问题在于,什么情况下,可以认定存在劳动者的承诺或同意? 许多就业规则中,都对借调作出了规定,这能否解释为对借调的同意可谓问题所在。有案例认为,仅在就业规则的休职规章中,将借调列为休职理由之一这种间接规定是不够的,"需要在就业规则上规定明确的服从借调义务"①。就业规则里有关于借调业务的规定时,也未必总是构成对借调的同意,应该按照规定的实际运用状况以及解释来判断劳动者是否有服从借调的义务。

关于集体协议里有关借调的条款,有案例判定,在集体协议里规定了有工作需要时可以进行借调等人事变动的话,可视为雇主进行借调命令的特殊根据。② 但是,从协约自治的观点来看,集体协议不能规定要求劳动者服从借调的条款(参照第 206 页),集体协议里的借调条款,一般应解释为是针对如何决定借调时的劳动条件和待遇作出的规定。

2. 没有个别同意就可以发出借调命令的情况

如此一来,雇主没有劳动者的个别承诺就可以发出借调命令的情况,就集中在以下两种局面。

第一,关于在录用面试时对将来借调到集团内公司作出的概括的同意,有案例判定,"只要真的相当于同意,没有理由要求其必须是明示的同意或

---

① 日東タイヤ事件・最高裁判所第二小法廷 1973 年 10 月 19 日判决・労働判例 189 号 53 頁。

② 新日本ハイパック事件・長野地方裁判所松本支部 1989 年 2 月 3 日決定・労働判例 538 号 69 頁。

者个别表示的同意,默许或者概括表达的也无妨①。

第二,就算雇主在没有劳动者同意的情况下仍然命令其借调到特定企业的实际状况存在,劳动者也并非因此就负有服从借调的义务。但是,最高裁判所在以下的具体情况下,判定没有个别同意也可以发出借调命令,对于作为业务委托的结果发生的借调,放松了个别同意的要件。该具体情况为,借调是向合作公司进行业务委托引起的,就业规则上有可以命令劳动者在公司外工作的规定,集体协议中针对借调期间、工资及其他劳动条件以及借调津贴还列出了详尽的规定以照顾借调劳动者的利益。② 下级裁判所的案例中,对于作为对引发重大事故的老年司机的雇佣确保措施而实施的借调③,或者作为对工作能力不足的劳动者进行再就业支援实施的借调④,都放松了同意要件。

鉴于在这些案例中出现的放松倾向,借调的概括性同意可以被认可的情况应该限定于,借调的理由及范围明确,借调后劳动条件不会发生多大变化,录用时点对借调条件等也作出了明确表示的情况。

(三) 借调命令权的滥用

《劳动合同法》第 14 条规定:即使是在雇主可以要求劳动者借调的情况下,如果借调命令"从其必要性、与选定对象劳动者有关的情况以及其他情况判断,可以认为该权利被滥用的话",则无效。从这里可以看出该规定在判断借调命令权的滥用是否成立时,尤其重视工作上的必要性及人选合理性这些要素。

《劳动合同法》第 14 条成立以前,就有明确对此作出论述的案例⑤。在

---

① 興和事件・名古屋地方裁判所 1980 年 3 月 26 日判決・労働関係民事裁判例集 31 卷 2 号 372 頁。

② 新日本製鐵事件・最高裁判所第二小法廷 2003 年 4 月 18 日判決・労働判例 847 号 14 頁。

③ JR 東海中津川運輸区(出向・本訴)事件・名古屋地方裁判所 2004 年 12 月 15 日判決・労働判例 888 号 76 頁。

④ 日本雇用創出機構事件・東京地方裁判所 2014 年 9 月 19 日判決・労働経済判例速報 2224 号 17 頁。

⑤ ゴールド・マリタイム事件・大阪高等裁判所 1990 年 7 月 26 日判決・労働判例 572 号 114 頁。

该案例中,法院判定:公司的借调命令是为了把被认为作为管理人员资质不够的劳动者利用借调这一手段赶出职场,"无论如何也无法肯定其存在工作上的必要性、人选上的合理性",构成权利滥用。另外,适用《劳动合同法》第14 条的案例[1]中,裁判所判决:借调命令权滥用是否成立要考虑"工作上的必要性、人选的合理性(对象人数、人选基准、人选目的等合理性)、给作为借调者的劳动者带来的职业及生活上的不利影响、该借调命令背后的动机及目的等"来进行判断,在该案例中派往子公司的借调是为了精简人员,其人选缺乏深思熟虑,没有考虑劳动者一直从事案头工作的职业经历,构成人事权的滥用而无效。

(四) 借调劳动关系

借调接收企业的雇主可以对借调劳动者行使指挥命令权,但其内容由借调合同决定,不能一概而论。一般来说,借调接收企业雇主的指挥命令权几乎涵盖借调劳动者所有的劳动条件,劳动者必须遵守工作纪律从事劳动。但是,借调接收企业的权限只限于有关劳务提供的指挥命令,不能实施跟劳动合同本身的存亡有关的措施,比如说解雇或者休职等。另外,负有工资支付义务的既有可能是借调派出企业,也有可能是借调接收企业。

鉴于借调劳动关系的上述特点,劳动者和借调接收企业之间,加上劳动者和借调派出企业之间的劳动合同关系,可以被解释为存在"双重劳动合同关系"(参照《劳动者派遣法》第 2 条第 1 项)。但是,劳动者和借调接收企业雇主之间的关系,如前所述,按照借调合同的内容决定,现实中其形态可谓形形色色。另外,双重劳动合同也不是指单纯并列关系,应该说,劳动者和借调接收企业之间的劳动合同成立,是以和借调派出企业之间存在劳动合同为前提的。因此,诸如借调派出企业因为倒闭等不复存在的情况下,只要没有另外签订新的劳动合同,劳动者和借调接收企业之间的劳动合同也自动解除。[2]

---

①　リコー事件・東京地方裁判所 2013 年 11 月 12 日判決・労働判例 1085 号 19 頁。

②　栃木合同輸送事件・名古屋高等裁判所 1987 年 4 月 27 日判決・労働判例 498 号 36 頁。

要将劳动者从借调接收企业派回借调派出企业，是否也需要劳动者的同意呢？有案例认为，关于在籍借调，被派回是"在当初和借调派出企业的劳动合同中本就约定好的事项"，不需要劳动者的同意。[1]的确，关于被派回是否需要劳动者的同意，应该按照对该借调合同的解释来决定，不过，如果是在当初预定的借调期间结束前被派回的话，应该解释为需要事先征得劳动者的同意才对吧。

（五）外部调动

外部调动是将劳动者从和原来企业的劳动合同关系中完全分离，使其从属于和接收企业之间的劳动关系，所以不适用借调法理，一般都需要劳动者个人的明确同意。[2]用就业规则的一般规定或概括的同意来代替个别同意这种观点是不成立的。另外，即使是国立研究开发法人和国立医疗机构之间的人事变动，只要办理了离职手续和录用手续，就只能算是外部调动，雇主不能单方面决定，必须征得劳动者的个别同意。[3]不过，也有案例判决：342 在录用时对外部调动进行了说明，劳动者也明确表示同意，并且外部调动早已编入人事体制中并实施了多年，实质上和公司内调岗并无两样的情况下，可以根据就业规则的规定下达外部调动的命令。[4]

外部调动后，无论在法律上还是实际当中，接收企业都处于雇主地位（"移籍借调"*中即使约定要回到派出企业，也不会因此改变为"在籍借调"**，被调动劳动者只对接收企业负有劳动合同上的义务[5]）。不过，诸如约定好外部调动后被派回，和原来企业维持一定关系的这种情况，原来企业

---

[1] 古河電気工業・原子燃料工業事件・最高裁判所第二小法廷 1985 年 4 月 5 日判决・最高裁判所民事判例集 39 卷 3 号 675 页。

[2] 三和機材事件・東京地方裁判所 1995 年 12 月 25 日判决・労働判例 689 号 31 页。

[3] 国立研究開発法人国立循環器病研究センター事件・大阪地方裁判所 2018 年 3 月 7 日判决・労働判例 1177 号 5 页。

[4] 日立精機事件・千葉地方裁判所 1981 年 5 月 25 日判决・労働判例 372 号 49 页。

* 即外部调动。——译者注

** 即借调。——译者注

[5] 京都信用金庫事件・大阪高等裁判所 2002 年 10 月 30 日判决・労働判例 847 号 69 页。

的雇主就不可能和劳动者的地位完全无关,如果就派回有明确的约定,劳动者和原来企业的雇佣关系在劳动者提出派回要求时重新复活。[①] 另外,关于派回问题进行集体谈判时,原来的雇主作为谈判当事人,可以说依然保留一定程度的雇主性质。

　　最后,在公司分立程序中,主要从事要被其他公司继承之业务的劳动者,作为继承对象人员被列入分立计划书里的情况下,和外部调动不同,即使没有劳动者的承诺,该劳动合同也会被其他公司继承(《劳动合同承继法》第 3 条,参照第 367 页)。

三、人事待遇和人事考核

(一)升格、晋升和降格

1．升格、晋升和降格的意义

　　当今许多企业,作为管理劳动者的人事制度,采取将职务内容分为几类,各类别中又按照职业能力设定不同级别资格的职业能力资格制度。这种制度在各个资格内部又分成很多层级,分别和工资金额相对应(第四章第一节"工资")。雇主按照工作知识及实际业绩、指导能力、责任大小、企划能力等各个职务内容需要的各种因素来判定劳动者的工作能力,并将其分配到合适的资格层级上。这种能力评价叫做"人事考核",以此提高劳动者的资格层级称作"升格",在企业的劳动组织中提升职位阶层(部长、课长等管理层)称作"晋升",与"升格"和"晋升"相反的措施称作"降格"。

2．人事权的行使

　　决定"升格""晋升"及"降格"的权限,有时会特别称作"人事权"。人事权只能是基于劳动合同的指挥命令权的内容之一,是针对劳动者在企业中地位的指挥权限。说起来,"人事权"这一词汇,主要用于给升格、降格等由雇主单方或专权决定之事实提供依据。换言之,升格或者降格是基于雇主

---

①　前揭京都信用金库事件。

的人事权,所以交由雇主自由裁量,只要不超出自由裁量的范围,就不否定该决定的效力。[1]

但是,在职业能力资格制度下,雇主要单方面降低劳动者的资格、等级,至少要在就业规则等中规定,有可能通过重审资格等级来进行降格、降级,以赋予雇主这么做的权限。没有这种根据就单方面实施降低劳动者层级及工资的措施是无效的。[2] 另外,有案例判决:同时进行调岗与降格时,考虑到工资作为劳动条件的重要性,不同于在一般调岗中的雇主裁量权,而是要综合考虑劳动者的胜任程度、能力、实际业绩、降格的动机以及目的、工作上的必要性、其运用状况等,"只要没有足够客观合理性可以保证工资减少具有正当性,该降格就是无效的"[3]。还有一些情况下,需要劳动者对降低工资表示同意。如果变更"责任级别"和降低责任报酬是连动关系,那么没有劳动者的个别同意,仅靠雇主单方行为来实施的话则构成人事权的滥用,是不允许的。[4] 在另一个案例中,裁判所判定:通过降格两次减少"级别津贴"的金额,是对工资这一最重要的劳动条件进行的不利变更,需要劳动者的个别同意或者就业规则上有明确规定,没有同意就降格同样构成人事权的滥用。[5]

与此相对,对于特殊任命项目组的领导,在项目组解散后将其从相当于管理人员的经理职位降格到相当于一般职位的医疗职位,具有工作上的必要性,即使收入减少也不构成人事权的滥用。[6] 另外,对于从专业管理职务到一般员工的降格,法院考虑到新设的降格规定并没有固定评价级别的分布比率,这种制度下并不一定会出现降格对象,雇主对该劳动者提醒并指导

344

① エクイダブル生命保険事件・東京地方裁判所 1990 年 4 月 27 日決定・労働判例 565 号 79 頁。

② アーク証券事件・東京地方裁判所 1996 年 12 月 11 日決定・労働判例 711 号 57 頁。

③ 日本ガイダント事件・仙台地方裁判所 2002 年 11 月 14 日決定・労働判例 842 号 56 頁。

④ コナミデジタルエンタテインメント事件・東京高等裁判所 2011 年 12 月 27 日判決・労働判例 1042 号 15 頁。

⑤ Chubb 損害保険事件・東京地方裁判所 2017 年 5 月 31 日判決・労働判例 1166 号 42 頁。

⑥ 日本たばこ産業事件・東京地方裁判所 2015 年 10 月 30 日判決・労働判例 1132 号 20 頁。

其改正却未看到效果等因素,判定该降格有效。[①]

3. 人事权的限制

人事权既然也是基于劳动合同的权利,当然受到合同解释上的限定,也适用关于权利限制的一般法理。换言之,人事权的行使超越裁量判断的界限就有可能构成权利滥用。这一点要综合考虑各种因素来进行判断:①雇主方在工作上、组织上的必要性和程度;②能力、工作胜任度的欠缺等劳动者方的归责事由是否存在以及其程度;③劳动者受到的不利影响的必要性和程度等。[②]

另外,如果没有合理的理由却在升格上对男女区别对待,违反公共秩序时,难免被定性为违法行为,其结果导致的歧视构成不法行为。[③] 如果升格延迟或者降格的理由是劳动者从事正当的工会活动等,将作为不当劳动行为来进行救济。

4. 降格和裁量权失当

雇主一般享有广泛的自由裁量权,所以原则上不是很容易被判定逾越裁量权,但在降格造成的不利益对待程度非常严重时,有时会判定其逾越了裁量权。比如说,在案例中,将拒绝劝退的劳动者调岗到废液处理班,并大幅降格,减薪到一半的措施,即使就业规则上有可作为依据的规定,也不能认为允许雇主完全凭自由裁量进行如此大幅的降薪。[④] 另一个案例判定:以未达成销售额的目标为理由的降格命令过于残酷,十分不合理且对劳动者的生活造成了严重的不利影响,构成权利滥用。[⑤] 此外,还有因为对劳动者造成的不利影响过大,以人事权滥用为理由支持劳动者的损害赔偿请求

---

① ファイザー事件・東京高等裁判所 2016 年 11 月 16 日判决・労働経済判例速報 2298 号 22 頁。

② 上州屋事件・東京地方裁判所 1999 年 10 月 29 日判决・労働判例 774 号 12 頁。

③ 社会保険診療報酬支払基金事件・東京地方裁判所 1990 年 7 月 4 日判决・労働関係民事裁判例集 41 卷 4 号 513 頁。

④ 日本ドナルドソン青梅工場事件・東京地方裁判所八王子支部 2003 年 10 月 30 日判决・労働判例 866 号 20 頁。

⑤ ナカヤマ事件・福井地方裁判所 2016 年 1 月 15 日判决・労働判例 1132 号 5 頁。

的案例(在此案例中,55 岁退居二线制度下将劳动者由部长职位转为部长待遇职位,后来又以工作业绩不佳为由降格为课长待遇职位的行为,被判定为逾越了人事权的裁量范围,构成不法行为①)。另一方面,降格的判断基准不明确,或者没有经过正常手续就已决定等,因为决定手续的不正当性被判定为人事权滥用的例子也存在。②

(二) 人事考核

人事考核(也称作"查定")不仅仅是为了升格、降格,还是为了决定劳动组织上的位置、提薪及决定奖金金额等对劳动者进行的业绩评价,是为了通过差别化,激励劳动者的个人工作热情,使人才分配能做到人尽其才。所谓的业绩评价,比如说对知识(基础知识、专业知识、实务知识)、技能(实务经验、熟练程度)、管理及指导能力、责任等各个项目进行评价,对每个人进行层级评价、倾斜打分之后再按照总分数对劳动者进行排序。这些评价结果被作为人事机密保管,一般不会公开,即使对劳动者本人也不例外。

人事考核在上述意义上的人事权范围内,业绩评价的内容及评价方法也由雇主裁量决定。因此,可以对其合理性追究法律责任的,大多是该人事考核属于歧视的情况,比如以信仰或女性为理由的歧视,或者构成不当劳动行为等情况(参照第 118 页③)。

另一方面,以对劳动者进行个人报复为动机,或者以劳动者正当行使权利为由,对其进行不正当的过低考核,属于裁量权滥用,有可能构成不法行为。④ 此外,案例还判定:在提薪考核中以已婚为由一律给予过低考核的行

345

346

---

① 近鉄百货店事件·大阪地方裁判所 1999 年 9 月 2 日判决·労働判例 778 号 73 頁。

② 判定对于主管销售董事反复进行的降格、降薪处分属于董事长赴任后短期内进行的"独断决定",没有按照就业规则的规定,构成人事权滥用的案例,参见:ハネウェルジャパン事件·東京高等裁判所 2005 年 1 月 19 日·労働判例 889 号 12 頁。

③ 以工会成员为由进行的升格歧视的例子,参见:紅屋商事事件·仙台高等裁判所 1988 年 8 月 29 日判决·労働判例 532 号 99 頁。因信仰产生的考核歧视的例子,参见:東京電力(群馬)事件·前橋地方裁判所 1993 年 8 月 24 日判决·労働判例 635 号 22 頁等。

④ 认定在进行提薪及奖金的考核中,出现违反人事考核规定的实施程序等超越裁量权的行为,因长期对劳动者进行过低考核侵害其利益,构成不法行为的案例,参见:マナック事件·広島高等裁判所 2001 年 5 月 23 日判决·労働判例 811 号 21 頁。

为,逾越了雇主享有的依照每个劳动者的业绩、工作能力进行考核的人事权范围,属于人事权滥用,构成不法行为。[1]

在近年出现的人事制度中,采取目标管理制度等绩效型业绩管理时,以未达成目标为由进行降格,不太容易被判断为人事权滥用。[2]

但是,从另一方面看,在这些绩效型管理下,分配给每个劳动者的职务内容、资格、职位都被明确区分,具有考核基准趋于客观化、透明化的特点。另外,人事考核在评价过程中的机密程度也会降低。在这种前提下,可以说雇主在劳动合同上负有对各个职位要求的能力进行公正评价的义务。

(三) 材料提交命令

对不正当的人事考核追究责任时,因为业绩考核中广泛的裁量权和机密性,一般而言举证十分困难。比如说,有案例判定,在男女工资歧视事件的举证过程中,记载着考核的运用基准及方针的材料既不属于《民事诉讼法》第220条第3项的"利益材料",也不属于"法律相关材料",因此驳回了对材料提交命令的申请。[3] 这一判断可以从人事考核中雇主裁量权之大进行说明。但是,在另一个以男女歧视为由的损害赔偿请求事件中,裁判所判定劳动者方请求提交的工资台账、劳动者名单、资格履历、研修经历等材料不属于《民事诉讼法》第220条第4项规定的材料;这些材料被公开不会给雇主带来不容忽视的不利影响;对诉讼当事人而言这些属于举证上不可或缺的证据材料,因此存在需要公开的特殊情况,对材料提交命令予以支持。[4]

限定型正式员工(职务型正式员工)

限定型正式员工这种叫法问世已经有些时日了。在安倍政权的

---

① 住友生命保险事件・大阪地方裁判所2001年6月27日判决・劳働判例809号5页。

② 比如说,判定降低等级是因为没有达成劳动者自己同意的主要业务目标,所以在决定考核时不能被判定为人事权滥用的案例,参见:三井住友海上火灾保险事件・東京地方裁判所2004年9月29日判决・劳働判例882号5页。

③ 住友金属工業事件・大阪地方裁判所1999年9月6日决定・劳働判例776号36页。

④ 藤沢薬品工業事件・大阪高等裁判所2005年4月12日决定・劳働判例894号14页。

"发展战略"下,规制改革会议《对规制改革做出的答复——经济重生的突破口》(2013 年 6 月 5 日)对于雇佣领域的改革,明确了通过"正式员工改革"来"完善关于职务型正式员工的雇佣规则"这一方针。该方针认为,要改善日本的"非限定型"正式员工的弊害,"增加固定职务、工作地点、工作时间的正式员工,也就是职务型正式员工"。

作为这一答复的前身,同一年的雇佣研究小组报告书《雇佣改革报告书——为了人们的移动》中提议:第一,在就业规则中明确合同类型和在录用时明确雇佣条件;第二,"促进非限定型正式员工和职务型正式员工之间的平衡待遇";第三,在就业规则的解雇事由中增加"工作地点及应从事的业务消失"这一项。

就像这样,限定型正式员工在正式员工与非正式员工之间开辟了一个中间地带。他们是①职务和工作地点等固定;②比正式员工工资水平低,晋升、升格会封顶;③但是比起非正式员工雇佣更加安定的新雇佣制度下的劳动者。的确,在服从全国范围调动且自由度低的正式员工和低薪且雇佣不安定的非正式员工之间设立一种中间雇佣形态,或许具有一定的意义。

但是,日本的正式员工劳动条件的"非限定",是以直到退休为止保障其雇佣和地位安定以及一定的晋升和提薪为回报的。从这种交易关系而言,不得不说限定型正式员工的雇佣安定等会在某种程度上显得逊色。

诚然,上述报告书明确表示,限定型正式员工的劳动条件不需要和正式员工对等,可以允许"平衡待遇";而且限定业务或工作场所消失时,可以依照就业规则进行解雇。但是这种"准"正式员工待遇,真的会在社会上普及吗? 而且,其在法律上的意义,特别是在和雇佣平等原则以及解雇权滥用法律的关系上,如何证明其作为法理的妥当性,恐怕是今后要面临的法律课题。

第五章 与"纠纷"的相遇

第一节 劳动合同的变更

　　劳动者长期在同一企业进行工作的过程中,其工资、工作时间以及工作地点等劳动条件往往会被变更。这样一种劳动条件的变更可以通过调岗和"降格"等对劳动者的个别人事权的行使而实现。有关这一点我们已经在第四章第七节"调岗、借调、人事考核"中探讨过了。

　　与之相对,劳动条件的变更还可以通过人事权行使之外的途径来实现。具体来说包括以下两个方面。第一,对劳动合同的内容带来本质上的变化,且无法涵盖于人事权范畴之内的劳动条件变更。比如说,从全日制工作变更为非全日制工作、从无期劳动合同变更为有期劳动合同,以及减薪等劳动条件的变更无法通过人事方面的措施来实施,因此不得不将其作为劳动合同本身的变更来考虑。第二,集体劳动条件的变更、工资体系的变更、工作时间制度的变更以及退职金计算标准的变更等以多数劳动者为适用对象的集体性变更,也属于无法通过人事权的行使来实现的劳动条件变更。于是,上述这些劳动条件的变更应当在何种范围内,在怎样的条件下得到肯定,正是劳动合同法理在与企业经营的现实需求之间的紧张关系中,其价值被检验之处。

　　另一方面,在事业转让及公司分立等企业变动中,作为合同当事人的雇主本身发生变更,这种情况下,往往劳动合同的存续与否也将成为问题所在。不仅如此,一般情况下,劳动条件也会随之被变更,同时雇主的变动也会对长期性的劳动条件和雇佣的安定带来影响,不得不使得原来的劳动合同产生质变。

一、基于合意的劳动合同变更——《劳动合同法》第 8 条

（一）基于合意的劳动合同变更

《劳动合同法》对劳动合同的内容即劳动条件的变更规定了以下三种方法：①通过劳动者与雇主之间的合意进行变更（《劳动合同法》第 8 条）；②雇主通过与劳动者之间的合意，将就业规则做对劳动者不利的不利益变更（第 9 条）；③雇主对就业规则的内容做合理变更并进行周知（第 10 条）。此外，虽没有直接的明文规定，法律规定中还暗示可通过集体协议的修改来变更劳动合同（参照《劳动组合法》第 16 条）。下文将对上述变更方法依次进行探讨，以明确劳动合同变更理论的整体架构。

劳动者与雇主"通过其合意，可以对劳动合同的内容即劳动条件进行变更"（《劳动合同法》第 8 条）。该条确认了劳动合同处于合意原则的支配之下，是通过劳动者与雇主之间"达成合意而成立"（同第 6 条）的，因此其变更也必须通过合意来进行。

这里所谓的合意，因为并没有相关特殊的形式或程序方面的规定，因此不需要具有书面形式，口头的合意即可。不过，雇主有义务使劳动者加深对劳动合同内容的理解（《劳动合同法》第 4 条第 1 款），另外有义务尽量通过书面确认劳动合同内容（同条第 2 款）。这样一种雇主在促进对劳动合同内容的理解方面的义务，于劳动合同的变更中尤为重要，在达成有关变更的合意时，有必要对所变更的内容以易懂的方式进行说明，并将合意内容以书面形式加以确认（雇主将员工集中起来，口头说明将其无期劳动合同变更为 1 年的有期劳动合同，并对工资制度和退职金制度等进行变更的案例中，判决认为仅有口头的说明不足以认定双方之间达成了劳动条件变更的合意①）。

特别是对于伴随减薪的不利益变更，应当慎重认定劳动者方面有关合意的意思表示。判例中也倾向于这样的立场。比如说，即使劳动者的行为

① 東武スポーツ（宮の森カントリー・楽部）事件・東京高等裁判所 2008 年 3 月 25 日判決・労働判例 959 号 61 頁。

构成了"职场性骚扰",对其进行的"降格"处分也被判定为合理,但在未征得该劳动者的同意时,不能单方面对当初达成合意的年薪进行减额。① 另外,如果劳动者的"等级"变更与减薪处于连动关系,也不得未经劳动者的同意而由雇主单方面进行变更。②

而且,近年来,可以看出判例倾向于否认在由雇主主导的减薪措施中的双方口头合意的效力。比如,雇主对 20% 的减薪没有采取任何缓冲措施,也没有进行相关说明以取得劳动者对大幅度减薪措施的理解时,即使原劳动者持续 3 年领取了被减薪后的工资,也不能认为其是基于真实的意思而接受了该不利益变更,同样不能认为双方之间达成了默示的合意。③ 再者,对于超过 120 万日元的年薪的大幅度减额,"啊,我知道了"这样的应答应被理解为是"明白了公司的说明",即使其之后领取了 11 个月的减薪后工资,也不能认为其同意了该减薪。不过,由于该案中劳动者之后对进一步的减薪也没有明确表示反对,且在明确记载了基本工资金额的"劳动条件确认书"中签字盖章,因此判决认为,在上述签字盖章之时,该劳动者基于其自由意思而同意了工资的减额。④

需要补充说明的是,从与就业规则的关系方面而言,上文所述的可通过双方合意进行劳动合同变更的情况仅限于以下两个方面,即对就业规则中没有规定的劳动条件进行变更的情况,以及对就业规则中所规定的劳动条件做有利于劳动者的变更的情况。相对地,对就业规则中所规定的劳动条件做不利于劳动者的变更时,必须依照《劳动合同法》第 9 条和第 10 条来进行。

(二) 变更解约告知

1. 劳动合同的变更与解雇

雇主欲对劳动条件进行不利益变更而劳动者不同意时,如果不是依据后

---

① 新聞郵送事件・東京地方裁判所 2010 年 10 月 29 日判决・労働判例 1018 号 18 頁。

② コナミデジタルエンタテインメント事件・東京高等裁判所 2011 年 12 月 27 日判决・労働判例 1042 号 15 頁。

③ NEXX 事件・東京地方裁判所 2012 年 2 月 27 日判决・労働判例 1048 号 72 頁。

④ ザー・ウィンザーホテルズインターナショナル事件・札幌高等裁判所 2012 年 10 月 19 日判决・労働判例 1064 号 37 頁。

文所述的有关就业规则与集体协议的修改,则无法实施劳动条件的变更(《劳动合同法》第 8 条)。即使是在公司业绩恶化的情况下,雇主单方面进行工资减额的行为仍属于单方面对劳动合同之要素的变更,不能产生任何效力。①

但是,在上述原则之外,存在着一种所谓"变更解约告知"的方式,即通过与解雇的结合,来实现劳动条件的不利益变更(降低劳动条件)。这是在德国、法国等国家较为发达的法理,具体有两种类型:一种是雇主在进行解雇的意思表示的同时,以不同的内容发出有关新合同的要约(这种方式在德国是原始形式);另一种是雇主在提出变更劳动合同的同时,以劳动者的拒绝为条件而进行解雇的意思表示(这种方式在法国是原始形式)。总之,这是一种让劳动者选择是否以更低的劳动条件维持劳动合同的方式,当劳动者拒绝劳动条件的变更时则被解雇,因此问题的核心将转移至,该解雇从工作上的必要性来看是否妥当,以及对于丧失雇佣的劳动者该给予怎样的补偿这一点上(所谓"变更解约告知",必须是由劳动者决定是否接受,因此在进行变更解约告知的同时就预定了将会解雇部分员工以达到事先预定的人数的意思表示,不属于本来意义上的变更解约告知②)。

2. 变更解约告知的有效性

对于实质上属于变更解约告知的情况,日本的判例过去并未从这样的角度来处理问题。③ 不过,后来在某案例中,作为应对公司业绩不良的裁员对策,雇主提出大幅度降低之前的劳动条件的方案,并解雇了拒绝该劳动条件变更的劳动者,判决将这一行为认定为"变更解约告知",在此基础上设定了以下要件,肯定了解雇的效力。即对公司而言的劳动条件变更的必要性程度是否超过对劳动者而言的不利,雇主是否进行了充分的努力以避免解雇等。④ 在日本,对经济性裁员进行限制的法理较为发达,因此从某种角度而言,"变

---

① チェース・マンハッタン銀行事件・東京地方裁判所 1994 年 9 月 14 日判決・労働判例 656 号 17 頁。

② 関西金属工業事件・大阪高等裁判所 2007 年 5 月 17 日判決・労働判例 943 号 5 頁。

③ エール・フランス事件・東京高等裁判所 1974 年 8 月 28 日判決・労働関係民事裁判例集 28 巻 4＝5 号 354 頁。

④ スカンジナビア航空事件・東京地裁判決 1995 年 4 月 13 日判決・労働判例 675 号 13 頁。

更解约告知"方式是作为以利益衡量这一更为缓和的要件进行裁员的手法而被采用的。

　　针对上述判决中对变更解约告知法理的援引,反对意见也比较有力[1],其反对依据主要在于:劳动合同的变更应当以变更就业规则的方式进行;劳动者将会被迫在劳动条件的不利益变更与解雇这二者之间进行选择而处于不利的地位;德国法中所认可的,对劳动条件的变更在保留异议的基础上予以承诺这一方式在日本并未得到认可。但对于所谓"裁员解雇",即雇主不通过变更就业规则的方式进行劳动条件的变更,而是个别地降低劳动者的劳动条件,或提出变更劳动者的雇佣形态以及工作场所,进而达到其解雇的目的这一问题,变更解约告知法理是有益的。该法理尊重劳动者对于变更的同意或不同意的个别的意思表示,可以期待将劳动条件变更的问题与解雇的问题相互关联,以图问题的解决。

354

　　今后,需要另外探讨"附带保留的承诺"制度,即允许对劳动条件的不利益变更保留异议,通过司法程序等提起争议的同时,以变更后的劳动条件持续工作的制度,进一步深化与就业规则变更的法理以及经济性裁员的法理具有整体连贯性的理论(有案例中,"日雇劳动者"反对将休息时间变更为无薪的不利益变更,进行了保留异议的承诺之意思表示,对此,判决认为保留异议的承诺将使对方处于不安定的地位,如果不存在肯定该制度的法律规定,应当将该意思表示视为拒绝变更的意思表示[2])。

二、通过就业规则的劳动条件变更(一)——《劳动合同法》第 9 条

(一)《劳动合同法》第 9 条与合意原则

　　《劳动合同法》第 9 条正文规定,"雇主不能在未与劳动者达成合意的情

---

　　① 大阪労働衛生センター第一病院事件・大阪地方裁判所 1998 年 8 月 31 日判決・労働判例 751 号 38 頁参照。

　　② 日本ヒルトンホテル事件・東京高等裁判所 2002 年 11 月 26 日判決・労働判例 843 号 20 頁。

况下,通过变更就业规则而对劳动合同的内容即劳动条件进行不利益变更"。如上文所述,依据《劳动合同法》第 8 条中的大原则,劳动合同的内容即劳动条件可以通过双方的合意进行变更。劳动条件规定在就业规则中的情况下,上述原则也同样适用,因此该第 9 条是确认了对在就业规则中规定的劳动条件进行不利益变更时,未能与劳动者达成合意则不能变更。不过,该条在但书中进行了如下的"预告",即将会在该但书所指的下一条(第 10 条)中,对未经合意不能对劳动条件进行不利益变更这一合意原则,规定具有实质意义的例外。从这个角度来说,该条是为了导入第 10 条所规定的涵盖范围广泛的例外而插入的预告性的导入规定。

由于该第 9 条规定"未经合意……不能变更劳动条件",在学说和判例中,有很多关于是否可以肯定该规定的反对解释的争论。有关这一问题,我们不能忽视《劳动合同法》第 8 条与第 9 条之间的差异,也就是说,有关劳动条件的内容变更,《劳动合同法》第 8 条从正面规定"通过合意……可以进行变更",相对于此,第 9 条则是消极规定,规定通过就业规则变更劳动合同内容时"未经合意……不能变更"。就业规则作为法律规范的前提在于内容具备合理性(《劳动合同法》第 7 条),且在程序方面也需要满足听取过半数劳动者的意见、进行报备并向劳动者进行周知等要件。若规定可以通过与劳动者个人的合意对就业规则进行变更,则是轻视了就业规则作为法律规范的意义。从这个角度而言,第 9 条是规定"未经合意……不能进行变更",从而表示其对合意变更的可能性进行限制之旨趣。因此,为了符合该条的这一旨趣,应当对劳动者的同意或者双方合意之成立进行限定性的认定,仅在此范围内,可以肯定对该第 9 条的反对解释。

(二) 与劳动者之间的合意的成立要件

这里的合意是指"对劳动条件进行不利于劳动者的不利益变更"之合意。虽然没有关于达成合意的"劳动者"的范围之规定,但既然对于被变更的就业规则的规定,既有可能存在同意的员工也有可能存在不同意的员工,那么结果便会造成因劳动者不同而就业规则的内容不同。这一结果与最高裁判所的立场,即将劳动条件是"统一而集中决定的"作为就业规则的法律规范性的依据[1]是不相容的。因此，有关本条规定[*]，应当理解为，需要适用变更后的就业规则的全部劳动者的同意。

其次，有关雇主与劳动者之间的合意的认定，也需要进行限定性的理解。相关判例中明确指出"不能轻易认定"，如果没有"对劳动者进行了充分的说明"，则不能肯定"真正的同意"，同时对上述同意的程度也课以较为严格的要件，即"劳动者方面存在不得不接受不利益变更的客观合理的情况，劳动者没有提出异议表示劳动者真正同意了该不利益变更"时才符合相关要件。[2]同样地，有关为引进管理岗位退休制而进行的就业规则变更中的同意，有判例中认为，"由于会带来劳动条件被不利益变更这一重大的效果，需要慎重认定是否存在对该变更的同意，仅限于各劳动者对该变更导致的不利状况有充分认识的基础上，依据其自由意思而进行了同意的意思表示时"，才可以肯定劳动者同意了该变更。[3]另外，企业合并之际对退职金规定进行变更，劳动者与雇主就退职金的大幅度减额达成合意的案例中，最高裁判所以"劳动条件的变更涉及工资与退职金的情况下，即使存在劳动者接受该变更的行为，也不能立即认定存在劳动者的同意，有关劳动者是否同意该变更的判断应当慎重进行"为前提，认为应当从"该行为是否可以认定为是基于劳动者的自由意思"这一角度进行判断，撤销了肯定劳动条件变更之效力的原判，并驳回重判。[4]

综上，《劳动合同法》第9条在正文中规定了通过基于合意的就业规则的变更而对劳动条件进行不利益变更的情况，但另一方面又在但书中规定"属于下一条所规定的情况则不受此限"，具体如下文所述，引入了有关不通过合意，即通过就业规则的单方面变更而进行劳动条件的不利益变更的

---

[1]　秋北バス事件・最高裁判所大法廷 1968 年 12 月 25 日判决・最高裁判所民事判例集 22 卷 13 号 3459 頁。

[*]　即《劳动合同法》第9条。——译者注

[2]　協愛事件・大阪高等裁判所 2010 年 3 月 18 日判决・労働判例 1015 号 83 頁。

[3]　熊本信用金庫事件・熊本地方裁判所 2014 年 1 月 24 日判决・労働判例 1092 号 62 頁。

[4]　山梨県民信用組合事件・最高裁判所第二小法廷 2016 年 2 月 19 日判决・最高裁判所民事判例集 70 卷 2 号 123 頁。

规定。

三、通过就业规则的劳动条件变更(二)——《劳动合同法》第 10 条

(一)就业规则的约束力

《劳动合同法》第 10 条规定,"将变更后的就业规则对劳动者进行周知,且参照劳动者所承受的不利益的程度、劳动条件变更的必要性、变更后的就业规则的内容的合理性、与工会等的交涉状况等其他有关就业规则变更的事宜,该就业规则的变更为合理的情况下",劳动条件依变更后的就业规则的内容而决定。也就是说,规定于就业规则中的劳动条件,以其变更内容合理并向劳动者进行了周知为条件,雇主可以未经与劳动者之间的合意,而通过变更就业规则进行劳动条件的不利益变更。

(二)判例法理的形成

就业规则在与个别劳动合同的关系上具有"强行性的直律性效力"(《劳动基准法》第 93 条,《劳动合同法》第 12 条),这意味着就业规则对于劳动合同具有作为劳动条件的最低基准之效力。对此,针对就业规则中的内容为何可以成为个别劳动合同中的权利义务而约束劳资双方这一问题,各见解之间存在分歧,形成了围绕就业规则的法律性质的争论(参照第 142 页)。

关于就业规则的法律性质的问题,不论站在哪一种立场,在新录用的劳动者受到既有的就业规则的约束这一点上没有任何差异(《劳动合同法》第 7 条,参照第 144 页)。另外,对就业规则进行有利于劳动者的变更时,实际上也不会产生问题。但是,对就业规则进行不利益变更的情况下,问题则凸显出来。问题在于,变更后的新基准(就业规则的内容)是否可以成为劳动合同的内容而对劳资双方构成约束,即使可以,需要以什么为前提条件?

对就业规则的性质采"契约说"的立场认为,就业规则的变更不过是雇主方面提出的对合同内容的变更,如果没有劳动者的同意则不产生约束力。与这一立场相对,采"法规说"的立场则认为,应当可以通过变更就业规则来

变更劳动条件，但若依据"法规说"中最具代表性的"保护法授权说"，则不以劳动者保护为方向的不利益变更原则上是不被允许的。不过，即便是"契约说"，其立场中也存在将上述理论构成稍作缓和的见解，认为对于就业规则在一定范围之内可以进行变更这一点，劳动者事先给予了默示的同意。[①]另一方面，"法规说"中则有部分见解采用就业规则所规定的基准转化为劳动合同的内容（"契约化体说"）这一理论构成，认为作为就业规则的变更之结果的劳动合同变更中，需要以劳动者的同意为要件。[②]

在上述学术争论的背景之下，最高裁判所在"秋北巴士事件"中以格式条款理论构建了就业规则的法律意义，并以此为前提作出如下判断，肯定了可以通过就业规则的单方面制定或变更，对劳动条件进行不利于劳动者的不利益变更。其具体判断如下："应当认为，通过制定新的就业规则或者对其进行变更，剥夺劳动者的既得权利，单方面决定对劳动者施加对其不利的劳动条件，在原则上是不被允许的，但从劳动条件的集中处理，特别是以劳动条件的统一的整齐划一的决定为前提的就业规则的性质来看，只要该规则中的条款内容合理，则劳动者不能以不同意为由而拒绝适用相关条款。"

这一见解一方面将不能通过就业规则的变更施加不利益的劳动条件作为"原则"，另一方面又认为就业规则内容合理的情况下则劳动者不能拒绝其适用，结果所谓"原则"的意义几乎丧失殆尽。另外，为何从就业规则的性质，即劳动条件的集中处理以及统一的整齐划一的决定出发，就可以得出只要"合理"就具有约束力的结论，也没有具体说明。而且，在伴随就业规则的变更所带来的，集中统一地处理劳动条件之需求与保护劳动者的既得权利之需求之间的复杂的利益调整中，仅以就业规则是否"合理"作为其基准，在理论上存在不足。不过，这里的合理性基准在围绕劳动条件的不利益变更这一问题的实务处理方面是较为便利的判断方法，在这之后的最高裁判所判例中反复得到适用，其意义和内容也在一定程度上不断得到明确。

---

①　下井隆史『労働基準法（第 4 版）』（2007 年、有斐閣）389 頁。
②　西谷敏『労働法（第 2 版）』（2013 年、日本評論社）163 頁。

首先,作为合理性的一般性判断标准,最高裁判所明确指出,需要从"变更的必要性"以及"变更的内容"这两方面进行考察。其次,作为合理性的判断要素,最高裁判所认为应当综合考虑以下情况,即劳动者所承受的不利益的程度、工会与员工的应对、与雇主之间的交涉经过、与就业规则变更相关所做出的在工资等方面的改善情况、其他相关企业以及社会上的相关处理和应对状况等。[①] 再者,在有关变更的必要性和变更的内容的考察中,最高裁判所指出,必须达到"即使考虑到劳动者所承受的不利益的程度,依然可以肯定该劳资关系中该条款的法律规范性"这一程度。特别是有关工资和退职金等重要劳动条件的实质性的不利益变更,要求具有高度的变更的必要性。[②]

(三)《劳动合同法》第 10 条

2007 年的《劳动合同法》是以上述最高裁判所判决的不断积累为基础而制定的。也就是说,《劳动合同法》第 10 条是"依据所确立的最高裁判所的判例法理而规定的,并没有对判例法理加以变更"[③]。

不过,如上所述,作为合理性判断的基轴,最高裁判所提供了"变更的必要性"与"变更的内容"这两个基本视点,而《劳动合同法》第 10 条则没有相关规定。但是,相关判例的具体判断中当然有必要依据最高裁判所确立的判断基准进行判断,且就相关理论的整理方法而言,最好是以上述两个基本视点来整理所需要斟酌考虑的各项要素。

另外,作为合理性判断中应当考虑的要素,如上文所述,最高裁判所认为应当综合考虑以下情况进行判断,即①劳动者所承受的不利益的程度,②雇主方面的变更的必要性的内容和程度,③变更后的就业规则的内容本身的合理性,④补偿措施及其他相关劳动条件的改善状况,⑤与工会等的交

359

---

① タケダシステム事件・最高裁判所第二小法廷 1983 年 11 月 25 日判决・労働判例 418 号 21 頁。

② 大曲市農協事件・最高裁判所第三小法廷 1988 年 2 月 16 日判决・最高裁判所民事判例集 42 巻 2 号 60 頁。

③ 2008 年 1 月 23 日労働基準局長名で発する通達 0123004 号(『労働契約法の施行について』)。

涉经过,⑥其他工会或其他员工的应对状况,⑦有关同类事项的社会一般状况等。相比较而言,《劳动合同法》第 10 条中列举了上述①②③⑤的判断要素,但没有列举④⑥⑦的判断要素。但是,从该规定的字面表达来看,很明显并没有对判断要素作出限定,因此④⑥⑦这三点当然也应根据具体情况作为判断要素进行考虑。

有关就业规则变更的程序,应依据《劳动基准法》第 89 条和第 90 条的规定进行(《劳动合同法》第 11 条)。《劳动基准法》第 89 条和第 90 条已经规定了就业规则的制定及变更时的意见听取和报备程序,因此《劳动合同法》第 11 条似乎是无用的规定。但是,这些程序的遵守状况"可以在合理性判断时进行考虑",因此在《劳动合同法》中再次进行了规定。①

(四) 判例中的具体判断

1. 合理性判断的基本框架的形成

有关不利益变更的合理性的判断,最高裁判所在初期阶段形成了如下的判断框架。比如,某案例中,企业对主任以上职位的员工新设定"55 岁退休制",判决从退休制在企业运营中的意义、退休制在当时的实际状况、与一般岗位员工的比较,以及以委任等形式再次被雇佣的可能性等事实出发,认为该"55 岁退休制"不能称为不合理。② 另外,将有薪生理假从每年 24 天修改为每月 2 次,生理假中的有薪假期比例从 100% 被降低为 68% 的案例中,判决认为,从不利益的程度之小、工资方面的大幅度改善、生理假利用中的滥用、与工会的交涉经过,以及有关生理假之根据的社会理解等因素来看,应判断该变更为合理。③ 在合并 7 个农业协会之际,将退职金的支付倍率降低至其他 6 个农协的标准的案例中,判决从以下因素考虑,肯定了其合理性:由于工资额度的增加,退职金的实际支付额度的降低幅度较小;合并之际带来了对退职金制度进行统一的必要性;伴随农协的合并,在结果上其他

360

---

① 前揭「労働契約法の施行について」。

② 前揭秋北バス事件。

③ 前揭タケダシステム事件・最高裁判所第二小法廷判决。同事件(・回重・后的高等裁判所判决)・東京高等裁判所 1987 年 2 月 26 日判决・労働関係民事裁判例集 38 巻 1 号 84 頁。

劳动条件对劳动者而言变为有利等。[①]　随着出租车运费修改,对依里程数所支付工资的计算方式进行了不利益变更的案例中,判决结合该类工资的性质以及交涉经过,肯定了其变更的必要性。[②]

另外有案例中,就业规则中规定 55 岁退休,但常年的实际操作中劳动者可以工作到 58 岁,在此情况下,雇主修改就业规则,规定 60 岁退休但大幅度降低 55 岁以后的工资,判决认为虽然这属于对劳动条件的较大程度的不利益变更,但具有高度的必要性,因此不能说缺乏合理性。[③]　不过,对于该案件,有裁判官反对意见认为未经缓冲措施而令劳动者全面忍受不利益待遇,是剥夺了其合理期待的劳动条件变更,因而不能肯定其合理性(参照河合裁判官的反对意见)。

2. 变更的必要性与对劳动者而言的不利益

有的情况下,综合平衡劳动者所受到的不利益与其在其他方面得到的利益,根据具体评价,有可能较难认定劳动者所主张的损失或不利益。比如说,随着双休日制度的全面实行,虽然将每周第一天和每月 25 日之后的每日既定工时各延长 1 个小时,其他每日既定工时延长 10 分钟,但由于每周和每年的既定工时减少,因而并不会必然导致加班工资的减少;另一方面,相较于完全双休日制的利益,其不利益"从整体上和实质上来看"不能谓之为大。[④]　与之类似,即使因完全双休日制而将平日的工作时间延长 25 分钟,同样不能说其在整体上的实质性的不利益的程度很大,即使考虑到工会的反对,该不利益仍属于"在法律意义上不得已而令其忍受的程度之内的,具有必要性且内容合理的"。[⑤]

[①]　前揭大曲市農協事件。

[②]　第一小型ハイヤー事件・最高裁判所第二小法廷 1992 年 7 月 13 日判决・労働判例 630 号 6 頁。

[③]　第四銀行事件・最高裁判所第二小法廷 1997 年 2 月 28 日判决・最高裁判所民事判例集 51 卷 2 号 705 頁。

[④]　羽後(北都)銀行事件・最高裁判所第三小法廷 2000 年 9 月 12 判决・労働判例 788 号 23 頁。

[⑤]　函館信用金庫事件・最高裁判所第二小法廷 2000 年 9 月 22 日判决・労働判例 788 号 17 頁。

但另一方面,因集体协议的修订而在就业规则中降低退职金的支付比例,虽然可以肯定其必要性,但同时将退休年龄从 63 岁提前为 57 岁,并对已满 57 岁的员工的工资及退职金进行大幅度减额,则不能肯定其在内容上的合理性。[①]

下级裁判所也是基于最高裁判所的判断框架进行判断的,但很难说有关必要性与不利益性的评价之判断的预测可能性得到了提高。比如说,某案例中,企业以将工资制度从以"年功序列型职能资格制"为基础的工资制度变更为成果主义绩效工资制为目的,进行了就业规则的变更,原告若干人的基本工资被降低 20％左右,其岗位津贴也不再予以支付。对此,判决认为,该变更并没有减少雇主所需支付的工资总额,虽只有两年时间的缓冲措施稍显性急而缺乏弹性,但属于法律意义上不得已而令其忍受的程度之内的,基于高度的必要性的内容合理的变更。[②] 再者,以改善年功序列工资制度为目的的就业规则变更的案例中,判决认为,即使工资额度减少,但具有提高员工的工作积极性等高度的必要性及合理的根据,其内容也适当,因此满足《劳动合同法》第 10 条所规定的要件。[③]

但企业在原告因抑郁症而治疗休假期间,对就业规则进行变更,将因工作外原因造成伤病的员工的复职条件变更为可以与健康时同等程度执行工作的案例中,判决认为该不利益的程度较大,且不能肯定变更的必要性与内容的合理性,因而不能对原告构成约束。[④]

3. 补偿措施和缓冲措施

不利益的程度较大的情况下,判例则会重视雇主是否提供了具体的补偿措施。例如,对作为退职金计算基数的工作年限的计算方法进行变更(改为略去零头)的案例中,雇主没有提供作为补偿的劳动条件,也不存在其他

---

① 朝日火灾海上保险事件・最高裁判所第三小法廷 1996 年 3 月 26 日判决・最高裁判所民事判例集 50 卷 4 号 1008 页。

② ノイズ研究所事件・東京高等裁判所 2006 年 6 月 22 日判决・劳働判例 920 号 5 页。

③ 三晃印刷事件・東京高等裁判所 2012 年 12 月 26 日判决・劳働经济速报 2171 号 3 页。

④ アメックス事件・東京地方裁判所 2014 年 11 月 26 日判决・劳働判例 1112 号 47 页。

可以对不利益变更进行正当化的情况,因此被判定该变更不能被肯定其合理性。①

　　另外,即便是为了改善多数劳动者的劳动条件,但如果是对特定层次的劳动者集中带来了(如工资减额等)不利益变更的情况,判决则会重视是否对受到不利益变更的劳动者采取了缓和其损失的缓冲措施。某案例中,雇主将满 55 岁的劳动者从管理岗位转换至专任岗位之后进行了就业规则的变更,废止该专任岗位,并对奖金及绩效工资进行大幅度减额,判决认为减薪幅度较大,即使考虑到并不充分的补偿措施,也不能肯定其内容的合理性。② 另外,通过就业规则以及工资章程的不利益变更,在劳动者满 56 岁时将其基本工资一律减额 30％ 的案例中,判决认为,从该年龄开始将其劳动条件依照相应的降薪比例进行不利益变更,是没有合理的理由而不被允许的。③ 再者,某私塾对就业规则进行变更,以雇佣期间为 1 年的满 50 岁以上的教员为对象,规定原则上在第二年不再更新其合同,对此,判决认为该不利益变更缺乏高度的必要性,劳动者所承受的不利益较大,因此仅限于存在补偿措施(满 50 岁后以委任形式进行聘任)的范围内可以肯定该变更的效力,但在该补偿措施被废止之后的雇佣终止则没有合理性,也不符合社会一般观念。④

　　但是,为了在经营危机中重建企业而修改就业规则中的退职金规定,将退职金变更为减半支付的案例中,判决认为,企业迫于在破产清算以及采取企业重建策略这二者中进行选择,企业破产后的预估劳动债权受偿率低于退职金的半额之水准时,也就没有采取补偿措施的余地,该不利益变更具有合理性。⑤

----

　　①　御国ハイヤー事件・最高裁判所第二小法廷 1983 年 7 月 15 日判决・労働判例 425 号 75 頁。

　　②　みちのく銀行事件・最高裁判所第一小法廷 2000 年 9 月 7 日判决・最高裁判所民事判例集 54 卷 7 号 2075 頁。

　　③　鞆鉄道(第 2)事件・広島高等裁判所 2008 年 11 月 28 日判决・労働判例 994 号 69 頁。

　　④　市進事件・東京高等裁判所 2015 年 12 月 3 日判决・労働判例 1134 号 5 頁。

　　⑤　日刊工業新聞社事件・東京高等裁判所 2008 年 2 月 13 日判决・労働判例 956 号 85 頁。

4. 工会的应对与合理性判断

在判断就业规则变更的合理性时,雇主应对工会的方式也是重要的判断要素。

在职场内通过订立集体协议对相关劳动条件加以规定的情况下,对于适用该集体协议的劳动者来说,如果不修订集体协议,则就业规则的变更也无效(《劳动基准法》第 92 条,《劳动合同法》第 13 条)。职场中存在工会,但没有就相关劳动条件订立集体协议时,有关该劳动条件的变更,雇主必须诚实应对工会的集体谈判要求(《劳动组合法》第 7 条第 2 款),如果雇主无视工会而强行进行就业规则的变更,则丧失该变更的合理性。[①]

另外,可以看到,判例倾向于将雇主与工会之间的谈判经过作为可以左右就业规则的合理性判断的要素。首先,当职场内并存两个工会时,雇主与多数劳动者组成的工会之间的集体谈判所决定的事项,"可以推测其通常为调整了雇主与劳动者之间利益的内容"[②]。其次,职场内只存在一个工会的情况下,当雇主经过与多数劳动者所组成的工会之间的谈判及合意而对就业规则进行变更时,"一般可以推测变更后的就业规则的内容为劳资间利益调整的结果,具有合理性"[③]。

在这种观点之下,是否存在与多数劳动者组成的工会之间的合意,直接与就业规则的合理性判断相关联,对于包括非工会会员在内的全部员工的劳动条件变更,多数劳动者组成的工会被赋予了在企业内进行利益调整的权限。但是,从反面来看,未加入工会或者没有加入资格的劳动者(上述案件中的原告因属于管理岗位而没有加入资格)则丧失了对劳动条件的不利益变更表明其不服意见并敦促雇主再行考虑的途径,对此问题,笔者存有疑问。有关这一点,在之后的判例中,最高裁判所自身的判断出现了动摇,其中就有判决认为,如果要斟酌劳动者所承受的不利益的程度以及内容,"在

---

① 大輝交通事件・東京地方裁判所 1995 年 10 月 4 日判決・労働判例 680 号 34 頁。

② 前揭第一小型ハイヤー事件。

③ 前揭第四銀行事件。

考虑变更的合理性时,不应将工会的同意作为较重要的判断要素来评价"[①]。

四、通过集体协议的劳动条件变更

(一)集体协议的规范性效力与不利益变更

通过集体协议变更劳动条件,必须遵循实施和完成集体交涉并修订集体协议这一程序,因此,与就业规则的修改相比,对雇主来说是程序较为繁琐的方式,但在适用集体协议的职场,想要通过就业规则的变更对集体协议中规定的劳动条件进行变更时,首先需要进行集体协议的变更。相反,如果降低了集体协议中规定的劳动条件基准,劳动合同的双方当事人将受到此约束。这是因为,有关集体协议与劳动合同的关系,不论采用"内容论"还是采用"外部规制论",在否认有利原则(参照第 205 页)的前提之下,都会承认集体协议的这种约束力(即降低劳动条件的效力)。

《劳动组合法》第 16 条规定的集体协议的规范性效力,是以工会对劳动条件的集体性的规制力为前提而被认可的,即使集体协议中的条款以降低劳动条件(不利益变更)为方向而被变更,也并不会因此而丧失集体协议的效力。因此,通过集体协议被变更的劳动条件即使属于对劳动者的不利益,如果没有故意对特定的劳动者施加不利待遇等可认为明显不合理的特殊情况存在,则一般认为新的集体协议的规定为有效。[②]

不仅如此,在劳资间交易关系的具体展开中,劳动条件的有利或不利多是相对的和流动的(比如,可试想虽延长退休但降低退职金计算倍率,或者在经济不景气时期作为确保雇佣的代价而降低工资等事例)。在这样一种交易关系中,仅以着眼于劳动条件某个侧面的有利或不利来讨论集体协议

364

---

① 前揭みちのく銀行事件。
② 有关通过集体协议降低工伤中的追加补偿金的案例,参见:日本トラック事件・名古屋地方裁判所 1985 年 1 月 18 日判决・劳働判例 457 号 77 页。有关通过集体协议将 63 岁退休变更为 57 岁退休的案例,参见:朝日火災海上保険事件・最高裁判所第一小法廷 1997 年 3 月 27 日判决・労働判例 713 号 27 页。

的效力，就会缩小工会的裁量范围，与作为《劳动组合法》之基础的劳资自治原则不相符合。①

（二）变更程序与变更的效力

如上，集体协议的变更在内容上几乎不受到任何规制，但另一方面，集体协议的修订在程序上的公正则受到重视。也就是说，劳动条件的大幅度的不利益变更，如果是针对一部分工会会员的不利益变更，而又没有充分听取和尊重其意见，或者在集体协议的订立程序上存在重大瑕疵，则该集体协议的规范性效力可能被否定（有案例中，规定满 53 岁以上的劳动者的基本工资最高被减额超过 20％的集体协议，未经工会的大会决议而订立，违反工会章程，因而其规范性效力被否定②）。另外，以 56 岁以上且拒绝自己离职的员工为对象，进行集体协议变更而将其基本工资降低 30％的案例中，判决认为集体协议的订立没有经过工会的大会决议，存在程序上的瑕疵，且在不考虑员工工作年限而一律进行减额这一点上欠缺内容上的合理性，因此判定其对相应的劳动者不具有规范性效力。③ 再者，上述山梨县民信用组合案件中，对于有关退职金减额的集体协议的订立，最高裁判所判决认为，工会执行委员长要具有订立集体协议的权限，"需要被工会大会或者执行委员会赋予相应的权限"，因而以该案件中不符合该前提为由否定了集体协议的效力。

另一方面，由于集体协议的变更而使部分组员（工会会员）遭受劳动条件的不利益变更的情况下，判例则会考虑以下要素，即①订立该集体协议的经过，②雇主方面当时的经营状况，③该集体协议中所规定的基准在整体上是否具有合理性。其中，有关①集体协议的订立经过，中央建设国民健康保险组合案件④的判决认为，应当重视受到不利益的劳动者是否在工会大会

---

① 某案例中判决认为，当工会未经劳动者的个别授权而订立集体协议时，必须是以维持和改善劳动条件为目的的。这一判断在这一点上存在较多疑问。大阪白急タクシー事件・大阪地方裁判所 1978 年 3 月 1 日判决・劳働判例 298 号 73 页。

② 中根制作所事件・东京高等裁判所 2000 年 7 月 26 日判决・劳働判例 789 号 6 页。

③ 鞆铁道（第 1）事件・广岛高等裁判所 2004 年 4 月 15 日判决・劳働判例 879 号 82 页。

④ 东京高等裁判所 2008 年 4 月 23 日判决・劳働判例 960 号 25 页。

等过程中得以保障陈述其意见的机会,并从这一观点出发肯定了通过集体协议的修订而进行的退职金减额的效力。

区别于劳动条件的有利和不利的问题,比如一些属于劳动者私人领域的劳动条件,则存在一些自始就不能通过集体协议进行规定的领域。这是作为"集体协议自治的界限"而被讨论的问题(参照第 206 页)。

另外,依据判例法理,当同一职场中同类劳动者中的 3/4 以上都适用某集体协议时,除非存在可以认为(对其他劳动者)适用降低劳动条件的集体协议是极其不合理的特殊情况,雇主可以主张集体协议的一般性约束力(《劳动组合法》第 17 条),因此可以对其他劳动者也同样适用该集体协议,从而有可能在结果上带来其他劳动者的劳动条件的变更(参照第 209 页)。

五、企业合并、事业转让、企业分立与劳动合同

(一)企业合并与劳动合同的承继

在近年的企业活动中,为了企业的高效运转,企业组织整编的必要性受到了普遍的关注,企业合并或者事业转让的事例急速增加。企业合并存在两种类型,即以 A 公司吸收 B 公司的形式进行整合的情况(吸收合并),以及 A 公司与 B 公司处于对等的地位进行整合,成立新公司 C 的情况(新设合并)。不论哪种情况,因企业合并而消失的企业的权利义务将一并被存续的公司或者新设立的公司所承继(《公司法》第 752 条、第 756 条),因此劳动合同也当然将被承继。

(二)事业转让与劳动合同的承继

366

1. 事业转让的意义

在日本,为了一定的营业目的而被组织化的财产(不仅包括土地和建筑物,还包括经营组织、客户关系、营业秘密以及劳资关系等)被称为"事业"。与企业合并一样,事业转让中也包含将"事业"转让给已经存在的别的公司的类型,以及成立新的公司并转让给该公司的类型。

"事业转让"这一概念多数情况下意味着"事业"的无偿转让或者买卖。

但是，这之外的转移（如营业租赁及营业活动的委任等）在何种范围内包含在"事业转让"的概念之中，以及是否也包含第三者介入其中的间接的转让，诸如此类，仍存在尚未解决的问题。[①]

2. 劳动合同是否承继

在"事业转让"（《公司法》第 21 条以下及第 467 条以下）的情况下，有关劳动合同是否承继的问题在法律层面以及理论层面都不明确。具体来讲会产生两个问题，即是否在劳动者没有承诺的情况下，劳动合同也当然承继的问题（当然承继，参照《民法》第 625 条），以及"事业转让"的双方是否可以基于合意而拒绝特定劳动者的劳动合同的承继的问题（一并承继）。"事业转让"与企业合并不同，个别的合同关系随着作为债权合同的"事业转让"合同而被转让，因此只要双方公司没有就劳动合同的承继达成特别的合意，该劳动合同则不会当然被承继。因此，只要转让合同双方没有就个别劳动合同的承继达成合意，劳动者被拒绝订立劳动合同时，不能通过地位确认等请求向受让公司主张劳动合同的存在。这是法理上的原则。[②]

但是，至今为止的相当多的案例中，可以看到判决中存在的倾向，即从对应于相关案件的具体特征的各种论据出发而肯定事业转让中劳动合同的承继，追究受让公司的责任。

第一，有关事业转让双方所达成的合意，有的判例通过法解释否定其效力。比如，某案例中，事业转让的双方公司间达成合意，向出让公司提交辞呈的员工将被受让公司录用，而没有提交辞呈的员工则以出让公司的解散为由而被解雇。对此，判决认为后者的合意内容"违反民法第 90 条而无效"，因而基于前者的合意，劳动合同得以承继。[③] 另外，出让公司的法人代

---

① A 将医院转让给练马区（东京都内某区——译者注）之后进行注销，而练马区又将该医院借给 B 的案例中，判决否定了从 A 到 B 的医院"事业"的转让以及雇佣合同的承继。日本大学事件・東京地方裁判所 1997 年 2 月 19 日判决・労働判例 712 号 6 頁。

② 代表性案例有：東京日新学園事件・東京高等裁判所 2005 年 7 月 13 日判决・労働判例 899 号 19 頁。

③ 勝英自動車学校事件・東京高等裁判所 2005 年 5 月 31 日判决・労働判例 898 号 16 頁。タジマヤ事件・大阪地方裁判所 1999 年 12 月 8 日判决・労働判例 777 号 25 頁参照。

表同时也是受让公司的董事,其在集体交涉时声称,"原则上全部人员都将转移",对此,判决将此言论解释为劳动合同的要约,并判定劳动者通过录用申请对此要约进行了承诺,因此劳动合同成立。[①]

第二,有判例中认为,虽然产生了雇主的变更,但经营组织的"实质同一性"得到了维持,因而劳动合同得以承继。比如,陷入经营不善的公司设立别的公司,将全部资产转移至该新公司并解散原公司,且大部分员工被录用的情况下,判决认为两个公司之间存在"实质同一性",受让公司的不录用实质上属于解雇而无效。[②]

第三,有判例中援引法人格否认法理进行判断。在日本语言研究所事件[③]中,在之前的诉讼中被判解雇无效的 A 研究所自行解散,并通过事业转让而成立了被告研究所,该案判决通过法人格否认法理判定被告不能主张与 A 研究所为不同法人,因此需要承担雇佣责任。

如此,有关事业转让问题的解决方法呈现多元化,处于很难预测其结果和趋势的状况之中,亟待通过立法予以解决。

(三) 企业分立中劳动合同的承继

在 2000 年的商法修改中,作为企业组织整编的一种方法,对企业分立的方式进行了相关规定。随之,以保护相关劳动者为目的制定了《关于公司分立时劳动合同承继等的法律》(《劳动合同承继法》;2005 年修改)。该法的适用对象仅限于基于企业分立的劳动合同的承继,这里的合同承继要接受与一般的"事业转让"的情况所不同的特殊处理。依据该法以及商法、公司法的规定,企业分立中的劳动合同承继将按照以下方式进行。

企业在进行分立(新设分立或者吸收分立,参照《公司法》第 762 条及第 757 条)时,必须制定"新设分立计划"等(新设分立时为新设分立计划,吸收

368

---

① ショウ・コーポレーション事件・東京高等裁判所 2008 年 12 月 25 日判决・労働判例 975 号 5 頁。

② 新関西通信システムズ事件・大阪地方裁判所 1994 年 8 月 5 日判决・労働判例 668 号 48 頁。東京日新学園事件・さいたま地方裁判所 2004 年 12 月 22 日判决・労働判例 888 号 13 頁参照。

③ 東京地方裁判所 2009 年 12 月 10 判决・労働判例 1000 号 35 頁。

分立时为关于吸收分立等的书面材料),并置于公司本部(《劳动合同承继法》第 803 条,第 794 条),且在此之前,必须首先与相关劳动者就劳动合同的承继问题进行协商(《商法》2000 年修改附则第 5 条第 1 款)。这被称为"第 5 条协商",也就是说,分立公司需要向劳动者说明其将要工作的公司的概要,在听取本人意向的基础上,就是否承继劳动合同以及工作内容和工作地点等进行协商。其次,公司需要就"新设分立计划"等获得董事会的承认,对此,分立公司必须在董事会日期的两周之前,以书面形式通知相关劳动者,告知其姓名是否记载在"分立计划书"中,其劳动合同是否将被承继(《劳动合同承继法》第 2 条;同时必须通知订立了集体协议的工会)。另外,分立公司在进行分立时,需要通过与过半数劳动者组成的工会(没有该工会时,与过半数劳动者的代表)进行协商等方式,努力取得劳动者的理解与合作(《劳动合同承继法》第 7 条,同施行规则第 4 条;被称为"第 7 条措施")。

　　上述两项规定中,如果完全没有进行"第 5 条协商",或者虽进行了"第 5 条协商"但分立公司的说明以及所协商内容极不充分而明显违背法律规定之旨趣时,劳动者可以就《劳动合同承继法》第 3 条规定的劳动合同承继的效力提起诉讼。[①] 相关案例中,判决以此基准为基础,认为公司分立时,至少可以说员工与公司之间的协商内容很明显违反了法律要求进行"第 5 条协商"的旨趣,因此原告劳动者可以就劳动合同承继的效力提起争议,肯定了劳动者关于与原公司之间的劳动合同上的地位确认之请求。[②]

　　另一方面,在进行公司分立之际,承继公司计划对劳动条件进行变更,并希望对计划转移劳动关系的劳动者进行周知,且分立公司也对此达成合意的案例中,判决认为分立公司对此(劳动条件的变更)有说明义务,该义务是进行充分的"第 5 条协商"的前提所在。[③]

369

---

①　日本アイ・ビー・エム事件・最高裁判所第二小法廷 2010 年 7 月 12 日判決・最高裁判所民事判例集 64 巻 5 号 1333 頁。

②　エイボン・プロダクツ事件・東京地方裁判所 2017 年 3 月 28 日判決・労働判例 1164 号 71 頁。

③　EMI ミュージック・ジャパン事件・静岡地方裁判所 2010 年 1 月 15 日判決・労働判例 999 号 5 頁。

劳动合同是否会被新设公司等承继,将按照以下标准来决定。

① 主要从事被预定承继的业务,在"分立计划书"等书面材料中记载了其劳动合同将被新设公司等承继的劳动者,其劳动合同则当然承继(同第3条)。是否是"主要从事",需要综合其从事该业务的时间以及劳动者具体所发挥的作用等因素来决定。

② 虽然主要从事被预定承继的业务,但在分立合同等书面材料中没有关于承继其劳动合同的规定的劳动者,该劳动者在分立公司事先规定的日期之前提出异议的,其劳动合同被承继。

③ 其他劳动者(不属于主要从事被预定承继业务的劳动者)中,在分立合同等书面材料中记载了其劳动合同将被承继时,在上述期限之内提出异议的,其劳动合同不被承继。

④ 上述③中的其他劳动者,在分立合同等书面材料中没有关于其劳动合同将被继承的规定的,则其劳动合同不会被承继。

上述②与③中的异议提出属于形成权的行使,只要提出即立即产生效果。分立公司以及新设公司等不得以劳动者将会或已提出异议为由,对劳动者进行解雇等不利益对待[①](有关基于《劳动合同承继法》的集体协议的承继,参照第214页)。

另外,在上述①的场合,对于主要从事被预定承继的业务的劳动者,在公司分立时,只要其希望劳动合同被承继,则必须保障该劳动者与分立公司之间的之前的劳动合同完整地承继至新设公司。因此,有案例中,分立公司与有身体残疾的公交车驾驶员合意解除了包含工作中的合理照顾内容的劳动合同,而后来劳动者与承继公司之间订立了原则上不包含相关照顾内容的劳动合同。对此,判决认为其"违背了《劳动合同承继法》的旨趣,违反公序良俗而无效",即使本案中存在劳动者同意劳动条件的不利益变更的事实,但当该合意是通过迫使劳动者在不得已中进行二选一而达成时,同样也

---

① 2000 年 12 月 27 日劳働省告示 127 号。

因"违反公序良俗而无效"①。

疾病治疗和工作的兼顾

人是一种"易碎品",无法避免疾病的产生。从轻微的感冒到严重的病症,没有人不会因疾病而烦恼。生病之后则不能工作,但如果不能通过工作获得收入则无法接受充分的治疗。如此,生病与工作之间似乎呈现出一种令人绝望的矛盾关系。

"病休"是其中一种解决办法。这是劳动者因生病而不能工作时,不以债务不履行而立即解除劳动合同,而是可以让劳动者进行休假而专心治疗的制度。这一制度的利用中,很多企业还会给予劳动者一定期间的工资支付以保障其生活。但是,病休的本质在于将生病的劳动者排除在工作之外,不过是将解雇进行缓期而已。在这里,缺乏"护理"的理念。不通过这种病休的方式,而是即使生病也可以持续工作的,反过来讲也就是说一边工作一边持续治疗的方式是否是不可能的呢?

根据《工作方式改革实行计划》(2017 年),一边治疗疾病一边工作的人数占劳动人口的三分之一。在该计划中,推荐的是以治疗和工作的兼顾为目标和方向的,"由主治医生、公司和产业医生,以及患者陪护兼支援人员所组成的呈三角结构的支援体制"。

在这一问题中走在前沿的是《癌症对策基本法》(2006 年)以及基于该法的《癌症对策推进基本计划》(第 3 期,2008 年)。该计划中指出,"构建一种即使患上癌症也能够充满活力地参与工作并安心生活的社会是重要的",明确了医疗机构以及职场和各地区的就业支援中所需要解决的课题。随着医疗技术的发达,癌症患者的生存率不断提高,与此同时,这些劳动者回归职场的必要性也在增加。为此,职场中的相关体制以及照顾措施不可或缺,这一点也可以体现在法律方面(雇主的健

---

① 阪神バス(本訴)事件・神戸地方裁判所尼崎支部 2014 年 4 月 22 日判决・労働判例 1096 号 44 頁。

康照顾义务)。

在促进劳动者的心理健康方面,工作也将成为重要的手段。即使令患有心理健康疾病的劳动者进行病休,估计该劳动者也不一定就能够因此恢复健康。心理健康疾病多种多样,根据其病情,应该也存在一边持续工作一边接受治疗的手段(如保障门诊治疗的时间、转换至较轻松的岗位、减轻出勤管理负担、允许居家工作等)。关于这一点,不可缺少的是同事的理解以及健全的体制,我们应当为此构建相应的理论和制度。

第二节 解雇

所谓"解雇",是指由雇主进行的劳动合同的解约。因此,解雇与由劳动者方面进行的解约即辞职、合意解约、退休等一起,构成了劳动合同终止的事由之一。但是,解雇并不一定带来劳动合同的顺利终止,往往由于被解雇的劳动者无法认同而引起纠纷。

对于劳动者来说,其作为雇员的身份被剥夺,这在围绕雇佣的诸多问题中属于与其他问题位列不同层次的严重事态,另外,既然到了被解雇的地步,劳动者往往会觉得不再需要顾虑与雇主之间的关系。于是,以雇主方面发出解雇通告为契机,之前一直没有凸显出来的劳资间的纠纷时常会以井喷的形式出现,工会要求雇主撤回解雇而采取劳动争议行为的情况也不少见。如此,解雇可谓是所有劳资纠纷中的极端形式。

从法律角度来看,实际上,即使雇主发出解雇通告,劳动合同也有可能不会终止。解雇事由违反了强制性法规,或者不存在客观的合理的理由,且不符合社会一般观念的情况下,该解雇为"无效",这种情况下,劳动合同在解雇通告之后仍然有效存续。无正当理由的解雇不被认可,劳动者的雇佣受到保护这一事实是劳动关系整体中的重要前提,缺乏这一前提则无法讨论有关劳资间纠纷的相关法律规范。

以下将会从这一观点出发,探讨关于解雇的实体法方面(解雇事由)的规制。有关解雇预告期间等解雇程序方面的规制将会在第六章第一节"劳动合同的终止"部分加以阐述。

一、雇主的解雇权与解雇权的滥用

(一) 民法中的解雇自由

根据民法中的原则,雇主的解雇与劳动者的辞职都属于基于一方当事人的意思表示的合同解约,因此,二者在这一点上将接受同样的处理。

首先,在有期雇佣合同中,各当事人在"存在不得已的事由"的情况下可以立即解约(《民法》第 628 条)。如果不存在上述事由,则在合同期限之内解雇和辞职都不能被肯定。前面我们讲过,《劳动合同法》第 17 条第 1 款规定,如果没有"不得已的事由",雇主在合同期满之前不得解雇劳动者(参照第 79 页),这是将上述民法原则在解雇问题中进行了确认。

与之相对,无期劳动合同的情况下,双方当事人"任何时候"都可以提出解约,经两周之后合同即消灭(《民法》第 627 条第 1 款)。这种情况下,对于解约事由没有特别限制,是否提出解约属于当事人的自由。也就是说,在民法领域中,无期劳动合同的情况下,劳动者和雇主分别拥有"辞职的自由"与"解雇的自由"。

另外,2017 年民法修改之前,在以一定期间为单位支付报酬的无期雇佣合同的情况下,只能就下一个支付期以后的部分提出解约(且必须在当前支付期的前半段期间内提出)(《民法》第 627 条第 2 款)。经过 2017 年民法修改,从 2020 年 4 月开始,这一限制将只适用于"雇主提出的解约"(新第 2 款)。仅在此范围内,因解约主体是雇主还是劳动者会产生差异(其他请一并参照《民法》第 626 条第 2 款),上文所述雇主和劳动者双方的解约自由并没有受到影响。

(二) 对解雇的劳动法规制

现实中,劳动者与雇主绝非处于对等或平等的地位。劳动者因被解雇而失去工作所承受的打击是重大的,远超过辞职对雇主所造成的不利。于是,《劳动基准法》中为了保护劳动者而规定了提前 30 日的预告义务(第 20 条)以及对一定期间的解雇限制(第 19 条)等,对民法中的原则进行修正,对雇主的"解雇"追加了特别的规制(参照第 468 页以下)。

有关解雇事由,《劳动基准法》中禁止以国籍、信仰和身份为由的歧视性解雇(第 3 条),以及因劳动者向劳动基准监督署或监督官举报违法现象而进行的报复性解雇(第 104 条第 2 款)。另外,《劳动基准法》之外的法律中也存在相关禁止解雇的规定,例如对以加入工会或进行正当的工会活动为由的解雇的禁止(《劳动组合法》第 7 条第 1 项)、对以申请育儿或护理休假及取得该休假为由的解雇的禁止(《有关进行育儿或家庭成员护理的劳动者的福祉的法律》第 10 条、第 16 条)、对以劳动者的性别为由的解雇的禁止(《男女雇佣机会均等法》第 6 条第 4 项)、对以女性劳动者结婚、怀孕及生育为由的解雇的禁止(同第 9 条第 2 款、第 3 款),以及对以举报违法现象及申请救济为由的解雇的禁止(《劳动安全卫生法》第 97 条第 2 款,《劳动组合法》第 7 条第 4 项等)。

但是,上述规定都仅仅是限于特定的理由而规定解雇为违法。关于解雇,没有像《借地借家法》第 28 条那样,要求解约具有积极的正当事由的规定。对此形成补充的则是判例中所形成的下文所述解雇权滥用之法理。

(三)解雇权滥用法理与《劳动合同法》第 16 条

是否只要不属于法律中特别禁止的事由,解雇的理由就可以是"自由"的呢?是否雇主只要遵守了解雇预告期的规定,即使没有特别的理由也可以将劳动者解雇呢?有关这个问题,过去曾有观点从宪法中的生存权、劳动权理念等出发,主张解雇需要正当事由的存在(正当事由说)。对此,判例法理虽没有采取同样的观点,但通过权利滥用法理对缺乏合理理由的解雇进行了否定。

判例法理所采取的这一立场基本上是肯定雇主享有自由的解雇权的。不过,禁止权利滥用的一般原则(《民法》第 1 条第 3 款)也适用于解雇权。因此,问题在于什么情况下构成解雇权的滥用,而判例对此作了较为宽泛的理解,认为只要没有充分的合理的理由,则解雇作为权利滥用而无效。也就是说,一方面在形式上从"解雇的自由"出发,实质上在结果上与"正当事由说"并无差异。

这样一种解雇权滥用法理于早期就通过下级裁判所的判决得以确立,最高裁判所也在判决中指出,"当雇主的解雇权行使缺乏客观的合理的理由,在社会一般观念上也不能肯定其妥当性时,则作为权利的滥用而无效",肯定了上述解雇权滥用法理①。

另外,2003 年的《劳动基准法》修改中,追加规定了"当缺乏客观的合理的理由,在社会一般观念上不能肯定其妥当性的情况下,解雇为权利的滥用而无效"(旧第 18 条之 2),该规定随着 2007 年《劳动合同法》的制定而移至《劳动合同法》第 16 条。这是将判例中所确立的解雇权滥用法理本身进行了明文规定。从这个意义上来讲,实质上,解雇规制的内容并没有发生变化,但可以认为,通过在法律中明文规定解雇需要客观的合理的理由的存在,而克服了民法上的"解雇的自由"。

(四) 解雇事由的限制

当劳动合同中对解雇事由进行了特别的限制时,雇主的解雇权本身将受到制约,违反该制约的解雇为无效。另外,如果集体协议中对解雇事由进行了限定性列举,则作为"有关劳动者的待遇的基准"而产生规范性效力(《劳动组合法》第 16 条),以集体协议中规定的解雇事由之外的理由所进行的解雇将不被允许。

另一方面,在就业规则中对解雇事由进行列举的情况一直以来都较为多见,而 2003 年的《劳动基准法》修改中,也明确了"解雇事由"包含在就业规则中的"绝对必要的记载事项"中(《劳动基准法》第 89 条第 3 项)。对此,虽有观点认为就业规则中规定的解雇事由原则上仅属于部分列举,但笔者认为应当将其视为制定就业规则的雇主对其自身的解雇权进行限制而对解

---

① 日本食塩製造事件・最高裁判所第二小法廷 1975 年 4 月 25 日判决・最高裁判所民事判例集 29 卷 4 号 456 頁。

雇事由加以列举,因此不属于其所列举范围的解雇则为无效(实际上就业规则中多会规定"其他类似于前面各项中规定的情况",因而上述两种立场在结果上并无很大差异)。

(五) 公益举报者保护法

2004 年制定的《公益举报者保护法》中,分别针对三种不同的举报对象(雇主等劳动提供的对象、有一定权限的行政机关、其他的第三方)而设定了一定的保护要件,在此基础上规定了以劳动者进行公益举报(所谓内部告发)为由的解雇为无效(同法第 3 条)。解雇之外,该法还规定禁止以公益举报为由的降格、减薪等不利益对待,以及以公益举报为由的劳动者派遣合同的解除为无效(第 5 条第 1 款,第 4 条)。

受到该法保护的"举报对象事实"仅限于对刑法、食品卫生法等,由《公益举报者保护法》中的"附表"及政令中所列举的 400 多项法律(《劳动基准法》《劳动安全卫生法》《劳动组合法》也包含在内)的违反,且作为直接或间接犯罪而被处罚的内容(第 2 条第 3 款)。除限定了适用对象之外,该法也存在内容上的不完善,但该法明确了对进行公益举报的劳动者的保护,在这一点上具有重要意义。

不过需要注意的是,上述规定并不妨碍其他禁止以进行举报为由的解雇的法律规定的适用(第 6 条),《劳动合同法》第 16 条也包含在内。因此, ³⁷⁵ 即使不符合《公益举报者保护法》所规定的保护要件,相关解雇也可能依据一般解雇权滥用法理而无效。

二、是否构成解雇权滥用的判断

(一) 解雇的有效要件

如《劳动合同法》第 16 条所规定,解雇有效的前提在于必须具有"客观的合理的理由",且"在社会一般观念上具有妥当性"。

在解雇权滥用法理的适用中,被肯定为合理的解雇事由大致可以分为以下三种:第一,因劳动者的伤病以及能力或岗位适合度方面的欠缺而不能提供适当劳动的情况;第二,劳动者有违反工作命令以及不正当行为、暴力行为、破坏设施等非法行为的情况;第三,因经营不景气而裁员等存在经营上的必要性的情况。除此之外,依据合法的 union-shop(受雇后限期加入工会)协定所进行的解雇的合理性在判例中也得到了肯定[①]。

　　一般来讲,判例的态度是极其严格的,通常不会轻易肯定解雇的合理性。如上所述,就业规则中规定了解雇事由时,判例中往往会进行限定解释而否定其属于所规定的解雇事由(也有判例中在这种情况下直接判断属于"解雇权的滥用")。另外,即使是存在就业规则中所规定的解雇事由的场合,也可能被判定"雇主并不是可以无限制地进行解雇,在相关具体情况下,如果解雇是明显不合理的,在社会一般观念上也不能肯定其妥当性时,则该解雇的意思表示作为解雇权的滥用而无效"[②],判决中会对解雇是否属于过于严苛而有失妥当的处理进行缜密的判断。

　　上述"高知放松事件"中,值夜班的播音员因睡过头而导致早晨的新闻播放节目暂停,且该事故两周之内发生了两次,因此被解雇。最高裁判所虽然肯定了解雇事由的存在,但又从以下各方面考虑了对劳动者有利的情况,而肯定了解雇权的滥用。这里的具体考虑因素包括不存在恶意和故意、值夜班的其他记者也有睡过头的事实、造成的播放空白的时间较短、该播音员的道歉、本人并无导致其他事故的经历以及工作业绩并不差、与对记者的较轻的处分之间的不平衡、缺乏防止事故的对策、过去不存在对播放事故进行处分的先例等等。这个案件虽然是较为极端的例子,但从中可以明显看出对解雇的合理性判断的严格态度。

　　在这样的判例法理下,实际上,如果雇主不能充分主张解雇理由的合理性,则解雇是不被允许的。这样的结果在某种意义上反映了所谓终身雇佣的雇佣状况,同时也是对终身雇佣的补充和强化。但另一方面,肯定解雇的合理性的案例也为数不少,在日本的解雇规制下是不能解雇正式员工的这

[①]　前揭日本食塩製造事件参照。

[②]　高知放送事件・最高裁判所第二小法廷 1977 年 1 月 31 日判决・労働判例 268 号 17 页。

一说法无疑是谬论。雇主所被要求的是基于能够经受客观考察的理由的，且采取了慎重程序的解雇。

另外，在某私立高中的教师因诽谤中伤学校而被解雇的案例中，最高裁判所指出，该行为严重破坏了"劳动合同上的信赖关系"，因而撤销了将本案解雇判断为解雇权滥用的原审判决。[①] 这一判断想必是结合该案中的具体事实关系而进行的，但是否可将"信赖关系"这一抽象的要素肯定为解雇事由，应当慎重对待。

（二）具体判断中的特征

在具体的案例中，裁判所会结合多种多样的事实关系来判断解雇是否欠缺客观的合理的理由，或者是否在社会一般观念上具有妥当性。因此不可否认，对于当事人双方来说，很难预测是否会构成解雇权滥用而解雇无效。虽然可以说判例中对是否构成解雇权滥用的判断形成了一定的倾向，但另一方面，有时也会因有关解雇的社会状况的变化而在判断中产生微妙的变化，对这一点有足够的认识是很重要的。

1. 以疾病或者残疾为由的解雇

涉及劳动者因身心方面的原因对工作能力造成影响的问题，很多企业一般会在就业规则中将"因精神或者身体上的障碍而无法胜任工作"等作为解雇事由而加以规定，在以疾病所致工作障碍等为由的解雇中，上述相关规定的解释和适用成为重要的决定因素。另外，有关是否属于"不能胜任工作"的解释中，如果劳动者是基于特定的资格而被雇佣的，则需要考虑与之相关的工作内容的范围（比如，某高中保健体育教师因脑出血导致半身不遂而被解雇的案例中，判决认为，既然已不可能胜任其作为保健体育教师的工作，即使该劳动者具有其他科目的教师资格，也不能认为本案中的解雇为解雇权的滥用[②]）。

当领取《劳动灾害保险法》所规定的疗养补偿给付的劳动者在疗养开始

---

① 敬爱学园事件·最高裁判所第一小法廷 1994 年 9 月 8 日判决·劳働判例 657 号 12 页。
② 北海道龍谷学园事件·札幌高等裁判所 1999 年 7 月 9 日判决·劳働判例 764 号 17 页。

3 年后仍未治愈其疾病时,雇主可以通过支付《劳动基准法》第 81 条的"买断性给付",而适用该法第 19 条第 1 款但书的规定进行解雇(参照第 472 页),但这种情况下也同样适用《劳动合同法》第 16 条,有可能被判断为解雇权的滥用。但是,有案例中认为,对上述情况适用《劳动合同法》第 16 条时,"若不存在例如至解雇为止,完全欠缺对劳动者的疾病康复的考虑照顾等特殊情况,则应当认为该解雇也是符合社会一般观念的"[①],根据这一解释,构成解雇权滥用的余地将会被大幅度缩小。

2. 以工作能力为由的解雇

有关仅以劳动者的能力和成果为由的解雇的妥当性,判例中的判断是较为慎重的。比如,其中较具代表性的案例中,在目标管理型的绩效评价制度中评价较低的劳动者遭遇解雇,判决认为"即使存在业绩不佳的状况,但没有转换至适合的岗位或降格至符合其工作内容的职位,没有对劳动者具体说明如一定期限内没有业绩改善时被解雇的可能性,并在此基础上给予业绩改善等机会就进行了解雇",因而否定了解雇的合理性与妥当性。[②]

在具体的判断中,将涉及劳动者的岗位、地位、企业规模、就业规则中的规定等。比如,在规模较小的事务所中,较为重视劳动者个人的能力和人际关系处理能力的情况下,较为容易肯定解雇的效力。但是,就业规则中将"劳动效率低下,没有改善的趋势"规定为解雇事由时,一般应当理解为是指劳动效率极为低下的情况,没有达到平均水平的程度这一理由是不够充分的。[③]

378　　　解雇在职时间较长的劳动者时,则需要更为慎重。比如,将两名工作年限分别为 27 年和 24 年的劳动者以能力不足为由进行解雇的案例中,判决认为若结合其长期工作之贡献,"仅仅是业绩不佳还不够,需要达到对企业

---

①　専修大学事件(差戻審)・東京高等裁判所 2016 年 9 月 12 日判決・労働判例 1147 号 50 頁。

②　日本アイ・ビー・エム(1)事件・東京地方裁判所 2016 年 3 月 28 日判決・労働判例 1142 号 40 頁。

③　セガ・エンタープライゼス事件・東京地方裁判所 1999 年 10 月 15 日判決・労働判例 770 号 34 頁。

经营或运营已然造成障碍和损失,或者有可能造成重大损失而必须将其从企业中排除的程度"①。相对而言,对工作岗位和工作内容进行特定而订立了劳动合同等,劳动者所从事的工作具有高度专业性的情况下,劳动者在该专业岗位中的业务能力低下时,其解雇的正当性较为容易被肯定。例如,在以经营咨询为主要业务的外资公司中,作为专门岗位人员被录用的劳动者因不具有充分的能力而被解雇的案例中,该解雇被判定为有效。②

不过,关于跨国企业的人事政策会如何影响解雇法理的适用,其评价并不一致。有的判决中,针对跨国企业与日本企业有所不同,所以解雇也需要对此进行特别考虑这一主张,认为该主张中的具体如何不同并不明确,且在录用时也没有对劳动者进行相关说明的事实,因此对个别的具体的解雇事由的判断并不会造成影响。③ 与这种观点相对,有判例中则认为,在外企金融公司中作为特定的岗位或部门中的人才以较高待遇被中途录用的劳动者,可以说在一定程度上,其销售业绩与劳动者的能力及绩效评价直接挂钩,这种情况下,以该劳动者没有达成所期待的成果为由而进行的解雇,其合理性和妥当性都应被肯定。④

3. 以工作态度为由的解雇

即使是以劳动者的工作态度为由的解雇,既然不是以惩戒解雇的形式而是以普通解雇的形式进行的,则在解雇的有效性判断中,不是以该劳动者的个别的违法行为为基准,而是以该劳动者的工作态度是否属于"没有改善的可能"作为主要评价标准。比如,有嗜酒癖好而醉酒上班或从白天就开始喝酒的部长兼董事被解雇的案例中,最高裁判所认为,其工作态度不仅扰乱了职场的机能和秩序,且"其改善工作态度的可能性很小",因而否定了基于

---

① エース損害保険事件・東京地方裁判所 2001 年 8 月 10 日判決・労働判例 820 号 74 頁。森下仁丹事件・大阪地方裁判所 2002 年 3 月 22 日判決・労働判例 832 号 76 頁。

② プラウドフットジャパン事件・東京地方裁判所 2000 年 4 月 26 日判決・労働判例 789 号 21 頁。日水コン事件・東京地方裁判所 2003 年 12 月 22 日判決・労働判例 871 号 91 頁。

③ ブルームバーグ・エル・ピー事件・東京高等裁判所 2013 年 4 月 24 日判決・労働判例 1074 号 75 頁。

④ ドイツ証券事件・東京地方裁判所 2016 年 6 月 1 日判決 LEX/DB25543184。

解雇的不法行为的成立。① 另外,某案例中,对上司一直持反抗态度的劳动者虽被通过警告书等形式给予了改正机会,但一直没有改正的意思,判决认为即使没有考虑调岗等可能性而进行了解雇,也不能评价其为没有履行解雇规避义务。②

另外,以工作态度为由的普通解雇的场合,虽然对其单个行为的评价不足以达到解雇的程度,但判例中往往会判断该行为是否不断反复,是否经过再三的指导和提醒或警告仍不能改善而达到了可以解雇的程度。例如,妨碍其他员工的工作,固执己见而持续 3 年以上对上司的工作命令和同事的建议充耳不闻的案例中,判决认为为这一事实符合"工作态度极其不良,没有改善的余地"这一解雇事由。③ 再者,劳动者在发送有关工作的电子邮件时,再三违背指示,不将邮件抄送给部长,并因此对工作造成妨碍的情况下,判决认为以此为理由的解雇不属于权利的滥用。④

(三) 经济性裁员(整理解雇)

1. 经济性裁员的意义与四个判断基准

企业因经济不景气或经营困难等迫于减员的必要性而进行的解雇,区别于基于劳动者方面原因的解雇而被称为"经济性裁员"。经济性裁员与雇主作为经营主体的功能密切相关,另一方面,通常为数很多的劳动者会同时被解雇,因而造成的影响较大,且属于劳动者方面没有责任的解雇。经济性裁员也是通过解雇权滥用法理(《劳动合同法》第 16 条)而被审查其合理性,没有客观的合理的理由且在社会一般观念上缺乏妥当性时,构成权利的滥用而无效。

有关经济性裁员的案例在第一次石油危机后的经济不景气时期迅速增

---

① 小野リース事件・最高裁判所第三小法廷 2010 年 5 月 25 日判决・労働判例 1018 号 5 頁。

② 日本コクレア事件・東京地方裁判所 2017 年 4 月 19 日判决・労働判例 1166 号 82 頁。

③ 日本ヒューレット・パッカード(解雇)事件・東京高等裁判所 2013 年 3 月 21 日判决・労働判例 1073 号 5 頁。

④ シリコンパワージャパン事件・東京地方裁判所 2017 年 7 月 18 日判决・労働経済速報 2334 号 22 頁。

加,在此过程中形成了判断经济性裁员正当性的独特的四个基准(多被称为四要件或四要素)。

380

第一,真实存在进行裁员(人员整理)的经营上的必要性。这里虽并不要求如果不进行人员整理则必然导致破产的状况,但必须属于存在严重的经营困难,在企业运营方面不得不进行裁员的情况。

第二,存在以解雇形式进行裁员的必要性。换言之,雇主采取调岗或借调、临时休假、招募自主离职者等措施,尽到了规避或避免解雇的义务(有判例中否定了没有经过任何相关努力而进行的经济性裁员的效力①)。

第三,被解雇者的选定是基于客观的合理的基准而进行的。在这一判断中,通常判例中会一方面考虑劳动者的劳动能力、解雇对劳动者的生活所造成的打击、劳动者之间的公平等因素,同时综合考虑业绩、工作年限、年龄、工作岗位和跳槽的可能性等要素(也有判例中肯定了仅以 52 岁以上这一年龄作为标准而进行人员选定的合理性②;另外,有判例中认为以病假和"休职"情况为基准,或者在未达到目标人数时以年龄为辅助性标准都是合理的③)。基于雇主的主观和肆意的人员选定以及不合理的歧视是不被认可的。

第四,为取得对方理解,事先向工会或者劳动者说明情况,进行诚实协商等,在程序上采取了适当的措施。这是区别于《劳动组合法》上的集体谈判义务以及基于集体协议的协商义务的,从诚信原则出发的程序要件(也有判例中将这一点区别于以上三个要素,作为妨碍解雇效力发生的消极事由来考虑)。

2. 案例中的具体适用

在适用上述四个判断基准时,判例的态度并不一致,有的还对企业经营

---

①　あさひ保育園事件・最高裁判所第一小法廷 1983 年 10 月 27 日判决・労働判例 427 号 63 頁。

②　三井石炭鉱業事件・福岡地方裁判所 1992 年 11 月 25 日判决・労働判例 621 号 33 頁。

③　日本航空(パイロット等)事件・東京高等裁判所 2014 年 6 月 5 日判决・労働経済速報 2223 号 3 頁。

判断的妥当性进行严格审查,有的则不是那么严格。① 不过,近来否定经济性裁员的必要性的判例较少,多数判例中是以存在裁员的必要性为前提,将是否作出了规避解雇的努力、人选方面的合理性以及协商等手续的妥当性作为判断的焦点。

381　　曾经一段时期内,下级裁判所中出现了一种倾向,强调解雇自由的原则,从其独特的判断框架出发,极其轻易地肯定经济性裁员的有效性。② 但如今的大多数判例已经回归至基于上述四基准的判断框架。

　　近年来,针对企业在陷入经营危机之前的积极的企业战略行为,如何处理因其部门废止所带来的劳动问题也受到关注。有关这个问题,应当认为只要具有在其他部门吸收劳动者的余地,当然需要进行相关努力。③ 对此,有的判例中指出,雇主有"尽可能规避解雇的高度的规避义务"④。

　　相反,也有判例否定经济性裁员法理在企业经营不善所导致的全员解雇问题中的适用⑤,但应当认为,这种情况下,也应依据上述四基准进行适当的判断⑥。

　　有关破产企业中进行所谓事前调整型的再生手续,因而事先制定裁员

---

① 前者的例子,参见:高田製鋼所事件・大阪高等裁判所 1982 年 9 月 30 日判决・労働関係民事裁判例集 33 巻 5 号 851 頁。后者的例子,参见:東洋酸素事件・東京高等裁判所 1979 年 10 月 29 日判决・労働関係民事裁判例集 30 巻 5 号 1002 頁。

② 角川文化振興財団事件・東京地方裁判所 1999 年 11 月 29 日判决・労働判例 780 号 67 頁。ナショナル・ウエストミンスター銀行事件・東京地方裁判所 2000 年 1 月 21 日判决・労働判例 782 号 23 頁。

③ PWCファイナンシャル・アドバイザー・サービス事件・東京地方裁判所 2003 年 9 月 25 日判决・労働判例 863 号 19 頁。

④ エミレーツ航空事件・大阪地方裁判所 2017 年 10 月 23 日判决・労働法律旬報 1908 号 57 頁。

⑤ 大森陸運ほか事件・大阪高等裁判所 2003 年 11 月 13 日判决・労働判例 886 号 75 頁。一般財団法人厚生年金事業振興団事件・東京高等裁判所 2016 年 2 月 17 日判决・労働判例 1139 号 37 頁。

⑥ 山田紡績事件・名古屋高等裁判所 2006 年 1 月 17 日判决・労働判例 909 号 5 頁。另外,承继给其他法人之后而解散的法人所进行的解雇案例中,判决认为这与法人解散的场合不同,应当适用有关经济性裁员的一般法理。全日本手をつなぐ育成会事件・東京地方裁判所 2017 年 8 月 10 日判决・労働経済速報 2334 号 3 頁。

计划的情况,有的判例中也肯定了其满足上述四基准的要件①,但应当认为,有必要慎重地斟酌是否合理考虑了劳动者的利益。

3. 雇佣政策上的应对

因经济性裁员等而导致同一工作场所在 1 个月之内有 30 名劳动者(不包括临时雇佣)离职时,雇主有义务在听取劳动者代表的意见的基础上制定《再就业援助计划》,并提交给公共职业安定所所长,接受相关认定(《劳动施策推进法》第 24 条,《劳动施策推进法施行规则》第 7 条之 2)。另一方面,企业因经济形势变化而不得不缩小企业活动范围,并因规避解雇而采取"休业"、教育培训、借调等措施时,依据《雇佣保险法》,在符合一定要件时可以申请"雇佣调整助成金"的支付《雇佣保险法施行规则》第 102 条之 3)。

(四) 普通解雇与惩戒解雇

大多数企业一般会在就业规则中规定区别于一般解雇的"惩戒解雇"的相关解雇事由与程序。惩戒解雇作为雇主对劳动者采取的惩戒处分的一种(其中最重的处分),是明示对劳动者违反劳动纪律等违规行为的制裁而进行的解雇,这种情况下往往规定了不予支付退职金或进行减额支付。惩戒解雇之外的解雇被称为"普通解雇"。

有关惩戒处分所特有的问题将在第五章第三节"企业秩序与惩戒"中进行分析,但从其作为解雇的侧面来看,惩戒解雇由于伴随着普通解雇中所没有的程度较大的不利益,判例的态度也更为严格。第一,就业规则中所规定的惩戒解雇事由将被限定解释为合理的内容(比如,有判例中对"进行了有损名誉的行为而严重损害了公司形象"这一规定进行了限定性解释②)。第二,即使存在惩戒解雇事由,若考虑其内容、程度和情形等诸多因素,没有达到惩戒解雇本身合理且在社会一般观念上可以被肯定为妥当的程度,且没

---

① 前揭日本航空(パイロット等)事件、日本航空(客室乗務員)事件・東京高等裁判所 2014 年 6 月 3 日判決・労働経済速報 2221 号 3 頁。
② 日本鋼管川崎製鉄所事件・最高裁判所第二小法廷 1974 年 3 月 15 日判決・最高裁判所民事判例集 28 巻 2 号 265 頁。

有采取适当的程序时,则仍然属于权利的滥用而无效(《劳动合同法》第 15 条)。①

即使劳动者方面存在属于惩戒解雇事由的行为,雇主也可以选择普通解雇,这时只要具备作为普通解雇的正当性即可,而不需要满足惩戒解雇的要件。② 但是,对于一旦以惩戒解雇形式进行的解雇,即使作为惩戒解雇无效,是否可以承认其在作为普通解雇的限度内的有效性(向普通解雇的转换),虽然也有判例对此持肯定态度,但两者存在性质上的差异,且将被解雇者置于极其不安定的位置,因此笔者认为应当予以否定(有判例中认为,其中也包含了普通解雇的意思表示,而肯定其效力③;有判例中则认为,不能肯定其中也包含了预备性的普通解雇的意思表示④)。

383 ## 三、解雇无效

(一)解雇无效的意义

如果解雇没有合理的理由,或者在社会一般观念上不能肯定其妥当性而属于权利滥用时,则该解雇为"无效"(《劳动合同法》第 16 条)。从理论上来讲,作为权利滥用的结果,可以有另一种说法,即认为虽然雇主方面产生损害赔偿的义务,但解雇本身是有效的。但判例一直以来一贯采用解雇无效的观点,解雇无效作为解雇权滥用法理的效果得到确立,并在《劳动合同法》中被明文规定。

解雇无效的情况下,即使雇主发出解雇通知也不会产生解约的效果,劳动合同是一直有效存续的。因此,判决中会确认被解雇的劳动者依然具有享有劳动合同上的权利之地位(作为雇员的地位)。

---

① ダイハツ工业事件・最高裁判所第二小法廷 1983 年 9 月 16 日判决・劳働判例 415 号 16 頁。ネスレ日本事件・最高裁判所第二小法廷 2006 年 10 月 6 日判决・劳働判例 925 号 11 頁。判例中,有的表达为"解雇权的滥用",有的则表达为"惩戒权的滥用"。

② 前揭高知放送事件。

③ セコム损害保险事件・東京地方裁判所 2007 年 9 月 14 日判决・劳働判例 947 号 35 頁。

④ 日本通信事件・東京地方裁判所 2012 年 11 月 30 日判决・劳働判例 1069 号 36 頁。野村证券事件・東京高等裁判所 2017 年 3 月 9 日判决・劳働判例 1160 号 28 頁。

产生解雇无效这一效果的不仅限于解雇权滥用的情况。如上文所述，违反集体协议以及就业规则中的解雇事由限制的解雇也被作为无效处理。另外，基于法律中所禁止的理由所进行的解雇，除了根据具体的法律将会产生刑事处罚或者行政救济等效果之外，私法上仍将因违反强制性法规（或违反公序良俗）而无效。

（二）解雇期间的工资

解雇被判为无效的情况下，如何处理从解雇至该判决时点之间的工资则成为问题。客观上来看，劳动合同在这期间是一直存续的，但实际上雇主在发出解雇通知后没有接受该劳动者的劳动，劳动者一般也没有提供劳动。

判例中，一般适用有关危险负担的《民法》第 536 条第 2 款而肯定对这一期间的工资请求权。也就是说，判决一般认为，劳动提供这一债务因无效解雇的原因而陷入履行不能，这是归责于债权人即雇主方面的事由所造成的，因此劳动者不能失去接受反对给付的权利（在如各类津贴以及基于人事考核的加薪升职的处理等方面，也有不少场合会产生具体金额的计算问题）。2017 年《民法》修改将上述规定变更为债权人（雇主）不得拒绝履行反对给付（2020 年 4 月开始施行），但内容上是一样的。

不过，劳动者在被解雇期间内于他处进行劳动并获得收入（中间收入）的情况下，如果不存在该劳动仅为副业，即使没有被解雇也当然可以获得相应收入等特殊的情况，则该收入属于《民法》第 536 条第 2 款后段部分（2004 年修改前为该款但书部分）所规定的"因免除了自己的债务而得到的利益"，必须向雇主偿还该收入部分。[①] 但是，最高裁判所判决认为，无效解雇所导致的未进行劳动提供的情况，同时也属于《劳动基准法》第 26 条中的"因归责于雇主的事由的休业"，因此雇主必须支付为平均工资的 6 成的休业津贴，换言之，通过《劳动基准法》第 26 条的扩张适用，对中间收入的偿还进行了部分限定。具体来说，①不论中间收入的具体状况如何，解雇期间的工资

384

---

①　米军山田部队事件・最高裁判所第二小法廷 1962 年 7 月 20 日判决・最高裁判所民事判例集 16 卷 8 号 1656 页。

中,至平均工资的 6 成为止的部分将通过《劳动基准法》第 26 条而强制雇主予以支付。②另一方面,解雇期间的工资中超过平均工资的 6 成的部分将成为与中间收入偿还义务进行调整的对象,这种情况下,雇主可以从应付工资中扣除中间收入部分再予以支付。①

关于上述②的部分,需要满足中间收入的产生期间与工资支付对象期间在时期上吻合这一条件,但只要满足该条件,奖金(一次性津贴)部分也是被扣除的对象。②

(三) 地位保全与工资支付的假(临时)处分 ③

解雇无效的案例中,在请求确认地位以及工资支付的本案诉讼之外,假处分程序的利用也很多。所谓假处分,是指裁判所依据简易程序所进行的基本判断,在下达本案判决的期间,暂时性地约束当事人之间的关系,但之后当事人不再提出本案诉讼,假处分在事实上成为最终裁决的例子也不少见。

当已确立解雇为无效的心证时,裁判所一般会临时确认劳动者处于具有劳动合同上的权利的地位(地位保全的假处分),命令雇主支付至本案判决确定期间为止的工资相当金额(工资支付的假处分)。但是,近来,很多判例中都认为,只要命令了工资的临时支付,则没有必要进行地位的保全,因而只肯定工资支付部分。另外,如果劳动者有足够的资产或收入,有时也会被否定工资临时支付的必要性。

地位保全的假处分是要求将该劳动者作为雇员来对待,但一般认为,其性质不过是"期待任意履行的临时处分",即使雇主不遵从该临时处分而没有让劳动者提供劳动,也不会产生制裁或不利。但是,在地位保全临时处分

---

① 前揭米军山田部队事件。

② あけぼのタクシー(民事・解雇)事件・最高裁判所第一小法廷 1987 年 4 月 2 日判决・劳働判例 506 号 20 页。有关具体的计算方法,参见:いずみ福祉会事件・最高裁判所第三小法廷 2006 年 3 月 28 日判决・劳働判例 933 号 12 页。

③ 所谓假处分(又译为临时处分、先予处分),是日本法中保全制度的概念之一,指为保全金钱以外的债权的执行,而由裁判所做出的临时处置(参见冷罗生主编:《日汉法律词典》,法律出版社 2018 年版)。——译者注

之后劳动者仍然被拒绝提供劳动时,是不是可以肯定劳动者享有工资请求权,这个问题值得考虑(如果可以肯定,即使劳动者在之后的本案诉讼中败诉,也将会产生诉讼期间的工资请求权)。另外,劳动者的劳动请求权一般是被否定的(参照第99页),因此伴随强制力的排除劳动妨害的假处分是不被认可的。

工资支付假处分,是为了避免劳动者在诉讼期间的生活窘困,不论雇主是否令劳动者提供劳动,都令雇主暂时支付相当于工资的全部或其中一部分的金额(很多时候都会对临时支付的期限附上1年等限定,如果有必要在期满时可以再行申请)。该临时处分在劳动者领取了临时支付后被取消时,除了劳动者已提供与临时支付金有对价性关系的现实的劳动等特殊情况之外,劳动者负有返还义务[1](参照《民事保全法》第33条)。即使临时处分没有被取消,劳动者在本案诉讼中败诉,裁判所判断解雇为有效时也是一样的。

(四) 解雇与损害赔偿

被解雇者就解雇的效力提起争议时,通常会主张解雇为无效而请求地位确认以及工资支付,但也有案例中劳动者在此之上或者替代上述请求,以不法行为为由请求损害赔偿。

无效的解雇并不总是会产生损害赔偿义务,必须结合个别的事实关系, 386 分析故意或过失、权利侵害、损害的发生以及因果关系等不法行为的成立要件(有判例中判断认为解雇属于权利滥用而无效,但不法行为不成立[2])。但是,雇主在解雇过程中存在显著不当的处理,或存在歧视、毁损名誉以及不当劳动行为等特别恶劣的情况时,在实际中是被肯定损害赔偿责任的。[3]

---

[1]　宝運輸事件・最高裁判所第三小法廷1988年3月15日判決・最高裁判所民事判例集42卷3号170頁。

[2]　ジェー・イー・エス事件・東京地方裁判所1996年5月27日判決・労働経済速報1614号9頁。

[3]　ノースウェスト航空事件・千葉地方裁判所1993年9月24日判決・労働判例638号32頁。ケイエム観光事件・東京高等裁判所1995年2月28日判決・労働判例678号69頁。東京自動車健康保険組合事件・東京地方裁判所2006年11月29日判決・労働判例678号35頁。レイズ事件・東京地方裁判所2010年10月27日判決・労働判例1021号39頁。

上述情况下,通常会由于解雇无效而判定雇主支付工资,因此损害赔偿的内容实际上只限于对精神损害的赔偿。不过,作为对解雇无效时的地位确认与工资支付请求的替代,劳动者转而请求包括损失的工资在内的损害赔偿,并得到肯定的例子也在增加①,可见解雇法理中的损害赔偿的比重有增加的趋势。

当然,如果裁判所判定解雇是基于合理的理由的,则劳动者关于损害赔偿的请求也将被否定(某公司上层员工因嗜酒造成工作态度不良而被解雇的案例中,判决认为该解雇为不得已而为之,虽然没有采取惩戒处分等解雇之外的方法,但不能认为其显著欠缺妥当性而构成不法行为②)。

387

低成果劳动者的解雇

近年来,日本的劳动市场陷入"人手不足"的烦恼,有效求人倍率停留于高水准。那么,在人才不足的背景之下,是否可以说已经得到雇佣的劳动者就被保障了其安定的地位呢? 实则不然,这是因为,既然只能确保有限的人才,企业排除业绩较差的劳动者的欲望反而更强了。

这样的背景下,企业为了减员而开发出了一些评价员工的工作成果或业绩的方法,这些方法在日本也得到了使用。某案例③中,以退职劝诱为目的所使用的是被称为 PBC(Personal Business Commitments)的评价方法,具体来讲,是"在年初由雇员与其上司之间设定目标,评价该雇员在一年之内的目标达成率以及对公司的贡献度",分为五个阶段进行相对评价。另一个案例中④,被国际金融信息通信公司中途录用的记者在 PIP(Performance Improvement Plan)中的低评价被作为其解雇理由。该评价系统是为了克服工作中的困难而制定行动

---

① 例如:O 法律事务所事件・名古屋高等裁判所 2005 年 2 月 23 日判决・労働判例 909 号 67 頁。テイケイ事件・東京地方裁判所 2011 年 11 月 18 日判决・労働判例 1044 号 55 頁。
② 前揭小野リース事件。
③ IBM(解雇)事件・東京地方裁判所 2016 年 3 月 28 日判决・労働経済速報 2287 号 3 頁。
④ ブルームバーグ・エル・ビー事件・東京高等裁判所 2013 年 4 月 24 日判决・労働判例 1074 号 75 頁。

计划,并跟踪计划的完成情况,进行六个阶段的评价。不过,该案例中,判决认为"没有足够的证据可以认为达到了无法继续劳动合同的重大的程度"。

劳动者的业绩评价一直被利用于奖金考核、加薪及晋升决定中。这种人事考核当然应该依据相对评价。但是,将相对评价用于解雇以及退职劝诱的基准,则在法理上产生疑问。究竟是否可以将相对较低的成果,作为债务不履行或者解雇时的"客观的合理的理由"呢?

不过,从企业方面来看,在严峻的经营环境中,为了雇佣能够适应新科技的能力较高的劳动者,无法持续雇佣成果低下的劳动者。因此,企业也不得不以低成果为根据,而采用退职劝诱的方法吧。但即便是出于这样的目的,也不应该将低成果劳动者作为负担,而是应在劳资之间设定较为完善的协商机制,斟酌考虑可以令劳动者在企业内发挥其能力的平台,尝试摸索符合劳动者本人意愿的再就业的途径。

第三节　企业秩序与惩戒

在作为劳动者工作、休息以及进行工会活动的场所的企业中,一定的规则是必要的。劳动者需要服从指挥命令进行工作,并遵守职场纪律。 ₃₈₈

从雇主的角度来说,企业是为了完成相关业务或工作而雇佣劳动者的,为了能够妥当并顺利地推进相关工作,必须维持一定的企业秩序。因此,不但需要劳动者在工作中遵守纪律,同时有关设施的维护管理以及劳动者在工作场所外的行为,也有必要遵循秩序规则。但另一方面,雇主所制定的规则并不一定总是合理的,有可能会不当地侵害劳动者的利益,因而对此进行适当的检验是不可或缺的。

在大部分企业中,劳动者违反规则而扰乱了企业秩序时,会受到"惩戒处分"这一特别的制裁。作为对违反合同义务的制裁,一般可以解除合同或者请求损害赔偿,但解雇劳动者需要客观的合理的理由,较轻微的违规的情况则比较困难。另外，对单个的违规行为请求损害赔偿也并不实际。于是，惩戒处分可以说是替代上述方式的制裁手段，但在使用该制裁手段时必须要考虑劳资双方的利益平衡。

另外，存在工会活动与企业秩序之间的冲突的问题，需要从与《宪法》第 28 条的关系这一角度进行考虑。工会活动受到基于对团结权与团体行动权的保障而产生的特别保护，但如何划定其界限，在有关惩戒处分的争议方面往往成为问题的焦点所在。

一、惩戒的意义与依据

一言以蔽之，惩戒是雇主对于劳动者违反企业秩序（违规行为）所进行制裁的手段。如下文所述，具体的惩戒处分中有各种各样的类型，但不论哪种类型都包含了如其字义所示的"告诫"的功能。但是，合同的一方当事人对另一方进行"告诫"，不得不说是异常的。

因此，围绕雇主可以进行惩戒解雇的依据，学术中存在很多的争论。过去曾有观点认为雇主的惩戒权属于经营权的一部分（经营权说），而多数学说主张，以共同在企业组织中顺利进行劳动为目的而维持企业秩序，是得到劳资双方的规范意识的支持的（社会规范说），或者主张，仅限于基于与劳动者在合同上的合意才可以行使惩戒权（契约说）等。

对此，最高裁判所在相关判决中，从企业秩序的设定权限出发对惩戒权进行说明，展开了独特的理论。① 该判决的基本内容如下：所谓企业，是指对作为其构成要素的人力资源以及其占有并管理的设施这两方面加以统合，并合理地合乎目的地进行配备和组织，企业秩序对于企业的立足以及维持企业的顺利运营是必不可缺的。因此，雇主可以通过规则对维持企业秩序所必要的事项进行一般性的规定，或进行具体的指示和命令（企业秩序定立权），同时可以对违反企业秩序的行为，明确其内容、形态和程度等，并对

389

---

① 富士重工業事件・最高裁判所第三小法廷 1977 年 12 月 13 日判决・最高裁判所民事判例集 31 卷 7 号 1037 頁。国鉄札幌駅事件・最高裁判所第三小法廷 1979 年 10 月 30 日判决・最高裁判所民事判例集 33 卷 6 号 647 頁。

行为中止及恢复原状等进行必要的指示或命令(企业秩序维持权),另外作为制裁,对违反者可以依据规则所规定的内容进行惩戒处分(惩戒权)。而另一方面,劳动者与雇主之间订立劳动合同而被雇佣,附随于劳动提供义务,劳动者负有遵守企业秩序的义务。

这一立场从企业的本质(企业运营的必要性)出发,推导出企业秩序定立权,从劳动合同的本质出发对企业秩序遵守义务提供根据。但如上所述,这一立场在企业秩序定立和维持权之外又理所当然地设定了惩戒权,学界对此存有疑问,有批判观点认为,虽然是以劳动合同为媒介,但实质上可谓是经营权说的再现。不过,需要注意的是,最高裁判所也在判决中附加了"依据规则所规定的内容"这一限定。

二、惩戒处分的种类

惩戒处分的种类和程度是就业规则的必要记载事项(《劳动基准法》第89条第9项)。一般在很多就业规则中都规定了谴责与告诫、减薪、停止出勤、惩戒解雇这几种类型(具体的名称可能不同)。另外,有时也会规定提交"检讨书""论旨解雇"*等惩戒处分。除此之外,有时候也会以惩戒为目的采取内部调岗、降格、停职等人事措施,但只要这些人事措施没有在就业规则中作为惩戒处分而被规定,则不能肯定其为惩戒处分,而仅在该人事措施的有效范围之内被容许(参照第342页)。

1. 谴责、告诫

谴责和告诫通常是程度最轻的惩戒处分,是通过口头或书面形式面向将来进行告诫的行为。这种惩戒处分其本身在不会给劳动者带来不利益或者使法律关系产生变动时,不能成为无效确认诉讼的对象。但是,如果该惩戒处分在奖金考核以及加薪、晋升等人事考核中被作为考虑因素,或者在反复经历数次后会被处以更重的惩戒处分等情况下,可以肯定在无效确认请

---

　　*　伴随退职金的全额支付或部分支付的离职劝告。——译者注

求中的诉的利益。^①

有时雇主会与谴责、告诫一起，或者在此之外单独要求劳动者提交"检讨书"，但不能以劳动者拒绝提交为由而再次进行惩戒处分。这是因为，检讨书的提交具有应由劳动者的任意的意思表示而决定的性质，超越了该任意范围而要求劳动者提交检讨书，则有可能构成对劳动者内心的不当的介入。^②

2. 减薪

减薪是指从本来应当支付的工资中，在一定期限内扣除一定额度的惩戒处分。尽管劳动者提供了劳动，但工资的一部分将不被支付。减薪这一制裁在二战前曾被极度滥用，因此后来在《劳动基准法》中规定了具体的限制，即每次的减薪不得超过每日平均工资的半额，减薪总额不得超过一个工资支付周期内工资总额的十分之一（第 91 条）。

3. 停止出勤

停止出勤是在一定期间内拒绝受领劳动的惩戒处分，通常在此期间不会支付工资。停止出勤的期间多数情况下为 1 周至 2 周左右，但有时存在以"居家反省"或"惩戒休职"的名义，禁止劳动者工作长达 1 个月至数月的情况。对于停止出勤，法律上没有进行特别的规制，但伴随工资不支付的停止出勤被不当地长期化时，应当认为其违反公序良俗而无效。

4. 惩戒解雇

惩戒解雇是最重的惩戒处分。这种场合通常将不予支付退职金，而且该惩戒解雇将被记载于劳动者名簿[*]中，产生阻碍劳动者的再就业这一不利益状况。另外，有时雇主会将伴随退职金的全额支付或部分支付的离职劝告作为"论旨解雇"规定于就业规则中，但劳动者不允诺离职时则会被惩

391

---

① 富士重工業事件・東京高等裁判所 1974 年 4 月 26 日判决・最高裁判所民事判例集 31 卷 7 号 1085 頁。

② 福知山信用金庫事件・大阪高等裁判所 1978 年 10 月 27 日判决・労働判例 314 号 65 頁。

* 《劳动基准法》中规定雇主需要为每个劳动者制定劳动者名簿，记载其履历以及离职等事项，因此惩戒解雇也将被记载于其中。——译者注

戒解雇,这种情况也属于类似于惩戒解雇的较重的惩戒处分。

不支付退职金这一效果并不是当然地来自于惩戒解雇,而需要在就业规则中对此进行规定。另外,惩戒解雇也是解雇的一种,因此须服从有关解雇的法律规制。也就是说,惩戒解雇同样受到《劳动基准法》第19条以及第20条的规制,根据后者,必须提前30天进行预告,不需要预告的情况下必须接受行政官厅的除外认定(参照第469页及以下)。不能因为存在惩戒解雇事由,就可认为总是存在《劳动基准法》第20条第1款但书中所规定的"归责于劳动者的事由",并不是当然地可以进行即时解雇。

三、惩戒权的产生与行使

(一)惩戒处分的性质与就业规则

在上述一般性惩戒权的依据之外,有时候各种类型的惩戒处分的法律性质也会成为问题。在惩戒处分中,惩戒解雇的本质为解雇,其理论基础在于雇主的一般解雇权(通常伴随惩戒解雇的退职金的不支付则应归于退职金支付要件的问题)。但是,就业规则中在普通解雇之外设定了惩戒解雇这一特别的类型时,雇主的解雇权也应当依据其规定而行使。

另一方面,谴责和告诫、减薪、停止出勤可以说并不是雇主在合同上所当然拥有的权限,而是通过就业规则得到特别认可的。这些惩戒处分源自劳动合同关系的特殊性。也就是说,在劳动合同中,对于轻微的义务违反,比起解雇,通过结合其违反程度进行制裁从而维持劳动合同关系是更为合理的。因此,作为具有这一功能的上文所述惩戒处分的相关规定,可以被肯定其合理性。

因而,雇主对劳动者进行惩戒处分的场合,必须事先在就业规则中规定惩戒事由与惩戒处分的类型。[①] 有关惩戒处分的这些规定,在设定了惩戒权的根据的同时,也对此划定了界限。另外,很多就业规则中会在具体的例

---

① 最高裁判所也对此进行了明示。フジ興産事件・最高裁判所第二小法廷2003年10月10日判决・労働判例861号5頁。

392　示之后加上"其他可以类推适用的行为"这一规定，对此也有必要进行限定解释。

（二）惩戒权的滥用

劳动者方面存在属于惩戒事由的违规行为时，雇主将会以此为由而取得惩戒的权限（惩戒权）。但即使雇主有惩戒权，具体以什么样的形式行使该权利会成为问题所在，当雇主所进行的惩戒处分"参照作为该惩戒对象的劳动者的行为的性质、具体形式及其他情况而言，缺乏客观的合理的理由，在社会一般观念上不能被肯定其妥当性时"，则作为权利的滥用而无效（《劳动合同法》第 15 条）。

要肯定惩戒处分的效力，首先必须存在就业规则中所规定的惩戒事由。惩戒处分是针对劳动者的违规行为而进行的，因此具体的惩戒是否具有正当性，应当从该惩戒与作为其理由的违规行为之间的关系来判断，即使在惩戒处分当时存在相应的违规行为，但雇主并没有认识到该违规行为的情况下，则不能以此对该惩戒处分的有效性提供依据（有案例中，否定了以事后才发现的劳动者的履历欺诈为由而进行的惩戒解雇的效力①）。

其次，即使存在惩戒事由，应当参照劳动者的行为的性质和形态、结果的严重性程度、劳动者所处的状况等，选择合适的处分。处分过重而被判断为在社会一般观念上欠缺妥当性时，则作为权利的滥用而无效。②

（三）惩戒处分的程序

惩戒处分具有类似于刑罚的功能，且对劳动者的利益所造成的影响很大，因此需要服从正式、慎重的程序。未经这样的程序而进行惩戒处分时，仍将作为权利的滥用而无效。

首先，新的惩戒规定不适用于新规定之前的行为的不溯及原则，以及对

---

① 山口観光事件・最高裁判所第一小法廷 1996 年 9 月 26 日判决・労働判例 708 号 31 頁。
② ダイハツ工業事件・最高裁判所第二小法廷 1983 年 9 月 16 日判决・労働判例 415 号 16 頁。ネスレ日本事件・最高裁判所第二小法廷 2006 年 10 月 6 日判决・労働判例 925 号 11 頁。

同一事由不能再次进行惩戒处分的一事不再罚(禁止双重处分)的原则①都将得到适用。对于惩戒处分,有必要充分考虑其先例,对于同等程度的违规 393
行为,必须处以与之前一样的惩戒处分。

另外,在处以惩戒处分时,必须穷尽适当的程序,如给予劳动者辩解的机会等。再者,集体协议中存在"人事协商"条款时,也必须遵守。

另一方面,惩戒处分需要在合理的期限内进行。对于劳动者在企业内的暴力行为,在雇主等待刑事处分结果的过程中历时过长,而且最终结果为不起诉时,雇主依然选择在劳动者行为之后七年处以较重的惩戒处分("论旨解雇")的案例中,该惩戒处分被判缺乏客观的合理的理由,在社会一般观念上不能肯定其妥当性。②

四、惩戒的事由与判断

(一)违反工作规则

惩戒事由包括各种各样的行为,其中最具代表性的是缺勤、迟到、早退等工作义务的懈怠。这些行为作为劳动的不提供,本来可能成为工资扣除的对象,但比如程度严重的无故缺勤或者经常性迟到,同时构成了对企业秩序的违反时,也可能构成惩戒事由(对于轻微的违规,应首先通过注意或警告督促劳动者进行改善)。

同样地,通过出勤卡进行上下班管理的情况下,如不正当打卡行为③等违规的行为也可以构成惩戒事由。另外,劳动者在工作中的挪用公款和贿赂等犯罪行为、其他的一般违规以及工作过程中的违规行为(不遵守安全规则、工作时间内的饮酒、欺凌或骚扰等)等也属于惩戒事由的范畴。男性管理岗位员工通过不适当的言行长期对女性劳动者进行性骚扰的案例中,最

---

① 日立製作所武蔵工場事件・最高裁判所第一小法廷 1991 年 11 月 28 日判决・最高裁判所民事判例集 45 卷 8 号 1270 頁。

② 前揭ネスレ日本事件。

③ 八戸鋼業事件・最高裁判所第一小法廷 1967 年 3 月 2 日判决・最高裁判所民事判例集 21 卷 2 号 231 頁。

高裁判所肯定了停止出勤处分的效力。

相反，缺勤的原因在于劳动者生病的场合，雇主应当采取适当的措施。因精神性疾病取得带薪年休假而没有去公司的劳动者申请"休职"，但雇主没有同意，并在没有采取令劳动者接受医生诊断等措施的前提下，就以劳动者在带薪年休假结束后约四十天的缺勤为由，对其处以"论旨解雇"处分的案例中，判决认为劳动者的行为并不构成属于惩戒事由的无正当理由的无故缺勤，因此该惩戒处分无效。[①]

（二）违反工作命令

所谓工作命令，其中包含对工作进行中的指示和命令，但属于更为广义的概念（参照第 96 页）。拒绝执行雇主所发出的各种工作命令的行为往往被作为惩戒处分的对象。这些行为是否构成惩戒事由，需要根据该工作命令是否可以说是正当的权限行使来判断。[②]

雇主的工作命令存在对劳动者的人格造成侵害的危险时，权利行使的合法性将被课以严格的要件。比如，雇主为了防止劳动者藏匿金钱而检查其携带物品的场合，仅限于存在必要的合理理由，且基于就业规则中的规定，对所有员工使用统一的妥当的方法进行时才可以称为合法的工作命令。[③]

另外，劳动者方面存在不能遵从工作命令的个人特殊情况时，雇主没有进行适当的考虑就处以惩戒处分，也有可能构成权利的滥用。

（三）兼职、竞业行为

作为劳动合同中在诚信原则上的附随义务，劳动者负有不侵害雇主的营业利益、不对劳动提供带来重大障碍的义务（参照第 98 页）。作为违反该

---

① 日本ヒューレットパッカード事件・最高裁判所第二小法廷 2012 年 4 月 27 日判决・劳働判例 1055 号 5 页。

② 有关拒绝加班命令的判例，参见：前揭日立製作所武藏工場事件。有关拒绝调岗命令的判例，参见：東亜ペイント事件・最高裁判所第二小法廷 1986 年 7 月 14 日判决・劳働判例 477 号 6 页。有关拒绝参加体检命令的判例，参见：電電公社帯広局事件・最高裁判所第一小法廷 1986 年 3 月 13 日判决・劳働判例 470 号 6 页。

③ 西日本鉄道事件・最高裁判所第二小法廷 1968 年 8 月 2 日判决・最高裁判所民事判例集 22 卷 8 号 1603 页。

义务的行为,没有获得许可而进行的兼职或竞业行为等有时会被列为惩戒处分事由。

劳动者在工作时间之外可以从雇主的约束中解放出来,因此利用该时 395 间从事兼职基本上属于自由的范畴(近来,这一点从"弹性工作方式"的政策视角得到了强调)。但是,为了防止劳动者身体和精神的疲劳以及确保企业的信用,雇主对工作时间外的兼职加以事前许可的条件也不能称之为不当,没有取得许可而长时间进行兼职并对其本身的劳动提供带来影响的情况下,惩戒处分的效力有可能得到肯定。[①] 另一方面,短时间帮助其家族经营业务且所获报酬并不多的案例中,判决认为这不属于被禁止的兼职,因而不能成为惩戒处分的对象。[②]

有关在职中的竞业行为,不仅要从兼职方面,还要从对雇主的经营活动的加害角度进行考虑。在竞业公司就任董事,即便没有给劳动提供带来特别的影响,但如果从上述后者这一角度来看可评价为扰乱了企业的秩序,则会成为惩戒处分的对象。[③] 更毋庸说对竞业公司提供具体的支援而给雇主带来损害的场合,惩戒解雇的效力将会被肯定。[④]

另外,在职中为了离职后所从事工作而进行准备活动的行为,仅限于没有违反有关竞业禁止或兼职限制等就业规则规定的范围内而被容许。[⑤]

(四) 对名誉和信用的侵害

1. 对公司等的批判

劳动者在工作场所内外进行的批判活动有时候会由于其内容侵害了他人的名誉和信用而成为惩戒处分的对象。例如,劳动者散发传单对公司的

---

① 辰巳タクシー事件・仙台地方裁判所 1989 年 2 月 16 日判決・判例タイムズ696 号 108 頁。小川建設事件・東京地方裁判所 1982 年 11 月 19 日判決・労働関係民事裁判例集 33 巻 6 号 1028 頁(有关普通解雇的案例)。

② 国際タクシー事件・福岡地方裁判所 1984 年 1 月 20 日判決・労働判例 429 号 64 頁。十和田運輸事件・東京地方裁判所 2001 年 6 月 5 日判決・労働経済速報 1779 号 3 頁(1 年进行1—2 次的打工的案例)。

③ 橋元運輸事件・名古屋地方裁判所 1972 年 4 月 28 日判決・判例時報 680 号 88 頁。

④ ヒューマントラスト事件・東京地方裁判所 2012 年 3 月 13 日判決・労働判例 1050 号 48 頁。

⑤ 東京貨物社事件・東京地方裁判所 2000 年 12 月 18 日判決・労働判例 807 号 32 頁。

经营或劳动政策进行批判的场合,如果其内容不符合事实,属于诽谤中伤公司的情况,则属于"影响公司利益的行为"或"特别不合适的行为"这样的惩戒事由(有判例中认为,即使是在工作场所之外的与工作无关的行为,仍有可能构成对企业秩序的违反①)。

另外,新闻记者在自己的主页上对公司进行的批判存在事实虚构,或者使用了过于激进的表达方式的场合,会造成对公司信用的毁损。② 当然,即使属于惩戒事由,如果与具体行为的内容和程度相比属于过重处分,也有可能被判构成权利的滥用(比如有判例中认为,虽然劳动者在网页的投稿造成了对同事的名誉毁损,构成骚扰而属于惩戒事由,但惩戒解雇属于权利的滥用而无效③)。

2. 内部告发

劳动者希望对其在公司内部得知的企业的违法和不正当行为寻求纠正,不仅是个人的自由,也是社会责任所在。因此后来制定的《公益举报者保护法》依据一定的框架保护劳动者免于遭受解雇等报复(参照第 374 页)。另外,以劳动者向劳动基准监督署举报了雇主违反《劳动基准法》和《劳动安全卫生法》的事实为由而进行的解雇等不利益对待,也分别在相应的法律中被禁止(《劳动基准法》第 104 条,《劳动安全卫生法》第 97 条;对相关违法行为有具体处罚规定)。

但虽说如此,如果劳动者超过了法律所保障的范围而向行政机构进行举报,向媒体提供信息,或者通过自己制作的传单或主页告发公司内的不正当行为,根据其具体内容,有可能属于污损了企业的形象和名誉,或者违反诚实义务的行为而成为惩戒处分的对象(在没有告知上司的前提下接受周刊杂志的采访,造成诽谤中伤文章被刊载的案例中,判决认为该行为不能满足《公益举报者保护法》第 3 条所规定的保护要件,因而惩戒解雇为有效④)。

---

①　関西電力事件・最高裁判所第一小法廷 1983 年 9 月 8 日判決・労働判例 415 号 29 頁。

②　日本経済新聞社事件・東京地方裁判所 2002 年 3 月 25 日判決・労働判例 827 号 91 頁。

③　X 大学事件・東京高等裁判所 2017 年 9 月 7 日判決・判例タイムズ1444 号 119 頁。

④　田中千代学園事件・東京地方裁判所 2011 年 1 月 28 日判決・労働判例 1029 号 59 頁。

判例中一般基于以下判断标准进行判断。即告发内容是真实的，或者有充分根据可以令劳动者相信告发内容为真实的；信息收集手段不违法；告发目的非出于私欲而是为了纠正公司的不正当行为、保护消费者的利益或者恢复自己的权利；告发的对象范围和方法等是妥当的；有的情况下还需要首先寻求公司内部的解决。① 明显夸张或歪曲事实而侵害了公司的名誉和信用的场合②，或者因不满于公司的人事调动，为报复而进行内部告发的场合③则不能符合上述判断标准，惩戒处分的效力将得以肯定。

（五）在企业外的不当行为

劳动者于非工作时间在企业外的行为原则上不能成为惩戒处分的对象。这是因为，雇主基于劳动合同的惩戒权不能涵盖与劳动合同无关的私人行为。

但即便是这样的行为，如果给公司的经营带来了障碍或显著损害了公司的名声等，扰乱了企业的秩序，则可以构成惩戒事由。当然，这种行为基本上属于私人领域的事项，是否构成惩戒事由的判断要慎重地进行。

比如，即使劳动者在公司外存在犯罪行为，可容许惩戒处分的场合，也仅限于从该行为的性质、劳动者在公司内的地位、公司的规模、行业类别以及在经济界的地位等考虑，该行为对公司的社会评价具有相当重大的恶劣影响的情况。某大型公司的员工夜间侵入他人住宅而被处以罚款的案例中④，以及因游行而违反道路交通法规被处以罚款的案例⑤中，最高裁判所判决认为，这些行为不属于就业规则中所规定的"显著污损公司的名誉和形象"这一惩

① 宮崎信用金庫事件・福岡高等裁判所宮崎支部 2002 年 7 月 2 日判决・労働判例 833 号 48 頁。大阪いずみ市民生協事件・大阪地方裁判所堺支部 2003 年 6 月 18 日判决・労働判例 855 号 22 頁。

② 前掲日本経済新聞社事件。

③ アンダーソンテクノロジー事件・東京地方裁判所 2006 年 8 月 30 日判决・労働判例 925 号 80 頁。

④ 横浜ゴム事件・最高裁判所第三小法廷 1970 年 7 月 28 日判决・最高裁判所民事判例集 24 巻 7 号 1220 頁。

⑤ 日本鋼管川崎製鉄所事件・最高裁判所第二小法廷 1974 年 3 月 15 日判决・最高裁判所民事判例集 28 巻 2 号 265 頁。

戒事由，因而惩戒解雇为无效。

另外，铁路公司的员工在通勤电车内因"痴汉行为"被逮捕，并被判"简易命令"*的案例中，判决认为虽然该行为属于有损公司的名誉和体面的惩戒事由，但参照本案中诸多其他情况，"论旨解雇"属于过重的处分，构成惩戒权的滥用。①

（六）履历欺诈

很多企业在就业规则中，将劳动者在录用时伪造学历或职务履历、隐匿犯罪经历等行为（履历欺诈）列为惩戒事由。关于履历欺诈，有观点认为这种情况下仅可以通过错误（《民法》第 95 条）以及欺诈（同第 96 条）而构成劳动合同无效或是成为撤销劳动合同的理由，但一般认为，这种行为破坏了当事人之间的信赖关系，或者使对劳动力的评价产生错误而扰乱了劳动力配置和晋升等秩序，因而属于惩戒解雇事由。②

在履历欺诈中可以被问责的，仅限于对劳动者所提供劳动内容的评价而言属于重要因素的，如学历、职业经历等的欺诈。不过，判例对履历欺诈的态度相当严格，在有关学历欺诈的案例中，不仅仅是伪造更高学历的情况，有的也肯定了伪造低学历的行为构成惩戒事由③。

另外，即使劳动者被录用后很长时期内毫无问题地履行了工作职责，但判例仍倾向于不轻易肯定履历欺诈的"治愈"。但笔者认为，劳动者被录用后历时已久，且在劳动提供过程中没有产生具体障碍的场合，仍以履历欺诈为由加以惩戒处分是应当被质疑的。

＊　由日本简易裁判所在公判前对其管辖内的一般刑事案件裁定罚款等。——译者注

①　東京メトロ事件・東京地方裁判所 2015 年 12 月 25 日判決・労働判例 1133 号 5 頁。相反，判定惩戒解雇为有效的案例，参见：小田急電鉄事件・東京高等裁判所 2003 年 12 月 11 日判決・労働判例 867 号 5 頁。

②　有关学历欺诈和隐匿犯罪经历的案例，参见：炭研精工事件・最高裁判所第一小法廷 1991 年 9 月 19 日判決・労働判例 615 号 16 頁。有关职业履历欺诈和隐匿犯罪经历的案例，参见：メッセ事件・東京地方裁判所 2010 年 11 月 10 日判決・労働判例 1019 号 13 頁。有关年龄欺诈的案例，参见：山口観光事件・大阪地方裁判所 1995 年 6 月 28 日判決・労働判例 686 号 71 頁。

③　有关大学在籍学生谎称中学毕业的案例，参见：日本鋼管鶴見造船所事件・東京高等裁判所 1981 年 11 月 25 日判決・労働関係民事裁判例集 32 巻 6 号 828 頁。

（七）企业内的政治活动

企业绝不是政治真空地带。因此，必须保护劳动者的思想、信仰以及言论表达的自由。但是，很多雇主往往以企业内的政治活动将导致劳动者之间的隔阂为由，对此进行禁止或限制，将其违反行为作为惩戒事由。这样的规定在《劳动基准法》第 3 条以及《宪法》第 21 条之下是否可以被允许呢？

在雇主与劳动者之间进行特别约定，禁止在学校开展政治活动，并将违反该约定的劳动者予以解雇的案例中，判决认为该约定并不违反《民法》第 90 条，因此解雇为有效。[①] 但之后的判例中认为，雇主以企业内的政治活动容易使员工之间产生对立，有可能影响企业的设施管理和其他劳动者的休息时间利用为由，在就业规则中进行一般性禁止，或者采取许可制、报备制加以限制，其本身虽然具有合理性，但如果存在劳动者所进行的政治活动实质上不会扰乱企业秩序这样的特殊情况，则不构成对就业规则等规定的违反。[②]

399

对此，学说中另具代表性的有力见解认为，从宪法中保障"言论表达的自由"这一观点出发，全盘限制劳动者的企业内政治活动是不能被容许的，只有可能具体违反企业秩序的行为才能被禁止。如此，判例与学说中，有关政治活动的禁止和限制出现了原则与例外的逆转，但不论哪种立场，实质上没有违反企业秩序的情况下，对相关行为的惩戒处分将被否定其效力。

五、工会活动与企业秩序

（一）工会活动与惩戒处分

有关违反企业秩序行为的惩戒处分问题，其另一个重要侧面是涉及工会活动的领域。比如，作为工会会员的劳动者散发有关批判公司的经营或

---

① 十胜女子商业事件·最高裁判所第二小法廷 1952 年 2 月 22 日判决·最高裁判所民事判例集 6 卷 2 号 258 頁。

② 目黑電報局事件·最高裁判所第三小法廷 1977 年 12 月 13 日判决·最高裁判所民事判例集 31 卷 7 号 974 頁。明治乳業事件·最高裁判所第三小法廷 1983 年 11 月 1 日判决·労働判例 417 号 21 頁。

劳动政策的资料,在工作时间内开展工会工作,佩戴写有工会名称或者工会要求的缎带(ribbon)进行工作,未得到雇主的许可而在工作场所内进行集会或张贴传单等场合。

　　工会活动与争议行为都属于《宪法》第 28 条规定的对团体行动权的保障的对象(参照第 407 页)。因此,即便属于在形式上违反了企业秩序而构成惩戒事由的行为,但如果工会活动具有正当性,则可以得到民事和刑事的免责(有判例中判定虽然在工会网站上的文章以及在股东大会上的发言属于名誉毁损,但属于正当的工会活动而构成违法性阻却事由,因此否定了雇主方面的损害赔偿请求[①])。另外,由于对劳动者的不利益对待是作为不当劳动行为而被禁止的(《劳动组合法》第 7 条第 1 项),因此惩戒处分是不被容许的。但是,没有正当性的工会活动则被排除在上述保护对象之外,可以对行为者进行惩戒处分。

400　　　与以贯彻其要求为目的,作为施压手段而进行的争议行为不同,工会活动基本上是以不妨碍雇主方面的正常经营的形式进行的。但在下文所述的几种场合,即便产生与劳动提供义务及雇主的设施管理权之间的冲突,是否仍可以肯定工会活动的正当性,成为了问题所在。

(二)工作时间内的工会活动

　　劳动者必须诚实地履行基于劳动合同的劳动提供义务。只要不是基于劳资间的合意或者惯例而被许可的情况,在工作时间内因工会活动而脱离工作场所是违反该劳动提供义务的。不过,在因雇主的行为而需要紧急应对,且没有对工作造成具体障碍等具体情况中,参照《宪法》第 28 条的旨趣,仍有可能在一定情况下肯定脱离工作场所行为的正当性。[②]

　　另一方面,工会会员佩戴载有工会宣传信息的缎带或腕章等进行工作的情况下,如果认真进行工作,则有可能不一定与劳动提供义务产生矛盾。

---

① 　連合ユニオン東京 V 社ユニオンほか事件・東京地方裁判所 2018 年 3 月 29 日判決・労働判例 1183 号 5 頁。

② 　オリエンタルモーター事件・東京高等裁判所 1988 年 6 月 23 日判決・労働判例 521 号 20 頁。

但最高裁判所的立场认为,作为其"专心工作义务",劳动者负有"将工作上的注意力全部用于其工作的履行,仅从事其工作的义务",劳动者在胸前佩戴写有政治信息的胸牌进行工作,对其本人以及同事而言都有可能妨碍其注意力的集中,因此肯定了该行为对企业秩序的违反。[①] 虽然该案不是与工会活动相关而是与个人的政治活动相关的案件,但仍有很多批判意见认为,该判决中所理解的"专心工作义务"的内容过于高度且不具现实性。

撇开这一点不谈,工会活动的情况下仍有受到《宪法》第 28 条的保护之余地,因此必须从工会活动与个人的行为不同这一角度出发,在考虑劳资双方利益的同时判断工会活动是否具有正当性。某高级宾馆的员工拒绝雇主的命令,持续五天佩戴写有"坚决要求"的缎带进行工作而受到惩戒处分的案例中,最高裁判所并没有依据一般性的判断框架对该案例进行任何说明,就判断本案员工的行为属于不具有正当性的工会活动(该案中有法官补充意见对"专心工作义务"进行了更为缓和的理解,但在结论上仍认为缎带的佩戴给宾馆的工作带来了具体的影响,因此否定了其正当性[②]),属于性急的缺乏说服力的判断,应从职务内容和性质、缎带形状和记载内容等方面判断造成的工作阻碍或影响的程度,并在此基础上判断该工会活动是否具有正当性。

在该判决之后,也有几件就佩戴工会佩章(直径 1 英尺多,没有记载任何文字)而引起争议的案件。从这些案例来看,判决倾向认为,即使没有构成对职务履行的现实的阻碍,工作时间内的工会活动仍属于违反了"专心工作义务",构成对企业秩序的侵害,其正当性应被否定[③],但也有判例中认为佩章的佩带与劳动提供义务毫无障碍地互相兼顾,因而肯定了其正当性[④]。另外,即使佩章其本身的正当性被否定,但如果对佩戴者的惩戒处分是以弱

401

---

① 前揭目黒電報電話局事件。

② 大成観光事件・最高裁判所第三小法廷 1982 年 4 月 13 日判决・最高裁判所民事判例集 36 巻 4 号 659 頁。

③ JR 東海事件・東京高等裁判所 1997 年 10 月 30 日判决・労働判例 728 号 49 頁。同事件・最高裁判所第二小法廷 1998 年 7 月 17 日判决・労働判例 744 号 15 頁。

④ JR 東日本事件・横浜地方裁判所 1997 年 8 月 7 日判决・労働判例 723 号 13 頁。

化工会为决定性动机而进行的,也有可能构成不当劳动行为。①

(三) 利用企业设施的工会活动

作为工会的日常活动场所,劳动者聚集的职场是最为便利和最具成效的。本来或许应该由工会在企业之外自行准备设施,但许多工会一般是在企业内借用办公室或宣传板,或者得到雇主的许可而使用劳动者集会场所。有时雇主还会容许工会在进行工会活动时使用公司的电话以及电脑等。

但有时,工会在没有得到雇主的许可下就利用企业设施进行集会或者联络事宜。另外,在处于劳资间纠纷状态时,工会在工会宣传板以外的地方张贴传单的情况也不少见。对此,雇主可能会发出中止命令或警告,对实际执行者处以惩戒处分,要求撤除传单或支付损害赔偿。不论哪种情况,这里的问题都在于工会活动权与雇主的设施管理权之间的冲突和调整。

关于这个问题,过去曾有较有力的观点以《宪法》第 28 条的团结权和团体行动权为根据,特别是斟酌考虑企业设施的利用对于工会活动是不可或缺的这一点,认为考虑到对于工会的必要性以及对企业经营和设施管理带来的障碍,雇主有义务容忍可肯定其正当性的工会活动(容忍义务说②)。对此,另有观点则在否定容忍义务的基础上,主张在从设施利用的目的、形式和方法来看对于工会活动具有必要性,另外没有给企业经营和设施管理带来障碍的情况下,没有取得许可而利用企业设施的行为,(只不过是)其违法性被阻却了而已(违法性阻却说③)。

容忍义务说与违法性阻却说看上去是有显著区别的观点,但其在结论上并没有产生很大差异。容忍义务说并不是理解为工会在私法上存在具体的设施利用权,且雇主方面产生出借设施的义务。不论哪种观点中,都会参照具体状况考虑劳资双方的利益,从而判断工会活动的正当性,进而对于正当的工会活动肯定其民事和刑事免责、惩戒处分的无效、撤除传单请求的否

---

① 　JR 東日本事件・東京高等裁判所 1999 年 2 月 24 日判決・労働判例 763 号 34 頁。

② 　籾井常喜『組合活動の法理』141 頁以下。

③ 　小西國友『要説労働法』(1991 年、法研出版)81 頁。

认等效果(另外有观点虽站在违法性阻却说的立场,但认为物权领域的排除妨害请求并不需要侵害行为的违法性,因此肯定正当的撤除传单请求[①])。

相对于上述学说中的主张,判例则强调工会利用企业设施应当基于与雇主之间的合意而进行,认为只要不存在不允许利用其设施本身属于雇主的设施管理权滥用等特殊情况,则没有得到雇主许可的设施利用不具有正当性(即"许诺说",参照前述国铁札幌站事件)。但是,如果存在雇主的许可,那么应当从一开始就不存在任何问题。可以说,判例中的这一立场是将工会活动是否受到保护限定于雇主的行为是否构成权利滥用这一狭隘的视角了。

该案中成为争议焦点的工会的行为,是将写有"反对合理化"[*]等文字的传单张贴在外部人员看不到的员工休息室的储物柜门上,其具体形式不能称之为性质恶劣。判决认为雇主的不许可决定从维持企业秩序的观点来看是不得已的,不属于权利的滥用,但笔者认为,应当具体考虑相关行为对设施管理方面所带来的障碍或影响的程度,以及对工会而言的必要性,从实质性意义上判断其正当性与否。

(四) 散发传单

作为工会活动的散发传单行为,其问题在于传单内容和散发形式这两个方面。即便是以批判公司的经营政策等为内容的传单,只要其内容属实,则可以肯定其正当性。但是,如果记载的内容违背事实,属于诽谤中伤,则不能肯定其作为工会活动的正当性,因此有的判例中,散发传单行为被判定构成了"污损公司形象"或者"因故意或严重过失而给公司带来不利益的行为"这样的惩戒事由(有案例中,否定了工作时间外在工作场所外散发关于反对原子能发电的传单的行为的正当性[②])。

有关散发传单的形式,因为这种行为具有一时性的特点,所以与传单的

---

① 山口浩一郎『労働組合法(第2版)』(1996年、有斐閣)296頁。

* 所谓合理化,一般指企业为提高生产效率等而采取的包括裁员在内的措施。——译者注

② 中国電力事件・最高裁判所第三小法廷1992年3月3日判决・労働判例609号10頁。

张贴相比，与雇主的设施管理权相冲突的可能性较低。因此，即使违反有关在设施内进行传单散发的许可制度或报备制度，也较为容易被肯定其作为工会活动的正当性（有案例中，工作时间之前在办公室所进行的传单散发行为，虽然没有得到就业规则中所规定的许可，但仍被判没有对工作带来障碍，不能以违反就业规则为由进行惩戒处分[①]）。不过，如果在散发传单时用扩音器进行演讲，则会产生对业务和设施管理的障碍，有的情况下也有可能被否定其正当性。

六、街头宣传活动

近年来，围绕工会在企业外进行的宣传活动（信息宣传、街头宣传）所产生的纠纷逐年增加。通常，工会会选择在公司建筑物前等地方散发传单、开展游行以及演讲活动，往往还会有其他企业的劳动者或者一般市民参与其中。特别是对于缺乏企业内基础的"合同工会"或"社区工会"来说，这是一种重要的战术，但雇主对此请求损害赔偿或者行为中止的例子为数不少。

这种情况下，一般会参照该行为的地点、内容、形式、对象，以及集体谈判的过程等具体事实关系，斟酌具体行为的正当性与不法行为的成立与否，如果可以肯定属于正当的工会活动范围之内，则其违法性将被阻却（有判例中，判定在公司总部前的宣传活动具有正当性[②]）。对于在社长等经营者的私人住宅周边进行的街头宣传活动，往往被判定为对生活上的利益的不当侵害而被否定其正当性[③]，但也有肯定其正当性的例子[④]。

另外，工会的活动并非限定于与特定的雇主之间的关系中，而是基于社

---

①　倉田学園事件・最高裁判所第三小法廷 1994 年 12 月 20 日判決・最高裁判所民事判例集 48 卷 8 号 1496 頁。

②　スカイマーク事件・東京地方裁判所 2007 年 3 月 16 日判決・労働判例 945 号 76 頁。

③　東京・中部地域労働者組合事件・東京高等裁判所 2005 年 6 月 29 日判決・労働判例 927 号 67 頁。甲労働者組合事件・東京地方裁判所 2015 年 4 月 23 日判決・判例時報 2268 号 66 頁。

④　河内長野衛生事業所事件・大阪高等裁判所 2013 年 11 月 30 日判決・労働法律旬報 1778 号 64 頁。

会连带的,具有一定幅度的行为,需要分别对相关行为参照其具体的目的和形式来判断是否具有正当性。具体案例中,也有判决认为集体劳动关系中也需要"与劳动合同关系类似乃至与其相邻的关系",因此较为狭隘地理解街头宣传活动的正当性[1],但笔者认为这并不妥当。应当肯定不在上述关系范围之内的人员的团体行动也属于《宪法》第 28 条保护的对象[2],在此基础上适当确定其范围。

企业福利的趋势

405

所谓企业福利,是相对于社会福利的词语,是在国家和地方自治体所提供的福利服务之外,或者在其基础之上,由企业对员工所提供的生活上的福利。企业福利的种类范围宽泛,具体包括财务援助制度、企业年金、红白事津贴、住宅津贴、房租补贴、体检(在法定体检之外)以及"山之家"等休闲设施、精密体检费用补助等,多样化的企业福利以大企业为中心而得以实施。企业希望通过这些企业福利提高员工的工作动力,促进形成专心于工作的环境,确保所需人才并提高员工对企业的一体感和信任感。

日本企业中,企业福利从战前开始普及,由大企业代替了如欧洲诸国由国家和地方自治体所提供的各种领域的福利。特别是在战后困难的住宅状况中,对住宅的提供(公司住宅或宿舍)和支援得到广泛的普及,在一定程度上由企业福利代替了行政领域的住宅政策。日本的大企业以确保优质劳动者、确立基于长期雇佣的安定的劳资关系为目标,自行提供了诸多福利。

但是,近年来,随着非全日制用工和有期劳动合同劳动者等所谓非正规劳动者的增加,其与正规劳动者在福利方面的差距,有可能产生不

---

① 教育社労働組合事件・東京地方裁判所 2013 年 2 月 6 日判決・労働判例 1073 号 65 頁。

② 富士美術印刷事件・東京高等裁判所 2016 年 7 月 4 日判決・労働判例 1149 号 16 頁(但结论为否定其正当性)。

平等或不均衡待遇以及不合理差距的问题。[①]另外，据调查，即使是正式员工，与在一个企业中被长期雇佣相比，根据其意向和能力而跳槽者也正在增加，因此以确保长期雇佣为目标的企业福利的意义趋于薄弱。企业方面也在严峻的经营环境中更需要削减经费，正如"实业团运动支援"[*]的废止趋势所示，不得不说，通过企业福利酝酿企业一体感的需求也在不断减弱。

在这种状况中，有观点认为"企业福利制度已结束了其功能"，应当还原为劳动者全体的利益。[②]不过，正如该书中所指出的，并不是单纯废除企业福利即可，而是需要针对雇佣的多样化进行福利的再分配。不仅仅是正式员工，同时也要听取非正式员工的意向，或许可以采用反映劳动者个人意向的可自由选择的企业福利方式（被称为 cafeteria 计划），或者利用福利厚生代行服务等方式。

第四节　争议行为

争议行为是工会为了实现其主张和要求而对雇主施加压力的手段。作为迫使雇主让步的武器，争议行为（及其威慑）是集体谈判中不可或缺的要素。另外也存在对劳动条件不满的劳动者集体放弃工作而自然地发生罢工的情形，而正是这种情形很多时候成为组建工会以及进行集体谈判的契机。争议行为唤起了我们对历史上诸多劳动争议的记忆，也是在劳动法中能够令人感受特有的氛围的领域。

从法律角度来看，虽然同样属于劳动者的团结活动，但与在协调的劳资

---

①　参照《非全日制劳动及有期劳动法》（2020 年施行）第 8 条以下及本书中所述判例的判断倾向。

*　日本的大企业中曾经存在组织运动队，与业余运动员订立劳动合同支援其参加运动竞赛，从而在宣传企业的同时提高员工的归属感这一传统。——译者注

②　橘木俊詔『企業福祉の終焉』（中公新書）。

关系中进行的日常工会活动不同,争议行为是故意阻碍工作进行而使雇主蒙受损失的行为,与市民法秩序相抵触的侧面较为明显,同时对雇主的商业客户和顾客,甚至对一般民众也不可避免地会产生影响。但是,日本《宪法》第 28 条参照欧美诸国争议行为法理的发展,作为劳动者与雇主在对等的立场上进行集体谈判以维持和改善其劳动条件的手段,对争议权进行了保障。

在日本,很少有工会在问题解决之前持续全面罢工的情况,通常为在短期的罢工中综合运用多种战术而展开争议,这之中也包括很难判别其为争议行为或工会活动的行为,因此如何理解争议行为相对于工会活动的独特意义,便成为了问题的一个焦点。

一、争议行为的意义与概念

(一) 对争议行为的法律保护

1.《劳动组合法》中的三个规定

基于《宪法》第 28 条对争议权的保障,《劳动组合法》从三个侧面规定了对正当的争议行为的法律保护。第一,刑事免责。争议行为从其形式上来看有时候可能满足刑罚规定的构成要件,构成"威力妨害业务罪"、"强要罪"*、"住宅入侵罪"等。虽然从刑法本身的解释出发,也有可能否认其实质违法性,但《劳动组合法》中明确规定,只要争议行为可以肯定是在正当性的范围之内,则作为《刑法》第 35 条中的正当行为而构成违法性的阻却,不构成犯罪(《劳动组合法》第 1 条第 2 款)。

第二,民事免责。工会以及劳动者对雇主因正当的争议行为而蒙受的损失不承担赔偿责任(不法行为责任或者债务不履行责任,同第 8 条)。比如,罢工可能构成个别劳动者在劳动合同上的债务不履行,以及下达指令的工会的不法行为,但通过民事免责,这些损害赔偿责任被否定,雇主必须忍受因罢工所产生的损害。

---

　　* 指通过加害对方或其亲属的生命、身体、自由、名誉或财产进行胁迫,或使用暴力,使对方行并无义务的行为,或者妨碍其权利行使而成立的犯罪行为。——译者注

第三,雇主以正当的争议行为为理由而对劳动者采取解雇、惩戒处分等不利益对待的行为被作为不当劳动行为而禁止(同第 7 条第 1 项)。比如,劳动者因参加了正当的劳动争议行为而被解雇时,构成不当劳动行为,劳动委员会可以根据《劳动组合法》第 27 条以下的规定进行救济(行政救济)。另外,该解雇将被判为私法上无效(司法救济)。

除了对不利益对待的行政救济,以上这些《劳动组合法》的规定都是对《宪法》第 28 条本身所具有的直接效果进行确认的内容。对于正当的争议行为,当然也不能肯定雇主的停止侵害请求(有判决中判定禁止正当罢工的临时处分命令为违法,并要求提起该临时处分请求的雇主赔偿因不法行为造成的损害[①])。

2. 与工会活动的不同

工会活动也是从三个侧面受到法律保护,在这一点上与争议行为相同(不过,有关工会活动,也有少数学说以《劳动组合法》第 8 条中的表述为理由,主张否定民事免责[②])。但争议行为与工会活动的旨趣和目的不同,因而其"正当性"的判断(角度)是不同的。工会活动原则上应当在认真履行劳动提供义务的基础上,以不阻碍工作的方式进行,在何种程度上可以容忍对于该原则的超越将成为问题焦点,而争议行为正是以阻碍工作为目的的行为,其正当性将从该行为什么情况下可评价为过度而超越了其界限这一角度来判断。

3. 工资的丧失

劳动者参加罢工而没有提供劳动时,即使作为正当的争议行为受到民事免责以及不利益对待的保护,但并不产生对雇主的工资请求权(即无劳动提供无工资支付的原则,"no work, no pay")。作为争议行为中的理想状态,罢工可谓是受到工作阻碍的雇主与丧失工资的劳动者之间的一种"忍耐

408

---

① 鈴鹿さくら病院事件・津地方裁判所 2014 年 2 月 28 日判決・判例時報 2235 号 102 頁、(二審判決)名古屋高等裁判所 2014 年 11 月 27 日判決 LEX/DB25505221。

② 山口浩一郎『労働組合法(第 2 版)』(1996 年、有斐閣)290 頁、下井隆史『労使関係法』(1995 年、有斐閣)82 頁。

比赛"。

另外,法律基本上也不会要求将罢工日作为出勤来处理。不过,有关对作为加薪要件的出勤率进行计算时将罢工日作为缺勤处理的问题,有判决中判定,由于其对《劳动组合法》上的权利行使造成的事实上的抑制效果较大,因而属于违反公序而无效[1],另有在奖金计算中将罢工日作为缺勤处理的案件中,判决认为可以肯定雇主厌恶工会以及进行报复的意图,因而该行为构成不当劳动行为[2]。

(二) 争议行为的概念

有关上述可以接受法律保护的"争议行为",《劳动组合法》没有进行特别的定义。毋庸置疑,罢工,即集体停止劳动是最为典型的劳动争议行为,通说中,参考《劳动关系调整法》第 7 条的规定,对争议行为进行了广义的定义,即劳动者的团结体为实现其主张而进行的"阻碍雇主的业务正常运营的行为"都包含在争议行为之内。[3] 因此,可以带来业务阻碍的多种多样的行为都被肯定为争议行为,需分别对其进行正当性的判断(在正当性的判断方面,争议行为也与工会活动存在共通性,因此争议行为与工会活动的概念并没有得到明确的区分)。

对此,也有观点强调争议权的中心在于罢工权,而对争议行为的行为类型加以限定。[4] 该观点认为,包含在争议行为当中的,仅限于不提供劳动或者不完全提供劳动(罢工、怠工),以及为维持和强化上述不提供劳动之行为而进行的罢工纠察(picketing)、工厂占据等。"缎带斗争"和张贴宣传单的行为即使是在争议行为中作为施压手段而进行,基本上也不能纳入争议行

---

[1]　日本シェーリング事件・最高裁判所第一小法廷 1989 年 12 月 14 日判决・最高裁判所民事判例集 43 卷 12 号 1895 页。

[2]　西日本重機事件・最高裁判所第一小法廷 1983 年 2 月 24 日判决・労働判例 408 号 50 页。

[3]　石井照久『新版労働法(第 3 版)』(1973 年、弘文堂)366 页、外尾健一『労働団体法』(1975 年、筑摩書房)398 页、西谷敏『労働組合法(第 3 版)』(2012 年、有斐閣)401 页。

[4]　菅野和夫『労働法(第 11 版補正版)』(2017 年、弘文堂)908 页、下井隆史『労使関係法』(1995 年、有斐閣)169 页、荒木尚志『労働法(第 3 版)』(2016 年、有斐閣)639 页。

为的范畴,仅存在作为工会活动的正当性问题(对此,有观点通过对"以不提供劳动为中心的行为"进行定义,认为如果是附随于不提供劳动的行为,则可以肯定"缎带斗争"和张贴宣传单行为也属于争议行为[①])。但是,有关对争议行为进行范围限定的主张,通说方面对其依据提出了质疑。

另外,也有观点一方面在行为类型方面对有无工作阻碍完全不作任何限定,另一方面附加了属于基于集体性的争议意思(具体来讲,需要存在对工会会员的争议行为指令以及对雇主的争议宣言)的行为这一要件。[②]

二、争议行为的正当性

(一)正当性的判断

争议行为受到法律保护的范围仅限于其是"正当的"场合。正当性的判断基准在《劳动组合法》中并没有得到明示,但判例和通说均认为,应当针对具体的争议行为,斟酌考虑其目的和形态(手段)这两方面,并考虑其程序和主体,参照社会一般观念进行判断。

争议行为的正当性问题出现在刑事免责、民事免责以及禁止不利益对待的各个方面。虽然正当性的判断基准在这些方面基本上是共通的,但根据各自效果的旨趣和目的,也会出现不一致的地方(正当性概念的相对性)。比如,某争议行为在民事免责方面不能说具有正当性,但在刑事免责方面仍有可能未丧失正当性。另外,即使同为对不利益对待的保护,行政救济的场合与司法救济的场合中,其判断的视角有时候也会不一样。

(二)目的正当性

1.一般原则

关于争议行为的目的,有立场认为,如果是以提高劳动者的经济和社会地位为目的的,则应当广泛认可其正当性。但应当认为,《宪法》第 28 条是将争议权作为使集体谈判能够发挥实质性作用的手段而予以保障的,因此

---

①　水町勇一郎『労働法(第 7 版)』(2018 年、有斐閣)407 頁。

②　山口浩一郎『労働組合法(第 2 版)』(1996 年、有斐閣)225 頁。

应当限定于通过集体谈判而在劳资间可以处理的事项。[①]

即便如此理解,以劳动条件及其他关于劳动者待遇的标准,或者有关该工会与雇主之间关系的事项为目的的争议行为,基本上都可以肯定其正当性。个别工会会员的待遇、union shop(受雇后限期加入工会)协定、工资中 410 预扣工会会费协定的订立,以及集体谈判的规则等,也都包含在内。

根据判例法理,即使所提出的是非工会会员的管理人员的人事方面的要求,但如果可以肯定其是为了实现工会会员的劳动条件改善的手段,则不能否定其正当性。[②] 反对"合理化"等对雇主的经营计划以及生产手段方面提出要求的争议行为也是一样的。另外,只要包含在上述事项之内,即使是客观上可以认为无法实现其内容的要求(过高要求),原则上也不能否定其正当性。

2. 政治罢工与同情罢工

在有关争议行为的目的方面问题最大的,是为了实现特定的政治主张,或者为了要求政府和议会采取某种举措或进行相关立法而进行的"政治罢工"。

判例中采取的态度为否定政治罢工的正当性。[③] 但学说中,也有有力见解将以与劳动者的经济利益直接关联的立法和政策为目的的"经济性政治罢工"与其他的"纯粹政治罢工"进行区分,认为由于现代社会中劳动者的经济利益与政治利益具有不可分性,因而前者的情况下,应属于《宪法》第28条的范围之内而具有正当性。[④] 但是,虽然这样的政治活动对工会的目

---

① 石川吉右衞門『労働組合法』(1978年、有斐閣)211頁。

② 高知新聞社事件・最高裁判所第三小法廷1960年4月26日判決・最高裁判所民事判例集14巻6号1004頁。大浜炭鉱事件・最高裁判所第二小法廷1949年4月23日判決・最高裁判所刑事判例集3巻5号592頁。

③ 全農林警職法事件・最高裁判所大法廷1973年4月25日判決・最高裁判所刑事判例集27巻4号547頁。三菱重工業長崎造船所事件・最高裁判所第二小法廷1992年9月25日判決・労働判例618号14頁。

④ 外尾健一『労働団体法』(1975年、筑摩書房)422頁、西谷敏『労働組合法(第3版)』(2012年、有斐閣)415頁。有関纯粋政治罢工,也有見解主張其具有存在正当性的余地。片岡曻(村中孝史補訂)『労働法(1)(第4版)』(2007年、有斐閣)169頁。

的来讲是重要的,但为此而进行争议行为是就劳资间所不能解决的问题对雇主施加压力,很难说其是正当的。

同样,不是以实现对自己的雇主的一定要求为目的,而是以支援其他企业中的工会的争议为目的的"同情罢工",仍然属于在与雇主的集体谈判中不可能解决的事项,因而不能肯定其正当性。[①] 不过,两个工会都属于同一上层行业工会团体等情况下,基于其劳动条件以及组织上的利益关联性,或许也有不少场合可以认为与其自己的雇主之间产生了固有的争议焦点。

411   **(三) 形式的正当性**

工会所进行的争议行为的形式是多种多样的,其中像罢工那样仅停留于不提供劳动的情形基本上是正当的,不论雇主蒙受了多么大的经济损失,并不会因此而被否定其正当性。

但是,争议行为的形式中包含了更为积极的要素的情况下,如果该行为参照争议权保障的旨趣可谓是超越了其合理界限的,则不能肯定其正当性。比如行使暴力(参照《劳动组合法》第 1 条第 2 项但书)或者阻碍、放弃保安业务(参照《劳动关系调整法》第 36 条)等,对人的生命、身体和安全进行的故意加害行为,不具有正当性。不过,既然医疗设施中的劳动者也具有争议权,不能因为其争议行为对患者的治疗带来了障碍,就当然地会丧失其正当性。[②]

另外,采用过度侵害雇主的所有权及其他财产权的争议手段时,其正当性也将被否定。学说中也有见解认为,雇主在争议中(利用非工会会员及代替劳动者)继续开展工作虽然没有被禁止,但是属于法律保护的对象之外,因此应当广泛地承认以对其阻碍为目的的工会行为的正当性。但有案例中,判决肯定了罢工时雇主继续开展工作也是法律保护的对象,判定工会的

---

① 杵島炭鉱事件・東京地方裁判所 1975 年 10 月 21 日判决・労働関係民事裁判例集 26 卷 5 号 870 頁。

② 新潟精神病院事件・最高裁判所第三小法廷 1964 年 8 月 4 日判决・最高裁判所民事判例集 18 卷 7 号 1263 頁。但同时指出,发生了紧急事态等场合将会产生协助采取善后措施的义务。

阻碍行为构成了"威力妨害业务罪"。①

具有代表性的争议行为的形式具体有以下几种。

（1）罢工。"罢工"有时候也会被作为争议行为整体的代名词而被使用，但其本来是指基于集体的意思而拒绝提供劳动。也就是所谓"walk-out"。只要是止于这种不作为，那么罢工的正当性则不会遭到质疑。不仅包括全面罢工，如部分罢工和指名罢工那样，仅部分工会会员依据指令而进行罢工的情况也是一样。另外，长期连续的罢工，或者与之相反，"限时罢工"及"波状罢工"那样的短时间的罢工在具有正当性这一点上是没有差异的。

（2）怠工。怠工是一种提供不完全劳动的战术，工会会员虽然提供劳动，但并不像平常那样进行工作，因此给工作带来阻碍。与罢工相比，怠工 412 包含一些更为积极的要素，如抵触雇主的指挥命令以及占据工作场所，但一般来讲，如果仅是降低工作效率的消极怠工，则其正当性是得到肯定的②。所谓"顺法斗争"基本上亦是一种消极怠工，具有正当性。

但是，生产不良品、破坏机械和产品等"积极的怠工"则超出了正当性的界限。如"切断上下级之间的工作联络（上部阻断斗争）"、"拒绝接听电话"、"拒绝上交营业收益等费用（缴费罢工）"等，仅仅拒绝特定工作的行为，原则上是被肯定其正当性的，但根据具体情况，有的场合也有可能因其积极的加害行为而丧失正当性。

（3）占据工作场所、进行生产管理。在罢工中，经常可见到令工会会员滞留于企业设施内或者占据企业设施的战术。这样的行为属于对雇主企业设施所有权等的侵害，但如果是不完全排除雇主对企业设施的占有，且不妨碍工会会员以外的人员出入和工作的情况，则被认为没有丧失其正当性③。

---

①　山陽電気軌道事件・最高裁判所第二小法廷 1978 年 11 月 15 日決定・最高裁判所刑事判例集 32 巻 8 号 1855 頁。

②　日本化薬事件・山口地方裁判所 1955 年 10 月 13 日判決・労働関係民事裁判例集 6 巻 6 号 916 頁。

③　きょうとユニオン事件・大阪高等裁判所 2016 年 2 月 28 日判決・労働判例 1137 号 5 頁。

但是，全面的、排他性的工作场所占据行为则不能被肯定其正当性。

在涉及公交公司或出租车公司的争议中，工会会员拿走车钥匙或车检证明（或者车辆本身）的"车辆确保战术"，从实质上来看，也等同于全面的排他性的占据工作场所的行为，不能说其是正当的。① 劳动者占据工作场所，排除雇主的介入，而在工会的管理之下进行企业运营的"生产管理"在战后不久的时期十分多见，其正当性也是被否定的。②

（4）罢工纠察。所谓罢工纠察，是指为了确保罢工的实效性，由工会会员监视工厂入口处，阻止其他劳动者和顾客等进行工作、搬入原材料、出货以及进行交易等行为。问题在于其形式如何，学说中存在两种观点的对立：一种认为应当限于通过言语的和平劝说；另一种则认为，伴随一定程度的威慑的情况也可肯定其正当性（特别是对方为退出罢工人员或罢工中使用的替代劳动人员的情况）。

413　　　最高裁判所采取的是"和平劝说"的立场。③ 最近的案例中，最高裁判所也基于同样的立场，认为即使是通过替代劳动人员可以很容易持续其业务的出租车行业，以静坐于车库前为主要形式的罢工纠察不具有正当性。④ 在刑事案件中，曾经一段时期，判例倾向于考虑诸多要素而在判断中进行一定程度的缓和⑤，但现在，在"从法律秩序整体之见地"出发进行综合判断这一基本框架下，判例多采取严格的态度⑥。

不过，在下级裁判所，特别是民事案件中，也可见一些判决认为超出纯粹的劝说范围的"团体的示威"以及"最小限度的有形力量的行使"也具有正

---

① 前揭山陽電気軌道事件。

② 山田鋼業事件・最高裁判所大法廷 1950 年 11 月 15 日判决・最高裁判所刑事判例集 4 卷 11 号 2257 頁。

③ 朝日新聞社事件・最高裁判所大法廷 1952 年 10 月 22 日判决・最高裁判所民事判例集 6 卷 9 号 857 頁。该判决将"罢工的本质"在于不提供劳动作为其判断理由，这一判断存在理论上的飞跃。

④ 御国ハイヤー事件・最高裁判所第二小法廷 1992 年 10 月 2 日判决・労働判例 619 号 8 頁。

⑤ 三友炭礦事件・最高裁判所第三小法廷 1956 年 12 月 11 日判决・最高裁判所刑事判例集 10 卷 12 号 1605 頁等。

⑥ 国鉄久留米駅事件・最高裁判所大法廷 1973 年 4 月 25 日判决・最高裁判所刑事判例集 27 卷 3 号 418 頁。

当性。对此,必须要考虑每个案例中的具体状况,但一般来说,应当一方面以和平劝说为原则,另一方面,没有达到胁迫或者物理性阻止程度的列阵集体阻止以及齐喊口号等行为仍不失其正当性。

(5)产品抵制(boycott)。典型的产品抵制是工会作为增加罢工效果的施压手段,而呼吁顾客以及公众不购买雇主的产品或服务的行为。在概念上,产品抵制行为与罢工纠察以及散发宣传单行为有重叠部分,其定义并不是十分明确。[1]

以争议的直接对方即雇主为目标的产品抵制行为,只要其不包含暴行、胁迫以及虚假的诽谤宣传等,其正当性是被肯定的。[2] 但如果是呼吁不购买雇主的客户等第三方的产品或服务的行为,即所谓"二次产品抵制",其正当性一般是不被认可的。

(6)佩带斗争、张贴宣传单。佩戴缎带的斗争(佩带斗争)通常是作为工会活动的一部分而进行的。但是,只要不在其形式形态方面对争议行为的概念进行限定,那么,如果佩带斗争很明确是为了坚持对雇主的要求而采取的施压手段,问题则在于其作为争议行为的正当性。[3] 将佩带斗争作为争议行为来看时,从与怠工的比较这一角度而言,可以认为原则上没有理由否定佩带斗争的正当性。[4]

另外,张贴宣传单也有可能不是作为工会活动,而是作为争议行为进行的。这种情况是对雇主所有的设施的直接侵害,即使与作为工会活动相比,在作为争议行为的情况下,其具有正当性的范围稍宽,但如果张贴的数目或者方式过度,仍不能肯定其为正当的争议行为。

414

---

[1]　東海商船事件・東京高等裁判所 1999 年 6 月 23 日判決・労働判例 767 号 27 頁。

[2]　福井新聞社事件・福井地方裁判所 1968 年 5 月 15 日判決・労働関係民事裁判例集 19 巻 3 号 714 頁。

[3]　大成観光事件・最高裁判所第三小法廷 1982 年 4 月 13 日判決・最高裁判所民事判例集 36 巻 4 号 659 頁。原審判決从争议行为和工会活动两个方面都否定了佩带斗争的正当性,对此,最高裁判所仅仅是否定了作为工作时间内的工会活动的正当性,似乎并没有对其作为争议行为的正当性进行判断。

[4]　山口浩一郎『労働組合法(第 2 版)』(1996 年、有斐閣)248 頁。

(四) 程序和主体的正当性

争议行为是以存在通过集体谈判来解决问题的可能性为前提的权利,但在集体谈判的什么阶段进行争议,是由工会自行选择的。不能说因为没有充分进行集体谈判,就因此而否定争议行为的正当性[也就是说,不存在像德国过去的法理中的所谓"最后的手段"(ultima ratio)这一限定]。

虽说如此,但仍至少需要存在劳资双方就某事项的不一致状态,没有向雇主提出要求或者不等待其回复就直接进行争议行为,是不能肯定其正当性的。[①] 但在所谓"抗议罢工"的情况下,只要可以肯定因雇主的行为等而产生了可发展为将来的集体谈判的具体纠纷,则应可以肯定其正当性。

没有进行预告或通告的争议行为,如果未在法律或集体协议中存在相关预告等义务,则原则上不能否定其正当性。但是,如果参照具体的情况而言显失公正时,也可能会被判断为不具有正当性(比如没有事先通告的怠工的正当性被否定的判例[②],以及将事先预告的开始时间提前 12 小时,在开始前 5 分钟通告并实施的罢工的正当性被否定的判例[③])。

有关违反工会规约中所规定的罢工投票等程序的争议行为,判例中认为,虽然会产生工会内部的责任问题,但不会影响应当从其对外关系方面进行评价的、正当性的有无问题。作为独立工会的下级组织没有得到上级组织的承认而进行的"非公认罢工",只要没有因此而特别阻碍与雇主之间的集体交涉关系,也是与上述同样的。但如果其本身是不能称为独立的工会的下级组织,或者是会员中的部分人员未基于工会整体的意思而独自进行的"山猫罢工",则缺乏作为争议主体的主体适格性,而不具有正当性。

415

---

① 富士文化工業事件・浦和地方裁判所 1960 年 3 月 30 日判决・労働関係民事裁判例集 11 卷 2 号 280 頁。

② 日本テキサス・インスツルメンツ事件・浦和地方裁判所 1974 年 12 月 6 日判决・労働関係民事裁判例集 25 卷 6 号 552 頁。

③ 国鉄千葉動労事件・東京高等裁判所 2001 年 9 月 11 日判决・労働判例 817 号 57 頁。

由于只要是《宪法》第 28 条所规定的劳动者的团结体,就可以成为争议行为的主体,因此所谓"宪法工会"及争议团体所进行的争议行为也是正当的(参照非工会会员的 5 名劳动者要求撤回不利益变更而进行罢工的案例[①])。

(五) 违反法令和集体协议的争议行为

现行法上,除了对公务员的争议行为的禁止(参照第 14 页)之外,还有其他一些对争议行为的限制规定。比如,在《劳动关系调整法》中规定:①停止和废止安全维护设施的正常维持和运行的行为(第 36 条);②公益行业中的争议行为提前 10 日的预告义务(第 37 条);③对有关劳动委员会的调解程序中由调解委员会出示的调解方案的解释和履行的争议行为的限制(第 26 条第 4 款);④发布了"紧急调整决定"的情况下,对其发布后 50 天之内的争议行为的禁止(第 38 条)。

另外,所谓罢工规制法,即《有关电气及煤矿业中的争议行为方法的规制法律》分别禁止了在电力行业中对电力供给直接造成障碍的行为(第 2 条),以及在煤矿业中停止矿山的保安业务的正常运营,造成对人的危害以及矿物资源消失等行为(第 3 条)。

通说认为,进行了违反这些规定的争议行为的情况下,也并不是当然就被否定其正当性,而是有必要根据其具体效果,参照相关规制的旨趣进行实质性的考虑。一般来讲,如上述①中那样违反确保人身生命和安全的规定的行为不能肯定其正当性,而如②中那样,为了公众的便利性而规定的预告义务等不会影响其正当性(对于③和④的正当性问题存在观点的对立)。

其次,争议行为违反集体协议的情况下,(相对)和平义务将成为问题。在集体协议有效期内要求对其进行变更而进行的争议行为是违反该义务的,但工会对违反集体协议的债务不履行责任问题,与争议行为的正当性问题基本上属于不同的问题。对此也存在不同的主张,有的强调集体协议中的和平义务的本质性的重要性,因此不论民事或刑事都全面否定其正当性, 416

---

①　三和サービス事件・津地方裁判所 2009 年 3 月 18 日判决・労働判例 983 号 27 页。

与之相对,有主张认为其不过是构成对劳资间的私人约束的违反,因而全面肯定其正当性(判例的立场并不十分明确)①。笔者认为,这种情况下,认为仅丧失民事免责的效果这样一种折中的观点是比较妥当的。

有关违反事前预告以及调解程序等和平条款的争议行为的正当性问题,也可以进行同样的考虑。

三、争议行为与工资

(一) 参加争议者的工资

参加争议行为的劳动者是否具有工资请求权,是区别于争议行为是否具有正当性之外的问题,需要从劳动合同中的劳动提供义务的履行这一视角进行决定。

1. 罢工

通常的罢工的情况下,对于参加该罢工而拒绝提供劳动的劳动者,雇主不承担工资支付义务("no work,no pay"原则)。对于其理由,有两种说法:一种是依据个别劳动关系中劳动给付义务与工资支付义务的牵连性,认为既然没有劳动提供则不产生工资支付义务;另一种则认为通过罢工这样一种集体的施压行为,劳动合同关系(劳动提供义务与工资支付义务双方)一时性"停止"。但作为一般性的解释原则,对上述两种说法的结论本身几乎没有异议。因此,雇主可以从本来的工资金额中扣除罢工期间(天数或者时间)的工资再进行支付(工资扣除)。

问题在于,这种情况下是否可以对通常所支付的工资进行全部扣除。过去,学说中的有力见解主张"工资二分说"②。根据该见解,工资中存在对应于每天的具体劳动提供而支付的"交换部分",以及对员工其地位本身所支付的"生活保障部分",属于后者的家庭津贴和住宅津贴等在罢工的情况

---

① 弘南バス事件・最高裁判所第三小法廷 1968 年 12 月 24 日判决・最高裁判所民事判例集 22 卷 13 号 3194 頁。

② 外尾健一『労働団体法』(1975 年、筑摩書房)510 頁。

下也不应成为工资扣除的对象。最高裁判所在相关判决中也曾基于该主张
进行了相应的判断。[1]

　　但目前的有力学说认为,从工资的本质出发,并不是必然会产生上述学
说中的区分,罢工中的工资扣除的范围(从反面来说,即是否存在扣除对象
之外的部分)应参照集体协议、就业规则以及惯例,根据个别的具体劳动合
同的解释而决定。最高裁判所也否定了"抽象的一般性的工资二分论",以
惯例为根据肯定了家庭津贴的扣除。[2]　另外,有关此问题,劳动省曾主张如
果不是对工资整体进行扣除,则属于《劳动组合法》第 7 条第 3 项的经费援
助而构成违法[3],但该主张基本上没有得到支持。

　　罢工中的工资扣除,原则上是限定于没有提供劳动的时间范围内的。
不过,在若 60 分钟的单位时间内没有持续提供劳动,则该时间段整体也因
此变得毫无价值的特殊案例中,判决肯定了对 15 分钟的小型罢工所进行的
单位时间(60 分钟)内全部工资的扣除。[4]

2.　怠工等

　　怠工的情况下,虽然属于不完全提供,但劳动提供本身是存在的。因
此,通说和判例认为会产生对应于该部分的工资,但对于没有提供本来所要
求的劳动的不完全部分,雇主可以进行工资扣除(比例性扣除)。[5]

　　不过,在具体的适用中判例的态度是严格的,雇主在进行比例性扣除
时,需要证明其准确地计算了各劳动者的不完全提供劳动部分的比例(参照
唯一一个肯定了比例性扣除的案例[6])。这样一种计算比较困难,因此很多

---

　　① 明治生命事件・最高裁判所第二小法廷 1965 年 2 月 5 日判决・最高裁判所民事判例集
19 卷 1 号 52 页。

　　② 三菱重工業長崎造船所事件・最高裁判所第二小法廷 1981 年 9 月 18 日判决・最高裁判
所民事判例集 35 卷 6 号 1028 页。

　　③ 1952 年 8 月 29 日劳收 3548 号。

　　④ 府中自動車教習所事件・東京地方裁判所 1978 年 11 月 15 日判决・労働関係民事裁判
例集 29 卷 5＝6 号 699 页。

　　⑤ 反对意见参见:山口浩一郎『労働組合法(第 2 版)』(1996 年、有斐閣)250 页。该意见认为
既然怠工也属于债务不履行,则与罢工的场合一样,一开始就不会产生工资请求权。

　　⑥ 東洋タクシー事件・釧路地方裁判所带広支部 1982 年 11 月 29 日判决・労働判例 404 号
67 页。

情况下,对怠工的工资扣除在事实上并不现实。

另一方面,作为争议行为,工会会员拒绝进行雇主命令的具体工作(如出差、外勤业务),相反从事了其他工作(如内勤)的情况下,从事该其他工作不能说是提供了符合债务主旨的劳动,如果雇主一开始就拒绝受领该劳动,则不会产生工资请求权。[1]另外,对根据工会的"减速斗争"指令,向雇主预告将进行减速运行的新干线司机,有判例中判定其没有履行符合债务主旨的劳动提供义务,即使雇主拒绝受领其劳动也不负有工资支付义务。[2]

(二) 未参加争议者的工资

由于他人的罢工,本身没有参加争议行为的劳动者应当从事的工作消失,即使其有工作的意思与能力,但其劳动义务的履行有时候也会在客观上变为不可能或者无价值。这种情况下,该如何考虑该劳动者的工资请求权是问题所在。

有关未参加劳动争议的劳动者,可以包括"部分会员参加的罢工"(工会会员中的部分参加的罢工)中的罢工成员之外的工会会员,以及"部分工会参加的罢工"(仅劳动者中的部分所组成的工会进行的罢工)中的其他工会会员 * 或者非工会会员。前者中,在罢工参加者与不参加者之间存在组织连带关系,而后者当中则不存在这种连带关系。

有关未参加劳动争议的劳动者的工资,学说中有多种见解,主要有以下几种。一种是认为不论哪种情况都属于不能归责于雇主的履行不能,因而否定工资请求权。第二种虽然在结论上是一样的,但有关"部分会员参加的罢工",认为实质上可视为全面罢工,因而否定工资请求权。第三种认为"部分工会参加的罢工"中的其他工会会员及非会员没有参与争议行为意思的形成,因此构成可归责于雇主的履行不能事由,而肯定工资请求权。第四种主张认为将劳动力置于雇主的指挥命令下(使用可能的状态)即进行了劳动

---

[1] 水道機工事件·最高裁判所第一小法廷 1985 年 3 月 7 日判決·労働判例 449 号 49 頁。

[2] JR 東海事件·東京地方裁判所 1998 年 2 月 26 日判決·労働判例 737 号 51 頁。

* 在日本,同一企业内可以存在复数的工会。——译者注

的给付,因此不论哪种请求都应肯定其工资请求权。

判例的立场则是认为,应当作为在"部分会员参加的罢工"以及"部分工会参加的罢工"中的个别劳动合同上的履行不能的危险负担问题来考虑。雇主无法控制保障给劳动者的争议权的行使,在集体谈判中采取何种程度的让步也是雇主的自由,因此只要不存在雇主在不当目的之下使得罢工产生等特别的情况,便不属于《民法》第 536 条第 2 款中的"归责于债权人的事由",因此不论何种情况下,未参加争议者都不享有工资请求权。[①]　不过,如果未参加争议者的工作在争议中也得以存续,其劳动提供没有在客观上变为不能或者无价值,而雇主拒绝受领其劳动时,则属于归责于雇主的履行不能,相应的劳动者不会丧失工资请求权。

上述是否存在工资请求权的问题之外,因罢工而不能提供劳动的未参加罢工者是否享有《劳动基准法》第 26 条所规定的"休业津贴"请求权是另一个问题。该条中的"归责于雇主的事由"的范围比《民法》第 536 条第 2 款中规定的范围更为宽泛(参照第 231 页),但最高裁判所在有关"部分会员参加的罢工"的案例中指出,该罢工是基于相应劳动者所属工会的主体性判断和责任而进行的,因而否定了劳动者的"休业津贴"请求权[②]。

另一方面,关于"部分工会参加的罢工",也有的案例中肯定了未参加争议者的"休业津贴"请求权[③]。

四、无正当性的争议行为的责任

(一)无正当性的争议行为与刑事责任

争议行为缺乏正当性的情况下,则不能受到上述的法律保护(免责)。在这个意义上,无正当性的争议行为往往被称为"违法"争议行为,存在着责

419

---

①　ノースウェスト航空(賃金請求)事件・最高裁判所第二小法廷 1987 年 7 月 17 日判决・最高裁判所民事判例集 41 卷 5 号 1350 頁。

②　ノースウェスト航空(休業手当請求)事件・最高裁判所第二小法廷 1987 年 7 月 17 日判决・最高裁判所民事判例集 41 卷 5 号 1283 頁。

③　明星電気事件・前橋地方裁判所 1963 年 11 月 14 日判决・労働関係民事裁判例集 14 卷 6 号 1419 頁。

任归属的问题。但并不是正当性的缺乏其本身会积极地导致违法状态,是否违法的判断,是以分别在刑事责任、损害赔偿责任、解雇及惩戒等不利益对待的场合,满足了责任构成要件为前提的。

其中,在刑事责任方面,从该责任的性质出发,进行了符合构成要件之行为的个人将被追责。具体包括罢工纠察中的暴行、对设施的破坏以及全面占据工作场所等情况,但必须分别以具体的行为人为对象,就其是否符合构成要件、是否存在其他违法阻却事由、故意或过失,以及期待可能性等进行具体斟酌。

420

(二) 损害赔偿责任

有关对雇主的损害赔偿责任,作为归责主体,可以从个别的工会会员(个人)以及工会(团体)这两个层面进行考虑。但有力学说认为,争议行为的本质在于基于集体的意思决定而进行的团体行动,个别会员的行为是埋没在团体当中的,因而仅肯定工会承担不法行为责任,而否定对个人的损害赔偿责任的追究。[①] 另外,也有学说中指出,通过具有流动性而难以判断的正当性的有无,来一律决定个人责任的产生与否,未免过于严苛。

针对上述学说,另有观点从民法的原则出发,主张不能否认个人的责任。[②] 也就是说,在罢工和怠工等情况下,会产生各个劳动者的债务不履行责任,以及对具体争议行为进行策划和指导的工会领导成员的不法行为责任。在罢工纠察以及占据工作场所等情况下,将产生各个参加者的不法行为责任,以及对此进行策划和指导的工会领导成员的不法行为责任。不论哪种情况,工会的不法行为责任都是以个人的不法行为责任归属于团体的形式而产生的(《一般法人法》第 78 条,《民法》第 715 条第 1 项)。不过,即使是在该见解中,也认为如果争议行为是得到了工会的正式承认而进行的,则应首先由工会承担责任,个人的责任居于该责任之后。

---

① 片冈昇(村中孝史補訂)『労働法(1)(第 4 版)』(2007 年、有斐閣)185 頁、外尾健一『労働·体法』(1975 年、筑摩書房)515 頁、西谷敏『労働組合法(第 3 版)』(2012 年、有斐閣)442 頁。

② 菅野和夫『労働法(第 11 版補正版)』(2017 年、弘文堂)933 頁。

由于损害金额的计算以及因果关系的举证并非易事,实际上雇主提起损害赔偿请求的例子很少,但这些判例中,判决并没有充分注意到争议行为的构造,而是单纯地并列肯定工会与个人的责任。[①]

(三) 惩戒责任

对于不具备正当性的争议行为,雇主以对工会会员进行惩戒处分的形式追究其责任的情况较多。关于这一点,有学说主张争议行为属于团体的行为,因而否定个人责任,或者认为就业规则不适用于争议中的行为,但判例中,只要该个人的行为属于就业规则中规定的惩戒事由,一般会肯定其成为惩戒处分的对象[②]。

另外,很多时候,雇主会对工会干部处以重于一般会员的惩戒处分。这样的"干部"责任是否应当被肯定呢? 有力学说认为,工会干部是受到通过多数决定而形成的团体意思的约束而行动的,不能因其处于干部的地位就令其承担较重的责任。但是,多数判例中认为,相关处分并非以其干部"地位"为由,而是以其作为策划和指导争议者实际上所采取的"行为"的程度为由的,因而肯定该处分的效力。

不过,如果处分的选择和程序不当,当然可能构成惩戒权的滥用。另外,如果存在雇主方面之前就伺机弱化工会,在工会进行了缺乏正当性的争议行为之际乘机对工会干部处以严厉处分的情况,则构成不当劳动行为。

五、争议行为与第三方

工会采取争议行为,也有可能对雇主之外的第三方造成损害。《劳动组合法》对此没有相关规定,但从争议权保障的旨趣出发,即使是在与第三方的关系上,工会与作为会员的劳动者也无需因其正当的劳动争议行为承担

---

① みすず豆腐事件・長野地方裁判所 1967 年 3 月 28 日判決・労働関係民事裁判例集 18 巻 2 号 237 頁。書泉事件・東京地方裁判所 1992 年 5 月 6 日判決・労働関係民事裁判例集 43 巻 2＝3 号 540 頁。白井運輸事件・東京地方裁判所 2006 年 12 月 26 日判決・労働判例 934 号 5 頁。

② 全逓東北地本事件・最高裁判所第三小法廷 1978 年 7 月 18 日判決・最高裁判所民事判例集 32 巻 5 号 1030 頁。

损害赔偿责任。[①]

　　而争议行为缺乏正当性的情况下，则不能肯定该免责。但是，除了如罢工纠察中的暴行那样直接对第三方构成不法行为的情况，比如由于无正当性的争议行为而阻碍了业务，并因此造成雇主对客户的债务不履行的场合，有力学说以争议行为属于企业内部的问题，与客户的关系上仅由雇主承担责任为由，主张应否定工会以及会员对客户的不法行为责任（参照处于同样立场的案例[②]）。

　　另一方面，关于雇主对客户在合同上的损害赔偿责任，过去较多主张认为，只要不存在免责条款，争议行为属于雇主内部的事情而不属于"不可抗力"，因此不论争议行为是否具有正当性，都应肯定该损害赔偿责任。但如今，认为至少在争议行为具有正当性的场合，第三方也应当忍受其损失，因此应免除雇主责任的主张也较为有力。

　　某案例中，由于正当的争议行为而不能利用铁路公司服务者，以工会及雇主双方为被告，要求其承担基于不法行为的损害赔偿责任，判决认为这不过是对于争议行为的社会批判，否定了工会和雇主双方的责任。[③]

六、闭厂

（一）闭厂的意义与法律依据

　　所谓闭厂，是雇主作为对抗工会的施压手段而拒绝受领劳动的行为。作为闭厂的效果，有争论中讨论雇主是否可以令工会会员退出工作场所，但这涉及雇主对设施的所有权等功能，上述问题决定于劳动者的职场滞留在何种程度上具有正当性。相对而言，围绕闭厂的中心问题在于，拒绝受领劳

---

　　①　オーエス映画劇場事件・大阪地方裁判所 1948 年 6 月 24 日判決・労働関係民事裁判例集 1 号 80 頁。

　　②　王子製紙苫小牧事件・札幌地方裁判所室蘭支部 1968 年 2 月 29 日判決・労働関係民事裁判例集 19 巻 1 号 295 頁。

　　③　東京急行電鉄事件・横浜地方裁判所 1972 年 8 月 16 日判決・判例タイムズ 286 号 274 頁。

动的雇主是否可以免除对劳动者的工资支付义务。

有关该问题的基本主张有以下两种。第一种是被称为"劳动法的考察"的主张,该主张承认作为雇主方面的争议行为的闭厂权之存在,认为只要在正当性的范围之内,则可以免除雇主的工资支付义务。针对该主张,第二种所谓"市民法的考察"立场则认为,雇主争议权的肯定没有法律依据,应将该问题作为个别劳动合同中的受领迟滞(或者危险负担)的问题处理,仅限于不可抗力等情况才可以否定雇主的工资支付义务。

最高裁判所判决采取了前者的主张。[①] 该判决认为,将劳动者的争议权进行明文化,是为了确保和促进劳资的对等,从根本上来说立足于公平的原则。因此,虽然没有理由肯定在力量对比中处于优势的雇主的一般性争议权,但在个别的具体争议中,由于劳动者方面的争议行为反而破坏了劳资间的势力平衡,雇主方面受到显著的不利压力时,应参照"平衡的原则","如果雇主的争议行为是作为雇主阻止该压力、恢复劳资间均衡的对抗防卫手段而可肯定其妥当性的,应可以肯定该争议行为具有正当性"。

如此,闭厂是作为"雇主的争议行为"而对劳动受领的拒绝,在可肯定其妥当性的场合,雇主可以以进行了正当的争议行为为由,免除市民法的制约(工资支付义务)。

(二)闭厂的正当性

闭厂是否具有正当性,应参照个别的具体劳动争议中的劳资间的交涉态度、经过、工会方面的争议行为的形式、雇主因此而受到打击的程度等具体情况,从平衡的角度出发,由其作为对抗劳动者方面的对抗防卫手段是否被认可其妥当性来决定。[②] 这样的正当性不仅是闭厂开始的要件,也是其存续的要件,即使闭厂在开始的节点是正当的,在由于情况变化而劳资间势力从中途开始恢复平衡的情况下,这之后的闭厂也将失去其正当性,雇主不

---

① 丸島水門製作所事件・最高裁判所第三小法廷 1975 年 4 月 25 日判決・最高裁判所民事判例集 29 巻 4 号 481 頁。

② 前揭丸島水門製作所事件。

得免除其工资支付义务。①

　　虽然是非常笼统的综合判断，从闭厂权得到肯定这一旨趣来看，所谓先发制人的、具有攻击性的闭厂将会被否定其正当性。即使是被动的、防卫型的闭厂，也只有在发生了一些异常事态，导致雇主因工会方面的争议行为所承受的打击明显超出了通常应当忍受的范围时，才可以肯定其正当性。

　　工会进行了不具有正当性的争议行为本身虽然是其中的一个考虑因素，但并不会直接因此而使闭厂得到正当化。学说中有见解认为，仅限于由于怠工或反复的时限罢工，而导致与劳动者的工资丧失部分相比极不平衡的业务阻碍时，才能肯定闭厂的正当性，但判例的立场则认为虽然可以考虑上述因素，但最终仍需要斟酌案件中的综合情况进行判断。

　　上述"丸岛水门制作所事件"中，发生了包括怠工、张贴宣传单以及工作场所内游行示威等激烈的业务阻碍行为，从而导致经营上的重大障碍，最高裁判所判决也判定该闭厂具有正当性。但之后判例的态度非常严格，并没有轻易地肯定其正当性。② 不过，在最近的某案例中，判决认为，反复进行时限罢工给雇主造成了重大损害，且工会方面的交涉态度和交涉过程也不能说是妥当的，因而判断闭厂具有正当性。③

　　正当的闭厂在工资方面的法律效果与全面罢工的情况是一样的。作为一种可能的理解，我们可以认为，劳动者的争议权本来是包含自由地决定争议行为的时期、长短、形式和参加者范围的权限的，但由于行使了争议权而在结果上造成劳资间的势力显著失去平衡时，上述自由决定权限临时性停止，法律认可基于雇主的动议而使得争议行为的原型，即全面罢工状态（包括作为其构成要素的"无劳动提供无工资支付"状态）产生。在此意义上，可以说，判例中形成的有关闭厂法理中的团体法构成、基于综合要素考量的判

424

---

① 第一小型ハイヤー事件・最高裁判所第二小法廷 1977 年 2 月 28 日判决・労働判例 278 号 61 頁。

② ノースウェスト航空事件・最高裁判所第一小法廷 1975 年 7 月 17 日判决・労働経済速報 916 号 3 頁。

③ 安威川コンクリート工業事件・最高裁判所 2006 年 4 月 18 日判决・最高裁判所民事判例集 60 巻 4 号 1548 頁。

断框架,以及严格的结论都是适当的。

罢工破坏

发生罢工时,雇主可以通过替代劳动者持续其业务,在防止自身经济损失的同时,也可以给劳动者的心理带来打击。

对于进行了罢工的劳动者来说,这样一种替代劳动是不能允许的行为,为了对其加以阻止而进行的罢工纠察往往成为伴有流血冲突的现场。罢工替代劳动者被冠以"scab"这样一种蔑视的称呼,社会意义上一般也将其作为背叛同事者而加以指责,但另一方面,罢工替代劳动者方面却也存在着"即便是这样,为了活下去而需要工作"的现实。

罢工破坏的痛苦在《愤怒的葡萄》以及《铁道员》等为首的众多小说和电影中,是作为重要的主线而登场的(《铁道员》是1956年的意大利电影)。较为近期的电影中,《跳出我天地》中的主人公少年的父亲的苦恼令人印象深刻。这部电影(原题"Billy Elliot")后来由埃尔顿·约翰(Elton John)作曲改编为音乐剧而受到关注。2017年在日本也进行了公演,也许读者中也有人看过。

禁止利用罢工替代劳动者的立法可见于加拿大和韩国,在日本,只要不妨碍罢工结束后的罢工参加者的复工,罢工替代劳动者的利用基本上属于雇主的自由。但是,在集体协议中对此加以禁止的情况也不少(scab禁止协议)。为了防止国家介入罢工破坏的事态发生,公共职业安定所被禁止向进行罢工和闭厂的工作场所介绍求职者(《职业安定法》第20条)。这一规定也准用于劳动者派遣(《劳动者派遣法》第24条)。

不过,在日本,比起从外部雇佣罢工替代劳动者,雇主更多的是动员管理岗位劳动者及其他非工会会员、退出罢工工会的劳动者等现有劳动者。在这个过程中,有时候工会可能产生分裂而成立第二工会,工会不仅在争议中败北,而且丧失了其组织凝聚力。这可以说是所谓"大家都加入了我也加入"的企业工会的弱点之表现,也有见解指出,其背后可见没有对决之心理准备的、唯有无责任的内部批判本身受到重视的民主主义"精神"的欠缺①。

第五节　不当劳动行为

426　　　工会与雇主之间在日常中反复进行着对立与合作,进而维持着劳资关系。劳资双方需要构筑一种既承认对方为对话者,同时又将对方视为对立的谈判对手而保持一定距离的关系。但雇主有时候会与工会过度对立,或将其置于自己的支配之下,违反有关劳资关系的规则采取不公平的行动。不当劳动行为制度就是去除雇主的这种违反规则行为的制度。

　　上述雇主违反规则的行为可以认为是对劳动者的团结权的侵害行为,从该理解出发,可以通过民事诉讼对雇主追究权利侵害的责任。另外,对于以不当方式妨碍工会活动的雇主,也有一些国外立法中规定了刑事处罚(比如法国),日本1945年制定的旧《劳动组合法》也采取了这种方式。

　　不同于上述方式,现行《劳动组合法》中发展而来的救济方式,一方面受到美国的《全国劳动关系法》(NLRA)中规定的不当劳动行为(unfair labor practices)制度的影响,另一方面又极具独特性。该救济方式通过劳动委员会这一行政机构的判断而进行,不仅限于对侵害团结权的救济,而且以引导实现公正的劳资关系为目的。本节将以不当劳动行为的形式和性质为主展开,有关救济方式主要在下一节中加以阐述。

一、不当劳动行为制度的意义与目的

(一) 不当劳动行为的意义

　　所谓不当劳动行为,是指雇主与工会的组建和活动相关而进行的不公正或者不当的行为。这种行为的受害方,即劳动者或者工会可以向劳动委员会请求去除不当劳动行为的公法救济。这就是不当劳动行为的救济制度

---

　　① 　花見忠『労働争議』(講談社学術文庫)139頁以下。

（参照第五章第六节"劳资争议的解决手段"）。

　　不当劳动行为的具体内容规定于《劳动组合法》第 7 条各项，一般可以整理为三个基本类型。第一，雇主以劳动者组建或加入工会及进行工会活动（第 1 项），或者向劳动委员会申请救济为由（第 4 项），而对其进行解雇等其他不利益对待。第二，雇主无正当理由拒绝集体谈判（第 2 项）。第三，雇主对工会的组建和运营进行支配介入（第 3 项）。

（二）不当劳动行为制度的目的

　　有关不当劳动行为救济制度的具体目的为何，保护怎样的利益（保护法益）这一问题，存在不同见解。

　　首先，有观点认为不当劳动行为属于《宪法》第 28 条规定的对团结权的侵害（团结权侵害说[①]）。根据该见解，《劳动组合法》第 7 条对这种违法行为的类型进行了列举，另外该条应看作强制性规定，因此违反该条各项的法律行为无效。

　　对于此见解，另有观点主张认为，不当劳动行为制度虽然是团结权保障的具体化，但其保护的对象并不是团结权本身，而是通过保障团结权而可以获得的合理并公正的劳资关系秩序。[②]

　　还有见解认为，不当劳动行为制度是以顺利平稳的集体谈判为基础，以实现和谐的劳资关系为目的的，具有独特性的制度。[③] 该见解主张，不应将《劳动组合法》第 7 条看作是对权利侵害类型的列举，而应看作是劳动委员会基于《劳动组合法》第 27 条进行救济时的判断标准。因此，违反《劳动组合法》第 7 条的行为并不是立即无效，该行为只不过是违反了《宪法》第 28 条等规定所形成的公序而无效。

　　上述有关对不当行为制度的基本把握的差异，有部分起因于日本的不当劳动行为制度具有两方面意义：既有作为对侵害团结权行为的救济之制

---

①　片岡曻（村中孝史補訂）『労働法（1）（第 4 版）』（2007 年、有斐閣）315 頁。

②　岸井貞男『不当労働行為の法理論』16 頁。

③　石川吉右衛門『労働組合法』（1978 年、有斐閣）275 頁。

度的侧面,又有作为帮助实现和谐的劳资关系之制度的侧面。这一点也与下文所述的,不当劳动行为应侧重于司法救济还是行政救济的问题相关联。团结权侵害说倾向侧重于前者(司法救济),而重视集体谈判的学说则是侧重于后者(行政救济)来考虑。这两种观点在基本理解上的差异关乎制度目的之根本,在是否构成不当劳动行为的实际判断中,比如在对雇主的不当劳动行为意思的评价等方面也会产生影响。

（三）行政救济与司法救济

对不当劳动行为的救济,是通过劳动委员会这一行政机构的救济等命令而实现的。对劳动委员会的命令不服的当事人可以将该委员会作为被告而提起行政诉讼,以寻求司法审查,这一系列的救济流程被称为不当劳动行为的行政救济。

但工会以及劳动者有时会由于不当劳动行为而使其权利和利益受到侵害,因此也可以直接向裁判所提起民事诉讼,请求判令损害赔偿支付或者确认其权利。比如,由于进行正常的工会活动而被解雇时,可以与一般的解雇一样,在民事诉讼中主张其无效,并不能由于存在劳动委员会的救济制度而因此否定裁判所的救济。[①] 如此,通过以雇主为被告的通常的民事诉讼而进行的救济,可以称为司法救济(参照第 459 页)。

行政救济与司法救济虽然同为对不当劳动行为的救济,但其旨趣存在差异。司法救济原则上以填补过去的损失以及确定现在的权利关系为目的,而行政救济则主要着眼于排除已经发生的不当劳动行为,使该劳资关系在将来趋于公正,其重点不在于对权利关系的确定,而在于新的事实关系的形成。

二、不当劳动行为的形式

（一）不利益对待

1.不利益对待的成立要件

不利益对待是规定于《劳动组合法》第 7 条第 1 项以及第 4 项中的禁止

---

① 医疗法人新光会事件·最高裁判所第三小法廷 1968 年 4 月 9 日判决·最高裁判所民事判例集 22 卷 4 号 845 頁。

行为,有三个成立要件:①劳动者属于、加入或准备组建工会,或者进行了正当的工会活动的事实;②雇主进行了解雇或其他不利益对待的事实;以及③由于①中的事实或者以①为理由而产生了②(即因果关系的存在)。申请救 429济者(工会或者劳动者)必须对上述三个事实进行举证。这里首先讨论①和②部分,③的部分在后面进行阐述(参照第438页以下)。

2. 不利益对待的原因

作为不利益对待之原因的事实,《劳动组合法》中规定了以下四点:是工会会员;加入或者准备组建工会;进行了工会的正当行为;向劳动委员会申请了救济等(《劳动组合法》第7条第1项、第4项)。其中,工会需要是《劳动组合法》上适格的工会,工会在进行救济申请时必须接受资格审查(同第5条第1款)。但即使工会不满足资格要件,个别劳动者仍可以得到保护而避免受到不利益对待(同项但书)。争议团体和亲善会的活动不能称为工会的行为,但很多情况下属于与组建工会相关的活动,因此可以从这个方面成为救济对象。工会组建行为还包括对加入工会的宣传、制作名簿以及规约草案等准备活动。

作为不利益对待的原因,劳动者的活动必须是"工会的……行为"。依据工会决定或指令的行为、工会自认为是自身行为的行为,以及工会所参与的与工会活动相关的活动(有关工会支援或支持的文化活动等),都可以理解为工会的行为。相对地,工会会员反对工会决定的方针而进行的干部批判等行为,看起来与"工会的行为"这一用词的词义不相符,但为了团体的民主运营和存续,这样的活动是应当被容许的,在结果上雇主作用于其排除也是不妥当的。如此来看,应当较为宽泛地将工会会员所进行的有关工会的活动都肯定为工会的行为。

不利益对待必须是由于工会的"正当行为"而采取的,该行为中也包含争议行为,但是否属于工会活动免于遭到不利益对待的保护对象之"正当行为",与争议行为的民事免责(《劳动组合法》第8条)中的正当性与否的判断并非完全一致。特别要考虑到,劳动委员会的行政救济判断中,工会活动与争议行为的正当性与否,并不是对个别行为的法律评价,而需要将其置于劳资关系整体之中,将劳资关系的过去与将来都纳入考虑之中进行正当性与否的判断。因此,常会有一些场合中,虽然个别行为的正当性是受到质疑的,但从包括雇主的具体应对等在内的整体劳资关系来看,仍应判断为"正当的行为"(有判例中认为,虽然工作时间内的工会活动违反了劳动合同上的义务,但其原因在于雇主方面的行为,因而肯定了不利益对待的成立[1])。

以对劳动委员会提出的不当劳动行为救济申请、再审查申请、在不当劳动行为救济程序或劳动争议的调整程序中出示证据或进行发言为由而进行解雇的,是作为报复性不利益对待而被禁止的(同第 7 条第 4 项)。

受到不利益对待的必须是"劳动者",因此即便劳动者方面蒙受了利益损失,但该损失与不利益对待的产生原因之事实无关时,也不能称之为不利益对待。比如,在同一企业中工作的夫妇,妻子由于丈夫激进的工会活动而遭到报复导致被解雇时,该解雇本身不能称之为不利益对待(可以通过司法救济,请求判定该解雇为解雇权滥用或违反公序而否定其效力)。

3. 不利益对待的形式

不利益对待以"解雇劳动者或对其进行其他不利益对待"的形式而进行。具体可分为以下几种类型。

第一种类型,是解雇及其他与劳动合同的终止相关联的形式。拒绝有期劳动合同的更新当然属于不利益对待(不仅限于根据《劳动合同法》第 19 条而视为承诺了合同更新的要约的情况,一般认为雇主口头拒绝合同更新本身也构成不利益对待)。劳动者的辞职,若可以认定为是由于雇主对工会的报复措施,不得已而为之的(比如,以活跃的工会活动为理由被大幅度降格而不得不辞职的情况),不仅可以将该报复措施作为不利益对待,辞职本身也可以理解为与其行为有相当因果关系的不利益对待。[2] 雇主解散公司而解雇全部员工,解散后又立即成立别的公司继续相关业务等,被认定为属

---

[1] オリエンタルモーター事件・東京高等裁判所 1988 年 6 月 23 日判決・労働判例 521 号 20 頁。

[2] 西谷敏『労働組合法(第 3 版)』(2012 年、有斐閣)168 頁。

于厌恶正当工会活动的伪装解散时,可能被判断为不利益对待,劳动委员会可以命令雇主使劳动者在新设立公司中回归至原来的岗位。

第二种类型,是工资及其他劳动条件,以及内部调动、晋升等人事待遇相关的不利益对待。如工资歧视等情况中较为典型的是,很多情况下不仅会伴随经济方面的利益损失,还包括家庭生活上的利益损失。因此,例如以工会活动为由的内部转岗或外部调动中,即便是伴随加薪而不会给劳动者带来经济上的损失,仍可能由于搬家和单身赴任等带来的家庭生活方面的损失而构成不利益对待。另外,不给工会会员分配工作,或者将其从职场人际关系中加以排除这样的事实上的利益损失也可以认定为不利益对待。如此,对劳动者的内部转岗是否属于不利益对待,不能仅从制度层面或者经济方面进行判断,应当更进一步参照该职场中员工的一般认识,判断其通常是否会被认为属于不利益。①

不过,很多情况下,相关人事措施是否属于不利益的判断是非常微妙的。如 JR 东日本事件②中,有关聘用驾驶员的行为,原审判决认为,主张受到不利益对待的工会,其会员与属于其他工会的劳动者之间在人员聘用方面存在显著差异,因此所在工会在企业的选考中是被作为考虑要素的,导致该工会会员在聘用中受到不利益对待。而最高裁判所撤销了原判,认为主张受到不利益对待的工会,应对其会员中未被选拔为驾驶员的人员与其他工会中被选拔为驾驶员的人员之间不存在能力和业绩上的差距,进行一定举证,因而判断本案中的驾驶员未聘用行为并不属于不利益对待。在小规模集团之间的不利益性的比较中,主张不利益对待的一方,必须对其能力并非处于劣势进行积极的举证(参照第 442 页),可以说正是这一基本理念区分了最高裁判所判决与原审判决的判断。

第三,劳动者的不录用(或者说拒绝录用)在一定情况下也可以构成不

---

①　西陣テトラパック事件・東京高等裁判所 1999 年 12 月 22 日判决・労働判例 779 号 47 頁。

②　JR 東日本(千葉動労不登用)事件・最高裁判所第一小法廷 2012 年 2 月 23 日判决・判例時報 2149 号 141 頁。

利益对待。① 比如,有期劳动合同的录用中,每年反复季节性录用的劳动者因加入工会而被拒绝录用时,则可能构成不利益对待。② 另外,多数劳动委员会认为,旧公司的解散与新公司的成立是出于消灭工会等反工会目的而进行的情况下,如果新旧公司之间在营业内容、工作场所、使用材料、器械以及客户等方面具有"实质性同一性",则可以以新公司为对象发出救济命令,对因旧公司解散而被解雇的劳动者进行救济。再者,因医疗法人之间的"事业转让",转让法人解雇了全部员工,而受让法人录用了除工会会员之外的所有希望被录用的人员的情况下,可以理解为该录用实际上等同于雇佣关系的承继,对工会会员的不录用属于因厌恶工会活动而进行的解雇。③

但是,最高裁判所通过强调"录用的自由"原则,对《劳动组合法》第 7 条第 1 项进行了特殊解释,即:将①因正当的工会活动而解雇或采取其他不利益对待作为"录用之后"的区别对待,而将②"以不加入工会或者退出工会为雇佣条件"作为"录用阶段"的区别对待,而加以区分。在此基础上,最高裁判所认为,"除非存在特殊的情形,而可以认为拒绝录用行为不过是劳动者在此之前的雇佣合同关系中所受到的不利益对待的延续,否则拒绝录用行为不构成不利益对待",在劳动者主张 JR 公司成立后的录用歧视的案件中驳回了该主张(参照第 63 页)。④ 根据该判决,录用的拒绝构成不利益对待的场合将限于上述"特殊的情况"。

4. 黄犬合同

以不加入工会或者从工会退出为雇佣条件的合同称为黄犬合同,法律中将其作为可导致不利益对待的行为而加以禁止(《劳动组合法》第 7 条第 1 项后段)。这种场合,只要劳动合同中包含了上述雇佣条件,则构成不当

---

① 这一观点为通说。石川吉右衞門『労働組合法』(1978 年、有斐閣)330 頁、外尾健一『労働団体法』(1975 年、筑摩書房)230 頁。

② 万座硫黄事件・中央労働委員会 1952 年 10 月 15 日命令・不当労働行為事件命令集 7 集 181 頁。

③ 青山会事件・東京高等裁判所 2002 年 2 月 27 日判決・労働判例 824 号 17 頁。

④ JR 北海道・日本貨物鉄道事件・最高裁判所第一小法廷 2003 年 12 月 22 日判決・最高裁判所民事判例集 57 巻 11 号 2335 頁。

劳动行为,而并没有将现实中进行不利益对待本身作为要件。

另外,不仅仅是一般工会的不加入和退出的情况,以特定工会的不加入或退出为条件的情况也包含在内。这里的所谓"以退出为雇佣条件",一般是指已加入工会的劳动者开始其雇佣的场合,但不仅限于此,在雇佣开始之后所达成的,以退出工会为"继续"雇佣的条件之合意也包括在内。

(二) 集体谈判的拒绝

雇主无正当理由而拒绝与其所雇佣的劳动者之间的集体谈判,构成拒绝集体谈判的不当劳动行为(《劳动组合法》第 7 条第 2 项)。拒绝集体谈判的具体形式以及其救济方法(行政救济与司法救济)已在前文进行了阐述(第三章第二节"集体谈判")。

(三) 支配介入

1. 支配介入的形式

雇主在工会的设立及其运营中处于主导地位(支配),或者对其进行干涉(介入)是作为支配介入而被禁止的(《劳动组合法》第 7 条第 3 项)。另外,在相关经费支付上给予财务援助(经费援助)意味着在资金方面的支配介入,除了同项但书中所列举的情况之外,都是被禁止的。

需要注意的是,支配介入的成立是不以结果的发生为要件的。也就是说,并不是以工会的活动在现实中受到妨碍,或者工会会员遭受利益损失作为支配介入的成立要件,而是对其原因或者作为其手段的行为本身进行禁止。

支配介入中有各种各样的形式,在劳资关系的展开中不断衍生出新的形态。举例来说,有干涉选举、妨碍集会、资助对抗势力、单方面废止企业设施的利用或者会费扣除、劝诱工会会员退出工会、对工会干部进行内部调岗等(有判例中认为,对市职员所实施的,询问其是否加入工会以及其活动状况的问卷调查属于支配介入[①])。如此,支配介入是广泛地包含对工会活动的干涉行为的概念,一般认为,对于不能满足不利益对待以及拒绝集体谈判

---

① 大阪市事件·中央労働委員会命令 2014 年 6 月 4 日·別冊中央労働委員会時報 1446 号 1 頁。

的构成要件的行为,支配介入的概念具有"拾起落穗"般扩大救济可能性的性质。另外,很多情况下,对工会会员个人的不利益对待同时也属于对工会的干涉行为,因此属于不当劳动行为规定(《劳动组合法》第 7 条)中第 1 项的案件,往往同时也被作为第 3 项案件而申请救济。

2. 支配介入的判断

在上述所列举的行为中,有关禁止利用企业设施的工会活动的行为,判例在支配介入的判断中,使用了关于以设施利用为由的惩戒处分的国铁札幌站事件[1]中的判断标准(参照第 402 页),认为只要不存在如不允许设施利用属于雇主的设施管理权的滥用这样的特殊情况,则有关设施的中止利用命令或者不许可利用的命令不属于支配介入。[2]

但在是否构成支配介入的判断中,应与权利关系的存在与否无关,在具体劳资关系中,将工会活动因设施利用的中止受到怎样的妨害作为判断的中心。因此,应当综合考虑工会方面有关该设施利用的必要性,以及禁止措施的必要性和形式等,而不应将工会方面是否具有设施利用权的判断,与是否构成支配介入的判断进行直接关联。因此,比如,在工作时间内佩戴工会徽章违反了就业规则以及"专心工作义务",对该行为所进行的惩戒处分等从表面上看可谓是正当的,即便如此,如果该惩戒处分是以否认团结权等为决定性动机的,仍属于支配介入。[3] 相反,以佩戴工会徽章为由对工会会员进行的停止出勤的处分,如果是以对工会的厌恶为决定性动机的,有时候会构成支配介入,但如果考虑该处分的前后经过、佩戴徽章行为中的工会活动色彩的减弱等因素,则不能肯定其为支配介入。[4]

对张贴于雇主所准备的工会宣传板上的宣传物,雇主根据其内容而擅

---

[1]　最高裁判所第三小法廷 1979 年 10 月 30 日判决・最高裁判所民事判例集 33 卷 6 号 647 页。

[2]　新宿邮便局事件・最高裁判所第三小法廷 1983 年 12 月 20 日判决・劳働判例 421 号 20 页。オリエンタルモーター事件・最高裁判所第二小法廷 1995 年 9 月 8 日判决・劳働判例 679 号 11 頁。

[3]　JR 東日本事件・東京高等裁判所 1999 年 2 月 24 日判决・劳働判例 763 号 34 頁。

[4]　JR 東日本事件・東京地方裁判所 2012 年 11 月 7 日判决・劳働判例 1067 号 18 頁。

自撤除的行为是否构成支配介入,在近年的多个案例(行政诉讼)中成为焦点。判例中一般认为,该宣传物的张贴在整体上没有脱离其作为正当工会活动的范围时,则属于支配介入而构成不当劳动行为,斟酌宣传物的具体内容而肯定支配介入成立的判例较多①。

3. 雇主的言辞

雇主对工会活动进行责难可能构成对工会的干涉行为,但另一方面将雇主的发言作为支配介入而禁止,则有可能构成对言论自由的侵害。于是,需要对这两方面进行协调解决。目前一般认为,笼统地将雇主的发言作为支配介入而加以禁止是不妥当的,应对相关发言在劳资关系方面的背景、发言的方法、发言者的地位、发言的内容等进行综合考虑,决定是否构成支配介入。比如,社长对员工及其父兄进行工会活动批判的同时,暗示有关裁员的不利益的案例②中,以及社长在集体谈判决裂之后发表"公司的重大决定",并因此导致罢工不得不中止的案例③中,雇主的发言都属于对工会的威慑而构成支配介入。雇主在员工教育以及公司内部研修的场合中对工会活动进行批判的行为,很多时候也构成支配介入。对于工会散发要求重新考虑校长选考的传单之行为,国立大学的校长在大学网站上发表评论称其为降低大学的信用度的行为,也构成了支配介入。④ 处于再生手续中的公司内,由工会会员投票决定是否确立争议权期间,企业再生管理人发表言论声称如果确立了争议权则不能出资的案例中,判决认为,该行为通过暗示再生计划将会受挫而抑制了以确立争议权为目标的工会活动,或者至少可以说是出于对工会活动赋予消极效果的意图而进行的,属于对工会运营的介

435

---

① JR 東海(大阪第 2 運輸所)事件・東京高等裁判所 2009 年 9 月 29 日判决・労働判例 1014 号 63 頁。JR 東日本事件・東京地方裁判所 2014 年 1 月 27 日判决・労働判例 1173 号 71 頁。

② 山岡内燃機事件・最高裁判所第二小法廷 1954 年 5 月 28 日判决・最高裁判所民事判例集 8 巻 5 号 990 頁。

③ プリマハム事件・最高裁判所第二小法廷 1982 年 9 月 10 日判决・労働経済速報 1134 号 5 頁。

④ 福岡教育大学事件・東京高等裁判所 2018 年 6 月 28 日判决・LEX/DB25560814。

人,因而肯定了支配介入的成立。[①]

与上述情况相对,在争议行为期间劳资双方互相批判的过程中,雇主对工会的应对及战术进行批判的行为,很多情况下可以说是属于所被允许的言论自由的范围之内的。另外,有关工会要求撤回对会员的惩戒处分而进行的署名活动,公司的常务董事在公司内部讲话中声称"希望他们在有心理准备的基础上进行"的案例中,判决认为在该案相关背景情况下,不能评价其为支配介入。[②]

三、不当劳动行为的构成要素

(一) 不当劳动行为的主体

1. 作为不当劳动行为的行为人之雇主

不当劳动行为的禁止对象是雇主(《劳动组合法》第 7 条)。如果是解雇等法律行为,则雇主是行为人。但在事实行为中被作为"雇主的行为"的,不仅包括法人代表(理事、董事长、社长),也包括管理岗位劳动者等的行为。判例中,有的判断认为,处于接近于《劳动组合法》第 2 条第 1 项中的雇主的利益代表之地位者,揣摩雇主的意思而对工会进行支配介入,即使与雇主之间没有具体的意思联络,也可以基于该支配介入将其评价为雇主的不当劳动行为。[③] 不过,很难将处于下层的管理者对劳动者发表有关工会的个人意见等理解为支配介入,因此,对有关下层管理者而言,不仅仅是"揣摩雇主的意思"所进行的,而应当认为其通过某种意思联络所进行的"在雇主的势力范围内"的行为是被禁止的。

2. 劳动合同外的雇主的责任

另一方面,基于不当劳动行为制度的责任追究不同于以刑罚为背景的

---

① 日本航空乘员組合事件・東京高等裁判所 2015 年 6 月 16 日判决・労働判例 1131 号 72 頁。

② JR 東日本大宮支社事件・東京高等裁判所 2014 年 9 月 25 日判决・労働判例 1105 号 5 頁。

③ JR 東海事件・最高裁判所第二小法廷 2006 年 12 月 8 日判决・労働判例 929 号 5 頁。

行为禁止以及基于合同法的责任追究,"雇主"的意义并不局限于《劳动基准法》以及《劳动合同法》中的雇主。于是,为了扩大救济的范围,提高救济的实效性,应当结合其目的,在更广义的范围内肯定不当劳动行为制度中的"雇主"。比如,目前有如下一些观点,如"处于对劳动关系中的诸利益可能具有实质性的影响力或支配力之地位者"①,"在劳动者的自主性团结与团结目的方面处于对抗关系者"②,或者"以劳动合同关系乃至接近或相邻的关系为基础而成立的集体劳动关系中的一方当事人"③等。

　　具体而言,第一,在不远的将来确定将成为雇主,以及在不远的过去曾是雇主,只要可以作用于有效的救济,都包含在"雇主"之内。比如,在公司合并前阶段,以吸收公司对被吸收公司的员工或工会进行了不当劳动行为为由,而进行救济申请的情况④,或者以被解雇者为中心组建的工会,在被解雇后的较长时期之后,就解雇问题要求进行集体谈判的情况⑤,或者在不远的将来将会被用工企业直接雇佣的派遣劳动者所加入的工会要求用工企业进行集体谈判的情况⑥等都在此列。不过,也有案例中认为,在劳动者派遣关系中,虽然用工企业负有发出订立劳动合同的要约的义务(《劳动者派遣法》第 40 条之 4,现行《劳动者派遣法》第 40 条之 6),并不能因此就立即肯定其与派遣劳动者之间存在现实且具体的可能性而可在不远的将来成立雇佣关系,因此否定了用工企业为《劳动组合法》上的雇主。⑦

　　第二,虽不是合同的当事人,但现实中具体享有劳动条件决定权或监督权者,有时候也被理解为"雇主"。比如,对劳动者进行派遣的公司(派遣企

437

---

①　岸井貞男『不当労働行為の法理論』151 頁。

②　外尾健一『労働団体法』(1975 年、筑摩書房)208 頁。

③　菅野和夫『労働法(第 11 版補正版)』(2017 年、弘文堂)954 頁以下。

④　日産自動車事件・東京と地方労働委員会命令 1966 年 7 月 26 日・不当労働行為事件命令集 34＝35 集 365 頁。

⑤　日本鋼管鶴見造船所事件・最高裁判所第三小法廷 1986 年 7 月 15 日判決・労働判例 484 号 21 頁。

⑥　クボタ事件・東京地方裁判所 2011 年 3 月 17 日判決・労働判例 1034 号 87 頁。

⑦　川崎重工業事件・神戸地方裁判所 2013 年 5 月 14 日判決・労働判例 1076 号 5 頁。

业)没有作为独立的公司之实体,反而是接受派遣的公司(用工企业)直接决定录用并对其安排工作的情况下,该接受派遣的公司是该"社外工"的雇主。[1] 即使派遣企业具有作为雇主的实体,但由接受派遣的公司在与其雇主可视为同等的程度上,对派遣劳动者的基本劳动条件等(即使是部分)进行现实的具体支配或决定时,则在此限度内,接受派遣的公司也属于雇主。[2] 因此,在劳动者派遣中,虽说应与派遣劳动者的工会进行集体谈判的雇主原则上为派遣公司,但有关该派遣劳动者的劳动条件,根据上述判断标准,可以说很多情况下,用工企业处于应当应允集体谈判的地位(有判例中,有关以用工企业内的工时管理为议题的集体谈判,肯定了用工企业的集体谈判义务[3];有关用工企业的集体谈判义务参照第 168 页)。

另一方面,上述朝日放送事件之后的下级裁判所判例中,在涉及外部劳动者("社外"劳动者)用工的案例之外,又将上述判断标准运用于在资产和人事方面与已倒闭的法人有紧密联系的公司是否属于雇主的判断之中(不过,也有判例中通过排除"即使是部分"这一要素,而否定其雇主地位的[4])。另外,母公司、子公司、孙公司关系中,有关母公司和子公司在其子公司或孙公司的组织结构整编相关的集体谈判中的谈判义务的案例中,判决也是利用上述朝日放送事件中的判断标准,而否定了母公司、子公司的雇主地位。[5]

438　第三,在母子关系的公司中,母公司对子公司的业务运营和劳动者的待遇具有支配能力的情况下,有时候母公司会被判对子公司的劳动者来说处于"雇主"的地位。也就是说,母公司通过股份占有、派遣干部职员、建立专属性质的外包关系等支配子公司的经营,对其员工的劳动条件具有现实且具体的支配能力的情况下,可以认为母公司也处于雇主的地位。特别是有

---

[1]　油研重工業事件・最高裁判所第一小法廷 1976 年 5 月 6 日・最高裁判所民事判例集 30 卷 4 号 409 頁。

[2]　朝日放送事件・最高裁判所第三小法廷 1995 年 2 月 28 日判决・最高裁判所民事判例集 49 卷 2 号 559 頁。

[3]　阪急交通社事件・東京地方裁判所 2013 年 12 月 25 日判决・労働判例 1091 号 14 頁。

[4]　大阪証券取引所事件・東京地方裁判所 2004 年 5 月 17 日判决・労働判例 876 号 5 頁。

[5]　高見澤電機製作所ほか 2 社事件・東京高等裁判所 2012 年 10 月 30 日判决・別冊中央労働委員会時報 1440 号 47 頁。

关第 7 条第 2 项的案件,有的劳动委员会命令就肯定了母公司的雇主地位。不过,有关第 7 条第 1 项的案件中,要肯定雇佣关系上的雇主地位,应当需要包括工资支付关系在内的,诸如子公司完全成为母公司的一个部门那样高度的支配关系。[①]

(二) 不当劳动行为意思

1. 因果关系与不当劳动行为意思

在不利益对待中被禁止的是以劳动者加入、组建工会、进行正当的工会活动(《劳动组合法》第 7 条第 1 项),或者向劳动委员会提出申诉等行为"为由",而进行的解雇或其他不利益对待,劳动者方面的一定行为与雇主的不利益对待行为之间的因果关系的存在,是这里的成立要件。不过,成为原因及结果的这些行为既然是基于不同主体的意思,其因果关系不可能是自然的、客观的。在这里,起到将二者相连接之效果的,便是雇主的认识与动机。[②] 于是,认识到劳动者的工会活动等事实,并以此为动机而进行不利益对待的意思,便可以称为不当劳动行为意思,构成不利益对待的成立要件之一(主观要件)。

不当劳动行为意思是在雇主内心形成的因果关系的意思,因此只能从表露于外部的间接事实进行综合判断。在该判定中,不仅限于相应的申诉事实,过往所形成的劳资关系的前后经过、雇主日常对工会的态度等都将被作为重要的要素加以分析。

2. 动机的竞合

在工会会员的解雇等纠纷中,一方面可以肯定不当劳动行为意思的存在,但另一方面也可以肯定解雇理由的存在时,是否应当肯定不当劳动行为的成立则成为了问题所在,这可以称为动机的竞合。比如雇主以排除工会干部为目的而调查其履历,找出其履历欺诈的事实并以此为由进行解雇等情况便属于这类问题。作为解决该问题的基本方针,有观点主张,应当探求

439

解雇理由中哪一方面是决定性的(决定性原因说);另有观点主张,如果存在没有进行工会活动就不会被解雇的情况,则应当肯定不利益对待的成立(相当因果关系说)。

3. 第三方的强行要求

对雇主处于支配性地位的客户或者投资方厌恶该雇主所雇佣的劳动者所进行的正当的工会活动,强行要求雇主解雇工会干部等情况下,该解雇是否可以说是雇主所进行的不当劳动行为呢? 在这里,如果雇主由于无法持续经营而进行解雇,可以认为维持经营的必要性是其解雇的动机。但是换一种角度来看,虽说是通过强行要求的形式,也可以看作是客户的意图与接受其要求的雇主的意思相联结,形成了解雇的意思内容。最高裁判所采取了后者的立场,判断认为该解雇为基于雇主的不当劳动行为意思所进行的。[①]

4. 支配介入的意思

与不利益对待不同,因果关系的存在并不是支配介入的成立要件,因此在有关支配介入的成立中,不当劳动行为意思是否为其要件的问题,形成了不同的见解。一方面,有判例中认为,既然通过批判工会的发言以及利益损失的暗示,存在对工会的运营产生影响的事实,即使发言者对此并没有主观上的认识乃至目的,仍存在对工会运营的介入。[②] 但另一方面,即便是很巧合地对处于工会中指导地位的劳动者发出内部转岗的命令,但如果该命令确实是基于工作上的必要性,是否应当肯定支配介入的成立,应当存疑。

问题在于如何把握此处的支配介入的"意思"这一用语。如果将其狭义地理解为雇主"将要进行支配介入"的意欲与认识,则确实不应当将其作为成立要件来考虑。但令工会干部转岗是否属于支配介入,取决于有关雇主是否厌恶工会并意图使其弱势化的举证。如果将支配介入的意思广义地理解为这种反工会的意思,则支配介入意思的有无在举证和认定过程中将发

---

① 山惠木材事件·最高裁判所第三小法廷 1971 年 6 月 15 日判决·最高裁判所民事判例集 25 卷 4 号 516 页。

② 前揭山冈内燃机事件。

挥中心作用,可以将其看作不当劳动行为的成立要件。这种理解中的支配介入的意思与不利益对待的意思一样,将通过表露于外部的间接事实进行综合认定。

四、复数工会的并存与不当劳动行为

440

(一) 复数工会并存下的诸原则

特别是当同一职场内组建了复数工会时,产生不当劳动行为的情况较多。这是由于在这种状况下,不仅工会之间容易产生纠纷,且从雇主的角度看,根据《劳动组合法》整体或者不当劳动行为制度的要求,应该如何分别应对复数工会,存在并不明确的方面。

具体来讲,在《劳动组合法》中,原则上,并存的复数工会不论其工会会员的多寡,都对雇主享有平等的权利,互相处于竞争关系中(竞争工会主义)。另外,雇主可以与各工会分别进行劳动条件的交涉或谈判,因此可以认为,包括依据各工会的交涉力量的差异在内的"交易的自由"在这里是得到容忍的。但另一方面,不当劳动行为制度中,也包含抑制各工会之间在劳动条件方面产生差距的旨趣(工会间歧视的禁止)。另外,从禁止支配介入的原则出发,雇主被禁止意图支持特定工会的运营或弱化其势力,必须对各工会或势力保持中立的立场(中立保持义务)。在以上诸原则之下,判例在具体的问题解决中虽多属于利益调整的类型,但也表明了一定的方向。

根据最高裁判所的判断,在复数工会并存之下,雇主在与任何一个工会的关系中都负有诚实进行集体谈判的义务,另外,"不仅限于集体谈判的情况,在所有场合雇主都应当对各工会保持中立的态度,平等地承认和尊重其团结权",不得基于工会的性质、倾向与运动路线进行歧视。[①] 在集体谈判中,雇主可以"根据各工会的组织和谈判能力进行合理的、符合其目的的应对",但如果存在以对工会的团结权的否认乃至厌恶之意图为决定性动机的

---

① 日产自动车事件・最高裁判所第三小法廷 1985 年 4 月 23 日判决・最高裁判所民事判例集 39 卷 3 号 730 页。

行为，而集体谈判只不过是对其进行维持的形式等特殊情况，则构成《劳动组合法》第 7 条第 3 项的不当劳动行为。

该判决同时指出，在同一企业内存在压倒性的多数工会＊及少数工会的场合，雇主为了统一的工作安排可以重视与多数工会的交涉，以较为强势的态度要求少数工会也同意其与多数工会之间经合意形成的条件，以这样的形式在与复数工会的集体谈判和统一劳动条件的必要性这二者之间进行调整。

（二）围绕复数工会的具体问题

1. 集体谈判中的中立保持义务

在与复数工会的集体谈判中经常成为问题的，是因是否答应雇主所提示的前提条件而造成的差异。在有关奖金谈判的案例中，作为提高当初所提示的奖金额的前提条件，雇主对并存的复数工会同样提出"协助企业提高生产效率"这一条件，多数工会接受了该条件并与雇主之间达成协议，但少数工会拒绝接受此条件，因而最终多数工会与少数工会的奖金金额产生了差距。对此，最高裁判所判决认为，雇主是在弱化少数工会的意图之下而提出了没有合理性的前提条件并固执于此，因而肯定了不当劳动行为的成立。[1] 在有关加薪交涉的案例中，雇主坚持从达成谈判协议当月开始实施，因而根据达成协议时期的差异，在各工会之间产生了工资的差距，对此，判决也基本从同样的考虑出发，肯定了不当劳动行为的成立。[2]

另外，雇主利用少数工会反对公司集中安排加班的方针，在与该少数工会并未诚实进行谈判的前提下，不让该工会会员进行加班而仅让多数工会的会员加班的行为，仍然属于以弱化工会为意图的支配介入。[3] 但另一方

＊ 由占多数的劳动者所组成的工会。——译者注

① 日本メール・オーダー事件・最高裁判所第三小法廷 1984 年 5 月 29 日判决・最高裁判所民事判例集 38 卷 7 号 802 页。

② 济生会中央病院事件・东京地方裁判所 1977 年 12 月 22 日判决・劳働关系民事裁判例集 28 卷 5 = 6 号 767 页。结论否定的判例有：名古屋放送事件・名古屋高等裁判所 1980 年 5 月 28 日判决・劳働关系民事裁判例集 31 卷 3 号 631 页。

③ 前揭日产自动车事件・最高裁判所第三小法廷 1985 年 4 月 23 日判决。

面,出租车公司在与多数工会的交涉中就降低里程数工资[*]事项订立了集体协议,并根据新的工作安排与其订立了"三六协定",而由于与少数工会之间没有达成合意,因此禁止少数工会的会员加班。考虑到如果不做这样的调整,则会导致少数工会与多数工会相比获得更为有利的劳动条件,且公司方面的谈判态度不能称为不诚实等情况,判决认为,雇主的行为不构成不利益对待以及支配介入。^①与之相对,公司中多数工会与少数工会并存时的集体谈判中,与多数工会之间设置的经营协议中所出示的资料和说明内容为该集体谈判中的说明和协商之基础时,若少数工会提出要求,在集体谈判中,雇主需要在必要范围内出示同样的资料并进行说明,而没有进行该资料出示和说明的雇主,其应对则违反了诚实谈判义务。^②

2. 在"提供方便"中的中立保持义务

雇主的中立保持义务还涉及雇主对工会提供方便的方面。有关雇主无特别附加条件而将事务所和宣传板借给其中一个工会,同时又无合理理由而拒绝借给其他工会的行为,判决认为可以推断其弱化工会的意图,因此构成支配介入。^③这种情况下,支配介入的成立并不需要雇主具有敌视或弱化工会等积极的动机,另外对将事务所借给其中部分工会的合理理由,应当由雇主进行举证^④。但有关宣传板的出借,雇主对两个工会提出同样的条件,拒绝接受该条件的工会未能借到宣传板的案例中,判决认为所提示的出借条件不能称为不合理,因而否定了不当劳动行为的成立。^⑤

(三) 工资、升格方面的差别待遇的举证

特别是在复数工会并存的情况下,有关工会会员的工资和升格,有时会

---

* 按行程公里数计算的工资部分。——译者注
① 高知県観光事件·最高裁判所第二小法廷 1995 年 4 月 14 日判决·劳働判例 679 号 21 頁。
② NTT 西日本事件·東京高等裁判所 2010 年 9 月 28 日判决·劳働判例 1017 号 37 頁。
③ 日産自動車事件·最高裁判所 1987 年 5 月 8 日判决·劳働判例 496 号 6 頁。
④ 日本郵政公社小石川郵便局事件·東京高等裁判所 2007 年 9 月 26 日判决·劳働判例 946 号 39 頁。
⑤ 日本チバガイギー事件·最高裁判所第一小法廷 1989 年 1 月 19 日判决·劳働判例 533 号 7 頁。

被主张为对其中某一工会的歧视，因此是否可以将其作为不利益对待或者支配介入进行救济则成为问题。但工资和升格多是通过雇主的人事考核而实施的，一般情况下相关资料并不公开。另外，对涉及众多工会会员的差别待遇进行举证是较为困难的，即使是在各工会内部，会员之间的能力也存在差距，这就更加造成了举证的困难。

于是，劳动委员会为了使举证更为容易，采用了被称为"大量观察方式"的审理方式。也就是说，劳动委员会将会审查有关申请救济的工会会员的加薪或晋升考核（平均考核率）在整体上与其他工会或者非会员相比是否处于低位。另外，由申请救济的工会进行举证，证明其处于低位是由于雇主对该工会的歧视或者使其弱化的意图而造成的。据此而进行了有关歧视的形式上的举证之后，则可以首先推定不当劳动行为的成立，对此，雇主方面可以进行抗辩，分别证明对申请救济的个别工会会员的人事考核的公正性（有案例中通过这种方法肯定了工会间的歧视①）。同样，"大量观察方式"不仅用于工会间歧视，也用于工会会员与非会员之间的歧视②。

不过，"大量观察方式"是以属于两个团体的劳动者在业绩中的同质性为前提的，因此需要两个团体具有可以消除个别劳动者偏差的规模。因此，不能将该方法用于小规模或者部分范围的考核歧视案件③。小规模团体间歧视的场合，主张不利益对待的劳动者需要"在自己所能把握的范围之内列举具体的事实，证明具体会员在能力和业绩方面并不劣于非会员"，这种情况下，只要雇主未进行具体的反证，那么在考核中的低位评价会被推定为是基于歧视性动机而进行的④。

---

①　紅屋商事事件・最高裁判所第二小法廷 1986 年 1 月 24 日判決・労働判例 467 号 6 頁。

②　昭和シェル石油事件・東京高等裁判所 2010 年 5 月 13 日判決・労働判例 1007 号 5 頁。该判决中明确表示支持中央劳动委员会所采用的推定方法。

③　北辰電機製作所事件・東京高等裁判所 1981 年 10 月 22 日判決・労働判例 374 号 55 頁。

④　オリエンタルモーター事件・東京高等裁判所 2003 年 12 月 17 日判決・労働判例 868 号 20 頁。

ESG 投资与劳动关系

444

　　近年来,企业经营领域似乎较为关注"ESG 投资"这一词,这是集环境(Environment)、社会(Social)、管理(Governance)这三个词语的首字母而成的,意味着投资方在选择投资对象时,并不仅限于目前的业绩和财务状况,而是同时重视该企业在环境问题方面的努力、对社会公正的关心及企业统治的健全等要素。也就是说,这样的企业才是从长远来看有可能获得长足发展的,更加符合投资目的的。

　　一般认为,2006 年联合国发表的责任投资原则这一文书成为了上述倾向的契机,这种场合下,可以说必然会出现"SDGs(Sustainable Development Goals,可持续发展目标)"相关的话题,复杂的简称常令人产生混乱。在日本,世界最大的机构投资者——"年金基金管理运用独立行政法人(GPIF)"于 2017 年开始进行基于 ESG 指标的投资,据说今后也将在此方向继续扩大。之前我们经常会讨论"企业的社会责任(CSR)",而 ESG 投资通过刺激对股价的影响这一对经营者来说最为敏感的部分而提高其实效性,可谓是极具现代性的。

　　劳动关系被作为社会(S)的重要因素,多样性(女性的活跃、残疾人的雇佣等)、工作与生活的平衡(削减加班、促进年薪假的取得、育儿和护理休假的支援等)以及员工的健康促进常作为示例而出现在说明中。另外,也存在以消极形式对企业进行监督的方式,即不对严重违反劳动法令或者造成工伤事故的企业进行投资。当然,这并不是替代原来的以劳动法进行的规制,而是应将其作为一种从侧面进行辅助,引导良性发展的工具来加以活用。

　　正如本书从初版开始一直在引言中指出的,人类的劳动是融入于地球的环境系统中的。另外,如果不能恰当地反映劳动者的声音,则该企业统治不得不说是存在缺陷的。在此意义上,劳动问题同时也是对"环境(E)"和"管理(G)"产生重大影响的问题。期待关于这一点的认识在市场中也能够不断渗透和深入。

第六节 劳资争议的解决手段

445 　　集体劳动关系的基础在于工会与雇主处于对等的立场进行集体谈判,并自主决定劳动条件。在该过程中,工会采取争议行为施加压力是作为当然可能发生的事态而事先预定的,因而受到法律的保护。从反面来讲,即使工会在争议中败下阵来而导致未能实现其要求的结果,也是不得已的。当事人之间的劳资关系的性质包括从合作到敌对的各种状态,但其基础是以力量对决的可能性为背景的劳资自治理念。

　　但是,对于这样一种理念,现行法中从两个侧面存在一定的保留。第一,争议行为对作为当事人的劳资双方以及社会而言,都伴随巨大损失,如果可以回避,当然是最理想的。《劳动关系调整法》中所规定的争议调整就是基于这一旨趣,由国家对劳资双方当事人在争议解决方面提供帮助。第二,雇主没有堂堂正正地与工会进行交涉或谈判,而是采取打击工会根基的不正当行为的情况下,有必要对其进行禁止以维持公正的劳资关系秩序。《劳动组合法》第7条的不当劳动行为制度就属于此。

　　在争议调整中,国家不能违背当事人的意思而强行解决或处理,与之相对,在不当劳动行为制度中,国家作为对当事人强制适用法律的判定人而发挥功能。位于这些集体劳动争议解决机制的中心位置的,则是被称为"劳动委员会"的机构。

　　另一方面,过去,个别劳动关系领域中的争议解决机制不够充分,但随着近年来个别劳动争议的急速增加,在行政和司法方面都分别制定了新的制度并有了一定的进展。

一、劳动委员会的构成与权限

　　劳动委员会是依据《劳动组合法》而设置的独立的行政委员会(《劳动组合法》第19条以下)。具体而言,在厚生劳动大臣的管辖下设有中央劳动委员会(中劳委),另外作为各都道府县的机构则设有都道府县劳动委员会(都道府县劳委)。后者是依据 2004 年的《劳动组合法》修改,由地方劳动委员会(地劳委)改名而来。

446

(一)公劳资三方委员

劳动委员会的特征在于"三方构成",即由人数相同的资方委员(代表雇主利益者)、劳方委员(代表劳动者利益者)以及公益委员(代表公益者)组成(《劳动组合法》第 19 条第 1 款)。关于委员的人数,中央劳动委员会是公劳资三方各 15 人,都道府县劳动委员会是各 5—13 人,依据地方条例可以各追加两人(同第 19 条之 3,第 19 条之 12)。

在委员当中,资方委员和劳方委员分别基于雇主团体和工会的推荐而予以任命(有案例中,其推荐的候选人未能当选的工会提起诉讼请求取消委员任命,对此,判决认为推荐并不是为了特定工会的利益,因而驳回了该工会的请求[①];另有案例中一方面肯定了"知事"[*]在委员任命中的裁量权的滥用,但以不存在具体损害以及故意或过失为由,驳回了损害赔偿请求[②])。公益委员的任命则需要资方委员和劳方委员的同意(意味着全员的同意)。

劳动委员会的委员被期待具有劳动关系方面的知识和经验,但无需是法律方面的专家。委员的任期为两年。为了处理相关事务,劳动委员会中另设有事务局。

(二)劳动委员会的任务

劳动委员会的主要任务为依据《劳动关系调整法》进行劳动争议的调整,以及对不当劳动行为进行审查和救济(《劳动组合法》第 27 条以下)。后者属于准司法的功能,因此仅由公益委员进行(同第 24 条第 1 款,不过劳方和资方委员也可以参与决定之前的询问过程)。如此,"调整"权限与"判定"

---

① 大阪府地劳委事件·大阪高等裁判所 1983 年 10 月 27 日判决·労働関係民事裁判例集 34 卷 5＝6 号 874 页。

* 地方政府之长。——译者注

② 福冈县地劳委事件·福冈地方裁判所 2003 年 7 月 18 日判决·労働判例 859 号 5 页。北海道劳委事件·札幌地方裁判所 2015 年 1 月 20 日判决·LEX/DB25447050。

权限的并存是日本劳动委员会制度的显著特色,弹性活用这两种程序从而实质上解决当事人之间争议的情况也很多。

除此之外,劳动委员会还具有审查工会的资格(同第 5 条第 1 款),以及对集体协议的区域性一般性约束力进行决议(同第 18 条)的权限。

再者,在上述有关集体劳动关系的权限之外,多数都道府县劳动委员会还进行着个别劳动争议的咨询和斡旋(参照第 462 页)。

447 二、争议处理程序

基于《劳动关系调整法》的劳动争议调整是以劳动关系当事人的自主解决之努力为前提,同时对其提供帮助的制度(同法第 2—4 条)。作为调整对象的"劳动争议",意味着当事人之间就劳动关系的主张不一致而发生了争议,或者进入有可能产生争议的状态(同第 6 条)。一般认为,该"劳动争议"限于工会乃至劳动者集体成为当事人的集体劳动关系方面的争议。

(一)斡旋、调停、仲裁

在劳动委员会的调整程序中最为便捷的是"斡旋"(《劳动组合法》第 10 条以下)。斡旋由一方或双方当事人申请,或者基于劳动委员会的职权而开始,由劳动委员会会长所指名的斡旋专员确认争点并在双方当事人之间进行斡旋,努力解决争议。有时候也会制定斡旋方案,但当事人对此没有义务必须接受。

"调停"(同第 17 条以下)是更为正式的程序,由公劳资三方构成的调停委员会在听取当事人的意见之后,制作调停方案并劝告当事人接受调停。但当事人依然不受此约束,具有拒绝调停方案的权利。

与之相对,"仲裁"(同第 29 条以下)中,仲裁委员会的裁定将对双方当事人产生约束,与集体协议具有同等效力。但仲裁仅基于当事人双方的申请或者依据集体协议中的规定进行的申请而进行(同第 30 条,基于一方申请或者职权的开始是不被允许的),因此是以双方当事人的意思为基础的制度,所谓强制仲裁是不被认可的(不过,《行政执行法人劳动关系法》中,在禁止争议行为的同时,设有强制仲裁制度;参照该法第 33 条,第 35 条)。

在上述三种争议调整程序中,实际上斡旋的例子占压倒性多数,调停和仲裁较为少见。

(二) 紧急调整

上述争议调整程序之外,有关紧急事态中的特别调整手续,还规定有"紧急调整"制度(《劳动关系调整法》第 35 条之 2 以下)。从事件规模或者行业性质来看,因争议行为而造成的业务停止被认为将有可能严重阻碍国民经济运行,或者明显危害国民日常生活的情况下,由内阁总理大臣决定开始进行紧急调整。

448

内阁理大臣决定进行紧急调整时,中央劳动委员会必须优先于其他所有案件,为解决该争议而尽最大努力。虽然这里也不会对当事人进行强制,但禁止从紧急调整决定的发布日起 50 天之内的争议行为(同第 38 条,处罚规定设于第 40 条)。至今为止,有关紧急调整的决定仅有 1952 年对煤矿劳工罢工的紧急调整这一例。

三、由劳动委员会实施的不当劳动行为救济

(一) 行政救济的意义与构造

所谓不当劳动行为的救济,是以存在属于《劳动组合法》第 7 条各项所规定的行为的雇主为对象,由作为行政机构的劳动委员会作出"救济命令"的形式而进行的。

这并不是对当事人在私法上的权利义务关系进行判断,而是面向将来,命令一定的作为或不作为的行政处分,第 7 条各项则是关于启动这一权限之要件的规定。另外,对于劳动委员会的命令,可以通过行政诉讼进行司法审查。

这样的行政救济是以对不当劳动行为进行迅速且具有实效的救济为目的的。曾经在 1945 年的旧《劳动组合法》中,采用的是"直接处罚主义",对于违反不利益对待以及"黄犬合同"的禁止之规定的雇主,基于劳动委员会的请求,可以处以刑罚,但没有规定对劳动者的救济,需要另外进行民事诉

讼。与之相对,现行法则参照美国的制度引入了行政救济制度,可以直接纠正不当劳动行为的结果(同时追加第 7 条第 2 项和第 3 项,扩大了被禁止行为的范围;1952 年修改时追加了第 7 条第 4 项)。

另外,对于雇主多样的不当劳动行为,由于很难事先就具体对纠正措施的内容进行特定,行政救济的意义还在于,劳动委员会可以通过其具体裁量,根据个案中的情况决定适当的纠正措施并作出具体命令。[①] 也就是说,对作为劳资关系专门机构的劳动委员会的功能有着较大的期待。

另一方面,该行政救济中的审查程序所呈现的是由劳资双方当事人作为主体的准司法的对峙结构,劳动委员会处于中立的判定者的地位。审查程序由劳动者方面提起救济申请开始,经调查和询问,并通过公益委员的合议而决定并作出命令(救济命令或驳回申请命令)。该行政救济审查为两审制,即救济申请通常首先向都道府县劳动委员会提起,不服其命令的可以向中央劳动委员会请求再审查。

现实中,不论是都道府县劳动委员会还是中央劳动委员会,在审查过程中都会花费相当长的时间。为了对此进行改善,2004 年修改的《劳动组合法》在程序方面进行了修改,之后也努力进行了相应的改善,但仍未充分实现迅速救济这一理念。

(二) 救济申请人、申请期间、被申请人

1. 申请人

可以提起救济申请的是成为不当劳动行为对象的劳动者个人或者工会。不利益对待(《劳动组合法》第 7 条第 1 项、第 4 项)以及支配介入(第 3 项)的情况下,劳动者个人与工会分别具有申请救济权[有判例中肯定了对于第 3 项行为(支配介入),劳动者个人也与工会一样具有申请救济权[②]]。有关拒绝集体谈判行为(第 2 项)则存在观点的对立,有的认为在性质上仅

[①]　第二鳩タクシー事件・最高裁判所大法廷 1977 年 2 月 23 日判决・最高裁判所民事判例集 31 卷 1 号 93 頁。

[②]　京都市交通局事件・最高裁判所第二小法廷 2004 年 7 月 12 日判决・労働判例 875 号 5 頁。

限于工会具有申请救济权,有的则同时肯定劳动者个人的申请救济权。

工会在进行救济申请时,必须接受劳动委员会所进行的资格审查(同第5条第1款,参照第29页)。关于这个问题将在下文"4.资格审查"中具体讲述。围绕公共部门中的所谓混合工会(参照第26页)的申请人资格问题也有一定的争论,但判例对此持肯定态度[①]。

2.申请期间

救济申请必须在不当劳动行为之日开始1年以内进行(《劳动组合法》第27条第2款)。不过,涉及"持续的行为"的情况下,该期间为从其终止之日开始的1年以内(同款)。如雇主对工会采取各种各样的分离瓦解措施的场合,即使存在复数的行为,但可以认定其为基于同一不当劳动行为意思的具有一体性的行为时,则包含在"持续的行为"之内。

关于申请期间,最大的问题在于,雇主在有关工会会员的加薪、晋升考核中进行了歧视性操作时,是认为不当劳动行为因歧视性的加薪或晋升决定而完结(剩下的不过是机械适用),还是可以将基于考核所进行的每月的工资支付行为,或将劳动者置于未晋升状态的行为看作"持续的行为"。最高裁判所关于加薪的歧视性考核采用的是后者的立场,认为申请期间为基于该考核所进行的最后一次工资支付开始的1年以内。[②]

450

同样的歧视性加薪或晋升考核持续数年被反复进行的情况下,很多劳动委员会命令中将其一并纳入"持续的行为"。另一方面,即使没有将其作为"持续的行为",但在救济内容方面,也有不少的劳动委员会命令一并纠正数年来所积累的歧视性待遇。

3.被申请人

被申请人是作为不当劳动行为主体的"雇主"(参照第435页)。劳动委员会作出救济命令时,该雇主将成为该命令的对象。

---

① 大阪府教委事件·東京高等裁判所2014年3月18日判决·劳働判例1123号159页。泉佐野市事件·大阪高等裁判所2016年12月22日判决·劳働判例1157号5页。
② 红屋商事事件·最高裁判所第三小法廷1991年6月4日判决·最高裁判所民事判例集45卷5号984页。

雇主即意味着作为企业主的个人或者法人,如工厂或支店等不过是法人构成部分的,因不是独立的权利义务的归属主体而不能成为被申请人。[①]工厂长或支店店长等具体的行为者其本身不是劳动关系的当事人,只不过因其行为归责于雇主而成立不当劳动行为,因此不能成为被申请人。[②]

4. 资格审查

工会对不当劳动行为进行救济申请时,必须通过劳动委员会所进行的资格审查,得到主体适格的决定(《劳动组合法》第 5 条第 1 款)。不过,其具体运用比较灵活,比如说,资格审查一般与关于不当劳动行为成立与否的审查同时进行(并行审查)。工会符合《劳动组合法》第 2 条及第 5 条第 2 款所规定的条件是作出不当劳动行为救济命令的要件,但并不是进入审查程序的要件,因此有关资格审查的决定只要在作出救济命令之前结束就可以了。[③]

另外,劳动委员会在资格审查的过程中认为工会不符合上述要件的情况下,可以劝告工会进行补正(《劳动委员会规则》第 24 条)。只要工会依据该劝告进行了补正,劳动委员会也可以对当初不符合要件的工会作出救济命令。

判例中认为,即使劳动委员会的资格审查程序中存在瑕疵,或者审查结果有误,雇主也不能仅以此为由要求取消劳动委员会的救济命令。[④] 其理由在于,资格审查是劳动委员会对国家所承担的责任,而并不是为了保障雇主的法律利益,但笔者认为,作为根本问题,有必要重新考虑设立资格审查制度为救济的前提条件其本身是否妥当。

(三) 审查程序与合议

劳动委员会在受理了救济申请之后将开始审查程序。具体来说,即首

---

① 济生会中央病院事件・最高裁判所第三小法廷 1985 年 7 月 19 日判决・最高裁判所民事判例集 39 卷 5 号 1266 页。

② 石川吉右衞門『労働組合法』(1978 年、有斐閣)289 页以下。

③ 東京光の家事件・最高裁判所第二小法廷 1987 年 3 月 20 日判决・労働判例 500 号 32 页。

④ 日通会津若松支店事件・最高裁判所第三小法廷 1957 年 12 月 24 日判决・最高裁判所民事判例集 11 卷 14 号 2336 页。

先在进行"调查"的基础上对是否存在申请理由进行"询问"(《劳动组合法》第 27 条第 1 款)。

1. 调查

调查是整理双方当事人的主张与争点,使双方明确举证计划,以使询问得以顺利进行而进行的准备程序(在该阶段也可以发出下文所述的提交证据物件命令,同第 27 条之 7 第 1 款)。有关管辖和申诉期间等程序要件也是调查的对象,不符合要件的申诉将被驳回。

在调查中被认为有必要的情况下将会进行询问,但劳动委员会在询问开始前会制定审查计划书,其中记载调查中所整理出的争点及证据、询问的期间与次数、证人人数及预定交付命令时期(同第 27 条之 6)。当事人也必须努力基于此参加询问。

2. 询问

询问是调查取证、认定是否存在不当劳动行为相关事实这一过程中最为重要的程序(参照《劳动委员会规则》第 41 条之 7)。询问原则上是公开的,在委员会会长或公益委员中所被指名的审查委员的指挥下进行,劳资双方委员也可以参与。

询问中必须向双方当事人提供充分的机会,使其可以提供证据并向对方证人进行询问(《劳动组合法》第 27 条第 1 款后段)。有关调查取证的范围和方法,没有民事诉讼法中那样的制约,只要认为有必要即可以依申请或者职权调查所有材料。而且通过 2004 年《劳动组合法》的修改,可以命令证人出庭或者提交相关证据物件(同第 27 条之 7,相关处罚规定参照第 32 条之 2)。

452

根据案件的具体内容,以及申请书和当事人所提交的其他书面材料,在劳动委员会认为已达到了作出命令的成熟时机时,可以不经过询问而直接发出命令(《劳动委员会规则》第 43 条第 4 款)。

另外,劳动委员会可以在询问途中随时劝告当事人进行和解(《劳动组合法》第 27 条之 14 第 1 款,《劳动委员会规则》第 45 条之 2;另外参照同第 45 条之 8)。实际中,即使没有这样的和解劝告,当事人之间达成和解而撤回申请的情况也很多。

3. 合议

询问结束后,将在听取劳资双方的参与委员的意见之基础上,由公益委员进行非公开的合议(关于合议机构的构成,请参照《劳动组合法》第 24 条之 2 第 1 款、第 2 款、第 4 款)。相关命令的内容依此合议而决定。

(四) 救济命令

当案件到了可以作出命令的时期,劳动委员会在进行事实认定的基础上,分别以书面形式,在认为申请具有理由时发出救济命令,认为申请没有理由时发出驳回命令(《劳动组合法》第 27 条之 12 第 1 款、第 3 款)。"命令书"中除了主文之外还必须记载其理由(所认定的事实以及法律依据)(《劳动委员会规则》第 43 条第 2 款)。

根据救济命令,雇主将产生遵从命令中主文部分所规定之内容的公法上的义务,违反已确定的命令的雇主将被处以罚款(《劳动组合法》第 32 条后段)。另外,对相关救济命令提起行政诉讼,而该命令基于裁判所的确定判决得到支持时,违反命令者将被处以拘役或者罚金(同第 28 条,也可能合并处罚)。

依据案件的不同,救济命令的内容是多种多样的,其中较为典型的主要有以下几种:涉及构成不利益对待的解雇问题,主要有复职命令以及支付被解雇期间的应得工资的命令;涉及拒绝集体谈判的问题,有关于该事项的诚实交涉命令以及禁止基于特定理由而拒绝集体谈判的命令;涉及支配介入的问题,有禁止构成支配介入的行为的命令以及张贴一定内容的文书的命令等。所谓张贴文书,是指在告知其行为被裁定构成不当劳动行为的基础上,令其向公众约定不再进行同样的行为,在有关支配介入之外的案件中,也多作为辅助性救济而出现在命令中(近来,不是命令张贴文书而是命令亲手交付的例子也很多)。申请人在申请书中会记载"请求救济的内容"(《劳动委员会规则》第 32 条第 2 款),但这仅限于参考,并不能因此限定劳动委员会的权限。

虽然确实曾存在不当劳动行为,但因此造成的状态已被纠正,当事人之间恢复了正常的劳资关系秩序,因而无法肯定救济的必要性时,劳动委员会可以作出驳回救济申请的命令。[①] 但即便不当劳动行为所产生的影响看上去暂时消除了,若劳动委员会判断对于将来的劳资关系来说仍需要采取一定的措施,当然仍可以作出必要的救济命令。

(五) 救济权限的界限

关于具体应作出怎样的救济命令,劳动委员会被赋予广泛的裁量权,不过,参照制度的旨趣和目的,仍存在一定的界限[②]。比如,有判例中认为,对劳动者损失的填补其本身属于不当劳动行为制度之目的范围之外,劳动委员会不得命令雇主进行损害赔偿(有关中止工会会费预扣的案例中,劳动委员会裁决其属于支配介入,除了命令雇主重新开始工会会费预扣之外,又命令雇主支付与该中止期间的转账手续费相当的费用,判决认为,这实质上是命令雇主支付不法行为损害赔偿,因而属于违法[③])。具体而言,涉及救济命令的合法性问题的案例主要有以下几种类型。

1. 违法解雇期间应得工资的支付与中间收入的扣除

对于因不当劳动行为而被解雇的劳动者,过去劳动委员会的立场是,在命令雇主将劳动者予以复职并支付违法解雇期间应得工资时,即使劳动者在该解雇期间受雇于其他雇主而获得收入,也认为无需将该部分从其应得工资中扣除。对此,最高裁判所从一开始就将救济命令的目的限定于"恢复原状",因此认为不扣除中间收入的命令为违法。[④] 但是,最高裁判所随后改变了其立场,在强调劳动委员会在救济中的裁量权的基础上,认为从救济被解雇者个人而言,原则上应当扣除中间收入,但同时考虑到在一般意义上对工会活动的侵害,肯定了劳动委员会命令中可以存在不扣除中间收入的余地。[⑤]

454

----

① 新宿邮便局事件·最高裁判所第三小法廷 1983 年 12 月 20 日判决·労働判例 421 号 20 頁。

② 前揭第二鸠タクシー事件。

③ 前揭泉佐野市事件。

④ 米軍調達部事件·最高裁判所第三小法廷 1962 年 9 月 18 日判决·最高裁判所民事判例集 16 巻 9 号 1985 頁。

⑤ 前揭第二鸠タクシー事件。

不过,该判决在结论上仍然判定未扣除中间收入的劳动委员会命令为违法,可见最高裁判所的立场是极其严格的(另有其他案例中也同样[1];最高裁判所似乎并没有将对工会活动整体的侵害作为对工会本身的打击来看待,而是作为对被解雇劳动者所遭受的再就业困难等损害为媒介、具有制约性的效果来看待的)。另外,这里的违法解雇期间应得工资并不是工资本身,而是行政机构发出的一定的作为命令,因此在这里并不直接适用有关解雇无效诉讼中所利用的《民法》第 536 条第 2 款以及基于《劳动基准法》第 26 条的法理(参照第 384 页)。

2. 抽象的不作为命令

抽象的不作为命令,是指以面向将来的具有一般意义的、概括性的禁止为内容的命令。如"不得支配和介入工会的运营"这样,若命令中所指的被禁止行为未被特定,雇主的履行义务内容极不确定,则该命令为违法。另一方面,如果雇主有可能反复过去的不当劳动行为,事先禁止与之同类或类似的行为的命令是合法的。[2]

内容的抽象性在作为命令的情况下也有可能成为问题,但比如为了消除工会之间的歧视而命令雇主出借事务所等,同时令其通过与工会的协商对具体出借条件进行"合理的决定"的命令,在判例中被判为合法。[3]

3. 附条件的救济命令

虽然可肯定雇主方面存在不当劳动行为,但劳动者方面也有过激行为时,可以以工会道歉等一定的行为为条件,而作出救济命令。虽然存在较有力的观点认为,命令劳动者方面采取一定的行为违背了制度的旨趣而违法,但笔者认为,若这一条件从公正的劳资关系角度而言是适当且不可缺的,仍

---

[1]　あけぼのタクシー(バックペイ)事件・最高裁判所第一小法廷 1987 年 4 月 2 日判决・労働判例 500 号 14 頁。

[2]　栃木化成事件・最高裁判所第三小法廷 1962 年 10 月 9 日判决・最高裁判所民事判例集 16 巻 10 号 2084 頁。日産自動車事件・最高裁判所第三小法廷 1985 年 4 月 23 日判决・最高裁判所民事判例集 39 巻 3 号 730 頁。

[3]　日産自動車事件・最高裁判所第二小法廷 1987 年 5 月 8 日判决・労働判例 496 号 6 頁。

应认为其属于劳动委员会的裁量范围之内。[1]

4. 加薪、晋升命令

有关工会会员在加薪方面受到歧视的情况,作为救济,劳动委员会很多情况下会命令雇主重新进行公正的考核并支付相应的金额。但如果是存在充分证据的案件,劳动委员会决定具体的加薪额度并命令雇主进行支付,也是属于其裁量权的范围之内的(有关在奖金发放中存在歧视的案例中,判决支持了劳动委员会要求基于劳动者的平均考勤率而一律予以支付的命令[2])。

　　　455

有关晋升方面的歧视,如果该晋升仅仅是关乎工资的相关人事级别,则要求雇主对劳动者加以晋升的劳动委员会的命令不存在问题。但如果是向具体职位的晋升,则有必要与雇主在人事方面的真实利益状况进行调整,劳动委员会直接命令晋升有时将会被判超出了其裁量权的界限[3]。

5. 书面公开道歉

劳动委员会命令雇主采用书面形式公开道歉的情况下,有关该致歉信中的内容,有时会使用"深刻反省"乃至"致歉""发誓以后不再重复同样的行为"等字眼。判例中认为,从命令书面公开道歉的旨趣和目的来看,这样的用词虽具有欠妥的方面,但并不是以要求雇主进行反省等意思表示为根本目的,因而不构成对《宪法》第 19 条的违反,属于劳动委员会裁量权的范围之内。[4]

6. 对丧失工会会员资格者的救济

涉及不利益对待的案件中,在由工会进行救济申请而处于审查阶段的

---

① 延岡郵便局事件・東京高等裁判所 1978 年 4 月 27 日判决・労働関係民事裁判例集 29 巻 2 号 262 頁。

② 紅屋商事事件・最高裁判所第二小法廷 1986 年 1 月 24 日判决・労働判例 467 号 6 頁。

③ 第一小型ハイヤー事件・札幌高等裁判所 1977 年 10 月 27 日判决・労働関係民事裁判例集 28 巻 5＝6 号 476 頁。

④ 亮正会高津中央病院事件・最高裁判所第三小法廷 1990 年 3 月 6 日判决・労働判例 584 号 38 頁。オリエンタルモーター事件・最高裁判所第二小法廷 1991 年 2 月 22 日判决・労働判例 586 号 12 頁。

过程中,即使相关劳动者因调岗、离职以及退会等而丧失会员资格,对工会而言,恢复该劳动者在雇佣关系上的权利利益,仍具有其固有的救济利益。因此,只要该劳动者本人没有积极地表明放弃的意思,劳动委员会仍可以命令雇主采取包括支付给该劳动者被解雇期间应得工资等救济措施。①

7. 从私法上的法律关系的偏离

救济命令在其性质上并不受私法上的法律关系的约束,但与之在很大程度上存在偏离的救济命令有可能被判为裁量权的滥用(学说中有见解特别重视这一点②)。雇主从某工会会员的工资中违法预扣会费并转交给其对手工会,因此劳动委员会命令雇主向该工会支付相当于所扣除会费的费用(而不是返还给工会会员),对此,最高裁判所判断认为,由于不存在雇主与工会之间有关预扣会费的"协定"以及工会会员的委任,因此该命令明显偏离私法上的法律关系,同时也与《劳动基准法》第 24 条第 1 款的旨趣相抵触,因此属于违法③,但可以说这一判断显得过于狭隘。

另外,某案例中,对于命令支付因惩戒处分而造成的工资减少部分的劳动委员会命令,判决认为其与民事诉讼中的损害赔偿的认定额度不同而予以取消④,明显属于失当,该判决在二审判决中被撤销⑤。

(六) 再审查程序

因都道府县劳动委员会的救济命令或驳回命令(或者不受理决定)而遭受不利或损失的当事人,可以在收到该命令起 15 日之内,向中央劳动委员会提出再审查申请(《劳动组合法》第 27 条之 15)。再审查中,对于都道府县劳动委员会的命令,中央劳动委员会具有取消、承认或者进行变更的完整权限(同第 25 条第 2 款)。不过,这样的再审查仅限于在所申请的不服范围

---

① 旭ダイヤモンド工業事件・最高裁判所第三小法廷 1986 年 6 月 10 日判决・最高裁判所民事判例集 40 卷 4 号 793 页。前揭亮正会高津中央病院事件。

② 山口浩一郎『労働組合法(第 2 版)』(1996 年、有斐閣)128 页。

③ ネスレ日本事件・最高裁判所第一小法廷 1995 年 2 月 23 日判决・最高裁判所民事判例集 49 卷 2 号 281 页。

④ 平成タクシー事件・広島地方裁判所 2013 年 9 月 4 日判决・労働判例 1120 号 69 页。

⑤ 同事件・広島高等裁判所 2014 年 9 月 10 日判决・労働判例 1120 号 52 页。

之内进行(《劳动委员会规则》第 54 条、第 55 条)。

再审查程序与初审时几乎一样,上文所述有关救济命令的内容与界限部分对于劳动委员会的命令也同样适用。

另一方面,对于初审命令不进行再审查申请,也可以直接提起下文所述的行政诉讼。这就造成在部分救济命令的场合,有可能出现劳动者或工会提起再审查申请,而雇主提起行政诉讼,分别以不同形式对各自的不服部分提起争议的情况,笔者认为从立法角度而言有必要进行深入思考。

四、对劳动委员会命令的司法审查

(一)行政诉讼的提起

对于劳动委员会的命令(或者不受理决定),与一般的行政处分一样,可以基于行政事件诉讼法提起行政命令取消诉讼(行政诉讼)。该行政诉讼除了可以对中央劳动委员会的命令而提起之外,也可以对未经再审查程序的都道府县劳动委员会命令直接提起(不论哪种情况,劳动委员会管辖地的地方裁判所为一审裁判所)。

关于后者,更严密地说,是对于都道府县劳动委员会的命令,雇主只可以在向中央劳动委员会进行再审查申请和提起行政诉讼这二者中进行选择(《劳动组合法》第 27 条之 19 第 1 款)。另一方面,劳动者或者工会可以同时采取上述两种方式,不过如果中央劳动委员会的命令先出来,则行政诉讼将被驳回(参照同条第 3 款)。

雇主所提起的行政诉讼必须于命令交付日开始的 30 日之内进行(同第 27 条之 19 第 1 款)。劳动者或工会提起的行政诉讼,则由于在《劳动组合法》中没有特别规定,因此上述期限为知道行政处分之日起的 6 个月之内(《行政诉讼法》第 14 条第 1 款)。

不论哪种情况,作出命令的都道府县劳动委员会或者中央劳动委员会是进行行政处分的部门,其所属的都道府县或者国家将成为行政诉讼中的被告(《行政诉讼法》第 11 条第 1 款)。此外,提起救济申请的劳动者或工会可以作为辅助参加人参加雇主提起的行政诉讼,而被提起申请的雇主可以参加由劳动者或工会提起的行政诉讼(仅由工会提起救济申请的情况下,没有提起救济申请的劳动者不能作为辅助人参加行政诉讼[①])。

另外,工会支部在诉讼过程中自然消亡的案例中,判决认为,以向该工会支部进行金钱支付为内容的劳动委员会命令丧失了其约束力,因此以雇主所提起的行政诉讼缺乏诉的利益为由而驳回其请求。[②]另一方面,虽然受雇于该雇主的工会会员死亡,但工会作为产业组织依旧存续的案例中,判决认为以工会会员所乘船舶的使用,以及依据集体协议经营劳资关系等为主要内容的救济命令并未丧失其效力,可以肯定相关的诉的利益。[③]

(二) 司法审查的范围

在行政诉讼中,裁判所通常会对以下三个层面进行合法性审查,即劳动委员会所进行的事实认定、是否构成不当劳动行为的判断,以及救济方法的选择(构成不当劳动行为的场合)。于是在这种情况下,便产生了司法应当在何种程度上尊重作为专门机构的劳动委员会的判断这一问题。

关于事实认定,裁判所不受劳动委员会的认定的约束,可以独自进行调查取证,重新进行事实认定。过去有关"公平交易委员会"[*]的裁定所提起的行政诉讼,相关法律中曾规定"实质性证据法则"以及对提出新证据的限制(《独占禁止法》[**]旧第 80 条、第 81 条;依据 2013 年修改,裁定制度本身被废止),但在劳动委员会命令方面没有得到适用。不过,根据 2004 年修改后的规定,无视劳动委员会的物件提出命令而没有提出的情况下,只要缺乏正当的理由,将不能在裁判所提交有关该物件的证据(《劳动组合法》第 27 条之 21)。

---

① JR 東日本ほか事件 · 最高裁判所第一小法廷 2002 年 9 月 26 日判决 · 劳働判例 836 号 40 頁。

② ネスレ日本 · 日高乳業(第 2)事件 · 最高裁判所第一小法廷 1995 年 2 月 23 日判决 · 最高裁判所民事判例集 49 卷 2 号 393 頁。

③ 熊谷海事工業事件 · 最高裁判所第二小法廷 2012 年 4 月 27 日判决 · 最高裁判所民事判例集 66 卷 6 号 3000 頁。

* 负责反垄断法实施的行政委员会。——译者注

** 相当于我国的《反垄断法》。——译者注

有关是否构成不当劳动行为的判断,属于《劳动组合法》第 7 条各项的解释适用的问题。在这里,劳动委员会的裁量(所谓要件裁量)也是被否定的[1],裁判所可以进行全盘审查。不过,基于与私法上的权利义务关系所不同的视角,是否构成不当劳动行为的要件具有其独特性,裁判所应当充分斟酌劳动委员会所进行的判断。

有关救济命令的内容,如前所述,劳动委员会具有广泛的裁量权,裁判所也应当尊重其判断。只要劳动委员会的裁量权行使没有超越符合其制度旨趣和目的的范围,或者显著不合理而属于滥用的情况,则不应当将其命令作为违法。[2]

(三) 紧急命令

雇主提起取消救济命令的行政诉讼时,作出该命令的劳动委员会可以向相应的裁判所申请紧急命令(《劳动组合法》第 27 条之 20)。

所谓"紧急命令",是指裁判所在判决确定为止的期间,令雇主遵从劳动委员会的全部或部分命令,违反紧急命令将被处以罚款(《劳动组合法》第 32 条前段)。也就是说,是在行政诉讼期间暂时性地对救济命令赋予了强制力。

裁判所在发出紧急命令时需要审查救济命令的合法性,以及对此发出紧急命令的必要性。前者仅是暂定性的判断,因此只要从确定资料来看在救济命令的内容上没有重大的明显的瑕疵,基本可以肯定其合法性即可。但在对于救济命令的合法性产生重大怀疑的情况下,则不得不驳回对紧急命令的申请。[3] 后者的必要性意味着不得不立即执行该救济命令的紧急情况(有案例中否定了该必要性[4])。

459

---

[1]　寿建築研究所事件・最高裁判所第二小法廷 1978 年 11 月 24 日判决・劳働判例 312 号 54 頁。

[2]　前揭第二鳩タクシー事件。

[3]　吉野石膏事件・東京高等裁判所 1979 年 8 月 9 日判决・劳働関係民事裁判例集 30 卷 4 号 826 頁。

[4]　JR 東日本(緊急命令申立)事件・東京高等裁判所 1991 年 6 月 6 日決定・劳働判例 594 号 110 頁。

五、不当劳动行为的司法救济

(一) 司法救济的意义

对于《劳动组合法》第 7 条各项所规定的不当劳动行为,劳动委员会的命令是主要的救济程序,这一点也是不当劳动行为制度的重要特征。但设定了行政机关的救济机制这一事实,并非排除了对同一行为的裁判所的管辖权。

因此,存在不当劳动行为时,劳动者和工会方面也可以直接对雇主提起民事诉讼(在美国,行政救济具有独占性地位,排除了民事诉讼的途径)。这被称为不当劳动行为的"司法救济",前面所讲的"命令应对集体谈判的临时处分"以及请求确认应对集体谈判地位的确认之诉也是其中一种。

(二) 司法救济与《劳动组合法》第 7 条

司法救济是通常的民事诉讼,因此没有行政救济中的面向将来的作为或不作为命令那样的弹性,具体形式包括基于私法上的权利义务关系的确认请求、损害赔偿请求、作为义务履行请求以及停止不法行为请求等。这种场合便存在一个问题,即《劳动组合法》第 7 条各项的规定是否可以成为私法上的权利义务关系的根据。对此,学说中持肯定意见的观点很有力,但也有其他有力观点认为,从该规定的形式和内容来看,《劳动组合法》第 7 条是第 27 条的行政救济所特有的规定,并不是直接的裁判规范[1]。

依据后者的立场,司法救济的依据必须在第 7 条之外寻找。比如,如果是构成不利益对待的解雇,则因违反源自《宪法》第 28 条的公序(《民法》第 90 条)而无效(有判例中,将《劳动组合法》第 7 条理解为强制性规定而判断解雇无效[2];另外,学说中有观点仅肯定该第 7 条第 1 项为私法上的强制性规定[3])。

---

[1]　石川吉右衛門『労働組合法』(1978 年、有斐閣)413 頁。

[2]　医療法人新光会事件・最高裁判所第三小法廷 1968 年 4 月 9 日判決・最高裁判所民事判例集 22 巻 4 号 845 頁。

[3]　菅野和夫『労働法(第 11 版補正版)』(2017 年、弘文堂)995 頁。

另一方面,构成不利益对待或者支配介入的事实行为,也可以通过《宪 ₄₆₀ 法》第 28 条对私法的投射影响,构成侵害团结权的不法行为(《民法》第 709 条)。[1] 有关违法的拒绝集体谈判行为,也同样可以构成侵害集体谈判权的不法行为。[2]

不过,属于该第 7 条各项的行为并不总是构成不法行为。另外,停止对工会提供方便的行为即便属于第 7 条第 3 项的支配介入,这种情况下,也不一定能肯定工会具有私法上的权利,要求雇主继续提供方便。[3] 因此,最终仍需要结合《劳动组合法》第 7 条的综合旨趣和目的,从私法角度进行具体判断。

(三) 与救济内容的关系

即使可以肯定存在私法上的权利,在司法救济时,是否可以从该权利的性质出发而肯定所请求的救济内容则是另一个问题。

比如,确认法律行为无效的请求以及损害赔偿请求在判例中较为容易被肯定。相反,涉及集体谈判义务履行的请求时,有关集体谈判权是否属于适合由裁判所进行强制履行的权利,存在不同的观点(参照第 197 页)。另外,涉及排除对工会活动的妨碍之请求时,关于团结权是否可以成为该请求的依据,学说和判例中都出现了肯定与否定两种立场。[4]

另一方面,司法救济中也存在行政救济所没有的有利之处,如可以利用民事保全手续,也可以针对非"雇主"的团结权侵害行为进行救济,还可以结

---

① 日産自動車事件・東京地方裁判所 1990 年 5 月 16 日判決・労働関係民事裁判例集 41 巻 3 号 408 頁。サンデン交通事件・山口地下関支部 2001 年 5 月 19 日判決・労働判例 812 号 39 頁。另外,有案例中肯定了工会对税务局的支配介入行为所提起的国家损害赔偿请求。横浜税関事件・最高裁判所第一小法廷 1998 年 10 月 25 日判決・労働判例 814 号 34 頁。

② 神谷商事事件・東京高等裁判所 2003 年 10 月 29 日判決・労働判例 865 号 34 頁、スカイマーク事件・東京地方裁判所 2007 年 3 月 16 日判決・労働判例 945 号 76 頁を参照。神戸刑務所事件・大阪高等裁判所 2013 年 1 月 16 日判決・労働判例 1080 号 73 頁。

③ 三菱重工業長崎造船所事件・最高裁判所第三小法廷 1986 年 12 月 16 日判決・労働判例 488 号 6 頁を参照。

④ 肯定的例子,参见:大日通運事件・神戸地方裁判所 1976 年 4 月 7 日判決・労働判例 255 号 73 頁。否定的例子,参见:住友重工・富田機器事件・津地方裁判所四日市支部 1973 年 1 月 24 日決定・労働経済速報 807 号 3 頁。

合一般的权利滥用法理进行判断等。

六、对个别劳动争议解决的促进

461

(一) 争议处理机制的必要性

集体劳动争议处理机制很早就得到建构,而相对于此,过去对个别劳动争议则没有进行特别的制度建设。但在 20 世纪 90 年代的长期经济不景气中,围绕裁员或者劳动条件的个别劳动争议显著增加,因此个别劳动争议处理机制的必要性得到了广泛的共识。

当然,《劳动基准法》中所规定的监督制度很早就存在,《男女雇佣机会均等法》中也规定有建言、指导、劝告及调停等程序。但有关解雇的合理性以及围绕内部调岗、惩戒处分和劳动条件变更等劳动合同相关的争议,属于《劳动基准法》和《男女雇佣机会均等法》范围之外的问题,因此,劳动者不得不向雇主提起民事诉讼以解决问题。另外,即使是涉及《劳动基准法》和《男女雇佣机会均等法》的问题,如果未能在劳动行政机关的争议处理程序中得以解决,仍然需要通过裁判解决。

然而,日本的裁判程序往往需要花费较长时间和莫大的费用,特别对劳动者而言将成为较重的负担(《民事诉讼法》第 368 条以下的少额诉讼原则上为 1 日之内结束,但仅限于诉额为 60 万日元以下的金钱诉讼)。另一方面,通过所谓"临时应急型诉求"*,合同工会或社区工会等工会成为接手个别劳动争议的平台,不少情况下,在劳动委员会的斡旋以及不当劳动行为(拒绝集体谈判)等涉及集体劳动关系案件的场合,实质上处理的是个别劳动争议。

因此,随着对个别劳动争议处理机制需求的不断增加,首先在行政方面的应对中出现了相应的进展。有的自治体如东京都,作为行政服务的一部分,过去就开始在劳政事务所(现为"劳动咨询信息中心")进行个别劳动争议的斡旋。另外,在国家层面,也采取了在劳动基准监督署中配置咨询专员

---

　　*　劳动者因被解雇等而临时加入工会要求集体谈判。——译者注

对涉及个别劳动争议的事项进行咨询等措施。2001 年,为全面应对该问题,日本制定了"有关促进个别劳动争议的解决的法律"(《个别劳动争议解决促进法》)。

(二)《个别劳动争议解决促进法》的内容

《个别劳动争议解决促进法》是针对"个别劳动者与企业主之间关于劳动条件及其他劳动关系相关事项的争议",为了结合其实际情况进行迅速且公正的解决,以完善都道府县劳动局长(国家的机构)的援助机制为主要内容的。作为其对象的个别劳动争议中,还包括围绕招聘和录用的个别求职者与企业主之间的争议(第 1 条)。

具体制度包括:第一,都道府县劳动局长对劳动者、求职者或者企业主进行"信息提供、咨询或其他援助",为此各都道府县内部都设置了综合劳动咨询窗口。

第二,当争议当事人的双方或一方请求援助时,都道府县劳动局长可以提供"必要的建言或指导"(第 4 条第 1 款;都道府县劳动局长认为因提供建言或指导而有必要的情况下,可以听取相关专业人员的意见,同条第 2 款)。

第三,争议当事人的一方或双方申请"斡旋",且可以肯定其必要性时,都道府县劳动局长应令争议调整委员会进行斡旋(第 5 条;不过,有关劳动者的招聘和录用事项的争议被排除在斡旋的对象之外)。

每个都道府县所设置的争议调整委员会由 3 人以上的(最多 36 人)具有学识经验的委员构成(第 7 条第 1 款),其中 3 人除了本法所规定的斡旋之外,还要承担《男女雇佣机会均等法》等中规定的调停(《男女雇佣机会均等法》第 5 条、第 26 条,《非全日制劳动及有期劳动法》第 25 条、第 26 条,《有关进行育儿或家庭成员护理的劳动者的福祉的法律》第 52 条之 5、之6)。斡旋由争议调整委员会会长分别就具体案件指定 3 名委员进行(第 12 条;但根据《施行规则》第 7 条第 1 款,可以委任特定的委员实施),但最终是以争议当事人的任意参加为前提的程序,因而没有强制力,如果无法期待争议的解决,则可以随时终止(第 15 条)。

(三) 都道府县劳动委员会的斡旋

《个别劳动争议解决促进法》中,除了上述国家层面的制度之外,还规定地方公共团体应努力推进必要的措施以促进个别劳动争议的解决(第 20 条)。因此,目前在很多都道府县都采用了由劳动委员会进行个别劳动争议的斡旋的制度(这是区别于《劳动关系调整法》中的斡旋的制度;东京都、兵库县、福冈县的劳动委员会以及中央劳动委员会没有进行个别劳动争议的斡旋)。

463 七、劳动审判制度

(一) 劳动审判的意义

《个别劳动争议解决促进法》规定了对当事人在行政方面的援助,不具有强制效力。为了争议的最终解决,司法判断是不可或缺的,但如前所述,通常的诉讼程序存在花费大量时间和费用的问题。另外,多有观点指出,为了达到结合争议实际状况的解决,由具备劳动关系方面的知识及经验者参加争议解决程序是较为理想的。于是,作为司法制度改革的一部分,日本于 2004 年制定了《劳动审判法》,在全国的地方裁判所开始了"劳动审判"这一新的劳动争议处理程序(2006 年 4 月开始施行)。

劳动审判的对象是"个别劳动者与企业主之间所产生的,有关劳动合同的存在与否以及其他与劳动关系相关事项的民事争议"(个别劳动关系民事争议)(第 1 条),基于任何一方当事人的书面申请而开始(第 5 条)。劳动审判可以看作是所谓高不可及的正式裁判前的辅助,在判断主体的构成以及程序的迅速性方面具有很大特色。

负责劳动审判的是由一名担任劳动审判官的法官,以及两名劳动审判员所组成的"劳动审判委员会"。劳动审判员是从具备劳动关系专业知识或经验的人员中任命的(第 9 条第 2 款)。实务中是从劳资双方各选任一名,但这里与劳动委员会中的劳资双方委员不同,劳动审判员必须处于中立并公正的立场执行其工作(同条第 1 款)。在劳动审判委员会的决议中,3 名委员处于对等的立场,基于过半数意见而决定决议内容(第 12 条第 1 款)。

劳动审判委员会在受理申请后,应当立即听取当事人的陈述并整理争点和证据,只要没有特别的情况,必须在三次以内终结审理(第 15 条)。近几年的平均审理期为 75 日左右,可以说现实中也确实实现了迅速处理。

另外,劳动审判委员会在审理案件时,"有可能通过调停而解决争议时应尝试调停解决,不能调停解决时进行劳动审判"(第 1 条)。可见,劳动审判中既包含了以当事人之间的自主解决为目的的"调停"式解决方式,又在调停不成立时准备了"审判"这一公权力判断,在这一点上具有劳动审判程序的独特性。不过,当事人提出异议时,劳动审判可以被简单地撤销,移至通常的诉讼程序。

(二) 审理的程序与审判

劳动审判是所谓非讼事件的程序,审理是非公开的,将依据职权而进行调查取证(第 16 条、第 17 条)。为了在三次以内终结审理,书面被控制在最小限度内,而重视口头辩论。

审理终结且调停不成立的情况下,劳动审判委员会将结合根据审理结果所认定的当事人之间的权利义务关系,以及劳动审判中的整体过程,进行劳动审判(第 20 条第 1 款)。在劳动审判中,可以确认当事人之间的权利关系,命令金钱支付以及交付实物等财产给付,并规定其他"为解决个别劳动关系民事争议而可肯定为妥当的事项"(同条第 2 款),相较于通常的民事诉讼,被赋予了更富有弹性的处理空间。

正式的劳动审判中,将制作记载有主文以及理由要旨的审判书,并送达至当事人(同条第 3 款、第 4 款),但如果可以肯定其适当性,也可以在所有当事人都出席的日期内口头告知(同条第 6 款)。

如果当事人在劳动审判的送达(或者告知)之日起两周之内提出异议,劳动审判则失去其效力(第 21 条第 1 款、第 3 款)。这种场合将被视为在申请劳动审判之日提起了诉讼,并移至通常的民事诉讼(第 22 条第 1 款,作为劳动审判官参与劳动审判的法官仍可以担当移至通常诉讼后的案件)。另一方面,在当事人没有提出异议的情况下,劳动审判则具有与裁判上的和解相同的效力(第 21 条第 4 款)。

465　　参照案件的性质,劳动委员会认为劳动审判程序不适于争议的迅速且公正的解决时,也可以不进行劳动审判而终止案件(第 24 条第 1 款)。大规模的歧视案件以及就业规则变更的案件等很难在三次以内终结审理,属于上述情况的可能性较大。

　　劳动审判制度开始至今已经十年有余,案件处理迅速且解决率较高,基本可以评价其发挥了预期的作用。

466
国外诸多国家或地区的劳动争议解决

　　让我们以解雇以及工资不支付等个别劳动争议为主,来看看国外诸多国家或地区与日本的劳动争议解决机制。不论哪个国家,通过裁判来解决争议是其共通之处,但仅此是不够的,因此有时候会设置解决劳动争议的特别法院,或者采用在裁判之外的争议解决(ADR)体系。

　　劳动裁判所(劳动法院)当中,德国的劳动裁判所(Arbeitsgericht)及法国的劳动审判所(Conseil de prud'hommes)是众所周知的。前者是由职业裁判官以及劳动者和雇主双方的代表构成的裁判,是从一审到联邦法院的三审机制。后者是由选举产生的两名劳动者代表与两名雇主代表(原则上)构成的裁判,担当劳动争议的一审。

　　其次,作为裁判外的判定式解决,有一种是如英国的雇佣审判(Employment Tribunal)以及日本的劳动审判,由职业裁判官与劳资双方的代表三方构成的"审判"形式。另外,韩国的劳动委员会基于"不当解雇制度"对个别劳动争议通过判定进行救济,中国的"劳动仲裁"虽名为仲裁但实质上也属于判定方式。

　　另一方面,裁判外的调整解决方式更是多样的,作为进行调停(consiliation)解决的机制,有英国的咨询/调停/仲裁局(Advisory, Conciliation and Arbitration Service:ACAS)所进行的调停,法国的劳动审判所中作为审判的前置程序而进行的调停,以及中国台湾地区的自治体调停等。在日本,进入劳动审判的案件中约 70% 实际上都是通过调停而解决的。带有斡旋(mediation)名称的还有新西兰的斡旋服务。在日本有都道府县劳动局内设置的争议调整委员会所进行的斡旋与都道府县劳动委员会所进行的个别争议斡旋。另一方面,在美国,基于集体协议而设置的争议处理制度以及之后的仲裁制度是重要的争议处理机制,近来对个别劳动争议的解决发挥着较大的作用。

相比较之下,日本最为明显的特征是受理件数之少。2017年度的劳动审判新受理件数为3369件,同年度的劳动局斡旋申请在全国共5021件,而德国劳动裁判所的新受理件数达到了年度60万件左右,法国和英国也受理了近20万件。与东亚诸国相比,日本也已经出现一定差距。或许这可以说也意味着日本的劳动争议处理体系中存在着某些缺陷。

第六章 与"企业"的离别

第一节 劳动合同的终止

劳动者从学校毕业后就直接开始工作的话,如果一直工作到退休,那么劳动合同大约会持续约四十年。但有的情况下,劳动合同在这之前就可能因辞职或解雇而终止,或者也有可能从一开始就约定了有期限的劳动合同,只约定短期的合同持续期间。不论何种情况,劳动合同将在某个时点终止,劳动者与雇主的关系也随之消失。

劳动合同何时以及以何种形式终止,基本上是由当事人自行决定的。但为了确保该合同终止的公正性,法律对劳动合同终止的原因以及程序进行了一定的规制。

劳动合同终止的各种原因中,最为重要的便是雇主的解雇。有关解雇,正如已在第五章第二节"解雇"中所述,判例中形成的解雇权滥用法理明确规定于《劳动合同法》中(第 16 条),缺乏客观的合理的理由且在社会一般观念上不能肯定其妥当性时解雇为无效,这一基本规范已得以确立。但即便存在充分的合理的解雇理由,在此基础上《劳动基准法》还对解雇预告、解雇时期,以及解雇理由证明等进行了规制,雇主必须遵守这些规定。

如此,现行的解雇规制是从实体与程序这两个侧面进行的,但也不可否认,《劳动合同法》与《劳动基准法》这两个法律体系之间缺乏充分的协调。

一、解雇预告的程序与时期

(一) 解雇预告

《劳动基准法》规定,雇主解雇劳动者时有义务在至少 30 天之前进行预告,或者支付 30 天以上的平均工资[解雇预告津贴(代通知金),第 20 条第1 款]。规定的解雇预告天数中,支付了平均工资的天数可以被缩短(同条第 2 款),因此雇主可以将预告与代通知金支付进行组合,比如支付 10 天的代通知金并提前 20 天进行解雇预告。

解雇预告这一制度是为了保护劳动者免于承受从突然的解雇中受到的打击,给予其充分的准备时间以应对被解雇后的生活。《民法》中对无期雇佣合同的解约规定了两周的预告期间(第 627 条第 1 款),但《劳动基准法》对雇主所进行的解雇,将其修改为 30 天前的预告或者支付 30 天的代通知金,而且以刑罚规定确保雇主遵守。另外,规定存在"不得已的事由"时可以即时解雇的《民法》第 628 条,也在《劳动基准法》第 20 条中被修改,即如果不能满足下文(二)中所述要件,则不能即时解雇。

解雇月薪制劳动者的情况下,有观点认为应当适用《民法》第 627 条第2 款,雇主必须于每月的前半阶段进行预告,但一般可以认为,《劳动基准法》第 20 条是对包括《民法》第 627 条第 2 款在内的民法原则进行了修改,因此只要在 30 天前进行解雇预告即可。

(二)即时解雇与适用除外的认定

作为解雇预告的例外,雇主在以下两种情况下可以不用预告也不用支付代通知金,就将劳动者解雇(《劳动基准法》第 20 条第 1 款但书)。与伴随预告的"通常解雇"相比,这种不用预告的解雇被称为"即时解雇"。不过,这种情况下仍需要后文所述的有关适用除外的认定,并不是完全如字面意义上所讲而允许"即时解雇"。

允许即时解雇的第一种情况,是"由于天灾事变等其他不得已的事由而不可能继续业务的情况"。这是指由于基于不可抗力的、突发的、不可逆转的事由,而造成业务的全部或大部分无法继续的情况。由于雇主的重大过失所造成的事故或者交易失败等经营上的问题都不属于上述情况,必须是经营者采取了社会一般观念上所必要的措施而依然不能防止的状况。

第二种情况是"基于归责于劳动者的事由而进行解雇"的场合,是由于劳动者的义务违反或不当行为的解雇,指即便否定解雇预告制度的保护也属不得已的、重大或性质恶劣的情况(有判例中认为,以未提交"身份保证书"为由的解雇也属于这种情况[1],对此有必要提出质疑)。这种场合,根据就业规则而进行惩戒解雇的情况较多,但是否可以即时解雇与是否可以进行惩戒解雇是不同的问题,即使惩戒解雇有效也仍有可能被判断为需要进行解雇预告。

470

有关解雇预告规制的适用除外(豁免)事由,雇主必须事先接受行政官厅(劳动基准监督署)的认定(《劳动基准法》第 20 条第 3 款)。这是为了防止雇主的肆意判断而造成即时解雇滥用的程序,为此,劳动基准监督署应特别迅速地进行处理决定。

不过,根据判例和通说,"认定"不过是对存在适用除外事由这一事实进行确认的行为,而并不是即时解雇的效力要件。[2] 因此,即使是雇主未接受认定而进行了即时解雇,如果客观上存在解雇预告的适用除外事由,则解雇本身是有效的(但构成对《劳动基准法》第 20 条第 3 款的违反,因而雇主不能免除刑罚规定的适用)。

(三) 违反预告义务的解雇的效力

客观上不存在即时解雇事由(解雇预告规则的适用除外事由),而雇主既未在 30 天前进行预告又未支付代通知金就解雇了劳动者时,则将作为对《劳动基准法》第 20 条第 1 款的违反,而成为被处罚的对象。但是,关于该解雇在私法上具有何种效果,有不同见解。

被称为"绝对无效说"的立场认为,既然违反了作为强制性法规的《劳动基准法》第 20 条,那么该解雇基本上无效。但如果按照这一观点的理解,则劳动者无法请求支付代通知金,规定了未支付代通知金时的附加金的该法第 114 条规定也就失去了其意义。对此,另有学说主张劳动者可以向雇主请求支付代通知金(以及附加金),但解雇本身为有效("有效说"),但这一主

---

① シティズ事件・東京地方裁判所 1999 年 12 月 16 日判決・労働判例 780 号 61 頁。

② 日本通信社事件・最高裁判所第三小法廷 1954 年 9 月 28 日判決・最高裁判所刑事判例集 98 号 847 頁。

张又与《劳动基准法》的强制性法规这一性质相矛盾。

于是,有观点主张"相对无效说"这一折中见解,最高裁判所的判决也支持这一立场[①]。该判决认为,违反《劳动基准法》第 20 条预告义务的解雇通知作为即时解雇是无效的,但"只要雇主没有固执于即时解雇的意思,则从解雇通知后经过了该条所规定的 30 天的日期,或者从解雇通知后支付了该条所规定的代通知金之时的任意时间开始,产生解雇的效力"。"相对无效说"实际上是承认将无效的即时解雇转换为通常解雇,但又将该转换依托于雇主的意思,而且采用了是否"固执于"即时解雇这一并不明确的标准,因此劳动者将面临极不安定的地位。而且,该学说承认向普通解雇转换之后经过 30 天则产生解雇的效力,附加金制度仍然没有发挥其功能的余地。

同为折中的见解,认为解雇效力的有无应由劳动者方面决定,是所谓"选择权说"[②]。该见解主张,不存在即时解雇适用除外事由,而在既不预告也不支付代通知金的情况下被解雇的劳动者,可以在一定期间内选择主张解雇无效,或者承认解雇有效但同时请求代通知金(以及附加金)。参照解雇预告制度的旨趣和构造,可以认为这一见解是妥当的。实际上,肯定劳动者的代通知金请求的判例有很多,可见在一定范围之内,判例也采用了上述"选择权说"[③]的立场。

(四) 解雇预告制度的适用除外

《劳动基准法》第 21 条中列举了对上述该法第 20 条的解雇预告制度进行适用除外的对象,即以下四种类型的劳动者:①以日为单位雇佣的劳动者;②雇佣期限为 2 个月之内的劳动者;③在季节用工中雇佣期限仅为 4 个月以内的劳动者;④试用期内的劳动者。但不论哪种情况,依据但书的规

---

① 細谷服装事件·最高裁判所第二小法廷 1960 年 3 月 11 日判决·最高裁判所民事判例集 14 卷 3 号 403 页。

② 有泉亨『労働基準法』(1963 年、有斐閣)167 页。

③ ティーエム事件·大阪地方裁判所 1997 年 5 月 28 日判决·労働経済速報 1641 号 22 页。H 会計事務所事件·東京地方裁判所 2010 年 6 月 30 日判决·労働判例 1013 号 37 页。X 社事件·東京高等裁判所 2017 年 12 月 20 日判决·D1-LAW28260638。这些判决都肯定了需要支付"附加金"。

定,在一定的情况下仍需要适用第 20 条,即需要进行解雇预告(第 21 条本文但书)。

有关①中的以日为单位雇佣的劳动者,由于其合同以日为单位而终止,因而原本就不会产生解雇的问题。但是,根据但书规定,如果超过 1 个月持续被雇佣,则在雇佣不更新之际,需要准用解雇相关规定进行预告。

有关②和③中的短期合同劳动者,作为第 21 条的效果,原则上,合同期内的解雇不需要进行预告。但依据但书规定,这些劳动者"超过既定期限而被继续雇佣的情况下"则适用第 20 条,需要进行解雇预告。"既定期限"多被理解为该合同期限,但笔者认为将其理解为第 21 条所规定的期限(②中为 2 个月,③中为 4 个月)才是妥当的。

472　　更大的问题在于,短期合同超过既定期限而被更新时,根据但书规定,由于合同期满(拒绝新的更新)而导致的雇佣终止,是否也会产生第 20 条的预告义务呢?行政解释认为合同期满不属于"解雇",因此第 20 条并不适用于此,[①]但学说中有观点则认为,但书规定的宗旨在于防止通过短期合同的更新而规避预告义务,因而持肯定意见者较多。但这样一来,又会存在与相对较为长期的有期合同之间的不均衡问题,如此,从立法角度而言,该条属于不可解释的问题较多的规定。[②]

有关④中的劳动者,依据但书规定,不适用解雇预告的仅限于最初的 14 天,这之后继续被雇佣的,即使在试用期内也需要适用第 20 条。

(五)解雇限制期间

雇主不得解雇在下列期间的劳动者,即①劳动者由于工作原因的负伤或疾病而休业期间及其之后的 30 天,或者②女性劳动者依据《劳动基准法》第 65 条在产前和产后休假期间以及之后的 30 天(《劳动基准法》第 19 条第 1 款)。该条的宗旨在于禁止在再就业比较困难时期的解雇,从而保护劳动者的生活,使其可以安心于疗养或生育。是否属于工作原因的负伤或

---

①　1949 年 10 月 22 日労働基準局長が疑義に答えて発する通達 2498 号。

②　久保敬治＝浜田冨士郎『労働法』(1993 年、ミネルヴァ書房)351 頁。

疾病的判断与劳动灾害补偿制度中的判断是一样的(有判例中,肯定抑郁症的发病起因于工作,因此判断休业期间的解雇为无效①;该案中,在解雇的时点,劳动基准署并未将其认定为工伤,但在之后的行政诉讼中确定为工伤)。

上述解雇禁止中存在两个例外(同款但书)。第一个例外,是雇主在上述①的情况下支付了《劳动基准法》第81条的"买断性给付"时(有关支付了工伤保险中的伤病补偿年金时的处理,参照《劳动灾害保险法》第19条,参照第323页;另外,有判例中认为,劳动者根据《劳动灾害保险法》而领取疗养补偿给付及休业补偿给付时,雇主也可以支付"买断性给付"而进行解雇)。② 第二个例外,是不论上述①和②哪种场合,"由于天灾事变及其他不得已的事由而无法持续业务的情况"。这种情况下,雇主必须要接受行政官厅(劳动基准监督署长)的适用除外认定(《劳动基准法》第19条第2款)。有关这里的适用除外事由的内容以及除外认定的性质,与有关第20条所阐述的内容基本一致。

只要不属于这两种例外,上述解雇限制期间内的解雇,即使是起因于可归责于劳动者的事由的即时解雇或者惩戒解雇,也不被容许。有关"解雇"的意义,有观点认为除了现实的解雇之外,同时也禁止在相应期间内对限制期限结束后的解雇进行预告的情况,但第19条中的"这之后的30天"这一规定,应理解为是以第20条为前提的,考虑到了在休业终止时点的解雇预告,因此,在上述解雇限制期间内的解雇预告应该是可以被容许的(有判决中在结论上肯定了这一点③)。

(六)解雇理由的证明

被解雇的劳动者在离职时请求交付解雇理由证明书时,雇主必须立即

---

① 東芝事件・東京高等裁判所 2011 年 2 月 23 日判決・労働判例 1022 号 5 頁。

② 専修大学事件・最高裁判所第二小法廷 2015 年 6 月 8 日判決・最高裁判所民事判例集 69 巻 4 号 1047 頁。

③ 東洋特殊土木事件・水戸地竜ヶ崎支部 1980 年 1 月 18 日判決・労働関係民事裁判例集 31 巻 1 号 14 頁。

交付(《劳动基准法》第 22 条第 1 款)。劳动者在从解雇预告之日开始至离职之日为止的期间内请求交付该证明书时也同样(同条第 2 款;不过,在解雇预告之后劳动者因其他理由而离职的情况下则无需交付)。

前者的规定是在 1998 年法律修改时加入的,其中包含了通过令雇主对解雇理由进行明示从而抑制不当解雇的立法宗旨。但是,该条被置于以利于劳动者的再就业为目的的"离职时的证明"规定中,而且,从要求以本人的请求为前提等诸多方面来看,很难看出其作为解雇规制的性质。于是,在 2003 年的法律修改中追加了上述第 2 款的规定,其原因也在于产生了填补空白期间的需要。

当雇主交付了解雇理由证明时,则受到其所明示的理由的约束,一般认为其之后在诉讼中不得主张其他理由。

(七) 基于集体协议的解雇程序规制

在《劳动基准法》上的解雇程序规制之外,有时候会在集体协议中规定其作为解雇前置程序而与工会进行协商的义务,或者规定在解雇时需要工会同意等条款。违反这些条款的解雇为无效。关于其理由,有的观点主张这种情况构成解雇权的滥用,但笔者认为应当直接理解为是由于集体协议的强制性效力(参照第 207 页)。另外,在就业规则中存在有关协商或工会的同意等条款时,也构成对雇主的解雇权行使在程序方面的制约,违反相关条款的解雇仍然属于无效。

什么情况下属于违反了上述解雇协商或同意条款则是各自条款的解释问题。一般来说,"协商"意味着为得到工会的理解而进行充分的沟通。但虽反复进行了协商,工会仍坚决反对并不再参与协商的案例中,判决认为这种情况下,即使进行解雇也并不违反集体协议。[①] 另外,有关同意条款也是一样,解雇存在充分的合理性,雇主虽努力征求工会的同意但工会坚决反对的情况下,多数案例中的判决都认为,这属于工会违背诚信原则乃至构成权

---

① 池貝鉄工所事件・最高裁判所第一小法廷 1954 年 1 月 21 日判決・最高裁判所民事判例集 8 卷 1 号 123 頁。

利的滥用,雇主可以进行解雇。

二、解雇之外的劳动合同终止事由

(一) 合同期满

在有期劳动合同中,合同期满时合同当然终止。在合同期满时,若双方当事人就合同的更新或者新合同的订立达成合意,雇佣将继续,但原则上即便一方当事人希望继续合同,对方仍有拒绝的自由。

不过,存在合同的反复更新等情况时,过去的判例中认为雇主拒绝合同更新的行为有可能需要类推适用解雇法理,即需要合理的理由。[①] 有关这一问题,已在第二章第二节"劳动合同的期限"中进行了说明(参照第 85 页)。

另外,同样的问题也产生于任期制"非常勤"公务员,但判例以公务员的工作关系属于公法范畴而需要存在任用行为为由,否定通过解雇法理的类推而确认其地位。[②] 不过,可以肯定其对继续任用的期待等特殊情况时,有判例中肯定了基于不法行为的精神损害赔偿。[③]

(二) 辞职与合意解约

475

1. 辞职

所谓"辞职",是指基于劳动者单方的意思表示而对劳动合同进行解约。虽然很多时候也被称为"离职",但离职中也包括因退休等而劳动合同自动终止的情况,需要加以注意。

有关辞职,《劳动基准法》中没有特别规制,因此需要依据《民法》中的一

---

① 東芝柳町工場事件・最高裁判所第一小法廷 1974 年 7 月 22 日・最高裁判所民事判例集 28 巻 5 号 927 頁。日立メディコ事件・最高裁判所第一小法廷 1986 年 12 月 4 日判決・労働判例 486 号 6 頁。另参照将判例法理进行了明文化规定的《劳动合同法》第 19 条。

② 大阪大学事件・最高裁判所第一小法廷 1994 年 7 月 14 日判決・労働判例 655 号 14 頁。情報・システム研究機構(国立情報学研究所)事件・東京高等裁判所 2006 年 12 月 13 日判決・労働判例 931 号 38 頁。

③ 中野区事件・東京高等裁判所 2007 年 11 月 28 日判決・労働判例 951 号 47 頁。武蔵野市事件・東京地方裁判所 2011 年 11 月 9 日判決・労働経済速報 2132 号 3 頁。

些规定。无期劳动合同的情况下，根据《民法》第 627 条第 1 款，劳动者只要在两周前进行预告，随时可以自由辞职。月薪制劳动者适用该条第 2 款，即必须在每月前半阶段递交辞职报告，但很多时候，该限制可通过就业规则中的规定予以排除（上述规定于 2017 年的《民法》修改中变更为限定于"雇主的解约"，因此将不再适用于劳动者的辞职；2020 年 4 月开始施行）。

辞职的自由是劳动者的基本权利，即使在就业规则中加以限制，如对预告期进行延长、要求必须得到雇主的承认等，也属于无效（也有观点认为，可以要求一个月前的预告①）。另一方面，在有期劳动合同的情况下，原则上不能在合同期限内辞职，但如果存在不得已的事由，可以即时辞职（《民法》第 628 条，无期劳动合同也是同样）。

2. 合意解约

"合意解约"即通过雇主与劳动者之间的合意而对劳动合同进行解约。由于是基于双方当事人的意思，因而不存在预告期等规制，不论合同是否存在期限，对于一方所发出的解约要约，对方进行承诺即产生效果。一般认为，劳动者递交辞呈即为发出有关合意解约的要约。

3. 可否撤回与强迫离职

劳动者在进行了辞职或者发出合意解约要约的意思表示之后，是否可以撤回常常成为问题所在。多数案例中，判决认为如果是合意解约的要约，只要不存在违背诚信原则的情况，则至雇主承诺的意思表示为止可以撤回（有判例中认为，人事部部长收下劳动者递交的辞呈，即属于对合意解约的要约所做出的承诺，因此否定劳动者可以在递交辞呈之后撤回②；另有案例中，劳动者在理事长认可之前撤回了递交给所属部门主管的辞呈，判决据此认为合意解约不成立③）。另一方面，有关辞职的意思表示，有力见解认为，由于这属于一方的形成行为，因此不可能存在撤回，但也有主张认为若是在预告期之内则可以撤回。

---

① 下井隆史『労働基準法（第 4 版）』（2007 年、有斐閣）201 頁。
② 限鉄工所事件・最高裁判所第三小法廷 1987 年 9 月 18 日判決・労働判例 504 号 6 頁。
③ 学校法人甲学園事件・横浜地方裁判所 2011 年 7 月 26 日判決・労働判例 1035 号 88 頁。

无论如何,这里将适用有关意思表示的民法的一般规定,因此若劳动者的辞职或解约要约被肯定为基于"欺诈"或"强迫"的,则可以撤销(《民法》第96条),属于"错误"的则构成无效(同第95条;依据2017年的《民法》修改,2020年4月以后将不再是无效而是可以撤销)。

另外,即使没有达到上述程度,雇主对劳动者施加经济或精神压力而执拗地迫使其离职的场合,有可能构成不法行为[1](也有判例中认为不构成违法[2])。依据具体状况,有的情况下,也有可能如英美法中的"推定解雇"一样,被判劳动者的辞职或解约要约实质上属于雇主的解雇。[3]

477

(三) 退休制度

1. 退休制的意义与效力

退休制即以劳动者达到一定的年龄为劳动合同终止事由的制度。通常所见的"定年退职制",即规定达到退休年龄时合同自动终止。相对地,有时也可见"定年解雇制",即达到退休年龄时,由雇主进行解雇的意思表示而终止合同,这种情况下则适用《劳动基准法》中规定的解雇规制。不论哪种情况,退休制并非规定劳动合同的期限,退休前的解雇与辞职并不会因此而受到限制。

过去规定退休年龄为55岁的企业较为多见,但如今《高龄者雇佣安定法》第8条禁止了60岁以下的退休(对矿内作业有例外规定;同条但书,《高龄者雇佣安定法施行规则》第4条之2)。因此,规定退休制度时,退休年龄必须在60岁以上。关于规定了低于60岁的退休年龄时法律效果如何的问题,有观点认为,这种情况下退休制本身构成无效,成为无退休的劳动合同;另有观点则认为其效果只不过是退休年龄延迟至60岁(有案例中,虽然是

---

① 下関商業高校事件・最高裁判所第一小法廷1980年7月10日判決・労働判例345号20頁。日本航空事件・東京高等裁判所2012年11月29日判決・労働判例1074号88頁。日本アイ・ビー・エム事件・東京高等裁判所2012年10月31日判決・労働経済速報2172号3頁。

② 日本アイ・ビー・エム事件・東京高等裁判所2012年10月31日判決・労働経済速報2172号3頁。

③ 京都セクシュアル・ハラスメント事件・京都地方裁判所1997年4月17日判決・労働判例716号49頁。

作为劳动条件变更的前提而进行的判断,判决认为将形成没有退休制的状态①)。

　　另一方面,学说中有批判意见认为,所谓退休制,是指不论劳动者的意思与能力,仅依据年龄而一律将其从雇佣中排除,在这一点上属于不合理的歧视,同时也违反生存权和勤劳权的理念(在美国,退休制因《禁止年龄歧视法》的存在而违法)。但案例中,虽然男女有别的退休制,以及以职务内容区分的退休制等可能因退休年龄中的差别待遇而被判违法,但退休制本身的效力是得到肯定的。在判断利用就业规则变更新设退休制为"合理的"而具有约束力的最高裁判所判决中,最高裁判所也指出,退休制是以通过保持人事更新及改善经营等而促进企业组织和运行的良性发展为目的的制度,一般不能认为其为不合理的制度②(另外,有案例中认为,在《高龄者雇佣安定法》中规定 60 岁退休制为努力义务的 90 年代,规定 55 岁退休的制度并不违反公序③)。

2. 退休后的再雇佣与《高龄者雇佣安定法》

　　退休后的再雇佣原则上是新劳动合同的订立,需要当事人之间的合意。但是,如果存在无特殊情况则全部员工都会被再雇佣这样的劳动惯例,有时候会被判定基于劳动者方面的要约而成立了再雇佣合同。④ 另外有案例中,判决认为集体协议中所规定的退休后 2 年内的雇佣延长制度,其实质上是退休的延长,该规定的宗旨在于只要不符合例外事由则进行雇佣的延长,因而肯定依据本人的申请而成立了劳动合同。⑤

　　针对以上状况,《高龄者雇佣安定法》为了确保高龄者的雇佣,规定雇主

　　① 牛根漁業協同組合事件・福岡高等裁判所宮崎支部 2005 年 11 月 30 日判決・労働判例 953 号 71 頁。

　　② 秋北バス事件・最高裁判所大法廷 1968 年 12 月 25 日判決・最高裁判所民事判例集 22 巻 13 号 3459 頁。

　　③ アール・エフ・ラジオ日本事件・東京高等裁判所 1996 年 8 月 26 日判決・労働判例 701 号 12 頁。

　　④ 大栄交通事件・最高裁判所第二小法廷 1976 年 3 月 8 日判決・労働判例 245 号 24 頁。

　　⑤ クリスタル観光バス事件・大阪高等裁判所 2006 年 12 月 28 日判決・労働判例 936 号 5 頁。

有义务采取以下三种措施之一。即①延长退休年龄、②导入"继续雇佣制度"、③废止退休制度,从而确保劳动者到 65 岁的雇佣(《高龄者雇佣安定法》第 9 条第 1 款;2004 年修改,2006 年 4 月施行)。因此,制定以 60 岁或者 62 岁为退休年龄的退休制度本身是不被否定的,但这种情况下需要采用上述②中的"继续雇佣制度"(可以让满足一定条件的子公司或者关联企业等"特殊关系企业"替代进行继续雇佣,第 9 条第 2 款)。

　　"继续雇佣制度"被定义为"当目前所雇佣的高龄者希望时,在该高龄者退休后仍继续雇佣的制度"(第 9 条第 1 款第 2 项)。有时候也存在不令劳动者离职而继续雇佣的"工作延长",但几乎所有的公司都采用让劳动者离职后再订立新的劳动合同(通常为有期劳动合同)的"再雇佣"制度。

　　有关"继续雇佣制度",制度设立当初允许通过"职场协定"制定一定的标准以决定制度的适用对象,并将不符合该标准的劳动者排除在制度之外(旧第 9 条第 2 款)。但通过 2012 年的法律修改,现在已不能制定这样的标准(不过,有关如何应对因身心障碍而无法胜任工作的劳动者的问题,厚生劳动大臣制定了相关"指针";第 9 条第 3 款,2012 年 11 月 9 日厚生劳动省告示 560 号)。更毋庸说,当然不允许在制度利用中存在违法歧视行为(有判例中认为,对再雇佣的拒绝属于对工会活动的报复,因此肯定了基于不法行为的损害赔偿[①])。

　　退休后全部员工都继续订立 1 年期限的合同并期满,某劳动者却以不符合标准(在该案当时标准的设定仍是合法的)为由而被拒绝通过继续雇佣制度进行再雇佣,但该劳动者实际上符合上述标准的案例中,最高裁判所否定了该劳动者的雇佣终止,确认了其在劳动合同上的地位。[②]

　　下级裁判所的相关判例中,对于满足标准而以 1 年合同被再雇佣的劳动者后来以经营不善为由而被拒绝合同更新的情况,判决通过解雇权滥用

---

①　日本ニューホランド事件・札幌高等裁判所 2010 年 9 月 30 日判决・労働判例 1013 号 160 頁。

②　津田電気計器事件・最高裁判所第一小法廷 2012 年 11 月 29 日判决・労働判例 1064 号 13 頁。

法理的类推适用,否定了该拒绝更新的效力。① 另一方面,也有案例中肯定了由于经营严重恶化而进行的拒绝更新,同时判定对新的退休人员所进行的再雇佣制度的利用中止也是合理的。②

3. 再雇佣后的劳动条件

在《高龄者雇佣安定法》所规定的"继续雇佣制度"中,再雇佣后的雇佣形式和劳动条件并非一定要遵从劳动者的意愿,根据企业的实际情况可以是多样的。

但即便如此,某案例中,由于雇主提供了与劳动者之前的办公室工作完全不一样的单纯体力劳动的清扫工作,判决因此认为缺乏继续雇佣的实质,明显违背《高龄者雇佣安定法》的宗旨,而肯定其构成不法行为。③ 另外,劳动者希望全日制雇佣,而以月工作 16 天的非全日制工(part-time)被再雇佣,造成月收入减少 75% 的案例中,判决也认为违背了《高龄者雇佣安定法》的宗旨,属于裁量权的脱离或者滥用,因而肯定了不法行为的成立。④

另一方面,退休后以有期劳动合同被再雇佣的卡车司机主张其包括工作时间在内的工作内容与之前相同而工资下降属于不合理,违反了《劳动合同法》第 20 条的案例中,最高裁判所判断认为,虽然这种情况也适用《劳动合同法》第 20 条,但退休后的再雇佣属于"其他情况",该案中对于绩效和工作津贴、住宅津贴、家庭津贴的不支付,以及管理津贴和奖金的不支付都不能说是不合理的。⑤ 但全勤奖和以此为基础的加班工资的不支付在判例中被判断为不合理,需要根据具体工资类别的宗旨和目的进行具体判断(参照第 154 页)。

---

① エフプロダクト事件・京都地方裁判所 2010 年 11 月 26 日判决・労働判例 1022 号 35 頁。

② フジタ事件・大阪地方裁判所 2011 年 8 月 12 日判决・労働経済速報 2121 号 3 頁。

③ トヨタ自動車ほか事件・名古屋高等裁判所 2016 年 9 月 28 日判决・労働判例 1146 号 22 頁。

④ 九州総菜事件・福岡高等裁判所 2017 年 9 月 7 日判决・労働判例 1167 号 49 頁。

⑤ 長澤運輸事件・最高裁判所第二小法廷 2018 年 6 月 1 日判决・最高裁判所民事判例集 72 巻 2 号 202 頁。

（四）当事人的消亡

劳动合同属于一身专属性质的合同，因此劳动者死亡时，或者成为合同当事人的个人雇主死亡时，劳动合同即终止。雇主为法人的情况下，如果该法人经过既定的程序而解散，导致法人格消灭，劳动合同也因此而终止（通常劳动者会在此之前被解雇）。另外，虽然雇主的倒闭或者破产可以成为正当的解雇事由，但劳动合同并不当然地终止。

在公司合并的情况下，消亡公司的劳动合同会一并承继至合并公司，并不会终止。公司分立以及"事业转让"的情况下，会产生与哪一个雇主之间的劳动合同将得以存续的问题（参照第 366 页），但合同本身并不会终止。

三、伴随劳动合同终止的事项

480

（一）金钱的返还与劳动及社会保险手续

劳动者死亡或者离职时，如果权利人（本人或者继承人）进行请求，则雇主必须于 7 日内支付工资，返还属于劳动者权利的金钱（《劳动基准法》第 23 条第 1 款）。这里的离职也包括解雇以及合同期满的情况。有关退职金，如果在就业规则等中规定了另行支付的时期，则可以依据该规定进行支付。

另外，作为《雇佣保险法》上的义务，雇主在劳动者离职时必须向公共职业安定所长提交"被保险者资格丧失申报表"，且原则上需要制作离职证明书作为附加资料（《雇佣保险法》第 7 条，《雇佣保险法附则》第 7 条、第 16 条）。职业安定所长会根据雇主提交的资料，向劳动者交付其受领失业给付（失业金）时所需的"离职票"（通常会通过雇主交付），但有时会产生围绕交付的纠纷，以及有关离职理由记载不一致的问题（后者的情况下，会在之后的失业金受领时，由公共职业安定所在确认事实关系的基础上进行判断）。

之外，有关健康保险与厚生年金，雇主也必须按照所规定的程序，向健康保险组合以及年金事务所等提交"被保险者资格丧失申报表"。

（二）离职时的证明

劳动者再就职时，有时候需要有关在之前的职场中的地位和工作履历等的证明。因此,《劳动基准法》中规定,劳动者离职之际申请有关雇佣期间、工作种类、在相关职场中的地位、工资以及离职理由事项的证明时,雇主必须不得迟滞而予以交付(第 22 条第 1 款)。离职事由为解雇时,解雇理由也包含在上述证明对象之内(参照第 473 页)。

　　雇主不得在该证明书中记载劳动者没有申请的事项(同条第 3 款)。另外,雇主也被禁止为妨碍劳动者的再就职,而事先与第三者之间就劳动者的国籍、信仰、社会身份或者工会活动状况进行联络,或者在证明书中记录秘密符号(列入黑名单)(同条第 4 款)。

481　(三) 退职金的支付

1. 退职金的支付义务

　　退职金并不是在法律中规定有义务支付的,但如果满足集体协议或者就业规则中所规定的支付条件,则劳动者享有退职金请求权。在就业规则中对退职金进行相关规定时,支付时期是必要记载事项(《劳动基准法》第 89 条第 3 项之 2)。与一般工资不同,退职金债权的时效为 5 年(同第 115 条)。

　　退职金方面问题最多的,是有关在惩戒解雇等情况下不支付或者减额支付的规定。对此,判例的立场为重视退职金的功劳奖赏性质而肯定其效力(参照第 225 页;近来也可见认为劳动者持续工作的功劳并非被完全抹杀,而肯定部分支付的判例)。

　　依据判例,即使存在可以进行惩戒解雇的事由,但劳动合同在惩戒解雇之前通过普通解雇或者劝退而终止的情况下,如果没有特别的规定,将会产生退职金全额请求权,基本上没有因惩戒解雇而造成退职金不支付或者减额的余地。[1] 不过,劳动者方面隐瞒其严重的背信行为而欲辞职的情况下,其退职金请求权也有可能作为权利滥用而被否定,或者雇主的退职金返还请求可以得到肯定。[2]

---

　　[1]　荒川農協事件・最高裁判所第一小法廷 1970 年 6 月 4 日判决・判例タイムズ251 号 178 頁。
　　[2]　有关前者的案例,参见:アイビ・プロテック事件・東京地方裁判所 2000 年 12 月 18 日判决・労働判例 803 号 74 頁、ピアス事件・大阪地方裁判所 2009 年 3 月 30 日判决・労働判例 987 号 60 頁。

2. 提前离职时的退职金增额

为了促进提前离职,有不少企业会对到达退休年龄之前提出离职申请的劳动者增额支付退职金,但一般会以雇主对离职申请的同意为条件。如果雇主对劳动者的离职申请不予同意,则不会产生伴随增额退职金债权的离职这一效果。[①]

3. 死亡退职金与团体生命保险

劳动者于在职中死亡的情况下,企业一般会向其亲属支付应当支付的退职金(死亡退职金)。通常,会在有关退职金规程中规定死亡退职金的受领人,而并不是自动由继承人受领。

另外,有时候雇主会与保险公司之间订立"团体生命保险合同",以劳动者为被保险人,以雇主为受领人,并支付保险费。当劳动者死亡时,依据该保险合同,仅雇主可以得到保险金的支付。对此,劳动者的亲属主张该保险是以劳动者的福利厚生为目的的,保险金的全部或者大部分应当支付给亲属,而将雇主诉诸裁判所的案例较多。

多数案例中的判决都认为,这属于"他人的生命保险"(旧《商法》第674条第1款,参照《保险法》第38条),因此需要得到被保险人即劳动者的"同意",需要具体探讨在取得该"同意"时,是否存在雇主将受领的保险金的大部分支付给其亲属的明示或者默示的合意,以及可以从中推断出怎样的旨趣来加以判断,结论中多肯定亲属的请求。[②] 与之相对,最高裁判所则从更为明确的立场出发,认为虽然上述合同脱离了团体保险合同的福利厚生之目的这一本来的宗旨,但既然存在劳动者本人的同意,那么也不能说雇主得到全额支付是违反公序良俗的,因此撤销了令雇主将(保险金的)半额支付给亲属的原判决。[③]

----

① 神奈川信用農業協同組合事件·最高裁判所第一小法廷 2007 年 1 月 18 日判决·劳働判例 931 号 5 页。该判决中认为,本案中雇主不同意的理由并不能谓之不充分。

② 例えば、パリス観光事件·広島高等裁判所 1998 年 12 月 14 日判决·劳働判例 758 号 50 页。

③ 住友軽金属工業事件·最高裁判所第三小法廷 2006 年 4 月 11 日判决·最高裁判所民事判例集 60 卷 4 号 1387 页。

四、劳动者离职后的竞业限制义务与保密义务

因劳动合同的终止,劳动者在劳动合同上的劳动提供等义务归于消灭,这是基本原则。但有时候,会因劳动者离职后在与雇主存在竞争关系的其他企业再就业(或者自己开设这样的企业),利用在职中获得的秘密或者资源夺取客户,或者挖原工作企业的墙角(劝诱原工作企业的员工跳槽),由此引起纠纷。另外,雇主为了预防上述现象,有时会规定劳动者在离职后的保密义务,或者更进一步与劳动者之间约定不进行任何竞业活动,这些规定或约定的效力如何是问题所在。

(一) 离职后的竞业限制义务与保密义务

1. 竞业限制义务

与在职中不同,离职后的劳动者基本上进行任何工作都是自由的,因此,对此进行制约的竞业限制义务在具有明确的特别约定时才可以被认可。而且,为避免不当侵害劳动者的职业选择自由,需要从被禁止行为的内容、期间、区域,是否存在替代补偿,对雇主而言的必要性等方面来将其限定于合理的范围之内,其效力仅在此范围内可以被肯定(有判例中,以被禁止的行为的范围不明确为由否定了其效力[①];有判例中认为没有对劳动者的替代补偿而属不当[②])。

最近,也有判例中较为宽泛地肯定了竞业限制义务条款的效力。[③] 不过,对仅在职 1 年的普通员工课以为期 3 年的不限地域的竞业限制义务,且替代补偿只有总额 3 万日元左右的案例中,相关条款被判断为违反公序良俗而无效[④],这也是不出意料的判断。

---

①　ソフトウェア開発・ソリトン技研事件・東京地方裁判所 2001 年 2 月 23 日判決・労働経済速報 1768 号 16 頁。
②　東京貨物社事件・東京地方裁判所 2000 年 12 月 18 日判決・労働判例 807 号 32 頁。
③　ダイオーズサービシーズ事件・東京地方裁判所 2002 年 8 月 30 日判決・労働判例 838 号 32 頁。ヤマダ電機事件・東京地方裁判所 2007 年 4 月 24 日判決・労働判例 942 号 39 頁。
④　リンクスタッフ事件・大阪地方裁判所 2016 年 7 月 14 日判決・労働判例 1157 号 85 頁。

2．保密义务

另一方面,离职后的保密义务对劳动者的制约相对较小,雇主的利益也较容易得到肯定。有关该义务的法律依据,也可以认为需要当事人之间的特别约定,但有观点认为,即使不存在特别约定,从诚信原则出发,仍可以在一定范围内肯定该义务。另外,近来对于企业秘密的立法保护得到强化,将在职中知道的营业秘密以不正当竞业或以对原雇主的加害为目的而进行使用和公开,属于违反《不正当竞争防止法》的行为(第 2 条第 1 款第 7 项)[①]。

当然,为了避免不当地制约劳动者离职后的行为,保密义务的内容也有必要限定于不过度的合理范围之内(有判例中认为,相关信息不具备作为秘密进行管理的性质,属于就业规则以及保密合同中的保护对象之外[②])。

3．义务违反的效果

作为违反上述义务的效果,雇主可以请求损害赔偿或者请求停止侵害行为(有判例中,肯定了关于停止违反竞业限制义务行为的请求[③]),但有关竞业限制义务的案例中,请求退职金的不支付、减额支付或者返还的情况也很多。

某案例中,中小型广告代理店的退职金规则中规定,退职后就业于同行业其他公司的情况下,其退职金将减至一般因个人原因离职时的一半。对此,最高裁判所判决认为,"对于从事市场推销的员工,对其在离职后就业于同行业其他公司进行一定程度的限制",不能称为不当,因此认可了上述规定的效力,肯定了雇主对于已经全额支付的退职金中的半额部分的返还请求。[④] 但从其目的、范围、期限、区域、补偿措施任何一方面看,竞业限制义务相关的合意内容都不能称之为合理时,该合意属于违反公序良俗而无效,

484

---

①　该法第 6 条第 6 项规定了营业秘密的定义,将秘密信息的有用性、秘密管理性、非公知性作为其三个要件。

②　関東工業事件・東京地方裁判所 2012 年 3 月 13 日判决・労働経済速報 2144 号 23 頁。

③　オセコ・ジャパン・リミティッド事件・奈良地方裁判所 1970 年 10 月 23 日判决・判例時報 624 号 78 頁。

④　三晃社事件・最高裁判所第二小法廷 1977 年 8 月 9 日判决・労働経済速報 958 号 25 頁。

不能肯定退职金的不支付。①

4. 合法的竞业

相对于以上所述内容,不存在关于竞业限制义务的特别约定的情况下,当劳动者没有利用原雇主的营业秘密或者使用有损其信用等不当的方法,退职后在可以评价为社会一般观念上自由竞争的范围内进行竞业行为时,当然属于合法,雇主不得要求原劳动者进行损害赔偿。②

(二) 挖员工跳槽

有关挖企业员工跳槽的问题,如果是单纯的跳槽劝诱,则不存在问题,但如果超过了社会一般的理性范围而以恶劣方式进行的话,则有可能构成不法行为。另外,如果是在职中进行了相关行为,还有可能构成对劳动合同上的诚信义务的违反(在涉及挖大量员工跳槽行为的案例中,判决肯定了其损害赔偿责任③;另外,有判例中肯定了一系列的挖员工跳槽行为中部分行为的违法性,并肯定了损害赔偿责任④)。

相反,员工的离职并非是被挖墙脚的结果,而是反感于公司内的混乱氛围而自发离职的案例中,判决否定了雇主向成立了同行业其他公司的原雇员所进行的损害赔偿请求。⑤

485

解雇争议的金钱解决

通过司法程序解决解雇争议时,一般会产生对劳动合同的存续或者员工地位进行的确认之诉。这种情况下,一般来讲,如果属于解雇权

---

① アメリカン・ライフ・インシュアランス・カンパニー事件・東京地方裁判所 2012 年 1 月 13 日判決・労働判例 1041 号 82 頁。

② 三佳テック事件・最高裁判所第一小法廷 2010 年 3 月 25 日判決・最高裁判所民事判例集 62 巻 2 号 562 頁。

③ ラクソン事件・東京地方裁判所 1991 年 2 月 25 日判決・労働判例 588 号 74 頁。東京コンピューターサービス事件・東京地方裁判所 1996 年 12 月 27 日判決・判例時報 1619 号 85 頁。U 社ほか事件・東京地方裁判所 2014 年 3 月 5 日判決・労働経済速報 2212 号 3 頁。

④ U 社ほか事件・東京地方裁判所 2014 年 3 月 5 日判決・労働経済速報 2212 号 3 頁。

⑤ フリーラン事件・東京地方裁判所 1994 年 11 月 25 日判決・判例時報 1524 号 62 頁。

的滥用,或者违反强制性法规或集体协议、就业规则,则解雇将被判断为无效,确认劳动者在劳动合同上的地位。结果,即使在法律上不会强制雇主让劳动者实际复职,但如果雇主持续拒绝劳动者的工作申请,只要不发生该劳动者就职于别的公司等情况变化,则将产生支付每月工资的义务(《民法》第 536 条第 2 款)。因此,稍有常识的雇主一般不会放任这种情况发生,现实中,不得不在败诉后选择以金钱支付进行和解等方式来解决问题。

那么,对于解雇权滥用,是否也没有必要将其效果规定为无效,而是可以肯定从一开始就通过赔偿金等进行金钱解决呢? 实际上,以存在解雇保护立法的欧洲为中心的诸多国家中,关于解雇,很多情况下是以金钱解决为原则的,作为其例外,仅限于歧视性解雇等违反公序或者以正当的工会活动为理由的不当解雇,才肯定其效果为无效以及复职。

在日本,之所以将解雇权滥用时的无效和地位确认作为原则,可以认为是由于传统的终身雇佣惯例对解雇法理所产生的影响。除此之外,对"即使被不当解雇,支付金钱就可以"这一想法的抗拒也根深蒂固。但是,在最近的劳动审判以及斡旋等通过 ADR 进行的争议解决中,在解雇争议中采取金钱解决的方法成为标准,很明显,现实当中,将一旦丧失的劳资间的信赖关系恢复如初并使劳动者得以复职是非常困难的。而且,在如今正式员工之外的非正式雇佣占到整体四成的雇佣状况中,也没有必要再以终身雇佣惯例为基础了。

厚生劳动省内部的研讨会正在对解雇时的金钱救济制度进行研讨。这里所讨论的主要有以下几方面论点,即:是否将可以要求金钱解决的主体限定为劳动者;判决中判断为解雇无效的情况下所支付的金钱(劳动合同解消金)是何种性质的存在;可成为金钱解决对象的解雇包含怎样的范围(是否包括有期劳动合同的拒绝更新)等。如此,由于都是以解雇的无效这一法律效果为前提所进行的金钱解决的构想,似乎不得不成为极为复杂的讨论。

第二节　再就业与退出劳动生活

486　　若劳动者离职后希望在其他企业工作,则会与新的雇主之间再次展开招聘、录用的过程。然而,除非像猎头那样一开始就确定好再就业的企业,否则寻找下一个工作绝非易事。不过最近,企业改变雇佣战略,增加了中途录用,再就业的机会也处于扩大趋势中。但也有可能即便通过公共职业安定所(俗称"Hello-Work")或其他途径进行求职活动,也无法立刻找到合适的工作而处于暂时失业的状态。

　　雇佣保险是以支持在此期间的劳动者的生活为目的而设立的制度。具体来说,该制度通过所谓"失业给付"对劳动者提供不可或缺的安全网,同时又与其他劳动政策法令一起,共同采取积极措施以扩大雇佣机会并预防失业。

　　另一方面,劳动者年老时选择结束其劳动生活而从劳动生活中引退也具有现实意义。虽然说只要高龄劳动者仍具有劳动的能力和意思,确保其可以继续工作的雇佣对于其本人和社会都是必要的,但同时为确保劳动者可以安心进入引退生活,建构作为其所得保障的年金制度也是不可或缺的。

　　在迎来真正意义上的高龄社会的今天,从离职至引退的过程与社会保障法相互交错,正成为劳动法中的重要课题。

一、雇佣保险

(一) 制度概要

　　雇佣保险制度源自 1974 年制定的《雇佣保险法》,以此代替了之前的失业保险制度。其主要内容分为"失业等给付",以及以雇佣安定和能力开发为内容的"雇佣保险两事业"。

　　失业等给付(第 10 条以下)是指政府作为保险人从劳资双方征收保险费,在被保险人失业时,通过公共职业安定所给予各种给付的制度。雇佣保险两事业(第 62 条以下)是指仅从雇主处征收保险费,为达成雇佣安定及能力开发这样一些积极目的,而提供资助和援助,这也是雇佣保险制度的特征所在。

《雇佣保险法》适用于劳动者受雇的所有"事业"(第 5 条第 1 款,有关暂定的任意适用的"事业"参照附则第 2 条第 1 款)。被保险人为被雇佣的劳动者,分为一般被保险人、高龄被保险人(65 岁以上,第 37 条之 2)、短期雇佣特例被保险人(季节雇佣中不属于一定的适用除外事由的劳动者,第 38 条),以及"日雇劳动"被保险人(以日为单位被雇佣或 30 日之内的有期雇佣并满足一定要件者,第 43 条第 1 款)。另外,每周的既定工作时间不满 20 小时者,以及雇佣不超过 31 天者基本上被排除在适用对象之外(第 6 条第 2 项、第 3 项)。

在一般"事业"中,雇佣保险的保险费原本设定为工资总额的 1.55%(《有关劳动保险费征收的法律》第 12 条第 4 款),但目前鉴于基金的状况,暂定调整为 1.35%,并依据具体的弹性条款降低为 0.9%。其中,0.6%的部分用于失业等给付费用的支付,由劳动者和雇主各承担一半(劳动者负担部分可以从工资中扣除,同第 31 条)。剩余的 0.3%部分用于"雇佣保险两事业",仅由雇主承担。作为其他财政来源,失业等给付中的一部分还由国库进行一定的负担(《雇佣保险法》第 66 条)。

除一部分"事业"外,雇佣保险的保险费征收等事务与工伤保险一并进行处理,两种保险被统一称为"劳动保险"。

(二) 失业等给付

失业等给付(《雇佣保险法》第 10 条)原本被称为"失业给付",可分为对失业中的生活予以支援的"求职者给付",以及援助和促进失业者再就业的"就职促进给付"。但 1994 年法律修改中,由于新设立了不以失业为前提的"雇佣继续给付",因而进行了名称变更(加上"等"字;另外 1998 年的法律修改中,追加了未失业也可能领取的教育培训给付)。

1. 求职者给付

一般被保险人的情况下,"求职者给付"包括基本津贴(同第 13 条以下）、技能学习津贴（同第 36 条）、寄宿津贴（同条）以及伤病津贴（同第 37 条）这四种（关于其他类型的被保险人，参照同第 10 条第 3 款）。其中最为重要的是基本津贴（俗称为失业津贴）。

488　　　一般被保险人要领取基本津贴，原则上需要在其离职之前的两年内的被保险人期间总计超过 12 个月以上（同第 13 条第 1 款）。由于倒闭、解雇等而离职，以及由于有期劳动合同的期满（或者合同更新的拒绝）及其他不得已的理由而离职的情况下，在离职之前一年内被保险人期间总计有 6 个月的，也可以领取基本津贴（同条第 2 款）。

对于满足上述条件的有资格领取基本津贴者，原则上应当在从其离职的第二天起的一年之内的领取期间内，以既定的给付天数为上限，按照其失业天数，支付基本津贴（同第 20 条）。不过最初 7 天的失业作为"待期"而被排除在支付对象之外（同第 21 条）。

所谓"失业"，是指被保险人离职后虽然有劳动的意思和能力，但未能就业的状态（同第 4 条第 3 款；劳动者就任公司董事长的案例中，判决认为虽然没有现实收入，但不属于失业）。满足领取资格者在领取基本津贴时，必须前往公共职业安定所进行求职申请，且须以四周内一次的频率，前往公共职业安定所接受失业认定（同第 15 条第 2 款、第 3 款）。失业认定是在确认本人接受职业介绍等而认真进行求职活动的基础上进行的（同条第 5 款）。领取者必须"诚实并热心地"进行求职活动，努力得以再就业（同第 10 条之 2）。

基本津贴的每日额度为基于失业者离职前 6 个月的工资总额（从中扣除奖金）而计算出的日工资的 50%—80%（同第 16 条、第 17 条；日工资额度越低，则支付比例越高；65 岁以上未满 68 岁者为 45%—80%），有关日工资额规定有上限和下限。

基本津贴的支付天数是将具有资格领取者区分为因企业倒闭、解雇而离职的"特定领取资格者"（同第 23 条），以及除此之外的离职者（同第 22 条）两种类型，依据其本人计算基础期间（为被保险人的期间）以及年龄而规定于表格之内的。对"特定领取资格者"而言，由于事前无法准备再就职，失业期间易趋于长期化，因此支付天数也较长。不过，因有期劳动合同的期满

（合同更新的拒绝）及其他不得已的理由而离职的，即使不属于原本意义上的特定领取资格者，依据规定，也暂定将其视为特定领取资格者而予以给付（《雇佣保险法附则》第4条）。

基本津贴的给付天数

一般离职者

区分＼计算基础	10 年未满	10 年以上 20 年未满	20 年以上
全部年龄	90 天	120 天	150 天

因企业倒闭或解雇而离职者（特定给付资格者）

区分＼计算基础	1 年未满	1 年以上 5 年未满	5 年以上 10 年未满	10 年以上 20 年未满	20 年以上
30 岁未满	90 天	90 天	120 天	180 天	—
30 岁以上 35 岁未满		120 天	180 天	210 天	240 天
35 岁以上 45 岁未满		150 天		240 天	270 天
45 岁以上 60 岁未满		180 天	240 天	270 天	330 天
60 岁以上 65 岁未满		150 天	180 天	210 天	240 天

＊有关"厚生劳动省令"中所规定的就职困难者，另外规定有区别于上表中天数的特别给付天数。

在失业者参加公共职业训练等一定的情况下，给付天数将得以延长（《雇佣保险法》第24—27条）。另外，在疑难杂症、严重灾害以及雇佣情势的突然恶化等情况下，可以特别进行给付天数的延长（个别延长给付，《雇佣保险法》第24条之2）。

另一方面，因归责于自己的重大理由而被解雇，以及无正当理由而因自身的原因离职的，基本津贴的支付最长将被限制3个月（《雇佣保险法》第33条，参照判断其为无正当理由的因自我原因而离职的案例[①]）。另外，无正当理由而拒绝从事公共职业安定所介绍的工作，或者拒绝接受职业安定所所长指示的公共职业培训的，也会有1个月的给付限制（同第32条）。

①　新宿職安所長事件・東京地方裁判所 1992 年 11 月 20 日判決・労働判例 620 号 50 頁。

2. 就职促进给付

在"就职促进给付"中，具体有就业促进津贴（同第56条之3）、转移费（同第58条）以及求职活动援助费（同第59条）。其中最主要的就业促进津贴，是为促进失业者的早期再就职和就业，将因早期就职而免于支付的基本津贴的一部分以这种形式予以支付。就业促进津贴有几种类型，比如有资格领取者还未领取既定给付天数的三分之二以上的基本津贴，便就职于安定工作的情况下，作为再就职津贴将予以支付剩余天数的基本津贴的70％；剩余三分之一以上的，将支付剩余天数的基本津贴的60％。

3. 雇佣继续给付

"雇佣继续给付"是指为应对劳动者方面"产生了难以持续受雇状态的事由的情况"（同第1条）时的需求而规定的给付内容，具体有高龄者雇佣继续给付（同第61条以下，参照第493页）、育儿休业给付（同第61条之4，参照第289页）、护理休业给付（同第61条之6，参照第290页）三种类型。不论哪种类型，领取者可以接受给付而得以继续其雇佣，因而避免"失业"的发生。

4. 教育培训给付

"教育培训给付金"是指劳动者为提高自身的能力和资格，在工作场所之外自主接受教育培训的情况下，由雇佣保险支付其部分费用。"一般教育培训"中将支付教育培训费用的20％（上限为10万日元；一定的情况下为40％，上限为20万日元）。"专门实践教育培训"中，则将支付培训费用的70％，最长支付3年（专门类大学的情况下支付4年，均设有上限）。作为支付对象的教育培训内容，由厚生劳动大臣进行指定。有资格领取者包括现在为一般被保险人的劳动者，以及失去被保险人资格后一年以内的劳动者，同时其参保期间需要达到一定长度。可以说，该制度的特征在于，不问失业前后，以援助个别劳动者提高其受雇可能性为目的而予以保险给付。

（三）雇佣保险两事业

"雇佣安定事业"（《雇佣保险法》第62条）是指政府为谋求被保险人等（包括过去是被保险人，以及将要成为被保险人者）的雇佣安定，而对雇主进行一定的资助等,其对象包含以下几种情况:①对因经济状况变动或产业结构变化而不得不缩小其经营活动范围的雇主,所采取的维持雇佣之措施的资助和援助;②对推迟退休年龄、延长雇佣以及再就业援助等高龄者雇佣促进措施的资助和援助;③对不得已而离职的劳动者的再就业促进措施的资助和援助;④对有必要改善雇佣状况的区域内的雇佣安定措施的资助和援助;⑤其他对就业特别困难者的就业的促进等,为实现被保险人等的雇佣安定所必要的事业(项目)。

"雇佣安定事业"的代表例为"雇佣调整助成金"制度(《雇佣保险法附则》第102条之3),具体指对因经济状况变动和产业构造变化等而不得不缩小业务活动范围的雇主,在其采取"休业"、教育培训或者外部调动措施时,以订立"职场协定"为条件而予以支付。该助成金(补助金)在一定支付限度天数之内向雇主予以支付,比如在"休业"的情况下,对大企业的支付额为所支付"休业津贴"的二分之一,对中小企业的支付额为所支付"休业津贴"的三分之二。

"能力开发事业"(《雇佣保险法》第63条)是为促进被保险人等的职业能力开发与提高而进行的援助事业(项目),主要内容包括对雇主等进行的职业培训进行资助,对公共职业培训设施的运营以及带薪教育培训休假支付补助金等。

二、职业能力开发

劳动者要获得就业机会,具有履行职务所必要的技能和知识将会是重要的要素。特别在产业构造变化和技术革新迅速发展的现代社会,开发与提高职业能力的教育培训越来越具有必要性。

《雇佣保险法》中也规定了失业者接受公共职业培训时的特别给付、教育培训给付以及能力开发事业(项目)。2011年制定的《关于通过职业培训的实施等对特定求职者进行就职支援的法律》,对于不能领取雇佣保险中的失业等给付的求职者,在实施免费的职业培训的同时,满足一定的收入和资产要件时,将支付一定的给付金,使其可以更容易地接受职业培训(求职者支援制度)。

　　但另一方面,规定了以开发和提高职业能力为目的的基本法律体系的,是《职业能力开发促进法》(过去的《职业培训法》于 1985 年全面修改时被更名)。该法律以开发和提高劳动者(包括求职者)的职业能力为目的,并将"考虑劳动者的职业生涯设计的同时,贯穿其职业生涯的全部期间有阶段有体系地进行(职业能力开发)"作为其基本理念(第 3 条)。《职业能力开发促进法》的特征在于,在国家以及地方公共团体所进行的公共职业培训的基础之上,明确将雇主列为促进职业能力开发之主体(第 4 条第 1 款,第 8 条以下)。雇主需要考虑确保其所雇佣的劳动者具有职业培训等开发和提高职业能力的机会,包括在业务进行过程中的职业培训(即所谓 OJT),以及提供带薪教育培训休假等,并为此制定计划和选任负责人。对于雇主所采取的相应措施,将由国家以及地方公共团体提供援助与资助(第 15 条之 2 以下,《雇佣保险法》中规定的"能力开发事业"也是其中之一)。

　　国家以及地方公共团体所进行的公共职业培训,是在职业能力开发学校、职业能力开发短期大学、职业能力开发大学、职业能力开发促进中心以及残疾人职业能力开发学校进行的(第 15 条之 7;作为培养培训指导员的设施,还设置有职业能力开发综合大学,第 27 条)。另外,涉及中途跳槽者时,为了确保迅速和有效的培训,还可以委托专修学校等设施进行教育培训(第 15 条之 7 第 3 款)。求职者接受公共职业培训的情况下,还有免费培训等援助措施(第 23 条)。

　　此外,《职业能力开发促进法》中还规定了认定职业培训(对雇主所进行的职业培训中达到一定水准的内容进行的认定)、职业培训指导员资格证和技能认定等制度。2015 年的法律修改中还增加了以普及职务履历等记录资料(job-card)为目的的规定(第 15 条之 4)。

三、高龄者的雇佣

(一)《高龄者雇佣安定法》中的退休规制

　　有关高龄者的雇佣,日本于 1986 年进行了相关法律的修改,制定了《高龄者雇佣安定法》。该法将 55 岁以上者称为"高龄者"(第 2 条第 1 款,《高龄者雇佣安定法施行规则》第 1 条),在通过各种措施维护其雇佣安定的同时,对中高年龄(45 岁以上)的求职者和失业者也规定了相应的雇佣促进措施。

有关高龄者的雇佣,退休是最大的问题。如前所述,《高龄者雇佣安定法》中对规定低于 60 岁的退休年龄进行了禁止(第 8 条,参照第 476 页)。但如此一来便会在退休年龄与年金支付开始年龄之间产生空白期间,因此对于以未满 65 岁为退休年龄的雇主,该法规定其有义务采取措施确保劳动者退休后至 65 岁为止的安定的雇佣。具体来说,该雇主必须采取以下三种措施中的任意一种,即推迟退休年龄、导入"继续雇佣制度"、废止退休制度(第 9 条第 1 款)。实际上,多数企业中采取的是导入"继续雇佣制度"这一措施(参照第 477—478 页)。

493

(二) 招聘和录用中的年龄限制

其次,涉及高龄者的雇佣,很多时候年龄也会成为劳动者在招聘和录用中的障碍。如前所述,《劳动施策推进法》中规定了对年龄限制的禁止(同法第 9 条,参照第 60 页),除此之外,《高龄者雇佣安定法》中还规定,雇主因不得已的理由而以 60 岁以下的一定年龄为招聘和录用条件时,必须对求职者明示其理由(《高龄者雇佣安定法》第 20 条第 1 款;有关厚生劳动大臣关于此条的权限,参照同第 2 款)。

(三) 高龄者人才中心

《高龄者雇佣安定法》中还规定了高龄者人才中心制度(第 37 条以下)。所谓高龄者人才中心,是指为了向因退休等而离职的高龄者提供临时的、短期的或者简便的工作而组成的自发性组织。一般认为,作为高龄者人才中心会员的高龄者是基于外包或者业务委托合同进行工作的,与依赖工作一方(发包方)或者人才中心之间不产生雇佣关系。不过,该人才中心有时也会补充性地进行免费职业介绍或者劳动者派遣。之前该中心所能涉猎的工作内容仅限于临时的、短期的或者简便的工作,但经过 2016 年法律修改,在一些行业中,仅限于劳动者派遣和职业介绍的形式,可以进行以周 40 小时为上限的工作。

(四) 基于其他法律的举措

高龄者在很多情况下虽然可以维持其雇佣,但工资很低。于是,为了对 60 岁以后的雇佣(不仅限于继续雇佣,包括外部调动或者退休后的再就业)中的劳动者工资的减少部分进行补充,《雇佣保险法》在"雇佣继续给付"中设定了"高龄者雇佣继续给付制度"(《雇佣保险法》第 61 条以下)。这一给付以 60 岁以上(65 岁未满)且参保期间超过 5 年的被保险人为对象,当其工资低于其 60 岁时工资的 75％时予以给付,给付金额为目前工资额度的 15％(最终将进行调整,使该给付与劳动者工资的总额不超过劳动者 60 岁时工资的 75％)。

另外,对于雇佣 60 岁以上的高龄者的雇主,还有基于《雇佣保险法》上的"雇佣安定事业"的资助等援助措施。此外,为促进 60 岁以上的劳动者的雇佣,其他法律中还存在延长有期合同期限的上限之规定(《劳动基准法》第 14 条第 1 款第 2 项;由 3 年延长为 5 年,参照第 80 页),以及对日雇型(以日为单位的雇佣)劳动者派遣的例外许可(《劳动者派遣法》第 35 条之 4 第 1 款,《劳动者派遣法施行令》第 4 条第 2 款)等。

494 (五) 超过 65 岁的高龄者

《高龄者雇佣安定法》以 65 岁为当前阶段的目标,力求促进高龄者的雇佣,《雇佣保险法》之前也将 65 岁以上被重新雇佣的劳动者排除在被保险人之外。但 65 岁以上年龄层的被雇佣者和求职者也在增加,因此 2016 年法律修改时,将超过 65 岁者全面纳入雇佣保险的对象。不过,65 岁以上的高龄者被保险人离职时,将被支付称为"高龄者求职者给付"的一次性给付,而不是普通的求职者给付(第 37 条之 4;参保期间为 1 年以上时,给付金额为基本津贴的日额度的 50 天份,参保期间未满 1 年时则为 30 天份)。有关《高龄者雇佣安定法》,目前还在讨论至 70 岁为止的继续雇佣制度,需要留意今后的政策走向。

四、公共年金与企业年金

（一）公共年金

自从 1985 年导入了作为国民共通的基础年金的国民年金制度，有关一般民间企业劳动者的年金，形成了基础年金（定额）与厚生年金（与报酬成比例）的双层结构。

就作为退出劳动生活后所得保障的老龄年金来看，首先，老龄基础年金从 65 岁开始支付。经过 2016 年的法律修改，领取该年金的参保时间要求从 25 年缩短至 10 年（《国民年金法》第 26 条）。

其次，老龄厚生年金也从 1985 年的法律修改开始，将支付起始年龄规定为 65 岁（《厚生年金保险法》第 42 条；法律修改之前为男性 60 岁、女性 55 岁）。不过，实际上过去从 60 岁开始就以特别支付的形式予以支付全部年金了。但 1994 年法律修改将老龄厚生年金中的定额支付部分的起始年龄分阶段提升至 65 岁，2000 年的法律修改将报酬比例部分也分阶段提升至 65 岁（男性于 2025 年、女性于 2030 年开始全面实施）。同样，经过 2016 年法律修改，领取该年金的参保时间要求从 25 年缩短为 10 年。

另外，60 岁至 65 岁之间所支付的老龄厚生年金在该劳动者离职而丧失被保险人资格时予以满额支付，但如果该劳动者作为被保险人被雇佣，则依据其工资额度对年金进行减额（《厚生年金保险法附则》第 11 条），即所谓"在职老龄年金"。65 岁以上劳动者被雇佣时也会作为年金的被保险人而需要缴纳保险费（70 岁以上者除外），且通过"在职老龄年金"依据其工资额度进行支付调整（《厚生年金保险法》第 46 条）。

（二）企业年金

1. 多种制度与纠纷

在上述公共年金的基础上，各雇主所提供的企业年金也十分普及。这基本上属于私人性质的制度，给付内容与支付要件各自不同，其中也有将退职金的全部或部分以年金形式进行支付的操作。另外，既有在企业外部设立基金,或与金融机构订立合同的情况,也有在企业内部进行累积的情况(本公司的年金)。不论哪种情况,在产生纠纷时,将参照各种制度的规定以及其宗旨进行判断(有判例中,以领取者的不当行为为由而肯定了支付的停止[①])。

因公司业绩恶化而被降低支付中的年金额度时,一般会考虑是否存在可作为依据的规定、减额的必要性和程度、补偿措施以及程序等,进而判断年金减额是否正当,一般而言,在结论上肯定减额效力的例子较多(有判例中肯定了本公司年金的减额[②],另有判例中肯定了对厚生年金基金的减额[③])。

有关企业年金制度的废止,有判例中肯定了对基于制度规定中的相关"改废条款"而在支付一次性金钱后进行清算的行为的效力[④],另一方面则有判例中判定停止年金的支付属于不当行为[⑤]。

上述问题存在与劳动条件的不利益变更相通的部分,但又存在现役劳动者与已领取年金的离职者之间的利益对立的一面,有关这一问题的具体判断框架和判断标准的讨论仍在继续。

2. 确定缴费年金与确定给付企业年金

有关企业年金的特别法律规范,过去曾经规定有两种制度:一种是"适格退职年金制度",即对满足一定要件的企业外累积方式的企业年金给予税制上的优惠;另一种是所谓"调整年金制度",即由雇主/企业主设立具有法人资格的厚生年金基金,代替进行部分公共年金的运营和支付,并在此基础

---

① 朝日新聞社事件・大阪地方裁判所 2000 年 1 月 28 日判決・労働判例 786 号 41 頁。

② 幸福銀行事件・大阪地方裁判所 1998 年 4 月 13 日判決・労働判例 744 号 54 頁。松下電器産業事件・大阪高等裁判所 2006 年 11 月 18 日判決・労働判例 930 号 26 頁。早稲田大学事件・東京高等裁判所 2009 年 10 月 29 日判決・労働判例 995 号 5 頁。

③ りそな企業年金基金・りそな銀行事件・東京高等裁判所 2009 年 3 月 25 日判決・労働判例 985 号 58 頁。

④ バイエル薬品・ランクセス事件・東京高等裁判所 2009 年 10 月 28 日判決・労働判例 999 号 43 頁。

⑤ 幸福銀行事件・大阪地方裁判所 2000 年 12 月 20 日判決・労働判例 801 号 21 頁。

上独自补充给付[＊]。但随着 2001 年《确定缴费年金法与确定给付企业年金 496
法》的制定，产生了很大的制度变革。

"确定缴费年金"的特点在于，由个别加入者对其所缴纳的保险费进行资产运用，最终个人所能领取的年金额度将产生变动。由于年金的资金来源分别对每个人进行记录，因此工作变动时的处理也很容易，可以确保连续性（即所谓可携带性）。"确定缴费年金"中有"企业型"（根据职场协定而实施，由企业主进行缴费，但如果相关规约中有规定，则个人可以追加缴费），以及"个人型"（国民年金基金联合会为实施主体，由加入者个人缴费）两种类型。

"确定给付企业年金"在对将来所领取的年金额度事先进行约定（确定给付）这一点上，与过去的两种制度相同，但与"适格退职年金"相比，更加强化了年金领取人的接受给付权，另外，不再需要像上述"调整年金"那样对公共年金的替代和补充部分（有"规约型"与"基金型"两种类型，"规约型"即被强化了的"适格退职年金"，"基金型"即没有替代和补充部分的调整年金）。随后，"适格退职年金制度"被废止，而同时厚生年金基金还可以返还对公共年金的代行部分，并转移至"确定给付年金"。不过很多时候，厚生年金基金中缺乏返还代行部分或进行自主解散的资金，由此引发了很多问题，因此2013 年《厚生年金保险法》等法律得以修改，在停止新设厚生年金基金的同时，对于已经存在的基金，新增了促进其向其他企业年金制度的转移，以及有关特别解散制度的相关规定。

超越雇佣劳动

497

在如今的日本，被"雇佣"而劳动的人数占全部就业者的 89.4%（总务省《平成 30 年就业构造基本调查》）。战前，自营业主以及其家族从业者曾占压倒性多数，即便是 20 世纪 60 年代初也约占半数以上，想

＊ 该制度作为对公共年金的补充，于 1966 年开始实施。由于其具有调整企业退职金和年金以及厚生年金的功能，因此又被称为"调整年金"。——译者注

来恍如隔世。不过,不能忽略的是,有研究指出,自营业者的绝对数量直至最近并未减少,且在经济不景气时作为缓冲装置维护了日本的社会安定。[①]

虽说如此,不想被他人所雇佣而希望独立工作的人为数也很多。比如可见于共享经济中的劳动那样,当今的时代,只要有电脑和通信设备,谁都可以简单地开始自己的业务。在服务产业化的趋势中,自由职业者、承揽工作者等可以小范围开展独立营业的可能性增大,有观点认为,这可以成为平衡工作与生活的手段之一。最近,以平台为基础的"云工作"以及伴随于此的"众包用工"已成为现实,如诸多国家中那样,可以预测这种就业者的比例今后仍会不断升高。

当然,在这一过程中存在各种各样的课题。现实中已经产生了以就业者的劳动者属性为中心的问题、工伤补偿和社会保险的问题,或者如何确保工作质量的问题,以及作为其反面的职业培训机会的保障等问题,这些都属于不可忽视的立法政策上的课题。

即便如此,仍可以预测今后的劳动世界将会超越雇佣的框架而多样化。虽然资料稍显陈旧,有关 21 世纪的劳动方式,受欧洲委员会的委托而制作的报告书《雇佣的未来》(1999 年)指出,获得报酬的工作形态越来越多样化,除了基于以从属性为本质的劳动合同而工作的劳动者外,虽以报酬为对价,但基于劳动合同之外的合同而工作者以及独立工作者将会增加。可以说,今后劳动法将不再是狭义的"劳动者的法",而将向"就业者的一般法"进行功能转变。我们似乎有必要将视野从传统的雇佣模式中解放出来,尝试重新考虑社会中的劳动的意义。

---

① 野村正實『雇用不安』(岩波新書)。

判例、命令索引[*]

（所标示页码为原书页码，即本书边码）

---

[*]　黑体为最高裁判所所作判例或命令。

事项索引

（所标示页码为原书页码，即本书边码）

图书在版编目(CIP)数据

劳动法的世界:第 13 版/(日)中洼裕也,(日)野田进
著;田思路,龚敏,邹庭云译.—北京:商务印书馆,2022
(日本法译丛)
ISBN 978 - 7 - 100 - 20927 - 4

I. ①劳… II. ①中… ②野… ③田… ④龚… ⑤邹…
III. ①劳动法-研究-日本 IV. ①D931.325

中国版本图书馆 CIP 数据核字(2022)第 044049 号

日本法译丛
劳动法的世界
(第 13 版)

〔日〕中洼裕也　野田进　著

田思路　龚敏　邹庭云　译

商　务　印　书　馆　出　版
(北京王府井大街36号　邮政编码100710)
商　务　印　书　馆　发　行
北京市白帆印务有限公司印刷
ISBN 978 - 7 - 100 - 20927 - 4

2022 年 6 月第 1 版　　　开本 710×1000　1/16
2022 年 6 月北京第 1 次印刷　印张 37
定价:138.00 元